古今（二）

復刻本說明

* 本期刊依《古今文史半月刊》合訂本全套復刻，為使閱讀方便，原刊每六期為一冊，復刻本則每十二期為一冊；復刻本的尺寸亦由原書的 16×23 公分，擴大至 19×26 公分。

* 本期刊因尺寸放大，但每期封面無法符合放大尺寸，故每期封面皆對齊開口，使裝訂邊的留白較多。

* 本期刊第一集書前加入導讀。

* 本期刊為復刻本，內文頁面或有少數污損、模糊、畫線，為原書原始狀況，不另註；唯範圍較大者，則另加「原書原樣」圖示 原書原樣 ，以作說明。

文史雜誌的尤物——朱樸與《古今》及其他

蔡登山

在上海淪陷時期，他一手創刊《古今》雜誌，網羅諸多文士撰稿，使《古今》成為東南地區最暢銷也最具有份量的文史刊物，他就是朱樸（字樸之，號樸園，亦號省齋）。他在《古今》創刊號寫有〈四十自述〉一文，根據該篇自述及後來寫的〈樸園隨譚〉、〈記蔚藍書店〉，我們知道他生於一九〇二年，是江蘇無錫縣景雲鄉全旺鎮人。全旺鎮在無錫的東北，距元處士倪雲林的墓址芙蓉山約有五里之遙，居民大都以耕農為生，讀書的不過寥寥一二家而已。而朱樸卻出身於書香門第，他的父親述珊公為名畫家，他本來希望朱樸能傳其衣缽，但看到他臨習《芥子園畫譜》臨得一塌糊塗，認為不堪造就，遂放棄了初衷。朱樸七歲入小學，成績不壞。十歲以後由鄉間到城裡，進著名的東林書院（高等小學），因得當時國文教授龔伯威先生的特別賞識，對於國文一門，進步最快。高小畢業後，他赴吳江中學讀書，不到一年轉入輔仁中學就讀。一年後，考入吳淞中國公學商科。一九二二年夏季從中國公學畢業，本想籌借一千元赴美留學，結果到處碰壁，不克如願。後來承楊端六先生的厚意，介紹他進商務印書館《東方雜誌》社任編輯，那時他年僅二十一歲。

當時的《東方雜誌》社共有四位編輯：錢經宇、胡愈之、黃幼雄、張梓生。錢經宇是總編輯；胡愈之專事譯文兼寫關於國際的時事述評（他用的筆名是「化魯」）；黃幼雄襄助胡愈之做同一性質的工作；張梓生專寫關於國內的時事述評。朱樸進去之後，錢經宇要他每期主編「評論之評論」欄，兼寫關於經濟財政金融一類的時事述評。社址是在寶山路商務印書館的二樓一間大房間，與《教育雜誌》社、《小說月報》社、《婦女雜誌》社、《民鐸雜誌》社同一房間。朱樸說：「那時候的《教育雜誌》社有李石岑（兼《民鐸雜誌》）和周予同；《小說月報》社有鄭振鐸；《婦女雜誌》社有章錫琛和周建人；此外還有各雜誌的校對等共有一二十人之多；濟濟蹌蹌，十分熱鬧。……當時在我們那一間大編輯室裡，以我的年紀為最輕，頗有翩翩少年的丰采。鄭振鐸那時也還不失天真，好像一個大孩子，時時和我談笑。他和他的夫人高女士在一品香結婚的那天，請嚴既澄與我二人為男儐相，我記得那天大家在一起所攝的一張照片，好像現在還保存在我無錫鄉間的老家裡呢。」

在《東方雜誌》做了一年多的編輯，經由衛聽濤（渤）的介紹，朱樸到北京英商麥加利銀行華帳房任職。當時華經理（即買辦）是金拱北（城），是有名的畫家，所以賓主之間，亦頗相得。

一九二六年夏，他辭去北京麥加利銀行職務，應友人潘公展、張廷灝之招，任上海特別市政府農工商局合作事業指導員之職。後因友人余井塘之介紹得識陳果夫，朱樸說：「陳先生對於合作事業頗為熱心，因見我對於合作理論有相當研究，遂於十七年（一九二八）夏以中央民眾訓練委員會的名義，派我赴歐洲調查合作運動，於是渴望多年的出國之志，方始得償。當我出國的時候，我開始對於政治感到無限的興趣和希望。那時國民黨有所謂左派與右派之分，左派領袖是汪精衛先生，右派領袖是蔣介石先生。我對於汪先生一向有莫大的信仰，我認為孫先生逝世後祇有汪先生才是唯一的繼承者。那時汪先生正隱居在法國，我在赴歐的旅途中，旦夕打算怎樣能夠追隨汪先生為黨國而奮鬥。」於是到了巴黎幾個月後，朱樸先認識林柏生，之後又經過幾個月，才由林柏生介紹晉謁汪精衛，那是在曾仲鳴的寓所。

在巴黎期間，朱樸除數度拜謁合作導師季特教授（Prof. Charles Gide）暨參觀各合作組織外，並一度赴倫敦參觀國際合作聯盟會及各大合作組織，復一度赴日內瓦參觀國際勞工局的合作部，得識該部主任福古博士（Dr. Facquet）及幫辦哥侖朋氏（M. Colombain），相與過從，獲益不少。一九二九年春，陳公博由國內來巴黎，經汪精衛介紹，朱樸初識陳公博。後來並陪他到倫敦去遊歷，兩星期後陳公博離英他去，朱樸則入倫敦大學政治經濟學院聽講。

一九二九年夏秋之間，朱樸奉汪精衛之命返回香港，到港的時候正值張發奎率師號稱三萬，由湖南南下，會同桂軍李宗仁部總共約六萬人，從廣西分路向廣州進攻，「張、桂軍」當時亟須奪取廣州來擴充勢力，準備同蔣介石分家，割據華南。不料後來因軍械不濟的緣故，事敗垂成。

香港掌故大家高伯雨說：「我和省齋相識最久，遠在一九二九年在倫敦就時相見面，但沒有什麼交情。一九三〇年我從英國回上海一轉，在十四姊家中又和他相值，原來那時候他正避難在租界裡，住在我姊姊處。那天他還約了史沫特萊女士來吃茶，我和她談了兩個多鐘頭。」對此朱樸在〈人生幾何〉一文補充說道：「至於伯雨所說的關於史沫特萊女士一節倒是的確的，而且非常之秘密，因為她那時正寓居於上海法租界霞飛路西的一層公寓內，我們不但是『打倒獨裁』的同志，並且是好抽香煙好喝咖啡的同志。所以，我常常是她寓所裡的座上客，我一到她那裡她總是親手煮咖啡給我喝的。那時候她和孫中山夫人宋慶齡女士來往非常親密，她曾屢次說要為我介紹，可是因為不久我就離開上海到香港來了，卒未如願。」

這次倒蔣的軍事行動雖未成功，但汪精衛並不灰心，他頗注意於宣傳工作，遂命林柏生、陳克文、朱樸三人創辦《南華日報》於香港，林柏生為社長，陳克文與朱樸為副社長。朱樸說：「當時我與柏生、克文互相規定每人每星期各寫社論兩篇並值夜兩天，工作相當辛勞。所幸編輯部內人才濟濟，得力不少，如馮節、趙慕儒、許力求等，現在俱已嶄露頭角，有聲於時。那時候汪先生也在香港，有時候也有文字在《南華日報》上發表，所以這一個時期《南華日報》的社論，博得讀者熱烈的歡迎。還有副刊也頗為精彩，尤其是署名『曼昭』的〈南社詩話〉一文，陸續登載，最獲一般讀者的佳評與讚賞。」

一九三〇年夏，汪精衛應閻錫山及馮玉祥的邀請到北平召開擴大會議，朱樸亦追隨同往，任海外部秘書。同時並與曾仲鳴合辦《蔚藍畫報》於北平，頗獲當時平津文藝界的好評。同年冬，汪精衛赴山西，朱樸奉命重返香港。道經上海時，因中國公學同學好友孫寒冰的夫人之介紹，認識了沈瑞英女士。一九三一年春，汪精衛赴廣州主持非常會議，朱樸被任為文化事業委員會委員。寧粵雙方代表在上海開和平會議，朱樸事先奉汪精衛命赴上海辦理宣傳事宜。一九三二年一月三十日與沈瑞英於上海結婚。兩年間留滬時間居多，雖掛著行政院參議、農村復興委員會專門委員、外交部條約委員會委員等名義，但實際上並沒做什麼事。

一九三四年六月，朱樸奉汪精衛之命，以行政院農村復興委員會特派考察歐洲農業合作事宜的名義出國。朱樸說：「汪先生因該會經費不充，所以再給我一個駐丹麥使館秘書的職務。我赴歐後先到倫敦，適張向華（發奎）將軍亦在那裡，闊別多年，暢敘至歡。數日後我隨他到荷蘭去遊覽。後來，張將軍離歐赴美，我即經由德國赴丹麥。我在丹麥三、四個月，普遍參觀了丹麥全國的各種合作事業，所得印象之深，無以復加。」一九三六年，張發奎在浙江江山新就閩、贛、浙、皖四省邊區清剿總指揮之職，來函相招。於是朱樸以一介書生，乃勉入戎幕。

一九三七年春，他奉汪精衛命為中央政治委員會土地專門委員再兼裹上海《中華日報》筆政。同年「八・一三」事變發生，朱樸奉林柏生命重返香港主持《南華日報》筆政。不久，林柏生亦由滬來港。一九三八年春節樊仲雲也由滬到港，隨即在皇后大道「華人行」七樓租房兩間，開辦「蔚藍書店」。「蔚藍書店」其實並不是一所書店，它乃是「國際編譯社」的外幕。而「國際編譯社」直屬於「藝文研究會」，該會的最高主持人是周佛海，其次是陶希聖。「國際編譯社」事實上乃是「藝文研究會」的香港分會，負責者為林柏生，後來梅思平亦奉命到港參加，於是外界遂稱林柏生、梅思平、樊仲雲、朱樸為「蔚藍書店」的四大金剛。其中林柏生主持一切總務，梅思平主編國際叢書，樊仲雲主編國際週報，朱樸則主編國際通訊。助編者有張百高、胡蘭成、薛典曾、龍大均、連士升、杜衡、林一新、劉石克等人。「國際編譯社」每星期出版國際週報一期，國際通訊兩期，選材謹嚴，為研究國際問題一時之權威。國際叢書由商務印書館承印，預計一年出六十種，編輯委員除梅思平為主編外，尚有周鯁生、李聖五、林柏生、高宗武、程滄波、樊仲雲、朱樸等。當時所謂「四大金剛」，他們除了本店的職務外，尚兼有其他職務。如林柏生為國民政府立法院委員、《南華日報》社長；梅思平為中央政治委員會法制專門委員；樊仲雲為《星島日報》總主筆；朱樸為中央政治委員會經濟專門委員。

一九三八年十二月二十九日汪精衛發表「豔電」，於是和平運動立即展開。朱樸被派秘密赴滬，從事宣傳工作，經一兩個月的籌備，和平運動上海方面的第一種刊物《時代文選》於次年三月二十日出版。同年八月二十八日，汪偽中國國民黨在上海舉行第六次全國代表大會，朱樸被選為中央監察委員，復擔任中央宣傳部副部長。同年八月至九月間，接辦上海《國際晚報》（後因工部局借故撤銷登記證而被迫停刊。）十月一日創辦《時代晚報》，由梅思平任董事長，到一九四〇年九月一日才遷到南京出版。一九四〇年三月三十日汪精衛在南京成立偽「中華民國國民政府」，其組織機構仍用國民政府的組織形式，汪精衛任行政院院長兼代主席。此時朱樸被任為交通部政務次長。先是中央黨部也將他調任為組織部副部長。五月二十六日中國合作學會在南京成立，朱樸被推為理事長。

一九四一年一月十一日，朱樸的夫人在上海病逝；同年十月十六日長子榮昌亦歿於青島。一年之中喪妻喪子，給他以沉重的打擊，萬念俱灰之下，他先後辭去中央組織部副部長和交通部政務次長的職務，僅擔任全國經濟委員會委員一類的閒職。一九四二年三月二十五日，朱樸在上海創辦了《古今》雜誌，他在〈《古今》一年〉文中說：「回憶去年此時，正值我的愛兒殤亡之後，我因中心哀痛，不能自已，遂決定試辦這一個小小刊物，想勉強作為精神的排遣。」他又在〈滿城風雨話古今〉文中說：「有一天，忽然闊別多年的陶亢德兄來訪，談及目前國內出版界之冷寂，慫恿我出來放一聲大砲。自惟平生一無所長，只有對出版事業略有些微經驗，且正值精神一無所託之際，遂不加考慮，立即答應。」他在〈發刊辭〉中說：「我們這個刊物的宗旨，顧名思義，極為明顯。自古至今，不論是英雄豪傑也好，名士佳人也好，甚至販夫走卒也好，只要其生平事蹟有異乎尋常不很平凡之處，我們都極願盡量搜羅獻諸於今日及日後的讀者之前。我們的目的在於彰事實、明是非、求真理。所以，不獨人物一門而已，他如天文地理，禽獸草木，金石書畫，詩詞歌賦諸類，凡是有其特殊的價值可以記述的，本刊也將兼收並蓄，樂為刊登。總之，本刊是包羅萬象、無所不容的。」

《古今》從第一期到第八期是月刊，到第九期改為半月刊，十六開本，每期四十頁左右。朱樸在〈《古今》兩年〉文中說：「當《古今》最初創刊的時候，那種因陋就簡的情形決非一般人所能想像的。既無編輯部，更無營業部，根本就沒有所謂『社址』。那時事實上的編輯者和撰稿者只有三個人，一是不佞本人，其餘兩位即陶亢德周黎庵兩君而已。創刊號中一共只有十四篇文章，我個人寫了四篇，亢德兩篇，黎庵兩篇，竟占了總數之大半；其他如校對、排樣、發行，甚至跑印刷所郵政局等類的瑣屑工作，也都由我們三人親任其勞，實行『同艱』『共苦』的精神。……那種情形一直賡續到十個月之後才在亞爾培路二號找到了社址（這是承金雄白先生的厚意而讓與的），於是所謂的『古今社』者才名副其實的正式辦起公來。」《古今》從第三期開始由曾經編輯過《宇宙風乙刊》的周黎庵任主編（其實是從籌備開始，只是沒公開掛名而已。），朱樸說：「我與黎庵沒有一天不到社中工作，不論風雨寒暑，從未間斷。就我個人的經驗來說，生平對於任何事務向來比較冷淡並不感覺十分興趣的，可是對於《古今》，則剛剛相反，一年多來如果偶而因事離滬不克到社小坐的話，則精神恍惚，若有所失。」

周黎庵在〈《古今》兩年〉文中說：「我編《古今》有一個方針，便是善不與人同，戰後作家星散，在上海的只有這幾個人。雖然他們的文章寫得好，但因為每一家雜誌都可以有他們的作品，便算不得名貴了，於是《古今》便開發北方……每期總刊載幾篇北方名家的作品，北方開發成功之後，我覺得還不足以維持《古今》獨有的風格，近期更有碩果僅存的珍貴史料和大江南北無與抗手的書畫刊載，可以說是《古今》特殊的貢獻。」

經過朱樸、周黎庵的努力邀約，在一九四三年七月《古今》夏季特大號（第二十七、二十八合刊）的封面上開列了一個「本刊執筆人」的名單：

汪精衛、周佛海、陳公博、梁鴻志、周作人、江康瓠、趙叔雍、樊仲雲、吳翼公、瞿兌之、謝剛主、謝興堯、徐凌霄、徐一士、沈啟无、紀果庵、周越然、龍沐勛、文載道、柳雨生、袁殊、金梁、金雄白、諸青來、陳乃乾、陳寥士、鄭秉珊、予且、蘇青、楊鴻烈、沈爾喬、何海鳴、胡詠唐、楊靜盦、朱劍心、邱艾簡、陳旭輪、錢希平、陳耿民、何戡、白銜、病叟、南冠、陳亨德、李宣倜、周樂山、張素民、左筆、楊蔭深、魯昔達、童家祥、許季木、默庵、靜塵、許斐、書生、小魯、方密、何淑、周幼海、余牧、吳詠、陶亢德、周黎庵、朱樸。

在這份六十五人的名單中，除南冠、吳詠、默庵、何戡、魯昔達是同屬黃裳一人外，可謂名家雲集。其中以汪精衛、周佛海、陳公博、梁鴻志、江亢虎、趙叔雍、樊仲雲等為首，顯示出《古今》與汪偽政權的千絲萬縷的關係。學者李相銀在《上海淪陷時期文學期刊研究》書中，就指出：「無論是汪精衛的『故人故事』，還是周佛海的『奮鬥歷程』，無不是在訴說自己的輝煌過去。……作為民族國家的罪人，他們與日本侵略者媾和並將此視為『豐功偉業』大肆吹噓，不過是為自己荒謬的言行尋找『合法』的外衣而已。其實他們又何嘗不知此舉早為世人所不齒，必將等來歷史的審判。他們焦慮不安的內心充滿了對於『末日』的恐懼，除了借助於文字聊以排遣之外，還能有何良策呢？就此而言，《古今》無疑成了他們『遣愁寄情』的最佳言說空間，《古今》的文學追求也因此被『政治化』。」而舊派文人和學者如吳翼公、瞿兌之、周越然、龍榆生、謝剛主、謝興堯、徐凌霄、徐一士、陳旭輪、陳乃乾等人佔了相當的比重，體現出雜誌的「古」的色彩。這其中有許多是專研掌故之學的，如明末四公子之一冒辟疆之後人——冒鶴亭他的〈孽海花閒話〉在《古今》第四十一期起連載九期；而晚清大學士瞿鴻機之子瞿兌之出身宰輔門第，故舊世交遍天下，是民國筆記小說的重要代表人物；徐一士出身晚清名門世家，與兄徐凌霄均治清代掌故，所著《凌霄一士隨筆》與瞿兌之的《人物風俗制度叢談》、黃秋岳的《花隨人聖庵摭憶》並稱為「三大掌故名著」。謝剛主原名謝國楨，是明史專家；謝興堯則主要從事太平天國史研究，他對《水滸傳》作者的考證，從胡適考證的遺漏之處入手，認為《水滸傳》最根本的問題是作者問題，發幽探微，溯古追今，既有史實，又有史識。而周越然在二十世紀上半葉，是無人不知的大藏書家，其書室名為「言言齋」，於一九三二年毀於「一・二八」之役，但他並不因此而稍挫，他移居西摩路（今陝西北路），繼續廣事搜購，不數年又復坐擁書城。他偏嗜禁書，寫有〈西洋的性書與淫書〉等文。陳乃乾則早年從事古舊書業經營，所經眼的版本書籍特別多，撰著了不少有關版本目錄學方面的專著，並在《古今》上發表了許多目錄學、版本學方面的學術文章。

紀果庵在《古今》第三十期（一九四三年九月一日出版）的〈海上紀行〉一文，談到他們在朱樸的「樸園」雅集的情況：「次日上午我先到黎庵兄處會齊，往樸園，老樹濃蔭，蟬聲搖曳，殊為人海中不易覓到的靜區。樸園主人前在京時曾見過一面，但未接談，這番重見到他清癯的面容，與具有隱士嘯傲之感的風格，不覺未言已使我心折。我常想晉宋之交，有栗里詩人，與遠公點綴了美麗的廬山，五斗米雖不能使他折腰，而我輩卻呻吟於六斗之下（公務員配給米以六斗為限），古今世變，還是相去有間的，然如樸園之集，固亦大不易得，並非我輩『群賢畢至』，良以濁世可以談談的機會與心情太不容吾人日日如此耳。亢德已至，因有他約，先去。隨後來的有瞿鏁的周越然先生，推了光頂風趣益可撩人的予且先生，丰度翩翩的文載道柳雨生二兄，和我最喜歡讀其文字的蘇青小姐，樊仲雲先生則最後至，於是談話馬上熱鬧起來，予且先生在抄寫樸園主人的八字預備一展君平手段，越翁則談到方九霞劫案，載道大說其墨索公辭職的新聞，聲宏而氣昂，蘇青小姐只有在一邊微笑，用小型扇子不住的扇著。我這個北方大漢，插在裏邊，殊有不調和之感，只好聽著似懂不懂的上海話，一面欣賞吳湖帆送給樸園主人的對聯，（聯曰：顧視清高氣深穩，文章彪炳光陸離。）和書架上的書籍，大部是清代筆記掌故和清印的書帖之屬，主人脾胃，可睹一斑，其與吾輩相近，亦頗顯然也。時主人持出《扇面萃珍》一冊，與黎庵討論《古今》封面材料，此集乃廉南湖小萬柳堂所藏，均明清珍品。主人因談到吳芝瑛女士的字，據云乃是捉刀，余亦久有所聞，而不如主人所知之證據確鑿。飯已擺好，我竟僭越的被推首席，可惜自己不能飲酒，白白辜負主人及黎庵的相勸之意。老饕既飽，本該『遠颺』，（昔人喻流寇云，『饑則來歸，飽則遠颺。』）奈外面紛傳，馬路將要戒嚴，『下雨天留客』，適有饋主人以西瓜者，不免益使老饕堅其不去之心。西瓜吃畢，蘇青女士的文章來了，她掏出小巧精緻的紀念冊，定要樊公題字，樊公未有以應，叫我先寫幾句，我只得馬馬虎虎，塗鴉一番，大意好像是發揮定公詩：『避席畏聞——著書都為——』數語的意思，未免平凡得很。主人堅執請樊公執筆，樊公索詞於我，我忽然說：『您寫纖成白雪桑重綠，割盡黃雲稻正青罷。』樊公未作可否，我已竟感到荊公此語，太露鋒芒，豈唯對樊公不適，即給人題字，亦復欠佳，乃急轉語鋒曰：隨便寫個

『文章千古事，得失寸心知』好了，不是蘇青小姐的文章大可『千古』嗎？樊公乃提筆一揮而就。三點了，不好意思再坐下去，於是告辭了雅潔的樸園……」

對於《古今》的創辦，上海電影製片廠離休老幹部、上海作家協會會員沈鵬年在《行雲流水記往》一書中另有一說，他云：「朱樸畢竟出身於書畫世家，深知『國寶』級的兩宋古書畫的價值。而當時號稱『前漢』（汪精衛屬『後漢』）的大漢奸梁鴻志家藏兩宋古書畫，他覬覦之心，無時或已。便以《古今》約稿為名，頻頻登門訪梁。」梁鴻志出身閩侯望族，曾祖父梁章鉅，號茝林，官至江蘇巡撫，是嘉道間名震朝野的收藏家，外祖林壽圖，號歐齋，工書畫及詩詞。梁鴻志早年結識北洋皖系大紅人、安福系王揖唐，王賞識梁鴻志的詩才，拉其入安福國會任財務副主任，梁鴻志因此搜刮了不少安福俱樂部的公款，後來王揖唐又舉薦梁鴻志任段祺瑞秘書。段歸隱上海，梁就用安福系的巨額贓款也在上海置花園洋房一所，並以祖傳宋代古玩三十三件（一說是兩宋蘇東坡、黃山谷、米南宮、董源、巨然、李唐等書畫名家真跡三十三種），名其居曰「三十三宋齋」。沈鵬年認為這些國寶級的珍藏，不能不令朱樸為之咋舌。因此朱樸在《古今》創刊時，就約得梁鴻志的文章〈爰居閣脞談〉並將其排在首篇，足見其是別有用心的。

後來朱樸更因此得識了梁鴻志的長女，沈鵬年說：「一九四二年四月的一天，朱樸要周黎庵陪伴同去鑑賞。至梁宅適主人外出，由其女梁文若招待。這就是朱樸致文若第一封『情書』中所說『兩年多以前曾經多少友好的熱心介紹，始終未能謀面，而這一次竟於無意之間一見傾心』的這一次。朱樸致文若信中寫道：『我因精神無所寄託遂創辦《古今》以強自排遣，卻不料無形中竟因此獲得了你的重視和青睞。』『在茫茫塵海之中能夠獲得你，可說不虛此生了。』從一九四二年四月至一九四四年三月，整整兩年的苦心追求，文若小姐下嫁朱樸，朱樸成為梁鴻志的『乘龍快婿』。『三十三宋齋』的『肥水』也能分得『一杯羹』。他創辦《古今》的目的初步得逞。」

一九四四年三月三日下午三時，朱樸與梁文若結婚，證婚人原定周佛海，後來因周佛海有事不克前來，改為梅思平主持。據參與盛會的文載道說，新郎著藍袍玄褂，新娘則僅御紅色旗袍，不冠紗也不穿高跟鞋，有許多人頗讚美這種儀式之儉樸而莊嚴。因為梁鴻志與朱樸交友廣闊，因此賀客盈門，有冒鶴亭、趙時棡（叔孺）、譚澤闓、吳湖帆、龔心釗（懷西）、林灝深（朗谿）、夏敬觀、劉翰怡、廖恩燾、顏惠慶、張一鵬、鄭洪年、朱履龢、聞蘭亭、諸青來、李拔可、嚴家熾等名人。另文化界來的有：趙正平、樊仲雲、周化人；新聞界有：金雄白、陳彬龢、袁殊、鄭鴻彥、許力求；銀行界有：馮耿光、周作民、李思浩、葉扶霄、錢大櫆、盧澗泉、張慰如、吳蘊齋；軍警界有：唐蟒、蕭叔宣、張國元、唐生明、臧卓、熊劍東、蘇成德、林之江等；女賓到的有周佛海夫人楊淑慧，陳公博夫人李勵莊，前「標準美人」現唐生明夫人徐來，以及繆斌、任援道、梅思平、丁默邨的夫人等。還有兩位是朱履龢、李祖虞夫人，都是崑曲的名手。更難得的是京劇大師梅蘭芳也來了。文載道說：「聽說這次爰居閣主（案：梁鴻志）贈與樸園（案：朱樸）的覿禮，也不是世俗的金錢飾物，而是最合樸園愛好的金石古玩。計有宋哥孶水盂全座，漢玉一枚，乾隆仿宋玉兔朝元硯一方，精品雞血章成對。」

朱樸在〈樸園日記——甲申銷夏鱗爪錄〉文中說：「（一九四四年）八月十五日，下午到《古今》社，鶴老送贈《梁節庵遺詩》一冊，盛意可感。《古今》第五十三期出版，封面刊登孫邦瑞君所貽鄭蘇戡之『含毫不意驚風雨，論世真能鑒古代』一聯，頗為大方。……八月二十三日，上午赴中行，與震老閒談時事，感慨良多。下午與文若赴爰居閣，邀外舅（案：梁鴻志）同往孫邦瑞處觀畫。今日所觀者有沈石田畫二卷，董香光畫軸及冊頁各一件，王煙客冊頁九幀，惲南田畫一卷，皆精品。石谷二卷俱係中華時代之力作，頗為外舅所讚美。……邦瑞富收藏，今日因時間匆促，不克飽鑒為憾，異日當約湖帆再往訪之。」孫邦瑞是民國著名書畫收藏家，他與吳湖帆交誼甚篤，且結通家之好，所收藏名跡多經吳湖帆鑑定並題跋。沈鵬年說：「據說孫邦瑞家藏的精品經梁、朱『鑒賞』以後，梁、朱用『金條』為誘餌，反覆談判，威嚇利誘，被掠奪而去……類此者何止孫氏一家？這就是朱樸之用《古今》為幌子，先瞄上梁家『三十三宋齋』，然後再網羅海上著名收藏家的珍品，這就是他辦《古今》最終的真正目的。……朱樸通過《古今》人財兩得，名利雙收。把《古今》停刊以後，集中精力，找到退路，最後去『香港買賣書畫』。」

一九四四年十月《古今》在出版第五十七期後停刊，朱樸離開滬寧的政治圈，他以平民身份幽居北平，以賞玩字畫為樂事。他在〈憶知堂老人〉文中說：「一九四四年《古今》休刊後我舉家遷居北京，到後即往拜訪。」又在〈多難祇成雙鬢改〉文中說：「甲申之冬，余北遊燕都，知堂老人邀讌苦茶庵，陪座者僅張東蓀、王古魯。席間，余出紙索書，主人酒餘揮毫，為集陸放翁句『多難祇成雙鬢改，浮名不作一錢看』十四字相貽，感慨遙深，實獲我心。聯旁並附小跋曰：『樸園先生屬書小聯，余未曾學書，平日寫字東倒西歪，俗語所謂如蟹爬者是也。此只可塗抹村塾敗壁，豈能寫在朱絲欄上耶？惟重雅意，集吾鄉放翁句勉寫此十四字，殊不成樣子，樸園先生幸無見笑也。民國甲申除夕周作人』虛懷若谷，讀之愧然。」

朱樸在一九四七年到了香港，有論者說他在抗戰勝利前就到香港是不確的。除了他自己在〈人生幾何〉文中說：「我由北京來港是一九四七年，並非一九四八年。」外，香港《大人》、《大成》雜誌創辦人沈葦窗也說：「一九四七年，省齋將來香港，湖帆曾有意同行，於是時常晤面，磋商行止。湖帆有煙霞癖，因此舉棋不定，省齋先於四七年冬來港，我到港後和他時時飲茶，談次總要提起湖帆，認為南張北溥，先後到了海外，若湖帆到港，便成三國鼎峙之局，海外畫壇那就更加熱鬧了！」」。

名作家董橋在《故事》一書中說：「朱省齋名樸，字樸之，無錫人，我一九七〇年年尾在香港報上讀到他去世的消息。他早歲浮沉政海，中年後來香港買賣書畫，與張大千、吳湖帆友善，《星島日報》社長林靄民請過他編《人物週刊》。省齋與張大千五十年代在香港過從甚密，也許還不斷有過書畫上的買賣。」張大千「《歸牧圖》題識提到的蘇東坡《石恪維摩贊》，大千竟然又是靠朱省齋奔走買進來的。此《贊》曾經由省齋的外舅梁鴻志收藏，四十年代末期忽然在香港為省齋發現，立即轉告大千，大千願意傾囊以迎，懇求省齋力為介說；幾經磋商，卒為所得。」一九五〇年朱樸和譚敬「同寓香港思豪酒店。一天，譚敬忽遭覆車之禍，身涉訴訟，急於用錢，打算出讓全部藏品。那時張大千正在印度大吉嶺避暑，省齋馳書通報，大千立刻回電說：『山谷伏波神祠詩卷，弟寤寐求之者已二十餘年，務懇代為竭力設法，以償所願！』省齋接電話後幾經周折，終於成事。」

沈葦窗在〈朱省齋傷心超覽樓〉文中說：「我草創《大人》雜誌，省齋每期為我寫稿，更提供許多書畫資料。那時，省齋在王寬誠的寫字樓供職，薪水甚少，但有一間寫字間卻很大，他每天下午到那裡去轉一轉，看看西報，主要的工作是為王寬誠鑑定書畫。因此，他於一九五七、一九六〇都回過上海，又到北京，而在最後一次他回香港經過深圳之時，卻遇見一件驚心動魄的事情，從此，他就不敢再北上了。原來省齋到北京，遇見瞿兌之，瞿家有一件齊白石的山水畫長卷，是他家的一段故事，名為《超覽樓褉集圖》……兌之晚年，境遇不佳，省齋卻對此卷念念不忘，因之和兌之磋商，以人民幣四百元讓到手上，……省齋得此畫後，十分得意，已在畫右下角，鈐上陳巨來為他刻的『朱省齋書畫記』印章，並在北京覓人攝影。不料在返港之際，在深圳遇見虎而冠者，從行李中搜出此物，認為盜竊國寶，罪無可逭，幾欲繩之於法。幸得長袖善舞最近在港逝世之某君為之緩頰，方保無事。省齋告我，當時心膽俱裂，確實有此情景，畫件當然沒收，後來再沒有下落了！省齋當年曾說，此件到港可值萬金以上，如今看來，十百倍都不止，而省齋從此得怔忡之疾，一九七〇年十二月九日歿於九龍寓邸，享年六十有九。」

朱省齋十幾年來先後出版《省齋讀畫記》、《書畫隨筆》、《海外所見名畫錄》、《畫人畫事》、《藝苑談往》五本專談書畫的書籍。他在一九五四年出版的《省齋讀畫記》〈弁言〉中說：「作者並不能畫，惟嗜此則甚於一切。十餘年前在滬常與吳湖帆先生相往還，初得其趣；近年在港，隨張大千先生遊，朝夕過從，獲益更多。竊謂本書之作，雖未敢媲美《江村銷夏錄》、《庚子銷夏記》等名著，但對於同好之士，或能勉供參考之一助也。」他在《藝苑談往》〈引言〉中又說：「雖然文不足取，但是所謂敝帚自珍，覺得也還有其出版之價值。尤其書中如〈石濤繁川春遠圖始末記〉、〈董北苑瀟湘圖始末記〉、〈關於顧閎中韓熙載夜宴圖的故事〉、〈黃山谷伏波神祠詩畫卷始末記〉諸篇，其中所述，雖不敢自詡謂鄙人『獨得之秘』，但因都曾經身預其事，知之較切，自非如一般途聽道說，摭人唾餘者之可比。」

與朱樸有數十年友誼的金雄白說：「在香港二十餘年中，他已成為中國古代文物的鑑賞專家。以他的天賦聰明，兼得他丈人長樂梁眾異氏之指點，又因先後與吳湖帆、張大千交遊，耳濡目染之餘，又寖饋於此，乃卓然有成。近來他的著作中，也十九屬於談論古今的書畫人物，遠至美國，每遇珍品，輒先央其作最後的鑑定，以為取捨之標準。」而對於書畫之鑑定，朱樸寫有一長文〈論書畫賞鑑之不易〉，他認為賞鑑者，乃是一種極專門又極深奧的學問，普通一般的書畫家不一定也是賞鑑家，而所謂收藏家者，更不一定就是賞鑑家。余恩鑅在其《藏拙軒珍賞目》序文說：「近來市肆家變幻百出，遇名畫與題跋分裂為二，每有畫真跋假，以畫掩字；畫假跋真，以字掩畫。又有前朝無名氏畫，妄填姓名；或因收藏家以印章題跋為證據，依樣雕刻，照本描摹。直幅則列滿邊額，橫卷則排綴首尾，類皆前朝印璽名人款識，施之贋本。而俗眼不察，至以燕石為瓊瑤，下駟為駿骨，冀得厚資而質之。」因此朱樸最後總結說：「賞鑑是一件難事，而書畫的賞鑑則尤是難事之難事，應該是萬古不磨之論。董其昌有言曰：『宋元名畫，一幅百金；鑑定稍訛，輒收贋本。翰墨之事，談何容易！』真是一點也不錯。」

古今文史半月刊第十三期至第十八期

目次

第十六期　民國三十二年二月一日

第十七期　民國三十二年二月十六日

第十八期　民國三十二年三月一日

古今文史半月刊第十九期至第二十四期

目次

第十九期 民國三十二年三月十六日 周年紀念特大號

第二十、二十一期 民國三十二年四月十六日

第二十二期 民國三十二年五月一日

第二十三期 民國三十二年五月十六日

第二十四期 民國三十二年六月一日

古今

半月刊　第十三期

本期特稿

盛衰閱盡話滄桑

周佛海著

古今合訂本第二冊發售廣告

古今合訂本原以分貽友好及應付補購者而製，故訂數不多，不意第一冊發售後，因內容精美，裝釘雅觀之故，立即售罄，致向隅者電詢函詰，不下數百起，使敝社窮于應付，殊感抱歉。茲古今已出滿第十二期，特將第七期起至十二期止，彙訂一冊，冊首附加目錄通檢，既便保存，又便閱覽。定價每冊實價二十元（郵費在內），十二月中旬出版，凡匯款賜函，請逕寄『上海亞爾培路二號古今出版社』。當即日以掛號郵奉不誤。製數不多，欲免向隅，幸請從速。

徵求古今合訂本第一冊

茲徵求古今合訂本第一冊，如願割愛者請送交上海成都路晉德坊廿二號朱潤卿君（電話三六八一二），當以現金三十元奉酬。

古今半月刊增價啓事

茲因紙張印刷無不漲價，本社爲減輕虧累起見，不得已酌量增加定價，改爲零售每冊二元，批發折扣照舊。同時定閱價目亦略有更改，請參閱定閱價目表爲荷。此希公鑒。

古今出版社謹啓

（三十一年十二月十六日）

古今半月刊接受定戶啓事

本刊前因出版社尚未成立，致未能接收定戶，然本外埠讀者，均因零購不便，紛紛向總代經售處函詢，未能應命，殊爲抱歉。茲出版社業已成立，爲酬答讀者雅意起見，決自行辦理定戶，當此物價靡定之日，接收定戶，在出版者原爲一種損失，故暫以一千戶爲限，超出此數，當另籌他法，以謀救濟。價目表列後，欲定從速。此希公鑒。

定戶兩大利益

一．定閱期中決不漲價

二．比批發可先發出

定閱價目（郵運在內）

	半年	全年
本埠	二十四元	四十八元
外埠	二十五元	五十元

（郵票代洋九折實收）

古今半月刊第十三期目次

中華民國三十一年十二月十六日出版

社長　朱樸
主編　陶亢德　周黎庵
發行者　古今出版社　上海亞爾培路二號
發行所　古今出版社　上海亞爾培路二號
印刷者　國民新聞圖書印刷公司　上海靜安寺路一九二六號
經售處　各大書坊報販

本刊每逢一日十六日出版　零售每冊二元

定閱價目（連郵費）

	半年	全年
本埠	廿四元	四十八元
外埠	廿五元	五十元

國民政府宣傳部　登記證滬誌字第七六號
公共租界警務處　登記證C字第一〇一二號

盛衰閱盡話滄桑

周佛海

祇要把從古到今的歷史，翻閱一遍，任何人都會感覺世事無常，人生靡定，而有盛衰興亡之感。不過在紙面上閱讀所生的感覺，決沒有由實際經歷而發生的那樣痛切，那樣深刻。「王侯第宅皆新主，文武衣冠異昔時。」這類的滄桑之感，不是親身經歷，決不會體念出其中所含的無限變幻莫測的淒涼酸辛的味道。

我年齡不過四十餘歲，參加政治生活，也不過十六七年，所親自經歷的事情，較之幾朝遺老，革命先輩，當然要少得多，配不上說閱盡興亡，歷盡盛衰。不過自從中華民國成立，至今三十一年，在這個短短的時期之中所發生的盛衰升沈的事實，實在比昇平時代一百年中所發生的要多得多！所以浮沈於這個三十一年中的人們，其所遭遇的變化，其所感覺的滄桑，一定比昇平時代的三十一年，要豐富而深刻得多。就我個人說，國民革命時代以前的變化，例如民初的雨後春筍般的政黨潮流的漲落，洪憲的興亡，以及以後北洋各系軍閥的走馬燈式的離合盛衰，雖然祇在報紙上閱讀，已經令人感覺得白雲蒼狗，變幻無窮了。自從國民革命以後，雖然祇有十九年，却親自經歷過許多突起突滅，時分時合，忽盛忽衰的悲劇和喜劇，令人啼笑皆非，悲喜莫是。在這樣起落不定的澎湃潮流中沈浮了十幾年，焉得不令人感覺得個人的事，無一不是空的，而發生消極之思呢？成固不足喜，敗亦何必憂。得固不足樂，失又何必悲。榮華富貴，權位利祿，轉眼皆空，何必勞形苦心於這些身外之物的追求和爭奪呢！

我是民國十三年五月由日本京都到廣州的。當時　國父任大元帥，正是國民黨第一次全國代表大會之後，國共開始正式合作的時候。當時革命基礎，眞是風雨飄搖，談不到穩固。我們且不說廣東省以外的各省，都爲張作霖、吳佩孚、孫傳芳、張宗昌等大軍閥，以及其他許多小軍閥所盤踞；就是廣東省以內，陳炯明割據於東江，鄧本殷虎踞於南路，革命根據地，不過是廣州府屬及北江、西江的二十餘縣；我們且不說革命根據地以外的軍閥，就是革命根據地以內，那裏能夠統一指揮。當時雖有粵軍、湘軍、滇軍、桂軍。而最強有力的滇軍，却跋扈異常，桂軍力量雖不大，而作惡都是一樣。干涉行政，把持稅收，包庇煙賭，竟是無惡不作。粵軍湘軍，爲自存計，當然程度稍有差別，辦法也是一樣。而且在廣州，肘腋之下，還有和英國勾結的商團。在這種革命環境之中，當時誰也做夢都想不到四年之後，革命軍可以直搗幽燕，完成北伐，使國民黨統一中國。從十三年下半年到十四年年底一年半的時間內，咆哮的商團解決了，跋扈的滇桂軍消滅了，負嵎的陳鄧驅除了。當時氣燄薰天，炙手可熱的反革命和假革命的軍政巨頭，一個個抱頭鼠竄的亡命去了。革命政府，改爲國民政府，於七月一日成立了。在國民革命，固然是初步成功，在他們個人，何嘗不是從極得意的地位，變成極失意的情形？何嘗不是從有權力地位，變成了黃粱一夢！這些經過，我都親自經歷，有些而且參加的。在我們成功者歡欣鼓舞的一方面，正反映着別方面失敗者的垂頭喪氣。

正在這個時候的前後，本黨的領袖之間，因爲廖仲凱先生被暗殺一案爲發端，發生了極遽急，極激烈的分離和排斥的運動。外患甫平，內變突起。十四年下半年至十五年上半年之交，黨內各領袖間關係變化之劇烈，直令人目眩神迷。其中經過，不必詳敍，但是當時却不能不令我發生世變莫測的深刻的感慨。

十五年七月北伐了。當時對北伐的前途，誰也沒有絲毫把握。北伐軍隊，不過是七湊八湊而成的七八萬人。無論在數量方面或質量方面，都趕不及盤踞長江上下游的吳佩孚及盤踞長江中下游的孫傳芳的軍隊。（張作霖的軍隊，還不在內。當時的策略，是攻吳聯孫不理張。）但是精神的力量，竟克服了物質的缺憾，經過汀泗橋賀勝橋兩役，革命軍竟如摧枯拉朽的佔據了漢陽和漢口。武昌圍攻了一月，在十五年雙十節那天進了城。當時總政治部在漢口的小同志，精神奮發，分乘着汽車赴漢口市各地去發傳單。我也很高興的坐着一輛汽車伴着他們去宣傳。城破之後，總司令行營，便搬進了武昌的「督署」。我奉命爲行營祕書，襄助行營主任鄧演達。叱咤風雲，睥睨一世的吳大帥，竟這樣輕易的打倒了。一朝天子一朝臣，武漢陡然產生了許多新貴，同時另一面，當然又產生了大批失意的政客和官僚。不久，九江南昌，相繼佔領了。武漢形勢，越加鞏固，而孫傳芳却敗走南京城。從十五年秋，到十六年秋，不僅長江方面，革命勢力日益發展，因爲馮玉祥師出潼關，革命軍攻出武勝關，以及奉軍南下與革命軍對壘，整個北方的局勢，也發生極大的動搖和變化；就是本黨的內部也發生了極大的分化。隨着革命勢力的發展，國共的磨擦，黨內的糾紛，也同時激盪的發展而尖銳化。

當時我奉命爲中央軍事政治學校祕書長兼政治部主任，校長是蔣先生。鄧演達代理校長，張文白（治中）爲教育長。鄧的兼職很多，張也兼學兵團團長，另外在南湖訓練三四千人。所以學校的事，大半由我主持。當時最痛苦的，就是應付國共的磨擦。我已於十三年冬在廣州脫離了共產黨，所以共產黨對我，自然是對立的。同時國民黨的右派，却認我仍然帶有紅色，時加以監視和牽制。當時工兵隊和礮兵隊的學生，是從黃埔調來的，步兵學生二千餘人，則是在武漢新招的。我是學生招齊了之後，纔被調到學校，所以新招的學生，三分之二是共產份子。十六年一月蔣先生由南昌到漢口，有一晚我深夜去看他，把學生份子複雜的情形報告他，他要我切實的監視。記得當晚去訪的，還有當時被共產黨壓得氣都透不出來的葉楚傖。他也是祕密的去談國共的問題的。

革命勢力既已發展，國民政府當然不能蟄居廣州一隅，而要遷移了。當時本決定遷移武漢，而蔣先生因為武漢幾全為共產黨所支配，而且唐生智也另有打算，所以主張暫遷南昌。為了這個問題，不單是國共之間，爭鬭激烈，黨的內部，也非常糾紛。結果，還是遷到武漢。蔣在武漢不過九天，就回南昌，準備攻略南京。當時共黨對我和文白，更加嚴密監視。蔣於南昌出發之前，曾三電文白，叫他帶着學兵團赴安慶待命，作為總預備隊。三電沒有得覆，遂打電來問我。我去詢文白，纔知道當時文白的往來電報都被扣留了，我遂回了一電，究竟接得與否，以後也沒有去查。但是因此共黨對我監視越加厲害，請鄧演達派了有名的共黨惲代英來做總政治教官，實際上執行政治部主任的職務，文白隨着被迫辭去學兵團長及分校教育長的職務了。那時我們都有離開武漢的決心了。有一晚在漢口的一個小旅館和文白密談，他決定先去，並送我三百元，作為緊急時的旅費。當時的三百元，值得現在的三萬。所以他的盛情，我至今不忘。文白去後，我時時準備逃走，但是因為妻兒都在武漢，而輪船碼頭上共產黨的工人糾察隊，稽查更加嚴密，我如被發現逃走，不待說是處死刑。因為當時的糾察隊，是可以隨便殺人的。

在這個前後，革命軍佔據了上海、南京，不僅孫傳芳打得棄甲曳兵而走，張宗昌的援軍，也如秋風掃落葉似的，趕回山東去了。於是國民革命軍，遂奠定了長江流域。

南京克復之後，不久就是十六年四月，南京又成立了一個國民政府，和武漢的國民政府，遙相對峙。

我那時在武漢脫身不得，正在百計圖逃的時候，四月下旬，忽然夏斗寅的軍隊，舉起反共的旗幟，由宜昌東下，直迫武昌。那時第四第八等主要的軍隊，已開往河南，武昌沒有有力的軍隊，足以抵抗夏軍，於是把我們學校幾千學生，編為一個獨立師，開出去打仗。當時如果要我一同出發，那就會永久不能脫身，僥倖他們不要我去，惲代英以代理政治部主任的名義，隨軍出發，我仍留校留守，那時因夏軍逼近，共產黨也深爲恐慌，以全力集中去應付，稽查得沒有那種嚴密了。我想此時不走，更待何時？於是在漢口法租界開一個小旅館，妻兒以看戲洗澡爲名，住在旅館，好在沒有甚麼貴重物品，不過幾件隨身衣服，也很容易陸續運過江，正在這個時候，我們的老友陶希聖忽來談，我便告他我要走了，並勸他也走。他說隨身只是軍裝，沒有便服，不易逃脫。我太太淑慧，就把我的長衫短襖送了他一套。誰知以後他竟沒有走，竟做了學生改編而成的獨立師的軍法處長，被逼殺了不少的國民黨同志。以後武漢分共的時候，還隨着這個隊伍跑到南昌。一直到葉挺賀龍等共產黨在南昌暴動的時候，纔能脫身。可見遇緊急關頭，如果不當機立斷，沒有不貽誤的。不過他沒有把我要走的話去告密，這還算是夠朋友的。這些閑話，不必多提。

那時我岳父也在漢口，他認識太古洋行黃浦輪船的買辦，和這位買辦商量好，在清晨六時左右，由他接我上船，住在買辦房中，以後妻兒陸續也上了船。一上了船，我便安心了。因爲那時漢口英租界雖然收回，英帝國主義，仍有餘威，共產黨無論如何猖獗，還不致上船搜查。於是就如此這般的於五月初間離開了漢口。以後聽見說，他們發現我逃脫，立即電九江軍警截留。幸而這隻船在九江沒有靠岸，就此脫出虎口了。

誰知跳出了天羅，却跌入了地網！世事固然變化莫測，但也不是無緣無故而發生的。

前面曾略提過，黨內的左派，還以爲我帶有紅色，所以我也特別小心，打算先到上海。到上海後，電蔣先生及張文白戴季陶等朋友，然後再到南京，所以船經南京，並未上岸。以後船到鎮江略停即開。船開後，買辦神色倉皇到房裏來說，南京派了四個偵探坐火車到鎮江，上了這隻船，說明我在這船上，到了上海，便要逮捕。我深覺事情離奇，百思不得其解，以後纔知道我偶爾到甲板散步，被幾個同樣由武漢逃出的政治工作同志看見了。他們認爲我是共產黨，在南京上岸，立即去報告當時總政治訓練部副主任陳眞如（銘樞）。（主任是吳稚暉，不管事的。）陳便派人跟蹤，並電上海逮捕。這些話都是以後他自己告訴我的。當時便同岳父和淑慧還有幾個同行朋友商量，決定到滬我先上岸，立即分電各方，他們隨後搬運行李，到了楊樹浦已經是晚上九點多鐘了。岳父送我上岸，叫了一部汽車，看着開車了，他以爲無事，便回船去帶領我的妻兒上岸。誰知車開不到三分鐘忽來了大批巡捕，把車阻住。有人拿電筒把我一照，就叫我下車，一付手鐐，立即銬上了我的雙手。我心裏想：「眞的被捕了。」

世界上的事情，眞是離奇滑稽。奉命來捕我的，便是現任內政部長陳人鶴（羣）同志。我在人羣中看見了他，便很高興的高呼：「人鶴！我來了」。他那時也是上命差遣，概不由己，或者以爲我眞是共產黨，所以便假裝沒有聽見走開了。他當時的地位，除此別無他法，也難怪他，我當時便想如何能通一個消息與淑慧。恰巧同行的一個留日同學經過身傍，我便用日語告訴他，我被捕了，要他通知淑慧，不久我便和其他五人一併帶到巡捕房。後來聽說當時立即要把我引渡到豐林橋的特務處去，却因爲那時已是星期六晚上，第二天又是星期，所以我便在巡捕房關了四天。僥倖有這四天的餘裕，淑慧纔能向各方奔走營救。如果早一兩天渡引過去，那眞是「吾命休矣」。因爲那時殺個把人那裏算一囘事。

當晚五個人被送進一間牢獄去，中間已睡了十二三個人，都是蓬頭垢面的，一個個像是惡魔。我當時疲倦萬分，在人縫中擇一個隙地，納頭便睡。次晨星期日，把我們數人帶到另一空房。這一天昏昏沈沈的過去了，顆粒未曾入口。在那種情形之下，就是甚麼珍饈美味也都不能吃下去，何況是不能下嚥的牢飯！星期一中午時分，有人在門外叫我的名字，我從鐵門上小小的洞口看出去，原來淑慧站在門口。這個時候，我不禁潸然淚下。原來淑慧接得消息後，急得要死，半響不省人事。後來精神略定，便去找文白，湊巧他赴杭，遂託其家電杭報告，再去找李陶，而李陶又在南京。當時上海傳說共產黨捉到就殺，淑慧不知我當晚究竟在那裏，一定要查明我的所在地。虧她忽然想起老友郭復初（泰祺）。他那時做着上海特派交涉員。她於是到他原寓去找，却已遷居。深夜一時許坐車到豐林橋交涉使署，纔探到新的地址。再找到新的寓址，復初夫婦，剛剛跳舞囘家，適王雪艇（世杰）亦在座。於是他們立即電話吳稚暉先生，請他即械楊嘯天（虎）——一時做特務處長——營救。但是我究竟在那裏，當晚終未能查出。星期日費了一天的工夫，纔查出我關在楊樹浦巡捕房，所以星期一特來探監，送一些吃的東西。她告訴我報上已登出我被捕的消息，各方面都已打電報去了，勸我放心。我也安慰了她幾句，斷腸人慰斷腸人，談話不到十五分鐘，便被無情的牢子硬叫她出去了。但是我却因爲她的一次探監，精神上得了無限的安慰，也就安心靜候了。星期二上午坐着囚犯的車子，被帶到第一特區法院出堂，法官倒也客氣，問了幾句，便令囘押。淑慧運動就在法院保釋，當時院長是廣東大學同事盧興原，也很幫忙。但是終於星期四被引渡到豐林橋特務處了。

特務處借着一間洋房做臨時牢獄，我進去時中間已有十餘人。這裏的牢飯，比巡捕房的好得多。不過在巡捕房不要銬手鐐，此地却要銬。而且大概因爲手鐐不夠的原故，兩個人銬一付。大小便時，固然極不方便，因爲一個人大解的時候，一個不要大解的人，硬逼得要立在傍邊等，就是吃飯睡覺的時候，也極不方便。大約兩天之後，文白跑來看我，看見鐵索瑯瑺的情形，便上樓和楊嘯天大吵一頓，於是我的手鐐，便因此除下了。雙手自由之後，多了一件差使，就是吃飯的時候，爲被銬手不自由的同伴盛飯。坐在內裏心理，有時希望外面叫我出去，有時却又怕被叫。因爲同房被叫出去的人，有些雖然仍舊囘來，背上却被打得皮破血流。有些一出去就不囘來了。這些人中，有些是被釋囘家，有些都被送到老家。所以又想被叫，又怕被叫。大約三天之後，門外眞的叫出我的名字了。禍福不可知，吉凶難預料，衹得硬着頭皮出去。却原來是審問。一個年輕的小伙子做法官坐在上面，我因爲眼鏡被取去，近視眼看不清楚，面孔好像認得。他開口便說：「在廣州我常聽你講演，現在你却要受我審問了。」我聽見了這樣揶揄的腔調，眞是無名火高三千丈，幾乎要罵出來。立卽便想到好漢不吃眼前虧，他雖然是毛頭小子，我現在却是階下囚。於是便「他問一句來我答一聲」。約莫二十分鐘左右，忽然有人送一個條子給法官看。他看了便說：「現在不審了，你太太來看你，你去會她罷！」原來淑慧正在這個時候要郭復初陪着她見楊嘯天，要求見我。嘯天無法，遂下條停止審問，並要我上樓和淑慧見面。淑慧告訴我當晚赴南京託季陶，因爲當時蔣赴徐州作戰，南京上海主張殺我的人都很多，陳眞如不敢負責釋放。當時是沒有錢買臥舖的，可憐淑慧晚上坐着三等車來往了幾次，而且有時沒有坐位，竟站立幾個鐘頭。

這樣糊糊塗塗，在牢裏再住了大約兩個星期。同住十餘人，也不知誰是眞的共產黨，誰是假的。因爲同住一起，也不管並不問誰是眞的，誰是假的。閑着無事，跟同關着的一個人學唱二本虹霓關「見此情不由人心中暗想」那段二六。有一天下午六時左右，外面又叫起我的名字來了。我想一定是前囘審我那個小傢伙，閑着無事，又要拿我尋開心。誰知外面叫了我的名字之後，接着說：「把你的衣服帶出來。」我聽了這句話，知道是釋放了。對同住的人，拱手說一聲：「告辭了！」便拿着包裹出來了。出來之後，看見一個副官模樣的軍官，帶着四個帶駁殼槍的兵士，把我的雙手，又鐐銬起來。帶我出了大門，門前早有一部汽車等着。上了汽車，往鄉間直開。越走越荒涼，而且又已夕陽西下。我想來想去，不知到那裏去。釋放嗎？何以不叫我家裏人來領去？何以又要銬手？鎗斃嗎？何以叫把衣服帶出來？難道眞的因爲「黃泉無客店」，怕我受寒冷嗎？問那位副官，只囘答說：「等歇你就會曉得。」後來到了南站，纔知道是押解我赴南京。次晨到了南京，逕送我到戶部街當時的總政治部。當時時間還早，陳眞如沒有來，便押在門房候着。不久來了一位副官，叫把手鐐開了，帶我上樓。眞如一見，便笑容滿面握手說：「對不起，開了你一個玩笑。」談了半天，便說：「今天還在我這裏住一天，休息一下，明天再出去看朋友罷。」於是便叫副官送我到一間房間。當時蔣先生尙在徐州，大約是打電去請示。第二天便把我送到鐵湯池丁公館，交給季陶。鐵湯池丁公館，便是現在的財政部。這也是當時夢想不到的事。和季陶共進了午飯之後，便去旅館訪文白。適淑慧也趕到。夫妻重圓，不禁悲喜交集。這是我生死關頭，所以這一段特別寫得詳細。

蔣先生回京的時候，我去見他。他劈頭便問我爲甚麼不在南京上岸，惹出這些麻煩。當時南京籌辦中央陸軍軍官學校，文白被派爲政治部主任，我又被派爲政治總教官。這個時候稍閑，便開始著述「三民主義的理論體系」。

十六年六七月以後，武漢的國民政府，發生了變化，南京國民政府，也發生了暗潮。就是武漢也開始反共，把持一切的鮑羅庭，被送回俄了。這樣的劇變，决不是兩三個月以前所能夢想的。南京則蔣與桂系之間也發生了極激烈的暗潮。當時廣西第七軍，好像是駐在蚌埠一帶。蔣因爲環境所逼，遂不得不於八月下野了。這樣突如其來，天翻地覆的激變，眞令人震動異常。一個連戰連捷的革命軍主帥，在餘敵尙圖掙扎，內部阢隉不寗的時候，忽然棄職下野，革命軍的前途，眞要發生整個的動搖。

在這個驚濤駭浪之中，我當然也跟着到了上海。這一次不能不說是一幕政治上極急激，極劇烈的變動。

當時季陶已在廣州任中山大學校長，電我赴粵襄助，我於是又到了廣州。這時正是葉挺率着共產軍在南昌暴動後，率部直趨廣州。我到粵不到兩月，看見形勢岌岌可危，便和季陶回滬過陰曆年。我們離開粵不久，共產軍便攻入廣州，焚燒屠殺了一塲。

回滬之後，知道蔣先生要在上海辦一個刊物，指定季陶、力子、果夫、布雷和我五人爲委員，並指定我負總責。我們决定名「新生命月刊」。於是風靡一時的新生命月刊，便於十七年一月產生了。（新生命月刊發刊辭係季陶所寫。）

在我在上海辦理新生命月刊的時候，南京的方面，是白崇禧和何應欽支持的。桂系和唐生智之間，此時發生了磨擦，桂軍西征，把唐趕走了。唐生智崩潰得這樣快，眞出人意料之外。因爲何鍵當時做安徽主席，安徽也是唐的地盤。兵敗如山倒，這句話眞有道理。於是武漢便成爲桂系的地盤。因此十六年九月，武漢的國民政府搬到南京，和南京的國民政府合併統一了。

蔣先生由日本返國，於十七年一月東山再起，復任總司令，削了何敬之的兵權，調爲總參謀長，把國民革命軍，編爲四個集團，自任總司令，兼第一集團司令，而以馮玉祥、閻錫山、李宗仁分任第二三四集團軍總司令。這樣重整陣容繼續北伐。李白佔據武漢的地盤，另組武漢政治分會，而以程潛爲主席。但是不久程又被李白軟禁去職了。這是後話。

一朝天子一朝臣，我又奉派爲中央陸軍軍官學校政治部主任，復理舊業。當時新生命月刊，發展極快，極受各方的歡迎，和當時公博所辦的「革命評論」，並駕齊驅。雖然我們只談理論，「革命評論」兼談實際問題，但是都可以支配並指導當時青年的思想。同時顧孟餘也在上海辦了一種雜誌，名「前進」，却是無聲無臭，毫無影響。當時我又辦了一個新生命書店，出版許多叢書。我的「三民主義的理論體系」，三個月之中，銷售了四萬餘册。在上海正幹得起勁，眞不想到南京去重彈舊調。以後因爲命令既不可違，友朋又復相勸，所以把新生命月刊，帶到南京來編，重復穿起軍服，掛起皮帶，去過半軍人半文人的生活。

我因爲在學校工作，所以沒有隨軍出發。國民革命軍四個集團，同時並進，孫傳芳張宗昌的殘部不必說，奉軍的主力也擊退了，張作霖出關回奉而被炸了。於是各路的革命軍，就會師於北京，而北伐因以告成。

七月份蔣先生要到北京去，文人之中指定力子、布雷、立夫、和我隨行，在身邊幫忙。另外張岳軍（羣）和楊暢卿（永泰）先往，暗中策劃。一行浩浩蕩蕩，受着沿途迎送，先到保定，和白崇禧等前方各路總指揮先行見面，再到北京。我們都隨節駐在西山碧雲寺。當時　國父靈寢，仍在西山，遂舉行祭靈大典，報告北伐完成。記得讀祭文的，是當時第三集團軍之下的總指揮商震，一口北京口音，聲調抑揚，很能動人。當時不僅四個集團軍總司令，就是各路總指揮，也都齊集北京。濟濟一堂，眞是極一時之盛。大家興致之高，意氣之豪，眞是不可一世。當時東北易幟，接洽將成，從此化干戈爲玉帛，易割據爲統一，中國前途，眞有無窮的希望和光明。我當時雖然是一個跑龍套的角色，但是親歷其境，這個盛況，畢生不忘。現在回想起來，眞是萬感交集！

當時集議之下，定了編遣計劃，接着召集編遣委員會，誰知以後的反覆內戰，却由這個編遣計劃而種下了惡因。這是後話，不必去說。

隨節回京以後，因爲種種關係，仍想去上海專辦宣傳文化工作，託果夫屢爲婉言，好容易得了許可，於是於十月辭去軍校職務回到上海。在這個時期之內，武漢和南京的關係，日漸惡化，暗潮漸漸高漲，終於澎湃爲不可遏止的戰潮了。

彷彿是十八年的二月間，蔣先生到了上海，我去看他。他說：「你還是到南京去幫忙，就去。」到了南京，要我搬進總司令部，於是就住在力子隔壁的房間，就是現在三元巷警官學校的前樓。前年兼任警政部長，到警官學校去視察的時候，在這個房中徘徊許久，感慨倍生。這時正在召集國民黨第三次代表大會，滑稽得很，我被指派爲菲律濱的黨員代表。那時也不知道是因爲甚麼原因，大部青年同志，對胡漢民先生感情都不甚好。在開會的時候，大鬧一場，我和段錫朋、洪陸東、蕭錚、何思源等十餘人，當場退席，再不出席了。以後纔知道這次我若不退席，可以當選爲中委，因爲名單早已祕密擬好了。當時胡先生還疑心是蔣先生，至少，是果夫叫我們幹的，和他爲難。其實這是冤枉，完全是我們十幾個青年同志自動幹的。因爲當時蔣先生對武漢將有所舉動，要運用代表大會授權給他，處理緊急事變。

有天晚上，蔣先生親自打電話給我說：「請你馬上到公館來一下。」那時他的公館就在總司令部之後，內裏是可通的。他叫我草擬一篇討伐李白的宣言，並口授李白種種背信和不法的事實和要加以討伐的理由。我心裏暗想，眞的要幹起來了。

前方已接觸起來了，約是十八年三月，我奉命隨同出發，隨節坐着楚有軍艦上駛。當時有兩個幕後人物，文的仍是楊暢卿，武的便是廣西軍人前輩俞作柏。他們另外坐一隻被徵發的招商局的船隨後跟上。因爲運用俞作柏的關係，桂軍裏面最有力兩個師長李明瑞和楊騰輝早已和中央發生了關係。等到中央軍進了湖北境，桂軍這兩部有力部隊，忽然宣佈擁護中央，李白自然不能不退出武漢了。彷彿我們出發以後不到一個月，桂系在武漢的勢力便崩潰了。楚有軍艦停泊在漢口下游五十餘里的江中，看見上面駛來一隻小火輪，原來是民衆團體的代表來歡迎。我代表接見，並發表簡單的談話。於是楚有軍艦，便逕駛到漢口。這次桂系崩潰得這樣快，沒有大規模的戰爭，就解決了武漢問題，也是出人意料之外。

到漢口不久，便奉命爲訓練總監部政治訓練處處長，兼總司令部政治部主任，於是又穿起軍衣，掛起皮帶了。

舊地重遊，回想十六年脫出武漢的情形，眞有隔世之感。自從我離開武漢之後，武漢的局面，經過了好幾次的大變化。由共產黨猖獗，演變成武漢清共，由清共而變成唐生智獨裁。唐生智崩潰，繼之以桂系當權。現在又變一個局面了。在這短短的兩年之中，在這小小的區域之內，就發生這許多次人事升沈，派系盛衰的現象，政潮的起伏，個人的得失，那裏能夠預料，那裏可以認眞！

兩湖奠定之後，便隨節回了南京。正在這時前後，第二幕的活劇，又將醞釀成功了。蔣馮之間，隔膜日甚一日，暗潮也一天一天的高漲起來，五月以後，愈加決裂。看見兩人來往電報，打筆墨官司，就知道不久也要兵戎相見了。雙方都調兵遣將，劍拔弩張，準備大戰。但是馮以退爲進，表面上，於五月底通電下野，以閻之邀約，赴山西晉祠，閻同時也請陪馮出洋，這不知甚麼把戲，大約是消極抵制。因此蔣於八月再到北京一次，這次我也同行，同住北京飯店。閻來北京會談，蔣勸閻不必出洋，但馮必須出洋。閻因之稱病入德國醫院，謝絕見客。我們住一個多禮拜，便囘南京。

蔣先生手法眞巧妙，早已和馮部有力部隊韓復榘、石友三有了接洽，韓石忽於此時也通電擁護中央。同時起用了唐生智，叫他到天津集合因北伐留在京津一帶的湘軍，進駐鄭州。十月十日，西北將領通電討蔣，第一次蔣馮戰爭從此開幕了。

在武人磨槍擦刀的時候，我們拿筆桿的同志，就忙着草擬通電，宣言和宣傳大綱。唐生智以前敵總指揮的名義，指揮隊伍，在黑石關和登封、臨汝一帶和馮軍開火之後，我于十一月初又奉命隨節出發了。先坐船到漢口，再乘車到許昌。總司令部，卽設在火車上。唐生智當然到許昌來了。兩年多不見，他已是升而沉，由沉復升，翻了幾個觔斗了。當時韓復榘、石友三、何雪竹（成濬）等，都集合許昌。會商後，唐便出發到黑石關去督師了。經過了幾次激戰，馮軍節節敗退，戰局已具有了決定性，不難結束。而其他方面的複雜變化，却非到南京去處理和應付不可，所以唐生智便奉命代行總司令職權，全權處理前方事務，於是我們又隨節返京。這次到許昌，不過一月，前後計算，軍事行動，也不過約略兩個月，這場糾紛，就告結束，不能不說解決得快了。

不圖霹靂一聲，由天外飛來，於我們囘京後不久，代行總司令職權的唐生智，在鄭州宣佈脫離中央而獨立了。當時我們實在奇怪。唐要這樣幹，爲甚麼不在馮軍未敗之前和馮軍聯起來幹呢？何以在馮軍既敗之後、中央應付裕如的時候，有此異動呢？何不再等適當時機纔幹呢？大約他因爲武漢空虛，所以想領兵直窺武漢，恢復他民國十六年武漢的局面。那知道被阻於漯河，於大雪之下，幾日激戰，他仍不能不離開軍隊，再去作寓公了。於是突然而起的高潮，又突然消滅下去。變幻莫測，何勝感慨。

當唐在鄭州異動的時候，在鄭州的中央機關和要人還很多，事前一無所聞。每晚和唐一起打麻將的朋友，也一些不知。當時經理署長俞樵峯（飛鵬）也在鄭州，唐看着打麻將的情分，沒有綁財神，請他安全的離開。鐵甲車司令蔣素心（鋤歐）因爲是湖南人，被唐硬扣留幫忙。以後素心告訴我，當漯河戰敗之後，唐進退兩難。有天無聊，和素心等拆字，以決吉凶。當時擇了一個「道」字，於是唐決心逃走。因爲「道」字，暗示「首領要走了」。這也是政局動盪中的一個逸話。

同樣的時候——恕我記憶力不佳，時間不能正確記憶——兩廣的形勢很不穩，陳眞如的軍隊，不夠鎮壓，因此派和陳很要好的朱一民（紹良）統率湘軍毛炳文部和石友三的一大部，由海道赴粵增援。石部集中浦口待船。有晚深夜，我接着憲兵司令谷紀常（正倫）的電話，說石部在浦口叛變了。（好像這個時候，唐生智還沒逃走，河南正在打仗。）大家都以爲石部一定渡江，占據南京。因爲一方面以爲唐石已有聯絡，一方面那時南京只有一團多憲兵和軍校幾千學生，空虛極了。當晚南京大爲震動。誰知石唐竟沒有具體的聯絡和計劃，石部竟不渡江，呼嘯北去了。當唐生智異動的時候，每次給蔣的電報，自己都還稱「職」。因此，胡展堂先生有「造反猶稱職，退兵不渡江」的兩句打油詩。

到了民國十九年，蔣閻之間的關係又漸漸惡化起來，聯馮的時候，用了馮系的薛篤弼做內政部長。打馮聯閻的時候，就任命了閻系的趙戴文爲監察院副院長，又給趙丕廉做蒙藏委員會委員長。但是閻系的要人，雖在中央任了要職，以任蔣閻間的意志疏通和感情聯絡，但是關係的惡劣，終難免趨於白熱化。

十九年二月初，一電飛來，閻以禮讓爲國的理由，約蔣一齊下野。於是雙方一面打筆墨官司，一面調兵遣將。消息一天緊一天，馮也離開晉祠，回到潼關去了。馮閻聯合起來倒蔣了。當時由津浦車南下的，完全是閻軍，閻親自指揮。沿平漢路南下的是馮軍，沿隴海路東進的，閻軍馮軍都有，而以閻軍爲主體，馮則駐鄭州指揮。我又奉命隨同出發，大約是十九年五月，先到濟南佈置津浦線方面的戰略，再到隴海線。總司令部當然就在車上。當時閻馮軍已趨過歸德，似乎在馬牧集，所以我們總部的專車，就停在碭山。開火以後，閻馮軍節節敗退，由歸德西撤。總部專車進至歸德，旋復進駐柳河。閻馮軍阨守蘭封，于是變成了陣地戰，綿延了好幾個月，使我們不能不在柳河車站烈日炎炎之下的鋼車中消夏了。平漢路由何雪竹指揮，雙方旋進旋退，無大激戰。隴海方面，好幾次由正面舉行中央突破，但因爲閻馮軍的壕溝，又寬又深，損失很大，死傷很多，終不能進展寸步。同時濟南被閻軍佔領了。如果乘勝直下，佔領徐州，隴海路後路截斷，我們就要回軍都不可能，所以當時情形，頗爲嚴重。我們在柳河，也很躭心。不過閻爲人持重，不敢冒險，兵力大約也不夠分配，所以沒有推進。正在這個時候，蔣光鼐、蔡廷楷的軍隊，由廣州調到津浦路反攻。李韞珩帶着一萬左右的湖南軍隊，由海道至青島登陸，沿膠濟路向濟南反攻。我記得李韞珩到柳河請訓的時候，愁眉苦臉的到我車廂中說：「湖南兵士都沒有坐過海船，山東地形又不熟，此行眞是沒有把握。」李雖是行伍出身，却是一員勇將，以後也建了不少戰功。

津浦線反攻，節節勝利，不久，濟南又收復了。但是隴海線仍是曠日持久，我們總部的車子，只是停留於柳河或歸德之間。有時雖也開到野雞崗和民權縣的最前線去督戰，但是不過幾個鐘頭，仍開回原地。

我和力子隨節住在車上，陳雪暄（調元）和顧墨三（祝同）兩個人的司令部，都在柳河車站附近的小村莊。車上熱得不可耐的時候，便去他們的村莊「避暑」。每天晚上，必定去的。我不會打麻將，便和不打牌的將領，上下古今的談個不休。照這樣，一個暑天也就混過去了。這個時候，有一段事情，不能不寫。當我們住在歸德的時候，有天晚上，我從夢中被鎗聲和很大的轟炸聲所驚醒。只聽見侍衛長王世和大呼道：「火車頭呢！」因爲正預備開動，所以火車頭離開了列車，當時火車欲開不得。鎗聲響了半小時始息。後悉是馮的騎兵，就是現任陸軍部次長鄭大章同志所指揮的，來襲飛機場。他們的任務，燒了飛機就囘。誰知那時我們車上只有兩百多衛兵，車站上又沒有其他軍隊。如果騎兵達到車站，主帥以下都要被俘。那末，那個時候以後的歷史，又是另外一個寫法。眞是氣數。不過那個時候，我們都學空城計的孔明，齊說一聲：「好險哪！」

在停頓在柳河的幾個月內，政治和軍事兩方面，都積極進行着很大的計劃。政治方面，就是張岳軍和吳鐵城奉命到奉天，勸張漢卿領兵進關。閻老西的代表，當然也在瀋陽。但是老閻捨不得用錢，而這邊却是揮金如土。以後小張果然領兵進關了。雖然不完全是化錢的結果，但是錢用得多，也不能不說是一個原因。軍事方面，因爲正面攻擊，中央突破，既不能成功，就不能不採取紆迴戰略。這次紆迴分幾路，而且規模很大。遠的一路竟紆迴到平漢路以西，去截斷鄭州以西的隴海路。軍事上各路紆迴部隊，開始動作，且順利進行；政治上張漢卿於九月二十左右，發表通電，主張罷兵，一切靜候中央置措，同時部隊也向關內移動。因此，隴海正面的馮閻軍很快的撤退了。我聽見了這個消息，興奮得很，等不及隨總部列車前進，先和陳雪暄坐汽車進了蘭封城。沿途時常聽見對方所埋地雷的爆炸聲，僥倖我們的汽車，沒有碰着。在蘭封縣公署住了一晚，第二天總部列車到了。我囘到列車，隨節進駐開封。到了開封，洗澡吃館子，高興極了。兵敗如山倒，我們於十月初旬，到達鄭州。馮部梁冠英等親來鄭州，歸順中央。中原大戰，於此告終。

當時賀貴嚴（耀組）做徐州行營主任。他由京坐一列專車來鄭。他的太太和淑慧，坐着他的專車來鄭遊玩。此時蔣先生已飛回南京參加雙十節。我便搬到貴嚴的專車上，四個人一路歡天喜地的談笑到京，久戍回家，倒也開心。

在我們停滯於柳河的時期內，有兩事須要記述。第一就是共產黨乘着後方空虛，攻入長沙，裹脅而去，到贛南設立了根據地。以後傾全國之師，費時三四年，還不能完全消滅，只是驅逐到西北，演成現在這樣的蔓延和猖獗，都是那次中原大戰造成的。第二就是蔣胡之間，又發生了磨擦和衝突。原來蔣主張戰事結束，召開國民會議，制定約法。胡則反對。南京與柳河之間，電報往還，早已辯論好幾次。而蔣仍於十月初電請國民政府，召開國民會議，頒佈訓政時期約法。

返京之後，又因爲張學良任副司令及張系人員來中央任職的問題，蔣胡意見，更形決裂。大約十二月初旬，蔣赴廬山，我也隨去。蔣在廬山對人發牢騷：「不願回南京，離南京越遠越好，想到西北去。」在這幾句簡單的話語之中，可見得蔣胡感情之惡劣了。但他在廬山考慮的結果，決定了去胡的大計，所以不到三個星期，便仍回京。我們當時，是一點都不知道他下了決心的。

到了民國二十年了。彷彿是二月底。我因事赴上海。時張岳軍任上海市長，約我和力子到一家酒館吃飯。他問我們道：「南京昨天晚上的事情，你們知道了嗎？」我們都很吃驚的齊聲答道：「不知道，甚麼事？」他說：「我也是剛纔纔曉得，胡先生被扣留了。」我和力子都吃一驚。這也不是一件小事。胡先生性燥，我們怕他自殺。至於西南，因爲這個問題，必有所舉動，乃是我們意料中之事。西北的活劇，方才演完，西南的舞台又要開幕了。果然在五月間南京召開國民會議的時候，廣州召開了中央執監委員非常會議，對蔣聲罪致討了。

國民會議散會後，因爲江西的共匪猖獗，所以不能不先行勦匪，至對西南問題，則明弛暗張。此次我仍奉命出發。熊天翼（式輝）做行營參謀長。在南京開了幾次幕僚會議，籌備一切，好像在五月底就出發赴南昌。從此由國民黨內部的戰爭，變成國共之間的戰爭了。回想起來，眞是傷心。假使十七年七月西山祭靈之後，大家都一心一德，埋頭於善後和建設，那裏會有十八年春的武漢和十八年冬的河南之役？那裏更會有十九年大規模的中原會戰。這次會戰，損失的物力和人力之多，實在可驚！沒有迭次內戰，共黨怎樣會猖獗，而發生連年勦匪的軍事行動？沒有由長江流域勦匪，發展成西北勦匪，那裏會有西安事變？沒有西安事變，國家焉能到今日這樣支離破碎的局面？乃竟陰錯陽差的一幕一幕演變起來！氣數耶？國運耶？人爲之不臧耶？嗚呼！

南昌行營，設在百花洲的省立圖書館。我便在百花洲畔，找一個臨湖的平房寓居起來，並約以後曾經煊赫一時的楊暢卿住在我寓。雖然說是三分軍事，七分政治，但是軍事仍是主要力量。步步爲營的堡壘政策佈置完畢，開始包圍的同時，一面仍策劃對西南的問題。七月間暢卿奉命赴香港祕密工作，對西南加以分化運動。不單派了暢卿，同時四面八方進行對西南的分化。以後畢竟運用上官雲相和余漢謀的郎舅關係，把余漢謀拉了過來。陳濟棠失去了這一部主力，也就不能不崩潰了。這是後話。

九月初蔣先生赴武漢。兩三天之後，電令我卽行前往。長江好大的水！漢口全市，都變成了澤國。那時三雪—就是陳雪暄（調元）劉雪亞（鎮華）何雪竹（成濬）—都在漢口，我當時只三十四五歲，他們都和我很要好，把我叫老弟，招待我在大水泛濫的漢口，痛快的玩了幾天。現在海角天涯，魚雁不通，怎麼能令人不懷舊雨而感傷呢！

我到漢口的任務，就是要我草擬討伐陳濟棠的通電和告將士書及告民衆書。我心中又暗想，對西南的軍事要發動了。

在漢口不過四五天，一直回到南京。在南京一個多禮拜，又乘艦赴南昌，軍艦到了湖口，蔣改乘水上飛機先行。我們仍乘原艦，到第二天清晨纔到南昌。總部的副官來接，說：「總司令上午就坐飛機回南京，請主任今天下午至遲明天動身回去。」我眞莫名其妙了！發生了甚麼變故嗎？何以這樣急呢？跑到總部一問，却原來是瀋陽事變發生！我因爲雜務待理，等第三天纔和何敬之（應欽）陳眞如（銘樞）—陳是來奔走甯粵和平的—同乘飛機返京。

以後接着發生的，就是胡先生恢復自由，甯粵在滬開和平談判，京滬粵三地同時召開第四次全國代表大會，蔣先生二次下野，孫哲生，陳眞如主持南京軍政等極繁重極複雜極變幻的各幕。

關於第四次代表大會一問題，京、滬、粵各有主張，意見糾紛複雜，議論了許久，沒有很好的辦法。結果乃是舊中委連任，增加中委名額，京、粵、滬同時分別選舉。我在京得票最多，佔出席代表百分之九十，當選爲第一名中央執行委員。如果舊中委不連任，也要重新選舉，我絕對不會當選第一的。當時朋儕戲呼我爲狀元中委。第四屆第一次全體會議的時候，因爲京、滬、粵三方都要把落選的人加進幾位做中委，於是以全體會議的決議，把三方落選而票數較多的，各補了幾名做候補中委。王陸一時作監察院簡任待遇祕書，也因此做了候補中委。因自撰一聯云：「豈有祕書稱簡任，居然中委出恩科。」時稱爲「恩科中委」。

第四次代表大會閉會後，蔣先生於十二月第二次下野了。下野之前，都有佈置，發表幾個省政府主席，顧墨三任江蘇，我以後也被派爲江蘇省政府委員兼教育廳長了，這乃是徇墨三的請求。蔣先生原意，仍要我在身邊幫忙。因爲墨三以軍人而任封疆，沒有把握，要我幫忙，所以蔣先生也只得徇其請求了。

二十一年一月，上海事件發生以後，蔣先生又出山了，這次新設了軍事委員會，自任委員長。接着國民政府遷都洛陽，在洛陽召開了國難會議。在寒風凜冽之中，乘着專車赴洛陽出席會議。洛陽是中國歷史上最有名的地方，我還是初次瞻仰，但見黃沙白草，滿目荒涼，懷古之情，不禁悠然而生。 汪先生已於此時出任行政院院長了。此後數年之間，我因爲出任地方行政工作，除出席中常會及中政會外，不多預問中樞的事情，以後雖兼任中央民衆訓練部部長，乃是局部事務，除參加祕密組織之外，對於黨國大計，沒有預聞，所親身經歷的事不多，不過耳聞目覩罷了。其實這幾年內，除勦匪外，沒有大規模的軍事行動。人民政府的喜劇，短時期內便解决了，廣西問題，時張時弛，但終未以兵戎相見，所以也沒可以述的。

我要特別詳述的，就是二十四年十一月一日汪先生在中央黨部被刺時，我所經歷的情形。

在大禮堂舉行了全會開幕典禮之後，便齊集到中央會議廳大門前去拍照。我站在 汪先生左側後面第二或第三排。當時新聞記者非常之多，秩序混亂極了。記得照相的說：「各位預備，要照了。」這時不知道是誰說：「蔣先生還沒有來。」隨着吳鐵城大聲道：「蔣先生不來照。」照畢之後，大家轉身拾級而上。我行了兩三步後，忽聞背後鎗聲一響。聲音甚小，以爲是放爆竹慶祝。但是接着鎗聲又起，形勢大亂。我回頭一看，只見一個穿灰色大衣的人，拿着鎗向人羣中轟擊。於是大家向鐵柵門內急跑。我看見朱騮先（家驊）在我面前向地伏下。我也隨着他伏身而臥。剎那間，忽想這不是辦法，仍立起奔進鐵柵門，站在門內牆角隱身。這個時候人聲嘈雜，鎗聲大起，說時遲，那時快，忽見一人倒在我的面前，滿臉是血。當時驚魂未定，也沒有去細看是誰。後來鐵柵關了，鎗聲止了。忽聽見有人說， 汪先生受傷了。我仔細一看，原來倒在地下的，乃是 汪先生，已經身中數鎗了。事起倉卒，變生肘腋，所以那時震動，驚惶，懷疑等情緒，不僅充滿了我的心中，且支配了全場的空氣。同時一面接醫生，一面查緝凶手的餘黨，混亂，忙迫，而且緊張萬分。好容易醫生來了，把 汪先生護送到醫院，這纔開會。這一幕驚心動魄的情形，我畢生不能忘記。

現在再一述在南京所經歷西安事變所反映的情形。我當時仍兼民衆訓練部長，那天，在中央大學指導一個民衆集會。下午七時方回家。淑慧告訴說：「各方面打來了十幾個電話找你，蔣先生在華清池被張學良的亂兵包圍了。」這個消息眞是青天霹靂，使我震動。當天晚上，中央黨部召集緊急會議。第一個問題，就是要趕快查明下落。究竟是生是死，毫無正確的消息。第二是如何處置。關於這個問題，分爲兩種意見。戴季陶何敬之等主張採取嚴正的態度，要爲國家立紀綱。孔祥熙等則遵從宋美齡的意見，主張緩和。關於辦法，有主張解鈴還須繫鈴人，這一幕是共產黨主使的，不便去對共產黨說話，但是要去找蘇聯。意見紛紜，議論複雜。直至夜深，沒有辦法。但是既有緩和論者的主張，大家都不便反對了。我回家之後，心想中國眞是多災多難。共產黨流竄西北，正要消滅的時候，忽然發生這樣的變故。此次一定是凶多吉少。小張既然下了這個決心，必定有個遠大計劃。卽使不立卽加以殺害，至少決不會馬上恢復自由。所以對於國家的前途，悲觀極了。

世界上的事，本來不能預知，這件事尤其使人莫明其妙。張竟親自送蔣到洛陽了。以兒戲始，以兒戲終，固然是一件荒謬絕倫的事，但是這一幕兒戲，却是中國歷史的轉捩點，沒有這一幕，那時以後的中國歷史，當然又是另外一種寫法。至今思之，猶有餘痛。

汪先生聞西安之變而回國，廿六年一月抵香港。我和力子，奉命赴香港歡迎。不久召開中委全體會議，我奉命把民衆訓練部長讓出，仍請公博擔任。不數月而蘆溝橋之變起。事變以後的經歷，等到十年以後再述，現在就在此截止了。

把過去經歷的事，一一回想起來，好像白髮宮人，談開元天寶遺事，只落得徒增感慨，更覺悲傷。悲歎離合成敗與亡的場面，一幕一幕的表演過去了。是眞是假，亦色亦空，把跑龍套的演員，頭也跑昏了，眼也跑花了，神也跑迷了，深深的感覺浮沈於茫茫人海之中，和起落不定的政潮之內，得失升沉，都不過是曇花一現！所以夜深人靜的時候，幽居獨念，眞欲跳出十丈紅塵，避過唯恐不遠，入山唯恐不深！

但是身世之感，雖常令人發生出世之想，而家國之變，却不能不令人鼓舞餘勇，堅定貫徹初衷的決心。尤其是我們現在所處的環境，正是周公恐懼流言，王莽謙恭下士的時候，是非未定，功罪難分。如果半途而廢，雖存周公之心，終成王莽之果，上何以對祖先，下何以對子孫！後世的批評，我們可以不必去管，流芳百世也好，遺臭萬年也好，無聲無臭，與草木同朽更好，「身後是非誰管得，滿村爭說蔡中郎」，但是個人的是非固然不必計較，國家的利害，却不能不考慮。自古孤臣孽子的用心，不在求諒于當時及後世，乃在使個人的苦心，努力和犧牲，實際有益于君父。所以現在距我們企求的目的雖然還道路崎嶇，關山險阻，但是救傾扶危的目的一日不達到，就是我們的責任一日未解除。一息尚存，此志不容稍懈，那裏能夠因爲人事滄桑之感而改變鞠躬盡瘁，死而後已的決心呢！

（附記）以上所述事實，全憑記憶所及，時間容有前後倒置之處，讀者諒之。

記蔚藍書店

朱樸

我在本刊創刊號的『四十自述』一文中，曾經約略的提及『蔚藍書店』。大概戰後僑居香港的文化人，幾乎沒有一個不知道蔚藍書店這個名字的。可是蔚藍書店之所以名爲蔚藍書店，恐怕就是蔚藍書店中的一班同志，也有大多數不會知道的吧！

民國十九年我同故曾仲鳴先生隨　汪先生北上，公餘之暇，從事文藝以消遣。那年九月十五日，我與曾先生兩人共同主編的一本畫報，在北平出版，那本畫報取名『蔚藍』，是曾先生所題的，這就是『蔚藍』二字之由來。

二十一年在上海河南路三〇三號中華日報館隔壁開設一書店，復名『蔚藍』，這就是蔚藍書店之由來。

二十六年八一三事變發生後我即於八月三十日離滬赴港，後來林柏生兄也離滬到港，二十七年新正樊仲雲兄也由滬到港，隨即在皇后大道『華人行』七樓租房兩間，開辦『蔚藍書店』。

這個蔚藍書店實際上並不是一所書店，乃是『國際編譯社』的外幕。國際編譯社直屬於『藝文研究會』，該會的最高主持人是周佛海氏，其次是陶希聖氏，網羅全國文化界知名之士，規模甚大。國際編譯社事實上乃是藝文研究會的香港分會，負責者即爲林柏生兄，後來梅思平兄亦奉命到港參加，於是外界遂稱柏生思平仲雲及我爲蔚藍書店的四大金剛。

國際編譯社的組織大致是如此的：柏生主持一切總務，思平主編國際叢書，仲雲主編國際週報，我則主編國際通訊。助編者有張百高，胡蘭成，薛典曾（已故），龍大均，連士升，杜衡，林一新，劉石克等諸兄；古泳今兄爲秘書；此外尚有辦事員若干人。這許多人蝟集於兩間小房之中，躋躋蹌蹌，極爲熱鬧。每星期一我們幹部有一個國際問題座談會，檢討一星期內的國際時事，會後草寄報告兩份與周佛海氏，由他轉呈　汪蔣二先生。參加這個討論會的，除了國際編譯社的幹部同人外，有時李聖五兄與高宗武兄也惠臨加入，極有精彩。國際編譯社遍定各國時事雜誌，每星期出版國際週報一期，國際通訊兩期，選材謹嚴，爲研究國際問題一時之權威。國際叢書由商務印書館承印，預定一年出六十種，編輯委員除思平爲主編外，尚有周鯁生，李聖五，林柏生，高宗武，程滄波，樊仲雲，朱樸之等，在數月之間，已出『共產主義與法西斯主義』，『日本史』，『世界的資源』，『最近英國外交的分析』，『日本戰時經濟』，『蘇聯的遠東紅軍』等書，頗有相當成績。

那時候的蔚藍書店幾幾乎成爲香港文化人的心臟區域；友朋往來，川流不息。因爲所謂『四大金剛』，除了本店的職務外，尚兼有其他職務。如柏生爲國民政府立法院委員，南華日報社長；思平爲中央政治委員會法制專門委員；仲雲爲星島日報總主筆；我爲中央政治委員會經濟專門委員。凡是僑居香港或者路過該地的一班所謂『知名之士』，幾乎沒有一個不相識的，辱承過訪，則至少『告老司打』（註）飲茶一番，似乎已義不容辭。（如程天放返國程滄波出國之類，則必須在金龍酒家大吃一頓矣！）後來思平柏生又兼任中宣部駐港特派員新職，（時中央宣傳部部長即周佛海氏），蔚藍書店的生意更爲興隆了。

在蔚藍書店的諸同事中，我與仲雲認識的時間最早。遠在民國十一年，我們兩人同在上海商務印書館東方雜誌社做編輯。這次又再同事，並且面對面相坐，可謂奇遇。不但如此，我和仲雲的面貌大同小異，頗爲相似，友朋來訪者往往弄錯，就是極熟的朋友如鄭振鐸及已故的王禮錫等來店相訪，也竟會錯認，眞是笑話。

蔚藍書店的隔壁房間是中國實業銀行駐港辦事處，該行總經理傅沐波（汝霖），是思平柏生和我三人的老朋友。他的寫字檯與柏生的寫字檯僅隔一層極薄的板壁，每于下午五時公畢後，彼此將板壁輕輕的敲兩下，如有回聲，即心照不宣的同往金龍酒店吃點心。至今思之，猶有餘味。

那時候關于這類的軼事，紀不勝紀，上述二端，僅略窺一斑而已。

二十七年十二月廿九日　汪先生豔電發表後，我首先被派離港返滬籌辦『時代文選』，其後柏生被狙，思平仲雲等也先後離港，于是盛極一時的蔚藍書店，就告結束。當日店中諸同志，除了我一人因迭遭家難，灰心一切，絕意進取，依然故我外，其餘的現在大多在京滬等處任職，像思平柏生諸兄，榮任中樞要職，旦夕爲國宣勞，回想當年情況，實不勝今昔之感了。

（註）『告老司打』爲Gloucester Hotel之譯名。

記鐵良

金梁

鐵良，字寶臣，滿洲鑲白旗人。少孤貧，力學。一日，幾斷炊。以舊硯求售，無顧者。遂棄舉業，以筆帖式分工部，考取神機營書手，月薪才一金。調充海軍衙門委員，補工部主事，遷戶部銀庫員外郎。擢四五品京堂。光緒庚子，選練旗兵。充翼長，駐保定。癸卯，日本大操。以戶部右侍郎，派往閱看。京師設練兵處，爲襄辦，參訂軍制。甲辰七月，江鄂兩督，請改建製造新廠，命往查察，並檢閱軍隊，淸査財政，歷江皖贛鄂湘豫等省。覆陳軍事鹽務，利弊得失，頗稱旨。乙巳七月，充軍機大臣，授戶部尙書，掌部年餘，綜覈財政。計部庫及上海道署。積存盈餘，逾四千萬兩，庚子賠款，最爲支出大宗。務使定期齊解，不令國庫擔磅價折息。亦不令各省增攤分文，並飭各省遇有急需以該省外銷撥付，不得巧立名目，因事加捐，謂商民之負擔既輕，則國家之元氣自厚，時皆稱之。丙午四月，派督辦稅務大臣，先是各省海關，由洋員主持，總稅務司雖循例具牒外部，而部中並無監督之權。至是特設稅務專署，凡海關洋員，悉歸節制，所定各項辦法，其後十餘年，尙相承弗替。八月，調陸軍部尙書，陸軍部以兵部改設，裁併太僕寺練兵處，並附設軍諮海軍兩處，重定官制，又以部中對各鎭處統轄地位，不應直接指揮，故各省陸軍，仍由本省長官管轄，近畿亦奏派大員，專司訓練，以免事權過專，致滋流弊。鐵良生平，以踐履篤實，忠於所事爲主，凡有益於公者，不畏人言，愼密勇猛以赴之。時袁世凱專軍政，不免疑忌，庚戌春遂稱病辭職。秋，外任江寗將軍。未一年，辛亥變起，督旗兵防守，兵敗，與江督張人駿攜印北上，尋奉旨開缺，久居津，以白詩蘇帖自遣。囘憶幼年貧困，自書聯云：『唯期後輩知書益，莫忘當年賣硯難。』戊寅五日，卒年七十有六。舊史氏曰：光緒末公爲會議政務大臣，余爲委員，始識面。壬癸間，同客沽上復有所謀，及乙丑，行在津園，又共迎謁，乃時一得相見，公遇事持重，余入關請命。公與袁大化，堅阻東渡，謂恐失人心，人心所向，卽天意所歸，可不謂知所本歟。及其歿也，遺疏上，賜喪葬，予謚莊靖，而張江督人駿，遺囑自稱罪臣，至今未敢邀恩也。

汪精衛先生言行實錄序

李宣倜

東莞張君次溪，旣撰精衛先生『庚戌蒙難實錄』，印以行世，頃又輯成先生年譜及著述年表，並以凡有關繫生平之作，彙爲一編，授諸剞氏，而諉序於余。余維先生之志行學問功業，固爲海內所共見共聞，抑亦全世界所共見共聞也。雖然，日月麗天，江河行地，世人莫不知日月之明，江河之大，而其行度若何，源委若何，非有步算之書，廣輿之圖，則徒知其然而不知其所以然也。次溪戢香是編，亦猶推步日月，圖繪江河者乎？其用力至勤，而有功於世甚大，可以概見之矣。當遜清末，先生蒙難燕中，縲繫經年，迨事解出北寺，次溪之尊人篁溪翁虛左迎歸，備盡款曲，蓋恭桑敬梓，仰山景行，兼有之也。次溪年少美才，擩染家學，過庭所受，允爲眞切，比年宦學南北，采獲益閎，故其編摩譜錄，一再削稿，都數十萬言，無一字不覈實，是又次溪所直下承當，而未遑多讓也。先生身任天下國家之重，其設施表著，方興而未艾，次溪循茲以往，排年纂述，亦必累出不窮，然則是編不啻嚆矢云爾。余雖無似，同在下風，他日更當一一爲作引喤也。爰書此以券之。壬午冬至，閩縣李宣倜。

留學東瀛生活之片憶

諸青來

余年十四失怙，家境亦貧，勉習舉子業。其後東渡留學，有友資助二百元，易日幣一百三十圓作爲旅費，到東京時囊中僅存四十餘圓，苦學三年後，始得官費，賴以畢業。其間困苦情形，不克盡述，茲姑述其一二例如下：當時（三十九年前）東京物價，固不甚貴，日幣一圓（合國幣一元半餘），可易最小鷄卵四十枚，較之國內一元可易二百枚，已貴八九倍。革履一雙，最廉者約日幣五六圓，初抵東京時每月食宿學費僅用十餘圓，無餘資購新履，則向晚市攤上覓舊者，僅值一圓餘。購用後不數日履底之釘，貫革穿襪，始猶忍痛，及多數穿出，痛不可忍，又不能出資另購，窮極智生，則購革一層，敷其上，再穿過，又敷一層焉。循是爲之，至不堪用而止，不難想見其苦況矣。一日，阮囊羞澁，竟無半文，擬向同鄉某友告貸十元，步行六七里，達某處，叩門而入，口欲言而囁嚅，閒談一小時餘，竟未達來意，談畢告辭，主送客及門，始悟此行何爲而來，若竟不言，則歸後再來，須往返十餘里之遙，體弱如余，必不能舉步矣。萬不得已，始行啓口，幸主人承諾，得以勉渡難關焉。生平最不擅長請託，即此可見一斑。自幼讀四子書，毫無心得，最服膺而有裨於修養者，莫如下列文句：『子曰：富而可求也，雖執鞭之士，吾亦爲之，如不可求，從吾所好。』富貴功名，孰不希冀，然而有不可强求者，雖强求之，亦不能得，何況人有本性，苟其本性，不能求人，只可勉諸己，隨遇而安。余之處世哲學，如是而已。

關於風土人情

文載道

今年的盛夏中，於病榻上看了一點記載風土節候之作，不禁深深的引起了風土人情之戀。然一面亦有感於勝會之不再，與時序的代謝，誠有寗爲太平犬，莫作亂離民之感。有時一個人在孤燈相對，或午夜夢回時默想這已逝的流光，和多難的萬方，更加顯出情緒的波瀾萬端，彷彿覺得此身缺少了安排的所在。猶記羽琌館主詩云：『瓶花帖妥鑪香定，覓我童心二十年。』於是又陡然的將思緒馳騁於兒時的一刹了。自然，這樣的一種感傷和悵觸，恐怕不論古今中外，也正是『人同此心』，不過在此時此地，尤其易於感興罷了。而且這跟見花落淚對月生悲遇見婊子當作『佳人』的『才子病』，似乎頗有截然不同之處。而這不同，也還是植根於各人感情的浮和實、眞和濫的上面。所以杜少陵的城春草木之悲，李後主的小樓東風之痛，就成爲俯視百代的絕唱了。

人到了無可奈何的境地之中，往往有一種欲說還休的無言之慟，覺得俯仰啼笑，彷彿一無是處。而人類之配稱得起『高等動物』者，其大半也正在於此。因此世上最可悲而致命的病症，不論個人或民族，怕也正是痲木罷！

這里要說到我的故鄉了。鄙人原是一個水鄉小民，正是周黎庵君所謂『浙東之氓』。那邊所有的交通供具，也完全是依靠於『乘風破浪』的船。雖然沒有什麼名山勝蹟可以稱道，但在明末的淸師入境，和鴉片戰爭英兵登陸時，也曾發揮過我民族的力量呢！不過現在所留下來的舊迹，却早已荒蕪剝落了。

說到土產方面，除了普通的蔬果之外，較著名的，只有在梅雨霏微時，頗有萬紫千紅之致的楊梅，以及嚼來淸脆有聲的蕃薯。而前者的色味與形態，因爲富於水份的緣故，更覺鮮美而有玲瓏之姿，値得耐心咀嚼，令人容易想起南國的荔支，更想起唐人的『一騎紅塵妃子笑，無人知是荔支來』的詩句了。其次，爲了濱海的原因，出產的自以魚介爲大宗了。但因此也養成了我們的嗜鹹腥的習性，跟湖南人的愛辣，蘇州人的喜甜，成爲東南人食性中的三種特徵。而且我疑心這和三處的方言，未始不有點兒關係。但可惜年來由於交通的阻梗，有許多新鮮的海產，現在就頗難嚐到。例如有幾種食品如蝦涎、望潮、麵條魚之類，最理想的食法，應該於網得之後，即須『就地正法』，則喫來方不失其鮮腴之致，而至多只限於隔宿而食。這從『食不厭精』而論，即一般的食品，也應該以新鮮爲上乘，不過對於水族動物，則愈『鮮』者才始愈『美』，似乎和黃酒之『越陳越好』者適得其反。近年來雖然叨科學的光，有冷氣和罐頭保藏之法，但較之原來風味却已減遜許多，倒不如索性像鄉下那樣的借助於日光之力，曝之使乾，以爲不時之需，而成佐酒或消閒之『絕妙小品』，不過外鄉人却未必喜歡喫罷？

我有時想，食味的眞正價値，怕不在於食品的本身，主要還在食品中的風土性和它的誘惑力，以及食時的情調，由此而引起食者的心理與情緒的配合，這樣才稱得到『享受』，而『生活的藝術』也備於此中了。知堂老人嘗以住在古老的北京城喫不到精煉的或頹廢的有歷史性的點心，而認爲一種缺陷。可爲上說的註脚。又如在魯迅先生筆下的發滿着酒氣的魯鎭酒店，於一角陰暗的破壁中，看到了孔乙已那樣的人物，一面聞着剛剛煨就的茴香荳，則縱非陶公信徒，怕也未有不醺然欲滴的了。如果碰着歲莫天寒，則白香山的『晚來天欲雪，能飲一杯無』的詩句，無論如何要脫口而出了。同時我們也瞭解了劉伶的『死便埋我』的心理。但這與世紀末式的瘋狂變態自又有不同。還有如我們總覺得端午喫粽子，中秋喫月餅，元旦飲橄欖茶，也比平日兩樣一點，無論在心理或興趣方面——雖然味覺大抵差不多。如果我的說法，別人也有同感的話，那末，前述的『食品的價値不在於食品的本身』之說，也還勉强可以成立了。這原因在於什麼地方呢？在於我們的日常生活上，需要一點小小的變化而已。這是一種自然的要求，與方巾派口中的『良風美俗』固然牽扯不上，而於什麼什麼『家』筆下的『封建遺毒』，似乎也有點殊途而不同歸。

從上引的魯迅先生小說說來，可見凡是泥土氣息濃厚的作品，她的感人的力量也必深刻，卓然地顯出其醲醲的人情味，正如我們聽不自然的『國語』，遠不如聽無改動的鄉音來得愉快，蓋亂頭粗服有時究勝於濃裝豔抹，這也不僅僅省去我們的一陣噁心而已。

中國號稱以農立國，全國人口中農民佔十分之八。如果愼終追遠的說來，則我們不只有猩猩的血液，而且還有農民的氣息，對於一切鄉國之愛，在後天的『教訓』之外，一部份是應該算到先天方面去的。而對於故鄉，長住的時節也許並不覺得怎樣愛慕，但如一旦作客得長久了，却在在的易於引起眷念、關心和親切，所謂他鄉遇故知，就不患三寸不爛舌無掉弄之處。實在勝過洞房花燭，或金榜題名。以我個人而論，每次嘗到新入市的魚介之類，慢慢的就會在記憶中浮起一個粼粼的影子，接着就波盪起來，於是我儼然像駕着一葉征艑，順流而下了。我自已知道是一個感情質的人，『喜怒不形於色』自分此生大概做不到的了。語云：『聞鼙鼓之聲則思將帥之臣』，可見因某一的暗示而使哀樂，愛憎特別發達者，雖對象不同，而與比則一。這在朱光潛先生的『文藝心理學』中，據說叫作物我同一的移情作用。但這裏無討論之必要；不過想從書上再找一個移情作用的實例出來，這便是著名的張翰秋風蓴鱸的故事。據晉書（九十二卷）張翰傳：

『張翰字季鷹，吳郡吳人也。……齊王冏辟爲大司馬東曹掾，冏時執權。翰謂同郡顧榮曰：天下紛紛，禍難未已，夫有四海之名者求退良難，吾本山林閒人，無望於時，子善以明防前，以智慮後。榮執其手愴然曰：吾亦與子採南山蕨，飲三江水耳。翰因見秋風起，迺思吳中菰菜蓴羹鱸魚膾曰：人生貴得適志，何能覊宦數千里以要名爵乎？遂命駕而歸。著首丘賦，文多不載。俄而冏敗，人皆謂之見機。』

這看來跟陶公的不爲五斗米折腰有點彷彿。但事實上，自然還是爲了『天下紛紛，禍難未已』，正是明哲保身之道；而且不失爲魏晉人物的作風。所謂狐死首丘——而他却連這篇『首丘賦』都懶於留下。這在積極的人看來，難免要說他是逃避現實，其實呢，正如知堂老人所說耕田的長沮、桀溺，並沒有跟孔仲尼有什麽大分別，所不同者，一個還在講道，一個却不講道而已。這種人在表面看來，也許十分的消極冷淡，但在他們的內心，又那一個不是飽經憂患，熱淚盈眶呢！無怪五柳先生的筆下，寫得最出色的，還是飛蓋入秦庭的荆卿。羽琌館主說得好，莫信詩人竟平淡，二分梁父一分騷。又說，吟到恩讎心事湧，江湖俠骨恐無多。這才說出了陶公的心事！而張季鷹的看見秋風一起，便想到蓴羹鱸魚，以至命駕而歸，主要固在於想得一個『首丘』，藉此向齊王脫身。但人在亂離之中，往往容易向大自然生出驚奇、咨嗟與留戀，亦正是人情之常。現在我們如果看到蓴菜，就不免要想到西湖的山光水色，由山光水色而想起了種種現狀，於是『人世幾回傷往事，山形依舊枕寒流』的名句，又輕輕的起自我們心底了。

古人說詩是窮而後工的。我以爲一切記載風土、節候、景物的著述，也以出諸遺民的筆下者最有聲色。無論寫景，記物，道故實，談勝迹，雖然娓娓道來，却無不含著至性至情，成爲『筆鋒常帶情感』之作。從前讀過周譯『域外小說集』中波蘭顯克微支的『鐙臺守』等作，至今還想到那個煢然一身，年邁無依，在昏暗屹立，碧海無際的夜塔中老人的影子！而最后還免不了飄流顚躓。波蘭人熱愛其故國和宗教，曾力圖獨立，故顯克微支也以這類荒涼冷酷，孤幼絕望者爲題材，宜其緊緊的扣著讀者的心弦。後來又讀過葉天寥的『甲行日注』，覺得每則寥寥數十言，雖所寫的多是流亡時的鄉情野色，但觸處牢愁，幾無一而非麥秀黍離之痛！尤其是他們都是在熱鬧中冷靜下來，在享樂後肩著艱辛，這時方始覺得甜酸苦辣鹹，五味雜陳，而都須咬著牙根咽下去，眞有謝枋得天地寂寥山水歇之概。一時覺得什麽事都看得大徹大悟，百無牽掛。一時又覺得彷佛有一枚東西，時刻的在嚙著他的心！這里且鈔上幾則來看吧：

『十七日（乙酉九月）乙丑，晴暖。奪初又來，云田園尙猶如故，室廬亦幸偷存，故鄉風景則半似遼陽以東矣，但村人未吹蘆管耳。』

『初九日（丁亥十二月）乙亥，晴。晚閒枯林戢響，斜月皎幽，東窗對影，一樽黯絕。顏子之樂自在簞瓢，予不堪憂者，家國殄瘁，豈能忘心？李陵所云，胡笳互動，邊聲四起，獨坐聽之，不覺淚下。』

『十六日壬午，晴，大風，冷。夜，風浪恬靜，明月東升，照薄紙窗上，如輕綃可鑑。遠遠聞吹笛聲；雖地非山陽，而感同向秀，舊游之思，亦不止中散一人矣。』

乙酉距丁亥已兩年餘，而拳拳故國之思，始終未減，令人肅然而又泫然。午夢堂遭陵谷遷變之外，其膝下的兒女，也半因困頓而死，集家國之慟於一身，眞不復有生人之趣。然而這却已越出普通的風土記載之外了。其次，在明遺民中，這里還想起張宗子來。他的代表作自然是『陶庵夢憶』。其中所記雖爲舊日流連之勝，或當時生活中的一肢一節，而瑣瑣寫來，都涉筆成趣，可稱爲文情並茂，而轉折多姿。內容雖不及午夢堂的聲淚俱下，但如果先看一看其『自序』，則似乎也不在午夢堂之下；所謂『五十年來，總成一夢。今當黍熟黃粱，車旅蟻穴，當作如何消受？遙思往事，憶卽書之。持向佛前，一一懺悔。不次歲月，異年譜也。不分門類，別志林也。偶拈一則，如遊舊徑，如見故人，城郭人民，翻用自喜，眞所謂癡人前說不得夢矣。』換一種說法，人們在『天翻地覆的大變動』之后，所留下來的，却是經過千錘百鍊之餘的一種生的執著——由此而出發的對於過去徹的骨的眷念，如陸士衡所謂『嗟大戀之所存，故雖哲而不忘』者！

張宗子的小品文，在明末中確可算得戛戛獨造，別有天地，不同於時輩的浮佻，纖靡。例如卷三『湖心亭看雪』云：

『崇禎五年十二月，余住西湖。大雪三日，湖中人鳥聲俱絕。是日更定矣，余拏一小舟擁毳衣爐火，獨往湖心亭，看雪霞淞元碭，天與雪與山與水上下一白。湖上影子惟長隄一痕，湖心亭一點，與余舟一芥，舟中人兩三粒而已。到亭上，有兩人鋪氈對坐，一童子燒酒，爐正沸，見余大喜曰：湖中焉得更有此人！拉余同飲，余強飲三大白而別。問其姓氏，是金陵人，客此。及下船，舟子喃喃曰：莫說相公癡，更有癡似相公者！』

明末士大夫的享樂法，原是極爲講究而灑脫。上述的看雪云云看來固然簡單平凡，但一旦形諸筆墨，却令人感到清新而又風趣。比起當時那般巨紳達官的花天酒地，一榻胡塗的豪奢情形，陶庵畢竟要蘊藉得多了。而這些過眼烟雲，在『國破家亡，無所歸止』時的陶庵想來，眞也成爲一番『孽』，所謂『種種罪案，從種種果報中見之』，而非『持向佛前，一一懺悔』不可了。我們如從這個角度來看，則『夢憶』中所記載的一切陳迹，似乎皆足以令人感到沈痛悱惻，感到低徊反覆而不能自已，如他自己所說，如『劫火猛烈，猶燒之不失也』！再說得迂舊一點，則世上最可悲矜的，也惟有『孤臣孽子』之心！

我們在日常生活中，不妨需要一點變化，一份享受，如行雲流水，有紋彩，有波瀾，有光，也有聲。然而同時還有一個條件，卽應該有節制。那種『今朝有酒今朝醉』的放縱恣肆作法，就決非健康的人生觀。這里，還是讓我們結束歷史上的哀樂，而正視現實，認眞做人吧！

（三十一年十一月先小雪二日）

書林逸話（中）

蕘公

近年來圖書之聚散

每逢喪亂一次，圖書文物必遭厄一次，本來書之爲物，由簡而絹，由絹而紙，年悠世遠，保存爲難。況遭亂離，兵荒馬亂，所謂文物，莫不棄燬，昔漢董卓遷都長安，載書數百車，沿途拋棄。宋時金人入汴，大索書板，輦載而北。清中葉洪楊之役，江南文物圖書，大半燬滅散失。歷史所記，斑斑可考。此次事變，圖書之聚散，變化尤鉅，南方情形，吾不悉知，僅就北京見聞記之。民國二十五年，余就教大梁，兼任文史研究所導師，代開書目，代購圖籍，皆藏於河大圖書館，因係親歷，故多記憶。亂後其書復散出，余在北京曾收得數種，如「軍興本末紀略」，「亂後記所記」等，强皆普通之書，覩物傷懷，不啻故友重逢也。又山東圖書館所藏，在省立中可稱巨擘，方事變後，即聞最先散出，並聞隆福寺某書店，派人至魯坐收，所獲最夥。乃親至某書店欲選購，詎彼堅不承認，且藏之極祕，即同行人亦弗得見。後余開一目錄，懸之書室，願出大價徵求，不數日書樣遂至，中如張兆棟「剿辦回匪奏議」，及「濰縣方言考」等，果有「齊魯先哲遺書」印章，足證所聞非虛。又聞數書店合資，派五洲書局掌櫃及一范某，親赴南京上海廣東諸地收書，旋寄回一千餘包，以廣東圖書館之書最多，其價特昂。余曾選購十餘種，共六七百元，較佳者，如錢大昕潛研堂藏「課子隨筆」，原本「蜀故」，及「景教碑文考正」，「國地異名錄」，「宛湄書屋文集」，「休寧碎事」，「征苗紀略」，「禁燬書目全本」等，或蓋廣雅書局印，或冠梁節庵藏書章，前後皆有避蟲紅紙，洵屬粵東風格。又有廣東藏書家陳氏莫氏之書，亦多流出，以烽火刼餘，天南古籍，竟至燕都，售價雖高，辛勞亦甚。又上海孫敏修氏，爲商務書館創辦者之重要人物，精板本，好收藏，沒未三年，書亦流散，爲北京來薰閣購得，余曾見多種，上有孫氏印，不禁慨然。中有「池南遺事稿」，乃吾鄉中江李斗坦遺著，原鈔本四冊，索價六十元，余以太貴未買，然頗怏怏。蓋孫氏主持商務書館，凡前東方圖書館，及涵芬樓之珍籍，半經其手。乃東方圖書館數年前經祝融之災，善本地志，付之一炬，今孫氏私藏，亦弗能保存於身後，所謂收藏家下場，固皆如是蕭條耶。前年天津李木齋藏書，以五十萬元售與北大，未散於外，實慶圖書之得所。去年浙江嘉興沈氏愛日廬之書出售，由北京來薰閣，修文堂三數書店合購，數量不多，然皆佳選，且多外間所不經見者。其值之昂，較之上述廣東一批，猶成過之。盈尺之籍，動需數百元，亦可想其貴重矣。沈氏固以長於史學及考據著名者，故其藏書，正爲潮流趨尙，宜其視爲奇貨也。余購得淸初精刋「明文選」，殘本六冊，價百六十元，「古官制考」，「征緬紀略」各一冊，均四十元，他如「丹崖筆記」，焦理堂跋藏「白田草堂遺稿」，「貨幣考」等，價亦稱是。其書大半，不僅書商從未見過，即各圖書目錄亦多不載，想見其稀罕可貴矣。惜其價太昂，限於經濟，不能多購，誠屬憾事，現已不知分散何所。總之，舊書之聚散，亦如貨幣之流通，古今大皆如是，而舊書業在此循環中即得以維持其生命。其他官私各家，散出猶衆，或其質不精，或其名不顯，且限於見聞，遂不備舉云。

南北書價之比較

由於書之聚散與流通，也略略可以看出各地金融情形，書之往高價的地方走，也同水往低處流一樣。就不佞一管之見，及書賈之言，事變之後，五年之間，南北各地流散出來的書，雖無統計確數，而實在不少。但大多數都運輸於北京，北京書業所收來者，又大多數售與燕京大學及大同書店。（大同乃代外國圖書館及私人收買舊書圖籍，代辦一切手續，每月出單搜買，給價最豪，與燕京皆美國系。）固然北京爲中國文化中心，書之銷路較各處爲廣，由此展轉之間，可以知道除了購買力之外，還有一個匯率高低的理由。如北京的書定價十元，賣與上海，便須賠若干倍，若售與美國，則可賺若干倍。於此便發生南北書價的比較標準，同時亦是舊書流通時所遵循的軌道。本來在事變前，南北書價，大致相同，其略異者，則由於書賈之眼光不一，所謂見仁見智是也。同一板刻之書，在甲認爲善本須多賣者，在乙或以爲不算什麽，此與圖籍本身之「書運」有關，與個人之見聞尤有關。次則爲「人不出門身不貴」之諺語，如廣東福建上海所刻之書，在本地不希奇，在北京則難得，北方之書亦然。此另一性質，不在書價比較之內也。事變以後，因南北幣制不一，其間又有許多變化起伏，關於北方書價，上文已經述及，大約經集子史至抄本善本批校本，由二倍至十倍不等。假使將南方書籍運至北方，即照原價賣，於匯水比率上，即可穩賺四五倍。但是南方書賈更爲聰明，於定價時已將匯率加上，且較行市爲高，故南方（以上海南京爲代表）書價，始終比北方（以北京言）爲大，如商務印書館所印的「四部叢刊」共三集，其初集在北京約一千三百元可得，在上海則需八千元至萬元之譜，比例之鉅，較之幣制比率，尤增加幾成，可見南方書業者其經濟知識爲何如也。故最初北方書商因匯水關係，以爲到南方收買貨物，是發財生意，於是絡繹接踵而去，至後見南方圖書雖不貴，而書商則不傻，乃又廢然而返。但書賈究係文化商人，主意至多，眼光亦敏，念頭一轉，遂不注意舊籍而着重新書。新書皆有定價，照南方所定原價出售，另私刻圖章加價及運費幾成，新書較舊書好賣，獲利之厚，無與倫比。其最著而最普通者，如南京國學圖書館所印各書，皆影印精本，大皆有裨學術史事之實用書籍，事變前銷路極廣。書賈所得，不過一二成之代賣手續費，數極有限。中如「南京國學圖書館總目」及「經略復國要編」等十餘種，事變後貨遂缺乏，價漲數倍，去歲商人不知從何處發現一大批，運之北來，因南京有書，故成本極小，因北方無貨，又照原價加倍。「國學總目」在南方，聞賣二十餘元，在北方則售四五十元。「經略要編」，在南方賣四元，在北京則售十二元。加之匯水，其利益眞不可以數計。又如上海陳乃乾自印「室名索引」，與「別號索引」二種，合售十元，在北京亦按原價發售。又王大隆君所輯刻之「己卯叢刊」，「庚辰叢刊」等，原先每種定四元，近數年定十二元，而此地書賈亦照定價，僅打九折，實則其本皆不過二三元也。較大者如清季學人平步靑遺著「霞外攟屑」，白紙木刻本，凡二十冊，事變前印出而未售，去年爲書賈所聞，因其內容皆考據史事，正合現代潮流，乃收買至京，自去年暑期至今，一年之間，由八十元漲至百六十元，且不大折扣，合以南幣，亦不知其若干矣。豈有一新刻集子，而售價千元者乎。又今年南方某機關影印「清朝實錄」，據書賈言，在南方一次須買十部，不零賣，由來薰閣等二三大書鋪合購一批運京，每部售一千二百元，頃刻而盡，云在南方每部約萬元，亦不知其是耶否耶。此等新書無定價可查，無南方報紙廣告可考，只好聽彼文化商人鼓其如簧之舌，花說柳說矣。俗語所云「願者上鈎」，其此之謂，然彼等竟在此混水中摸得大魚焉。總之無論幣制若何，南方書商，有南方人的聰明，決不吃虧；而北方書賈，亦有北方人的妙用，亦不上當，各具隻眼，另有良策，所苦者吾輩窮酸秀才，以讀書爲職業，換飯吃，在此雙重剝削之下，雖明知其弊，亦無可如何，只好任其擺布折騰，京話所謂「認頭」而已。上述僅就不佞所知者而言，其他見聞不及或瑣碎者，尙不知幾許也。

至於舊書，雖云價昂，京商亦非完全不收，惟較愼重，且另有辦法。故北京舊書業在上海等處坐收，除上述新書外，其目標有二，一爲「通大路」，如廿四史，十三經註疏及各種叢書等。一則須屬「快貨」，卽其性質內容，正爲北京所時尙，目錄一到，卽可售出。余於上文已經述及，蓋南北幣制雖有差異，而上海書商，則已將匯水加上，決不吃虧。但北京書業則以「來得貴賣得貴」對付主顧，所謂不能賠錢賣也。然於蘇杭二州以至南京上海，尙有多數來得並不貴者，亦一律求善價而沽。總之，南方書價較事變前，至少漲至十倍，而北方所售之南方舊書，其定價數字，最低亦與南方相等，蓋僅賺五六倍匯水，彼等卽怨言稱無利可圖也。

尙有一事應附記者，蓋卽南北書商對於舊書之定價與鑒別力，此則有關書價，惟非比較。據不佞妄測，南北書賈，各有專長，各有學問，若論研究之深，見聞之博，似南不及北，行話所謂「吃得精」也。卽以書目言，北京舊書業共百餘家，各家所訂售書目錄，其價值大致相同，間有微小差異，亦有其所持理由。南方書店所列出目錄，彼此之間，頗多歧出，如同一板本之書，甲家定價五元，乙家竟有定十元者，足徵其鑑別方法，多憑主觀，少從經驗。故南方書店定價雖有獨到處，而未能平均發展，質言之，常有過多過少之病。北方書店定價雖合乎中庸，但缺乏卓識，如遇冷僻之貨，或批校善本，卽不知如何是好也。昨日琉璃廠邃雅齋人來，謂近收得明刻本「蔡中郎集」，上下二冊，爲黃批黃跋（黃丕烈蕘圃）問其定價，云一萬二千元，幷云已有某要人出價六折尙未肯賣。此眞俗語所謂財迷腦瓜，以一黃跋明本，有何希奇，定上三二千元，尙不够瞧的，乃竟要萬兒八千，倘售於南方，將不知若干萬矣。如在南方書店，則或無此荒謬。數年前在上海中國書店買一楞園退叟「盾鼻隨聞錄」，蓋汪氏（名堃）不懼不悶齋原刊本，定價十元。按此書向少見，同時來薰閣有一東洋板，以五元售出，可稱價廉。行話所云「賣漏了」。可見南方書商，較北方能明其所以然，於有價値之貨，雖無經驗（卽從未見過賣過），亦敢買敢賣也。又如徐鼒著「小腆紀年」、「小腆紀傳」二種，皆木刻本十六冊，惟「紀年」多而「紀傳」少，故前者賤而後者貴。當時「紀年」售四元，「紀傳」售至十二元，差別極大。余在上海見各書店，於此二書均定五元，視爲一律，於是結果「紀傳」賣罄，「紀年」獨存，蓋其於書價消長，不如北方研究之細也。

近聞西南各地，舊書古籍，搜羅已空，據友人云：成都昆明市上，凡昔日地攤上幾大枚（銅板）一本之書，在西南卽可稱善本。雖不無言過其實，但兵燹之餘，又兼學校林立，學人叢聚，圖書缺乏，可以想見。友人劉盼遂嘗謂不能西征，最大原因在無書可讀。余亦云然。蓋向在故紙堆中求生活者，一日離去，眞如魚之失水。因與書價有關，故幷及之。

談怕太太

張素民

『怕太太』三字的定義，是不容易下的。外國文字中也沒有相當的名詞。我的日本朋友談到這件事，都用『怕太太』三字，可見日文中沒有同樣的話。英文中雖有 Henpecked 一語，然其涵義，或不如『怕太太』之廣。現在我不是談科學，對於『怕太太』這句話，用不着下定義；讀者顧名思義，多少可瞭解一點；至於已經結過婚的男讀者，必更深知此中味道了。

有一次，一位日本朋友請我在南京福宮酒家吃飯，他說：『如果有一「中日怕太太協會」的話，日本方面應推清水先生做會長，中國方面應推閣下做會長。』我引這位日本朋友的話，不是為我自己標榜，乃是證明我有資格談這個問題。

我可不打自招的承認：我是相當怕太太的一個人。我之怕太太的理由，至少有兩個：第一是維持家庭的和平。我們稍讀詩書的人，都是負有『盡忠報國』的志氣。於是我們每天為社會國家的大事，忙個不了，晚上返家，假如你遇着自己另有女朋友而為太太所偵知的時候，太太豈不是要和你吵得『鷄犬不寧』？請問你第二天有沒有精神對付各種複雜的社會國家大問題呢？如果你為有婦之夫，對於外面的美女子少加理會，使太太安心，自然可以使家庭和睦，辦起公事來，即毫無後顧之憂了。孔子曾說治國平天下必先齊家；據我看來，齊家的要訣，就是怕太太。

我以為我們應該怕太太的第二個理由，是主張公平。凡有志氣的男子，固然是以身許國；然即知識最低的女子，無不是『以身許家』。一個女人嫁給你了，她的希望和生命全在你身上。如果你眞和她性情不相投，就應該和她早點離婚，使她有機會再找一個丈夫。等到兒女成羣，再拋『這山望得那山高』的態度，我覺得似乎有點不公平，有點不近情理。我常想：假如我來世變一個女子，嫁了人，必努力生產幾個兒女，抓住着丈夫。為什麼呢？因為平心而論，男人不愛女人是假的。我敢不打自招的說：偶然遇着一個很好看的女子不免要動心，然而一想到我的兒女，覺得對不起他們，那種胡思亂想，就付諸九霄雲外了。假如我沒有兒女的話，或者離婚結婚，鬧了多少次，我也不敢保。所以我認為凡已經做了爸爸的男子，應該效忠於自己的太太，對於外面的任何美女子，應該放棄一切野心。

雖然，凡事應有界限，怕太太也是有界限的。我以為太太們對於丈夫另愛外面女人的事，是應該干涉的；這是她們的義務，也是她們的權利。男子們應該怕太太，祇以這個權利義務為限。至於丈夫們外面所辦的職務，——無論是農工商學政那一界的職務——太太們偶爾貢獻意見則可以，干涉則絕不應該。丈夫們若對於這些事也怕太太，那就不算是『丈夫』，乃是裙帶下的寄生蟲。

以上所述，可以說是我的『怕太太哲學』。讀者或要罵我為怯懦無能吧。然而我敢說：凡是男子都多少有點怕太太的，絕對不怕太太，是假話；不過怕的程度，有高低之別罷了。我且引一個笑話做本文的結束：有甲乙二人，甲和自己的太太吵了嘴，跑到朋友乙家訴苦，乙詢問情由之後，就說：『那是你，假如是我……，』話猶未完，乙的太太從隔壁房間跑出來，質問乙說：『假如是你，你怎樣呢？』乙答道：『假如是我，我早對太太跪下來了！』

京話

姜賜蓉

京話的第一篇寫了之後，差不多有月餘未嘗動筆了。原因是很多的，個人的生病却不失爲很重要的一個理由。好在我的病是很普通的，朋友們到舍下來閒談的時候，都發現我在罹着相當猛的感冒和傷風。雖然有些人是可以帶着病寫出很好的文章來的，但是我却是在精神疲憊的時候決無什麼動筆的膽量。——現在所幸我的身體已經復原，而編者又函催數次，於是京話的第二篇，又要前來出醜了。

感冒之來由於天氣的寒冷。近日南京的氣候，大非昔比，已經降到三十七八度的樣子了。早晨起來，看見窗上的玻璃已結成一層一層的凝霜。昨天忽然降起微雨來，氣候一冷，雨水便又凝結起來，成爲薄薄的雪片。這一陣的微雪，在我們的愛好吟詠的詩翁們看來，不免又是一件上等的作詩資料。『綠蟻新焙酒，紅泥小火爐，晚來天欲雪，能飲一杯無？』大約可算是最超逸的詩境了罷。可惜現在南京城的飲食業，異常發達，一餐之費，雖然尚不到千金，但是有的時候，却也破費得相差無幾了。自己在家裏弄點鮮魚片，肉片，大白菜和細粉絲，燒得熱烘烘的小泥爐，把它們攪在裏面燙着吃，有時候再加上點嫩的菊花瓣兒什麼的，也還算好吃，但是價錢就非百元左右不辦。偶然一嘗，當然大快朶頤，可是想想現在生活高漲的情形，這種舉動，也不過偶然的只可自怡悅，竟無請客的資格，就不免有點兒悲從中來了。

戰爭博覽會在玄武湖開始舉行，已經一個月了，而我的賤軀，竟也生病了一個月，這眞可以說是大幸之中的不幸事情了。爲什麼說是大幸呢？因爲這一次博覽會，和我國歷年所已舉行的博覽會，迥然不同。例如，西湖博覽會，在民國十八年不是也曾盛極一時的舉行過麼？當時北伐完成不久，國府的奠基剛纔穩固，於是提倡國貨和遊覽湖山的兩個要求，可以並行不悖的實行配合起來，不提倡國貨不算時髦，而到西子湖去遊覽一次，也即所以提倡國貨。當時我還不過是上海的一個女學生，也曾追隨游覽團體，前去提倡國貨一次。今日想來，自然又要不勝其感喟了。因爲今日湖山依舊，玄武湖的湖光嵐影，雖在美人遲暮的初冬，也依舊可以留戀不捨。可是究竟因爲時代不同，博覽會的性質，也自然而然的日新月異了。生爲現代的青年，雖然有時還可以讀讀古籍，更不能不略知今事。坦克車、飛機、降落傘部隊……種種燦爛的表演，都是玄武湖的吸引觀衆的節目。看到現代國家發展的雛型，使我們不能不興奮，更不能不打疊精神，努力振作起來。但我竟因生病的關係，僅於日前冒凍去觀覽過一次，受益雖然非淺，究竟覺得多少有點遺憾呀。

茆庵通訊

陳旭輪

黎庵仁兄足下：曩在海上得接清暉，知足下研精明清史料，早年積學，令人欽遲。當時曾約足下偕訪吾鄉老文豪張隱南（鴻）太史，張太史熟於晚清掌故，曾參與其叔岳丈翁相國同龢幕府，故戊戌政變此中軼事祕聞，渠頗願口授足下筆錄。渠所續老友東亞病夫『孽海花』一書稿件，亦願付足下當時主編之『宇宙風』刊布，不意太史遽作古人，客死海上。弟亦於去冬因東吳散學，亦遂離滬，無緣與足下時時握手請教爲悵耳！弟離滬後蟄居故里，日閱明清間史籍，感慨身世，而於葉天寥『甲行日注』一書，尤流連諷誦，乃於今年夏春之際，披剃入山，實行天寥當年流衲隱遁生活，刻下流浪澄錫之間，寄跡於昔年藥庵（明末熊魚山（開元））和尚曾經遁跡之一小茆庵中。登山臨川之際，尚餘書生結習，仍好讀明清之際名人傳記，環吾茆庵一二十里，如張涇橋鎭，則東林巨子顧憲成故居也。芙蓉山，則倪雲林故居讀書處也。（足下刻下主編之朱樸之先生所辦之『古今』雜誌，朱先生故里卽在芙蓉山前，其從兄雲亭先生爲有名儒醫，弟曾數與往還。）晴山堂，則徐霞客之故居也，至今各種碑帖尙保存。（此事由大同大學校長胡敦復先生叔父雨人先生主持之。）最近吾茆庵者，則考試院副院長繆丕成（斌）君之先世繆昌期（文貞）先生故居在也，渠與楊漣左光斗劾魏忠賢入獄而死者。與之相近地名赤岸（在顧山東北四五里），復有李忠毅（應昇）故居。二人者，均明天啓朝反對魏忠賢，與東林通聲氣，主持風操，均爲僉壬慘死獄中。弟遊其鄉，與其子孫相接，覩其遺象，讀其家譜。繆文貞所著從野堂集，外間已鮮傳本，弟於其家譜中，得窺全豹，將來或於此中史料有新發見，弟當爲專篇論文，求足下斧正也。刻下因李忠毅公家譜尙未借到，故尙不能有所述作。新從友人案頭，見到足下主編之古今雜誌，二，三，四，五，六，七共六期，中間頗多佳作，足增見聞。予友僅有此六期，弟借得一讀，不覺心癢，因見目錄第一期中有朱樸之先生『四十自述』及羅振玉『雪堂自傳』汪先生『革命之決心』三文，均願一讀，但鄉間鄙陋，無從借閱，請代設法一册，實深盼禱。第七期以後，如蒙賜寄二三期一讀，俾老衲稍解寂寞之感。但目前物價過貴，非所敢望，而貧衲又托鉢乞食，萬死投荒，已無餘力可購精神食糧，貴社如能佈施一份，實貧衲所深望矣。足下倘有雅興，來遊澄錫鄉野，貧衲當掃榻以待，茆庵中山肴野蔌，別有一般滋味，荒村寒江，視十里軟紅塵中，亦別有一番天地也。貴同事陶亢德先生，曩在吳門舊相識，晤時懇代致意。專此敬頌

撰祺。

弟陳旭輪拜上（卅十一年十一月十六日）

編輯後記

黎庵

本期周佛海先生煌煌鉅製，都兩萬言，實爲近年來罕見的偉構，凡是關心中國近代史的人，一定要珍如拱壁，蓋不獨僅供閱讀之用，亦且爲絕好的史料也。周先生公餘退食，尙出其餘緒，爲本刊成此力作，足見將護之深，感荷自不待言。

樸之社長的『記蔚藍書店』，亦屬近代文化史重要史料，當時『藝文研究會』的業績，已略見本刊十一期書生先生的『縱談文化記』，讀者可加以參閱。

金息侯（梁）先生爲勝朝遺老，比年退隱津沽，專以表彰遺臣爲事，此後允爲本刊經常撰述。

文載道先生長於小品雜感，頗有魏晉人風味。年來擱筆已久，經編者再三敦促，始允執筆。下期適逢新年，特撰『千家笑語話更新』一文，可先預告。

張素民先生爲美國哥倫比亞大學經濟學博士，其太太卽娶自彼邦，『怕太太』一文，雖係一時出之游戲筆墨，實乃經驗宏富之談，所謂夫子自道是也。

堯公先生『書林逸話』發表後，好評極多，本期因篇幅關係，未能刊完；尙有『水滸傳雜考』一文，逈異胡適之之作，不久亦可發表，幸拭目待之。

姜賜容女士『京話』，自九期發表後，卽抱淸恙，此後當可按期撰寫。

陳旭輪先生爲東吳大學教授，近披剃入山，追蹤午夢堂主人，然仍留心明季史實。而遁跡之地，尤多與史事相關。近致函編者，暢論勝跡，特爲發表於此。

陳公博先生自『上海的市長』一文在本刊十一期發表後，該期卽銷售一空，至今補購者，仍紛紛不絕，可見陳先生文字入人之深。近據陳先生告樸之社長，允於下期再惠新稿，特爲豫告於此。

賁殊先生的『攝政園記』，豫告已久，今已豪寄來，洋洋萬餘言，當於下期發表。

近因印刷紙張均告漲價，本刊不得已亦酌增定價，改爲每份二元，讀者欲免定價時有增漲之麻煩，可向本社定閱；則在定閱期中，決不增價矣。

中央儲備銀行

中華民國國家銀行

資本總額國幣一萬萬元

本行特權

一、發行本位幣及輔幣之兌換券

二、經理國庫

三、承募內外債並經理其還本付息事宜

本行業務

一、經理國營事業金錢之收付

二、管理全國銀行準備

三、代理地方公債

四、經收存款

五、國民政府發行或保證之國庫證券及公債息票之重貼現

六、國內銀行承兌票國內商業匯票及期票之重貼現

七、買賣國外支付之匯票

八、買賣國內外殷實銀行之即期匯票支票

九、買賣國民政府發行或保證之公債庫券

十、買賣生金銀及外國貨幣

十一、辦理國內外匯兌及發行本票

十二、以生金銀為抵押之放款

十三、以國民政府發行或保證之公債庫券為抵押之放款

十四、政府委辦之信託業務

十五、代理收付各種款項

南京總行

行址：中山東路一號

電報掛號：中文五五四四　英文 CENREBANK（各地一律）

電話：二二二一〇—二三七五一　二二五四一—二二五四八

上海分行

行址：外灘十五號

電報掛號：中文八六二八

電話：一七四六三　一七四六四　一七四六五　一七四六六

（轉接各線）

蘇州支行

行　址：觀前街一八九號

電報掛號：（中文）五五四四

電　話：六九三，一八五六

杭州支行

行　址：太平坊大街惠民街角

電報掛號：（中文）五五四四

電　話：二七七〇

蚌埠分行

行址：二馬路西首

電報掛號：中文五五四四

電話：

古今

半月刊　第十四期

特稿
陳公博：了解
袁殊：拙政園記

拙政園圖輯

袁殊先生製贈

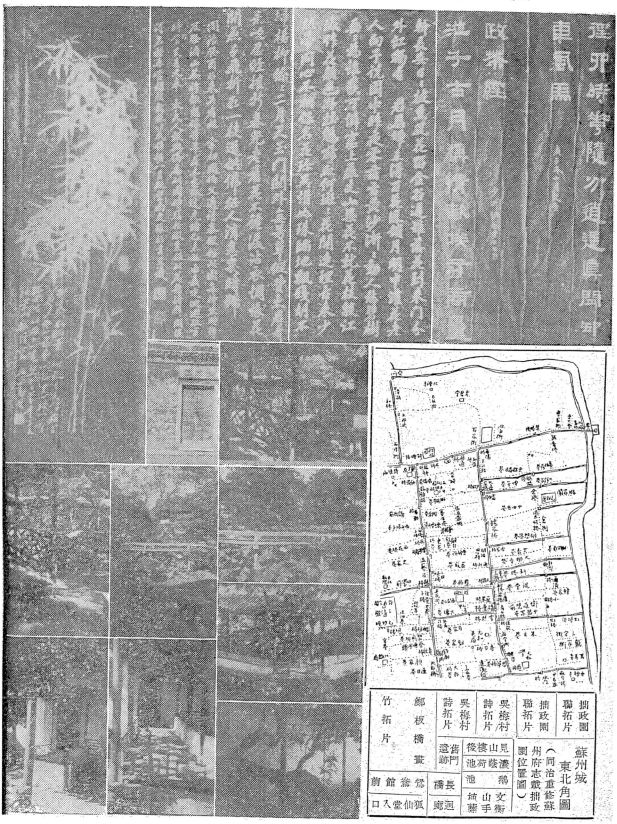

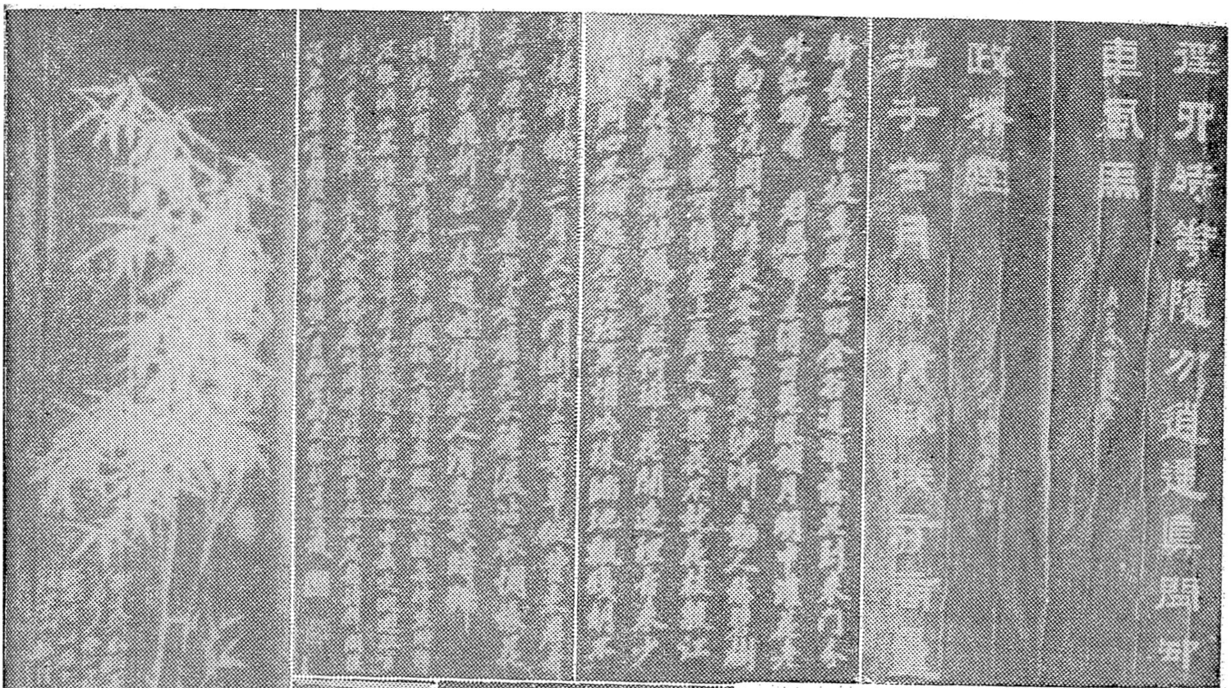

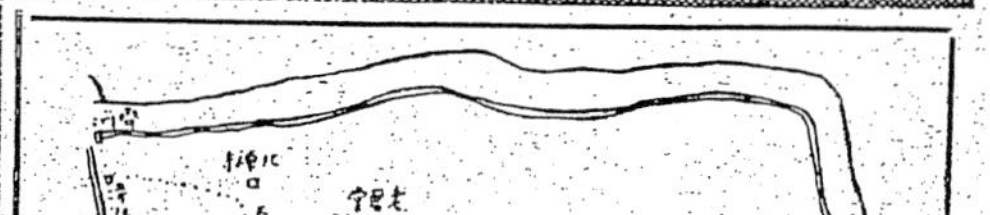

拙政園聯拓片
拙政園聯拓片
吳梅村詩拓片
吳梅村詩拓片
鄭板橋畫竹拓片

蘇州城東北角圖（同治重修蘇州府志載拙政園位置圖）
見山樓後
濃蔭荷池
鵝池
文衡山手植藤
舊門遺跡
長橋
迴廊
鴛鴦館前
狐仙堂入口

古今半月刊第十四期目次

中華民國三十二年一月一日出版

社長　朱樸
主編　陶亢德　周黎庵
發行者　古今出版社　上海亞爾培路二號
發行所　古今出版社　上海亞爾培路二號
印刷者　國民新聞圖書印刷公司　上海靜安寺路一九二六號
經售處　各大書坊報販

本刊每逢一日十六日出版　零售每册二元

定閱價目（連郵費）

	半年	全年
本埠	廿四元	四十八元
外埠	廿五元	五十元

國民政府宣傳部登記證滬誌字第七六號
公共租界警務處登記證C字第一〇一二號

了解

陳公博

人生本來是難於了解的，個人的性格尤其是難於了解。

公生活的性格似乎比較容易了解，而私生活的性格就不容易了解。

單純性的性格似乎比較容易了解，而複雜性的性格就不容易了解。

所謂公生活的性格，例如一個人很誠實，相反的很虛浮，這容易了解了。可是這個人的私生活，誠實的人也會浪漫，虛浮的人也會嚴肅，這都可以使你不能相信。

所謂單純性的性格，例如一個人很躁暴，相反的很温和，這容易了解了，可是這個人的私生活，躁暴的也會遷就，温和的也會強硬，這也使你不能相信。

我時時都在想，個人的性格的確是難於了解，因為一個人不是單由父親生出來，或是單由母親生出來，是合體構成而產生的。我們除去一切父母的特殊性格而外，又除去隔代遺傳的性格而外，一個人至少包含男女的兩種性格，祇是看他或她所受的遺傳，男性多或是女性多，或者就是男性少而表露時多，或者就是女性少而表露時多，來決定他或她的性格罷了。

因此我想公生活和私生活的性格，往往不同，或者就基於這個原因。而單純性的性格，我斷定祇是一個名詞，誰的性格也相當的複雜。如果他能夠比較中和的便容易了解，不能中和的便難於了解。

我們時時看見在人家廳堂所掛的名人字畫，有一副很普通的對聯，而又為名人所喜歡寫的：『將相經綸儒學問，聖賢肝膽佛心腸。』這副對聯自然是一種最理想的人生，可是我們想一想，一個人有將相的經綸，有儒的學問，有聖賢的肝膽，又有佛的心腸，他的性格如何的複雜。固然世間決沒有這種人，如果有這種人，他一定每天都在矛盾中，不獨人家不容易了解他，就是他也難得了解自己。不獨他自己覺得痛苦，恐怕他的最親切的家人和最親愛的朋友更感覺痛苦。

我平常時時自負可以了解人，到了今天，覺得有些行年五十而知四十九年之非，我深深感覺，我不祇不能了解人，並且往往不能了解自己。我現在不敢相信去了解人，我且試試了解自己罷。

我的公生活性格是最容易了解的，我在『四年從政錄』內，曾下過一句『自己的批評』，我說『開宗明義，我很想先對於自己下一個批評，我的爲人可以兩句話作定論，就是「長於決斷，短於精密，勇於負責，過於信人」。』我自問我批評自己的評語比較確切，而一般朋友也認爲我自己的評語很是確切。

至於我私生活的性格就難於了解了，我對自己私生活的性格，至今不能下斷語。我有一位朋友曾說過：『你的性格，可以做聖賢，可以做英雄，但聖賢和英雄是矛盾的，你要做聖賢，就不能做英雄，要做英雄，就不能做聖賢，兩樣人物不能合一，你得要下決心去選擇。』他的說話姑且不去說他對不對，但最少他看出我在私生活有矛盾的性格。我又有一位朋友曾經取笑我說：『你是君子中的浪漫者，浪漫者中的君子。』我笑笑說：『那不是相消了嗎？』他說絕對不能相消，兩種人物同時在我身上存在。他這句話自然是開頑笑的，但最少他也看出我在私生活有矛盾的性格。

這樣對於我的私生活性格批評太多了，祇有一個朋友說：『你的性格，是豪放之中不失溫文，瀟洒之中而帶嚴肅。』我自己也承認這句話比較切當。然而不錯，話是切當了，那就十足表示我具有不能中和的幾種性格，難怪人家不容易了解自己，自己有時也不容易了解自己。

有了這些矛盾而不能中和的性格，因此所交的朋友，自然跟着性格而有種種的不同，所以我有跌宕的朋友，有文雅的朋友，有風趣的朋友，也有蘊藉的朋友。雖然說不上情投意合，但總是我的朋友，而又是我喜歡的朋友。一般朋友的性格雖然互相矛盾的，但我四種性格之中總有一種符合，因此有點朋友滿天下知交有幾人之感。我相信我對於朋友的了解，也祇是合乎我的某一種性格的了解，而朋友對我的了解，也祇是合乎他的某一種性格的了解，如果彼此全部了解，恐怕也是困難罷。

我時時想，我能不能碰到一個朋友，他也是豪放不失溫文，瀟洒而帶嚴肅，不過再想想，這種人是可遇而不可求，就可求罷，也不見得眞能做朋友。因爲四種性格並不是中和的，各自帶些矛盾性的，而這些矛盾性不是繼續存在的，而是時現時隱的。有時我豪放，而他溫文，有時他瀟洒，而我嚴肅，豈不是自己常在矛盾中，而自己和他也常在矛盾中嗎？豈不是彼此更難於了解嗎？人生了解之難，眞可慨嘆！

性格有一部分是先天來的，也有一部分是後天來的，換一句話是修養來的。我檢討自己的先天性格已如上述，我再試試檢討我的後天性格。後天性格，換一句名詞，就是氣質，再淺白點說，就是脾氣。我的修養，我保持兩個原則，其一是我所難能，弗出之口，其二是己所不欲，勿施於人，我略略說明第一個原則，然後再說明第二個原則。

我常常批評我是中國的第二流人，怎麼說？第一流和第二流是難得下標準的，我的標準是自己選定的。我以為一個人能夠做到知行合一，是第一流，其次能夠做到言行合一是第二流。我知道喝酒不好，可是時常醉倒，我知抽煙不好，而煙捲常在手中，知之而為之，知行合一之謂何？我自己選定第一流人的標準，我是沒有資格去做了。但言行合一我一定非做到不可，因此我估量我能做的才說，我不能做的就不說，同時我估量我能做的，才叫人做，我不能做的也不叫人做，不但如此，我估量我能做的，才批評人不應當做，我不能做的，也不批評人不應當做。我這種修養，我自問有點把握，同時深覺於己於人，都是有益。

至於第二個原則，也自問有點把握，可是於人有益，而於己則受苦無窮。這個理由說出來也太簡單，己所不欲，勿施於人是對的，但反過來說，己所不欲，也望人勿施於己。但是人家對於自己是不易了解的，人家的修養原則不見得和你一樣的，人家的欲與不欲並不是和自己相同的。我現在說說我的不欲，附帶說說我的苦處。

一、我最『不欲』解釋　我自小就不喜歡解釋，無論何事，祇求心之所安。我認對人解釋是一種可恥的行為。我平生也曾被人誤會了好幾次，但我總不願意解釋，也被人中傷過好幾次，我也總不願意解釋。不過我雖不對人解釋，而朋友們却時時對我解釋，或者託我向別人解釋，我自己已怕解釋，且怕聽人解釋，何況要代人解釋，這是一種苦處。

二、我最『不欲』表功　我生平最不喜歡丑表功。因為凡事我覺得應該做的才做，不應該做的就不做。既應該做矣，又何功可言？既無功矣，又從何表起。不過我不向人表功，而人家却喜歡向我表功，而其表功也不止一次，昨日見面已聽見他自陳功績，今日見面又聽他一遍自陳功績，明日見面又聽他三次自陳功績，若拒而不聽，又恐予人以難堪，這是一種苦處。

三、我最『不欲』算賬　我最不喜歡算舊賬，『成事不說，既往不咎』，我在小孩子念四書時便認為很有道理，我不獨對朋友不算舊賬，連底下人都不算舊賬。因此我不大發脾氣和罵人，譬如一個底下人打破一隻茶碗也發一頓脾氣罵一次，似乎大可以不必。那隻茶碗破了，並不會因你發一下脾氣，罵一下人，那茶碗便可以立刻自己會金甌復元的，算舊賬祇有多加一重彼此的刺戟，於事無補，於情有傷。不過你不向人算賬，人家却偏向你算舊賬。一個人最難過的，你不向人算賬，而自己又正在後悔，人家一定要算舊賬，更且天天要算舊賬，這是一種苦處。

四、我最『不欲』囉唆　我最不喜歡囉唆，無論何事，斬釘截鐵，三言兩語決定了，行就行，不行就不行，何等痛快！

一個人有過失罷，明明白白說幾句，使他知道自省便完。偏偏有種囉唆的朋友，昨天囉唆一大頓，今天也囉唆一大場，拖泥帶水的胡言，牽絲板籐的亂語。我甯願給人一刀斬了，痛快異常，最怕是蒼蠅般嗡嗡，蚊蟲般嗞嗞，你雖不願意，而人却喜歡玩這種脾氣，這是一種苦處。

五、我最『不欲』尖刻　我最不喜歡尖刻，而我在少年時却頂會尖刻的，因為我知道尖刻的刻毒，我發誓再不肯尖刻。時常我說話時，先審量過這句話會不會使人難受，然後再出口，我以為罵人還不失為磊落，我不高興便罵，罵人雖不好，但罵是要人改過。尖刻便不同，尖刻也許是要人改過，不過他不存心一定要你改過，而存心先要使你難受。我不願人難受，人家却偏要你難受，甚或以你的難受，作他的滿足，這是一種苦處。

我的『不欲』太多了，一時也數不清，祇是己所不欲，勿施於人的原則，我是守住了。而人家也是己所不欲，勿施於人，或者人家對這個原則也會守住的。然而彼之所不欲，或非我之所不欲，彼之所欲，更非我之所欲，因之天下多故，而朋友之際男女之間遂從此多事了。

己所不欲，勿施於人，是孔夫子教訓我們的，原則是絕對好而沒有疑問的，然而其苦如此，可見天下事眞有時不可思議了。我以為上述種種我之不欲是一種優點，有些朋友却認定是我的弱點，且有些乘其弱點，便其所私。我常常聽見，也深深知道，外間流行一句話：『那位先生最怕囉唆的，不會使人難受的，他不答應的事，你囉唆多幾次便成功了。』嗚呼修養！其苦至於此耶，而其害又至於此耶！

我開端曾說過，人生本來是難於了解的，個人的性格尤其是難於了解。我希望一般人們都對我了解是困難的，我希望少數朋友能夠對我了解便很快樂了。現在我知道要少數朋友對我了解也是困難的，祇希望有一個人對我了解便很快樂了。

我最理想至少有一個人能夠徹底了解我，無論何事，彼此不解釋，不表功，彼此更不算賬，不囉唆，尤其彼此諒解和尊重，彼此相知而不明言，一切相喻於無言，可是天下有這個人沒有呢？

其實我自己有時且不能了解自己，何必希望再有了解我的人。我相信世界不會有了解我的人了；就有，恐怕也在天之涯海之角罷！就有，恐怕也在咫尺而蓬山罷！就有，恐怕也…………罷！

（卅一年十二月一日）

拙政園記

袁殊

近三數年來，在極端煩忙的生活中，時常發生極端的對於人生的空虛之感。生活情緒，日見消沉落莫。或許就是年歲老成了的結果。對於現在的一切，不願多想、深想，對於將來，雖然更是怕想；但總有一種憧憬，就是企望到了老年，能有一個農園，過耕讀的生活。其實也無非是一般人都有的，聊以自遣的幻想罷了。即士大夫者流之沒落感的通病。

一年以前，沒有預知的住到這個蘇州有名的拙政園裏來，曾經十分喜慰。像這一個清幽的名園勝景，使慣於鬧市生涯的我，改變了環境，於那所說『耕讀』的想像，多少有些近似。所以住進來之後，就很想在晚間多讀些書，並打算寫作題爲『拙政園夜課錄』之類的讀書筆記，或是生活雜感之類的文字。可見得當時的一番意緒，是把自己安排得甚爲從容有致的。然而人事蹉跎，站班點卯；這種想法，何嘗能够如願？

我是住過日本的。深知道日本的庭園，影響於日本人的生活很大。自己亦很愛好庭園花草之美。蘇州的庭園，在中國本是很有名的。但我實在不歡喜獅子林那樣的庸俗。像沈復『浮生六記』中所云：『小中見大，實中有虛』的庭園美，在拙政園可算當得起這種形容了。哲學家康德曾經把庭園的美，和繪畫的美幷爲一談。但在我看來，提到庭園，很容易使人聯想到寺園或邸宅。因爲庭園與建築是相關的，是人的實生活場所的一部份。繪畫祇不過是美術的鑑賞而已。所以最初來住此園的時候，有人問我住在那裏？我曾笑答我是住在『廟裏』。實在就是住在『園』裏的意思。

因爲我住在這裏，我愛好這住的地方，所以很想把園的來歷弄個明白。同事沈壽鵬君最先告訴我的園的近史是：

『拙政園一名復園，三吳名園也，歷久失修，亭閣傾圮，事變後擇爲省址，東連李氏，西接張氏補園，於是一府四廳及警處設矣。乃撥資重行修理，荷池濬深，加種荷藕，養魚舖橋，初遠香堂後對山頂之亭，危危欲倒，見山樓板殘缺，四週走廊傾斜，遠香堂受震破損，他若旱船，木蘭堂，均一一修砌，煥然一新。遠香堂西側之南軒，僅存基地，經前財廳長郝鵬，重建爲四面廳。前教廳長秦達軒，於園之東後方，建官舍一所。在官舍門前之舊亭，亦重行修建。更於枇杷園內，建圖書館數楹。』

這是不足道哉的。查同治重修『蘇州府誌』卷四十六第宅園林門，關於明·拙政園，有如下的記載：

『拙政園在婁齊二門間。嘉靖中，王御史獻臣因大宏寺廢地營別墅，以自托潘岳拙者之爲政。文待詔徵明爲圖記。後其子以摴蒱負失之，歸里中徐氏。國初海寧陳相國之遴得之。中有連理寶珠山茶花，時爛紅奪目。相國謫塞外，此園入官，爲駐防將軍府。旗軍旣撤，迭居營將。又爲兵備道館。旣而爲吳三桂壻王永甯所有，復籍官。康熙十八年，改蘇松常道新署。缺裁散爲民居。後歸蔣氏，名曰復園。又歸海甯查比部世倓；復歸平湖吳氏。咸豐庚申，粵匪踞爲僞王府城，復歸官。同治十年，改爲八旗奉直會館。』

這是說明園的歷史。最初起于明嘉靖年中，但據錢梅溪『履園叢話』所記『元·石礎』，此園之來歷，當早在元代。原文云：

『吳郡齊女門內，有潘氏巷及拙政園。任蔣橋一帶，皆元時張士誠女夫潘元紹故宅，故今尙有駙馬府及七姬廟之稱。俱爲元紹遺跡。嘉慶二十年春三月，偶同潘榕臯畏堂兩先生及其令子理齋戶部樹庭中翰，游拙政園，園西有粉牆，露出桃花幾枝，因問兩先生爲何家所居？曰：程氏也。遂通知主人，並往游焉。見後園有石礎八枚，製作奇古。每一礎上，蟠螭六面，下列三獸，穿於螭首之下，高二尺許，圍圓四五尺，心竊喜之。主人曰：此元時潘元紹家中物也。隔三四年，聞此宅已爲他人所有，遂從程氏購歸，置之履園報春亭下。余所得者僅四礎，其餘四礎，爲榕臯先生取去，置之須靜齋中。』

又『吳門補乘』（見吳縣志輿地考古跡門）所載：

『拙政園在北街迎春坊。明嘉靖中，御史王獻臣以道觀廢址及大宏寺改稱。尋爲徐鴻臚泰時居之。淸初，爲陳相國之遴宅，緣事宅盡入官。後改爲駐防將軍府。康熙十八年，改爲蘇松道署。二十三年十二月二十六日，康熙帝南巡，從齊門而幸焉。』

可知道觀廢址和大宏寺者，當爲明嘉靖以前之遺址。

此外『履園叢話』及『吳門表隱』，關於拙政園都有斷片記載，但事蹟大同小異，目的不在考據，且不贅錄。

所得到的這些殘緣斷素，當然不足以說明園的整個的來歷。要緊的是在紀念我曾住此園，因此就費了一個月餘的時間，和相當的高價，把所有尙殘存在園中的碑石，統統鳩工拓印了。這纔得到了許多的收穫。

全部拓本或拓片，共計有二十八種。目次如下：

（拙政園金石碑拓目錄）

一 嚴人騏書譜 一七葉

二 文徵明千字文 一葉

三 文待詔像及文先生傳 二葉

四 沈石田像及傳 二葉

五 李邕少林寺戒壇銘 一葉

六 趙孟頫吳興賦 一葉
七 趙孟頫大雅 一葉
八 八旗奉直會館記 一葉
九 四憲創建記 一葉
十 復園記 三葉
十一 王氏拙政園記 四葉
十二 聽雲山館墨拓黃庭經 二葉
十三 新建林文忠公祠堂碑記 一葉
十四 董其昌骨董三說 四葉
十五 馮桂芬間架結構百法 五葉
十六 顏眞卿麻姑仙壇記 一葉
十七 文徵明書千字文 一葉
十八 王履吉山水石刻 一葉
十九 李文田塔銘殘經 六葉
二十 吳梅村詠山茶花 四葉
二一 伊念曾隸聯 二葉
二二 董玄宰蘇軾行楷 二葉
二三 米襄陽黃庭堅行楷 二葉
二四 鄭板橋行楷 二葉
二五 鄭板橋畫竹 四葉
二六 楊沂孫篆屏 四葉
二七 契蘭堂法帖 九葉（卷二之一、二、三、十二，卷三之一，卷八之一、二、十三、十四，餘殘。）
二八 其他 十葉（殘缺不全）
× × ×

這裏面有着珍貴而豐富的藝文史跡與史料，一覽可知。而關於園之本身的，亦有五種之多，當爲信史。且分別錄述如下：

其一、爲乾隆十二年沈德潛（歸愚）所撰『復園記』，虞山王淩書，顧覲侯鐫。記園之來歷及歸王氏後之情形：

『吳中婁齊二門之間，有名園焉。園以復名。蔣司馬葺舊地爲園而名之者也。前此爲拙政園，創於王氏，後歸於陳相君；先後爲王嚴二鎭將所有。其中飛樓畫棟，崇巖廣池，與夫連理奇花，靡曼歌舞，勝概甲於吳下。百年來廢爲歲區，既已叢榛莽而穴狐兎矣。主人得其地而有之，謂奢侈可戒，而名區不容棄捐也。于是與客商略，因阜壘山，因窪疏池，集賓有堂，眺遠有樓，有閣，讀書有齋，燕寢有館、有房，循行往還，登降上下，有廊榭亭臺，碕片邨柴之屬，既已經營締造，歷有年所矣。戊午、庚申，余兩經其地，謂是園告成，將豐而不侈，約而不陋，百里之內，可以接踵樂郊，而郲莒學山繭園也。時予方京師，未及俟其斷手何日。日月既久，常往來於心。丁卯春以乞假南歸，復游其中，覺山增而高，水浚而深，峯岫互回，雲天倒映。堂宇不改，而軒邃高朗，若有加於前；境地依然，而屈盤合沓，疑新交於目。穠柯蔽日，低枝寫鏡，岸歒恠狀之石，砌列不名之蔬。主人舉酒酌客，詠歌談諧，蕭然泊然；禽魚翔游，物亦同趣。不離軒裳而履閒曠之域，不出城市而共獲山林之性，迴憶初游，心目倍適！屈指數之，蓋園之成，已四五年於茲矣。舊觀仍復，即以復名其園。』

其二、爲同治壬申（十年）潞河李翰文所撰并書『八旗奉直會館四憲創建記』。僅記僑寓於吳郡的八旗奉直官民，備價購『吳園』地，改建爲會館的經過。主其事者是當時的權使德壽（靜山），糧道英樸（茂文），撫軍張之萬（子青），恩方伯（竹樵）等，即所謂四憲者。

其三、光緒十二年，長白世勛所撰並書『奉直會館記』，是改會館十餘年以後重加修葺時的記錄。關於園史，有云：

『明爲王氏別墅，名拙政園。國初海甯陳氏得之。旋入官，爲駐防將軍府。又爲兵備道館。繼爲吳三桂壻王氏所有。籍沒復入官，改蘇松常道新署。裁散爲民居。歷蔣氏，查氏，最後歸吳氏。咸豐庚申，粵匪入踞，爲僞府城。復由善後局發白銀三千作價，付吳氏，而以園歸公，暫爲巡撫行轅。同治十年冬，今南皮相國來撫吳，適德靜山倘衣，恩竹樵方伯，英茂文觀察三君皆同鄉，乃倡建立會館之議，以價銀三千修理，銀二千匯交藩庫，改稱今名。』

關於園的內容云：

『其中文梲參差，修廊迤邐，清泉貼地，曲沼綺交，峭石當門，羣峯玉立。吳中園亭之美，未有出其右者。』

其四、嘉靖癸巳（十二）年，文徵明所著『王氏拙政園記』，這是一篇最先的、最具體、最有系統的紀錄。記此園當時之勝景云：

『槐雨先生王君敬止所居，在郡城東北界婁齊門之間。居多隙地，有積水亘其中，稍加濬治，環以林木，爲屋其陽，曰夢隱樓。爲堂其陰，曰若墅堂。堂之前爲繁香塢。其後爲倚玉軒。軒北直夢隱，絕水爲梁，曰小飛虹。踰小飛虹而北，循水西行，岸多木芙蓉，曰芙蓉隈。又西中流爲榭，曰小滄浪亭。亭之南，翳以修竹，經竹而西，出於水澨，有石可坐，可俯而濯，曰志清處。至是水折而北，滉漾渺瀰，望若湖泊，夾岸皆佳木，其西多柳，曰柳隈。東岸積土爲臺，曰意遠臺。臺之下植石爲磯，可坐而漁，曰釣碧。遵釣碧而北，地益迥，林木益深，水益清駛，水盡別疏小沼，植蓮其中，曰水花池。池上美竹千挺，可以追涼，中爲亭，曰淨深。循淨深而東，柑橘數十本，亭曰待霜。又東出夢隱樓之後，長松數植，風至泠然有聲，曰聽松風處。自此繞出夢隱之前，古木疎篁，可以憩息，曰怡顏處。又前循水而東，果林彌望，曰來禽囿。囿縛盡四檜爲幄，曰得眞亭。亭之後爲珍李坂。其前爲玫瑰柴。又前爲薔薇徑。至是水折而南，夾岸植桃，曰桃花沜。沜之南爲湘筠塢。又南古槐一株，敷蔭數弓，曰槐幄。其下跨水爲杠，踰杠而東，篁竹陰翳，榆欓蔽虧，有亭翼然，而臨水上者，槐雨亭也。亭之後，爲爾耳軒。左爲芭蕉檻。凡諸亭，檻，臺，榭，皆因水爲面；勢自桃花沜而南，水流漸細，至是伏流而南，踰百武，出於別圃，叢竹之間，是爲竹澗。竹澗之東，江梅百株，花時香雪瀾然，望如瑤林玉樹，曰瑤圃。圃中有亭，曰嘉實亭。泉曰玉泉。凡爲堂一，樓一，爲亭六，軒，檻，池，臺，塢，檻之屬，二十有三，總三十有一。名曰拙政園。』

關於園之命名，復記之謂：

『王君之言曰：昔潘岳氏仕宦不達，故築室種樹，灌園鬻蔬，曰：此亦拙者之爲政也。』

上記文徵明撰記的原石刻，早已湮失。是在光緒甲午（二十）年，經當時的『補園』主人張履謙發現後重刻者。故在原記之後，尚有補記，述此園自明嘉靖至清光緒的四百年間的興廢。是亦世換物移之好話題也。全文云：

『歲己卯卜居婁門內迎春坊，宅北有地一隅，池沼瀠弘，林木翳翳，間存亭臺一二處，皆欹側欲頹，因少葺之。芟蕪穢，略見端倪，名曰補園。園之東即故明王槐雨先生拙政園也。一垣中阻，而映帶聯絡之迹，歷歷在目，觀其形勢，蓋創造之初，當出一手，後人剖而二之耳。今秋顧君若波，客予家，偶檢得舊藏文待詔拙政園記石刻，首尾完好，舉以見贈。因就兩園遍索是石不可得，詢好古者，亦鮮知之。記中所謂勝處三十有一，各爲賦之，既未知待詔集中詩尚在否？即其標舉諸勝，亦舊觀盡改，無復可徵。蓋居是園者，迭有變置，自嘉靖迄今，垂四百年，衣裳鐘鼓，固已屢易主矣！予恐待詔手蹟，久已湮沒，屬錢新之重摹上石，以永其傳，且俾遊者。雖不或睹當時之勝，而三十一景具載其名，尚足資考訂一助也。曩得徵仲、石田兩先生遺像，爲構一椽，勒石奉之，曾未幾時，適獲是刻，毋亦先生之靈，式憑有在，是故拙政園一大幸，而吾補園亦要有光已。遂忘不文，爰贅數言，志訴慰焉。光緒二十年歲在甲午除夕前三日吳縣張履謙月階甫識，囑古婁俞宗海粟廬氏書於拜文揖沈之齋。』

其五、現在蘇主席李士羣氏，知道我正在搜集關於此園的一切史料，特地自清顧譽著『消夏閑記摘鈔』中，見示『拙政園』之一則。所記園史，要前列各項，大致相同。但其中記園歸王永寧時，謂『內有斑竹廳一座，娘娘廳一座，即三桂（吳）女起居處也』。這兩座廳的遺跡，當然已不可攷，然也可以想見當時豪家生活之風流了。

拙政園之歷史，大概具如上述。此外，從拓碑、雜記或現在遺跡中，尚有可記之事甚夥。如有人說曹雪芹寫『石頭記』內之大觀園，是以此園爲 Model 而模擬描寫的。姑亦付存疑。因爲時間不容許從容摩訪，再摘其要者，雜記如後：

第一、現在我所記的概稱爲拙政園的，實在是有三個部份。即一、現在江蘇省政府財政廳、教育廳的所在地，位居中部，應是拙政園本身的遺址。所有的碑石楹聯，也大多採自此中部。特別是吳梅村山茶花詩等重要的碑刻等，都在這裏。二、左首現在民政廳、建設廳的所在地，大概應是八旗奉直館的原址。前門爲省府衛兵隊所居，中進尚有完好之戲臺與戲廳，當爲清時所築。戲廳之前方小天井中，即有名的『文衡山先生手植藤』（有光緒卅年端方題記）。紫藤架下有文先生碑。又有石刻橫額『蒙茸一架自成林』七字。此花架在高冠吾氏主蘇時，曾加修理。民國三十一年八月，中委陳璧君先生視察清鄉，曾偕林柏生氏夫人等在花架下留影。三、右首爲張氏補園，即現在省政府祕書處，前曾爲陳則民氏所居。有鴛鴦廳，洪鈞所書『三十六鴛鴦館』橫額；及陸潤庠所書『十八曼陀羅花館』，及董其昌、何紹基、鄭燮等所書的『拜文揖沈之齋』的聯對。

第二、提到拙政園的，無有不提到吳梅村的詠山茶詩。梅村家藏藁卷十『詠拙政園山茶花幷引』云：

『拙政園，故大弘寺基也。其地林木絕勝。有王御史者侵之，以廣其宮，後歸徐氏最久。兵興，爲鎭將所據。已而海昌陳相國得之。內有寶珠山茶三四株，交柯合理，得勢增高。每花時，鉅麗鮮妍，紛披照矚，爲江南所僅見。相國自買此園，在政地十年不歸，再經譴謫遼海，此花從未寓目。余偶過太息，爲作此詩。他日午橋獨樂，定有酬唱，以示看花君子也。』

但園中所留的詩的刻本，則爲同治癸酉年張樞所書錄的。當係張相國創議改建會館的時候。刻詩與家藏藁略有字句出入，今據拓本錄其詩如下：

『拙政園內山茶花。一株兩株枝交加。豔如天孫織雲錦。赬如姹女燒丹砂。吐如珊瑚綴火齊。映如蠕蝀凌朝霞。百年前是空王宅。寶珠色相生光華。長養端滋鬼神力。漫疊湧現西流沙。歌台舞榭從何起。當日豪家擅閭里。苦奪精藍爲翫花。旋拋先業隨流水。兒郎縱博賭名園。一擲流傳猶在耳。後人修築改池台。石梁路轉蒼合履。曲檻奇花拂畫樓。樓上朱顏嬌莫比。千條絳蠟照鉛華。十丈紅牆節羅綺。鬭盡風流富管弦。更誰管眼閒桃李。齊女門邊戰鼓聲。入門復作將軍壘。荊棘從塡馬矢高。斧斤勿翦鶯黃喜。近年此地歸相公。相公勞苦承明宮。眞宰陽和暗囘斡。長安日日披薰風。花留金谷遲難落。花到朱門分外紅。獨有君恩歸未得。百花深鎖月明中。灌花老人向予說。園中昨夜霏霜雪。黃沙淅淅動人愁。碧樹垂垂爲誰發。可憐塞上燕支山。染花不就花枝殷。江城作花顏色好。杜鵑啼血何斑斑。花開連理寸來少。並蒂同心不相保。花名珍異惜如珠。滿地飄殘胡不掃。楊柳絲絲二月天。玉門關外無芳草。縱費東君著意吹。忍經吹折春光老。看花不語淚沾衣。惆悵花開燕子飛。折取一枝還供佛。征人消息幾時歸。』

這詩也寫了園的故事，和人事的滄桑。我住在此園一年，雖還看到殘剩的山茶花的嬌豔，當然是沒有當年的濃盛了。所謂花已凋落，詩成遺韻矣。

第三、在拓碑中還有一種『新建林文忠公祠堂碑記』。是否此園曾爲林文忠公的祠堂？本文已拉得很長了，且存疑。不過，這個園，幾番爲私人所有，又幾番歸官，變遷極多。在洪楊之亂時，曾爲忠王李秀成的司令部。據說這位忠王到了蘇州後，住在園中，以勝利者的威風，極盡淫殺之能事。因此園中關於鬼的傳說甚多。園內見山樓之右側，還有一個狐仙堂，亦稱靈驗。至今附近的居民，每逢朔望，必來禮拜者，絡繹於途。園固爲一省之最高行政機關的所在地，但對於此般迷信者，當局亦不予阻止。在中國凡廢園故邸，無有不要狐鬼相關的，拙政園未能例外，兼亦有之。關於鬼的故事，同事吳傑君，有親筆記述的親身經歷的故事一則：

『吾家附近之拙政園，爲邑中名勝之一。余好其無獅林之俗豔，無蕙蔭花園之蕭索，無留園之富貴氣，園中亭樹池木，皆疏朗有致，秀而不麗。事變前，每歲初夏，荷花將放，園丁設座售早茶，余貪其近，每日晨興，必披衣挾書而往，向園丁索籐椅，曉色濛濛中，臥綠蔭下，聽蟬嘶，挹清香，近午而歸。習以爲常。與拙政園毗連之奉直會館，湮廢已久，殿宇廡廊，塵封剝落。父老相傳，云太平天國時，忠王李秀成設行轅於此，殺戳甚慘，至今有鬼，但未聞有人見之也。民國十八年夏，暑假歸里，長夏光陰，半日消磨於園中。某日，與同學俞起民、俞國堯、金震東同往，俞君攜照相機，堅欲攝影，擇見山樓東之高亭下，踞右臨池，余爲之捩機，時約六時左右，雲氣未開，光線甚暗，先後共攝六幀，交觀前柳村相館冲洗，翌日往取，店員云底片已損懷一張，余素不善攝影，欲一看壞至若何程度，店員面現難色，頓起疑竇。詢之再三，始云因底片上發現鬼影，恐增君等之不快，因是益奇。店員乃吾等素識，務要一觀，舉日光下照之，見二人之左傍石上，坐一人，御棉袍，戴瓜皮帽，面目壍腫，依稀難辨，自頭至足，直如木片，了無人相。不禁與悚然之感。反覆思索，終不明其因。斯片后存金君處，友好索觀者甚衆。事變中已遺失矣。』

這園中白晝見鬼之事，我自已雖未親及，但考之於掌故記載『歸田園』（見『履園叢話』）有云：

『歸田園在拙政園東，僅隔一牆，明季侍郎王心一所構。中有蘭雪堂、泛紅軒、竹香廊諸景。今王氏子孫，尙居其中。相傳王氏欲售於人屢矣。輒見紅袍紗帽者，隱約其間。呼嘯達旦，似不能割愛者。人亦莫敢得也。余少時嘗見侍郎與蔣伯玉手札，其時在崇禎十六年之十二月二十日，書中言小園一花一木，皆自培植，分付園丁，時加防護云云。其明年侍郎即歸道山，宜一靈之不泯耳。』

此與吳君所遇，似相拍合。若然，則此鬼當亦是有自園以來的一位古鬼了。

拙政園確是很古老了。不但點綴了吳中的名勝，它還象徵了興廢的長流。我愛好園庭，燕雜的記了這麼些，實在是多餘的事。雖然其他還有很多可資述錄的材料，但對於我們現在生活的人有什麼意義呢？文徵明著『王氏拙政園記』下半段，很有些慨乎言之的話，讚美園主人的，如謂：『古之名賢勝士，固有志於是而際會功名，不能解脫，又或升沉遷徙，不獲遂志，如岳者何限哉。……所謂築石種樹，灌園鬻蔬，逍遙自得，享閒居之樂者，……究其所得，雖古之高賢勝士，亦或有所不逮也』云云。這眞是說明了『拙政』的旨趣了。法然和尙的詩有：『我家好隱淪，居處絕輕塵』之句，亦是這種意思。像日本布施少將檮堂閣下送給我的字，題爲：『本來無一物，亦無塵可拂』，也是功名利祿，死生的超脫觀。在軍人的他，是軍人魂的大義；在無用的書生，便是出世觀了。總之，住在如此隱淪而絕塵的園地，而又如是出世的想望，甚至是一些不着邊際的幻想，此於巧於術之倫相視，是可哀亦是可危的。我還是攟捨殘卷，做園的史記，比爲無文之文倘聊得自慰吧。

『談梅巧玲』補遺

趙叔雍

頃讀徐一士先生『壬午閒綴』，談梅巧玲事，勝朝遺跡，爲之神往。余生也晚，僅與文孫往還，初未嘗能涉開天之盛況，但幼侍庭闈，所習聞於先公之掌故至夥，茲撮其足以補本文之遺佚一二則，以爲古今補白，兼就正于一士先生。

梅巧玲義舉，初非一事，先公官粵東時，輒與同官往返，互述淸苦。有銓粵之散館翰林李君，每告先公曰：食貧自守，固屬廉隅，但余在京淸苦，此行並資斧亦付闕如，友生籌措，殊不足數。不得已以告之梅巧玲，巧玲假吾三百金，始治行裝。今來此半載，尙未及還，彌爲悵歉，此後誠不知如何得了也。因此知巧玲豪俠，對于京朝士夫，每多傾助，各家傳說不一，實緣事而異，並非小節之不同也。

梅氏之死，與桑春榮先後無幾日，都人士爲撰挽聯曰：『庾嶺一枝先折；成都八百同凋。』所以扣梅桑二字，不過工巧而已。先公述此聯時，並述別一聯：『趕三已死無京丑，李二先生是漢奸。』蓋趕三爲北京名丑，與羅百歲齊名，其死時與李合肥同時。李以辛丑之役，憂勤致疾，卒于賢良祠，其所以保全國家于一髮千鈞之際者甚大，而都人士不爲曲諒，輒致浮謗，號曰『漢奸』，因撰斯聯以辱之；實則庚子之變，若不得李之忍辱負重，則瓜分迫于眉睫，宗社早付邱墟矣。虛憍之氣，爲國家之累者，匪伊朝夕，附記及此，又不禁慄慄以懼矣。

巧玲體肥碩，技則至精，所演盤絲洞作半袒妝，尤爲都人士所劇賞，蓋宜于環肥之劇也。先公謂光緒五年在京，屢觀其盤絲洞、探親相罵。（與趕三配，趕三騎眞驢上台。）及五彩輿（鄢茂卿事）諸名劇，轟動九城。其時宮中時時傳差演劇，慈禧太后及光緒均加殊賞，都人士以梅體碩，因稱之『胖巧玲』。宮中演劇時，帝后談及其名，亦以胖巧玲呼之。易實甫『梅郎曲』中涉巧玲事，有『市人皆稱梅老板，天子親呼胖巧齡。』蓋記實也。

先公于光緒十四年再赴京師，其時梅年事已長，但掌戲班，夙已輟演，亦不應招赴讌會，惟吾鄉盛勗人（盛宣懷之父）與之至好，一日約先公杯酌，並邀巧玲至，且鄭重語先公曰：『梅老板久不外出應酬，特約來，俾一相見。』其時京朝風會，伶工子弟多出預文酒之會，是日來者十餘人，均其後輩，迨巧玲至，諸子弟爲之肅然與行請安禮，巧玲一一撫循，且問其師父近狀何如？班中營業何如？親切有味，子弟見其藹然之狀，又如對嚴親慈師。言次盛謂梅老板善八分書，何不乞其揮藻楹帖，先公因以屬之，旬日後即送一聯來，上款題某某先生，下款『梅芳』二字，饒有漢隸意味，惟甚拘謹耳。其日衣藍衫黑快靴，出言溫恭得體，舉止落落大方。盛極縄其掌班時，厚遇同班及散財義舉，則唯唯不敢當。蓋其時風尙，伶官多好與名士達人往還，挾以增重，並不措意于饋遺，即欲覓資斧，亦輒取之于親貴達官，決不課之于寒士。方其來往時，所養均稱梅老板而不名，此易五詩之本事也。

畹華既以劇藝名世，方其南來謁先公時，因爲述同光間事，畹華敬受而聆之，及其行也，先公命于舊篋中檢覓楹帖，越三日而不可得，蓋南船北馬，不知遺落何所？以稟先公，彌爲扼腕，曰：『倘能得之，應屬畹華，加一小跋，以誌三世論交之盛事也。』忽忽述此，蓋又幾二十餘年，先公謝賓客者亦已五載，日月居諸，滄桑變迭，秉筆雜記，誠不勝其『往來成古今』之感矣。

贛閩鄉科往事漫談

徐一士

『古今』第七期載陳君『海藏樓詩的全貌』。論及同光體詩人。謂『同光體的代表。當然要推陳三立和鄭孝胥。』蓋散原海藏。兩雄並立。均詩壇健者也。溯兩人科名。皆爲清光緒八年壬午舉人。贛閩二榜。鄉薦同年。又如陳叔伊（衍）林琴南（紓）。亦於是年同登閩榜。同以詩鳴。（林氏翻譯小說最有成績。詩非特長。亦不欲以詩人名。然其詩亦差足頡頏同時輩流。論者或以之與其畫並稱焉。）可稱科舉與藝林之美談。（此閩榜三人。均未成進士。贛榜之陳。則光緒十二年丙戌會試貢士。光緒十五年己丑殿試進士。）關於兩省是科舊事。有足述者。距今六十年矣。

是年寶竹坡（廷）以禮部右侍郎充福建正考官。（翰林院編修朱善祥副之。）『石遺先生年譜』卷二（叔伊之子聲暨根據其日記等所編。或云各卷均其自纂。託名其子等也）是年（二十七歲）云。『九月舉於鄉。登鄭孝胥榜。同榜有林琴南丈羣玉者。方肆力爲文詞。家君嘗見其致用書院試卷駢文一篇。甚淹博。彷彿王仲瞿。至是蘇堪丈問其爲詩祈嚮所在。答以錢注杜詩施注蘇詩。蘇堪丈以爲不能取法乎上。意在漢魏六朝也。琴南丈甚病之。（案丈後大挑二等。官教諭。自號畏廬。）是科座主爲禮部侍郎宗室寶廷。號竹坡。揭曉。家君往謁。知爲搜遺卷取中。竹坡先生。立朝直言敢諫。與吾鄉陳弢庵閣學（寶琛）豐潤張幼樵學士（佩綸）爲一時清流眉目。先生嗜酒耽詩。好山水遊。歸途坐江山船。買榜人女爲妾。自劾落職。福建典試。差囊可得六千金。先生到手立盡。次年初春。家君公車入都往謁。則著敝縕袍。表破殆盡。綿見焉。』鄭孝胥爲解元。林紓榜名羣玉也。此謂林後以大挑官教諭。惟林恆自稱爲舉人。不言曾登仕版。蓋以科名爲重。頭銜雖嘗曰教諭。實際上亦並未任此苜蓿一官耳。至述鄭林論詩。對林意寓不滿。叔伊琴南頗相輕也。

竹坡官翰林時。卽屢上封章。侃侃言事。與張幼樵等被目爲翰林四諫。又號清流黨。直聲清望。蔚爲時彥。以此受知。累擢遂躋卿貳。此次典試閩省。歸途遽以道中買妾上疏自劾。是年除夕奉旨。『禮部右侍郎寶廷奏途中買妾自請從重懲責等語。寶廷奉命典試。宜如何束身自愛。乃竟於歸途買妾。任意妄爲。殊出情理之外。寶廷著交部嚴加議處。』翌年癸未正月十二日奉旨。寶廷照吏部議卽行革職。一時譁傳。以爲笑柄。李蒓客（慈銘）於寶事有所記。附書於其『荀學齋日記』丁集下壬午十二月三十日所錄上諭後。據云。『寶廷素喜狎遊。爲纖俗詩詞。以江湖才子自命。都中坊巷。日有蹤迹。且屢娶狹邪。別蓄居之。故貧甚。至絕炊。癸酉典浙試歸。買一船妓。吳人所謂花蒲鞵頭船娘也。入都時別由水程至路河。及寶廷由京城以車親迎之。則船人俱杳然矣。時傳以爲笑。今由錢唐江入閩。與江山船妓狎。歸途遂娶之。鑒於前失。同行而北。道路指目。至袁浦。有縣令詰其僞。欲留質之。寶廷大懼。且恐疆吏發其事。遂道中上疏。以條陳福建船政爲名。且舉薦落解閩士二人。謂其通算學。請特召試。而附片自陳。言錢唐江有九姓漁船。始自明代。典閩試歸。至衢州。坐江山船。舟人有女。年已十八。奴才已故弟兄五人皆無嗣。奴才僅有二子。不敷分繼。遂買爲妾。明目張膽。自供娶妓。不學之弊。一至於此。聞其人面麻。年已二十六七。寶廷嘗以故工部尙書賀壽慈認市儈李春山妻爲義女。及賀復起爲副憲。因附會張佩綸黃體芳等。上疏劾賀去官。故有人爲詩嘲之云。昔年浙水載空花。又見閩孃上使査。宗室八旗名士艸。江山九姓美人麻。曾因義女彈烏柏。慣逐京娼喫白茶。爲報朝廷除屬籍。侍郎今已壻漁家。一時傳以爲口實云。』如所云。是竹坡典試而途中納船孃。斯已爲第二次矣。李氏自負素高。以懷才不遇爲憾。見當時號爲清流黨諸人。身膺清華之職。聲氣隆上。勢焰大張。頗不滿之。時有譏詞。故對竹坡亦甚作譴責之語。要之竹坡正色立朝。風節夙著。雖細行不檢。貽人口實。在晚清政界猶不失爲一錚錚人物。宜分別論之。固未可以一眚而掩其大端也。旣以此罷斥。知交爲謀再起不獲。竟落拓以終。夙亦能詩。鄭等出其門下。蜚聲騷壇。頗爲師門生色。

龍顧山人（郭則澐）『十朝詩乘』卷二十一云。『竹坡罷官。以納江山船妓自劾。先是旗員文某典己卯閩試。途次眷船妓。入闈病痼。不克終場。傳爲笑柄。次科竹坡繼往。李文正諗其好色。諄勗自愛。寶文靖笑曰。竹坡必載美歸矣。旣而果於桐嚴舟中昵一妓。歸途竟娶之。並載而北。途經袁浦。縣令某詰之。不能隱。慮疆吏發其事。乃中途具疏。以條陳船政爲名。附片自劾。文靖於政府先睹之。笑曰。佳文佳文。名下不虛哉。文正就閱，始知之。恚甚。强顏曰。究是血性男子。不欺君父。然亦無由曲庇。卒罣吏議落職。……竹坡退居。賦江山船曲解嘲。有云。本來鐘鼎若浮雲。未必裙釵皆禍水。會有詔求才。尙頌臣閣學首薦之。被嚴斥。尹仰衡太守詩云。直言極諫薦宗卿。露竹霜條舊有名。匡濟自應求國士。謫居竟爲賦閒情。蓋猶隱繫東山之望。』可以參閱。清流黨之活動。當時樞臣中李鴻藻實陰右之。寶鋆則屢被彈劾。對之素無好感。觀此。李之關切與寶之陽贊而實幸其敗。一恚一笑。衷懷可略見矣。

竹坡在淸江浦所上之疏（借用漕督印拜發）。爲敬陳閩中三事。海防船政關稅也。附片一爲荐舉下第生員並請開算學特科。謂『竊思閩省近海。當不乏熟悉洋務之士。第三場策題。以火器輪船海防發問。榜後復廣爲采訪。有生員楊仰曾者。留心時務。頗知兵法。兼明算學。著有孫子抉要利器善事二書。講求製造之法。兼能自造新器。有巡環砲車水雷船飛雷等物。皆不襲舊法。本科應試策對頗詳。因首場文不出色。未經中式。奴才出闈後。聞人稱道其能。索其書觀之。並與之談論。深悔拘於格式。致失有用之材。……擬乞天恩將生員楊仰曾發交北洋大臣李鴻章差遣。如實有可用。卽乞破格恩施。量才器使。以備驅策。而爲留心時事者勸。此外尙有生員林齊霄魏琦。亦頗留心時事。所著策論。皆深切時勢。足見草茅不乏有用之材。明年會試。多士雲集。可否榜前特開一科。以算學考試。願應者赴部呈明。拔其尤者。破格錄用。旣可得有用之材。卽藉以開風氣。不數年天下當增無限通曉算學之人。又何患製造推測不及外國哉。』又一卽爲途中買妾自請從重懲責片。惜『竹坡侍郞奏議』未收。（或原未存稿。或編集時刪去。）不獲見其原文。

曾孟樸（樸）『孽海花』中。演述竹坡納江山船女爲妾事頗詳。小說家言。不辭裝點渲染。且以福建主考爲浙江學政。尤非實。此書雖標署歷史小說。然究係小說而非歷史。於此等處固可不必十分頂眞。乃談掌故者亦往往從之而誤。謂督浙學。所見非一矣。實爲自上『孽海花』之當。曾氏可不任咎耳。（其他談掌故以根據『孽海花』而誤者尙有之。不僅此也。如曾代李蒓客撰一門聯曰。『保安寺街藏書十萬卷。戶部員外補缺一千年。』談者亦多信以爲眞。其實李氏一登仕版。卽以郎中分戶部。並未降級而爲員外。亦未嘗有侈言藏書十萬卷之事。其聯語言及藏書見於印行之日記者。惟光緒十二年丙戌十二月二十五日書廳事春聯『藏書粗足五千卷。開歲便稱六十翁』而已。『孽海花』寫當年朝士之派頭、神氣、談吐之類。頗有妙肖之處。事迹則不遑詳考。不宜漫然據爲典要。）

『江介雋談錄』（撰者署『野民』。姓名待考）述竹坡有云。『光緒十六年庚寅十一月十一日卒。年五十有一。娶夫人那羅氏。……先公卒。有四妾。李胡盛汪。二子。壽富（小字一二。字伯茀。）戊戌進士。富壽（小字二一。字仲茀。）筆帖式。三女。新篁筍卿籜秋。皆殤。有冢孫伯擴。亦蚤殤。次孫橘涂。壽富出也。壽富富壽旣同殉庚子之難。宣統己酉橘涂（年十七）與從弟某某相繼以喉疫逝。公遂乏祀。彌可傷矣。……公詩早年雄傑自憙。晚年多尙沖澹。尤嗜韋柳白傅諸家云。吳北山先生嘗學詩于公。述公五十自書春聯云。人見惡猶如往日。自知非豈獨今年。觀此。則當時邪枉醜正。實繁有徒。公特默燭於幾先。假辭以自求退耳。』一時雋才。蹶而不振。憔悴京華。窮鬱早卒。身後又家門蕭索如是。誠屬可傷。壽富以戊戌進士膺館選。學識志節。傑出儕輩。庚子之變。偕弟慷慨殉難。其人卓然可傳。汪。卽壬午所納江山船女也。至謂假辭以自求退。作此種說法者。亦頗有之。大抵謂其預料淸流黨將失勢。故早爲抽身之計。若壬午納妾之事不過一種手段者。不免過爲識微之論。事實上殆未必然。『孽海花』言其納妾後。『一日忽聽得莊崙樵（張佩綸幼樵）兵敗充發的消息。想着自己從前也很得罪人。如今話柄落在人手。人家豈肯放鬆。與其被人出手。見快仇家。何如老老實實。自行檢舉。倒還落個玩世不恭。不失名士的體統。』謂自劾乃恐人先發。與李蒓客之說略似。較所謂假辭求退者爲近理。惟張幼樵獲譴遣戍。乃因甲申（光緒十年）之役。其事在後。竹坡豈能於壬午聞之乎。（書中於事之後先。頗有錯亂。或以臨文之便。或由未暇致詳。）

蘇堪乙未（光緒二十一年）有『懷座主寶竹坡侍郎（廷）』詩云。『滄海門生來一見。侍郎顚頓掩柴扉。休官竟以詩人老。祈死應知國事非。小節蹉跎公可惜。同朝名德世多譏。西山晚歲饒還往。愁絕殘陽挂翠微。』於其晚年情況。感慨系之。時距竹坡之卒五年矣。

當竹坡之被命典閩試。其同治戊辰同年翰林交誼夙厚志意相孚同被目爲淸流黨健者之陳弢庵（寶琛）。則以閩人典試江西。（以翰林院侍講學士拜江西正考官之命。旋遷侍讀學士。副之者翰林院編修黃犛年。）有『歲寒松柏』之佳話。孫師鄭（雄）『詩史閣筆記』錄張仲昭（志潛，幼樵子）函述其事云。『先是同治癸酉。弢老分校順天鄉闈。年才廿六。房首乃一耆宿。年已六十有二。光緒乙亥。又與洪文卿同任順天鄉試分校。文卿戲語弢老。謂衡文應取少年文字。氣象崢嶸。他日桃李成陰。羅列鸞臺鳳閣間。師門得以食報。無再取老師宿儒迂疏寡效之松柏爲也。弢老頗不謂然。洎壬午典試江右。洪適督學。弢老詢以士風如何。洪戲對云。來此三年。盡栽桃李。無一松柏。弢老入闈後。遂以「歲寒松柏」命題。所取多章江碩彥。陳散原卽於是科獲雋。此爲立雪所聞。』又楊昧雲（壽枏）述此云。『陳弢老於壬午科放江西主試。學政洪文卿（鈞）爲監臨。戊辰同年也。闈中論取士之法。洪曰。吾所取皆才華英發之士。所謂春風桃李也。陳曰。吾所取者必爲歲寒松柏。遂以「歲寒然後知松柏」一章命題。及塡榜。洪擧所識知名之士。另列一單。塡至二十名。尙無一人。洪意不樂。陳曰。少須。此前列者猶歲寒松柏也。至三十名後。單上之名纍纍如貫珠。陳笑曰。春風桃李來矣。洪大笑。亦服其精識。此節弢老爲余面述。』二說頗有異同。佳話流傳。『歲寒松柏』之與壬午贛闈。要爲談科擧舊事者所樂道。前乎此壬午者。乾隆二十七年壬午湖南鄉闈之事。亦有可合看處。因附綴之。袁簡齋（枚）『隨園詩話』卷三云。『吾鄉吳修撰鴻督學湖南。壬午科湖南主試者爲嘉定錢公辛楣陝西王公偉人。諸生出闈後。各以闈卷呈吳。吳所最賞者爲丁甡丁正心張德安石鴻翥陳聖清五人。曰。此五卷不售。吾此後不復論文矣。榜發日。吳招客共飲。使人走探。俄而抄榜來。自第六名至末。只陳聖清一人。吳旁皇莫釋。未幾五魁報至。則四生已各冠其經。如聯珠然。吳大喜過望。一時省下傳爲佳話。先是陳太常兆崙在都中。以書賀吳云。今科楚南得人必盛。蓋預知吳錢王三公之能知文能拔士也。吳首唱一詩云。天鼓喧傳昨夜聲。大宮小徵盡合鳴。當頭玉筍排班出。入眼珠光照乘明。喜極轉添知己淚。望深還慰樹人情。文昌此日欣連曜。誰向西風訴不平。一時和者三十餘人。後甲辰三月。余遊匡廬。遇丁君宰星子。爲雇夫役。作主人。相與敍述前事。彼此慨然。且曰。正心管領廬山七年。來遊者先生一人耳。』『如聯珠然』猶之『纍纍如貫珠』。惟一在五魁一在三十名後而已。洪文卿以學政爲監臨。躬亦在闈。其事更饒興味也。（監臨例以巡撫充任。或由學政代辦。嘉慶間曾諭斥其非是。陳鈞堂『郎潛紀聞』初筆卷二云。『嘉慶戊辰恩科。浙江學政劉鳳誥代辦鄉試監臨。闈後人言藉藉。有「監臨打監軍小題大作。文宗代文字矮屋長鎗」之對語。密旨查詢。經巡撫阮元以對語達天聽。上復遣侍郎託津等三人抵浙按問。劉獲重譴。阮亦以徇庇奪官。諭旨中有云。「鄉試士子係由學政錄送入闈。劉鳳誥本當避嫌。何以輒將監臨之事交伊代辦。已屬非是。」何以近科秋闈。竟違祖訓。仍有以學政監臨者。』以職掌論。學政代辦監臨。誠未免界限不淸。雖經諭斥其非。而後來淡忘。又時有之。巡撫以事繁爲理由也。）

弢庵壬申（民國二十一年）有『散原少予五歲今年八十矣記其生日亦九月賦寄廬山』詩云。『平生相許後凋松。投老匡山第幾峯。見早至今思曲突。夢淸特地省聞鐘。眞源忠孝吾猶敬。餘事詩文世所宗。五十年來彭蠡月。可能重照兩龍鍾。』摯語可誦。首句本事。卽回顧五十年前贛闈試題之一段文字因緣也。甲戌（民國二十三年）散原北上。皤然二老。聚首北京。翌年乙亥弢庵卒。（壽八十有八。）散原挽以聯云。『沆瀣之契。依慕之私。幸及殘年償小聚。運會所適。輔導所繫。務攄素抱見孤忠。』又詩云。『一擲耆賢與世違。猥成後死更何依。傾談侍坐空留夢。啓聖回天詄見幾。終出精魂親斗極。早彰風節動宮闈。平生餘事仍難及。冠古詩篇欲表微。』語極沈著凝鍊。老門生年亦八十三矣。（越二年繼卒。）師弟互以詩謌相推許。均精卓爲後學所宗。

竹坡弢庵。立朝錚錚。志同道合。均有聲於光緒初年之政局。竹坡旣廢絀。（時張香濤官晉撫。亦淸流黨重要人物。與竹坡夙契。弢庵與書。謀荐起之。未果。）甲申之役。弢庵以內閣學士會辦南洋事宜。亦緣事鐫級歸里。（家居二十餘年。至宣統間始再起。）庚寅聞竹坡逝世。有『哭竹坡』詩云。『大夢先醒棄我歸。乍聞除夕涙頻揮。隆寒幷少靑繩弔。渴葬縣知大鳥飛。千里訣言遺稿在。一秋失悔報書稀。梨渦未算平生誤。早羨陽狂是鏡機。』（末句爲感慨語。不宜看得過於認眞。）翌年辛卯有『二月十八夜泛月入山道得蘇龕江南寄詩蘇龕竹坡試閩舉首也感賦以答』云。『詩筒把向春江讀。江上潮生月滿船。夜夢欲因度雲海。前遊可惜欠風泉。別來痛逝知君共。他日論文識子偏。緘涙寄將頻北望。解裝一爲酹新阡。』又『鼓山覓竹坡題句不得愴然有賦』云。『小別悲同永訣看。當年聞語涙先潸。國門一出成今日。泉路相思到此山。月魄在天終不死。澗流赴海料無還。飄零剩墨神猶攫。剔遍荒苔夕照間。』均情文相生詞意兼到之作。重蒞北京後。辛亥（宣統三年）有『靈光寺憶竹坡示畏廬石遺』云。『巖扃猶剩題名墨。池水應憐皺面人。約略老坡眠石處。却從榛莽告晁秦。』亦見情致。實門鄭陳林三人。皆爲弢庵詩友。相唱和。

編輯後記

黎庵

歷期本刊，論篇篇可誦，當以本期爲最，雖只有薄薄卅二面七八篇的文章，自謂可以獻呈在讀者面前而無愧色，這是編輯同人之可引以自慰和應向賜稿諸位加以深切之感謝的。

陳公博先生以名宦而兼文豪，知名於文壇政壇者垂二十年，讀者想像其豐采已久。本期『了解』一文，即爲陳氏的自我解剖，讀其文而知其人，則此文之價値，固不止徒以文字見重已也。陳先生此後將經將爲本刊執筆。

冀學易（殊）先生比年提學吳中，主持風會，久爲士林所仰望，所居又爲金閶名園，公餘燕暇，每以摩挲金石爲事。『拙政園記』，允賜本刊已久，本期方得刊出，考據引證，不厭其詳，四百年來記斯園之文多矣，得此文乃集大成。讀者可與十二期梁衆異（鴻志）先生一文對照，當知各有千秋，惜冀先生見賜略遲，不能並刊爲憾也。又承冀先生見惠照片多幀，皆其手自拓製者，特此誌感。

趙叔雍先生爲評劇名家，擱筆已久，『談梅巧玲補遺』一文，雖係倚馬之作，而珍聞逸事，彌足可貴。前輩典型，究屬不同凡響。

本期出版，適逢元旦，編者特請文載道先生撰文，略資點綴。然歲雖新正，年猶壬午，故徐一士先生談六十年前壬午鄉試軼事，仍不失題旨。徐先生除本刊外，又於北平『中和月刊』經常撰文，編者謹向讀者鄭重推薦：讀本刊而覺滿意者，不可不讀『中和月刊』。本刊現正與該刊主者討論交互訂閱之辦法，以便南北讀者，俟有成議，當即公佈。

汪向榮先生爲駐日本神戶領事，於日本文化研究有素，『仕唐的日本人』一文中，令人想像唐代衣冠，蓋不勝俯仰家國感喟盛衰之情云。

本刊辱承友好不棄，佳作紛投，祗以篇幅太少，不克一一立即刊出，敬致歉意，並希諒督。

古今出版社爲擴充業務起見，除出版『古今叢書』（見本期封底廣告）外，復計劃出版『東西』月刊一種，專事介紹東西洋文化，請讀者密切注意創刊日期爲幸。

千家笑語話更新

文載道

「大地春回十萬家，偏安原不損繁華。」

這里我借用了郁達夫先生的兩句詩，來點綴這一陽復始的『春』！在燈火青熒之中，我料理一番雜務，撣去兩肩塵沙，讓露冷風輕的露臺，替當了意象中的流水小橋。仰看這一星如月，暮蔭扶疏，更起了無限蒼茫的登臨之思！

『我們又長了一歲了。』而中國——也跟著地球翻了一個結結實實的身！此刻長街碧天，一律沈潛無語。回過頭，當我們默溯這駸駸而去的三百六十五日之餘，眞覺得有萬言千語，却又無從說起之感。而世局擾邉，人事升沈，陵谷遷移，又無一而非令人覺得『眼花撩亂口難言』，渺小如我輩，只不過在塵海波濤中占數點濕沫而已。偶逢駭浪，即消逝無蹤。然而風尙相傳，必須『元旦書紅』，才能『萬事亨通』，當此一歲初臨，似乎還是少說點感傷空虛的話；但浮泛的頌禱自然也無裨於事實。那末，無意傷今，且不妨專心道古吧。

到民國三十二年爲止，中國已經有了兩種曆法：國曆與農曆，或曰陽曆與陰歷。不過前者雖『陽奉』而『陰違』，而後者却『陰違』而『陽奉』。這兩種究竟那一種較好，那一種較壞，似乎頗不易於決定。大抵前者合於科學的準軌，而後者則適於人情之所好。自從國民政府取締陰曆後，也一度呈出雷厲風行之勢。當頒布取締令之翌年舊曆元旦，警察曾至休業關門的各商店住宅，强迫其復業開門，並將元寶茶及供祀的菓品，叱責搗毀，間有課以罰金者，甚至鄉間售賣曆本的小販，亦一併捉去拘役。一時人心惶惶，將一個歡天喜地的新年，弄出啼笑皆非之狀。但這種現象，在一二年後即告消滅，此後則另外用了『春節』的名義，依然的回復到當初熙攘的氣象中，以至於此刻現在而當局也只好裝作眼開眼閉了。可見『人情所不能止者聖人弗禁』；但一面也足見舊勢力之深入於人心，是如何的頑强不拔了。學者如知堂老人等，也曾爲陰曆辯護，力主應徇合民情，但他和令兄魯迅先生則恰恰相反，因爲魯翁覺得習俗之難改，正足以覘示民族性的僵硬。這當如藹理斯所謂人的心中有兩個鬼在打架，一個是叛逆的鬼，一個是隱逸的鬼，在魯迅先生的思想中，是叛逆的成份多，而知堂老人該是隱逸的成份多。這里恕我說得迂舊一點，他兩人雖兄弟各異其趣，但都無礙於其『道體之本然』則一。

陰曆據說創自夏禹，故曰夏曆。不過杞宋無徵，可疑多於可信。但總之他的來源確是很古的了。漢書律曆志記唐堯纂修顓頊而訂曆，所根據者也只是傳說。可是尙書中却有一段說得頭頭是道：『迺命羲和，欽若昊天，曆象日月星辰，敬授命時。歲三百有六旬有六日。以閏月定四時成歲。』

允釐百官，衆功皆美。其後以授舜，曰：咨爾舜！天之曆數在爾躬！』但也只能予人以半信半疑，因爲尙書中成問題處實在太多了。所可信者，甲骨文中已有幹枝紀日法的記載，則推至前一代的夏，或者已有曆法在推行了。但變更曆法的事，其實在古代也往往而有。如新莽時，如大周金輪皇帝時，……幾乎無代無之，不一而足，且多未能行之百年者。就是春秋經與左傳所用的曆法，也要相差兩月。可見夏曆的廢革，原是『古已有之』了。但亦有因此而鬧出人命案的，如淸初德人湯若望以客卿而晉敘光祿大夫且執掌欽天監印信，主張中國應用西洋曆法。後爲徽州楊光先所駁，並攻其選葬榮親王日期之悞，結果廷議湯若望及監官等八人凌遲處死，子弟斬決者五人。旋令若望免死，赦族人罪，止罪五人，於是仍廢西曆而用大統曆。這也見得得皇權時代之淫威，因一親王葬期之悞，引出這個軒然的大波。湯若望以榮始而凶終，眞也難乎其爲『客卿』了。

陽曆與陰曆，雖不妨因迎合習俗人情而並行，但對於某些具有統一性的事情，則必須有固定的規定。如舊曆八月廿七日的孔子誕辰，及魯迅誕辰等，現在均已統一於『國曆』之下，深得通權之便。而那著名的俄國十月革命，也是以俄國舊曆來算的。就是眼前的舊曆新年，不論它的勢力於民間如何深入普遍，然在名義上，卻只能移『正朔』於『國曆』，而別名之曰『春節』。至於一切記載或紀念之類自然尤須用陽曆了，與過去適得其反。收藏中適有一份光緒三年（丁丑）的申報，註云『西曆一千八百七十七年二月十九日卽禮拜一』，距今已六十六年。中有『紀本年新正氣象』一則云：

『光緒三年自元旦至今已六日矣。連日以來雖寒氣逼人，然天日晴明，較之去歲新正氣象大有雪泥之判。憶自去臘旣望之後，風雨陰晦，少有舉動，卽須擕蓋而行，雪少雨多，而雨又不甚大。然道途泥淖，行走維艱，已有十餘日之久。無論富貴貧賤，終日愁悶，恐有風雨度歲之憾。至今歲更新換舊之時，恍似同治三年甲子歲景況。民間除飢黎困苦以外，其無偏災之地，均可飽食煖衣，安居高枕，軍務亦僅在玉門關外，又況屢經報捷，蕆定亦必不遠。今正如此氣象，自必日佳一日。行見五日一風，十日一雨，必能年歌大有，歲慶豐亨，關外軍務亦必一月三捷，不日卽奏將軍三箭定天山，壯士長歌入漢關之歌矣。較諸同治三年，不更見中興之景運也哉？尤可喜者，去冬已遣使英國與其恩祕拉結好連和，今歲又遣使赴美國日本與其總統國君修好約和，合五洲之國同爲一氣，實屬亘古以來所未有之局。日後再遣使往歐羅巴洲之法國與北日爾曼之普國，以及各洲之各國互相聯絡，更成天下一家，中國一人之勢。至於俄羅斯之與中國，本同在亞細亞洲之地，自昔往來者，更無論矣。嗚呼，盛美如此，以視誕敷文德，舞干羽於兩階之唐虞，何多遜焉？若夫衆單于同時來朝，尊帝爲天可汗之隋唐，更不必言矣。』

新年『書紅』，自然免不了連篇的吉祥話。但試一考當時的『客觀環境』，則就類乎癡人說夢了。蓋事實上，中國那時正所謂『積弱之餘』，『强弩之末』。滇甘之回亂方定，臺灣之談判方開，中英煙臺條約亦於前一年締結，而英王則在東方兼印度帝。至次年（光緒四年）左宗棠雖已定新疆，而琉球之併已迫眉睫，中俄伊犂條約亦成於崇厚之手。足見內憂外患，都叢集於先後，傾伏於四周，居然還想做什麼『誕敷文德』的夢！雖說棄舊迎新之際，總得喝上幾聲彩，然而旣無警惕奮勵之意，又無哀矜勿喜之心，大家無非在混沌泄沓自尊自大，粉飾昇平中敷衍日脚，終至於此後的更劇烈，更糟糕的甲午、戊戌、庚子等大變亂緊接而至，種下後日的貧弱顛簸之根！在度過六十餘個元旦後的現代人看來，眞不知應作如何的感想？

上述的這份申報期數爲一千四百七十六號，距出版不過四年。查申報出版於同治十一年壬申（一八一一。是年曾國藩卒，日本改用陽曆），報式約縱橫各一尺强，用竹紙四號鉛字印，每頁等於目前版式之一半。每期八頁。以正月初七日出版者，前六日當爲新歲休假，此風至今猶存也。前五頁載正文，如論文，新聞，諭示，京報，簡訊等項。後三頁則全屬廣告，每頁分四行，每行五格，即全頁可容廣告廿則。然亦有併二格而作一則者，如今日之以每行論值，地位視行數多寡而定。廣告編排略如今日之分類欄，有藥品，洋貨，書籍，命理，拍賣，船期，機器等等。而『戲園』廣告之地位則多出一倍。中有鶴鳴，豐樂，天仙三家（今日皆已改『園』爲『院』字）。內惟豐樂專演崑曲。其所演戲目，間有至今已絕響者。而伶人之名，似乎亦皆『不見經傳』，只三麻子尙能因見『老爺戲』而連帶想到。可惜我所藏不多，另外又只有光緒廿八年份一紮。不然，倒也可仿照明清檔案那樣的整理出來，作中國近代史中最實貴的材料呢。

李慈銘的『越縵堂日記』，其所以能異於凡流，成爲日記中之上乘者，就因其中頗多近代的各種掌故、祕聞、邸鈔等的札錄，故有時亦可作野史看。我嚮往良久，日前才始見到，頗想選幾則同光間的元旦日記來作一回『文鈔公』，不料所找的幾個元旦中却特別缺少議論和札記，如：

『同治七年，太歲在著雍執徐，春正月，斗建甲寅。元日庚戌。晨，日出杲杲，旋霧，午後微雨。亭午始起，終日看書作字。生年四十，未有寂寂如今日者。夜，孝達治具相款。』

『同治八年，太歲在祝黎（黎亦作犂。爾雅屠維，亦作徒維），大芒落（亦作大荒駱，爾雅作大荒落，亦作大荒——均原註），春正月癸酉朔。自晨迄雨，至午後少止。見日景。旋復雨。予年四十有一矣。晨起敬拜五祀之神，敬拜高祖以下像。終日讀書。賞王元叩壽及叩新年一番金。季弟來，夜雨聲達旦。』

『同治九年，太歲在庚午（歲陽曰上章，歲名曰敦牂），春正月（月在厲陬），元日丁卯。晴暖無雲，天氣和煦。昧爽起祀門行之神。叩謁先像。偕季弟頴堂詣各房拜像賀年。』

『同治十年，歲在重光協洽，春正月（月在塞陬）。元日辛卯。巳初一刻雨水，中氣微晴。陰寒。晡後有雪。予年四十有三歲。晨起祀門行戶灶諸神。叩謁列祖像，復詣宗人家拜像賀年。羣從叔父兄弟姪孫輩來。謝靑芸總戎來。午詣宗祠，敬謁神主，會宗人。何竟山來，不晤。晡，偕弟擲宋選圖。夜書簽帖。』

這四個元旦中，越縵堂絕少外出。吾鄉習俗，元旦日多不出門，普通親友賀年，亦須待諸次日。鄙人與越縵堂同屬『浙東之氓』，或者皆有這種俗例吧？如同年初二日日記云：『出門賀年二十家』，覩此而尤信。惟查婁子匡先生編的『新年風俗誌』中浙江紹興欄，所記風俗習慣，却未註明有此一例，但對越俗元旦祀神祭祖的情形，却頗爲詳細，與李君所記大致吻合。猶記白華絳柎閣詩集中除夕詩云：矮燭杯盤慈母饌，小園伏臘野人家。惜全詩不能備記了，但也頗得風土之勝。不過說到除夕詩，不待說誰也忘不了兩當軒的『千家笑語漏遲遲』的一絕，只是被大家引用得太濫太熟，幾乎耳熟能詳了。其次，則白石道人的『除夜自石湖歸苕溪』的幾首絕句，也覺風趣清新，令人低徊而不能自已。詩共十首，這里且鈔下七首：

黃帽傳呼睡不成，投篙細細激流冰，分明舊泊江南岸，舟尾春風颭客燈。

千門列炬散林鴉，兒女相思未到家，應是不眠非守歲，小窗春意入燈花。

三生定是陸天隨，只向吳淞作客歸，已拚新年舟上過，倩人和雪洗征衣。

沙尾風迴一棹寒，椒花今夕不登盤，百年草草都如此，自琢春詞翦燭看。

笠澤茫茫雁影微，玉峯重疊護雲衣，長橋寂寞春寒夜，只有詩人一舸歸。

桑間篝火却宜蠶，風土相傳我未諳，但得明年少行役，自裁白紵作春衫。

美人臺上昔歡娛，今日空臺望五湖，殘雪未融青草死，苦無麋鹿過姑蘇。

還不曾活活的將鄉村歲莫烘托紙上，讀之乃有悠然鄉關之思，而『分明舊泊江南岸，舟尾春風颭客燈』，『已拚新年舟上過，倩人和雪洗征衣』云云，也惟水鄉小民始能領略個中情趣。至『但得明年少行役，自裁白紵作春衫』之句，亦輕輕的道出了南渡詩人的心事，分明古今同慨也！

其實，從個人情緒與心理而論，元旦究不如除夕之值得流連。蓋元旦雖說是一年的開始，然來日方長，三百餘日中何必斤斤於這一天？不過因爲一年之計，而又是春的起步，才覺得有點意義。至於除夕，正如魏武帝所云『去日苦長』，翻翻偌大的一本日曆，就只剩下這麼一頁了；何況連這一頁也已到了盡頭，轉瞬逼取便逝，就非緊緊的抓住它不可！所以一宵之短，正亦值得留戀。這時了去百事，抓抓頭皮，百靜之中細思已往種種，就感到甘辛蝟集，冷暖自知，一種不招自來的悵惘悽淸的情緒和滋味，縈繞在你的身心。世上也惟有『過去』才值得咀嚼與追求，縱然往者已矣，但它畢竟是件件眞實，不能再用任何力量可以加減，不像未來那樣的縹渺無據。所以一年中的除夕，也不啻是個人生命的大結帳，要借重腦和心來忙迫一下。想一想自己的生命史上還是負的多呢，還是正的多？如希臘神話中所說，宗教的儀式就是除去於生命有害的東西，招進於生命有利的東西。然後決定如何作消極的除去，與夫積極的招進。雖說人總是『不如意事常八九』，然而細溯種種，難道就竟無慰情可勝處嗎？這樣的一想，便如元旦時喫到橄欖茶那樣的，卽使略嫌苦澀，却也有其一份『甘』，可以在舌尖上回味片刻。

年來因限於環境，爆竹已干禁例，倘在從前，則一夜間就遍地是不絕的嗶咱之聲。這時千家列炬，雙燭高張，人們恭敬而嚴肅的來迎接初到人間的春！擧頭看火星在夜色中閃爍飛舞，眞有一團高興之致。然魯迅先生以爲中國人發明了火藥，作用却止於祀神，而歐洲人則用以製槍炮，兩相比較，就看出我們的墮落而無用。但我却覺得火藥的最理想，最崇高的用途，實在還是回到放花炮上面去。在新年或節日，讓小孩們快樂而大胆的當作玩具來放，讓小民們於嗶咱聲中添點振奮和愉快的生趣，無論祀神娛樂或點綴，無論是平空的耗費，但總勝於作殺人的武器。如果問我在民國卅二年元旦中有什麼願望，那回答該是：願望有暢快快的放爆竹的一天，像小孩那樣的，雖灼傷也所甘心！（三十一年冬後大雪二日燈下）

仕唐的日本人

汪向榮

一千二百年以前，中國政府中，有一個日本籍的官吏；這人以後就沒有回國，而歸化了中國。我們由歷史來看，這人不但是日本人出仕於中國之作俑者，且亦爲日本歸化中國之第一人。這人就是阿倍仲麻呂，在中國史書中，是記作朝衡，晁卿的一個人。

唐時，中國的文化燦爛異常，震懾鄰邦；當時日本方面除了有遣唐使之派遣以與唐朝通好之外；更有留學生、學問僧之派遣，以吸收唐代中國的文化。這裏所提到的阿倍仲麻呂，就是當時派到長安的日本留學生中的一人。

開元四年（日靈龜二年，公元七一六年）八月，日政府任命多治比縣守爲遣唐大使使唐，並選了一批留學生，令之隨往。吉備眞備，大和長岡及阿倍仲麻呂就是當時被選往唐朝留學的學生；被選當時，仲麻呂不過是一個十六歲的童子。次年，遣唐使等一行船發，彼亦隨而入唐，留長安求學。對於阿倍仲麻呂之來華，中國方面史書之上，曾有如此的記載。舊唐書日本傳中說：

其偏使朝臣仲滿慕中國之風，因留不去；改姓名爲朝衡，仕歷左補闕，儀王友。衡留京師五十年，好書籍，放歸鄉，逗留不去。……上元中，擢衡爲左散騎常侍，鎭南都護。

新唐書之日本傳中，也有如此之記載：

其副朝臣仲滿，慕華不肯去，易姓名曰朝衡，歷左補闕，儀王友，多所該識，久乃還。……天寶十二載，朝衡復入朝；上元中，擢左散騎常侍，安南都護。

這兩段話，大致上是完全相同，但有幾點錯誤。

第一，阿倍仲麻呂來唐之時，係一個附隨於遣唐使之普通留學生，而不是什麼偏使或副使。

第二，舊唐書中之「逗留不去」，及新唐書中之「久乃還」二點，均與事實不符，這點留着以後再講。

阿倍仲麻呂之「麻呂」兩字，在新舊唐書中均作「滿」，一般人或將認爲此處所言之「仲滿」，並非阿倍仲麻呂；然而我們試由續日本紀及續日本後紀中，對於「麻呂」（ヌロ）兩字之記作「滿」（マン）而看，便知道新舊唐書之稱「仲麻呂」爲「仲滿」，是有所本的；所以「仲滿」，也應該就是阿倍仲麻呂。

阿倍仲麻呂在唐求學，其同學之吉備眞備留唐十七年，而於開元二十二年回國之時，他還繼續在唐，不但如此，且更更其名爲朝衡，出仕於唐。

唐時外國人至華後，因慕中國之文物制度，而改名易姓者頗多；即如日本人，其遣唐使多治廣成，即曾以丹墀爲名。阿倍仲麻呂在此時，亦更名爲朝衡。朝與謚晁相通，所以當時華人之中，亦有稱之爲晁卿，晁巨卿者。唐詩人李白詩中所謂之「日本晁卿」，卽指仲滿阿倍仲麻呂也。

仲麻呂於其學成之後，既不願歸國，而出仕於唐，所以當時一般騷人雅士與之友善者亦極多。玄宗亦極器重之，並不因其非漢民族而異視之，所以曾先後授以左補闕，儀王友；後更遷爲祕書校書，在東宮服務，隨侍太子肅宗。當時儲光羲有「洛中貽朝校書衡詩」一首曰：（原註：「卽日本人也。」）

萬國朝天中，東隅道最長；朝生美無度，高駕仕春坊。出入蓬山裏，逍遙伊水傍。伯鸞遊太學，中夜一相望。落日懸高殿，秋風入洞房，屢言相去遠，不覺生朝光。

在這首詩中，我們極可看出其風度之美，以悠然自得之態度，伴着靑山綠水，隨侍太子左右。以後，仲麻呂又慢慢的升爲祕書監，兼衛尉少卿。

天寶十一年（日天平勝寶四年，公元七五二年），仲麻呂留唐已歷三十六年，時藤原淸河及其同學吉備眞備正奉其朝廷之命，以遣唐正副使資格入唐。彼等抵長安時，玄宗卽令仲麻呂招待一切。淸河返國時，仲麻呂以在唐三十餘年，故國神遙，而有與之同行之意，請於玄宗。玄宗准如所請，並命爲聘使。仲麻呂因往昔玄宗待之頗厚，致依依不舍之情，自所難免。時彼曾賦詩曰：（註一）

銜命將辭國，非才忝侍臣；天中戀明主，海外憶慈親。伏奏違金闕，騑驂去玉津，蓬萊鄉路遠，若木故園鄰。西望懷恩日，東歸感義辰，平生一寶劍，留贈結交人。

因仲麻呂出仕唐朝，達二三十年之久，所以與當時之文人結識者亦極多；平時就多唱和之作，故其歸國時，文人士大夫輩亦多有詩賦別，送其行者。如王維有送祕書晁監還日本國詩，並有長序，述兩國國交與仲麻呂學成致用，銜命返國者。茲摘錄如下：

海東國，日本爲大，服聖人之訓，有君子之風。正朔本乎夏時，衣裳同乎漢制。歷歲方達，繼舊好於行人；滔天無涯，貢方物於天子。同儀加等，位在王侯之先；掌次改觀，不居蠻夷之邦。我無爾詐，爾無我虞。彼以好來，廢關弛禁；上敷文教，虛至實歸。故人民雜居，往來如市。晁司馬結髮遊聖，負笈辭親；問禮於老聃，學詩於子夏。魯借車馬，孔子遂適於宗周；鄭獻縞衣，季札始通於上國。名成太學，官至客卿。必齊之姜，不歸娶於高國；在楚猶晉，亦何獨於由余？遊宦三年，願以君羹遺母；不居一國，欲其晝錦還鄉。莊舄既顯而思歸，關羽報恩而終去。於是稽首北闕，裹足東轅，篋命賜之衣，懷敬問之詔。金簡玉字，傳道經於絕域之人；方鼎彝樽，致分器於異姓之國。

情意纒緜，相交之厚，可見一般。本序之後，卽爲王維送仲麻呂之詩。其詩曰：

積水不可極，安知滄海東？九州何處所？萬里若乘空！向國唯看日，歸帆但信風。鰲身映天黑，魚眼射波紅。鄉樹扶桑外，主人孤島中；別離方異域，音信若爲通？

仲麻呂與中國士大夫間，往來之密；與中國文人雅士，對仲麻呂之才，愛護之殷；在王維詩序中已可見一些，但其他尚有很多。這裏，我們還想舉包佶、趙驊兩人的送別詩。包佶、趙驊在開元中，皆曾任祕書監，與仲麻呂同寅，相交亦極篤，故其行時亦均有詩送之。包佶其所作送日本國聘賀使晁巨卿東歸詩曰：

上才生下國，東海是西鄰，九譯蕃君使，千年聖主臣。野情偏得體，本性本含眞，錦帆乘風轉，金裝照地新。孤城開蠻閣，曉日上朱輪，早識來朝歲，塗山玉帛均。

趙驊，有送晁補闕歸日本國詩云：

西掖承休澣，東隅返故林；來稱郯子學，歸是越人吟。馬上秋郊遠，舟中曙海陰；知君懷魏闕，萬里獨搖心。

雖然說中日之間，僅隔一衣帶水；可是在一千二百餘年以前，沒有指南針，也沒有機械，只憑一帆風力，因此航行於中日間之船舶，時有遭難漂泊之聞。仲麻呂與大使藤原清河，共乘第一船，於天寶十二年（日天平勝寶五年，公元七五三年）十一月，由揚州出發。（註二）不料這時候正値季候風南下，以致他們所乘的船，捲入這「急風險浪」之中，而漂流到了安南；同船之人，多爲土人所害，仲麻呂及清河僅免於難。可是，當時長安唐朝廷方面中人，均以爲他是溺斃了；李白與仲麻呂之交誼亦頗篤，時正在長安供奉內廷，聽到了這個消息，便作了一首哭晁卿行，以弔之。其辭云：

日本晁卿辭帝都，征帆一片繞蓬壺；明月不歸沉碧海，白雲愁色滿蒼梧。

但是，不久以後，兩人歷盡艱辛，又同到了長安。這就是新唐書中所載「天寶十二載，朝衡復入朝」的一回事；仲麻呂回國之時，玄宗本命其爲聘使；但以實際以論，這不過是一種順便敷衍應酬的擧動，所以以後仲麻呂由安南至長安留下，不想再歸的時候，玄宗也並不勉强他再去，更不另行遣使前往了。

二年以後，玄宗薨，肅宗即位，仲麻呂往日曾隨侍肅宗，君臣情感頗洽；所以肅宗即位之後，亦不以其爲異邦之人，而即擢之爲左散騎常侍，安南都護；後更昇至光祿大夫，兼御史中丞，北海郡開國公，食邑三千戶。仲麻呂所受之寵眷，在當時出仕唐室之異國人中，可以算是首屈一指的了。這正如「日支交通史」著者木宮泰彥所言：「阿倍仲麻呂與藤原清河之被唐任用，在日本史，乃被喧傳爲無上之光榮者。」以一異國人，而受唐室之優遇寵眷，何怪其後世之國人，要引以爲榮也。談到這裏，我們也可以想到當時唐廷對異邦人之寬厚了，何怪唐代中國的文化，能光被四方，使鄰接各小國咸蒙其澤。

代宗大歷五年（日寶龜元年，公元七七〇年）正月，仲麻呂以七十之耄齡，卒於長安。代宗贈以潞州大都督。

由上述事實而論，仲麻呂留唐達五十五年之久；而其出仕於唐室者，當亦在四十年以上，其對中國文學造詣之深，我們已可以由上述唱和贈詩之中，見其一斑。可是，其與日本國之關係如何，則因缺乏文獻，而無由知其詳。源光圀曾於大日本之阿倍仲麻呂傳中，有言及此者，因撮錄片段，以供參攷：

仲麻呂嘗作書，憑新羅宿衛王子金隱居寄鄉親；新羅使金初王持其書至。仲麻呂在唐凡五十餘年，身雖榮貴，思歸不已，言及鄉國，未嘗不悽惻也。寶龜十年（唐大歷十四年，公元七七九年。）敕曰：「前學生阿倍朝臣仲麻呂在唐而亡，家口單乏，葬祭有闕，其賜東絁百匹，白綿三百屯。」承和三年（唐開成元年，公元八三六年），因命遣唐使，贈正二位，詔曰：「故留學問贈從二品安倍朝臣仲滿，身涉鯨波，業成麟角，詞峯聳峻，學海揚漪；顯位斯昇，英聲已播，如何不憖，奄從言歸！唯有揆天之章，長傳擲地之響。追賁幽壤，既隆於前命，重被崇班，俾給於命詔。」

由這一段上說，似乎仲麻呂當其在唐之時，仍不時有與其鄉土通音問之舉。這一點雖不見有所可靠之記載，然以當時中日間來往之頻繁，遣唐使，留學生，學問僧以外再有入唐商船之不斷入唐一點而論，則亦非不可能。

當時之日本，其與唐朝相較，無論在文化上，政治上均爲一比較渺小之國；然其國人之阿倍仲麻呂，竟能於唐揚名於文化界，受當代名家之賞賞；更出仕唐室，蒙其恩眷；其於國家之光榮，自不可言喻。因此，日本朝廷，在其死後要有追贈勳位，以資矜式之舉了。

日本的漢學家中，有一部份對於仲麻呂之終身不歸這一點，頗有嘖嘖作煩言者。然他們並沒有想到，當時之交通無現在之便利，其一次回國，已歷盡艱險；則其以後之中止回國，自亦人情之常。所以在日本，也有一部份之漢學家，對仲麻呂之舉動，加以無限之同情者。如有廣瀨淡窗者，曾詠有「詠史」一首，其中云：

禮樂傳來啓我民，當年最重入唐人；西風不與歸帆便，莫說晁卿是叛臣。

時間經過了一千二百年，阿倍仲麻呂的事，到今天也只成了後人咀嚼的一件歷史上的陳跡了。文化本來像流水一般，由高的地方向低處流，流到水平以後；兩方的平準稍有差異的時候，便發生了逆流的現象。

歷史雖然不會重演，文化上的逆流，也決不是短期所可挽回的；可是當我們咀嚼到這些歷史上的陳迹時，還是津津有味的。

（註）1 該詩中之「鄰」，依全唐詩原作「林」，今以古今圖書集成——邊裔典四〇卷，改正如此。

文苑英華中載此詩，作胡衡所撰；明高秉之唐詩品彙卷七十六中，亦載是詩，亦作胡衡，想係採自英華；而英華中，又以朝胡形似而誤。

2 木宮泰彥之日支交通史上卷遣唐使之遭難與其原因章中作「發自蘇州」。惟大日本史中則記作：「（玄宗）特差鴻臚卿蔣挑捥送至揚州（揚州），使魏方進供給。」再以證東征大和上鑑眞，係於是年十月，由其副使等往聘而於揚州出發者；故以揚州之說爲確。（中日交換稿，禁轉載日譯）

書林逸話（下）

蕘公

古書之翻印與舊書業的進步

嘗聞東友漢學家橋川時雄（東方文化事業委員會總務主任）云：前十年東京尚有舊書舖十餘家，已不如清末楊守敬黎庶昌羅振玉諸人在東訪求故籍時之盛，（按黎氏以欽使地位，搜得善本孤本極多，回國後刊成「古逸叢書」，羅氏刊印亦多。）至現在皆寥落無存，或改組爲新書店。非無舊書也，蓋舊書如古董，一天比一天希少，遂不能獨立存在耳。再則內容仍舊，表面則由線裝易成洋裝矣。因舊書價昂，且頁多字大，不便攜帶，當此印刷術昌明時，無論經濟上便利上流通保存上，自然趨於重印一途。本來我國圖書的價格，最講究板本，所謂「板本」之義有二：一爲初印後印，按昔日刻書習慣，又云災梨禍棗，取梨棗木堅，板不易壞。刊成後先以紅色印刷，次乃用墨，以紅印本分贈師友，墨印本送各地出售。初印即指紅印本，或墨色中尙帶紅色，成深紫褐色。且字畫鼓厲，無缺筆斷線，從美術上言，確有古色古香之致。但印刷愈多，字漸漶漫，年久板裂，文亦殘缺，故後印者，常有字跡模糊不清之病，此一事也。一爲補頁重刻，補頁者，書板或有損失，或已破壞，乃照原板樣式刊印補足之。重刻者，其書本已刊行，或非佳本，或極難得，好事者乃取原文重刊之。亦可謂之翻印、翻版，普通則稱之爲重刻本。今之重印舊書，與以前翻版重刻，其性質完全一樣。惟昔之重刻與初刊，在方法上經濟上，同一艱難費事，今則不然，善本可用影印，次則可用鉛字排印或石印，較之木雕，其難易相去雲泥。故自清末以來翻印古籍，不知幾千萬種，最廉者如鄧實諸人所印之「國粹叢書」，及申報館所印之巾箱本（上兩者今日皆不易購全）。最有名者如上海老同文之廿四史，資治通鑑，十三經註疏，皇清經解等，在昔每一書之購置，動需一二百兩紋銀，至是數十元即可全得。嘉惠士林，洵非淺鮮。迨民國後，如「商務」，「中華」兩書局，及中國圖書公司，文明書局，掃葉山房等，皆有重印舊書之舉，惟均普通詩文集，或屬說部叢刻諸書。至十餘年前，商務書館輯印「四部叢刊」，出至三集，又「涵芬樓祕笈」，亦出至十餘函，其內容則經史百家，包羅萬有，其價值則宋元善本，名家校藏。在昔時士庶之家，一部猶不可得者，至此以千餘元即可集古今圖書之精英，其有關學術文化之普及，與夫善本書籍之流傳，影響之鉅，不僅中外欽崇，實自乾隆時纂修「四庫全書」而後，數百年來，無此大成績也。宜其紙貴洛陽，中外競購。於是中華以次各書局，繼踵印行「四部備要」，「清史列傳」等，開明書局又印「二十五史」，及「補編」等。風起雲湧，爭印古籍，其影響於舊書業者至深且大。當時書賈謂余曰：照此情形，不到十年，全國舊書業將爲「商務」諸家所侵併消滅，言下不勝歎息黯然。蓋舊書價值，其第一義即物以希爲貴，最著者如某書之單刻本，難得而價昂，及收入某叢書內，其值立減。又如某名家之稿本遺著，當然爲海內孤本，即傳抄本亦足貴，及原稿刊出，則其手稿孤本，亦僅具古玩性質矣。

同時北方公私各處，亦大印舊籍，如北平圖書館所印善本遺稿至數十種。故宮博物館亦影印天祿琳瑯叢書及其他文獻史料。他如北大，燕京，清華各校，亦有印行，每印出一種，舊書業即受一種之影響與打擊。如燕大近印清代進士題名索引，於是凡清之館選錄，進士同年錄等，皆屬無用。然書商之頭腦活潑，資本較裕者，亦相率自印，不敢後人。最著者如文殿閣之「國學文庫」，共出三十八種，每種皆舊書中極不易得或極貴者。惟書商所印，因受書之來源與資力學識限制，大都一星半點，遠不如文化各機關所印之多，更不能比商務各館之偉大廣博。因此舊書業自不能挽回其頹局與厄運。老實說，自道光咸豐以後至清末，各藏書家及學人，輯刊叢書，成爲風氣，將數十種數百種有用之書，印成一函，買一部即可得數十百部，已爲舊書業受病之始。今日所見叢書，不下數百種，許多祕本已被收入，不過「四部叢刊」等，不僅因翻印而得讀原書，並因影印而獲見古本，在昔有單刻本即不要叢書本，至今有影印古本原本，又不願要單刻本矣。故無論在經濟上實用上，皆無可抗衡與爭也。綜括言之，新的古本書一出，除買賣上舊書業受新書店之侵略外，其影響最明顯，亦即促使舊書商本身進步者數事：本來書賈對於舊籍，均視爲奇貨，其心情莫不願只此一家，別無分號。故翻印古書一事，無論係已印人作，皆彼等大大的不願意者。但實逼處此，我不印人將捷手先印，亦只好擇其可印者而印之，使書商的利己腦筋，漸漸開明，大家爭印之下，於學術文化，裨益良多。其次是中國古今來所有圖書，只要是白紙寫成黑字的東西，都是他們整個遺產。今一旦大部分都被新書行侵佔過去，不能不另闢園地，重建山河。另闢者即極力搜求平日不注意之書籍，與夫保守未侵奪之遺產。重建者即於舊書外，兼注意舊雜誌、拓片及一切美術藝術上之軟片等，推而廣之，將來或將侵入古物商之範圍，正所謂失之東隅，收之桑榆也。再其次，以前書商，凡稍明舊書目錄者，即稱博學，嗣後恐尚須熟讀新書目，藉知某書已印，何者未翻，不致以有書爲孤本，以普通貨爲寶貝，而貽笑方家。一方面是範圍縮小，一方面又工作加繁。同其他的事情一樣，也是越來越不容易矣。

從書賈方面說，「四部叢刊」等，雖然內容廣博，卷帙浩繁，究竟是貴族玩意，是大客廳的裝飾，非寒士所能備。最可怕者，如商務的萬有文庫，國學基本叢書，眞可謂物美價廉。在舊書中最普通而最賤者，如「廿二史考異」，「林文忠政書」等，也須三四元一部。但在基本書中，並僅拔數毛，不必動圓即足。到後來上海並有一折八扣書行世，誠如商業廣告術語：賤中又賤，廉中又廉矣。其書印得並不壞，當時林語堂先生對一折八扣書極致推崇，謂花幾塊錢，買一大包好書，挈之上車，猶覺吃力。欣慰之情，溢於言表。然我們文化商人，手持金鑲玉古本，覩此情形，實哭笑不得，眞叫人沒法子好想也。

舊書之收買與作法

以上各章所述，雖多關書行之事，本文所記，始爲舊書之本來面目。所謂舊書商，當然是販賣古籍，既然天天往出賣，則搜求貨物，也是他們最重要的一面。說到此則北京這地方可謂神祕，因爲它是文化中心，所以任何地方，凡售賣圖書，無論好壞多少，都想送到北京來掛掛號，說明了就是想得高價，因爲只有北京，絕不至孤負書的價值。同時任何處所，公私機關，凡收購圖書者，也都先向北京要書目，索樣本，因爲北京的書最好最全，價亦不貴。無形中北京便成爲全國舊書的一個吐納總匯，而催促其循環者，則爲舊書業。故書商對於文化之貢獻，其功殊不可沒，而其辛勤尤一言難盡。昔者胡適之曾向北平圖書館、北大等建議，謂購買舊書，不必再打折扣，較論錙銖，以恤商艱而保國粹，其說雖未能行，要屬卓見。至於貨底來源，約分數種，其數量與利潤最大者，爲派人到各地方去搜求，近如天津太原，遠如雲南廣東，皆有彼等足跡，謂之「出外」。其人必須精明强幹，且在櫃上資格較深能作一點主者，則買貨還價間，方可負責獨斷，否則尚須函件磋商，不勝其煩也。出外到達目的地後，其方法住於有名旅館，有報紙則登廣告，無報紙小邑，則寫成小帖若干張，遍貼通衢，云北京某書店到此重價收書。如有所獲先將目錄寄櫃，次將貨物打包由郵寄回，倘不再往他處，則人亦隨之而歸矣。大約出外者，決不止一處，必附帶順道偵求，如到太原者必至汾縣，赴濟南者必往濰縣是也。凡出外買書，其本錢差不多僅所用盤川，至於貨價實微乎其微，若粗計之，最少亦須有十倍利方買也。

其次便是就地收買，因爲北京的藏書家與夫世家巨族，均有書畫古玩，等到經濟拮据或後人敗落時，又逐次賣出，後者尤爲書賈所歡迎。蓋破落戶之寡婦幼子，只知變錢，焉知書之貴賤。而藏書家嘗刻許多圖記，如「子子孫孫，永久寶之」，「某氏家藏」，「凡賣書者，非我子孫」等誓詞，實爲多餘，且太看不開也。書之名目冊數且不知，何有於書之內容及印章耶？（陳金詔「觀心室筆談」云：「讀書敏求記載：趙清常歿後，子孫鬻其遺書，武康山中，白晝鬼哭。聚必有散，何所見之不達耶。相傳某世家故第，折賣之日，匠者亦聞柱中有泣聲，千古凝魂，殆同一轍。紀文達公嘗語董曲江曰：大地山河，佛氏尚以爲泡影，區區者復何足云。倘圖書器玩，散落人間，使賞鑒家指點摩挲曰：此紀曉嵐故物，是亦佳話，何所恨哉！曲江曰：君作是言，名心尚在。余則謂消閒遣日，不能不借此自娛，至我已弗存，其他何有。故我書無印記，硯無識銘，正如好花朗月，勝水名山，偶與我逢，便爲我有。迨雲烟過眼，不復問爲誰家物，何能鐫號題名，爲後人作記哉。所見尤灑脫也。」不佞原批云：雖如此說，然視珍本古物，安能恝然而舍之哉。余藏有紀曉嵐硯二方，均極精，讀氏此文，不禁黯然神往，想見前賢風格。）書賈嘗云：只要吃進去一樣，便可發財。一樣者指買賣兩面而言也。吃進去者指交一好主顧，及得一藏書之破落戶也。二者獲一，均足致富。不過所謂吃進去意義殊深，必須祕密而有信用，不致半途爲人所刨。余嘗見旗籍後人，與某書舖交往售賣，至四五年猶未盡，余亦買得抄本數種及其書目。據書賈云：亦大不易，除逢迎其本主外，猶須接納其僕婢，殷懃於內眷，無錢借錢，乏烟購烟（鴉片），始能做到吃進去之工夫，凡所有圖書古物，不啻握之掌中矣。其最要方法，取蠶食不取鯨吞，蓋整批賣時，必找多家，而售於出價大者。若物主不鑒賞，則書賈嘗揣其需錢時而去，去必成交。惟似此大家近年亦鮮，事變以後，普通皆一兩屋書，議價拉走，大皆西去縉紳教授之家所存，較之「旗門」，又降數等矣。

與上相反者，則屬門口收買，因既有舖面招牌，又標明收售古今書籍，則賣書者自然而來，行話謂之「碰櫃」，言自己碰來也。碰櫃之貨無大便宜，蓋不知售主已碰若干次也。

除上述於京內外收買書籍外，尚有「封貨」、「找貨」之說。封貨者拍賣也。蓋現在書商有書業公會之組織，在前則有「文昌會館」，公推執事人員，辦理本行事務，凡書舖入會者，始得爲會員。其最有益者莫如封貨之舉，因書行與其他各業同，出入賬目，以夏曆端陽、中秋、新年三節爲結算期，年關尤爲嚴重。平時不能要賬，於是資本小者，或出外買得大批，而急欲歸本者，或重複本與「架子貨」太多者，或受外人委託而急賣者，乃將欲拍賣之書運至文昌館請其封貨。俟湊集相當數量（不止一家之貨），館中執事乃鑒定各書甲乙，配搭成堆，編列號目，依次環置於天井長凳上。手續旣清，遂發通知於在會各書店，言某日封貨。大約由第一號至五號，非大部頭卽善本，總之爲較貴之書。封貨時大家先檢閱書堆，看某書正有用主好賣，某書現正時興，凡欲買者將號數封價字號等書明祕封，交與館中。至日落時當衆拆封，誰出價大，卽歸誰買，此極公至平之善舉也。封貨後約一星期收款，凡有缺頁補配均不管，以係廉價拍賣，且屬先看明白，故好壞「就是他」矣。然此又有祕密之事焉，一曰「檢封」，檢封者白檢也，知某某號封者已多，其價必大，價小决封不來。於是乃偵其冷淡無人注意，而其中確有一二種稍好之書者，寫一最低價錢封之，結果無人競爭，穩歸已得，有如白拾也。一曰「攔封」，其義正與檢封相反，因某書來本甚高，恐封貨者不注意而遺漏蝕本。乃託同行知已封一相當價目，如有再多者當然賣去，否則亦將貨攔回，不致爲檢封者所拾也。一曰「尾數」，封貨旣以出價大小爲標準，嘗有差一角一分之微，而好書不能到手，被人奪去者。於是多寫尾數，如封二十元者，必寫二十元零九角九分，實在付款時亦抹去，但封貨時效力極大。惟未入會之書店不能封貨，外人更無此權利矣。余亦嘗去，遇有可要者，則託書賈代封，雖然價廉，然有用不着者，因其每號一堆，至少亦在五種以上也。

所謂找貨，涵義更繁，一個人之書鋪亦可謂之書攤，行話名之曰「要人兒的」。每日淸晨向各曉市（亦云小市）搜買殘書零本，並與打小鼓收舊貨者聯絡，運氣好亦可碰見佳本稿本，以賤價售與大書鋪，將其裝訂襯紙，轉手之間，一入龍門，身價十倍矣。至於大書鋪找貨，一曰「搜集」，每日午後，各店書賈向四城小書店出發巡視，遇有較好者，用廉値取去，小店資本無多，有時明知貨好利厚，因須「倒本」，亦只好忍痛售出，其中備受壓迫拿揑，所謂大魚吃小魚是也。一曰「借將」，卽顧主所指名購買之書，櫃上適無有，不得不向同行蒐求，然同行取書，最多八折，故對顧主云「找來的」，言其雖貴亦無可如何也。然用主若開單找書，差不多都係找來者，則其妙用亦可知矣。

書之來源略如上述，尙有其他方法，然不出以上範圍，至其售賣作法，則分兩種：一爲「門市」，卽不認識之人，由門口買去，此數極少，最大者則在寄走。事變以前中外各地皆向北京選購，凡大書店，每日必接購書函數十件，同時亦寄走數十包，生意佳者，每月只此「流水」，卽至數十萬元。近年以來，交通不便，外地亦鮮購書者，除同行交匯外，已形停頓。一爲「送貨」，卽偵知京中公私機關與個人之買書者，託人介紹，持名片及書樣去，問其欲購何種書籍，按時騎車送去，此中亦有尺寸，凡機關及大宅門或懂家，必派精明者，以便應對得體。買書少而外行者，則派徒弟去，略爲對付足矣。

關於舊書業之買貨售貨情形，順手寫來已覺不少，實則尙未盡其什一，異日有暇，當再補充。而買賣之間，道理尤多，總之不出欺詐手段，與外交詞令。據書賈對余云：普通貨看六成利，卽售十元者其本爲四元，實則豈止。如今日購彼十元之書，明日轉售於彼，雖二三元彼亦不要。惟彼因圖大利向吾輩指名某書找貨，或單配大部頭之一二種者，則屬例外。因此含有要挾與所謂敲竹槓者之意存焉。

書業人材及其技巧

中國商業上之組織及發展，向以「幇」爲分野，就北京言，如綢緞布疋與飯館屬山東籍，銀錢業及米麵油鹽屬山西人，百貨洋貨屬天津人，與上海所稱之甯幇揚幇及粤幇者完全相同。其組織之密，發展之廣，孰謂中國人無創造能力與經營天才哉！北京舊書業人物，幾淸一色爲冀南南宮冀州兩縣籍，間有保定人，爲數極少，僅帶經堂一二家而已。其在北京業此者，當然都是同鄉，然在鄉村，均係親戚友好，一至北京，則同行是寃家矣。彼此營業情形，顧主多寡，向不告人，即書背所定暗號，（即書價密碼，大約均取兩句詩，代表數字。）亦不許洩之同道。其人之出身，先學徒五年，所學爲裝訂舊書，熟讀目錄。學滿後始掙薪水，年約百餘元，最大希望爲分紅利。昔年買賣興隆，年終每人可得五六百元至千元。至於人材優劣，可分「識見」與「作事」兩方面，識見者能出去買貨，能將殘缺之書賣出，並能以少賣多等。姑舉一例，如松筠「西陲總統事略」，記新疆事，乾隆刻原板，二十年前已售至六七十元一部，後由書賈翻刻，每部八元。事變以後，其貨漸缺，惟究屬「冷門」，以其研究者少也。去年忽出一批約廿餘部，隆福寺某書商，竟以十元一部全數包去。未幾此間有小亞細亞及西北學會之組織，於是此翻本書每部亦售至四五十元，且只此一家，如狠心多賣，則購者亦瞠目無可如何也。又如來薰閣之上海特派員，去年亦收得「聚學軒叢書」數十部，以南方十元之本在北京賣七十元，於同行尚不許多取，慮其將行市弄壞也。諸如此類，則在卓識，有時掌櫃膽小不敢下手者，而夥友決斷之，結果一如所料。又去歲余買得考古之籍一部，名頗罕見，各圖書館均無其目，喜獲孤本。旋於友人家見一抄本，攜歸校對，竟短四卷之多，後聞共同事云：此書在櫃上已擱多年，以其殘本且無處配，視爲廢物。忽某人以余好搜史子兩類書及考證古器物者，乃將目錄裁去，重爲裝訂，儼然善本，不意余竟「打眼」而上其當也。此皆關於識見，其大部分實屬於欺詐。至於作事方面，近年以來顯見退化，以前如裝訂作套，均係學徒分內工作，近則作套另成一行矣。現在裝訂技術除修文堂文祿堂幾家外，殊鮮能手，友人某君買得宋本孟子，因水蝕泥浸，硬如乾餅，整理之後，不啻新書。余有續說郛數種，爲說郛目錄以外者，惟共一包，破碎不堪，殆裝訂壓平，毫無粘補痕跡。似此繁難，非高手莫辦。而今書賈只腦筋發達，其技巧將有失傳之慮也。

裝訂之法各地不同，一見可辨，北京規矩緊嚴，上海喜用靑藍色書皮，訂線亦窄。廣東裝訂極佳，每冊前後多置紅黃色樂紙一頁，不特保護本書，亦頗美觀。江浙裝訂與北京同，與上海異，或者北京即效江浙之法歟？

近十年來，舊書業中頗出了幾位人材，有負盛名者，有無人知者，或以氣魄大而能放手作去，或以「吃得精」而能另闢一途。前者如來薰閣之陳某，修綆堂之孫某，孫某在滬時，因聯絡應酬喜吃花酒，一夕數千金無吝色，陳某在京，凡東西學者或文化團體之來遊歷者，交際之費，亦頗可觀。雖爲同行所譏評，然其生意固極興隆也。後者如通學齋羣玉齋二孫，文祿堂之王某，專收冷僻板本，不走大路，以其能合時代，獲利最豐。通學齋孫某曾受倫哲如（東家）薰陶，著有「叢書目錄拾遺」，「販書偶記」二種，極具價值。至於北京書業，自以隆福寺之文奎堂，修文堂，琉璃廠之來薰閣，邃雅齋等爲最大，以城內保萃齋，城外松筠閣爲最廉而較公平云。

總之從前書業不過作買賣通大路，近則不然，因範圍日廣，除幾家大書店能兼容並包外，稍次者則如八股時代之各專一經，即所謂「各吃一路」。在昔不過略識字略習目錄即可，現在則須通中外學術之趨勢及新舊書籍之情形，以言學好，亦自不易。且此文化商人，與吾人固同立於一條陣線，皆太平盛世之點綴品，當此兵荒馬亂之際，其生活尚不如一車夫廚役（老板除外），其實際已離枵腹從公不遠，故吾人雖苛責之，亦深同情之也。

買書談

北京舊書業與賣碑帖，售字畫者，通名之曰「吃軟片」。碑帖與字畫之毛病尤大，挖補摹仿，幾無眞鼎，故世稱碑帖爲「黑老虎」，言其吃人也。雖同屬軟片，平心論之，僅舊書尚有眞實性，其價値亦相去不遠，且有目錄定價可考，較之碑帖字畫，見人索價滿口胡云者，猶覺老實簡單也。碑帖字畫，今姑不論，只言買書，據不佞往來南北，與書賈交遊最深，積二十年之經驗，知買書欲得佳本，別無妙策，用現錢，出大價，好書自來，較之磨煩計較，結果仍上算也。因書商目的求利，毫無感情可言，用現錢者彼急於倒本，自然價廉。出大價者，因好書與吾人關係極鉅，除「消閒遣日，藉以自娛」外，大之供著述之參考采擇，小之亦可作撰稿時之稽證，名利雙收，則此區區者亦賺得出也。且好書仍在，收藏後摩挲可喜。北京財界某鉅公，好收藏書籍字畫，以其利大，恆給以開價之二三。後商人悉知其病，乃十倍開價，如一幅字畫値十數元者，輒索百元。殆節下索賬，給以三四十元，在畫商已賺數倍，其餘則爲懸案。每節仍送賬條，要來固屬意外收穫，要不來亦有希望。愈積愈多，將來總是問題，實則字畫商已將現錢賺到手矣。然舊書業有目錄之束縛，有習慣之限制，至多增至三倍，已屬駭人聽聞，絕無碑帖字畫等如斯大利，償以二三成則僅够本，故皆裹足不前。現聞某公所收羅者，大皆假畫，眞者値本昂，一石濤山水動須萬千，再加十倍，更賣不上矣。余意買書爲作學問，如係普通者，可購商務之基本叢書，影本尤佳。冷僻者先檢叢書目錄，若叢書未收，再買刻本，只要內容好，價昂何惜。且書賈定價亦有分寸，凡價大者，必有價大之理由，購買决不吃虧。若欲以廉値買好貨，終係破車老牛，天下無是理也。又買書與辦外交同，須痛快有信用，再熟目錄之學，則書商自不敢欺矣。昔者中央研究院歷史語言研究所及燕京大學，皆北京文化機關之後起者，然所藏佳本極多，即「錢痛快」之故。又北大教授朱大鬍子（希祖）買書最豪，所謂「好書何必惜兼金」。然今日一言及明代史料，羣推海鹽朱氏爲第一，雖公私圖書館，亦所弗逮。故余雖老生常談，蓋至理名言也。再選購時，最好於多家目錄中索取，比其價値之高下，校其板本之優劣。如不得已開單指名找貨，最好將書目單貼於書室或客廳內，凡來書商，自會抄去，有則送至，無則力尋。其索價亦不至要挾，蓋你十元不賣，別人或五元即售。萬不可專交某人，則彼必將此單視同奇貨，雖屬極普通之物，彼必以「找來的」對，黠者並謂是書專爲你找的，價値若干已經墊付，則雖欲還價亦不可能，更無論退換也。

古今

半月刊　第十五期

特稿

謝剛主：三吳回憶錄

翼公：葡道難

古今 半月刊第十五期目次

中華民國三十二年一月十六日出版

社長 朱樸
主編 陶亢德 周黎庵
發行者 古今出版社 上海亞爾培路二號
發行所 古今出版社 上海亞爾培路二號
印刷者 國民新聞圖書印刷公司 上海靜安寺路一九二六號
經售處 各大書坊報販

本刊每逢一日十六日出版 零售每冊二元

定閱價目（連郵費）

	半年	全年
本埠	廿四元	四十八元
外埠	廿五元	五十元

國民政府宣傳部 登記證滬誌字第七六號
公共租界警務處 登記證C字第一〇一二號

三吳回憶錄（上）

謝剛主

閒雲流水兩茫茫，底是何人話短長？
我本無情慚西子，小姑豈有嫁彭郎。
藕絲已斷三千尺，柳絮空來八月狂。
君自言爾我自聽，洞天清露倍淒涼。

——西泠金鼓洞題壁詩

我雖生長在北方，但自幼就緬想着江南。因爲我在幼年時代，常聽我祖母談江南的故事，所以江南的風景，印象在我腦子裏很深。我原籍是江蘇常州府武進縣，羅墅灣鄉下人。當清咸豐年間，太平軍破了常州，先曾祖攜着祖父行，避亂跑到河南的商邱，就寄居在河南了。從同治初年到光緒末年，祖父仲琴公以教讀遊幕爲生，生活非常困難，到光緒末年生活稍爲安定了，不久的時光，在光緒二十七年的夏天，我母親就生下我來。我的祖母，是一個六七十歲的老人，忽然得了一個孫子那是非常的高興。在我六七歲的時候就同我一牀睡。我那時雖然認不識幾個字，但是已經喜歡聽講故事了。躺在祖母烟盤子旁邊，一邊用一雙小眼睛，看着我祖母吸烟，一邊要求我祖母講故事，祖母吸完了烟，手裏拿着茶杯喝着茶，才開始說道：

那時還沒有你爹呢，我不過八九歲，跟着你太舅公從常州乘船到河南去。是一個六七間艙的大船，兩邊都有玻璃窗，可以看見兩岸的風景，屋裏陳設着紅木的家俱，坐在椅子上可以看見岸上的行人，和岸傍的楊柳，一到晚上，船靠在蘆葦塘的傍邊，月光照在船面上，非常皎潔，清光照人。我們都捨不得去睡覺。到了三更時分，我們都才去安歇。但是不久的光景就聽見岸上劈撲的響，接連着外間艙裏家人慌忙着來說：『老爺不好了，有歹人來了！』那時嚇得我們連忙往艙板底下藏。待了好一會，外邊的人說：『賊已走了，快出來罷！』

我聽着非常的高興，忙問那船是什麼樣？賊到底走了沒有？祖母說：

天不早了，快睡罷，明天再講給你聽。

第二天的晚上我又重新問我祖母七間船大船的故事。祖母又接着說：

我們坐着船，幸而平安無事，不到幾天就到了清江浦，就換了騾車，頭一站就是紅花埠。一路上風沙撲面，走了半個月才到開封。開封這個地方，灰土是怎樣的大，每到春天，黃風撲面，桌椅上的土，都有一錢厚，要是刮了大風，天色昏黃，對面都看不見人，那有江南春天那樣的美麗。要是提到食品，更不如我們常州了。我們在家鄉的時候，每天晚上可以吃到水磨湯糰，和綿沙的餛飩，但是一到了河南，那裏可以吃到我們家鄉的風味呢？

說來說去，無非是這一套的故事，無形中我就對江鄉起了個很好的印象；可是我雖然到江浙不少的次數，但是總未遇見七間艙的大船。

我二十歲以前曾到過常州，看望我外祖父外祖母。二十以後我到清溪與我妻段慶芬女士結婚，雖然是父母爲我作主，但是我們的感情，一直到現在還是保持着融洽，有時吵幾句嘴，但是不到一刻的工夫，又言歸於好，相視而笑了。我寫這篇拉雜的文章，就是我的太太爲我研的墨，我這兩次到江南，都是逗留了幾天，談不到有甚麼感想。我稍覺着得到一點印象的就是近十年來漫游江浙，共有三次，一是民國十九年奉國立北平圖書館之命，赴江浙觀書；二次是二十三年到南京中央大學講學；三次是二十七年由香港回到舊京。看到了美麗的山水；遇到了無數的師友；觸到了無限的感慨。在寒風撲面的舊京，晚來欲雪的天氣，在火爐旁邊，細想以往的故事，寫我遊歷江南的綺思，這短短的文字，就算我這篇的楔子。

海上觀書

在舊都文津街有一處碧瓦朱甍的建築，就是國立北平圖書館，我們在辦公室裏，可以看見北海的瓊島，和一泓的秋水，北海邊石欄上依着不少的遊人，水面上飄蕩着殘荷，還有幾支野鴨子在游泳。那種幽靜的光景，眞是一個最好讀書的所在。那時我正服務館中，整理明清的史料，因爲要參考的緣故。館長袁守和先生就派我到江浙去，參觀江浙公私各家的藏書，我聽見上海涵芬樓藏書最爲完備；而力成其事的，就是張菊生先生。菊生先生是先師梁任公先生的老友，我當日在任公師侍席的時候，曾經代任公師寫了不少的函札，可是未見過面。那天的黃昏，我就到藏園去，請傅沅叔太世丈寫一封介紹信，傅先生說：

菊老是我的前輩，你見了他，必須要特別的恭敬。

我祇有靜默着，聽着他老人家的吩咐，接到傅先生的介紹信，才唯唯的退出。同時請陳垣庵先生介紹到徐家匯土山灣天主堂圖書館去看書。又請冒鶴亭丈寫信給南潯嘉業堂劉翰怡先生。部署已定，就於民國十九年九月十九日由北京動身，在天津乘船到上海去，二十二日的早晨，到了上海，住在北四川路老靶子路同學陸侃如兄的家裏。第二天早晨，我僱了一輛黃包車到極司斐爾路四十號張菊生先生家裏去，一座極幽潔的樓房，樓房前面，草地如茵，種着幾顆芭蕉，和幾顆桂子和櫻樹，由侍者的引導到客廳裏去，侍者端上一杯茶來，我看見屋內陳設着無數的土俑，和其他的壁畫。不一忽一位極矍健的老者，輕鬆的步履從樓上下來，那就是張菊生先生。我連忙站起來，深深的鞠了一躬，攜上沅老的介紹函，陳述了我的來意。菊生先生問起我的家世。很和藹的問我：

堂上可好。

繼續的又說道：

先母原籍武進，僑居嶺南。據毗陵謝氏家譜，先母應該是你的太姑母行，我實在忝長一輩了。

說完了這套話，老者哈哈一笑，復繼續著說：

母家還有念書的人，這也是可幸的事。

我連忙站起來，改口稱呼表伯，並且回答道：

小姪少年失學，毫無所得，不過還喜歡念書罷了。

菊老約我明天到他家裏來看涉園的藏書，以後再引導我到涵芬樓去看書，並且又介紹我到平湖葛嗣威先生看傳樸堂的藏書。菊老這種和藹的態度，誠篤的精神，我是永遠不會忘掉的。

菊老對於出版業的努力，遠在數十年前。在清光緒戊戌變政的時候，任公師創辦時務報，菊老就與任公師，和汪大燮伯唐，在宣外松鶴庵，舉辦印刷的事業，後來和夏漱芳高夢旦諸君，創辦上海商務印書館，瀹灌新知識，和影印宋元祕笈。一直到現在，他雖然是七十多歲的老人，那種自强不息的精神，仍然是我們青年的領導者。

菊老的藏書，約可分爲二類：一類是鄉邦的文獻，一類是古籍祕刋。對於海鹽張氏的家學，他編有涉園張氏叢刋，已在商務印行。於鄉先輩最服膺的彭孫貽先生，他得到了張氏刻本茗齋初集，刋本百花詩，和抄本的茗齋詩五厚册，後來又借到武昌徐行可君所藏的茗齋詩稿本十二册。他把這些書合攏來編了一部茗齋集影印於四部叢刋續編中。

其次便是搜輯佳槧，影印流傳。他以畢生之力，所編的四部叢刋，百衲本廿四史，續古逸叢書，早已膾炙人口。其中他最用力的要算是百衲本廿四史了，他不憚山南海北，域外東瀛，去訪求佳本，而且匯合衆本，校其所長。百衲本廿四史問世以後，他又把生平所撰的校記，選其最精要的撰了一部校史隨筆。傅沅叔丈爲他撰序上說：

列史舊多缺文，今得宋元初本補南齊地志列傳二葉，宋史張栻田況傳二葉，而奪行衍文更難縷指。若夫片語單詞形音易舛，而一字偶失，千里隨差，如南齊紀口中出血，展轉誤作舌言。梁書紀儁進士囊同逆乃遣王偉罪狀出入，得此究明鳩衣爲隋后采桑之服，今作鳩衣者皆誣。鈎魚爲遼主游畋之禮，今作釣魚者大失。獲此孤證，幸存典章。

沅老盛推其書，謂：王氏商摧，錢氏考異，趙氏劄記而後，爲僅有之作。菊老爲人精明矜愼，但魄力之偉大，有爲人所不可及處。即如他編印的四部叢刋，百衲本廿四史，商借了不少的舊本佳槧，先製成了底版存放著，祇要發現了更好的版本，他立刻就把舊的底版燬掉，雖價値千金，亦所不惜；可是給朋友寫封信他老是用翻過來舊信封。近來藏園老人，也是仿照這個辦法。聽說請了位工人，替他翻製舊信封，日來的工價太貴了，結果比買新信封還要貴。

涵芬樓，是上海商務印書館所辦東方圖書館的一部分。商務印書館編譯所，爲溥及市民教育，創辦東方圖書館，捐了數十萬册的書，以供民衆的閱覽。至於商務所購的善本書，鈐蓋上涵芬樓的圖章，另外存貯，算是商務的私產；雖然在東方一處，性質是不一樣的。民國十五六年以來，寶山路一帶很受了幾次兵燹，所以把宋元佳槧，都送到銀行庫裏去保管，外邊的人，頗不易看見的。這次承菊老的介紹，在菊老家中看完書後，就到東方圖書館看涵芬樓的藏書。

涵芬樓所藏善本書，他的來源，可分三種：一種是該館歷年購買的善本；一種是密韻樓蔣孟蘋氏的藏書；一種是何秋輦的藏書。秋輦是何栻的孫子，何栻在道同間很有能力的名稱。但是他藏的書，卻不甚好。涵芬樓所藏的書，要算是蔣孟蘋氏的書，內容最爲完善。蔣氏獲有周季貺氏書鈔閣的藏書，內中有傅節子戴子高的抄校本，所以涵芬樓中收羅的明季史乘也不在少處。其次便是涵芬樓歷年所收的方志，曾編有目錄問行於世。

我所要看的是明季稗乘等類，而且這些書，也不很爲當局所注意，所以我可以恣意的閱覽。我見到戴子高望所批校的南彊逸史，和傅節子校輯的明季稗乘，我都把他輯錄到拙編的晚明史籍考中去了。但是先哲精神所寄的抄校善本，不幸自從事變而後，都化爲雲烟了。

在涵芬樓看過書以後，我就到徐家匯天主堂藏書樓去看書，這個地方是不公開的，除了幾個教友能閱書外，其他的人非有人介紹不可。我經陳援庵先生的介紹認識了主任徐潤農司鐸，才應許我登樓觀書。

這個藏書樓是建始於八十年前，是徐光啓的故址，園林佈置得很不壞，園中桂花盛開，時時可以聞到香氣。藏書樓共分兩層，樓上藏外國書，有十六七世紀的古本，樓下藏中國書。我看他藏書的特長，約有三點：

一，樓中藏方志，有一千七百餘種之多，如果再加四百餘種，那末各省縣的方志就可以齊全了。

二，古錢的收集，從上古一直到現在，有好幾百種，尤其是明清兩代所鑄的錢，及太平天國等錢差不多都全了。

三，書目的編製，是用筆劃來編的，他特長的地方，是每屋裏分了好些書格子，格子上和每層都註著號碼。譬如一格有九層，一面有十二格，他書架上都有一個表，把每格和每層的書都添上去，一目了然，這是辦圖書館的人所可取法的。

樓中所藏關於明季史乘，並不很多，其關於明清史料的，我已抄在拙著上了。

嘉業堂的藏書，雖然在南潯，但藏書樓的主人，卻住在上海，我承冒鶴亭丈的介紹會見劉翰怡先生。嘉業堂的藏書以明代史部集部和方志，但祕籍佳槧，仍存在上海。我在劉君寓廬看到宋刊巾箱本五經，紙白如新，李壁王荆公詩註，韋蘇州集，元刊趙松雪集，查伊璜罪惟錄稿本，劉君藏查氏著述很多，罪惟錄以外：如先甲集，後甲集，敬修堂詩，自查氏之書，遭乾隆間燬禁以後，故家深固祕藏，幸得保留於世，可謂海內的孤本。還有董若雨的日記，日記封面是周季貺夫人李蕙題字，書法遒健，酷似何子貞，這是很有趣味的。劉君約我到南潯去，看嘉業堂所藏明代史乘。座中並遇見董綬金先生。

在滬上認識了鄭西諦先生，西諦約我到他家吃晚飯，看了不少的好書，如明板磨忠記，修文傳傳奇，五色套板西湖佳話，明刻繡像列女傳等書，飽我不少的眼福。我在滬濱遇到了不少的師友。前輩當中遇見了蔡孑民先生，胡適之先生，同學當中，遇見了儲皖峯楊鴻烈朱右白姚達人諸兄。皖峯爲人誠篤眞摯，眞是我的好朋友。我初到上海，是不認識路的，他天天領導我到東方圖書館去看書，陪我出去玩，同我到味雅一類的廣東酒家去吃晚飯，看電影。後來皖峯到舊京輔仁大學教書，前年我病了，是得了副性傷寒症，躺在法國醫院裏，皖峯不隔三天，就來看我的病，一直到我病好了，他還是到我家裏來看我。但是不到一年的工夫，皖峯竟爲患脚氣病怛化了！那天是陰慘慘的天氣，飛著幾點雪花，我到嘉興寺去送殯，淒涼的靈堂，懸著老友皖峯兄的遺容，他的夫人遠隔在徽州，尙未能趕回來，靈前跪著兩個不知啼哭的孩子，可憐當了一輩子教授，遺產不到四五百元，這是怎樣可淒慘的事呀！聽說達人兄近來也不在上海，同學少年在上海的多半都風流雲散了。

首都在望

從繁華的上海，人聲嘈雜中，來到安靜的南京，這是一件可喜的事情。由天津乘船到上海，全是歐化的商埠，差不多沒有什麼分別；倒是由上海坐火車到南京去，一路上的風景，眞是有天然江鄉的風味，青翠的遠山，碧油油的水，疏落的村莊，怎樣的增人詩興呀！十月一日下午五時到了南京，我幾年不見的南京，於今重見了。自從南京建立了首都，增加了平坦的中山大道，和幾處洋式樓房，其餘的也和以前差不了多少。下了火車，一直到龍蟠里國學圖書館，館長柳翼謀先生到鎭江去了。館員錢和甫君引到我後院一間房子裏居住，院內有一叢芭蕉，和一棵梧桐，點綴著許多花草，朦朧的初月，看不清楚了。到夜晚來，蟲聲唧唧的叫，風吹梧桐作響，一盞孤燈，照著非常的淸寂，吃過晚飯以後，手裏隨便拿一本書看，就睡著了。

等二天早晨起來，到館外烏龍潭散步，潭後是淸涼山，潭邊有幾棵柳樹，對面山根下，是圖書館的藏書樓，在叢碧裏面，煞是好看，倒是一個極好讀書的所在呢。晚上柳翼謀先生回來了，一位面團團五六十歲的老者，很懇切的與我談了許多話，並敘述到圖書館的歷史，他說：

本館的地址，是清代陶文毅公澍所住的地方，後來辦了個惜陰書院，薛慰農時雨，曾在個地方掌過院。到光緒末年，端陶齋尙書，買到仁和丁氏八千卷的藏書，內中有不少的善本，而各縣的方志也很完備。後來又收到五局的官書，范氏的藏書，和宋教仁的藏書，還有不少的名人書札，都歸攏一起，就成立了一個江南圖書館，請繆藝風先生荃孫主持其事。繆先生在北京創辦京師圖書館，在南京又創辦南京圖書館，實在有關吾國的文化。可是江南圖書館，公開閱覽的時間極少，名稱也改了許多，輓近由中央大學圖書，才改名爲國學圖書館。

至於圖書館的經費，眞少得可憐，在民國七八年間，是不公開的，每月只有二百元的保管費，後來公開閱覽了，才加到四百九十元，到十六七年間，我（柳先生自稱）到館後，仿浙江圖書館的辦法，經費始增加到每年兩萬二千元，善本書溥通書都公開閱覽了，並且把館中的善本，影印了好幾十種，一般民衆，才知道有國學圖書館。

柳先生這套話，說得很能動人，他特爲在善本室，爲我闢了一個座位，於是白天在館中看書，下午有時到夫子廟，重登奇芳閣，喝一杯茶，暮色蒼然，始返館中。接到張菊老來函託我校對新唐書。住在館中，好像在深山裏一樣，晚來風急，燈火昏黃，讀蘇東坡的詩和宋人詞，聽著秋蟲的淒鳴，如同鼓吹兩部，這種幽靜的境，和上海老靶子路的夜半歌聲，那是迥乎不同了。

有一天下午，劉衡如先生來館找我，劉氏是北平圖書館的舊朋友，見著自然高興，約我一同逛玄武湖。出了玄武門便看見一片的山色，雄壯而且秀麗，我們由水閘乘船，到五洲公園，在公園的一角，覓了一個能看山景的地方，在那裏喝茶，遠看著青山，和一帶筆直的城牆，從山邊上看著，遠來的火車蜿蜒的過去，可是火車被樹遮著了，只看見天空的青煙，漫漫的散去。到了夕陽西下，人影散亂，衡如兄約我到秦淮河邊老萬全去吃飯，坐中認識了胡小石繆鳳林李小緣諸兄。又過了兩天，是中秋節，柳先生約我在館中午餐，下午李小緣兄約我在他家裏過節。衡如兄先到館中來，同登漢西門城樓，全城風景，歷歷在望，隨便閒談著，就到李小緣兄家裏去，小緣兄藏目錄學的書很多，談到夜半，才回館中，打算明天就去蘇州。

閶門紀遊

十月七日，六點鐘就起來了，吃完了點心，就到車站，從淸涼山角叢殘的羊腸小道，穿過一帶的竹林，金黃色的陽光，照在青翠的竹林和叢樹上，精瑩的露珠，微朦的晨靄，眞是一個美麗的淸晨。走過了這一條山路才到了三牌樓，沿著中山大道，來到車站，買了一張二等車票，卽刻登車，下午三時半到了蘇州。就找到閶門一家東吳旅舍住下，房間倒還乾淨，盥洗了面，獨遊附近的留園，留園建築，非常曲折，進園子來，有一個池塘，池塘當中，有一座曲折的板橋，池塘上面有一個很疏暢的閣子，閣中設有茶座，可以喝茶，瀟洒秀麗，足以表現南方建築的優美。稍停留一刻，我就到蘇州女子中學訪我的同學王以中兄，以中兄在我們同學中最爲忠厚長者，雅號有聖人之稱。他見了我的面，頭一句就說：

您到天堂來了。

上半年，我們還在一塊兒，不久又在蘇州遇到，那自然是很高興，談了一會話就約我逛玄妙觀去。路上遇見了姜亮夫兄的愛人陶女士，是一位很溫柔嫻靜的小姐。說起來姜亮夫兄，也是我們的同學，他原籍是雲南，人是極漂亮的，可是眼有些近視，自從淸華畢了業，到上海教書，認識陶小姐，兩下的恩情，非常相投，就結下不解之緣了。陶女士家裏本來是很富有的，一個富商巨紳的家庭，那能識得窮書生的長處，結果陶女士的家長，提出了意見，非請亮夫出去留學，鍍金回來，不得履行婚約，亮夫毅然的到法國留學，住了三年，才回到祖國，中間又生了不少的波折，才和陶女士實行婚禮，同到南邊去了。這也算一段極有趣味的故事。

我們一邊走着，一邊談着，不一刻工夫，就到了玄妙觀，其實玄妙觀的樣式，和舊京的隆福寺護國寺差不多，我們稍微停留了一會，就到觀前街，找了一個酒家名叫松鶴樓的去吃晚飯。我們上得樓來，檢了一個潔淨的座位，叫了幾樣合口味蘇州的名菜，要了一壺老酒，我們喝着酒，面上都現了春色，以中兄開始說道：

蘇州這個地方，是很安適的，可惜是一個不長進的地方，人們到了這個地方，安居樂業，就不想動了，所以蘇州人在外面的很少，像顧頡剛先生這樣好著書，好活動，實在是個例外。現在有好些在野的軍閥政客，因爲這裏生活又便宜，又安逸，都跑到蘇州來作寓公，享着他們安逸的日子。

至於蘇州的人們，是很好修飾的，尤其是婦女們，因爲生性兒愛好自天然，外表修飾的很好看，因爲離着上海很近，上海的習氣却傳染到蘇州來了。

說着話，不覺時光過得快，已經酒闌人散，約有八九點鐘了，以中兄會了賬，下得樓來，以中兄回學校去了，我到護龍街文學山房訪江杏溪君，買了幾本書，回到店裏，一個人坐在屋子裏，吸着紙煙，想來想去，雖在秋夜孤燈，大有春色撩人關不住之概。

第二天早晨起來，到省立第二圖書館晤館長陳君，參觀了書庫，藏書不很多，說是學古書院的舊址，由圖書館到對面的滄浪亭，門臨荷塘，曲徑通幽，建築得非常靈巧，玩了一會，就到蘇州女中去找以中兄。在女中吃午飯，一同遊獅子林。原來元代倪雲林隱居的地方，現在收拾得過於華麗，反失去了原來幽閒的境象。由獅子林到拙政園，園是明代文氏的故園，雖然頹壞了，但是奇情幽致，頗有滄茫荒寒之意。小小的竹閣子，數叢的水竹，半頹的荷花，飄蕩着，好像有臨風依人之意。我們到畫舫上，坐了一會，舫前石几上，擺了幾顆盆景的古松，一邊是荷塘，一邊是曲廊，眞是幽邃極了。

我們從拙政園出來，就僱了兩輛黃包車，出了閶門，走過了七里山塘，便到了最有名的虎邱，在河邊的橋上，下了車，拾級登山，過了石橋，就是黃色虎邱的山門，再往上走便看見上頂上有一個五色斑駁半頹廢的寶塔。再往前邊走，道的左邊是鴛鴦墓。我們進了廟門，右邊的山坡上有一個小亭子，便是眞孃墓。再往上走，就看見寶塔下面的劍池。我們在劍池的半邊同以中兄拍了一個照，作一個遊虎邱的紀念。再繞到寶塔的前面，往下面走，到了冷香閣，因爲閣前種了許多梅花，所以名作冷香閣。我們到閣子裏面，檢了一個茶座。喝了一杯茶，憑欄遠望，全城的風景，暮雲煙樹，閭巷萬家，都可以隱約的看見。我們喝完了茶，會過了茶錢，慢慢踱下山來，到了山脚跟前，回頭看山腰裏一座半斷的石橋，橋邊有幾顆倒垂楊柳，微風蕩漾着，塔影照在水裏。往上看去，黃金色的夕陽照着萬綠叢中，五色斑駁的虎邱塔上，愈顯出寶塔無限的莊嚴，和無限的靜妙。我信口就說出來：『這眞是詩情，這眞是畫境，宜乎顧苓的文集，叫作塔影園了。』我們在石橋邊流戀了一會，憑弔着昔人，撫想着來者，不覺着夜色黃昏，月上柳梢了。連忙着從小道回到店中，和以中兄在一家京江飯館吃了夜飯，又和以中談了許多的話，以中進城，我就睡覺了。

南潯嘉業堂

我嘗欣賞臥遊的話，如今可以實現了。今天七點鐘，我就起來，到湖州班的船上，買了一張官艙票到南潯去。這班船兩面都是玻璃窗，設備的非常清潔，躺在榻上可以看見微茫的遠山，河中的碧波，和岸旁的楊柳。船還沒有開行的時候，我買了一碗蓮子粥和蘇州的食品，不多的時光，送客的人走了，船工拖去了跳板，船就浮動了。早晨的太陽照着古老的城牆，和兩岸的弱柳，河身也寬闊了，看着這隻船從姑蘇城外五十二空的寶帶橋邊過去，橋身這樣的長，綠波這樣的柔，渺渺的秋風，送着征客的孤舟，往前面飄流着，眞有御風之概，這是何等暢適呀！到了中午時光船穿震澤的街市過去，兩岸的街市，來往的行人熙熙攘攘，眞是身居澤國，吳都賦上所說：『戶藏煙柳，家具畫船。』非身臨其地，不知道他這兩句的好處。下午四時就到了南潯，嘉業堂主人已經派人接我了。收拾了行李，就到岸上去。

從街市的邊上，穿過一段桑麻的小徑，前面有一塘綠水，便是劉家藏書樓，書樓是一座西式二十八間的樓房，布滿了書架，樓旁有一所舊式房屋，題作抗昔居，取陶詩『抗言在今昔』的意思，是主人校書的地方，劉家的家人，就領我到這屋裏居住，窗明几淨，插架琳瑯，收拾的非常雅潔。窗外有一排假山，山下有一池秋水，水中央有一個亭子，佈置的極爲精工，是一個很好讀書的地方。我在抗昔居稍爲休息一會，司賬的劉君賓君，約我到他們別墅小蓮莊去玩。原來南潯有三個名園：一個是龍氏的宜園，一個是張鈞衡的適園，一個是劉氏的小蓮莊。

園在藏書樓的右邊，在園門前就可以望見一帶的假山石。進了園來，便是一片池塘，殘荷未凋，弱柳生姿，塘邊夾雜著好幾處亭閣，再往裏去，有一所洋式樓房，匾額上題作七十二鴛鴦樓，不知是何取意，從這樓再往後邊走，是一條極小的竹徑，轉了兩三個灣，才見一座假山，登到山頂，有一個茅亭，可以瞭望全鎮的風景。下得山來，有一個水閣名叫掩醉軒，小蓮莊的全景大概如是了。晚上承劉君實君的招待，在抗昔居爲我設筵，吃到了蒓菜和鱸魚，鱸魚倒還別有風味，蒓菜眞是有其名無其實了。

第二天管理藏書樓周子美先生從上海趕來，他領導我去看樓中的藏書，據周君說：

嘉業堂是翰怡先生私人的藏書樓，不是公開閱覽的，然有知好來此看書，是極所歡迎的。可惜本樓經費不甚充足，每年祇有五千元的經費，是由二千畝田所出的子利。至於樓中的藏書，明代集部和善本，大半是抱經堂的故物，其餘的書是翰怡先生歷年所購買的，現在樓中所藏，已近一百餘萬冊，並影印善本書影分貽同好。

我在南潯嘉業堂，共有看了五天書。我所要看的是明清史乘，都記載在拙著晚明史籍考上了。其餘還抄了一點明代社會史料，如張溥七錄齋集，朱爲弼爲可堂集等類，就編了一部明清之際黨社運動考。臨行的時光，承周君的厚意送我嘉業堂刻本蜀大本史記，章氏遺書，鄭堂讀書記，嘉業堂善本書影，都替我寄到北京去，總可算飽載而歸了。

煙雨樓頭

原來由南潯到平湖，須在嘉興換船的，我淩晨就起來了，乘了劉家的船，到碼頭上去，七時開船，十二點就到了嘉興。我嘗讀吳梅村的鴛湖曲，很嘉鴛鴦湖的名，尤其煙雨樓，更足使我回往了。我下了船，就到鴛鴦湖邊，僱了一隻烏篷船，撐船的卻是很標致的姑娘，穿著肉絲的襪子，烤綢的褲褂，拖著一條烏黑的大辮子。我上得船來，坐在艙中，她輕疏玉腕，搖著雙槳，黑色衣袖露出雪白的胳膊，帶著金黃色脫條，到也洒洒有致，細看艙內收拾得非常清潔，几上陳設鏡臺和茶具，艙的一角，晾著淡紅色的汗衫，在僕僕風塵當中，不覺得有一種異感。我一面玄想著，一面看著滄茫的煙水，不一刻就到煙雨樓。

我下了船，上得石階，進了院門，院內種了不少的芭蕉，和其他的野花，雖然是深秋天氣，還是紅紫芬芳，更顯得一種野趣，走過了花徑，正中便是煙雨樓，樓上張掛著不少的名人對聯，樓是四面臨空，憑軒遠眺四圍的景色，都歷落在目，淡悠悠的湖水，微茫的蒼天，兩三個飛鳥，附近樓旁，還有竹籬茅舍，好幾處人家，微風擺動著簷前的酒帘，細想昔人詩酒流連的地方，而今也有點殘破了。

說起來煙雨樓的沿革，是五代時吳越錢元燎所造的，後來經文人的讚美；就成了有名的地方。吳梅村鴛湖曲，是最有名於時的了。朱竹垞還編了一部鴛鴦湖櫂歌，更使斯湖生色，宋朝楊萬里有一首詩說道：

徑煙漠漠雨疏疏，碧瓦朱甍照水隅。幸有園林依修竹，不妨蓑笠釣鴛湖。魚歌款乃聲高下，遠樹冥濛色有無。徒倚欄杆衫袖冷，令人歸興憶蓴鱸。

我出煙雨樓，仍乘著原船，買了一包綠色的湖菱，一邊吃着，不知不覺就到了湖濱，連忙去坐到平湖的小汽船，天色黃昏，就到了平湖。

平湖傳樸堂

從南潯到平湖的船，剛到了西門，葛府上就派人來接我，一直逕到葛府，走過了重門，便到了大廳，大廳上正中掛著伊墨卿寫的『愛日吟廬』隸書遍額，非常的瑰奇雄偉。一位老者，立在廳前迎接，那就是葛詞威先生。葛先生是前清進士，長於詩文，尤喜搜輯鄉邦文獻，菊老常與葛先生一瓻相借，書疏往還，不但是親戚而且是很要好的朋友。葛先生爲人很熱誠，是一位很喜歡談話的老人。他除了喜歡藏書籍字畫以外，還喜歡辦教育和社會事業，他在平湖辦了尊古精社，還辦了一處中學。他見我從遠方而來，非常的高興。晚上留我吃飯，非同我喝酒不可，老人的酒量很豪，他喝得還未盡興，我已經酩酊大醉了。

第二天早晨，開始看傳樸堂的藏書，大半溥通書居多數，但是也有好些種善本，如宋版的范文正公別集，干祿字書，殘本會稽志，和精刻本的叢書，及明季小品文字。其中最精的，要算鄉邦文獻了，如李屐園文集，朱爲弼茶坪詩集等書，收藏不下百種，這是很值得欽佩的。晚上葛老先生正式請我吃飯，約了不少的人作陪。坐中有金兆蕃先生，他曾修清史稿中阿哈出傳，是很有名的。我在葛家共看了三天書，我本打算要走了，葛先生强留我住一天，約我逛當湖的弄珠樓，當湖是東湖的古名，樓本在湖的中央，去年修了一座橋，便可以直達了。葛先生同著我一同出了東門，過了橋，便到了弄珠樓，建築已經頹廢了，實在不如鴛湖的煙雨樓。不過樓前有一片草地，四圍種植了許多花木，現在已闢成公園，草地中間建築了一個水閣，上得閣子，可以四面遠眺，極爲軒朗。東邊可以看見往乍浦去的船，南邊可以看見往上海去的船。天際歸舟，風帆來往，不知多少思家遊人，在閣上落了多少眼淚。後面是一曲橫塘，塘三面種著楊柳，雖是深秋的天氣，一塘碧綠的池水，襯著未凋的柳樹，還有寒蟬在那裏凄叫著，使我極浮燥的心，頓生了清涼之感。閣子的東面，靠著湖，又有一個軒，名作遠山初月之軒，因爲我們在軒中，往東北方，遠遠的看去，好像浮著一座山，山過去，就是乍浦的海岸了。東邊是一片的湖水，湖中有幾個小洲，洲中有個小塔，要是月亮出來的時候，照著一片汪洋的湖水，看見很遠浮著的青山，山上有幾點斷雲，遠遠的幾處漁火，這是怎樣美麗景致呀！所以當湖這個地方，中秋在這裏觀月，實再好沒有的了。

我們逛完了東湖，就到孔子廟前一個麵館裏吃午飯，老先生是好喝酒的，又勸我喝了好幾杯酒。下午葛府的家人，替我收拾了行李，並送我詞威先生自著的傳樸堂詩集，續檇李詩繫，當湖詩逸，等書，承葛先生這樣殷勤的招待，實在過意不去，親自送我到門口，並在門前池塘旁邊，一個茶館裏喝了一杯茶，就拱手作別了。

下午三時離開了平湖，乘船到嘉興。可巧有從上海開來的火車，車上倒不很擁擠，車開了不多時，就到了我的好友吳其昌兄的家鄉峽石鎮。上來兩位很漂亮的姑娘，車不一刻就浮動了，在車廂裏還看見峽石山上的塔。下午八點鐘到了杭州，僱了一部黃包車，到湖濱清泰第二旅館，找了一間樓上靠著湖邊的房間住下，在夜色蒼茫中，可以看見隱約的湖光。

葡道難

翼公

我國向有『蜀道難』之稱，但近代交通工具發達，入川之路，比較從前便利得多，所謂『蜀道難』在事實上早已不存在了。說來奇怪，歐戰發生以後，無論從歐陸任何一地，要想到葡萄牙去，簡直是困難百出，并且困難的程度，以視前人旅行川蜀還要勝過好幾倍。因此當時僑胞們提到上里斯本去，沒有不感覺頭痛，『葡道難』的呼聲，竟一時傳遍歐陸，這眞是尋常人所不能了解的。

我最先決定，離歐赴美，可是要到美國去，就非經過葡萄牙不可。許多人費了好幾個月工夫，始終沒有達到目的。有些人因爲護照簽不到字而走不成功。有些人費了九牛二虎之力，總算把簽證手續完全辦到，但結果仍舊打回票。我目覩情形如此困難，眞是灰心極了，以爲考察新大陸的願望，一定是無法實現。不料到了最後的一天，最先打破難關，安抵里斯本者，乃是我同蝶風夫婦。經過情形的複雜，彷彿歷歷在目，回想起來，不免有啼笑皆非之感。

我在法國的聖城困居四十九天之久，（參閱古今第十期聖城被困記一文）居然擺脫重圍，安抵瑞士，在我自己，固然不能不認爲莫大的幸事。但從他方面想來，朋友們委托我做的事，一點都沒有辦到，這不是明明有辱使命，而愧於心嗎？所以一到雷蒙湖畔，第一件事情應該做的，就是據實報告，當衆請罪。當時有位先生說得好：『好大的會所畢竟無形解散，連議長的影蹤也不見了，什麼開會不開會，當然無從說起！』另一位先生在旁高聲的說：『要曉得歐洲地圖早已變色，整個大局正在激變之中，這時還有人想利用「會議」來維持現狀，這不是不識時務嗎？』你一句，我一句，說得多麽慷慨，多 樣的空氣之中，我的差使，也就不銷而自銷了。

我雖然辱了使命而歸，可是在途中却做了有益於人道主義的一件小小工作。原來法國打敗仗時，有一小部分士兵（大半奉命守衛馬其諾陣線的隊伍）衝入瑞士國境，被當地守軍繳械，收容在某處兵營。我離開聖城之前，已經有人託我帶信給那輩士兵。發信人當然是家庭中關係最親密的。我推託不果，只好一口應諾。後來途中又碰着一羣的法國老太太，她們異口同聲的要求我代爲打聽他們的兒子的消息。讀者試想，戰敗國老百姓遇到自己的兒子失蹤了，還要希望第三國的過路客人代她採訪行蹤，這不是一樁奇事嗎？可是惻隱之心人皆有之而我亦不薄。遂亦欣然接受，并且很和氣的告訴她們『祇要你們寫明的地址不錯，我一定盡力幫忙』。於是她們匆忙中寫就極簡單的家信交我帶去。有的索性把一扎寫好的明信片（爲便利家屬採訪失蹤士兵或慰問俘虜起見，法國警廳備有一定格式的明片，家屬可往索取）雙手交給我。我看了這種情形，要想笑也笑不出來，祇得安慰她們幾句好話。旣進瑞士國境，設法買了郵票，分別投入郵筒，才算了事。念之是朋友中最愛說俏皮話的一個。聽到這事以後，對我說：『想不到你已當了義務信差，此刻我有家信一封，替我發一發好嗎？』這句話，直到現在還能記得。

雷蒙湖的氣候以秋天爲最佳。回到湖畔寓所已是仲秋天氣，景物依舊，而人事已非，爲之感喟不已。本來我的日常生活，都有一定規律，可是那時的心境漸漸起了變化。每天下午總是找卜賢談天，有時應念之之約作郊外游，整天在荒郊山谷中徘徊着，什麽事都不放在心頭，甚至連愛看的幾本書都抛棄了。心境的變化，大概是因爲我深深覺得歐戰延長的局勢已成，與其困居歐陸，毋甯提前返國，同時想到以後重來歐洲，不知何年何日，又不禁起湖山不負我而我負湖山之感。在這矛盾的心理狀態中，過了許多日子。後來經過幾次考慮，終於决定歸國。

平常自歐洲回到遠東，說走就走，用不着多加考慮。可是戰時情形完全不同，單從路綫來說，有些人主張經德蘇返國，雖說風雪交侵，沿途辛苦，究竟直截了當。有些人不怕熱流襲人，主張經土耳其伊拉克到波斯灣候船往孟買，再換船到星埠香港。路程固然迂迴曲折，川資却節省不少。除此以外，祇有不怕困難繞道新大陸之一途。這樣，費用勢必溢出一倍，但到了美國，見聞必多，在個人智識上自不無裨益；我很有自知之明，計較金錢，非我之所長，同時求知若渴，却已成爲習慣，無法改易。嘗對卜賢說過，祇要川資有辦法，卽使我一個人橫跨兩大洋回到祖國，途中决不致感覺寂寞。他的見地和旨趣同我相彷彿，當然表示熱烈的贊成。經卜賢鼓勵之後，不管『葡道難』能否打破，我的赴美計劃，已着手進行了。

談到護照簽證，不能不與使館接洽，但一再交涉的結果，眞使我失望。美方簽證相當麻煩，但隔了一個多月，居然簽發。葡方亦無問題，成爲問題的，只有西班牙一國，使館的要求，僅限於過境簽證，然而並此一點要求，都沒有成功。我爲了此事，特地趕往熊城，訪晤某君，據云，西使館藉詞兩國邦交尙未恢復，對於送去護照一律拒簽，我的護照亦在其內。當時聽到這話，生氣極了，回來同岩天和靜塵他們商量。他們告訴我這件事的種種經過，方才恍然明白，熊城方面旣無法且亦無意幫忙，祇可從他方面進行。虧得我在歐洲熟人不少，相信交誼比較深厚的朋友，也許有法子可想。因此半天以內，連忙發了三封快信，分寄羅馬柏林維希各地。不到三天，果然回音寄到。雖各人的措詞不同，但代擬的辦法，比較熊城方面空話塞責，大不相同。羅馬的朋友，力勸我從羅馬坐飛機逕往里斯本，并且告訴我西館簽證，已經說妥，只要我親自去走一躺，决不致變卦。我得到這消息後，自然高興非凡，以爲此行什九如願，只要趕快安排行裝，就可啓程。

我在動身赴羅馬之前，還到各地去訪友。念之離開瑞士時，我亦抽空去送行。臨走時他說：『如果你此番走得成功，我們也許在美國見面呢！』我剛想回答，他又接着說：『羅馬飛機開到了里斯本，才可算數，你不要太樂觀呀！』我回到雷蒙湖畔，又遇見卜賢，他的看法，也是如此，我對他說：『回國也要有勇氣，過一天我準動身。』他聽了這話，就立刻約了好幾位朋友，爲我餞行，以示惜別之意。

到了羅馬，一住三天，沒有消息。替我經辦的那位朱先生着急了，遍忙去訪問西館祕書。第一次見面那位祕書還說送去的護照再等二三天就可簽好。第二次接洽，情形便不同了。據說，最近戰局異常緊急，西歐突然吃緊，當局對於外國人入境不能不從嚴取締，因此前次允諾簽發的護照，祇得從緩辦理。朱先生在外交界有二十多年經驗的人，聽了他那番話，自然不滿意，便以『過境』與『入境』性質不同為理由，相與爭辯良久，亦無效果。本來不論交涉大小最要緊的關鍵，就在甲方對乙方不客氣時，乙方對甲方亦用同樣方法對付，這樣，甲方態度一定好得多。以這件小交涉而論，顯然只是片面的情商，所以明知對方强詞奪理，而苦無他法足以抵制。這種情形，我早已知道，因此朱先生一五一十的告訴我交涉經過時，除了十二分感謝他的熱忱外，尚有何話可說呢！

我對羅馬的印象非常深刻，可是這一次的盤桓，不知如何，並羅馬的風景，也覺得討厭了。什麼聖彼得大教堂，什麼蒂伏里噴水泉，在我心目中，已經遠不如從前那麼親切有味了。的確一個人的情緒，往往容易變化，變化何以如此之快，有時自己亦莫名其妙。因此我那次悄然回到原地之後，非但念之的信不願意就寫，就是卜賢方面，亦不高興去通知，只是冷清清的枯坐室中，拿出家信來讀。那知家信內特別關切的，就是問我什麼時候動身赴美。我想華盛頓之行大概是不會實現的了，遂索性把家信擱置不復，一言不發的寫我的筆記。

隔了幾天，我才高興出門，一個人在湖邊緩緩而行，無聊已極。不意走到公園前面，有人向我脫帽招呼，一看原來是巴萊先生，他是瑞士記者，新近從柏林回來，一見面就告訴我許多時局消息。他早知道我有返國之意，主張我再到柏林明興去看看。他說得非常透徹，頓時把我的心思打動了。後來我問他有沒有方法可到里斯本。他遂把西國對外僑入境處置的實相詳細的告訴我。據他說，自馬賽乘船到阿爾傑里（北非法屬地），然後搭火車到加薩白倫加，在那邊有飛機直達里斯本，這樣就可避免繞道西班牙，簽證的困難，自然迎刃而解。他的建議，又把我的心緒，從冷寂轉到活躍。握別後，便把卜賢邀到寓中，商量半天，覺得這樣走法，似不很妥當，姑且寫信給法國友人，代為探聽，再行決定。

經過好多時日的奔走以後，不但赴美計劃無形擱起，連當地的情況亦有不少的變遷。第一是冬天到了，陽光消逝，愁雲密布，大好湖山驟然改換了面目。第二外國飛機常常越過瑞士，弄得當局抗議無效，應付為難，終於實行燈火管制，夜間街市寂靜，索然無生氣。此外物價高漲，一切食的，用的，穿的，皆非備券購置不可。個人生活上，受到相當影響，在此種情形之下，最好的方法，就是閉門不出，與其同不相干人應酬談天，不如把整天的光陰消磨在書籍之中。說來真痛心，我在這一個時期，日積月累的寫成了筆記八萬多字，小心翼翼的隨身帶到香港，不幸在事變中遺失了，這實在是一種意外的損失。

閒話少提，後來究竟怎樣到達里斯本呢？關於這一點，我首先要感謝馬賽的陳先生。我與陳先生在國內僅有數面之緣，但老早知道他是一個不可多得的年青幹才。他在馬賽與當地人士常有往來，不但僑胞對他有信仰，就是領團中人，也和他很熟。因為他與馬賽的西國領事平日交誼頗篤，所以無意中替我介紹囑託，居然一說成功。我之所以能安然赴葡萄牙者，此公的熱心援助，至今不能忘記。

我還記得有一天正是大雪紛飛，天氣嚴寒，我和卜賢在室中閒談，從世界上最重大的問題，一直談到人生最瑣屑的問題，忽而又轉到『葡道難』三字。卜賢眞是最聰明不過的，知道我是不愛聽這一詞句的，立刻縮住了口，一聲不響，我便慢慢的說了一句：『看來非在瑞士過年不可，一切的一切，明年再說罷。』說時，念之的信忽然遞到，折開一看，原來問我預備在那處過聖誕夜。卜賢連忙說出許多很有意思的建議，可是在事實上差不多沒有一件可以實行的，也就不同念之商量了。到了聖誕那天，大家聚集岩天家中熱鬧了一場，就算盡興了。

第二天清晨，突然接到馬賽來電，盼望我早日動身，并且說蝶風夫婦正在里昂，年內準可趕到。我看了電報，驟然緊張起來，立刻去訪卜賢，他起初還以爲我哄他，把電報給他瞧了方才相信。從瑞士到法國，一切手續簡單，所以不到兩天，什麼事都安排妥當。卜賢靜靈，待我眞好，不但協助我料理一切，并且在天未全亮時，冒着風雪，趕到車站送行，使我十二分感激。而今萬里梗阻，晤面無期，徒喚奈何而已。

里昂會見了莊凱夫婦，居然尋到蝶風。勾留一天，就匆匆偕往馬賽。蝶風護照上寫的是『歷史教授』，我是『文學教授』。我們在大學裏總算也教過幾年書，想不到那時候還有這種應急的用處。在馬賽忙了半天，陳先生說：『你們今夜就動身，越快越好。』我們自然聽從他的吩咐，連忙帶了行李登車，在深夜中沿着地中海向西進發。天氣眞冷，旅客獨多，偏偏火車常常脫班，在月台上徘徊焦急的樣子，祇有我們自己明白。平常越過西境，至多祇要兩天，那一次旅行，換了四次火車，足足走了六天光景。一關過了又一關，一夜住了又一夜，蝶風夫人不免叫苦連天，向來不怕旅行的我，竟亦不能不小心提防，隨機應付。關吏的盤詰，已够使人難受，乞丐的纏擾以及脚夫的勒索，更處處予人以不快之感。以世界聞名的鬥牛之邦，而所得印象如此，實在是意料不到。

六天以後，我精神煥發判然不同了。因爲我們居然到達目的地了，『葡道難』的關口畢竟爲我打破了。我事前打了電報給南鳳，抵達葡京車站，南鳳果然帶了好幾位僑胞在那兒等候，一見面就向我說道：『恭喜恭喜。』我問他喜從何來。他笑道：『伍子胥過關，這不是一件大事情嗎？』大家聽了仰笑不止，於是聯袂登車而去。此後如何，只好下次再追述了。

記弔傅彩雲詩

傅彩雲名賽金花，爲洪狀元遺妾，世所共知。其庚子與德帥瓦德西一段豔事，世人尙多記憶，瓦回國後，因此曾受嚴譴，而彩雲在當時所保全故都者爲不貲矣。其後適魏某數年，魏亡後益無聊，至於衣食不給，日坐陋室中，念佛懺悔，世人亦忘之，曾無助之者。世態炎涼，人情冷煖，一至於此，是可嘅已。彩雲逝後，由潘毓桂等出貲爲營墓田，即在南城陶然亭下，與香塚爲鄰，墓前豐碑聳立，碑文亦爲潘撰。地下有知，藉此自慰。猶憶光緒末歲樊增祥曾撰彩雲曲，一時膾炙人口，有足多焉。彩雲亡已六年，以詩弔之者，尙未之前聞，壬千秋梁秋水撰詩六章弔之，感愴悲涼，亦復香豔，特錄如下：

因果憑誰說，茫茫孽海花；十郎原薄倖，神女本無家；
緣錯三生石，情添八月槎；卜鄰近香塚，晨夕共天涯。
庚子紅羊刼，凄涼晚蓋棺；市朝羞恥重，裙帶折衝難；
軍旅桑中喜，和親天下安；儀鸞殿前事，易世尙辛酸。
髗質歸黃土，誰保燕市空；紅粧關氣運，野史采流風；
痛念前朝刼，深憐粉黛功；記曾同一飯，忍淚話途窮。
墓道猶新土，松楸尙闃然；羅裙秋化蝶，環珮夜歸燕；
休唱家山好，應知國步蹇；魂子來禮佛，頂禮向龍泉。
命薄雖如此，髗名靑史傳；湖山歸小小，戎馬擁圓圓；
論報宜尸祝，衡情覺汝賢；明年再相訪，約近杏花天。
玉殞曾何惜，香消苦自憐；水邊詳問路，亭下誤蹊田；
金粉南朝選，胭脂北里緣；白楊風颯颯，秋晚有啼鵑。

往矣集序

朱樸

在過去十數期的「古今」中，雖然名作如林，無篇不精，但是讀者所最歡迎各方所最注意的，當推周佛海先生之作爲第一名。

第三期的「苦學記」，第九期的「自反錄」，第十三期的「盛衰閱盡話滄桑」，每一篇文字刊出後，中日各報，紛紛轉載，南北讀者，爭相購買，這種盛況，至少可說是四五年來國內文壇上所未覩的了。

周先生的文章事業，早已彰彰于國人之耳目，毋待贅述。他的文字之所以能博得大衆之熱烈歡迎，依我個人的分析，全在于一個「眞」字。一般人讀了三國志及水滸傳兩部小說，沒有不對于張飛李逵二人引起無上的敬愛者，無他，因爲張飛李逵二人完完全全是一個「眞」字的表現而已。

我和周先生正式訂交雖然還不過是最近三四年來的事，但是意氣相投，肝膽相照，遠過數十年的故交。（這裏有一段趣事可以補述的：二十多年前我和周先生爲了辯論一個經濟學上的理論問題曾在時事新報及民國日報上大起筆戰，後來邵力子也加入我的「敵方」助戰，我因寡不敵衆，不得已遂鳴金收兵！）在我生平所交的朋友中，秉性之忠厚，情感之熱烈，待人之眞誠，行爲之俠義，沒有一個比得上周先生的。「言爲心聲」，他的文字完全是他人格之表現，至性至情，絕無半點虛飾。尤其是最近數年來周先生的孤臣孽子之心，絕非一般普通人所能知道及了解的。不佞忝在交末，深知其處境之艱，用心之苦，因而益堅其敬愛之心。

我們爲了窮于應付一般讀者補購第一冊古今合訂本的請求，遂有出版「古今叢書」之計劃。現在我們先將周先生專爲古今所寫的三篇特稿並附有關周先生的文字二篇彙集出版專集，作爲古今叢書第一種；以後並將陸續出版第二種，第三種，……（預定翼公先生之「歸程」爲第二種，梁衆異先生之「爰居閣脞談」爲第三種。）藉爲推動近代文化之一助。區區微意，或爲一般讀者及關心文化之士所樂聞歟？

中華民國卅二年一月一日朱樸謹識于上海古今出版社

予且隨筆

予且

『是』與『不是』

我看過一本關於討論『日本』的書，是日本鐵路局出版，專給西人看的。中間有一段說到日本答話時所用的『是』與『不是』，和西人完全不同。他舉了一個例說：

『你沒有某種東西嗎？』答語是：

『是的，我沒有。』

這一種答法，和中國完全相同。我在中學時代，有一位西洋先生，他敎我西洋『是』與『不是』的用法，很簡單的向我說：『是則是之，不是則非之。』如上例，答語則應該是：

『不是，我沒有。』

這兩種說法，似乎也不能說定那一種好。站在東方人的立場上，我們應該說我們的答法好，因爲我們比他們客氣。我們答『是的』兩個字，並不是指東西之有無，乃是尊重對方。他說『你沒有某種東西嗎？』我們的答語，實際上是『你說的一點都不錯，我正是沒有某種東西。』這是一種很合理很客氣的說法。和我們說話的是『人』，當然尊敬人爲第一要義。若照西洋人的說法，至多也不過是表示老實，『客氣』是談不上的。我們很重視謙虛和客氣。譬如人家誇你文章寫的好，照西洋人的答法，一定說『謝謝你的誇獎』，在我們却會笑着說『寫的不成東西』。『寫的不成東西』一句話，向西人說出來，也許他會誤解，你是在和他反對，也許他因此而生怒意。在我們却不然，說出來的時節，不單對方不會怪你，也許會說你不錯，因爲你知道了客氣和謙虛。

關於『是』和『不是』的說出來，大概『是』字平常用的時候多。無疑的，『是』字說出來自然比『不是』來得悅耳。我們不到不得已時，『不是』是不大肯說出來的。即使有時非用『不是』兩個字不可，也想用其他的語句來代替它，以期避免刺激人家的反感。人家向你借錢，你很難直接的回掉他，請你做一件事，也很難一口回絕。這都是避免刺激人家反感的。至於『是』字的應用，在長輩幼輩說話的時節，主人和僕人說話的時節，幾乎滿口都有很低的『是』字聲音，一連串的迸出來了。在西洋人，雖然他們老實，『不是』兩個字，似乎也是越少越好。我從過一位歷史敎授，他就向我說他從來不用『不是』兩個字的。倘使在不得已的時候，也只用（I wonder）來做替代。這並不是因爲他是一個深研歷史的人，隨時隨地都抱着一種懷疑態度。他實在是一種客氣和謙恭的表示。他在中國住了好些年，對於中國文化也有很深的研究，究竟他是不是也學着了我們的

『謙虛，』那我就不敢說了。

『是』字的聲音，英文叫做『也是』，就我的直覺去批判，它是很富於同情的。中國的『是』說出來，却充滿了謙卑尊敬的情緒。法人之『喂』，德人之『呀』，一則快樂，一則渾厚。要是說到活潑有力，還推到日本人之『哈夷』了。他們說『哈夷』的時候，聲音短峭而尖銳，眞是充滿了快樂的情緒和活潑的精神。尤其是在你請某人替你做一件事的時候，一聲『哈夷』，令你覺得對方不單很樂意的爲你服務，而且預示你，他可以在很快的時間裏，努力爲你做成。日本女子職業相當發達的，旅館中，菜館中，電梯中都有女服務員，一個旅行的人，在各處都會聽見很活潑，很清脆，很快樂的『哈夷』之聲，眞加增了他無窮的快樂和慰安。

衣服

寬大的衣服穿在身上，在做事時或者有點不便利。對於身體却是相當舒服的。尤其是在冬季，溫煖的空氣，可以自由的在你皮膚和寬衣大袖之間流通着。你可以筒袖而存煖氣，亦可以縮手在乾燥皮膚上去搔一次癢。無論如何比那緊身的西服舒服的多。

中國的長袍，原是很舒服的衣服，無如一班人用不舒服的方法穿在身上。類如第一種爲趨時尚，把衣服裁的太瘦小。第二種爲臨時的需要，把長袍穿在外面，裏面仍舊是襯衫，毛衫，衛生衫，背心，褲子。甚至還有領帶也不肯解下來的，從什麼地方再有舒服的感覺？

近來偶然讀有不爲齋文集。語堂先生直言西裝爲最不合理的衣服。他說中國衣服可以替身體藏拙，可以通毛孔之呼吸，可以以一肩之力減輕全身種種不舒適的担負。然而穿西裝者不少。卽到現在，西裝貴的怕人，穿的人還是不少。我自己也是一個穿西裝的人，雖不是照語堂先生說的『取悅於女人』，却常有穿了不舒服，而又脫不下的感覺。有一次在電車中，看見兩位老人。他們都是穿着寬大輕軟的棉袍，裏衣的白袖，捲在棉袍的袖外，從袖管口就可以看見他們的手臂。他們互相贊美着中國衣服之舒服，雖然不是向我說的。我却有極大的同情和極深切的羨慕。

衣服的寬大，可以說是東方人一個優點。中國和日本的衣服都有這種優點的。穿了西裝旅行到日本的人，進了旅館的房間，對於寬大衣服之優點，感覺就會特別敏銳，他們旅館房中，大半都有『克衣磨諾』（日本衣）的。不單日本式的旅館，就是西式旅館也是如此。這些『克衣磨諾』，有的還非常精美，穿起來是寬舒輕軟，兼而有之。但是在日本穿西裝的，也很不少，他們爲什麼原因脫了寬舒的和服來穿緊身的西裝？我就不敢妄自揣測了。有一次在宴會席上，看見一位日本朋友，穿了日本禮服來赴宴。他一向是穿西裝的。我向他說：『你現在穿的衣服，就比以前穿的衣服舒服多了！』他說：『今天是禮拜，我用不着去辦公，所以就穿上這件衣服。』他雖然沒有說出『舒服』兩個字，令我感到比說出來還要强烈的多。這不是明明的表示他是喜歡穿日本衣服的，因爲辦事的便利，沒有方法方纔每天將西服穿在身上嗎？

便利是適合環境的，舒服却是自己精神上的慰安。一個人平時的一切究竟還是要適合環境還是要自已精神上的慰安，似乎也是一個難答的問題。我在東京的時節，曾經看見詩人在會場中，當衆朗誦自已的詩文，他們是穿了日本禮服的。我想着讀詩的人自然是穿了日本禮服好。又如他們很重視的茶道，客人要穿日本禮服去受主人招待的，如今又有所謂新茶道，那便是不必穿了日本禮服，不必坐在『他他米』（席子）上來領受主人的敬意，換句話說，就是穿了西裝，坐在椅上也可以領受主人精心所煮的茶了。這是一個『從權』的辦法，又那裏有以前的辦法意味和欣賞力來得强！

一個民族在習慣『舍己從人』也並不是一種絕對不好的辦法。古人就稱贊過『樂取諸人以爲善』。外國的風俗習慣，我們採用之後，總不是『不折不扣』。有時我們雖採取了人家的辦法，無意仍可保存我們原有的優點。類如穿大衣，我們常喜先披衣而後著袖。我們以前小學的課本，就有『披衣下牀，日光滿窗』的字句。因爲我們穿衣是着重肩頭的。（見有不爲齋文集一一七頁）日本也是先披衣而後着袖（見Japan—for the Young一〇五頁）他們認爲這是一個優點，因爲一臂伸入袖中的時候，那一端的衣角，決不會落地而玷汚。再拿穿鞋說，由木屐改穿皮鞋，走路時常爲『內八字』。『內八字』式的走路，常被人認爲一種美觀的樣式，尤其是在女子，『內八字』式的走路當然比外八字好得多。中國就不然了，在穿布鞋的時節，許多人都是用『外八字』式走着路，換上皮鞋，仍不能改其舊習。這裏的原因，中國的鞋子，走路時是最不利小指的，所以兩隻脚爲牽就小指，常向外偏。皮鞋也是一樣，雖然底式不同，不利於小指只不過是程度上的差異。木屐則不然，走路時最不利的是大指和二指的中間。爲牽就大指，走時的兩隻脚，就不得不向內偏了。內偏是好看的走法，他們無意中留下了這個優點。

× × ×

談明季山人

羮公

去歲余爲東方圖書館整理善本書目，嘗見明刻板本，凡卷前序跋，署名者非某某山人，即某某居士，於以見當時之風氣焉。因考之記載，知明季山人中自以陳眉公、董其昌等名最大。而自負名高者，則有王百穀、錢象先、范長白、陸應陽諸人。蓋所謂山人者，多性情狂傲，不近人情，故趣聞亦多。秀水沈德符『敝帚齋餘談』，有『山人愚妄』一則云：『近來山人遍天下，其寒乞者無論。稍知名者，如余所識陸伯生名應陽，雲間斥生也。不禮於其鄉，少時受知申文定相公，申當國時，藉其勢攫金不少。吾鄉則黃葵陽學士，及其長公中丞稱莫逆，代筆札，然其才庸腐，無一致語。時同里陳眉公，方以盛名傾東南。陸羡且妬之，詈爲咿啞小生。聞者無不匿笑。乃高自矜重。一日忽寫所作詩一卷餉予，且曰：公其珍之，持出門即有徽人手十金購去矣。予曰誠然，但我獲金無用。顧旁立一童曰：汝衣敝可挈往市中博金製新袍，便可拜謝陸先生。語未畢，大怒而去。又一閩人黃白仲名之璧，慣遊秣陵，以詩自負。僦大第以居，好衣盛服，躡華靴，乘大轎，往來顯者之門。一日拜客歸，橐中窘甚，輿者索傭錢。則曰：汝日扛黃先生，其肩背且千古矣，尚敢索錢耶？輿夫曰：公貴人也，無論舁五體以出，即空舁此兩靴，亦宜酬吾值。彼此爭言不已，觀者羣聚。有友過其門，聞而嘲之曰：一榮其肩，一尊其足，兩說皆有理，各不受賞可也。輿夫掩口而去。此鍾伯敬客白下親見者。此輩之愚妄，大抵如此。先達如李本甯、馮開之兩先生，俱喜與山人交，其仕之屢躓，頗亦由此。予嘗私問兩公曰：先生之才，高出此曹萬萬倍，何賴於彼而惑暱之。則曰：此輩以文墨糊口四方，非獎借游揚，則立稿死矣。稍與周旋，俾得自振，亦菩薩普渡法也。兩公語大都如此，予心知其非誠言，然不敢深詰。近日與馬仲良交最狎，其座中山人每盈席。予始細叩之，且述馮李二公語果確否？仲良曰：亦有之。但其愛憐，自有因此輩率多儇巧善迎意旨，其曲體奉承，有倚門斷袖所不逮者，宜仕紳溺之不悔也。然則弇州譏其罵坐，反爲所欺也。弇州先生與王文肅書有云：近日風俗愈澆，健兒之能譁伍者，青衿之能搶堂者，山人之能罵坐者，則上官即畏而奉之如驕子矣。』上述山人事跡，可謂窮形盡相，愚妄誠愚妄矣。考其來源，頗似魏晉清談。清談月旦，直影響於『鄉評里選』。而山人在當時地位，於已則疏狂傲世，於人則密通聲息，窺探朝政，其勢力則集會結社，評論朝野得失。最著者如復社幾社等，以阮大鋮馬士英之奸邪，猶欲結納之。而其影響又在於政府人員之『會推』，擬之如『清談』，形質皆相似也。其下焉者有若後之名士、清客，或僞爲孤高，或善於逢迎，與之結交者，雖憐之亦欲利用之也。以弇州之學問文章，炳耀於時，然口惡山人，而又自稱『弇州山人』，且以之爲『四部稿』之名，則彼時環境與夫空氣廣大，從可知矣。

又『明季雜錄』記山人云：『明季陳眉公董其昌皆華亭人，以名諸生工書畫，與沈文爲明代四家，亦山人中最名貴者。然名旣高，則習氣亦大，而謗亦隨之。陳名尤高，有「雲間鶴」之稱。一日陳在王荊石家，遇一宦，問此位何人？曰山人。宦曰：「旣是山人，何不到山裏去？」蓋譏其往來於顯貴之門也。後蔣苕生太史作劇本，內有隱奸一齣，刻意詆毀眉公。其出場詩云：「妝點山林大架子，附庸風雅小名家，終南捷徑無心走，處士虛聲盡力誇。獺祭詩書充著作，蠅營鐘鼎潤烟霞，翩然一隻雲間鶴，飛來飛去宰相衙。」眉公與其昌互相標榜，目空一切，所詠亦事實也。然屢被推薦，堅臥不起，亦頗有足多者。其名譽之高，雖由妝點而成，亦非偶然也。』蓋當時山人，亦分三流九等，如陳董及袁中郎所稱公安竟陵派者，均能『山林文學』，即今日所倡之『小品文』。夫山林文學乃對廟堂而言，小品以清雋爲主，不似綺麗之大塊文章。故山林與小品，實係一事。又山人思想專尙閒適，其主張如『長物志』、『家居必備』諸書，不僅建築窗戶，室內几榻，最須考究。即古物陳設，筆墨文具，亦求雅潔。由其思想發爲文章，故主性靈之閒適小品，祇此小品尙可取也。因明人承宋理學餘緒，本極粗疏，復演成山人風氣，更增簡狂。陳董爲山人中之上乘，尙且如此，餘可知矣。

又『餘談』記『山人對聯』云：『向見王百穀家桃符云：「豈有文章驚海內，漫勞車馬駐江干。」哂其大誇。近見吳中山人錢象先者，乃書對云：「旁人錯比揚雄宅，懶惰無心作解嘲」。更不自揆甚矣。頃過陳眉公堂中書一聯云：「天爲補貧偏與健，人因見懶誤稱高。」蓋用陸務觀語，雖謙抑而實簡傲，勝王錢用杜句十倍矣。去年至支硎山范長白學使齋中懸聯云：「松風高士供，蘭夢美人圓。」其所書即所作也。時范未有子，故有蘭夢句。然圓夢字又作原，唐宋人皆已兩用之。未知孰是。范又有對云：「門前白水流將去，屋裏青山跳出來。」』又用笑林中俚童屬對話尤奇。』由上聯語，即足見其狂態。此尤係山人中之最有名者。且彼等面爲冷雋，內實熱中。當時有張伯起孝廉（鳳翼），因痛惡王等爲人，並作『山人歌』譏之。描寫醜行，可謂曲盡。初直書百穀姓名。友人規之，改作沈嘉則明臣，復有諫止者，併沈名亦去之。按張以母老，至庚辰科即絕意公車，足跡不入公府，與王行徑迥別，故有此歌，頗傳誦一時，而彼時士夫，多病其褊，又可證山人之不爲世所齒也。

除上所述山人軼事外，又有所謂『女山人』者，有若今之女名流，亦足徵一時風氣之盛矣。據抄本『明事雜詠』云：『山人一派起嘉隆，末造紅裙慕此風，黃伴柳姬吳伴顧，宛然百穀又眉公。』注云：『黃媛介常在絳雲樓伴河東君，吳巖子常與橫波夫人遊，所謂女山人也。較之山人尤風韻可傳。』按柳如是與顧眉生，雖皆出身青樓，而工詩善畫，洵當時之女名流也。詩注所稱黃媛介吳巖子二女清客，見於梅村著述中。吳偉業『梅村詩話』云：『黃媛介嘉興人，儒家女也。能詩善畫。其父楊興公聘後，貧不能娶，流落吳門。媛介詩名日高，有以千金聘爲名人妾者。其兄堅持不肯。余詩曰：「不知世有杜樊川」，指其事也。媛介後客於虞山柳夫人絳雲樓中，樓燬於火，東澗亦牢落。嘗爲媛介詩序，有今昔之感。吳巖子偕其女卞元文皆有詩名，媛介相得甚。媛介和余詩曰：「月移明鏡照新妝，閨閣清吟已雁行。花裏雙雙巢翡翠，池中六六列鴛鴦。黃粱熟後遲仙夢白雪傳來促和章。一自蓬飛求避地，詩成何處寄蕭孃。」「石移山去草堂虛，漫理琴尊葺故居，閑教癡兒頻護竹，驚聞長者獨囘車。牽蘿補屋思偏逸，織錫成文意自如。獨怪幽懷人不識，月空禹穴舊藏書。」計凡四首，此詩出後，屬和者甚衆，妝點閨閣，過於綺靡』云云。以此詩論，工穩清麗，較之不通之愚妄山人，猶爲高明。是當時之女山人女清客者流，或以書畫，或以詩詞，倘非倖致也。

按明季思想解放，士尙新奇，末流之弊，一切皆成『早熟』之象。因養成所謂山人一派。惟其如此，於當時思想上，文學上，亦自有其地位。文字之傳於世者，如袁中郎陳眉公等，均其代表。至如學術思想之表現，於李卓吾著述亦可見其一斑。明吳江沈瓚『近世叢殘』云：『李卓吾名載贄，福建晉江人，登鄉榜，仕至姚安府太守。生平博學，深於內典，好爲驚世駭俗之論，務返宋儒道學之說。致仕後遂祝髮住楚黃州府龍潭山中，儒釋從之者幾千萬人。其學以解脫直截爲宗，少年高曠豪舉之士，多樂慕之。後學如狂，不但儒教潰防，而釋氏繩檢，亦多所屑棄。自謂具千古隻眼，標震世奇蹤，而以此爲訓，末流之病不知所終矣。又刋藏書焚書等。如以秦始皇武則天爲聖君，馮道爲救時賢相，以張巡死節時，厲鬼殺賊等語爲放屁，識者恨之。鄞縣沈相公當國時，有科道論列，逮至錦衣衛獄死焉。是亦好奇之禍歟。』夫李氏學說，固爲士夫所喜，雖當時風氣使然，其卓識要多可取。如以秦武爲聖君，馮道爲賢相，誠獨具隻眼。宜爲衛道迂儒，掩耳而走，驚爲奇怪矣。此山人中最有思想者，又不容於當世，極可惜也。乃今日人皆知李氏以撰宋江等三十六人像贊著名，而不注意其學說史識，尤可慨已。

佳作預告

讀書偶抄……………………樊仲雲
海上書林……………………陳乃乾
廿年執教生涯………………龍沐勛
談『御碑亭』………………徐一士

憶郁達夫

——『懷人集』之一

周黎庵

歲聿云暮，悵念舊游，乃人之常情。而況烽煙阻隔，去國萬里；尺素猶難，聚首何期？曩昔詩人，率多歲暮懷人之作，或羈游踪，或眺遠山，假文字以寄想思，所以圖良晤於來日也。余不能詩，偶綴散章，期以多人，既消永日，又償想思，亦可補『古今』之餘白云爾。

達夫先生和我沒有深交，嚴格而論，實在算不得是什麼朋友的；但我在這『懷人集』總題之下，却把他列爲第一篇者，實在有兩重原因。

其一，達夫（恕我節省了『先生』兩字，雖然一般朋友都是這樣稱呼他）的人緣最好，只要和他有杯酒之緣的人，無不時時在想念他，覺得他是一個最可愛的朋友；再則，他在新文壇上的業績，在我看來，也是第一人。達夫的學問，實在廣博無涯，決不限於一隅。古今中外新舊，他都是精絕。要是僅僅當他是一名小說家，則他的小說早已落伍。和他同時得名的小說家，不是都無聲無臭了嗎？只有他仍舊光芒萬丈，這是他學有所基的地方。我把他寫在篇首，也可以表示我是中國第一名文人的朋友，無非是借他以自重而已。『我的朋友郁達夫』，蓋亦一非常光榮的名詞也。

其二，達夫曾於民國廿二三年之間，送我一副對聯：

滿地淡黃月　中酒落花天

大概是他在杭州酒後意酣落筆的。上款書『黎庵兄正』，下款『郁達夫』，鈐印章兩，一朱文：『達夫郁氏』，一白文：『富陽人也』。字寫得歪歪斜斜的，實在也不很高明。只因古今社成立，頗需要一些補壁的掛件；因爲他是文人，遂把它從塵封中找出來，張之壁間。於是見者孔衆，以爲我和達夫頗有往來，樸之社長遂以『憶達夫』爲題，命我執筆。這兩者，便是我把達夫列爲篇首的原因。

達夫的名氣，固然二十年前已大家知道，但單論小說，我實在並不十分表示敬意。蓋他的工作，不過是開山，未足成爲正果。後來讀了他的散文，才覺得爐火純青，確是第一流之筆。及見其人，更是萬分傾倒。昔張船山（問陶）風流蘊藉，一時文人，多欲來世願爲夫子妾者（見乾嘉時人詩文集），我於達夫亦有此感。他雖不是美男子，却很有令人傾倒的魔力。

我遇到達夫，已是他移居杭州之後了。（大家當記得魯迅翁有『阻達夫移家杭州』一首名詩），大約是民國廿二三年的春日，我要到杭州去消磨幾天春假。恰巧林語堂先生也挈眷遊杭，遂結伴同去。語堂雖是洋學生，人是很風雅的，這次和太太同行，雖然差一點；但我們常常見面，還不要緊。不知道在車上又碰到幾個美國女人，我那時確實是一個道地的反英美派，因為我在教會學校裏唸了十幾年書，實在把那些冒險家恨之刺骨。語堂雖聲明她們不是牧師，然則，也不過是美國四五流作家；要我和她們在一起談笑遊覽，還不如躲在租界寓中看書的好，實在有些游興索然了。於是實行分道揚鑣，他們玩他們的洋山水，我一人看自己的土風景。但是西湖又這樣小，熟人不時要碰頭。碰在一起不免又要陪着吃飯之類。大概語堂也很覺得討厭吧，把那些洋女人丟給了太太，偷偷兒約了我到一家酒店去吃飯。他說有一位非見不可的朋友給我介紹，那便是達夫。

那時達夫不過三十六七歲，一襲緼袍，貯立在西子湖畔一家酒樓門前，實令我想起他的名作『采石磯』中黃二尹的風度。那天談話很多，大都是關於德國文學的。達夫是留日留生，德文的程度比英文好。由文學而哲學，不免提起叔本華和尼采，由這兩位便非談到女人不可。達夫說他倆都是花柳病患者，在遺書日記中發現證據很多。提起花柳病，達夫便滔滔不絕的申述，他大約是個患者吧，所以很多寶貴的經驗。語堂的口中雖亦風流自賞，實則是一個能言而不能行的道學君子，所以也談得很起勁，他而且發明了一條定律，便是：凡朋友之間閑談，每從正經之事談起而滑入猥褻，以至於暢論性的經驗；而其結束，則每因太太之加入而倏然終止。這種定律，實在是不易擬的，雖我從事於法律的人，也只好如此。但事實却是事實，雖有道學君子，當亦不河漢斯言。

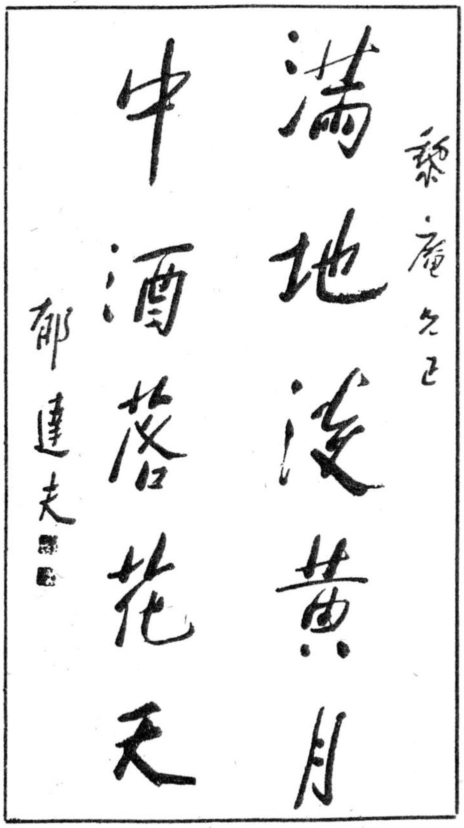

語堂的定律立刻見效，猥褻的談論，因為一位女客的加入而終止了，她便是那時達夫的太太王映霞女士。那時她的年齡總已在三十以上，達夫和她結褵已十年於茲，小孩也有四個了。但是風姿依然，確有使人傾倒的地方；尤其是談吐風度，果然名不虛傳。她的面貌，很像銀幕上的瓊克勞馥，再加上風度的優美，無怪乎後來有『毀家詩記』那一幕軒然大波了。

映霞女士很能喝酒，達夫更是以酒出名；然而語堂却不勝蕉葉，很使人掃興。其實達夫的酒量並不怎樣，只是有定力，不肯亂喝，總以不醉為度；這一點是被我後來所效法的。映霞女士在席間說些什麼，我已記不起。只有一點，我覺得很不滿，便是達夫的老太太不日做壽，他們要趕回富陽去祝嘏，映霞女士要借杭州市長的汽車，而達夫却不以為然。從這一點上，很可看出她酷慕虛榮，因為那時的市長是周象賢，而他的汽車則是浙字第一號也。

第二天語堂因事先回滬了，我獨游無侶，就去找達夫。那時他的『風雨茅廬』尚未興建，住在國立浙江大學旁的一家民房內，鄰處還有省立圖書館，是十分適合一個學者之環境的；只是離旗下遠一點，略感美中不足些。達夫不在家，被人約游北高峯去了；映霞女士在洗髮，我因得飽覽達夫的藏書。事隔多年，連屋中的情形都忘了，只記得室中懸魯迅翁聯云：

避席畏聞文字獄　著書都為稻粱謀

下款書集龔定盦句，實在這並不是集句，而是定公七律中的一聯。『古今』上似乎也有人談過它，所以在此一提。

達夫和映霞女士所生的四個兒子都很活潑可愛，我攜有照相機，替他們母子拍照不少；可惜現在都已散失。後來聽說有一位夭折了，這也是使達夫伉儷失歡的一個原因。

這一晚的約會是預定的，我請他們在湖濱大同酒樓吃飯，達夫雖去游北高峯，却在湖濱相候，叫我和映霞女士同去。這一頓大家都酒喝得很多，座中還有幾位會喝酒的人物。散了之後還要到湖中去掉舟，幾乎翻了舟淹死。

我回到上海不久，便聽說達夫要造『風雨茅廬』了。他申述建造的計劃，雖然十分高興，却頗有不得已的苦衷。原來『風雨茅廬』的建造，地基值三千多元，是杭州一位富家捐助的，建築費也由一位朋友墊款。但達夫總不能不張羅一些。因之，經濟上便更据拮了。那時語堂和『論語』半月刊的發行人不歡，辭了編務，『論語』便改由達夫主編；但僅是掛名，實際不負責任，每月亦不過百元編費。這對朋友實在並不是十分好的事，但達夫也接受了下來，不過編得無聲無色，他毫不過問，却很起勁的替代『論語』而起的『宇宙風』半月刊寫文，這也是達夫為人的圓滑和可愛的地方。

廿四年很冷的冬天，我又見他一次。他由杭來滬，住在四馬路一家小旅社中，我深夜跑去看他。先我而在者，有陶亢德兄和蜀人海戈。一間渦促的小室中，除簡單的行李行，僅有一捆舊書，旅況是很蕭索的。達夫說此行是來張羅一些錢，預備卒歲之需。但是湊來的一些僅有的錢，又都被舊書所誘，花了一大半買了。翌晨要回杭去，映霞女士將在車站候他，勢必大失所望。因之心事很重，連談話也提不起興致。但我們還是要盡地主之誼，提議去吃宵夜。達夫再四不肯。他自己處境很窘，也當人家和他一樣，這是他忠厚的地方；結果還是到一家羊肉店去吃了一些。他菜也不多點，酒也不肯多喝，只吃了一碗粥了事。在那時候，我看見達夫名著『遲暮』中主人公的影子。

達夫在那時實在已給壓迫得透不過氣來。文人而有豔妻，委實不是幸事。殘冬的深夜，看到達夫那種情況，實在為之不歡。我在歸途中想，他攜一捆舊書回杭，車站上相接的一幕，一定又是很不堪的吧！

達夫有兄，是在滬作法官的，官當然有錢，更有汽車洋房之類，妯娌之間一比較，映霞女士便要相形見絀，達夫為了這個，便不得不拋妻離子，去應陳公俠（儀）之招，到福建去做官了。這一來，演出家庭慘變，使達夫投老炎荒，現在更踪跡不明，思之令人可嘆。

現在的達夫，究竟怎樣了呢？戰亂以來，關於他的消息雖多，可靠與否，却無從證實。有的說，他已從南洋回到香港了，我希望他這樣，可以離開故國近一點。

達夫今年大約總有四十六七歲了吧，名士老去，美人遲暮，是應該找一個很安適的歸宿處所矣；再不堪載筆江湖，詩酒落魄了，我默祝他晚年有一個較好的境遇。

（卅二年元旦於海上之古今社）

關於國人之迷信

何默

最近我因偶然的機會，翻閱一本舊雜誌，內有張耀翔先生的『國人之迷信』。張先生是一位心理學家，所以他這篇文字，完全研究性質，取材既很宏博，（都是從實際調查而得，遍及全國。）研究也很精到。像我外行的人，當然不配再談。不過我看了張先生所調查的，有許多迷信，爲我們所不知道；或者卽知道而各地却不相同，彼此比較起來，也是一件很有趣味的事。所以我就把張先生調查所得現成的資料，拿來湊趣的談談，或者也可供讀者茶餘酒後之一助罷！至於事出抄襲，性同打諢，毀之譽之，則非我所敢計了。

張先生那些國人迷信資料，據他自己說，是從前北京高師、女高師、中國大學在他心理科上課諸學員中調查而得的。人數約計三百，代表二十行省。初次集合的三千條，將關於宗教，鬼神，祭祀，祈禱，星算，占卜，來生，前世，以及重複者除外，尚餘六百八十五條。按照每條主要字句，分作天象，時令，人，身體，鳥，獸，蟲，植物，用物，食物，行動，雜類等十四類。其中以屬於身體者爲最多，有百六十二條；用物次之，有八十條；植物最少，僅八條。這樣看來，張先生所研究迷信的範圍，已經把主要的除去，而剩下的只是普通迷信而已。正因爲如此，所以有些迷信，我們有不知道的，而且知道的又有與各地不同的地方。否則同樣說宗教鬼神之類的迷信，各地決不至於全不相同罷。

我現在已把張先生那篇大文內容介紹完畢，就要談談我所認爲有趣味的事了。

首先是天象類的迷信，實際上就是一般所謂農諺，像『月亮生毛，大雨泡泡』，『小暑一聲雷，翻轉做重霉』。實在沒有什麼新鮮花樣兒可以說的。接下去的是時令，有幾種也近於農諺，可以不必再舉。不過有許多却說人事的吉凶，其中一則是安徽桐城人說：『元旦吃狗肉，今年歲歲足。』我不是桐城人，也沒有桐城的朋友，不知確有此迷信否？但張先生是調查得來的，寫的人當不至於瞎寫，那末這迷信實在有些神祕。記得清代有二文人，吃狗肉是有名的：一位是金聖歎，一位是鄭板橋。金聖歎吃狗肉講佛經，因此大爲士林所物議，結論不得善終，雖然他死的直接原因，並不是爲狗肉。鄭板橋吃狗肉，據說當時遐邇聞名，倘使有治此而相邀者，雖有急事也不顧而往，所以人們往往以此賺他的書畫，事無不利，這頗如陶淵明愛酒的作風。但鄭總算也得高壽，並非如金的遭阨。不過這兩位先生，都不是桐城人，所以說部中會替他們特地記載起來。如果是桐城人的話，既然元旦吃了可以一歲豐足，那末常吃自然也不必打緊。但不知名士如方姚之流。他們也曾爲迷信嘗過此種風味否？

其次說到除夕，四川郫縣有『除夕洗足，次年至各處赴筵席皆不誤期。』湖南武岡有『除夕洗澡，次年不欠賬。』不論洗足與洗澡，這是上海人看來是一件常事，不是嗎？一到除夕節邊，各旅社浴室總是預定一空。不過要像郫縣武岡人說法，那恐怕大都沒有想到過的。筵席不誤期倒是小事，不欠賬除非就是自己發財的另一種說法，那末這次洗澡，實在具有深意的了。但不知武岡要欠賬的人們，也曾想到這一着否？

第三類是人，河南洛陽有『婦人跌地，雨。』同地又有『令獨種女以石向天際擊去，雨即止。』女人還有如此妙用，那倒是別地所未聞的。第四類身體，四川有『頭大愚笨』，那與我鄉『頭大享福』，適成反比。眼皮跳動，差不多各地都有迷信，但也多相矛盾。如福建漳浦說『左眼跳吉，右眼跳凶。』廣東澳門却說『左眼跳災，右眼跳財。』而江西人又說『左眼跳財，右眼跳喜。』至安徽桐城則分男女，謂『男子右眼跳財，左眼跳禍，女子則反是。』最妙的是陝西大荔，說『右眼在巳午兩時跳，將享盛饌。』享盛饌而也會眼跳，這在貪嘴的人聽了，至少是一件佳兆罷！至如河北定興說『胖人多福』，又有一則不詳地名說『胖人少後裔』，那做胖人倒也要擇地方的。『弟媳比嫂身體高，家運好。』也不詳地名，不知現在各地做父母的，也曾為兒女顧到這一點否？否則大可不必先問八字，且把身長量量再說。浙江甯海說『耳癢被人議論』，與福建漳浦說『耳癢被家中人思念』，這倒與湖南湘潭說『噴嚏被人議論』，與漢口說『噴嚏被人思念』，同一反比。而指紋的迷信，張先生搜集特多，且為列表，實在有趣得很，茲就照抄如下：

地域＼鑼數	1	2	3	4	5	6	7	8	9	10
浙江杭州	富	貴	開當舖	磨刀槍	殺爺娘	做豆腐	銀子盛脚爐	,,	討飯洨路	,,
福建莆田	炊	半天飛	無米煑	無米炊	相公	乞丐	富	轎夫	挑柴賣	做大官
江蘇蘇州	巧	拙	拖棒掘	碗不識	窮	富	相公	長工	坐官船	騎白馬
安徽懷甯	貧	富	開當舖	插金花	騎白馬	懂一懂	挑糞桶	搖一搖	捶糞瓢	背金包
江西甯都	貧	富	畜猪	賣豆腐	打馬過金橋	平平過	想官做	打死人	做中人	十足
湖北夏口	窮	富	開當舖	開當舖	駕鹽船	駕鹽船	做大官	,,	討牢飯	,,
湖北武昌	窮	富	開當舖	開當舖	鑿	鏜	挑糞缸	,,	一生不下爛泥田	,,
湖南長沙	窮	富	開當舖	開當舖	騎花馬	騎花馬	挑柴賣	,,	中狀元	,,
四川江油	窮	富	穿麻布	穿麻布	戴頂子	戴頂子	打餅子	,,	不下田	中狀元
廣西桂林	窮	富	開當舖	開當舖	賣蘿蔔	賣蘿蔔	金銀做秤錘	,,	九不全	中狀元

看這一個表，可知各地所說指紋迷信，全不相同。而且彼此正多矛盾之處。如一鑼的富與窮，二鑼的貴與拙，三四鑼的開當舖與麻布，五六鑼戴頂子與賣蘿蔔，七八鑼做大官與挑柴賣，九十鑼中狀元與討牢飯。折衷辦法，如多數可信於少數，那末我也可以列一表如下：

一鑼　窮（十中有七）

二鑼　富（十中有八）

三鑼　開當舖（十中有六）

四鑼　開當舖（十中有四）

五鑼　相公（包括騎白馬，打馬過金橋，騎花馬，戴頂子。）

六鑼　做豆腐（包括懂一懂，平平過，駕鹽船，賣蘿蔔。）

七鑼　做大官（包括銀子盛脚爐，富，相公，想官做，金銀做秤錘。）

八鑼　轎夫（包括長工，搖一搖，打死人，挑糞缸，挑柴賣，打餅子。）

九鑼　討飯洨路（包括挑柴賣，捶糞瓢，做中人，討牢飯，九不全。）

十鑼　中狀元（包括做大官，騎白馬，背金包，十足，一生不下爛泥田。）

是九鑼最壞，一鑼次之；十鑼最好，二五七鑼次之；三四鑼平平，六鑼又次之。但奇怪的我正是二鑼，却到現在還不會富，那恐怕已巧合蘇州人所謂『拙』了罷！一笑。

再次關於鳥獸類的迷信，不外是鴉鳴凶，鵲鳴喜，幾乎全國已表一致，可無庸議。母鷄不鳴而鳴，自是凶象；然而生了一個軟蛋。便屬不祥（四川灌南），則未免有些多事。至如狗哭貓叫，據說也都不利。不過狗哭似乎少聞，養狗的人自也不必憂慮；只是貓叫最是常事，而且春天一到，更所難免，如果不許牠叫，未免戕害牠的天性，不知安徽貴池人（這說出自該地），究用何法以防止這凶音的？

至於蟲與植物，所舉不多，普通得很，茲均略而不談。第九類用物，頗多『客來』的迷信。據張先生說：『迷信代表舊社會心理。舊社會人們家居無事，最喜會客，故希望客來之迷信特多。所以像燈燭開花，食咬筷子，壺嘴相碰，抹布落地，簾子搭拜（此意不明）等，都是客來之兆。但最妙的是客來之後，若恨他久坐不走，也有迷信方法，如用帚倒豎掃地，掃畢將帚倒靠在門角內，客必走。（出湖北孝感）而湖南湘潭又有『地上放燈，引賊入門。』北京却又有『晚上怕賊，將茶杯覆倒一個，賊不能來竊。』一何引賊之易，一又何去賊之便耶？至如『孕婦床頂上掛有他項物件，將生之孩子必駢指。』（四川）『家有孕婦而補窗，將生瞎子。』（湖南湘潭）孕婦床頭置刀劍，所生子多缺唇。』（不詳）『新夫婦交拜時，堂屋側置秤，生子駝背。』（四川）是則做孕婦與新夫婦者，眞要愼之防之。但不知跛子，蛇手之類，事前亦有所忌否？

至食物，語言，行動，雜類諸迷信，所舉不多，均無新奇趣味，現在也略而不談。最後說夢，這也可說迷信的大本營。我國古時就有占夢之官，專象夢的吉凶。此在西洋，也多如此，固不僅我國爲然。現在仍依張先生所調查的，摘錄幾則來談談。

張先生所舉夢的迷信共五十九則，其中吉凶各作其半。吉的係生子，發財，做官，高陞等，凶的像死人，口角，破財，生病等。大約要生子，則夢蛇（山西萬泉），夢月（湖北），夢棗（河北博野），夢星（北京），夢果（江蘇吳縣）。要發財則夢白（河北定興），夢火（江蘇無錫），夢棺材（山東諸城），夢水裏撲魚（同上）夢流血（湖南沅陵），夢魚（四川富順），夢蛇追趕或纏身（不詳）。會死人則夢落雪（四川廣安），夢空棺（浙江），夢落牙（喪父母，湖南源陵），夢食肉（死親人，江蘇宜興），夢穿紅（江蘇無錫），夢親友笑（親友已死，不詳。）會口角則夢吃飯（江蘇無錫），夢看戲（四川廣安），夢與小孩玩（北京），夢雞啄，（四川江油）夢雞蛋（陝西扶風）。其餘例子尙多，不再舉。妙的是同樣夢棺材，會發財，也會死人，不過一個是空棺而已。同樣夢白的，也是會發財，會死人，不過一個是落白雪而已，然而雪原也是白色物的一種。同樣夢紅的，也是會發財，會死人，不過一個是血的紅，一個是衣的紅。蛇可以使人發財生子，雞則總要與人口角，蛇雞誠亦有幸與不幸。吃飯能與人口角，而湖南沅陵又有生病之兆，是則吃飯在現世界，不但醒時難，連夢裏也是難的。

不過夢若不祥，據說也可解脫，如山東壽陽：『夜夢一個猪，明天寫份書。有人來問我，可破這個汚。』大約夢猪不祥，所以云破汚罷！

記龔半倫

楊靜盦

文人無行，世人固可目之為狂，但如魯迅所說的文人無文，則恐欲狂而有所不能。懷才不遇，似乎應該狂一下，然而不狂也不妨。孔子說：『狂者進取，狷者有所不為也。』人們能夠進取，其才其文，必有可觀，雖狂何礙。可見能稱得起有狂名的，實在是不容易，也是不可冀及的事。如清初的汪中，以自己和王念孫劉台拱為揚州三通，程晉芳任大椿等四庫人物，都是不通。容甫是經學大師，試觀其述學一書，寢饋經史的深湛，文字的樸茂，有這樣的才和文，然後狂他一下，也還不妨的。咸同間的龔橙，自號半倫。世傳其佐英法聯軍焚燬圓明園，以為無君。擊木主而詆毀定庵之文，謂之無父。十餘年不晤其室，二子省親而被逐，是為無夫婦子女。與弟念匏不睦，恆好輕嫚時流，連昆弟朋友也沒有了。五倫既盡被毀棄，祇愛寵一妾，存此半倫，龔橙的怪狀奇行，人多見於曾孟樸的孽海花說部，由其重墮風塵的愛姬口中，曲曲傳出。可見龔橙的行為，在當時士大夫的茶餘酒後，常時作為談笑資料的。然其學問文章及卒年月日，却鮮傳者，此或以毀棄五倫，不理衆口，世皆詬病，以為不足齒及了。余始見其軼聞於王韜的『淞濱瑣話』，王韜是龔橙的朋友。書中各篇，頗多渲染，皆類小說家言，在『龔蔣兩君軼事』節內，亦謂橙係檇李三塔寺前毒龍轉世，附以種種神語，也許有意為其怪僻詭異諱的罷。今删去神話錄之：

『龔孝拱名公襄，仁和人。其名字屢改而益奇僻，曰刷刺，曰橙，曰太息，曰小定，曰昌匏。湛深經術，而精於小學。性嗜酒，與余交最善，晚間賦閒，必詣其寓齋，與之作康駢之劇談，為劉伶之痛飲，上下古今，遞相罔倦。孝拱謂飲酒須先知酒味，申浦絕無佳品，故從杭城運至，味極醇厚，試之果然。孝拱為闇齋方伯之孫，定庵先生之子，世族蟬嫣，家門鼎盛，藏書極富，甲於江浙，多四庫未收之書，士大夫未見之本。孝拱少時，沉酣其中，每有祕事，籌燈鈔錄，別

又如陝西三原：『夜夢不祥，貼在東牆。太陽一照，化為吉祥。』這話更為明顯，而情形恰與上同。

關於國人的迷信，就如上面所述，已經完畢。本來張先生在開端有一段文字，說『吾國民智未開，思想未科學化，迷信之多，恐世界無比。幸以交通不便，各處迷信尚未能流傳全國，正可從事搜集，告人大愚，此本文所由作也。』張先生的用意，可謂至深且切，而我却以嬉笑出之，態度未免不恭，敬此向張先生道歉，並請恕我抄襲許多難得的資料！

卅一年十一月廿六日

爲一書。以故於學無不窺，胸中淵博無際。後燬於火，遂無寸帙，殆遭造物之忌歟。孝拱生於上海觀察署中，後隨其先君宦游四方，居京師最久。兼能識滿洲蒙古文字，日與色目人游戲徵逐，彎弓射雲，試馬蹋日，居然一胡兒矣。在京與靈石楊墨林相稔，墨林素有豪富名，設典肆七十所，京師呼之爲「當楊」，揮手萬金無吝色。孝拱曾與刻叢書未成，中多祕籍。……孝拱固淡於仕進，性冷雋，寡言語，儔人廣衆中，一坐即去。好作綺游，纏頭之費數百金，輙於一擲。中年頗不得志，家居窮甚，恆至典及琴書。旅寄滬上，與粵人曾寄圃相識。時英使威妥馬膺參贊之任，司繙繹事宜，方延訪文墨之士，以供佐理。寄圃特以孝拱薦，試與語大悅。庚申之役，英師船闖入天津，孝拱實同往焉。坐是爲人所詬病，晚節益頹唐不振，居恆好嫚駡人，輕世肆志，白眼視時流，少所許可。世人亦畏而惡之，目爲怪物，不喜與之見，往往避道而行。舊所得書帖物玩，斥賣殆盡。始納一妾，覓屋同居海上，擅寵專房，時繩其美於客前，而尤屬意於雙彎纖小。後又新購一姬，則其愛漸移，棄置別室，不復進矣。與妻十數年不相見，有二子自杭來滬省親，輒被逐，論者擬之陳仲子之出妻屏子焉。有弟曰念匏，以縣令候補江蘇，亦不和睦。卒以發狂疾死，死時出所愛碑本，其値五百金者，碎剪之無一字完。生平箸述，無人收拾，散佚不存。余所見有元志五十卷，漢雁足鐙考三卷，不知尙在世間否？」

龔橙之祖闇齋，名麗正，嘉慶間名進士，師事段玉裁，並娶其女，著有國語韋注疏。其父自珍，更是文名滿天下，同光間多效其體。至他三世，故王韜稱『世族蟬嫣，家門鼎盛，藏書極富，甲於江浙』。試思以這樣的天才和學力，仍是侘傺無聊，豈不要鬱結佯狂，玩世不恭嗎？昔日爲西人服務者，莫不目之爲漢奸。咸豐十年（一八六〇）十二月，英法聯軍破天津的時候，他正任威妥馬（Thomas Francis Wade）的司書，據傳焚燬圓明園，便是他的復仇主張。不過聯軍的舉動，豈能爲一華人司書所左右，事必無稽。至於敲斁木主，乙改父書，更是汚蔑之辭。現在定庵全集中附有孝拱手鈔的詞，與原集中所有的，也無大出入，不見得塗抹過甚，何至於斁木主訓父，眞有些天下之惡皆歸之的情境了。後來檢杭州府志，文苑中有龔公襄小傳，係取材於譚獻的亡友傳，再查復堂文續卷四，有亡友傳十八人，龔橙居第三，記其學力和箸述，更加詳盡，乃全錄於下：

「龔公襄字公襄，仁和監生。上海兵備道闇齋先生孫，禮部主事定盦先生子。龔氏之學旣世，時海內經生，講東漢許鄭學者日敝，君乃求徵言於晚周西漢，推陷羣儒，聞者震駴。尙書二十八篇，分別伏孔讀定之。理三家遺說，廣以史記漢書，諟正毛詩敍義爲詩大誼。又撰形篇名篇，推究許書，皆持之有故，非妄作也。治諸生業，久不遇。兵間以策干大帥，不能用，鬱鬱亡所試。遂好奇服，流寓上海。歐羅巴人語言文字，耳目一過，輒洞精，西人在中土者且師事之。咸豐十年，英吉利入京師，或曰挾龔先爲導。君方以言讋酋長，換約而退，而人間遂相訾謷。君久居夷場，洞識情僞，蘇杭相繼陷賊，西人助守上海，軍書饟道，藉通南北。君開說萬端，始得其力，江南人至今道之。君懷抱大略，不見推達，退而箸書，又多非常異誼可怪之論，所謂數奇者也。二子皆有奇氣，前卒。君死上海，斥賣遺書舉其喪。原名橙，字孝拱。獻二十餘歲，兄事之。與楊象濟高炳麐皆莫逆。嘗告獻，周頌有韻，古失其讀，淵淵之聲振屋瓦，其跌宕如此。』

譚獻字仲修，也是仁和舉人。生於道光十二年（一八三二），卒於光緒二十七年（一九〇一）。檢名人生卒年表，龔橙生於嘉慶二十二年（一八一七），無卒時年歲。則龔長於譚十五歲，譚年二十餘以兄事龔，龔已年近四十。這時已如王韜所說，『中年頗不得志，家居窮甚，恆至典及琴書』的境况了。據文續，高炳麐字昭伯，自署我畲，仁和貢生，咸豐四年五月卒，年三十四。此時龔年三十七，二人同文同邑，年齡亦相仿，故相友善。圓明園被燬時，龔年已四十三，譚僅二十八，亡友傳的『君方以言讋酋長，換約而退』，豈龔橙是當時調停英法聯軍之役的無名英雄嗎？西人助守上海，這便是蘇松太道吳煦募的常勝軍，練用洋鎗，美人華爾，英人戈登，曾相繼統率，成立在同治元年（一八六二）。龔橙年已四十五，或因前年與英使威妥馬關係，所以能開說萬端，疏通饟道，常在華爾或戈登處往來。淞濱瑣話刻於光緒丁亥（十三年，即一八八七），此時龔橙久已謝世。王韜似曾親見其剪碎價值五百金的碑帖，發狂疾而卒。譚獻亦云君死上海，斥賣遺書舉其喪。經紀其喪的，想是龔的朋友，而卒時的年齡若干，現在無從考證。不知仁和龔氏的家譜，曾否記其年歲，如荷海內同文相告，當可補入歷代名人生卒年表，並爲一代懷才不遇者慰。現在假定龔橙死於淞濱瑣話刻成前十餘年，則年僅五十餘。南京克復在同治三年（一八六四），龔年四十七，這時江浙已平，運輸通暢，龔之中外交遊尙廣，所以有由杭運酒至滬的豪興。王韜在同治間主講格致書院，因是得每晚聚首，劇談痛飲。韜亦懷才厄遇之流，所以能上下古今，逾晷罔倦，愈談愈投機了。如果此後數載，頹唐不振，尤好嫚罵，則友朋漸疏，即王韜所記的晚節，人皆目爲怪物，避道而行，不與之見，而龔則因潦倒而愈狂，竟得狂疾以卒，揣測其年，或當不出五十五歲。

龔橙的著作，據王韜所見，有元志五十卷，漢雁足鐙考三卷。譚獻記有詩大誼及形篇名篇。可見其對於經史修養的深邃，已非時流所及，許學的闡微，本是金壇段氏的一脈。祇惜沒於上海，又斥賣遺書舉其喪，這寶貴的遺著，是否散佚，抑尙留存人間，皆在不可知之數了。近聞武林金氏，曾得有龔橙的遺著數種，沒有見過目錄，不知究是何書，是否有上述幾種在內。據說就中尙有金石所見目錄兩卷，多具獨特的見解，迥異於人云亦云，這是可爲才人稱慶的。

亡友傳龔橙的『遂好奇服，流寓上海』，這好奇服大概便是孽海花所說的白皮鞋洋式衣，在西人處出入，自屬利便，但是已遭頭巾氣的人物，如陸潤庠輩的痛心疾首，以爲『服之不中，身之災也』，像定庵先生一生的風流放誕，總會有這敗壞門第的兒子。不過時至今日，祇七八十年，上海的西裝革履，已是通行的服御，毫不足奇，反笑昔日的人有些少見多怪了。

女人頌

俞忍

（四）女人是社會的中心

自從女媧氏煉石補天，便開創了中國五千年的文明。在中國古代神話的傳說儘多；這麼一件大事，何以不繫於伏羲神農諸帝，而偏要屬之於伏羲的令妹女媧，從這其間的消息，便可以悟出女人在社會上地位的重要了。而且據現代的歷史家說，社會的組織，本是起於女系的。所以在文字上，女生兩字，合成一個姓字。那時絕對是女權的社會，所有的男子，都得受女人的支配。中國古書上說：「古之時，未有三綱六紀，民人但知其母，不知其父。」（白虎通）從這句話，不但可以看出一個男女雜交的現象，并且可以斷定那時的社會，一定以女人爲主體，而以男子爲附庸的。這叫做母系民族的社會，所以這煉石補天的大任，就非由女媧氏來担當不可。可是自從婚姻制度的規定，和產權的移轉以後，女人的統治權，也便逐漸墮落，甚而至於消失。時至今日，世界上任何一種文明的民族，好像都是男權的社會。然而，這是反常的現象，變態的社會，而且只是表面的觀察而已。我們要求正常的社會現象和組織，决不能容忍男子的長此得勢；雖然在下也是男子的一員。但是我們再一深察社會內在的現象，實際上却是任何民族無不以女人爲中心。而且惟有女人，才配做社會的中心！

因爲女人是社會的中心，所以社會的任何一角，便得有她們的存在，這組織方能完美，這機構方能健全。從前帝制時代，六宮粉黛，動不動就是幾千，且不去說他。單就現在來說：一切的大中小學，要是招收女生，才會發達；黨政機關，銀行郵局，要有女同志，女職員，才會景氣；商店裏面，尤其要有女職員，生意才會興隆；開醫院，醫生沒有，倒是小事，而女護士則不得不先行物色，至於茶樓、酒館、戲院、舞場、女侍者、女主顧，那自然便其是重要的台柱了。汽車裏面，如其沒有女人坐着，在柏油的路上，風馳電掣，你想還像個什麼樣子？名勝古蹟，假如沒有女人在登臨閒眺，你想這大好湖山，豈不虛設？馬路上，商店裏，假如沒有女人在聯臂接踵，前後擁擠，你想這十里洋場，將黯淡到成個什麼樣子？即是運動會，志願軍，要是沒有女人的參加，你想將怎樣的單調，而誰還要看這熱鬧？甚至如照相館裏，玻璃窗內，除了一兩張當今的黨國要人的照片陳列着外，也還得要攏着十倍以上的女人玉照，才會有人駐足而觀，開口而嘻。藝術學校的摸特兒，是女人居多；香煙公司的月份牌，畫的也是女人，而决不是男子。一切偉大的文藝創作，要是沒有女人做主角，再也不會成功。孔老夫子親手刪訂的詩經，開宗明義第一篇，就是「窈窕淑女，君子好逑」。千古辭賦之祖的屈原離騷，說來說去，無非是香草美人。圖畫、雕塑、戲劇、電影、音樂、歌曲，假使一離開了女人，立刻便喪失了她存在的價值！女人豈但是社會的中心，而且是藝術的泉源！

所以我敢斷言，世界上一切的文明，都是因女人而發展；一切的組織，都是因女人而存在；一切的事物，都是因女人而產生；所有的男子，也是爲女人而生存！沒有女人，便不必有世界，不必有社會，更無需乎我們男子的存在！女人便是男子崇拜的偶像，任何地方，男子得把她們香花供養，頂禮膜拜，絲毫不容異議，而且有史以來，事實也早經如此。讀者也許有懷疑的吧？那末請你再看下去：

『在中國古代，雖然有過女皇，有過太后臨朝，有過女英雄，有過女作家，有過女……但四千年歷史之中，畢竟是男子佔着更多的篇幅。』這是懷疑者的論調。我說：因爲造成歷史的基本隊伍，在表面看來，全是男子，所以歷史上便佔着更多的篇幅。可是你再想想內在的情形呢？聖君賢相坐朝問道，儼乎其然的爲國爲民；可是他們一回到寢宮私邸，朝衣脫去，難道也還是這副嘴臉嗎？你安知朝廷的大計，不都是昨天晚上，在枕邊燕語的時候，早已決定了的？出征的將士，威風凜凜，走上沙場，儼乎其然的以身許國，『匈奴未滅，何以家爲』；可是你安知道他們出征的前夕，不都是與閨中百遍溫存，依依難捨的呢？等到解甲歸來，笑顧頭顱，在燈前枕上，細訴離情的時候，難道還有封侯萬里的奢望嗎？昨夜今朝，面目心情又何其不同呢？世界上任何民族的歷史，都只記得一個表面的輪廓，而把內在的因素，——建功立業的原動力，都忽略了。所以我們翻開歷史，只看到男子們在書上活躍，似乎與女子是無關的了。

而且愈是聖君賢相，愈是英雄豪傑，對於女人，便愈是崇拜。雖然武王伐紂，『作奇技淫巧，以悅婦人』，『惟婦言是用』，都列爲紂的罪狀之一，而千古以來，對於有『懼內癖』的男子，都異口同聲的加以嘲諷；然而實際上天地間有那一個男子，不受他太太的羈縻，不遵他太太的教令，不聽他太太的鼓勵，不採他太太的意見，假如這位太太是他所摯愛的。女人魅力的神秘偉大，我在上兩節已經說過，無需再贅。總之，我們男子是無法擺脫女人的桎梏，而且是甘心的多。周武王自己有沒有漂亮的后妃，史無明文，不得而知；然而孟子說：『昔者太王好色，內無怨女，外無曠夫』；先儒解釋『關雎』一詩，也說是描寫文王后妃之德；那末武王恐怕也不見得會不悅婦人，不聽婦言吧。至於秦皇漢武，千古雄材，開疆拓土，爲中國古代有數英主，然而他倆的作風，也未免太那個了。記得龔定盦有一首詩說得最好：『少年雖亦薄湯武，不薄秦皇與武皇；設想英雄垂暮日，溫柔不住住何鄉！』女人呀！你不但是社會的中心，成功事業的原動力，而且是男子安身立命的基石，歸宿的天國。失去了你，不但整個的世界，將黯然無色；就是整個的人類，將完全毀滅；社會上每一個角落裏，都不能沒有你的存在！

所以，女人若是在一個統治者的家庭中呢，她可以使得一國的政治清明，什麼都辦得有條有理，一切都走上正軌；但也可以使政治鬧很烏煙瘴氣，國內雞犬不甯。譬如她只知道套外匯，囤食糧，拿回扣，使丈夫敢怒而不敢言，自然便影響到整個的政治問題。她在一個平民的家庭中呢，也可以使得這一家的興隆或衰敗，總之一切的組織，在表面看來，雖然完全由男子在負責；然而實際的情形，女人都脫不了干係，恐怕還得担荷着比男子更其重大的責任。然則女人又不啻是航海家的羅盤，船上的舵，海上的燈塔，這關係的重大，誰還可以否定呢？可是這關係的存在，往往是隱微的，而且男子們是諱言的，所以一向不爲史家所注意，而筆下也便忽略過去了。

再從社會的陰暗面來看，那尤其非女人不能成爲社會。然而這正是現代都市文明的基石，一切工商事業發展的源泉，公子哥兒的銷金窟，富商大賈的安樂窩，亡命之徒的收容所，鼠竊狗偷，俠客大盜的公寓！賭場、娼寮、燕子窩、小客棧……全是她們的世界；你一脚踏進，休想有回頭的希望。你是公子哥兒，富商大賈，不難從此中訓練成一個鼠竊狗偷；你是亡命之徒，更不難從此中訓練成一個俠客大盜。於是貧窮、饑餓、鬥爭、擾亂、疾病、死亡……造成了現代的都市文明，促進了工商業的發達，這便是女人的豐功偉績，至少也得感謝她們的媒介！而且還須永遠的把這些現狀維持下去。不然的話，豈但一大羣的同胞，將斷絕了生路；間接便會影響到醫生、律師、法官、軍警…等…的『營業』；這文明的都市，也將喪失其文明的資格，豈不可惜！女人呀！這都市文明的關鍵，也完全裝配在你們的身上。望你們千萬珍重，爲保持我們民族的光榮，國家的體面，社會的現狀，都市的文明，而努力吧！

（完）

通訊

讀談怕太太有感

何心

編者先生：

看到最近一期『古今』半月刊的廣告，目錄中有怪觸目的張素民先生的『談怕太太』的題目，我不禁好奇起來，男子們往往喜歡談到他們太太的事，但有時看他們也怕談太太的事；張先生的文章裏究竟談些什麽？想一看。

拿到『古今』翻到『談怕太太』時，讀了一遍，使我有所感而想說幾句話。

要一個有生氣又美滿的家庭生活，是相當不容易的，因爲家庭的分子不是單純的，要每個分子都健全，這個家庭才能美滿，才有生氣。換句話說，如果某一個分子有了毛病，那末整個家庭，自然會發生缺陷的狀態；很有些先生們，對自已的私生活並不檢點，或則使着男子中心社會的虎威，用金錢去引誘，拿勢力來威迫，玩弄女性，欺騙女性，做出種種對妻子不忠實的行爲。在這種情形之下，做妻子的有一天發覺了，豈有不感到憤怒而發生嫉妒的？除非她是白癡或瘋子，那是例外。

有許多男子往往詬病女子的『吃醋』，以爲男子不妨『逢場作戲』，『偶一爲之』也『無傷大雅』，做妻子的何必量氣小，去吃醋。但打開天窗說亮話，本來夫婦間的情感是很好的，萬一有一天妻子有什麽不忠實于她丈夫，當她丈夫發覺時，他要不要嫉妒？會不會憤怒？我敢說，他的嫉妒憤怒一定更甚于他的妻子發覺她的丈夫有外遇時會得更厲害吧！所以我認爲掀開一切不談，只要以感情來維繫夫婦的關係，那末用不到談什麽『怕』和『不怕』的。所以張先生所提出『怕太太』的二個理由，我認爲他的理由不盡正確的。張先生好像完全爲了『免淘氣』，和『憐憫心』才怕太太，而他一方面是流露了硬壓住他的貪心，一方面也流露了他的忠心于太太並不出于本性。

張先生說：『假如你遇着自已另有女朋友而爲太太所偵知的時候，太太豈不是要和你吵得「雞犬不甯」……如果你爲有婦之夫，對于外面的美女子少加理會，使太太安心，自然可以使家庭

0597

和睦。』這豈不是『硬壓住貪心』而『免淘氣』的態度嗎？豈不是使太太安心爲的是怕『吵得雞犬不甯』而並非出于本性嗎？

張先生又說：『偶然遇着一個很好看的女子不免要動心，然而一想到我的兒女，覺得對不起他們，那種胡思亂想，就付諸九霄雲外了。假如我沒有兒女的話，或者離婚結婚，鬧了多少次，我也不敢保。』這不是對兒女們起了『憐憫心』而強抑制自己『對好看女人的動心』嗎？他以爲兒女們沒有他的父親是活不來命似的，這個好像也太侮辱了全體的女性，雖然因爲封建制度男子中心社會造成了一般的女性是家庭的寄生虫，是男子的附屬品，但我們不能抹殺很有些做母親的，卻也是有能力而能撫養她的兒女，她們的兒女，不一定需要父親的撫養才能長大的。再說：張先生『遇着一個很好看的女子』便『不免要動心』，那也是不應該的，因爲我們想得到張太太和張先生當初認識而由戀愛到結婚時，張太太一定也很年輕而是『一個很好看的女子』，決不會當初便是『黃臉婆』，因爲年齡的增加，生育兒女，而變成了不像當年的『好看的女子』，張先生祇少是應該負一半責任的！所以『不免要動心』的話，于情于理都有欠妥之處。

總之，夫婦之道原很簡單，各盡各的責任，各盡各的義務，說句時髦話：『就本位的努力』，不用『怕』或『不怕』很坦白的如賓如友的共同生活，家庭裏便能有生氣，便能美滿。

說句笑話，張先生寫出這樣的文章來，張太太看過了，該打張先生的手心。

編輯後記

黎庵

本期很難得的，毗陵謝剛主（國楨）先生替本刊寫了一篇『三吳回憶錄』。謝先生新會高弟，史學名家，治明季史料者，近代無出其右，散文小品，向不屑爲。茲經編者敦促，始允執筆，縷述東南訪書之事。讀者於欣賞其文筆之外，復可略覘嘉業堂傳樸堂藏書之盛，允爲愛書者拱璧之作也。全文未完，一俟寄到，即當續刊。

冀公先生漫游歐洲，因歐戰而歸國，至香港又值太平洋之戰。其間經歷困難，自不待言。先生允爲本刊撰文，自安居瑞士起，至聖城被困，葡道歷難，以迄於道出北美，歸航香島。都凡若干目，均歸本刊發表。平時紀歐美游程者雖衆，於此次大戰中而有此經歷者，自當以先生之作爲嚆矢也。

予且先生長於小說，不知其散文亦自精絕，本期承惠隨筆兩章，自屬可誦之作。蕘公先生『談明季山人』，要可覘彼時士風之一斑，明季士風之澆與宗社之屋，關係甚大，讀此可爲治明史者之參釋。

本刊辱承海內作者嘉許，佳作紛投，不勝感幸。計有樊仲雲陳乃乾趙叔雍瞿兌之龍沐勛諸先生佳作，或已寄到，或待付郵，均將陸續刊佈，讀者幸拭目待之。

古今合訂本第二册發售廣告

古今半月刊接受定戶啓事

往矣集

原書原樣

周佛海 著

古今出版社

『往矣集』發售精裝本

定閱價目
（連郵在內）

	半年	全年
本埠	二十四元	四十八元
外埠	二十五元	五十元

古今

半月刊　第十六期

古今半月刊第十六期目次

中華民國三十二年二月一日出版

社長 朱樸
主編 陶亢德 周黎庵
發行者 古今出版社 上海亞爾培路二號
發行所 古今出版社 上海亞爾培路二號
印刷者 國民新聞圖書印刷公司 上海靜安寺路一九二六號
經售處 各大書坊報販

本刊每逢一日十六日出版 零售每冊二元

定閱價目（連郵費）

	半年	全年
本埠	廿四元	四十八元
外埠	廿五元	五十元

凡郵局匯款概請註明『西摩路郵局兌付』否則不收

國民政府宣傳部 登記證滬誌字第七六號
公共租界警務處 登記證C字第一〇一二號
法租界政治處 登記證（在申請中）

走火記

周佛海

一月十一日下午三點十分鐘，屋頂上不曉得甚麼原因，忽然發起火來，當時風力又特別的大，不到半小時，三樓和二樓，就燒得精光。以後雖然消防隊趕到，救了最低的一層，但是已經不能再用了，所以可以說全部房屋，付之一炬！

房屋這樣的身外之物，要燒就燒，有甚麼留戀？更何用傷感？不過這所房子，是有相當的歷史的，尤其和這次的和平運動，淵源極深，所以不能不爲之記。

這所房屋，地點極佳，環境也很優美。三面環塘，風景非常秀麗。這塊地皮，是民國十八年買的。那時我和賀貴嚴（耀組）及谷紀常（正倫）三人，湊了一些小款，置了一些地皮。這塊地皮，也在其中。後來因爲我要起房子，所以紀常便帶我到這裏來看。當時是一片竹林，池堤上滿栽垂柳。翠竹垂楊，映着春水綠波，好像一幅圖畫。我當時高興極了，便決定在這裏建築一所房屋。於是便在二十一年四月底動工，十一月完成，我們於十二月遷入的。現在算起來，這所房子的生命，剛剛是十年。在這個十年之中，除却二十六年隨着國府遷都撤退南京，至二十九年國府還都的兩年多之外，都是起於斯，坐於斯，飲食工作於斯。回憶二十六年十一月二十日撤退南京時的情形，眞如隔世。清晨起來，在淒風苦雨之中，一個人驅車赴陵園，向　陵墓叩別，飽嘗『最是不堪辭廟日』的淒涼滋味。回得家來，每一個房間，都徘徊了很久。心想此去歸期未卜，再會無期，滿腔懷着留戀的情緒，終於離開此屋了。二十九年還都的時候，重返故巢，看見桃花如故，池水依然，但是周圍的垂柳，和一片竹林，已經連影子都沒有了。回想兩年之中，主人雖已遠離，而『庭樹不知人去盡；春來還發舊時花』。滿園春色，今因主人的重回，一樹一木，都覺得格外風光。於是稍加修理，重復入住。我的家庭，遂隨着政府還都而還家。好像不能再見的舊雨，居然重逢一樣，愉快的心境，遠過酸辛的情緒。現在刼後歸來，相依爲命的棲身之所，忽然化爲灰燼，物質損失固不必計，精神上焉得不依依留戀，忽忽若有所失呢！

這所房子動工的時候，正是二十一年一二八上海事件之後。一二八事件，雖然以淞滬協定而結束，但是中

恆廬主人舊藏　樸園主人存影

日雙方的空氣，還是非常惡劣。並不是我事後有先見之明，我當時斷定中日之間，必定有更悲慘的不幸事件發生。所以起房子的時候，特地起了一個小地下室。當時南京住宅中有地下室的，實在很少。二十六年八一三事件發生以後，大家纔臨時趕着建造的。當時朋友們知道我家裏有地下室，所以有些朋友搬到我家裏住，有些臨時來躲警報。先後搬來住的，武的有顧墨三（祝同），熊天翼（式輝），朱一民（紹良），李師廣（名揚），

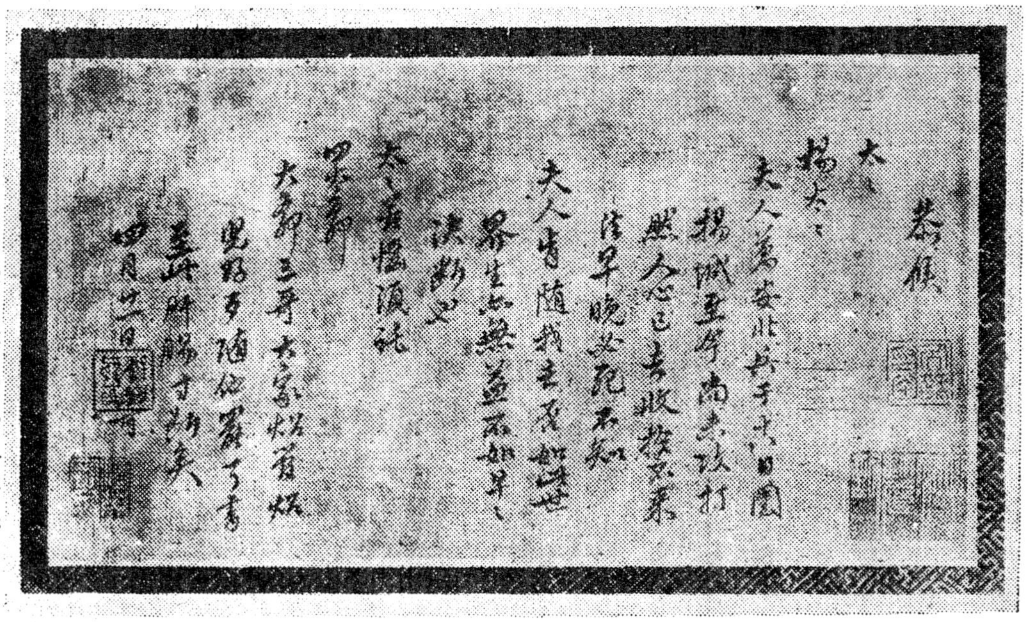
恭候
太太
楊太太
夫人萬安北兵于十八日圍
揚城至今尚未攻打
然人心已去收拾不來
法早晚必死不知
夫人肯隨我去否如此世
界生亦無益不如早早
決斷也
太太苦惱須託
四太爺
大爺三哥大家照管
炤兒好歹隨他罷了書
至此肝腸寸斷矣
四月廿一日

恆廬主人舊藏　樸園主人存影

文的有梅思平，羅君強，陶希聖。每日必來的，就是高宗武。至於其他臨時來躲警報的，那就很多了。我們這些人，都是主張在相當時期，結束中日事變的。在當時抗戰到底的調子高唱入雲的時候，誰也不敢唱和平的低調。所以我們主張和平的這一個小集團，便名為『低調俱樂部』。這個名詞，彷彿是胡適之取的，因為他也常在座。說也奇怪，當時往來於這所房子的人，大多是主張和平的。所以我們當時說笑話，如果和平實現，一定要在這屋前的草地上，立一個和平紀念碑。現在全面和平，還遙遙無期，而這所房子却先化為灰燼，不能看見將來和平紀念碑的建立，我們焉得不為這所房子痛惜呢！

我家裏沒有甚麼珍貴物品，除却日常用具之外，沒有甚麼損失。不過名人字畫，却燒了不少，實在是太可惜了。其中最可痛惜的有兩件：一是史可法的遺書。在揚州將要陷落的時候，史忠正寫信給他夫人和如夫人道：『恭候太太。楊太太。夫人萬安。北兵於十八日圍揚城，至今尚未攻打。然人心已去，收拾不來。法早晚必死。不知夫人肯隨我去否？如此世界，生亦無益，不如早早決斷也。太太苦惱，須託四太爺大爺三哥大家照管。炤兒好歹隨他罷了。書至此，肝腸寸斷矣。四月二十一日法寄。』寥寥數語，充分表現忠烈悲壯之氣，我暇時常常拿出來鑑賞。每次鑑賞，都發生異常的感慨。今後不能再見了。二是曾文正撰句，令其弟國荃所書的聯語：『打仗不慌不忙，先求穩當，次求變化。辦事無聲無臭，既要簡捷，又要周詳。咸豐丁巳年冬月至日滌生撰，命弟國荃寫。』我常把這兩句話，當做我治事的格言。現在已懇求　汪先生照這兩句話，爲我再書一聯了。此外還有不少有名的書畫，都是有錢買不到的。不過我是湖南人，對於吾鄉先賢的墨跡，如左文襄的字，彭剛直的梅，尤其覺得惋惜。

有兩件東西，却是不幸中之幸。一是　總理於民國十一年，親筆修改的三民主義演稿，一是曾文正所書的『風生江浦千帆曉，月滿山城一笛秋』。這兩件可寶貴的東西，當天以爲一定是付之一炬了。誰知第二天淑慧去檢查的時候，在火餘的亂堆裏面，忽檢出　總理的遺墨。只是封面和周邊燒焦，字跡一點沒有損壞。眞是　總理在天之靈的庇護了。她再走到書房的原址，看見其餘東西，都已燒得乾乾淨淨，只有曾文正這一聯，還掛在壁上，絲毫沒有損壞。這也是奇蹟了。

燒得正猛烈的時候，第一個親來慰問和照料的，便是　汪夫人。她聽見這個消息，立卽就跑來照料，並恐怕我們沒有棲身之所，立卽電話民誼，把他的房子，空出幾間。因爲民誼夫人去上海，房子可以空得出。隨着她又陪我們到了民誼家中。這個時候，　汪先生還不知道這個消息。她便親自打電話去報告。　汪先生這個時候，正在會晤松井中將。他接着　汪夫人的電話，急得把松井中將置在座中不顧，披起大衣，車子也不坐，立卽步行到民誼家來慰問。患難之中，纔能見眞的交情，　汪先生和　汪夫人這樣的隆情盛誼，我是畢生不會忘記的。

中日的友人，都紛紛來慰問。中國友人說：『火燒旺家。』日本友人說：『燒太。』（押凱普陀里）（就是越燒越大的意思。）他們以爲我燒了房子，一定很不痛快，所以拿這些成語來安慰，我非常感謝他們的好意。但是在這樣河山破碎戎馬倉皇的時候，比房子起火更要嚴重，更要悲慘的事態，我們都應該準備着隨時去遭遇！

仕而優則學

趙叔雍

當我七八歲時候。老師教我讀論語。囫圇吞棗。一些也不懂。尤其對於『學而優則仕。仕而優則學』兩句。更不了解。後來到了中學程度。大家都知道我所讀的學校是特別注重國文。尤其是四書五經的聖經賢傳。所以在做幾何做三角算題的時候。還一樣的大讀四書。賣弄斯文。那時我纔明白些這兩句的意義。大概是學好了本事去做官。做了官還得去學本事。曾記得在一次國文課卷中。用了這個意思。拿到了很好的分數。

時光一天一天的過去。人生也隨著一天一天的變換。自己的身體力行。眞正加增了不少的經驗。到了現在『哀樂中年』。偶然空閒。却仍不免『書癡結習』似的回味起聖經賢傳來。不但是回味而已。還要加以推敲。有一天又想起這兩句話。仍然有不明白的地方。就此自己與自己問答起來。學了本事去做官。到底學些什麼。是不是學官是這麼做的。還是拿學堂裏學的國文歷史幾何三角去做官麼。若說學做官的本領。學堂中就根本沒有這麼一課。若說拿幾何三角國文歷史等本領去做官。是否就够應用。却是大大的疑問。再說做了官去學本事。又究竟學些什麼。是否做官之後另外去學一套本事。還是一面做官。一面仍舊繼續學國文歷史三角幾何。那當然不是的了。既然不是。必定另外還有一套本事。又究竟是什麼。眞成一箇世界之謎。

有一天。忽然大覺大悟。原來學而優則仕的意思。是叫人學好了某一樣本事担任某一種公役。國文應該讀通了。再去做祕書。法律應該學會了。再去做法官。幾何三角學會了。再去做技正。如果沒有學好。千萬不可僥倖嘗試。害人害己。聖人立言的精義。眞是一些不錯。眞可以做萬世師表的。至於仕而優則學呢。始終還不曾徹底明白。大該包含兩種意思。㈠服官奉公的時間。千萬應該繼續求學。因爲官吏也不是一定憑出身的。算學家在做了官的時候。還須照樣研究他的算學。書畫家做了官的時候。仍舊不妨動筆。㈡學問雖好。做官不一定內行。做官要有做官的一套。沒有地方可以學得會。也沒有人可以教得完。只有等你自己上任之後。去學習去研究。你要不去學習。你就不會懂。也就會受人矇蔽。受人欺騙。甚至於自己蒙了不白之寃。或代人受了無名的過失。反過來說。你自己要想貪贓枉法。也得學些門檻。還完全是孔二先生的好意。叫你自己放明白些。這兩種意思之外。是否還有別的深心。小子才疏學淺。恕不知道。可是上列的兩項。爲必然性。是毫無疑義的。

我們現在且談談這學習研究罷。我本人是學書不成學劍又不成的一箇寶貝。二三十年來。幹過的職業。著實不少。走過的碼頭。也很多。做官經商寫文章。沒有一件做好過。可是各樣却都得到些小經驗—事實上是不够用的—我要憑我的經驗去研究。自知相差還遠。可是我卻願說些老實話出來。這些話人家都比我內行。但是或者不肯暢所欲言。卻是不如我的地方。我現在姑且先說幾件『仕而優則學』第二節目之內的問題。問題太多。情形太複雜。一時說不完。也只好隨意提出幾點。沒有系統的來談談。也不用演繹的方法來提出旁證。也不用歸納的方法來取得結論。只將我二十年來所見所聞所學到的多說出。或者諸位『初入仕途』的朋友。可以拿來作一種應付的參考。並以博諸位讀者的一笑。

人海之中。我所發現最普遍的病態。便是心口不一。小而言之。談起話來。總是廉潔奉公。不敢少有貪汚。雖然生活清苦。也不敢少存非分。可是考察起來。實在仍舊有貪污的事實。又有些見人總自稱向不善於應酬。平常很少朋友等話。事實上卻是三日一小宴。五日一大宴的交際專家。大而言之。比較上級人員最多的口頭禪約分兩種。第一談起箇人性格。每每好稱恬淡。不樂和人家競爭。可是東鑽西營。干求請託。無微不至。第二談起公事。總稱一切秉承辦理。毫無成見。可是剛愎自用。實行時的辦法。完全與上級的意見背道而馳。諸如此類。記不勝記。我起初幾年。書生本色。聽見什麼。都信以爲眞。屢次上當。後來纔學到了『不可輕信』的鐵律。一切的一切。若非得到事實上的表現。和側面的證據。任憑他說得天花亂墜。我只當他是耳邊風吧了。

無論什麼人。可以說很少勇於負責的。因爲責任負的好。是你本分應該的情事。未必一時三刻。連升三級。負的不好。可是一件倒霉事情。可以影響到你的前途。這點情形。大家明白。因此就來了一個大家規避的消極抵制。譬如一件事情。本來可以立時裁決。并且因爲決定的快。可以獲到很大便宜的。但是勇氣不够。還來一個推三諉四的辦法。請由某處核復。請由某處會簽。或者提出某種聯席討論。當最大困難的事情。連開會之時。都只派一位代表出席。免得自身牽涉。等到三呈四復。事件的時間性。已經過去。本來也就不甚重要。換言之。也就沒有應負的責任。火候已到。衆論所歸。隨隨便便。就結束了一重公案。經年累月。公家的損失不貲。可是個人的肩胛。連樹葉都打不到一張。或者不巧。有人指摘起來。一方面固然可以拿環境困難。情形變化等字樣來推諉。一方面卻也振振有詞。公事上盡有交代。決不致引起訴訟彈劾。這眞是『處世金科』。自從發明了這新原則以後。我所學會的就是提倡『當機立斷』四個字來做對案。但是還要附帶聲明兩項。第一絕不可取獨裁政策。第二絕不可草率從事。這兩項是『當機立斷』的大前提。切切不要忽略。

做人是很少肯用心的—用心的確是件很吃苦的事情—所以每一事件發生。最好就用應付的辦法。打混過去。公文上的『存』『查』『閱』等字樣。更是救苦救難的不二法門。再進一步。如果內容是乾燥無味的報告。或是橫行斜上的表格。那就連內容都不去看。更進一步。連存查等字。都偏勞人家大筆一揮了。這在忙人。不能細看。姑且不談。可是內容複雜的事件。倘然如此。可眞誤事不小。至於會議的時候。一言不發。好像太不認眞。言必有中。又屬操勞過度。於是隨便來幾句敷衍搪塞的話。總算紀錄上也有了名字。而事實上卻是絕不相干。定策的時候。先彙齊了幾種意見。歸納成爲兩種。然後來一箇不加意見的雙請辦法。聽候上級去決定。交涉的時候。自己不以主動的精神拿出提案來。只將人家的提案來咬文嚼字。修正補遺。可是大部份還是人家的精神。這種不肯用心的辦法。實在是處理事務最當改正的部份。我現在所想學而還未成功的。簡單點說。是一目十行但觀大意的看報告。看一箇帳目的存欠結數。會議時不得要領。寧少發言。處理事務只用一種辦法。即使兩法均有研究之價值。也當分別輕重。加以考語。拿主動的地位來提出一切方案。

人是感情動物。雖然理智極清的人。有時還免不了爲感情所衝動。這是『阿其所私』的出發點。至於感情的發生。或者由於天然的支配。兄弟親戚關係。或者由於人功的製造。如送禮拜會奔走侍候種種。可是一牽了『私』。就起了『阿』的作用。人家說他不好。心裏終以爲是好的。人家就提出了證據來。心裏也知道他不好。可是口頭上還不肯取合法的斷然處置。怕失了自己的面子。又某一件事情。熟人所擬的辦法。無論好與不好。比較容易聽得進去。生人所說的。雖是好話。畢竟還要考慮一下。又自己本人對於一箇問題。多少總有一箇見解。這箇見解。雖然明知不好。可是第二箇人拿出好主意來的時候。不免還有自行袒護之處。不肯痛痛快快立時取消自己所擬的短見。（借用。此處不作自殺之意。請勿誤會。）說得好聽。此人是有辦法。確立主觀。可是主觀一强。就犯了不顧事實。甚至於反而害事的毛病。我想我們對付的辦法。須要做得矯枉過正一點。方纔可以得到公平的結果。就是凡熟人及親友所說的辦法。所請託的事項。特別要愼重一點。恐怕他裏面含有什麼毒素在內。又發覺人家意見屬於主觀過强的時候。我們須要分兩種法子去對付。第一當面駁斥。說明不對的地方。徹底拒絕。第二如此人生性剛愎。就暫時取不理的態度。既不立時奉行。也不當面辯駁。保留過相當時期以後。再行糾正。免得磨擦。這兩種辦法的運用。則要『因人而施』了。

掩飾推諉。是人類天賦的一種本領。正如昆虫的保護色一般。公事房裏。職員遲到。或是因爲路上麻煩。或是因爲天寒遲起。偶然的事。本不要緊。可是問起他來。不是說自己頭痛。就是說妻子害病。這眞是何苦的事情。由此而『充類盡義』起來。慢慢的帳目尾數。有些算錯。合不起數。就來改帳。甚而至於心想作弊。就根本做一張假單據來搪塞。好在查帳是查的手續。手續不錯。就不能挑剔。從前北京各衙門內辦事員。可以替人包做出差帳目。各地客棧戳記。無一不全。開起抽屜來。眞是洋洋大觀。可是我研究的結果。作弊之初步。還是從掩飾錯誤而起。因爲掩飾得法。就不惜進一步來撈一大票了。推諉更是省麻煩的妙訣。小而房內遺失物件。問起同室的人。不說我正在寫字。沒有注意。就說適在會客小便等等。至於公事辦錯。不說下級的疏忽。就說繕校的筆誤。遠地有重大事件發生。更可以補報告假。諉稱公出。總之有麻煩的時候。都沒有我在內。是最太平的方式。我平生最痛惡這個。所以明知要推諉的事情。就不大去問那些人。而拿我的直覺來下判斷。如果看出一存心推諉的人來。我就找他來當面談話。由遠及近。拿到了話柄。哼哼。看那時你還推到那裏去。

一箇人對於論事辦事。各有巧妙不同。本是很平常的事。應該由冷靜的第三者去取決纔是。可是有些根本錯誤的見解辦法。爲人家所反對後。還是饒饒不休。眞是太可惡了。他們的辦法。有時明知上層事忙。未必就替中層天天談到小問題。因此利用這個。向上層駁斥中層的辦法。（一個機關的主要幹部。當然是中層。）甚而至於已經領到的款項。出過收條以後。還可以向上層說該款未曾發下。目前需要。無法應付等語。有時候就在文字上打混。或者高談驢頭不對馬嘴的學理。或者遠引東西洋各國的精神和制度。來胡加辯駁。這種無聊的工作。實在是『心勞日拙』。所以我向來對於人家的報告。無一不向中層對質一下。因此就時時發現出强辯飾非的內幕。至於長篇高談學理的文章。我一看結論。判斷是非之後。就此擱置。不再細細去拜讀他。任他說得天花亂墜。我却『存而不論』。一則節省精神。再則免受誘惑。這個方法。不知大家以爲何如。

好勇好鬥。力爭上游。本是人類的向上性。也就是『戰爭創造文化』的意義。可是見人打架的事。畢竟還少。同事挑撥的事。就不勝其繁了。有些同室同事的朋友。爲了一張紙一張筆。就震天價的吵鬧起來。我就派一茶房前去勸阻。有的爲了研究某一問題。意見不合。好似弄假成眞的不悅於色。我就置之不理。看見神氣不妥。就馬上下一結論。更可惡的是一般人用挑撥的方法。當面是鞠躬盡瘁。追隨很力。可是背面就濫造謠言。大加誹謗。或者還舉出似是而非的證據來。並且一定還要附帶一句。此事聽見某人說的。可千萬不要說穿纔好。有時更在政務上有關係的地處。談談毫無根據的事務。一來自表他的遇事細心。二來便是『借故中傷』。他滿心想此種『故神其說』的方法。萬一發生作用。必可影響到對方的地位。可是事實還是事實。人家一兩次聽過。甚至祕密調查以後。毫無影子。此時不但對方的地位。沒有影響。可是本人的信用。反而破產。所以我一向逢到這種情形。向來取一個最好的辦法。就是『見怪不怪其怪自敗』。屢試屢驗。可以算學乖了。

我平生所遇見的人物。實在不少。可是統計起來。凡是見面好大吹大擂的人。結果都不甚圓滿。譬如曾經在報紙上投過一兩次稿件的人。往往自稱辦報有經驗。或者自已竟表示是個作家。又或者曾在十年前某一個機關中做掛名職員的。他必定要細述當年的情景。加油加醋。神龍活虎。表示他幕後的祕密工作。有時根本沒有做過事的人。不能報告經過。只可對於一切瞎發議論。如何提倡廉潔政治。如何注重科學管理。滔滔半小時。似是而非的老生常談。如果我們『需才孔亟』的時候。也很容易受到他們的『自我宣傳』。結果總是上了他們的當。也眞有人憑着一張利嘴。一帆風順的事業成功。眞是北京話所說的『冒上』了。可是遇見我這傻瓜。我早就學會了一個對案。就是用算學方程式來計算一下。凡是有聲有色。敍述經過。大發議論的朋友。他說得越起勁。我越減低借重他的意思。他越是不吹不打。反可以增加我對他的信仰。拿定了這個去研究人事。大約錯不到那裏去。老子勸人家大智若愚。眞是深通世故。可算是我的同志。

東方民族的道德。一向是隱惡揚善的。所以幾千年來。大家都抱着不得罪人的心理。眞眞是『末流之弊一至於此』了。我知道下級有違法之事。是很難瞞着一般最接近的同人。可是那個都不願多說一句話。儘管大家私相議論。可是負責任的長官一問起來。就乾脆回答一個不知道。上級有事。大家也莫不抱定『官官相護』的無上訓條。大概這裏邊包含有幾種心理。一•怕結怨。二•怕報復。三•怕連累。四•怕聲名傳出去。影響到長官和機關的名譽。而最重要的一點。就是事不干己。何必强出頭。找麻煩。甚而至於還有最高超的見解。以爲『水淸則無魚』是歷史上的訓條。或者『豺狼當道安問狐狸』是歷史上的佳話。如此幾種心理。合併起來。你想還容易得到眞實的下情麼。我對於這個問題。一方面體察人情。一方面勸求事實。好多年來。還始終沒有什麼好方法去應付。無論如何。輭說硬騙。總是達不到目的。一切一切。只有憑自己箇人去硬出頭。因之往往『事倍功半』。諸位不知有何高見。能够解決這個問題。還請隨時指敎。

自尊心理。原是人生向上的一種心理。比自卑可高明得多。但是自高的人。往往就不肯服善。孟子說『舜亦人也余亦人也』。這本是政治家運用自尊心理。來引起羣衆信仰的一個例子。可是有時說得太過火了。或距離事實太遠。或者說在剛剛不適宜的場合。這就只有加增人家厭惡的心理。甚而至於發言人反受發言之累了。我常常研究一部份的能力和人事。問起主管的人來。無論對與不對。總還有個答覆。問起一同工作的人來。就不大有什麼答案。倘然再進一步。問起某人這麼樣。他那答案。往往表示他的成績也不過如此。這中間就包含了『我的成績很不壞。他的成績並不好』。同時充分發揮了自尊和不服善的精神。又常常在開會的時間。大家要拿個主意出來。起先大家一言不發。可是有一個人提出方案以後。大家討論起來。就不免來了無數的『修正補充』。本來悉心研究。相互討論。原是極應該的事情。可是討論時候。各人神色之中。終不免有些自尊和不服善的表現。我對於這個問題。自己勉勵自己和勸導別人。向來都是提高自尊心。並且同時絕對服善。你想一個書記寫一筆好小楷。一個打字員幾分鐘內打出一篇稿子來。我就不會。能够不佩服他麼。再說一件事體。由我一個人辦。連交涉帶擬稿。還要鈔寫封發。試問是否辦得了。我們平心一想。實在是應該服善。千萬只可自尊。不可自大。同時對付那充滿自尊心的人們。還不妨可以相當同情。徐看成績。可是對於性好自大。表示不服善的人。最好是『嗤之以鼻』。『相行不理』。

以上片片斷斷。隨便寫去。一霎眼就寫了兩個年頭。（三十一年度到三十二年度。）可是還有很多的感想見聞。實在還來不及列舉出來。我想就此打住。同時還請大家研究更進一步的對策。讓我再過相當時候。『學』得可以更『優』一些。這眞是感謝不盡的。

關於『御碑亭』

徐一士

『御碑亭』夙號名劇，名伶演之，足娛視聽，在藝術上自有其相當之價值也。惟斯劇情節，似不無可商者。

近者，斯劇已攝成電影，出見於銀幕，當更爲藝術上之一種發展。『華北影壇新供獻——『御碑亭』評介』（見民國三十一年十一月二十一日北京『電影報』）有云：『「御碑亭」一劇，又名「金榜樂」，是一齣具有教育性的家庭悲喜劇，譬如劇中柳生春的「正誠」與孟月華的「貞節」，都是值得人模仿和欽佩的，這裏不但教人向善，而且更能發揚出東方固有的美德。此片的演員都是舞台上的超越角色，有着相當的實力，此外不論劇本、攝影、錄音、佈景、燈光，都是力求完美。這是一部極有價值的、蓄着無限意義的京劇影片，值得一看，特的推薦給古城的觀衆。』蓋除表示關於藝術方面諸事之精美外，並介紹其道德上之意義、價值及效用。此種論調，固多數談劇者之見解也。余曩作劇話，曾論及斯劇，聊爲舊話之重提，以就正於當世。

余自幼卽喜觀劇，（近十餘年，興致闌珊，乃極罕涉足劇場矣。）然於音律等等缺乏基本之知識，亦不過隨便看看，隨便聽聽而已，對此道實門外漢也。談劇文字，所作甚少。民國二十七年九月，『新北京報』主者忽敦約逐日爲撰此類文字，辭以不能，則固請，謂在談劇之標題下無論說些什麼均所歡迎，余乃有『愛吾廬劇話』之作，每日寫一小段，至翌年三月始止，爲時蓋踰半載，實余文字生涯中一特例。所談不涉及板眼、腔調之類，不敢强不知以爲知也。惟於劇情等時有揚搉，或談有關戲劇之掌故，亦或由談劇而闌入其他，如俗所謂『跑野馬』者，（今談『關於御碑亭』，而述及余之作劇話，亦可謂『跑野馬』矣！）適成其爲余之劇話而已。（當其時，某君語余曰：『甚喜君之劇話，每日必閱之。』余曰：『君懂戲乎？余於此道實門外漢，隨意漫談，固不足言劇話也。』某君曰：『我不但不懂戲，且向不看戲；所觀者爲君之「話」，不管「劇」不「劇」也！』似可反證此種不具戲劇基本知識之劇話，不足爲眞的劇話。）其論戲情者，有『御碑亭』一篇，卽對傳統的見解而作翻案。時有自言『不會評戲』之王君（署名『里人』）先對斯劇加以討論，余更起而論之。王君之作，題曰『偶然想起』，見於『北京益世報』（民國二十七年十二月九日），其文云：

第一，先得聲明，我不大喜歡看戲，更不會評戲，這裏說的雖多少與戲劇有關，其實是另外一件事。

某年月日，我曾看過一齣叫做『御碑亭』的戲。戲的情節大略這樣：一位投考的擧子，中途遇着暴雨，跑到御碑亭裏躲避。這時另有一個不相識的婦女也在亭子裏避雨，兩人不交一言的過了一夜，次日天明雨歇各自散了。這個舉子投考時文章做得不好，却因爲在御碑亭裏不曾做下虧心的事，有陰功，所以中了進士。

我想神的賞罰和人間的應當差不多，都該以行爲作標準。譬如『奸淫』要受罰，因爲『奸淫』是一種惡劣的行爲，同時却沒聽說因爲『不奸淫』而受賞的，因爲『不奸淫』是絕對消極的靜止的狀態，根本不成一種行爲。

傳說蜀先主時曾一度禁酒，人家藏有酒具的都要受罰。一天和法正外出，遇見一個走路的，法正說：『這人犯了奸淫罪，該死！』先主很驚訝說：『怎見得他犯了奸淫罪呢？』法正說：『因爲他有淫具。』於是先主一笑會意，從此便除去『酒具』之罰。夫不淫而有淫具，不該受罰；反之，有淫具而不淫，也不該得賞。這道理很淺顯，不消細說。

因此想到，這種戲劇不但不能提高道德標準，反而把作者的卑鄙完全暴露了。他把不調戲良家婦女，這種最低限度常人應有的態度，認爲難能可貴，算作一件陰功，不正反影出自己的齷齪可憐嗎？中國的戲劇，本來淺薄俚俗的居多，不必深論。然他所表現的這一類的思想，常和名賢集、陰騭文、關聖帝君勸善文一類相副而行，深入人心，也有些可怕。

余既見此，乃於『劇話』中亦談斯劇，分五日寫登，其文如左：

御碑亭，向號爲提倡道德之名劇，然理實難通，余昔年曾略論之。頃於本月九日益世報瓊林版，得見『里人』（王君）之『偶然想起』，論此劇益明快，……語氣雖若近刻，而自是通達之論。此劇不但有將道德標準降低之弊，且將女子寫得太軟弱、太無能。通常女子體力雖較遜於男子，然豈眞如紅樓夢中對於薛寶釵、林黛玉之詠諸的形容，一口氣可以吹化、吹倒耶？一女子與一男子相値於無人之地，縱男子有軌外之行動，女子何便毫無抵抗之力，且不作抵抗之想，（柳生春不過一文弱書生耳。）而只有如孟月華所唱『倘若是少年人他淫惡心盛，那時節倒叫我喊叫無門。』『倘若是少年人心不正，豈不失却我的貞節名』乎？果如是，女子貞節之失（完全被動的），亦太易易矣。（十二月十二日見報）

此劇之本事，見於小說者，似『食歡報』（又名『三續今古奇觀』）中有之。此書多描寫淫褻之事，而以果報爲說，蓋諷一勸百，故以淫書而被禁止（坊間曾見有刪節之本）。其中各篇，不描寫淫褻之事者，或僅此一篇，似係開卷第一篇也。

人人常演之御碑亭劇，於此書所寫，蓋已有所修正。此書似謂孟月華回家後，作詩一首，有當時彼人如果相迫只可從之之意；劇中所演，則詩句不同，所以尊重其人格也。又，劇中柳生春有『我若離開此處，要有歹人到來，如何是好』等白，蓋不但不侵犯，兼有保護之意，似爲書中所無，編劇者殆亦覺但不侵犯未可即認爲應中進士之大陰功，故加此耳。雖然如是，全劇猶不免欠通處。此劇或係根據他書所載之此項相傳的故事，茲姑就此書言之耳。——（十三日見報）

王君謂：『傳說蜀先主時曾一度禁酒，人家藏有酒具的都要受罰。一天和法正外出，……於是先主一笑會意，從此便除去「酒具」之罰。夫不淫而有淫具，不該受罰；反之，有淫具而不淫，也不該得賞。……』取譬亦頗妙，所以申示不應將『不奸淫』（常人應有的態度）看作類乎奇蹟之優卓的行爲也。

惟所云法正，乃簡雍事。三國志簡雍傳：『時天旱禁酒，釀者有刑。吏於人家索得釀具，論者欲令與作酒者同罰。雍與先主遊觀，見一男女行道，謂先主曰：「彼人欲行淫，何以不縛？」先主曰：「卿何以知之？」雍對曰：「彼有其具，與欲釀者同。」先主大笑，而原欲釀者。』蓋符於王君所論賞罰『該以行爲作標準』也。至王君謂爲法正事，或以法正傳有諸葛亮『法孝直若在，則能制主上令不東行』之嘆，而聯想偶失，亦未可知。其人之爲誰氏，於此題無關宏旨，茲順筆及之，非敢有吹毛求疵之意，聊爲曝獻而已。——（十四日見報）

此劇中，有道一聞妹淑英之報告，便斷定『那黑夜，在碑亭，定有隱情』，而『難留下賤人』，遂不顧『實實難捨結髮人』，『思想恩愛淚難忍，孤單淒淒悶愁人』，遽然爲『從前恩愛一時盡，若要相逢萬不能』之休妻的舉動，已够荒唐矣，而淑英初聞月華述夜來之事，亦即先有『聽他言，不由我，心中暗笑。有幾個，柳下惠，心不動搖』之測度，蓋均不信一男一女黑夜相遇於無人之處，而能無苟且之行爲，將一般人之道德標準降低到如是，不誠如王君所謂『把作者的卑鄙完全暴露了』乎？

有道聞妹言而立即休妻，以其『定有隱情』，斷斷乎不可恕也，却又語妹以：『哎呀，方才是你多口，惹出這樣事來！從今以後，要你閉口無言，才是我的好妹子！』其意若曰，雖有『隱情』，只要自己不知，亦屬無妨，惟妹不應不將『孤男寡女』同在碑亭一宵之事代爲對已隱瞞耳！亦可笑之甚。——（十六日見報）

有道休妻，自屬荒唐，而月華被考官褒以『賢德烈女』『難得』云云，亦殊溢美而不倫，是又將一般人道德標準降低之故，蓋以爲不爲勾引男子之蕩婦，便算『難得』之『賢德烈女』耳。

科舉時代，談因果者每藉考試之事而張其說，雖意在勸善，而盲試官却可引以解嘲，謂文劣而入彀者當是本身（或先世）有陰功（或命運之佳）也。此劇寫生春之中式，賴朱衣神出現，亦勸善之意。紀昀『閱微草堂筆記』喜談因果命運之類，而『灤陽消夏錄』卷五有云：『李又聃先生言：昔有寒士下第者，焚其遺卷，牒訴於文昌祠。夜夢神語曰：「爾讀書半生，尚不知窮達有命耶！」嘗侍先姚安公，偶述是事。先姚安公怫然曰：「又聃應舉之士，傳此語則可；汝輩手掌文衡者，傳此語則不可！聚奎堂柱有熊孝感相國題聯曰：赫赫科條，袖裏常存惟白簡；明明案牘，簾前何處有朱衣！汝未之見乎？」』雖猶以立場不同爲說，而二者之不相容性固甚著矣。

關於此劇，猶有餘義，以巳接連五天，姑止於此。—（十七日見報）

然則此劇竟可一筆抹煞乎，斯又有未可一概而論者焉。除藝術上自有其優點足供欣賞外，更可作爲硏究舊時代社會思想之一資料，以其本爲基於舊時代社會思想之產物也。社會重視科第，重視貞操，談因果報應者藉『一舉成名』之光榮，爲修已敦品之勸勉，乃有此類傳說暨戲劇之流行，驟視之若天道報施不爽，足令人束身規矩不敢爲非，細按之則矜凡人所應持守者爲奇跡卓行，於理難通矣。（降低道德標準。）所謂『人禽之界』，不宜即看作道德遠高乎常人者與所謂『衣冠禽獸』者之界也。談因果報應者，以勸善懲惡相揭櫫，非無苦心，特所示於人者或不盡合理，斯固可爲其一例已。提倡道德，誠當務之急，特未可專恃此類因果報應之說耳。

頭又思之，斯劇主旨，在揭明貞操之重要，誡人勿犯淫行，所欲風示觀衆者，蓋以不淫之獲善報，反映出犯淫則獲惡報，高第以獎不淫，即所以示酷罰將用以懲淫，垂戒在此。我國傳統的戲劇（所謂『京劇』之類），詞句或情節欠通者不少，然大都可以節取，或關乎社會背景，或關於民間意識，每含有史料（抽象的）等價值，是在觀者之審爲抉擇焉。（觀衆如不深求，則對斯劇亦可僅生貞操宜重淫行宜戒之感，而於劇中不合理處弗予措意也。）

右所論乃就戲劇的御碑亭言之，未必即適合於電影的御碑亭也。電影的御碑亭，『評介』又有云：『在這古老的都城中，京劇一向是占有相當的勢力，以着牢不可破的陳腐方法演出，適合於一般觀衆的口味，若干年來，仍然保守着古老的淺浮演法，所以京劇始終沒有任何新的演進！……爲了舞台觀衆的一種習慣心理，而想利用電影來着手改良京劇，闡揚京劇。……這次又攝成了這部「御碑亭」。』如所云，大有『破陳腐舊套』之意，對於斯劇，不僅『闡揚』，而且『改良』，俾有『新的演進』，或將原來之欠通處加以不少之更易，而具變通盡善之成績歟。

關於御碑亭一劇故事之來歷，又據天津『庸報』（民國三十一年十一月三日）『滿庭芳』版載『御碑亭故事來源考』云：『「御碑亭」一劇演王有道休妻故事，續古今奇觀中載此事，題爲「王有道疑心棄妻子」，裏面的故事與現在舞台所演絲毫無異。王有道因妻子避雨御碑亭，一夜未歸，疑其與同避雨之柳生春必有瓜葛之事，因此而不問皂白即寫休書棄之，遂構成寃柳公案，幸遇試師申嵩，爲之證明，完好如初。這個故事流傳很久，……多不直王有道之所爲。偶讀明之慾海慈航錄記載一事，情節與此劇甚相似，但未說明爲王有道之妻，亦未言及姓王之故事。原文爲：「明天順間，某生浙人，讀書山中。一日歸途遇雨，遙見前有漢光武廟，趨赴之，先有一少婦在焉。生乃拱立一隅，目不流盼，抵暮雨益猛，勢不能行，遂各面壁而坐，雞鳴雨止，某生先行，婦感其德，歸以告夫。夫亦儒生，竟以瓜李之嫌出之。」故事是如此，但沒說明以後是否又破鏡重圓，以情節而論，乃與御碑亭前半之情節相同。另據明人「不可錄」載：「杭學庠生柳某，因探親遇雨，投宿荒園內，先有一少婦避雨，生竟夕無異志，拱立簷外，至曉而去。少婦乃庠生王某妻也。婦感生德，以告其夫，夫反疑而去之。後王獲鄉薦，適與柳生同房，因話避雨事，王乃感歎，迎其妻完聚，且以妹爲柳續絃。」不可錄所載與現在京劇所演相同，但也沒說明王有道及柳生春，只言王某與柳某，且無以後申嵩判明之經過，不過均可以爲御碑亭劇本的來源而已。』所述可資參稽。『續古今奇觀』之名頗生，或言『續今古奇觀』耶。惟『續今古奇觀』（一名『拍案驚奇』）中似無此篇，疑亦指『三續今古奇觀』。要之，此項傳說之流衍，由來已久（情事亦遂不無異同），御碑亭劇本係直接根據何書所編殆不易確斷也。

近代書人

鄭秉珊

文字，原是紀載智識，傳達思想的工具。但中國的文字，因爲是方塊獨體單音的，四千年來，又多變遷，所以就其筆畫和結體論，有正草隸篆的區別，各派各體的不同，研究這種種現象，便成爲一種書學，別有藝術上的價值，而國人對於文字的藝術價值，自魏晉以來，二千年中，便一向重視的。

明清兩代，以帖括取士，進士的會試，書法與文章並重，所以士人在幼時，整日的功課，便是讀書寫字。又一入仕途，儘有許多閒暇，便把書法做消遣品，士人大半能書，便是這個原故。即以普通一般人而論，倘若書法工整，也處處容易得到他人的重視。所以書法在中國社會上，又和新潔的衣服冠履一般，尙有裝飾的價值。

相傳明朝的文徵明，每天早上起身，先寫千字文一遍，然後進早餐，八十歲以後，還寫蠅頭小楷。元朝的趙子昂，寫小楷最精熟，運筆如飛，一日可寫萬字。清朝的王夢樓，在快雨堂中習書，眞是遺得失，忘寒暑，窮晝夜以爲之。討平太平天國的曾國藩，雖在戎馬倥傯的當兒，也不廢書課，在他的日記裏，記載着許多研究書法的心得。可見中國士人對於書法，大半是傾一生的精力去從事的。可是士人對於書法的研究，雖然如此的辛勤，但對於書法的成就，却又認爲是小道，任何人都不肯儼然以書家自居，又不肯拿鬻字爲生活。以爲倘是這樣，那是文人的末路了。所以儘有許多畫家，本領平常，却可靠畫爲生，而書法造詣很深的人，却不肯拿字去賣錢。直到今日，我人研究書法，尙是最純粹的爲藝術而藝術。

要談近代的書人，用怎樣的敘述方法最適當，那是很困難決定的。現在姑用一種便宜的假定；因爲在這三十年間，其書派的流行最廣者，莫過於這幾個人，而這幾個人，却都是勝清的遺老。那麼就從遺老們的書法談起吧！實際上這幾個人的造詣，確有書人的資格，他們的得名，並不是偶然的。

記得在民初的時候，大家都好臨龍門二十品張猛龍和鄭文公碑，江浙兩省間，尤其盛行。這個原因，遠的是受包世臣康有爲著的藝舟雙楫影響，近的是受清道人的影響，清道人原名李瑞清，江西臨川人，他早年的書法，是學宋朝蘇黃蔡米四家書，功力頗深，後來纔寫北碑的。光復後到上海，鬻字爲生。他的用筆，故意顫慄澀曲，別成一種新體，模仿的人很多。他清末主持南京兩江師範，所以南京方面，現在還有寫他這一派字的，如胡小石便是他的高足。同時與他在滬上齊名的，有衡陽曾熙。清道人的到滬賣字，還是受他的勸告。農髯的字，是寫焦山瘞鶴銘和泰山金剛經體。偶然寫隸書，是取法西嶽華山廟，再參以何子貞的筆意。兩人工力，可稱悉敵，民初時候，便是他們最光輝的時代了。

南海康有爲，壯年時著有廣藝舟雙楫。引申包世臣的主張，斥帖尊碑，崇魏卑唐，議論颷發，取材宏博，凡是研究過書法的人，怕誰都讀過這部書，傾倒他的主張吧！他的書法，結體宗石門頌石門銘，而運以乾墨枯勁之筆。篆書學鄧完白，也有相當的功夫。他的字以氣魄勝人，他人學之則蹶；如李石岑的字，便是學他的，可是氣度相差得太遠了。南海自稱，眼中有神，腕下有鬼，自己也知道有眼高手低的弊病。至於他的論書主張的是否可取。見知見仁，在人自擇，殊不敢贅加一辭。

閩侯鄭孝胥，字蘇堪，字學蘇東坡體，筆畫豐茂。後來參以李超墓誌，駸駸入古。他曾爲商務印書館寫學生用帖多種，因此模仿他書法的人極多。他天分極高，下筆有超舉騰越的氣象，但是晚年的字，却趨於瘦削，頗有習氣，學者往往未得其好處，却先學得他的壞處了。隸書臨西嶽華山碑、張遷碑，也很有氣魄。

羅振玉的小行楷，是學翁覃溪。也擅書帖的考據，又能小篆，光緒中河南安陽發現龜甲獸骨，上面刻有文字，最先爲劉鐵雲所得，鐵雲歿後，他收得頗多，經他的研究，斷定牠是商代占卜所用，並考釋上面所刻的文字。這是考古學的一大發現，他有很大的貢獻。晚年喜集商卜文字寫對聯。寫商卜文的風氣，便是他開的，爲書苑另拓一個新天地，其功是不可沒的。

清朝末年，金石學最爲發達。寫篆籀體最著名的有吳大澂等，入民國後要推金粱爲翹楚。他的用筆結體，極爲放縱自由，在吳氏外另有一種境界，這是多看鐘鼎文得其神趣的結果。還有李準所寫的篆書，較爲平實，韻致却不如多了。

以行草著名的有嘉興沈曾植寐叟。他最初學包安吳，沒有多大的成就。晚年深悟黃道周和章草的筆法，用筆頓挫翩韆，如白雲在霄，舒卷自如。結體雖散漫，而氣韻高逸。他是一代通人，人品高潔，門弟子衆多，所以他的書派，也很盛傳，如王蘧常陳柱尊等，都是這一派，畫家潘天授也是私淑他的。

以上幾位遺老，幼年臨池工深，又都博雅好古，精究碑版，入民國後，隱居不仕，得以全力從事於翰墨，而俱能自闢畦逕，另創新的面目。他如陳寶琛的小行楷，章一山的行草書，工力雖深而未能變化。詩人陳三立陳衍諸人的書法，那是書以人重，又當別論了。

書畫同源。畫家朝夕染翰，書法自然也有進境。而且不少畫家，實際是書畫兼擅，不過畫得了名，書爲畫掩。在諸位遺老之後，談得到書學精深的，非畫家莫屬了。就我所見而論，如陳半丁陳師曾的篆書，是臨石鼓，俱得吳缶老的精髓。陳半丁的隸書，有清初鄭谷口和石濤的意味。陳師曾的眞書，學北魏也有獨到處。偶寫爨體，是受經亨頤的影響，因爲他們兩人，在日本留學時是同學的緣故。鄭曼青專精李北海，鄭午昌得法於華新羅。吳觀岱草書精熟，曾臨書譜數百通。吳湖帆系出世家，仿宋徽宗的瘦金體，有華貴的氣象。齊白石書畫篆刻，俱學吳缶翁而出之以勁利，因之別成一體。高郵王陶民，小楷仿晉人極古雅，後來學李復堂書畫，亦有奇趣，惜中年遽歿，流傳極少。錢瘦鐵的四體書，師鄭大鶴，尤以隸書古雅可愛。符鐵年的父親是符子琴，清季書畫名家，家學淵源，故四體兼工，行書法米南宮，隸書學何道州，論其功力，實較其畫爲深。王師子的篆隸眞行，俱很可觀，尤以籀書爲最工。黃賓虹行書瘦勁，也能篆書。賀天健的行書，從東坡入手，很有功力。蕭厔泉書法顏魯公劉文淸，大字的謹嚴樸厚，一時儕輩莫及。經頤淵的書畫，比較他的畫爲好，喜集碑字爲聯，一時寫爨體的風氣，是他所創導的。高劍父的書畫，奇崛可喜，但多少染上日本風味，也隨處流露粵人的特性。徐悲鴻頗以書畫自詡，可是似乎沒有怎樣了不起。張大千是淸道人曾農髯的學生，筆法不出他二人的範圍。溥心畬的行楷雋美，徐石雪的趙字，工力很深。王一亭行書學吳缶老，而遜其蒼古。近年活躍於上海畫壇的杭人唐雲，畫固然出羣，書法也是俊秀可喜的。女畫家中，顧靑瑤是顧若波的女孫，通小學，能篆刻，寫篆籀文很工穩。李秋君的書畫，從惲南田入手，畫雖數變，書法仍是惲派。張紅薇精工細花卉，字學褚河南。周錬霞的趙字，功力雖有，而結體太平庸了。

上海，是全國人才薈萃之區，各省著名的畫家，旅居於上海的很多。舉上海一隅的畫家而論全國藝術趨勢，可以十得其七八。又教育部曾舉行全國美展兩次於上海南京，其中繪畫出品，可說是網羅全國的精英，可是書法方面則不然。全國美展中書法出品並不多，也不能代表全國的書法界。而在上海的書法名家，也沒有多少人，據各種的考察，西北西南以及四川諸省，書法有高超的成就者極多，（即學校中的學生，其書法成績，也較江浙諸省爲高。）但因僻居內地，致書名不能普傳於全國。又不能如旅滬諸名家的易爲人所熟知。民國以後，以書人的姿態出現於滬上的，僅有伊立勳何維樸吳昌碩譚澤闓趙叔孺任堇叔高邕之等諸人。伊氏是伊墨卿的後裔，何氏是何子貞的孫子，家學相承，工力有餘，而天趣不足。吳缶老的石鼓文，享中外大名，但譽者雖多，毀者亦不少。鄙意中年所書，有吳讓之楊沂孫的風格，實較晚年作品爲佳。近年學者專師他的晚年作品，往往有獷俗的習氣。譚澤闓寫錢南園翁松禪一派的顏體，淸剛渾厚，卓犖不羣。趙叔孺本來寫趙撝叔體的魏碑，但是近年亦寫趙松雪體了。篆書精整，篆刻亦精，弟子很多。任堇叔書仿鍾太傅，意境不凡，以不能寫大字爲憾。高邕之藏筆鋒寫李北海體，現在尙有人仿效他。以上諸人，除伊氏譚氏外，都能繪事，吳缶翁尤以畫置中人產，但不列於畫家一系者，即是他們書優於畫之故。現在他們已或死或老，後繼者求能有他們一般的造詣，恐怕已是難得了。

現在滬上著名的書家，有馬公愚等。馬公愚早年寫鐘鼎，近來隸書仿曹全碑，行楷法趙文敏，功力日深。鄧純鐵精篆刻，師趙古泥，有一生低首趙虞山的詩句。趙古泥是吳缶翁的弟子，所以他篆書學吳昌碩，行草則學沈寐叟，俱取法近人。後來隸書學伊墨卿和張遷碑，近又參之以曹景完碑。草書寫閣帖。實在他的作品，還是以篆刻爲最好。鄒夢禪的隸書也仿伊氏，行草臨黃石齋，亦能篆刻，取逕與鄧氏相近，所作也可以頡頏。靑山農黃葆戉的隸書，是師他鄉先哲伊默盦，他服務於商務印書館，該館出版物的題眉，都出之他手。白蕉的小楷小行書，很秀美，楹聯上的字，便覺得氣力不勝。李肖白是曾農髯的學生，學他老師很像，近來函札書體，仿效葉譽虎。王福厂精篆刻，篆書用漢印的篆體，隸書工整，惜少古意。王西神楷書由唐人入手，稍參魏碑，隸書寫裴慧明碑，小篆仿玉箸篆體，俱以小品爲佳，已於月前病逝於南京。沈尹默久住北平，一度在上海鬻書，他的方寸行楷，臨懷仁聖教序，精美無倫比。楹聯上的字，參以魏碑，用筆稍拘而有肅穆厚重的意味，論當代的行楷書工力，他的地位是站得很高的。

海上女書家，前有莊蘩詩，後有馮文鳳。莊是莊蘊寬的妹子，書學經石峪金剛經和張廉卿，參以隸體，書有楷隸楚辭和陶詩行世，簡質無脂粉氣。馮文鳳仿趙子謙，形神宛肖，可稱具體。隸書寫曹全碑，腕力沉着；近來習畫花卉，也很可觀，鍥而不舍，將來成就不可限量，確是不可多得的人才。

言爲心聲，書爲心畫。就書法可以斷定作者的性情環境，年齡榮枯，以及人格行爲，確有至理，並不是迷信的行爲。文學家的感情，較常人爲豐富，因此他們筆致間往往流露獨特的趣味。雖功力不能與專門書家相比，叫他寫中堂及楹帖，未能見好，但其簡札文稿，却有保留珍玩的價值。從前袁隨園不以書名，而包安吳的國朝書品，列之入逸品，正因爲用筆有生秀的逸趣。厲太鴻不工書，而以詩詞見稱，但所遺手蹟，後人珍若拱璧。那麼談談文學家的書法，也是很有趣味的一回事。

章太炎先生深於六書之學，他的篆書，古淡有眞味，想見用力亦不小。魯迅翁和周作人昆仲倆，在日本時受業章氏，研究小學。魯迅後來很喜歡蒐集古刻，抄錄碑版文字，所寫文稿都用毛筆，清秀雅正，可以看出對於書法的有研究。知堂寫經體，閒雅簡澹，有魏晉風度，還是因他學問深邃和生涯閒適的原故，書如其人，確切不易。現在北方學這派書法的人很多，南方的胡蘭成書法，亦同此一路。錢玄同的隸書，有唐隸的風格。梁任公的文章，才氣橫逸，但寫的魏碑，却謹守矩矱，工力深到。他寫的集宋詞楹帖，爲世所珍。王觀堂楷書方正，落筆不苟，一似他治學的篤實謹嚴，人生觀的嚴肅，因此有昆明湖的自沉。胡適之寫的是東坡體，東坡用筆沉鬱，結體雄渾，胡氏則爲娟秀，一似他的文章，條理清暢，而乏耐人尋味之趣，大概是留學美洲，現代人的氣息太重了。弘一上人李叔同，書學張猛龍，出家以後，所寫經文，力求質實樸厚，而靈秀之氣，終不可掩。豐子愷是他的弟子，書法也受他的影響。葉聖陶的小說，取材現實，描寫細膩，修辭無懈可擊，書法也是平正溫潤。他早年對於篆刻書法，俱很有研究，所以書法充分表現學人的風格。吳梅以詞曲名家，晚年咽喉失音，故書法秀雅有致，而筆畫瘦弱。郁達夫的字，落拓有趣。綜觀以上諸人，雖大半是新文學家，但對於舊文學和書法，都有根底，因此書蹟爲世人所愛好。至於純粹的白話文學家，草稿大半用鋼筆書寫，有的很清麗，據說也有如塗鴉滿紙，不堪卒讀的。我很愛沈從文書法的秀麗，聽說胡也頻丁玲二人的書法，和他如出一手，這是因爲大家玩在一起，互相薰陶的原故。

關於政治要人的書法，中山先生行楷，氣魄闊大，很像東坡，眞是一代偉人，足以籠罩一切。中山的著作，充滿儒家的氣息，書法中也頗有藹然的道氣，想見他對於國故研究的深沉。汪先生的行書，學董文敏有自得之趣，小字尤佳。褚重行寫柳書玄祕塔體，柳氏的金剛經，清季在燉煌石窟發現，褚氏也寫有金剛經刻石。胡漢民氏秉性的狷介方正，形之於所臨曹全碑。譚延闓的字，得力於魯公大麻姑仙壇記，手臨不下數十百本，行楷又參以錢南園翁松禪，與譚澤闓可稱兩難。但晚年所寫，稍乏清剛的氣韻，大概是作了大官，應酬太多的原故罷！于右任寫魏碑體，中年的最好，晚年作品，活現出世故老人的神氣。他藏的北碑原石很多，有鴛鴦七誌齋藏石同行世。吳稚暉的小學很有研究，小篆學楊沂孫，功力很深，微惜無蒼古之趣。葉恭綽的楷書，勁挺入古，看他溫文爾雅的樣子，却不料有這樣的氣力，這是用工極深的成績，當代書苑中，他也是可稱道的一個。武人之中，吳佩孚的草書不入格，可見他個性的剛愎。我最愛黃克強先生的行書，推為革命黨人第一，非李烈鈞輩所可及。胡適詩云：「昔年曾見將軍之家書，字跡娟秀似大蘇。」東坡書體，似非娟秀兩字所能盡，克強先生的書法，却非蘇體也。以上略舉所見談談，其他從略。

論近代的書法，講到功力方面，較之清朝，那是相差得多了。豈特不能與清代相比，卽和日本的名家比較，似乎也有些相形見絀！最近參觀東亞書道展覽會，日本方面審查員的出品，都是丈幅中堂，行草書用筆的圓熟，體勢的雄健，優入能品，是使我驚駭不置，而為中國出品所望塵莫及的。但是話又得說回來，書法的最高境界，須有淵雅渾穆的韻味，作者獨特的筆法和面目，這是日本書家所短，而我之所長，而現代書體的變態衆多，這個特色，也是清代諸家所夢想不到，也不敢輕於嘗試的。現在的小學校，教學書法，以方正敏捷為目的，上課時用毛筆的機會也極少，書法程度一般的低落，那是無可諱言的。但近來古器物出土日多，使我們瞭然於古代書蹟的眞面目，自有一般好古博雅之士，把書法當做美術，同繪畫一樣的硏習，那麼書法的新面目新技巧，以後還是層出不窮呢！

通訊

『記龔半倫』補遺

陳乃乾

樸之社長史席：

識荆無緣，延企為勞。茲讀『古今』十五期，有楊靜盦先生『記龔半倫』一文，未詳孝拱卒年。按孝拱卒於光緒四年冬，年六十二歲。（楊先生謂同治三年，龔年四十七，乃誤，依實足年齡推算，當作四十八為是。）其卒之前一年，欲以所藏碑帖售於趙惠甫（烈文），議價未諧，卒後其家人卽售於蘇人徐翰卿，卽著『前塵夢影錄』者徐康之子也。後惠甫從徐處得之。敝處藏唐碑數種，皆龔物而有趙跋者，如石壁寺甘露義壇碑跋云：『光緒丙子，仁和龔孝拱持易銀餅，丁丑秋索去，孝叟之歿，其家以歸蘇人徐翰卿，庚辰春復至靜圃（趙氏園名），仍如原價得之。』

李光顏碑跋云：『孝叟物已與余復取去，叟歿，徐乃持來。』

『淞濱瑣話』所記孝拱剪碎碑本，值五百金者，與眞相略有不符，亦非發狂疾也。蓋孝拱於古籀文，致力甚深，欲有所撰著，恐摹寫失眞，遂以鐘鼎文原拓本及木刻薛氏阮氏諸書剪入自己稿本中，今有手稿數册，藏杭州高野侯家，可證也。其所欲撰著者，體例略如『說文古籀補』，而未能成書，至其所藏碑帖，敝帚自珍，因計較價值，且不惜與二十餘年來平生第一知己趙烈文絕交，安能剪棄之乎？況遺物流傳，皆可蹤跡也。龔趙二人之事，見拙著『趙烈文言行摘記』中，此稿昨日已交孫道始（祖基）先生轉呈。卽頌指正。匆頌

著祺。

教弟陳乃乾再拜（一月十九日）

憶三家邨

文載道

人當空靜下來的時候，最容易墜入沈思和回憶之中。急景凋年，風月淒清。在這時候，覺得鄉間的廊簷屋角之下，和家人曝着溫朗的朝陽，或抬頭望望瓦上啁啄的黃雀，以至一個人靜靜的把身心浸潤在記憶之中，皆自有一種萬物靜觀的從容意趣。這說來好像有些暮氣。但在眼前的寂寞昏黃客館中，雖不至如張陶庵那樣的把回憶看作刦火猛烈，燒之不失。但舉目雲天，遙思往事，大概也難免有一縷難言的淒酸和悲涼，來自我們的心吧——至於回憶之中，自也以兒時的遊酌哀樂，最易令人中心藏之。所謂馬齒雖長而童心猶在，可見原不限於區區一人。這裏我像做賦得詩那樣的，先拈題目，再押聲韻，就以「三家村」開始。

凡是一向生長在偏僻一點的鄉下的，多數總要經過幾年幼學瓊林，大中論孟之類的「薰陶」。教師也多數有一點功名的，大約自舉人至於秀才。舉人以上因爲總可弄到一官半職，所以也不會來過這種冷板凳生涯了——這就是所謂私塾。用新一點的話來說，正是智識份子的沒落的一途。但這裏並沒有辱沒三家村老師們的意思，我們可以老老實實的捧出「大成至聖先師」孔夫子來，他非惟是沒落的貴族，而且還是文獻無徵的亡國之後。他老先生栖栖遑遑奔走一生，到頭來還是以冷板凳終其餘年。傳云魯昭公二十四年孟僖子命其子南宮敬叔及孟懿子師事孔子，時孔子纔逾而立。然這也並無嚴格的授受形式。迨自周返魯，一直至晚歲隱居，纔擴大而有所謂三千弟子。論語中說：「自行束修以上，吾未嘗無誨也。」古代的束修乃是師生初覿面時的禮物，其品類也不出絹帛酒肉。於此可見孔子大概是有教無類，連大盜和鄙夫都誨之不倦，不像有些冬烘那樣的尖酸迂仄。論語中時有記載孔門雍容寬博的氣象，如「公冶長」篇云：

「顏淵季路侍，子曰：盍各言爾志？子路曰：願車馬衣輕裘，與朋友共，敝之而無憾。顏淵曰，願無伐善，無施勞。子路曰：願聞子之志。子曰：老者安之，朋友信之，少者懷之。」

這境界實在覺得親切而有光澤，正是儒家淡泊淑靜的好的一面。孔子自己的話，尤其切實而素樸。綜合起來，也就正是善與人同而已。但這却不是一些遺老或國粹狂者所能企及。他們第一就缺少那種寬博而澄明的修養，但說出題目來卻要比孔門師弟深高得多，其結果遂流入讀書人最泛濫的路上去，連自己也約束不住，正是自然之理——但是慢着。有嘴說旁人，無嘴說自身，像我們那樣的又豈能免於這些通病呢！然則這也不待別人的反唇相譏，老實地先在此畫一個喏吧。

私家的授學，恐以春秋以來爲最發達。不過這與後來的私塾是迥不相同。私塾只是讀書人一個餬口的小圈子，斯文一點的說法就是「半耕半讀」。不過自己大抵也有幾片田地，至於莫的像長沮桀溺似的耕耘着，幾乎是沒有的。這裏應得把耕字看得廣義一點，如諸葛先生之躬耕南陽一樣。或者呢，如陸劍南詩中說的，人生覓飯原多術，最下方爲祿代耕。把不食祿不做官的讀書人，就等於在耕一般。例如我最初上學的那家私塾，就叫作耕讀草堂。他們的兩代都是以教書爲業，我是拜後一代的爲師，然而却也在「太先生」的手下唸完論語，對過課。父子兩人，一年中也有輪流教讀的時節。其措施和教授之法，兩人也相差不遠。我入學的時節約摸民國十年左右，這時歐戰剛剛告終，中國的經營洋貨事業者都沾著一點利潤，所以我的祖父便主張只要稍微識點字，即應進入商界；覺得讀書或做官，都是希望少而意義毫無。又因爲這家私塾在當地較爲正派，且距寒家也祇一箭之遙，故就於七歲那一年，正式進去拜老師了。上學那天穿着祖母製的紅色繡花的書生袍——像舊戲裏小生穿的那樣，向塾中的書桌前三叩首。桌上香煙繚繞，氣象十分莊嚴肅穆，儼然有至聖先師高高在上。叩畢，即向老師行禮，然後與各同學作長揖，並分糖茶一盞。於是老師先在課本上硃筆寫一富字，一面隨即寫一貴字。課本是「入手足刀尺」的商務板的小學教科書，待至一年半載後，方始讀論語大學與中庸，普通總須讀全書三遍。惟與「生書」並教，名曰「溫讀」。但讀的都是白文。先生也很少有講說的，這眞叫做「白紙黑字」，兒時尤其感到茫然莫解。倒是幼學瓊林還有點興趣，因爲中間有許多故事與典故，而先生也略加解釋。我記得幼學中有「新剝頭肉，明皇愛貴妃之乳」的話，少時讀了也不懂什麼，待到年事漸長，再看註解，倒確有點輒涉遐想。這時自己雖已不讀，然却教年少的一位同學，將這話去問老師，他自然也只好含含糊糊的說過了事。

讀至三四年後，才讀起「古文觀止」和「策論」來。一星期中各選一二篇。策論是從什麼「全國國文成績彙覽」一種教材上鈔讀的，彷彿是一家國學學校高材生的文卷，也有岳武穆關壯繆的人物評論，也有秋夜泛月記的遊記。我們先鈔了下來，再立在老師的案前聽他搖頭擺尾的講解，有時候老師就以讚美和責備的口吻對我們說：「你們看人家是做的多麼的好！」然而說來彷彿不大忠厚，我們老師出的作文題目也是暗中從這上面鈔來的，等到我們把卷繳上給他改時，就只須將原書上的詞句一字不少地鈔進去，所以我們的文稿終是被刪得很厲害，而且絕少得到好評的。這部國文成績彙覽雖然是鉛印本，但不知他是怎樣買來？我們也想買，然而終於買不着。這倒眞是人間的祕本了。後來學做詩了——那是我自己要求的，而且塾中就只我一人。我那時很受一位愛西崐體像發瘋的朋友的啓導，居然也掉弄那些軟玉溫香的文句，但不幸老師所出的詩題，却是什麼飛艇，荷花，西瓜，蠟燭之類的呆板而枯燥，自然也一樣的被塗刪得隻字不存。我記得「西瓜」的一首末句中，被改爲「火攻落地即開花」。據他說，戰場中有一種叫開花炮的，發射時頗像西瓜墜地云。而我也漸漸的悟到了要想從三家村中學詩，恐怕永遠不會有成就的。大約我老師的授受的「道統」是：字臨館閣，詩尙賦得，文崇策論。依然三位一體的受命於八股系統，只是這時已沒有「臨軒取士」的機會了，豈不惜哉！

起先的幾年，我們塾中是無所謂星期日的——除節日外。後來才始看起學校的樣來。這對於我們，眞不啻是跫然的足音，在學生時代，對於放假的好感，誠有如魯迅先生在第一篇小說「懷舊」中所寫的一樣，巴不得「禿先生」明天生病，如果家有婚喪，那就更覺「雀躍三百」了，現在我想起來，凡是「先生」，望之總有些「禿」然。例如敝老師之大好頭顱，就彷彿有童山濯濯之致。一到了每天午後，他就枕在籐椅上，呼呼地睡了過去。於是這就臨着我們——這些不幸的小人物作唯一的課外活動之良機。因爲課室的後面就是菜圃和草地，如再穿過竹籬，那就是一碧無際的水田和雲天，同學們就趁機玩起捉蟋蟀，捉蝌蚪，放野火，跳高欄……等的遊戲。至於我，却看起宰予的壞樣，跟老師一同去「夢見周公」，且未嘗不有「手拋倦書午夢長」之趣。

等到老師的晚年，大概也因蒼蒼者或化而爲白矣之故，精力逐漸衰竭，管束學生也較鬆弛，非元兇大惡即不重打；甚至像我這樣的胡亂背書也不注意。我是怎樣的背書呢？直到現在還覺得嘗之恧然：把今天所要背一章的首尾兩句記熟，等到背時叫各同學高聲朗誦，使一室爲之鼎沸，這樣我的書聲就反而淹沒隱糊了，我便隨心所欲的胡謅了事——這樣的作弊，一直維持到我的離塾。後來在另一的私塾中，用的是另一的花樣：因爲老師的背後放着一條擱几，等到背書時只須同學將同一書本放在几上，就可萬無一失的背了出來。倘逢着默書呢，雖然原書已給老師收去，但只要把桌面挖一個小洞，向抽屜裏偷窺早已安放的「副本」，自也一樣的奏效。不過後兩者却較普遍，恐怕自老師們至於現在「丘九」，都是如法泡製。所以我這段話諒也沒有什麼「教猱升木」之嫌吧？

我現在雖懊悔着少不努力，對於經和道兩俱懵然。但如斯蒂文生所說，「兒時的過去未必怎麼可惜，因爲長大了也有好處，譬如不必再上學校了，即使另外須得工作，也是一樣的苦工，但總之無須天天再怕被責罰，就是極大的便宜」云云，實在不勝同感之至。至今偶一念及老師的威嚴，與夏楚或栗鑿之痛，不禁尙有餘畏。說到舊時塾中所用的體罰，莫可謂蠻性之遺留。如栗鑿或手心，幾是家常便飯，然弄得不湊巧，即與腦神經有損。栗鑿是以食指鈎成弧形，使其有彈性作用，托的一聲向學生腦角擊去，發出淸脆的聲音，據說有「振動遲鈍的腦筋，發生速力」之妙。此外，也有跪紅燈籠或貓狗，必須跪得不許破疲或啼叫，否則就難免於責打，這眞不亞於酷吏的虐政。不過這只得諸傳說，民國以來殆已廢除，如知堂老人所說，「傳聞曾祖輩中有人，因學生背書不熟，以其耳夾門縫中，推門使闔，又一叔輩用竹枝鞭學生血出，取擦牙鹽塗其上」，這不禁要爲現代士子揑一把汗，神經衰弱的即聞之也毛骨悚然，如讀蒲松齡的聊齋。人類大抵都有一點變態，中國因爲走得慢一點，而各方面又多缺陷與漏洞，故自王公大人以至老師之類，皆有一種奇怪而神祕的念頭想時刻發動，一有機會就要任性外洩。眼前雖然已進步得多，但會考不及格而自殺發狂者，仍然實繁有徒，則亦執木鐸者所當深思熟籌的一個問題也。

中國有一句老話，叫「作棒頭出孝子」，與西洋的「省了棍子，壞了孩子」之說恰相吻合。這不但是尋常百姓，就是尊榮若皇太子，也免不了經過棍棒的「錘鍊」。如英國亨利第四的兒子就被保姆責打，而且還記在帳上：

一六〇三年十月九日，八時醒，很不聽話，初次挨打。（附註，太子生於一六〇一年九月二十七日。）

一六〇四年三月四日，十一時想吃飯。飯拏來時，命搬出，又叫拏來。麻煩，被痛打。

從這兩件事情看來，亨利太子似乎並沒有什麼大過失，何至於被打得

0623

這般起勁，大約因爲亨利第四特地命令之故，保姆遂也不能不等因奉此了。至於中國的家庭教育所造成的結果，往往非奴才一般的訓服，即流氓一般的專橫，跳不出「溺」與「虐」的兩極端，安得化之以中庸平實之道呢？

關於私塾之記於其他文字中的，記憶中有魯迅先生小說的「懷舊」，散文的「從百草園到三味書屋」，以及知堂老人的「我學國文的經驗」，還有蘆焚先生在「看人集」中亦有一文。對於鄉間私塾的情形，可以部份的看到一點。所云三味書屋，正是實在的名稱，如知堂所云「到了十一歲時往三味書屋去附讀，那才是正式讀書的起頭。」又說他第三個的塾師「名字可以不說，他是以殺盡革命黨爲職志的，言行暴厲的人，光復的那年，他在街上走，聽得人家奔走叫喊『革命黨進城了！』立刻腳軟了，再也站不起來，經街坊抬他回去」，大約便是「懷舊」中的「禿先生」——這篇小說刊於最初小說月報，署名周逴，爲惲鐵樵先生所大加讚賞，寫塾師的狀貌和學生的心理，「維妙維肖」，而出之以一貫的諷刺冷雋的筆調。後被轉載於「希望」半月刊，才引起大家的注意，其「從百草園到三味書屋」，尤有卓然風土之勝，所述與吾鄉的私塾也正復相同。

我在私塾中約摸過了十一年的光景，前後凡兩家。前者是老師的家，後者卻是別人的祠堂。但現在回想起來，無論文字或意義，都忘記乾淨，眞如俗語所說的「還給先生」了。現在如果需要懂點所謂「國學」，就須重新用起功來。至於其他的什麼外國語文，格物致知之學，以至世故人情方面，更加的談不到了。後來到了上海，曾經以筆名撰一稿於鄉間的報上發表，都是攻擊私塾的，據說頗引起當地父老的不懌，說是我的「忘本」。在未離故鄉前，也曾聽說私塾將被取締，但第一步是向當地教育局登記。然而我的那位老師卻非常倔強，其理由是這些學生都是由他們的家長自動來就學的，他並沒有強迫的意思。而事實上，鄉間的士紳之類，對於學校的跳跳蹦蹦，甚至於男女同學的風氣（其實私塾也是男女並收的），在頑固的眼中看來，眞不啻同一枚釘！反而覺得私塾的溫文爾雅是一種美德。我們且別小覷那些三家村，它的背后正有着根深蒂固的舊傳統，而中國人又永遠是主張一動不如一靜的！此外，由於學校之未能普及，和師資的貧乏，學校本身之窳敗，也是不能取私塾而代之的最大原因。

我想，以十餘年授受之誼說來，我是應該感謝幾位老師們的。然而，以我所受於他們的痛苦和流弊而論，恕我直率的說，卻是從心底送出我的憎惡。

（十二月廿九日夜，雨窗。）

漫談眼鏡

蕘公

民國乙亥丙子間，余以主編『逸經』寓居滬上，時上海晨報連日轉載美國紐約通信（約民國廿四年九月），謂某大學眼鏡學會及光學會發表論文，討論眼鏡之來源，究發明於何國何時何人，中頗有人謂爲中國發明者，於是引起滬上西人之興趣，紛紛集會研討。余時卽欲參考舊籍，略爲考證。蓋此固中國文化史上之光榮，固不可無一言論之也。終以俗務紛紜，篋無多書，未能執筆。適文友胡懷琛先生撰文考之，其結論：㈠淮南子中所謂『金目』，不是眼鏡。㈡靉靆不是今日通行之眼鏡。㈢眼鏡到清乾隆時才通行，或比此稍前。㈣是否從外國傳來，尙難確定。㈤卽使是外國傳來，亦非歐洲。因歐美人現尙不知始於何國何時何人也（見逸經文史半月刊第九期）。所論亦未能確切證明，殊無以供外人之參考。然其創始研討之勤，固有足多者焉。

按古籍中關於眼鏡之傳說，茲綜錄之，以見其演進之沿革。

（甲）淮南子泰族篇云：『欲知遠近而不能，敎之以金目，則快射。』注：金目深目。姚範『援鶉堂筆記』引此條，並加按語云：『疑卽今之眼鏡。』西人據此遂謂中國在漢時已有眼鏡矣。

（乙）宋人趙希鵠洞天淸祿集云：『靉靆老人不辨細書，以此掩目則明。』於是又有人以眼鏡在宋時已行於中國。

（丙）淸趙甌北詩詠眼鏡云：『橫橋向鼻跨，功賽補天鏬，相傳宣德年，來自番舶駕，內府賜老臣，貴値兼金價。初本嵌玻璃，薄若紙新硎，中土遞仿造，水晶亦流亞。始識創造智，不盡出華夏。』又以爲始於明宣德，由番舶輸入者。

據上三則，以趙詩所述最具體而顯明。然宋人所稱靉靆，胡氏以爲非今眼鏡，實誤。惟胡氏謂『淮南』所云金目，卽深目，形如捲筒，罩於眼上，使目光收斂，可助視力。有如今之鄉人，猶以手作捲筒式以資望遠，蓋卽深目遺意云。其說至不可易。至宋人以靉靆爲老人目力不辨細書之用，知眼鏡之發明，原始在助目力，昔日所稱『花鏡』，或『老光鏡』，卽今之近視遠視也。又考趙甌北所詠皆有所本，以限於詩體，未能詳述。其所著『陔餘叢考』卷三十三記『眼鏡』源流云：『古未有眼鏡，至有明始有之。本來自西域，張靖之「方洲雜錄」云：向在京師，於指揮胡豅寓，見其父宗伯公所得宣廟賜物，如錢大者二，形色絕似雲母石，而質甚薄，以金相輪廓而紐之。合則爲一，歧則爲二，如市中等子匣。老人目昏不辨細書，張此物加於雙目，字明大加倍。近又於孫景章參政處見一具，試之復然。景章云：以良馬易於西域胡賈，其名曰「僾逮」。又郎瑛云：少嘗聞貴人有眼鏡，老年人可用以觀書。予疑卽文選中玉珧之類。及霍子麒送一枚來，質如白琉璃，大如錢，紅骨鑲二片，可開合而摺叠之。問所從來，則曰甘肅番人貢至而得者。豐南禺曰：乃活車渠之珠，須養之懷中，勿令乾然後可。予得之二十年無用云。瑛嘉靖時人，是知嘉靖時尙罕見也。吳瓠菴集中有謝屠公餽眼鏡詩。呂藍衍亦記明提學潮陽林某，始得一具。每目力倦以之掩目，能辨細書。其來自番舶滿加剌國，賈胡名曰靉靆云。則此物在前明極爲貴重，或頒自內府，或購之賈胡，非有力者不能得，今則遍天下矣。蓋本來自外洋，皆玻璃所製。後廣東人倣其式，以水精製成，乃更出其上也。劉跂暇日記，史沆斷獄，取水精十數種以入，初不喩，旣而知案牘故暗者，以水晶承日照之則見。是宋時已知水晶能照物，但未知作鏡耳。』此文於眼鏡之來源及其演變，旁徵博引，紀載殊詳。後人之言眼鏡者多本於此。（如陸雲錦『芝菴雜記』卷三即據此則。）與所詠詩，互相參證。如『相傳宣德年，內府賜老臣』，即胡指揮父宗伯公所得宣廟賜物云云。又文中以眼鏡名僾逮，與宋人筆記正相符合。惟趙氏雖引劉說，謂史沆斷獄，以水晶照字。而宋人筆記之言僾逮，老人掩目則明之說，則未之見。故末云宋時只知以水晶照物，但不知作鏡，以甌北學問聞見之博，豈未深考耶。實則據上所記，所謂眼鏡之形式及用途，宋時已萌其端，明代已盛。然僅來自胡賈，行於貴宦。至清雍乾間，始由粵人倣造，遂遍行天下矣。

按趙氏爲乾隆時人，當時眼鏡已爲普通物品，雖能考辨其史略，但於眼鏡原理則未言及。同時蒙古博明『西齋偶得』卷下於『目理』一條，詳究眼鏡之構造，謂：『目鏡則因其不圓用透明之物，製極圓凹凸之形映目，使完其綻圓之體也。凹形聚物形爲小，小則遠者適還其本體，故不散漫，以之視近物反迷亂矣。凸形散物形爲大，大則近者適還其本體，故不迷亂，以之視遠反散漫矣。而皆有等階，最凹者視最遠，最凸者視最小，因己之目力，復以遠近大小爲程，多儲審定，其妙自見焉。』蓋希哲氏深明算術物理，自謂以勾股測量之學，求目鏡近視遠視之差，於眼鏡之考究，可謂更進一層矣。在當時能明此理者，恐僅博氏一人而已。

與趙博兩氏同時記載眼鏡者，尙不乏人，均大同小異，無新發見。其可取而有風趣者，有仁和曹斯棟，嘉祥曾衍東，綿州李調元諸人。曹氏『稗販』卷八（乾隆刻本）云：『眼鏡明以前無之，始見於宣廟時，大約來自賈胡，其名爲僾逮。備載張寗審方洲雜錄云：僾逮如大錢，色比雲母，金相輪廓，類似市中等子匣。以此掩目，精神不散，出西域滿剌國。邱陵學山云：僾逮玻璃類也，能照小物爲大物。稗史類編云：質如白琉璃。又云刮大車渠之珠囊制之，常養露中勿令乾死，然後可照字。澳門紀略云：眼鏡西洋國兒生十歲，即帶以養目。明參政孫景章以良馬向西域易得一具，在當時蓋不易得也。今則人懷一具，價亦甚廉。大率以水晶玻璃爲之。』此記與趙文似同出一源，大皆以『方洲雜錄』爲主，各附以見聞。惟於眼鏡用途，言更確切。謂能照小物爲大物，仍不出花鏡範圍，故用之者多屬老人。與宋人所稱能辨細書，實一系統。由乾嘉以至道咸，眼鏡功用皆如此也。

又乾隆壬子舉人山東嘉祥曾衍東『小豆棚閒話』卷六『水晶眼鏡考』云：『水晶爲水精，「山海經」堂庭之山多水玉。「拾遺記」孫亮作琉璃屛風，瑩徹內外，此類是也。今閩廣出產水晶，好醜顏色，各有不同。其白而無綿者爲上，爲器玩最夥。明三保太監出西洋，攜燒玻璃人來中國，製如水晶。用以硝礁無所不燒，如燈瓶珠簪之屬。鏡之製本範銅爲之，粉以元錫，磨以白茄，則鬚眉毫髮可得而察，移之玻璃，愈倍其光，因之以有玻璃之鏡，更卽鏡收之於目爲眼鏡焉。昏者亦可借鏡而視。故玻璃遂綴於眉睫間，充其類爲老花爲少花爲短視。因人而施，量力而厚薄之以爲的，是眼之有鏡實創於明。「庶物異名疏」僾逮，今俗名眼鏡是也。若壯歲用之則反昏暗傷目，時人復以水晶之無綿者作眼鏡，更較玻璃而著明。是眼鏡之初作假，而今乃變爲眞。玻璃猶嫌於火，而水晶則實取於水也。又有養目鏡，雖少年戴之無損於目。明人有詩云：「西洋眼鏡規璧圓，玻璃爲質象併緣」可考也。國朝查愼行詩：「隙光分日月，宿障掃雲烟。」阮雲臺應制詩：「眸目何須爾，重瞳不用他。」考第一。余有絕句云：眼前物障視難明，物障安能明更生，有物照同如無有，眼光收入水中晶。』是文別有所據，獨出心裁。與上二記本諸方洲雜錄者不同。蓋可注意者，其原始由鏡演變而爲眼鏡，其質由玻璃而易爲水晶。其用途自花鏡而擴爲養目，且與鄭和下西洋有關。並知中國自秦漢以來由銅鏡進而爲玻璃，亦始於明，亦爲西洋物質文明輸入之一種。故此文不僅爲言眼鏡之重要史料，又玻璃入中國之旁證也。

以上皆考據眼鏡之文，總其結論，是眼鏡一物，起始於宋，時興於明，大盛於清。至雍乾間，已遍於天下，人懷一具。其來源則始於西域胡賈，繼成於三寶太監下西洋攜回之燒玻璃人，再後則閩廣各地皆能自造，於是由洋貨變爲廣貨，此其沿革大略也。又今日欲求一眼鏡實證，實一極有興趣之事。余藏有曾衍東所作風俗畫，寫一浪子卽戴眼鏡。與所撰眼鏡考可互相輝映，洵與本文最有關係之作也。

乾嘉以後，士大夫之『什件』，（昔日縉紳於腰間嘗帶旱烟袋，荷包，佩玉，烟壺等，謂之什件，又稱活計。清末以潘文勤祖蔭所佩，最爲講究，如以五銖錢嵌於帶鈎上，一時名人多仿效之。）又多一眼鏡盒矣。尤以文人學士，因讀書目多近視，更爲不可須臾離者。清人文集中嘗有贈眼鏡及失眼鏡之趣事，不勝枚舉。吾鄉學人李雨村調元（乾隆進士刻有函海叢書），雖中年已戴花鏡，某次出遊遺失，遂焦急不可名狀，亦足見昔日學者之重視此物矣。李氏『童山續集』，中有『艾鵬九惠眼鏡歌』，略云：『箠令手生涼，鏡令目生光，箠雖不離手，偶失亦無傷。鏡若不在目，遂覺兩目盲。豈眞爲鏡盲，而視早茫茫。有則細字過，無則費參詳。我有水晶鏡，產自西海洋，巧匠琢磨成，日月來雙眶。昨日出錦城，偶失靑石坊，失鏡如失目，遍求爲徬徨。刻舟記舊痕，健步走踉蹌。日中期不至，武陽聊停航。艾子城之南，命駕爲此忙，知我目失恃，有如唇齒亡。出其凝叔儲，倒贈傾囊囊。兩目忽開朗，讀書聲琅琅。』又據李氏『遊峨日記』卷一，記此事云：『是日（乾隆五十四年又五月二十七日）余以失眼鏡進城，訪貢生艾元衢鵬九於南街。舊在省同店，故識留飲，並惠眼鏡，作詩以謝。考眼鏡詩古無作者，惟明浮石禪師有七排一首。詩云：「老眼昏花無可商，幸逢一物出西洋，只知去翳無眞法，豈料添明有妙方。額上帶看分皂白，面前失視亂靑黃，拈針不假求穿線，運筆何愁寫隔行。助我臨軒翻細字，好將鈿匣自珍藏。」見「高僧語錄」，附記於此。』李氏固以風趣著名於世者，時以紀曉嵐李調元並稱，皆當時之幽默人物。而眼鏡遺失亦無可奈何矣。其謂眼鏡詩古無作者，殊未深考。所引高僧語錄，足供參證。可知前明實已盛行。至其來自西洋，則爲大家所公認也。

又今日京劇之紗帽蟒袍，無論何劇，皆以明代衣冠爲代表。至去滿清官吏之裝束，則無不腰帶鏡盒，鼻畫眼鏡爲其特徵，亦可見民間思想。余不知清中葉後，由何時起，以花鏡而變爲普遍之養目鏡也。豈因道光間鴉片戰爭後，西人踵至，我國縉紳因見洋人之皆戴眼鏡也，遂亦習而效之乎。聞之故老云：咸同以來，凡地方官審案時，必戴玻璃鏡以助威嚴。且有以眼鏡下垂，目光從鏡上視人者，實多烘而假摩登之狀，尤爲可哂。又云：同時凡見上司及尊長，又必先將眼鏡取下，以示恭謹，謂之『摘鏡』。故其時有：『不戴眼鏡不爲假，不吃洋烟不爲耍』之謠。假者裝潤也，洋化也，吾蜀俗稱之曰『洋盤』。於此又可見社會風俗矣。余幼時猶及見之。民國後俗又名眼鏡曰『二餅子』，以其兩圓頗似麻醬牌之二筒也。（關於麻醬牌之起源余將於另文述之。）

又兩年前舊京時尚，凡摩登女性，無不面戴墨色眼鏡，據云保護目力。謔者謂其便於垂靑看人，而不覺也。未幾男士亦從而效之。於是靑年男女靡不重瞳以『黑眼』加入矣。謔者又謂『四眼狗』遍於京師。（按太平軍英王陳玉成，以眼下有兩黑痣，清軍稱之爲四眼狗）一時鐘表眼鏡行大獲其利，市場眼鏡攤亦驟增多。旋因有某種嫌嫌疑者，多御黑鏡，冀改變其面容。遂爲偵者所注意，自是男女亦不敢戴。作投機事業者，復認頭賠本莫可如何。今之舊京鐘表眼鏡行林立，大致多數即開設於彼時也。此亦變亂中舊京風俗之一，因談眼鏡，遂附及之。

通訊

做好不討好

張素民

編者先生：

我寫了一篇『談怕太太』的文章，誠如黎庵先生所說，是『游戲筆墨』，然我言外之意，是在勸告一般靑年男子不要隨便鬧離婚。惟其爲遊戲筆墨，其中所說關於我自己的話，大都是假設的；惟其用意在勸告男子，我以爲那篇文章至少不會開罪於女子的。然而天下事，常有出乎意料之外的；我的遊戲筆墨，竟被何心先生認眞起來，他把我假設的話都當眞的看，於是發表了一篇『誅心之論』（參看他的『讀「談怕太太」有感』），認爲我的手心該打，眞『寃殺哉』！何心先生是男是女，我不知道，（編者按：何心先生爲丁丁先生之夫人。）但他的議論，確是代表女子心理，足見我那篇文章，既爲男子所不歡迎，復爲女子所反對，這叫做『兩面不討好』。當我那篇文章發表的時候，有一位朋友譏誚我說：『你做這樣的文章，必得兩萬萬女同胞的歡迎，將來選舉大總統的時候，你必得兩萬萬選舉票，可見你的政治野心不小。』我雖沒有這樣野心，然我曾自以爲可多少得着女同胞的同情。那知照何心先生的議論看來，如果我眞做了大總統的話，那兩萬萬女同胞會用直接投票的方式，把我『撤職查辦』，甚或罰打屁股三百板！我近來對於一切的事，是採『無抵抗主義』，何況何心先生所批評我那篇文章的話，牽涉我自已的心理，牽涉我太太的面貌，如果我要答辯起來，豈不會由遊戲而認眞嗎？所以我現在對於何心先生脫帽謝罪，對於與何心先生抱同一誅心的認眞態度者，同樣脫帽謝罪吧。此請

編安

張素民啓（一月十九日）

閒話借書

志雄

書價漲到比戰前高起幾十倍，甚至近百倍，一班爲讀書或參考而歡喜買書的人，到這時候，跑過書店門口，已不敢再跑進去問鼎。袋裏有了幾十元的鈔票，換飯吃倒還可以吃他一二天，如果用來買書，薄薄的一本二十萬字的新書都買不大到。在這樣情形之下，如果必須要書，那只有借的一法了。

但是借書也有困難。

向圖書館去借吧，圖書館有圖書館的規則，單是跑去翻看，那當然沒有什麽問題，如果你是爲了研究什麽而須多找材料，那就有種種不便。記得我從前爲了寫中國女性文學史，專到杭州省立圖書館去搜尋關於淸代幾個女詩人女曲家的材料，淸早八點鐘跑去，等牠開了門，進去找目錄，好不容易找到了要借的杭州府志，塡了借書單送上去。這部書共有八十本，照規則每人每次至多只好借十本，但我又不知我要我的材料在那一本，只好先借第一本來査目錄。這樣從塡借書單到館員從裏面拿出來，差不多半個鐘點已經去掉。拿了書到閱書室去，檢査目錄，把需要的卷數開出來。但卷數和本數的次序又不同，譬如全部書的卷數是三百卷，本數是四十本，而每卷的長短不一律，那你如果要找第二百十一卷，到那一本裏去找呢？這樣，你又得費些時間約略計算，再去塡了借書單，向館員去借。同時，你先借的書，照章必須還給他。所以如果你在找到的材料裏，發現須再參考同書別的部分，你如果不曉得那部分的卷第，非再翻目錄不可，那你就糟了。如果你又須把已找到的材料和別部分的相比較，那你更糟了。你感到這樣的麻煩和不便之下，便草草地抄了一些材料，時間已近十二時。心裏自忖，如果這樣搜找下去，你就是住一個月也不能把你預定要找的材料統統找出來。於是在一怒之下，沒有照預定的計劃實行便回來了。從此之後，我要用什麽書，寧願忍痛自己買。如果買不到，或是力不足够，寧願「因陋就簡」，不再轉那向圖書館去借的念頭。這種苦味，和我差不多境遇的人一定也都曾嘗到過。所以生而不幸爲中國的文人，而又想做些研究工作的話，這種在人家不成爲問題的問題，總是難免於碰到的。

向熟人去借呢，普通的書當然也不至生什麽問題，可是專門一些的書，普通的人不會有，有的又是專門家，他自己也時常需要參考，不大願意借出。記得在本年的春季，我因爲要寫幾篇關於考證宋金元戲劇和宋元明小說的文章，把自己所有關於這方面的藏書都一起陳列出來，還沒有動筆，有位老朋友王君來看我，他偶然看見了一部任中敏的曲諧，他就要問我借。那時我正想先寫馬致遠的著作考，告訴他恐怕我馬上要參考。他要求我說：你不妨先査一査目錄，把要用的幾本留下，不用的先借給我。我情不可却，果然依他所說，把要用的留下。不料馬致遠的著作考寫好後，接着須寫白樸的著作考，其他各書的參考材料都已找出，而曲諧還沒有還來。心裏自忖，借去的曲諧中不一定有白樸的材料吧，寫了再說。等到文章寫好，曲諧還來了，翻開一看，恰巧有一大段極有用的材料，於是只好把文章重新改作。這樣，不獨浪費筆墨紙張，而且浪費時間。

時間即金錢，這種無形的損失，決非借書的人所能料想得到的。如果一定不答應借呢，又是情面難却。因了這種情形，所以凡是專門研究家，對於他日常必須參考的書，都不願意借出去。一般不了解的人，以爲這是吝嗇，其實這裏面是有極大的苦衷的。所以在平時，如果有人向我借十塊錢，借去了我毫不放在心上，如果是値十塊錢的書，那我就耿耿難忘了。

但是話須說回來。世上一切的事都有例外，你不能說絕對沒有比較便利於研究者的圖書館，和極願借書給別人的藏書家。不過在這個年頭兒，書價既這麼貴，無論公私圖書，都比較以前看得更爲珍惜，而借書更不容易，也是事實。

講到不肯借書，那是中國古已有之，倒不是於今爲甚。不過今人不肯借書，多數爲了自已要用；在古人，却十九爲了惜書，而且惜書人到今還有。關於惜書這件事，一般人見解各各不同，有的人以爲有書不肯借，這是一種不大方的吝嗇，有的人以爲這是借書人的不好，如果借書人個個都能珍惜書籍，那麼世上便沒有惜書的人了。老實說，我是很同情於後說的。因爲在多年前，我曾經把我全部藏書不吝嗇地公開出借過，結果，損失到不可言說。於是我忍痛把那些汚損不堪的書完全送了人，重新化了錢補買。此後，我就也學那古人的『非人不借』了。

古代藏書家的不肯借書，多數爲了惜書，而少數也是爲了得書不易。但這是在印刷術沒有發明以前的事。像唐人杜暹藏書萬卷，每卷後都有題字道：『淸俸寫來手自校，子孫讀之知聖教。鬻及借人爲不孝。』（見淸波雜志）又，四部叢刊中某書的底頁，有收藏家蓋的印章道：『賣衣買書志亦迂，愛護不異隨侯珠。有假不還遭神誅，子孫鬻之何其愚？』可見這位藏書家本來是肯出借的，但他也曾身受到說不出的苦痛，所以逼出他那『有假不還遭神誅』的惡詛來。使人家看見了不好意思再向他借。

古代著名的藏書家，大都是實行不肯借書的，最有名的是浙江范氏天一閣。天一閣的藏書開始於明代，歷淸至民國還存在，可見他保藏的年代之久。淸人阮元在天一閣書目紀一文裡說：『司馬（范欽）歿後，封閉甚嚴。凡各房鎖鑰，分房掌之。禁以書下各梯，非各房子孫齊至，不開鑰。子孫無故開門入閣者，罰不與祭三次。私領親友入閣，及擅開廚者，罰不與祭一年，擅將書借出者，罰不與祭三年。因而典鬻者，永擯逐不與祭。其例嚴密如此。』他的不借的原因，全爲要保全藏書，這種見解是不錯的。但因此而置書於無用之地，連自已子孫也不得取讀，那不免是『因噎廢食』了。

古人中對於借書一事，其見解最爲公允的，爲淸人錢大昕。他在十駕齋養新錄裏說：『借爲不孝，過矣。然世固有三等人不可借。不還，一也；汚損，二也；妄改，三也。守先人之手澤，擇其人而借之，則賢子孫之事也。』這種說法就是現代人也贊同，『擇其人而借之』，可爲私人藏書家出借書的金科玉律。就我個人經驗而論，不還，汚損，妄改，都曾遭到過。可見古今人情總是很相近的。明人葉盛的書廚銘云：『讀必勤，鎖必牢；收必審，閣必高。子孫子，惟學敎；借非其人，亦不孝。』『借非其人亦不孝。』其見解已勝於前人沒有例外的『鬻及借人爲不孝』，但他所謂『非其人』的界限沒有說出，所以比了錢氏所說，終遜一籌。

惜書不是吝嗇，也不是罪過。可是他的結果，往往『因噎廢食』。有時不但置之無用之地，甚且爲不懂事的子孫當做柴燒，那是更非初藏的人所意料得到的事了。像明人吳愷讀書十六觀引鴻臚寺野談云：『關中非無積書之家，往往束置皮閣，以飽蠹魚。既不假人，又不觸目。至畀諸灶下，以代蒸薪。余每恨蠹魚之不若也。』看了這種情形，可見天一閣的對子孫諄諄警戒，也不是全沒理由的。

題目是閒話借書，不覺也讀到藏書，野馬未免放得漸漸遠起來了。我因爲買書之難，所以想到借書之難，由借書之難，才想到藏書之難，這裏面確有循環的關係存在着，但主要的還是在讀借書。我有個朋友，他因爲看到目下文人得到參考書的不容易，他願意出淸一部分房屋，買些大部的參考書，專供寫文章的人參考。這在目前確是件功德無量的事，我將拭目以觀其實現。

談校勘之難

錢希平

　一字之誤，出入甚巨。新聞紙中此種可笑之舛誤，甚至與原文意義絕對違反者，比比然也。推其原因，不外兩種。一則以字形相近而誤，如擇吉開張之誤為擇吉關張之類是。一則由所訛之字，於文理仍通，因致滑讀而過，如昔年申報所誤於虞洽卿之啓事是。宣統年間，有道員某，被人挾嫌，於申報上登載破壞名譽之廣告，憤極擬起訴。虞君聞之，特出作調人，勸息其事，並即自擬啓事，代為辯白。略云：「昨見某某所登廣告，稱某君作事乖謬等情，但某君亦係僕相熟之人，辦事向頗公平」云云，惟將向頗公平句，誤為向頗不平。統觀該廣告之主要意義，純在此公字着眼，今忽變為不字，致使該廣告效力全失。某道員見之，轉怒其反覆無狀，且以虞亦江蘇道員故，幾至拉虞同往見蘇撫與之交涉。虞君遭此冤屈，始猶莫明其故，逮加查詢，始知為申報手民所誤，與校對張某之滑讀而過也。雖亟更正，然幾費周章，而後事始得白。此即因所訛之字，於文理亦復通順之故也。

　不特新聞紙為然也，即正式之官書，亦多此類似之笑話。昔紀文達嘗語某太史，謂在實錄館時，得讀最初本之太宗實錄，於所記洪承疇事，有一訛字，大堪噱。略謂：「帝旣遣范文程等往說洪降不得，入宮，頗不悅。孝莊后詢知，奏欲親往勸洪，上始不許，良久乃嘆曰：苟利於國，便宜一任諸卿。詎知此卿字，竟大誤特誤而至訛為卵字。校讀至此，余始甚怒其謬妄，旋一回味，大笑幾不自持，轉覺此字之至有雋味耳。」某太史笑且謂之曰：「然則此一卵，已被君細味殆盡矣。」文達爽然，相與鼓掌大笑而散。

　不特太宗實錄為然也，即素以校勘精審之武英殿本二十四史，自晉書以次，訛字亦不可枚舉（史漢三國志校勘無愧精審）。竊怪當日校勘諸臣，何以疏忽如此，其後乃知別有原因在焉。蓋校勘雖屬館臣，而督工監印，皆內務府司員為之。此輩與內監奄豎關繫至為親密。照例一卷刊成，先以樣本進呈御覽，幾經展閱，偶見一二字，必以丹毫記出，并降旨申斥館臣，然雖降旨申斥，而上心則頗沾沾自喜，蓋其意以為館閣諸臣，皆海內名流，一時博雅之彥，然猶學識有所不及，必待御筆為之改正，可見聖學淵深，誠非臣工所能仰企。故每經校出書中訛字，則是日宸衷悅豫，近侍雖有小過，亦不至譴責。由是彼輩乃投意內府諸員，故意多刊訛字，以待御筆勘正。然上雖喜校書，不過偶爾披閱，初非逐字讎校，且久而生厭，樣本進呈，并不開視，輒以硃筆大書校過無誤，照本發印。司事者雖明知其訛誤，亦不敢擅行改刊矣。

　不特武英殿本二十四史為然也，即宋版亦多訛誤。昔有教官命易題云：「乾為金，坤亦為金，何也？」舉子不能曉，不免上請，則是出題時偶檢福建本，坤為釜字，謬忘其上兩點也。又嘗有秋試，問「井卦何以無彖」。亦是福建本所遺。宋時刻經書有如此草率者，今人得之，亦將以為宋版書而貴之歟。（按天下印書，以杭州為上，蜀本次之，福建本最下。蜀閩多以柔木刻之，取其易成而速售，故不能工。福建本幾徧天下，正以其易成故，所謂「麻沙」本是也。）

夫校，考合也。勘，覆定也。校勘云者，謂互相校覆而定其譌誤同異也，亦稱校讎，其義始自劉向父子。別錄云：「一人讀書，校其上下，得謬誤爲校；一人持本，一人讀書，若怨家相對爲讎。」校勘之難，於斯可見。昔陳舍人從易，偶得杜集舊本，文多脫落。至送蔡都尉詩云：「身輕一鳥」，其下脫一字。陳公因與數客，各用一字補之。或云疾，或云落，或云起，或云下，莫能定。其後得一善本，乃是「身輕一鳥過」。誤書須校，庶不至以誤傳誤，遺誤讀者，此校勘學之所以與考據學並重也。

乾隆中修四庫全書，高宗謂遼金元三史地名人名，譯音皆失其眞。因詔館臣重加改定，然武英殿本全史，刊於乾隆四年者，尚未暇追改也。道光初，乃詔軍機章京重復校正剗改舊版，而其中有絕可笑者。金史地理志有金復海蓋一語，乃總金州復州及蓋平海城兩縣而言之；乃校者誤以海蓋爲人名，而改爲哈噶。又元史睿宗傳，有飲酒樂甚，顧謂左右曰兩語，校者誤以甚顧兩字爲人名，而改爲薩賴。若此之類甚多，殊堪噴飯。且其原爲地名人名者，則又不遵欽定三史解，以意更換，移步換形，遂令人莫知爲何人何地矣。校勘家有疑必考，不得其考，甯付缺如也。

昔北齊邢子才有書甚多而不甚校讐。見人校書，常笑曰：「何愚之甚！天下書，至死讀不可徧，焉能復校此！且誤書思之，更是一適。」李季節問之曰：「世人多不聰明，思誤書何由得？」子才曰：「若思不得，便不勞讀書矣。」夫邢子才之言，爲讀書人言之也，李季節之言，爲初學者言之也。天下之大，初學者多而能讀書者究少。兩者相較，當以李季節之言爲長。

愚意讀書易，著書難，校書則非善讀書者，不能勝其任，儀徵阮文達以畢生之精力與時賢校勘十三經，尚多訛誤。慨夫今之報館書局及其他雜誌出版社等，獨于校勘一事，類皆以稍識之無者任之，遺誤之多，誰之咎耶！

編輯後記

黎庵

本期古今，又多精采絕倫之稿件：

周佛海先生自『盛衰閱盡話滄桑』一文在本刊十三期發表後，博得萬人稱誦，本刊銷路，立即不脛而走。此次周先生京寓——恆廬，不幸被燬於火，以此寓富有歷史之意義，特撰文紀念。昔唐人有賀友人失火書，而周先生躬自爲之記，不汲汲於器皿服飾之損，獨拳拳於前哲遺墨之失，其襟懷之曠達，殆遠過於古人焉。被燬之忠正忠襄兩公遺跡，幸樸之社長藏有照片，特爲製版，以供玩賞。

趙叔雍先生宦學南北，垂二十餘年，其處世之經驗，殊爲豐富。蒙撰『仕而優則學』一文，足供後生小子之取鏡。趙先生連載力作『人往風微錄』，不久即可在本刊連續發表。

徐一士先生爲評劇名家，於『御碑亭』一劇，所見當有可取。鄭秉珊先生精研書畫，編者特請撰『近代書人』一文，足以覘近日之書家大概。文載道先生之『憶三家村』，乃自傳性質，讀之令人喚起舊時的回憶。龔公先生『談眼鏡』爲一篇絕好之考據文，夫考據之文題宜小，方能精到，例如鈕子之起源於何代，至今尚無人敢言也。

其他如志雄錢希平馮和儀諸先生之作，均爲絕佳上選，要在讀者欣賞，恕不一一贅辭矣。

戀愛結婚養孩子的職業化

馮和儀

戀愛難，結婚也難，養孩子更難。從前的人都是早婚，跳過戀愛這個階段，養下孩子也有大家庭負責，因此倒也不覺其難。到了如今，人們都相信戀愛至上，婚姻自主了，以爲此中孕育着無限幸福，左揀右揀，弄得反而爲難起來了。

我說戀愛之難，不是在於對象難找，而是在於找到之後，大家不肯進行之故。蓋我國雖號稱文明之邦，對此道却遠不如野蠻土人來得自然。一般人嘴上雖同情戀愛，心裏總覺得有些那個，眼前若有人尊你聲『戀愛專家』，試問你聽了還生氣不？學校算是得風氣之先的了，但目前在學校裏，還不是學生講戀愛則扣操行分數，教員講戀愛則受解職處分，任何人祇要對異性多看幾眼，人家就會認定你是個輕薄之徒，使你的身份立刻一落千丈。因此愼重一些的男子便不肯輕易啓口求愛，矜持一些的女子也不肯輕易接受人家的要求，誰都覺得茲事體大，非特別加以攷慮不可。殊不知戀愛的進行最忌攷慮，攷慮愈多則勇氣愈少：最初攷慮該如何表示，其次攷慮會不會碰壁，再則攷慮爲此人而冒碰壁之危險是否值得，如此則三番攷慮之後，决鼓不起大無畏精神來說『我愛你』矣。我知道有許多淑女，都是這樣因爲君子不肯來求，而對來求的人又怕他們不够君子，於是白白耽誤了青春。大概男女的年齡愈大，地位愈高，則進行戀愛的胆量愈小。男若做到大學教授，女若到了三十開外，在此以前尙未戀愛，其後機會便難得有了。

然而戀愛難還不打緊，不戀愛照樣也好結婚。不過這結婚呀，總是事在必行的了。世界上和尙尼姑畢竟少數，一般人就不爲傳宗接代，也得避免麻煩，循俗結婚。以前許欽文先生不是寫過『無妻之累』嗎？無妻的麻煩多得很呢。即以上海找房子而論，無眷不租，獨身漢子可有些難堪。女子年長不嫁者往往要患有歇私的里症，見厭於兄嫂，見笑於外人，其苦尤甚。因此有許多抱獨身主義的人，到了後來也還是結婚。不過結婚之難，不在於踏進禮堂的剎那，而在於婚禮完成退出禮堂之後，大家該如何永久的共同生活下去，才能得到快樂與幸福。過去那種以父母之命媒妁之言而造成的婚姻，完全瞎碰瞎撞，在理論上該是難得美滿的了，不過事實上却往往因爲當事人預先所存的希望不奢，故揭巾之後，祇要看見新郎不禿，新娘不麻，大家便能歡喜地偕老下去。不如現在一般所謂摩登男女，口口聲聲說是婚姻應該以愛情爲基礎，而自已却不肯拿出愛來，至少是不肯先拿出愛來，祇一味强討對方的愛情，稍嫌不足，便生怨望，由怨望而灰心，由灰心而决裂，結婚之道便多難了。

因爲近代婚姻之多數不能稱心滿意，於是養孩子便成了問題。養孩子原是件頂麻煩的工作，一會兒把尿，一會兒把屎，一會兒又要替他們醒鼻涕，日繼以夜，還忙不淸楚，那裏還談得上什麽八小時工作制度？在從前男尊女卑時代，男子主外，女子主內，職有專司，大家推諉不得；如今是男女平等時代了，男子們對妻子衣食便不大肯負責起來。而且好高騖遠，又是人之常情，女人們旣逼於環境，又羨慕各種學問事業成功時的榮耀，便自乘機紛紛搶着對外起來。不過女人主外了，男人不見得同時便肯回來主內，結果是夫婦在外各主各的，家中孩子無人看管，非由娘姨來承乏不可。父母對於兒童的影響很大，從前的人思起親來，總是父母並思的多，到了我們這輩已是祇思母親不思父親的了，如此下去，我恐怕下一輩的記憶中，根本就不會有雙親的印象。所以現在有許多人都勸新女子應內外兼顧，但一個人的精力總是有限的，女子肯不肯兼顧是一個問題，能不能兼顧又是一個問題。即使目前的新女子都接受這個呼籲了，試問那個機關，那個學校，那個工廠又是允許女人帶了孩子去辦公、上課與做工的？因此在女人生活沒保障之際，無論怎樣叫她們安心養孩子也是不可能的。

我敢說：假如社會的情形不變，或者變是變了，而是變得更壞的話，不久以後就將無人養孩子，無人結婚，也無人認眞去講戀愛了。除非是幹這三項工作的人都受相當報酬，那就是說戀愛、結婚、養孩子的職業化。

以出賣情愛爲職業的人，現在已經不少，也用不着再等到將來了。不過這職業似乎還不很公開，而且從業員又往往專限女性。她們雖以出賣情愛爲生，但名義上却不肯公開承認，戀愛只好算作副業。祇有妓女比較還名副其實一些，就是要出花捐，甚不上算。而且來購買的人也因說穿了有些難爲情，不如到別處不說穿的地方去有所

藉口，因此以賣愛爲正業的人反不如以之爲副業者來得景氣。不過我相信將來必會揭破這層假面具，而將愛情堂而皇之的標價出賣。也許採用拍賣行的方法，讓一大批人來估價競購。而且這種新興事業也決計不會讓女性永遠專利下去，在各人各團體間營業競爭劇烈之際，『戀愛技能訓練所』等等教育機關之設立也是必然的事。也許裏面科目繁多，如情話科哩，接吻科哩，……應有盡有，任你挑選，教師自然是名家。學生畢業之後，當然也有學位頒給，以資識別而廣招徠。不過這種職業的範圍應以非正式的不受孕的性交爲最大限度，正式便屬於結婚業範圍，受孕便屬於養孩子業的範圍。

婚嫁是女子最好的職業，關于這點林語堂先生已詳細說明過了（見語堂文存第一四六頁婚嫁與女子職業），玆不多贅。不過他所說的，似乎包括兼售戀愛及養孩子這二種工作，其業務範圍未免太廣，以結婚爲職業的人也就未免太苦了。目下一般工業都講究分工，愈分得開愈好，戀愛結婚養孩子亦然。戀愛是講究美感的，結婚是講究實際的。從業員與雇主兩個人住在一起要好合無間，非有眞實本領不可。這種本領的訓練該與戀愛技能的訓練全無不同，以結婚爲職業的人，應該在事先學習如何替雇主管理家庭，料理瑣事，如何侍候疾病，接待賓客，這樣使雇主覺得事

事愜意了，始可執一業以到老，從此再不必參加其他各種的生活鬥爭，而且這種終身職業也不必儘讓女性專利，男人在今日旣然可以做裁縫當廚師，則將來怎麼不可以坐在家中做做家主公呢？

最後，該說到養孩子這樁事了。這是頂艱巨的工作，不能歸私人經營，必須列入國營企業項下，才是正經。因爲孩子是國家的眞正命脈，比鐵道、郵務、關稅等等還要緊得多。而這般從事於養孩子職業的人，首先須向國家指定的處所去檢查體格，然後再測驗智力，若是查驗結果確爲身心都健康者，這才把他們（及她們）放在優良的環境中，使之幹傳種的工作。如此一來，於優生學上該大有稗益。嬰兒生下以後，便使他們（尤其是她們）照顧養育，並由醫學專家及教育專家不時負責指導。這些從事養孩子工作的人，在他們（及她們）工作之際以及年老不能工作了時，統由國家予以最優渥待遇，比之元首，殆無不及。否則人人均裹足不前，豈非馬上便有亡國滅種之憂了嗎？

這三種事情職業化了以後，社會上將有許多傳統觀念都一齊打破，因而產生出種種新的人生觀，新的道德觀出來。那時候除了生孩子一項應由國家核准之外，其他如戀愛結婚兩項工作，即非職業人員也可自由參加。它的情形正同運動界與戲劇界一般，有職業運動員，也有業餘運動員；有伶人，也有票友。其間職業與非職業者的差別，僅在於另一個是完全出於自然愛好，既無專責，也非靠此吃飯而已。

散文半月刊第十七期

古今

三十二年二月十六日

古今半月刊第十七期目次

下期特稿預告

中華民國三十二年二月十六日出版

社長 朱樸
主編 陶亢德 周黎庵
發行者 古今出版社 上海亞爾培路二號
發行所 古今出版社 上海亞爾培路二號
印刷者 國民新聞圖書印刷公司 上海靜安寺路一九二六號
經售處 各大書坊報販

本刊每逢一日十六日出版 零售每册三元

定閱價目（連郵費）

	半年	全年
本埠	三十五元	七十元
外埠	卅六元	七十二元

凡郵局匯款概請註明『西摩路郵局兌付』否則不收

國民政府宣傳部登記證滬誌字第七六號
公共租界警務處登記證C字第一〇一二號
法租界政治處登記證（在申請中）

里斯本素描

翼公

一

里斯本位居葡萄牙之西南，靠近海濱，交通便利。以港口來說，好似上海天津。以地勢來說，又彷彿香港重慶，但從氣候而言，重霧不見，晴天獨多，一年之中，差不多四季如春，溫度適中，比之我國昆明，法之尼斯，不相軒輊。所以我在前年一月道經里斯本時，第一個印象，就是感覺到天氣晴朗，氣象一新。在寒風凛冽中，經過一星期的長途跋涉，居然能在這樣的一個都會，盤桓多時，眞是機會難得，再愉快也沒有了。

第二個印象，無疑的是食品豐富。不論瑞士法國，或是西班牙，犯的病症都是一樣，一言以蔽之曰食糧恐慌。瑞士蕞爾小邦不必說了，法國號稱農業國，食物方面，也是貧乏得不堪言狀。假使你想吃咖啡，便非親自帶了糖到咖啡店去不可，否則侍從會給你一片人造糖，非但甜而且膩，並且多吃了會在胃部發生不良的反應。法國以酒馳名於世，除了酒以外，一切食物飲料，都受統制。我最愛喝法國的葡萄酒，而酒量十分有限，因此酒在統制以外，對我並沒有什麽用處。我還沒有解脫吸紙烟的習慣，偏偏紙煙在法國，統制特別嚴，價錢特別貴。單從這幾點來講，法蘭西在戰時的生活如何，也就可想而知。至於西班牙，明明非交戰國，似乎應該在食物方面放鬆一點，可是除了水果以外，其他吃的東西也是統制極嚴。我們在巴錫隆過了一夜，住宿還過得去，膳食却惡劣異常。後來到馬德里過宿，以爲這是首善之區，一定兩樣了。那知道每餐麵包，人各一枚。有一天晚上我請蝶風夫婦在某處用晚膳。室內佈置古雅，音樂非常悅耳，只是菜吃不飽。最可笑者，蝶風每次用膳，總是慢吞吞的，好好一塊麵包還沒有染指，就被侍從拿走了。蝶風敢怒而不敢言。他夫人說：『音樂的調子不錯，你用了耳朵欣賞，就少動些嘴罷。』他越發懊惱了。這種情形，可說都是由於食糧恐慌而起。可是到了里斯本，大家快樂極了。不但麵包可儘吃，水果可挑選，就是葷菜也特別『豐』。尤其是魚類，價錢公道而新鮮可口，此外葡國亦以釀酒名，有名的『巴特酒』觸目皆是，售價極廉。我一連三天應酬，胃部不爭氣，弄得消化不良，什麽好菜都不想吃。虧得老友曹君，破例允許我日給兩膳，以粥代飯，纔把胃納逐漸恢復過來。當時蝶風夫婦亦嘗臥病多日，顯然是飢腸無力適應新的環境所致。可見貪吃東西，也要有福氣的。

我每到一地，第一件事打聽郵電交通，先把郵局、銀行、旅行社等機關弄清楚了，然後逛書店，玩山水。假使日子住得長，再和各方面往來，借此明白一些當地的實在情況。我在歐洲，什麼人都願交談，名流也好，要人也好，甚至旅館主人，商店夥計，我亦樂意和他們攀談。要曉得社會現象是多方面交織而成，祇要你不怕麻煩，復懂得利用時機，深入社會，採訪民情，不論時間久暫，多少能得到一些報紙以外的智識。

二

我在里斯本一住十天，因爲船票一時無法買到，索性天天出去訪友。有時當地報館主筆也來光顧，彼此交談，也很融洽。有位記者新近從遠東回來，告訴我不少關於祖國的消息，我也把我對於歐局的感想約略敍說一番。他聽了高興極了，末了，還問我對於葡國前途的意見如何。我老實說：『現在里斯本的繁榮，只是戰時偶然的現象。如果南美局勢改變，大西洋海戰劇烈，你們的困難正多，生活不見得像現在這樣舒服吧。』他點點頭表示默認的樣子。照我看來，葡萄牙號稱英之盟邦，實則與西班牙的關係，比較任何一國都密切。其次便是南美的巴西。西國的一舉一動，影響最大。巴西一有變化，葡方的貿易立刻受到重大打擊。所以說葡方的中立地位絕對不發生問題，似屬皮相之談；但欲保持中立，祇有同鄰邦結成一體，相互合作，方易奏效。這是我當時觀感所得的結論。至於里斯本人對於時局眞是太樂觀了。他們樂觀的理由，只是相信他們可以不致捲入漩渦。因此一般商人的算盤，大都着重在如何賺錢，以及如何把錢賺得快而且多。我們中國有不少人發的是『國難財』，他們發的乃是人家國難的財。有了這個小小區別，所以當局除了加重捐稅外，樂得閉了眼睛不做聲，反正商人向外國人賺來的錢，一半也就是國庫的收入，自然用不着干涉了。

舉個例來說，距里斯本約數里之遙，有一規模宏大的俱樂部，明眼人一望而知這是公開的賭博場所。什麼人都可自由出入，以賭博爲消遣的，當然比比皆是。可是當局有禁令在先，凡是本國人一概不准玩這把戲，玩這把戲的，全是外國仕女，其中以美國人爲大多數。一到晚上，男女老少，擠擠一堂，興高彩烈，情形鬧熱極了，因此俱樂部每天收入，其數可觀，公家方面所得利益之巨，自可想像得到。戰事發生以來，里斯本早已成爲歐美各國航運必經之地，達官富豪出入於俱樂部者，日增月多，外國貴賓越來越多，賭場生意便越來越盛。爲當地官廳設想，眞不失爲一大稅源。此外如旅館公寓，平常祇要售到五成以上，已經自詡爲『成績斐然』，而今過路客人成羣結隊的逗留在里斯本，既無親友處可以投宿，當然立刻需要安頓之地，無怪大小旅館公寓，處處客滿，無不利市三倍，這又是一個絕妙的例子。

三

在戰時繁榮之中，里斯本以『三多』聞於世。何謂三多？第一是外交官多。戰前里斯本地位平常，各國使館大半事務清閒，規模不大，戰時交戰國紛紛添派得力人員，協助工作，使館地位，無形中日見重要。加之從巴爾幹方面撤退的英方代表，一批一批的到達里斯本，結果說英語的先生們充塞於途，大旅館的門庭，頓時車水馬龍，熱鬧起來。說來並不奇怪，連電影院跳舞場及其他一切的營業，也因此蒸蒸日上呢！

第二是猶太人多。我離開里昂時，巴黎的猶太人，早已不能立足，但維希當局還沒有排斥猶太人，可是稍有資財者，大都逃之夭夭，紛紛從法義邊境退到馬德里。過了幾天，馬德里風聲不妙，又匆匆避居里斯本。這輩人有的是錢，什麼美金票，金鋼鑽，早已安置身邊，到處可以變賣充作旅費。並且他們工於心計，無孔不入，儘管環境對他們不利，總有安身的辦法。有錢的猶太人，其出路不外乎三途：上策赴紐約活動，中策往古巴作寓公，如上中兩策行不通，則到南美各國經商。我曾聽到黑市船票售到五六百美金一張，不到幾天，竟會出售一空，這便是因爲猶太人急於逃難，遂致票價飛漲得不成樣子，比什麼都厲害。至於護照亦有黑市，且可自由頂買，更是聞所未聞，傳爲一時奇談，其實這也是由於猶太人相率逃亡而起，從中取利者，無非本地掮客與船公司職員，他們的發財機會，也可說是時勢造成的。

第三是間諜多。關於這一層，我曾聽到不少的珍貴資料，使人半信半疑，有人說得好：『間諜在戰時，也是不可缺少的人物，戰爭時期愈長，這輩人的活動範圍愈大。享受是他們，危險也是他們。天下無不死的間諜，亦無必死的間諜，全看一個人的本領如何，命運如何。』這些話正可適用於出入里斯本公共場所的漂亮女子，尤其是在俱樂部內，往往容易見到她們的來蹤去跡。上述『兩多』外，又加上這個小小的點綴，可見戰時的里斯本，確已另換一副面目，與平常判然不同了。

里斯本足以驕人者，殆即在此，除此以外，我簡直看不出有什麼特點。拿市容來說，祇有一二大道，還算建築新穎，規模宏大，但比之巴黎柏林，顯然有小巫大巫之別。拿商業來說，雖然一切應有盡有，仍不免處處露出局促樣子，似乎够不上稱爲一大都會。至於出版物之貧乏，文化設施之簡陋，在在足以表顯這是歷史簡短的國家，在歐洲文明史上佔不着光彩的一頁。依我之見，歐洲諸國，不論其民族精神不同，皆有不可磨滅的特殊文化。別的且不談，單就首都建築而言，亦各有各的特殊風光。柏林以『雄偉』勝，倫敦以『博大』勝。『秀逸』爲巴黎的特色，『古雅』則要推羅馬第一。馬德里陳舊則有之，偉大則未必。白魯塞爾貌似巴黎，而神韻不同。海牙熊城以整潔著名，終嫌格局過小，氣派不够，以視維也納猶遜一籌，遑論其他？里斯本在這一方面，更無絲毫可觀之處，與其稱爲首都，不如視爲一大港口，似乎還近情一些。

上面的話，只是我一時的感想。有一天無意中同南鳳談過，他也很贊成我的見解。可是我們中國人偏偏有一種怪脾氣，住在一個地方往往愛說那個地方的好處，有時辯護當地的特點，比較本地人還要熱心。南鳳當時聽了我的話，沒有半句答辯，但隔了三四天，忽然約了兩位文學家一位女記者要我到都瑪去觀光。都瑪以風景著名，離葡京約有二百多里，當天來回，毫不費事。我鑒於他們來意殷勤，不便婉拒，遂亦欣然同往。

南鳳自已駕汽車，我們坐在後面閒談，不到兩小時，就到目的地。那位女記者身隸葡籍，却說得一口流利的法國話，連忙邀我下車散步，正談得很投機的當兒，忽然有位先生遙指前面別墅，揚言這是八百多年的舊建築，一定要我們前往參觀。我乃跟着衆人在別墅四圍繞了一大圈，只覺得古木參天，氣象萬千，憑欄遠眺，悠然神往，胸襟爲之一暢。女記者笑道：『這裏比里斯本如何？』我說：『當然不同，我眞不想回去了。』於是我接連說了許多贊美的話，引得大家紛紛報我同情的微笑。回到城內，各人散去，南鳳對我說：『你在都瑪說的一番話，他們聽了多麼開心呀！』實則這正是南鳳自已心理上的反響，因爲南鳳彷彿聽到我常常小視葡國，所以特地帶我出去繞了一個圈子，把都瑪的景物欣賞一下。朋友的厚意，値得感念。可是從此以後，我對里斯本，逢人祇說好，不說壞，這怕也是旅行家必備的常識，應該牢記心頭的。

四

爲了船票問題，不易解決，祇得再去訪問李博士。李博士年近花甲，而精神健好，豪興依然，確是難能可貴。承他的好意，約我去吃飯，同時邀了好幾個政界中人作陪。內有一位美國來賓同我談了良久，知道我尙未定到艙位，竟一口答應盡力幫忙。我聽了他話，當然快樂極了。等到第二天早晨約同南鳳到船公司去接洽。經我們說明來意後，總算照官價定到了一個艙位。雖說啓程遙遙無期，但是艙位有了着落，心中泰然，用不着再焦急了。

我除了通知華盛頓方面，叫他們靜候我消息外，復寫信給念之，卜賢，及岩天諸友，略述我的近況。念之首先贊成我赴美國，却想不到我會走得那樣快，所以他來信中常常露出無人談天的苦悶。的確，我是最喜歡談天的一個，並且懂得一些談話的藝術。也許因爲這個道理，所以朋友們在我離開之後，就不免感覺寂寞。至於我自已呢，從甲地跑到乙地，雖然環境變遷，人物各殊，然而我有時還能尋求談話的樂趣，不過談話的資料不同罷了。講到談話的對象，當然以老朋友最合脾胃。尤其是我，像浮萍一般的流浪在海外，要找到一個知己，可以促膝談心，實在是不易多得。可是有時在新認識的友人之中，亦未始不能發見談話的興趣，這是要看你有沒有說話的技術，換取對方同情的了解，有一次我在途中無意中碰到一位老先生，他是德國人，曾在大學担任哲學教授。最近攜妻女來葡京，作短時的休養。我們招呼之後，恍然一年以前曾在某處見過數面，現在異地相逢，自然格外親熱了。當時我就約他茶敍。過了兩天，他復邀我去敍談，足足談了大半天，眞是暢快之至。我們所談的，始而泛論時局，繼則轉到政治理論，後來又轉了一個灣，談到人生哲學，最後連東西洋文化不同的問題，也牽涉在內了。

他提出關於中國哲學上幾點疑問，都被我輕描淡寫的予以答復。後來他問到我，中國社會上最看重的是那一類人，我就反問他：『這話怎麼講呢？』他答道：『譬如英國人的看法，以爲國會議員最能引起社會的重視。美國人心目中祇有企業家是最合理想的人物。法國對於藝術家文學家似乎特別看重。德國社會則以軍人最爲榮耀。在你們中國的社會裏，那一類人最容易使人家敬慕呢？』這個問題非常有趣味，可是眞不容易解答。我想了一想，就告訴他，中國向有『士農工商』之別，而今潮流不同，各級人民一律平等，因此『士大夫』『讀書人』那類名詞，早已失其意義。但是經過冷靜的觀察之後，我們彷彿還有一種感覺，相信一個人不論担任那一類工作，屬於那一種職業，祇要他不脫書生本質，社會上多少寄以同情。也許因爲這層理由，所以讀書人在社會上仍保持相當的地位，比較能引起人家的重視。爲解釋清楚起見，我特別指出『書生』的本質，包括一個人的品性、才能、見識，以及風度等各項要素。至於本質的養成，不僅靠現代教育，中國固有文化的薰陶，也大有關係。

說到那裏，我越說越起勁了。他問我一句，我就回答他一句。末了，我對他說：『總而言之，剛才你所說的軍人、議員、藝術家、文學家、企業家一串的例子，在我們看來，只是一個人的「外衣」，而非「本質」。要是「本質」純正，任你披上那一套「外衣」，不難成爲有用之材，引起社會的重視，中國人所謂「成器」就是這個意思。』那位老先生，側耳靜聽，頻頻點頭，聽到我說到『成器』兩字，似乎不能了解。我便接着對他說：『譬如繪畫，不是有一定的格局嗎？祇要有一定的格局，人物畫也好，風景畫也好，用不着再分析了。我們中國人欣賞畫，注重「直覺」而不注重「分析」，其意義正與觀察人物相同，所以我們心目中的人物，並無職業上的劃分，祇有本質上的分別。這一點也許西洋人士不容易了解的。』

他聽到那兒，連說：『我懂得了，我懂得你的意思了。』說罷，站起來，緊緊的握着我手，表示贊成的樣子，一面含笑的說：『我對中國文化眞是十分欽佩，可惜我不認識中國文字，雖然看過關於中國哲學的著作，念過德文翻譯的道德經，究竟智識有限，希望我們常有機會談天。』我就順便說了幾句客氣話，興辭而出。

有一天我在南鳳寓中偶然提到這事，他不待我說完，便大笑不止。我問他有什麼可笑。他說：『假使我做了你，一定老老實實的對他說，中國人心目中只有一個觀念，就是「官」，做了官可以發財，所以「升官」「發財」在別國聯不起來，偏偏在我們中國成爲一句格言，比什麼話都有力量。想不到你會拾出「書生」兩字來掩蔽一切，這簡直是絕妙的外交辭令，談什麼哲學不哲學！』我聽到他一番高論，也不禁拍掌稱善，仰笑失聲。這雖說是因那一次談話而引起的小小餘波，但一想到當時那副談笑的神氣，彷彿猶在眼前，益信談話中自有樂趣，全靠一個人能否加以領會罷了。

五

船期未定，心緒又爲之不安。不得已又去麻煩李博士。他力勸我多住幾天再說，並且約我到別處去走一躺，換換空氣。我說祇要船期決定，出門也無不可。他就立刻派人向船公司再三交涉。結果居然買到一張頭等票，一看行期尚早，遂滿口答應，同他先去南方，再回來檢看行裝。我們經過各地，有崇山峻嶺，有田野鄉村，沿途所見，感想萬千，雖然比不上羅馬郊外那麼富有詩意，究與城市風光不同。整天在曠野中自由跑路，食量大增，體重增添不少，僅就這一點來說，已算不虛此行了。

旣回葡京，行期已迫，告別諸友，自不免又多一番忙碌。我自已知道，在海外人緣不差，雖說在里斯本作客不久，對於當地朋友，却已有相當的感情。尤其是那位德國老先生，不能不趁動身之先，再去訪問一次。那位老先生一聽到我快要動身，就約我去茶敍。他眞有意思，舉杯祝我一途平安，還不算數，復從他女兒手邊，拿出一本英文小說來送給我，說是要打破旅途淸寂，只有小說最有功效。那位姑娘，年紀不過十四五歲，長得却像大學生一般，待人接物，老練異常。她一聽到她父親要把那本書給我，連忙自動的簽了名字，雙手遞給於我。我當時高興極了，祇得隨口說了幾句動聽的詞句，道謝而別。我想，我的確應當謝謝這本書的主人，因爲假使沒有這本小說，試問在颶風暴雨之中，渡海而行，將感覺到怎樣的苦悶無聊！

古今（十九期）一周紀念號向讀者徵文啓事

本刊之創辦，適值文化界極疲之秋，本刊之出，一鳴驚人，遂引起今日出版界蓬勃之氣象，本刊適逢其會，不敢妄自菲薄，爰定於三月十六日出版之十九期，特輯周年紀念號，以資紀念。除已廣約南北名作家撰稿外，並敬向讀者徵文，儻蒙惠錫佳文，藉光篇幅，不勝企幸。（收稿期至遲三月五日）

一周紀念號專稿執筆者姓氏

周佛海　陳公博　梁鴻志　瞿兌之　謝剛主　徐一士

樊仲雲　冀公　蕘公　龍沐勛　紀果庵　文載道

趙叔雍　周越然　陳乃乾　柳雨生　予且　鄭秉珊

金雄白　朱劍心　馮和儀　朱樸　陶亢德　周黎庵

趙烈文言行摘記

陳乃乾

陽湖趙烈文官職止於知州，著作散佚無傳，已刻者僅石鼓文纂釋十餘葉而已，故名不甚著。即有知其姓名者，亦以金石家目之。然烈文於金石之學造詣不深，惟晚歲家居，嘗購庋碑版拓本以娛老，而文筆奔放，一碑之跋，遂動輒千言耳。

烈文生當太平天國之時（道光一二——光緒一九），歷居文正（國藩）忠襄（國荃）兩曾公幕。才宏識遠，料事如神，長於章奏露布，倚馬萬言，眞幕府之奇才。薛福成紀曾文正幕僚文中，以閎覽稱之，可謂定論。

忠襄之奪回江寧城也，烈文正在其幕中，時爲同治三年六月十六日。申刻將盡，忠襄回老營休憩，衣短布衣，跣足，汗淚交下，蓋甚憊矣。衆方趨賀，忠襄亟止之。出傳單示烈文，命作奏。至酉戌間，江寧城中火光燭天，各軍入城掠奪，即中軍各勇留營者皆去搜括，甚至各棚廝役皆去，擔負相屬於道。烈文恐事中變，勸忠襄再出鎭壓。忠襄時酣臥，聞言意頗忤，張目曰：『君欲余何往？』烈文曰：『聞缺口甚大，恐當親往堵禦。』忠襄搖首不答。至戌末，龍脖子至孝陵衛一帶有砲聲。時城雖破，而太平軍幼主及首領李秀成、林紹璋等尙無下落。烈文恐其乘亂竄出。復從臥榻搖忠襄起，請派馬隊要截，忠襄不以爲然。臥良久，起張燈，取烈文所擬奏稿大加增刪，並詳敍趕回老營及諸將戰功。烈文力言趕回老營一層不必提，且諸將戰功，此次乃奉旨僅奏大略，則隨摺應保人員，皆當由中堂（指國藩）續再詳奏。忠襄艴然曰：『不必取巧，似近諱飾。至各將功績，我處不奏，中堂必不肯詳告，是負諸人矣。』烈文不能爭。僅將下文『令官軍環城嚴守，四路搜殺。』改作『環城內外紮定，兼扼守各路要隘，冀使無一漏網』云云，以見忠襄返營，非圖休息，乃爲防敵之竄，聊以周旋語病。遂發繕寫，而忠襄復臥。至四鼓時，城北來報，有馬隊二百餘，步隊千計，假冒官軍衣裝，並攜帶婦女，從缺口衝出。守口者岷字及湘後、左、右營，精銳大半在城內未返，餘皆疲頓，不能阻之，僅殺數十人。出城後，由孝陵衛福字（李泰山）節字（蕭孚泗）等營卡門出。亦莫敢遏，任其投句容路而去。報者不敢驚忠襄臥。烈文意太平軍首領必在其中。今任其大股脫逃，難保無人指摘。且奏中已言殲滅淨盡，則日後將無可措詞。時文案繕摺未竟。烈文急叩門請忠襄起，飛札馬隊營官伍維壽追勦。並於奏末增入『萬一城大兵單，竄漏一二，臣自當嚴飭各軍盡力窮追，會合前路防軍，悉數擒斬，免致流入他方，復貽後患』等語，以見城破之後，敵勢尙強悍如此，則防範不嚴，尙爲有辭可說，所謂未求有功，先求無過也。奏既入，越十日而旨下，以大局粗定之時國荃不當遽返老營爲責，辭氣頗嚴。外營中人咸歸罪於前摺文字之疎。或以問烈文。烈文曰：若輩悠悠之口，何足與言。所恨中丞厚待各將，而城破之日，全軍掠奪，無一人顧全大局。若蕭孚泗在僞天王府取出金銀不貲，即縱火燒屋以滅跡。忠酋係方山民人陶大蘭縛送伊營內，伊既掠美，稟稱派隊擒獲，一文不賞，又疑忠酋有存項在其家，派隊將其家屬全數縛至營中，鄰居亦被牽曳，逼訊存款，至合村遺民，空村竄匿。誅求如此，則僞幼主之得出，安知非民人懲前車而縱之使去，尤足令人背裂。中丞孤立無援，又多怨忌。幸得忠酋，此局方得交卷。否則不獨無賞，當受譴責矣。至此次廷寄忽加厲責之故，殆別有緣起，余知其約略，未敢臆斷。大抵朝廷苟無與援，將帥立大功於外，往往轉罹交議。不然，去年蘇州之復，李公（鴻章）原奏，明言忠酋從小路搭橋而去。今春杭州之復，左公（宗棠）原奏，明言賊傾城先走。皆奏入而恩出。於此奏何如，而以筆墨爲罪耶！君父之前，立言有體。雖近世捷報，太半虛辭，然亦必稍有根柢，不致全然誑語。不然，兩公皆長於作奏，何不以生擒入告耶！

江寧之役。奉旨曾國藩封一等侯，加太子太保。曾國荃一等伯，加太子少保。俱雙眼花翎。趙烈文亦於獎案內以花翎直隸州保敍。然朝廷終以忠王眞僞及太平軍中藏金致疑，嘗派某將軍來察看旗城，實則銜密令偵查也。其時御史賈鐸亦有『請飭曾國藩等將粵逆所擄金銀查明報部備撥』之疏。忠襄以是頗悒鬱不平。文正壽弟詩：『九載艱難下百城，漫天箕口復縱橫』，即指此也。

同治七年，文正官直隸總督。翌年，奏調烈文至署，委署廣平府之磁州。十一年，改署易州。十三年春，穆宗奉兩宮謁西陵，道出易州，地方官照例供應。烈文自記其事云：『二月二十三日，合署親友均赴梁家莊辦差。二十四日巳刻，赴淶水縣石亭村候接聖駕。二十六早三鼓起，至淶房交界之拒馬河北候駕。易州遊擊董晏、守備兪玉衡、淶水守備王某已先在。促淶水令，良久乃至。聚立沙中，風寒砭骨，幾不能任。御道旁燈火相屬，車馬自二十五早至今，肩摩轂擊，已一晝夜不絕。囊箱筐篋之屬，覆以龍紋黃袱，數人一抬，數十抬一起，不可得而指數。王公貴人綠輿而黃屋，騎者黃其韁，各擁數十馬，來如撤菽，皆由馳道行，莫敢問。問亦不答，或反譙訶之。內監、校尉、八旗護軍及步卒，厮養，騎者，車者，腰弓矢揭旗者，短後衣戰裙者，冠植木頂數鳥羽者，以百十爲羣，無行列，無區別，混雜而馳。目所能極，前後無間。天將明，直隸及京營扈從官皆過。辰刻，大駕始至。前驅曲項傘一，囊負於背而不張。衣白袪，持長木棓騎者八人，分兩列，別口倫焉。皇上乘騎行。一黃褂騎而引其韁者，爲嚮道大臣。四黃袪翼而趨者，爲御前大臣。皇上御石青袪，藍袍。緩轡其間。迎駕諸臣皆跪，天語垂詢何官，余稱官稱名以對。復問以次何官，余均代對訖。皇上攬轡注視，少選而去。駕以後豹尾槍十，環擁之，護從約百餘騎。最後雙纛並進。纛過後，不蹕行人矣。策騎繞道至劉書雲寓打尖畢，車由淶水行。未刻返州城，入署少休。聞大駕已過東河。申刻車行至梁家莊，得孟甥（指周孟輿，時在烈文幕）信云：各差檔開發差費未了，紛紛坐索，屬勿往。遂至文月亭處借榻宿。二十七日，大駕黎明啓鑾，入東口門謁陵。兩宮太后繼發。亭午，駕返行宮。下午，聞差犓畢，仍返文月亭處。此屆差務，內監各費，均交孟甥爲諧價，所費無藝，然猶狼籍不堪。聞他處更甚。權璫屢奏事，奉旨行知外廷，甚至御前小璺隨圍，特賜車上旗號，亦見公牘。東太后住口口宮，西太后住長春宮，皇后住口口宮,慧妃住永和宮,各有殿差,膳房,茶房等各色內奄,較舊時大差隨從者多數倍。供億之費,較舊時多數百倍。甚至一馬一騾索麩料各數斗,儲峙麩料草柴炭等,均以數十百萬計。他亦仿此,而尙不足。地方官捄過不遑,故臨時皆擇深遠處藏匿以避其鋒。皇上聖性慈厚,而惡靜喜動,自出京至梁家莊皆乘馬,御輿輦時甚稀。天顏和藹,語笑四顧,勅近侍不禁人窺瞻。過安河時,登露臺,擲橘牆外,望民衆爭奪傾跌以爲笑。西太后重耳目之玩,沿途各行宮,均自攜花草盆景,隨處安設。隨園花兒匠至八十名,而舁夫不與。舊制,謁陵近於喪禮,各行宮向無燈彩之設。今次特旨均用燈,每宮無慮百數十計。又舊時尖營帳房數架,前後傳倒而已。今次尖營二十餘處,各設玻璃房六間,及蒙古包等,先期支搭以俟,聞此一事,即費至十餘萬金。慧妃有盛寵,西太后尤愛之,一切服御駕皇后而上,所至與西太后同住正宮。皇后獨御廂屋。梁家莊宮內,預備皇后處所,蓋淺促不可以居。內廷諸人,皆爲之不平,煩言嘖嘖,殆非盛德之事。二十八辰刻,大駕回鑾,余赴石亭送駕。至梁家莊易騎而進,巳刻至城,聞有諸奄至署訛索者,遂不進城,由御道行。未刻抵淶水口蘭行宮。是日大駕駐蹕於此。至口口謁中堂,方伯,觀察,銷差送行。酉刻行,傍晚至石亭,宿王姓民家。二十九辰刻,赴交界處候送大駕。相國,方伯先後過,送之。巳刻大駕始過。率淶水令,淶營守備道旁跪送。皇上命御前大臣索職名而去。』讀此,知當時秩序之零亂,后妃待遇之不平,閹豎之專橫,供應之煩費,有識者可以覘國運之將替矣。

烈文與文正投契最深。居幕府日,文正每晚必至烈文書室閒話,上自軍政大事,下至文章書法,無不論列。烈文或可或否,亦無不直言以對。同治六年六月二十日,文正謂曰:『得京中來人所說云,都門氣象甚惡,明火執杖之案時出,而市肆乞丐成羣,甚至婦女亦裸身無袴,民窮財盡,恐有異變,奈何?』烈文對曰:『天下治安一統久矣,勢必馴至分剖。然主德素重,風氣未開。若非抽心一爛,則土崩瓦解之局不成。以烈度之,異日之禍,必先根本顚仆,而後方州無主,人自爲政,殆不出五十年矣。』文正蹙額良久曰:『然則當南遷乎?』烈文曰:『恐遂陸沉,未必能效晉宋也。』文正曰:『本朝君德正,或不至此。』烈文曰:『君德正矣,而國勢之隆,食報已不爲不厚,國初創業太易,誅戮太重,所以有天下者太巧,天道難知,善惡不相掩,後君之德澤,未足恃也。』觀此一夕話,對於四十五年後辛亥遜位之局,朗若目覩,而『不出五十年』一語,亦恰如其數,雖世之預言,家何以逾此。

烈文對於文正推服甚至,但未嘗執贄稱弟子也。其始從曾公於南昌,爲咸豐五年,時曾年四十五,趙年二十四,李次青卽勸其投贄門下,且云出自公意,烈文未卽允。旣相從日久,屢荷特薦,感恩知己,頗欲重申此意。然以功名之會,不敢託於暱近。至同治四年,曾公罷兩江總督,進勦豫楚邊境捻匪。烈文以家累不能從行,相別於邵伯鎮,始投門生帖。曾公謙讓,答書曰:『頃接手書,猥以一日之長見推,大增慚恧。昔劉蔭渠制軍於咸豐十年誤聽何人之言,謂敝處無密保之疏,忽欲換帖改稱。國藩致書力辨其誣,請以廣西所產之三七(藥名)見貺。而捐免門生二字。蔭渠亦復書寄三七二斤,封面寫云,捐繳三七若干,請飭局核明給獎。敝處因將新帖璧還,以代實收部照,不改稱謂,仍爲友朋如初。此事雖小,頗有逸趣。敢援斯例,請閣下惠我以皋文先生儀禮圖之初印本,亦卽捐免新稱，飭局給獎。如不能遽繳捐款，或先發實收，亦可飭局通融辦理。此次敬將大東璧還，亦足見捐政之寬大矣。賢如子厚，不敢為衆人之師。貴如衛靑，亦豈無長揖之客。請存此義，留作一段佳話可也。』曾公遊戲文字不多見，瑜樓（本文作者室名）藏此墨蹟兩紙，因錄其全文以資談助。

烈文於交遊中，與龔孝拱（橙）最暱。咸豐五年，始相識於曾文正南昌營中，時烈文年二十四，孝拱已三十九矣。翌年，烈文以母喪歸，尋遭亂離，家室播遷，至十一年秋，再從曾公於東流軍次。孝拱則持才傲物，為衆人所排擠，流浪江南，鬱鬱不得志。曾公之將調直隸總督也，嘗偕烈文自江寧來滬。時孝拱坐困滬寓，烈文勸其修謁。丁雨生（日昌）即譏言於曾公，謂孝拱私以公同治元年覆奏預修和約之稿示英人以易賄，曾公怫然。同時應敏齋（寶時）亦向孝拱言，曾公以元年之書督責之甚深，見面必有奇禍。烈文則力為申辯，謂此稿下游見者甚多，英人耳目甚廣，實不借資孝拱也。此後孝拱益困窘，烈文每資助之。及烈文罷官歸隱，營第宅於虞山。孝拱往訪，欲舉所藏金石拓本為贈。時烈文宦囊垂盡，辭受兩難。遂致一言失歡，不辭而別。翌年孝拱病卒，二人不再見。

烈文之幼子君閎，與余為忘年交，嘗約余往遊虞山，未果。事變後，君閎避兵來滬，耳聾神昏，見面不辨誰何，不逾年而卒。無子。其壻王君季玉，亦余友也，遠客不能歸。余採烈文日記及向所聞於君閎季玉者，撰年譜一卷，付××雜誌刊載，排校甫畢，而雜誌停刊。天之施於趙氏者，可謂酷矣。

蹇齋小識

徐一士

余前為『壬午閒綴』。談梅巧玲事。（見『古今』第十二期。）以其卒年恰在前一壬午。其人又頗可傳。故於昔人記載。就一時瀏覽所及。引述數則。聊以應景。實則對其事所知殊少。亦未遑詳為考索也。頃讀趙叔雍先生『「談梅巧玲」補遺』（見『古今』第十四期）。承以當時都人所撰梅桑一聯相示。為之一快。深感見教之意。至謂『就正』於鄙人。非所敢當。惟以謙沖之度可佩。不敢辜負。爰更略為芹獻。藉副雅命。尚望加以指教。（即鄙人他稿。亦望叔雍先生有以教之。以比來記憶力減退。撰述時恐有誤也。）

叔雍先生謂『先公於光緒十四年再赴京師，其時梅年事已長，但掌戲班，……吾鄉盛勗人（盛宣懷之父）與之至好，一日約先公杯酌，並邀巧玲至』云云。按梅氏卒於光緒八年壬午。似無疑義。不應光緒十四年尚在人間。恐係叔雍先生臨文記憶偶誤（或一時筆誤）。非斯年之事也。（盛宣懷之父康。字勗存。號旭人。此作勗人。蓋字號可通用同音之字也。常州音『勗存』與『旭人』全同。北京音則『勗』『旭』相同而『存』『人』相異。）

又謂『慈禧太后及光緒均加殊賞。』按梅氏晚年。光緒帝尚幼。（梅卒之歲。帝年十二。）且甚不喜觀劇。如『翁文恭日記』光緒五年己卯（

時帝九歲）有云。『萬壽。上在甯壽宮。未嘗入座聽戲。仍到書房云。鐘鼓雅音。此等皆鄭聲。不願聽也。聖聽如此。豈獨侍臣之喜哉。』（『雅音』『鄭聲』。蓋卽在書房受教於師傅者。）又光緒十年甲申（時帝十四歲）又云。『太后萬壽。長春宮演劇。上只在後殿抽開弄筆墨。太后出御臺前黃座。上未出。』其對演劇之態度。亦可略見其概。似未必對梅曾加特賞也。旣長。或傳其好音律暨賞識余玉琴。不論確否。均與梅無關矣。

梅氏義名久著。叔雍先生謂其『義舉初非一事』。良然。惟拙稿引孫靜庵『棲霞閣野乘』與樊雲門壽梅妻序所記者。同爲焚二千金之借券。情事又小異而大同。謂爲一事而傳述有小節之異。似亦尙未爲甚謬。至張遜先（祖翼）『清代野記』一則。不同處較多。或另係一事。亦未可知。（張氏此書。敍事多興會淋漓。惟失考處不少。其紀斯事。言桐城方朝覲爲咸豐己未膺館選。而按諸『館選錄』等書。此人未與其列。當更考之。）

頃偶見北京『立言畫刊』第一百零六期（民國二十九年十月五日出版）有『梅巧玲義行』一篇。（撰者署『小梅。』）據云。『馮君蕙林嘗爲余述巧玲事曰。梅老板掌四喜多年。待人接物。和藹平易。士大夫均爭相交納。每有喜慶堂會。從不計泉刀。不較酒醴。間有不足開支時。則剜己身所得者。潤及同人。事畢後。永不登階求謁。卽或因他事干求。不得不代爲緩頰者。亦必語竟匆匆而去。蓋恐落故意前來索値之嫌也。四喜底包各角。所掙包銀。均比他班較厚。計眷口授金。俾能闔家餬口。偶見有首如飛蓬者。知其阮囊已澀。故意趨步就之與語。暗以錢鈔數百。僞爲握手以遞人。耳語諄諄囑之曰。「剃剃頭。勿致若犂齒冷也。」斯時雖無梨園公會。正樂育化會之組織。然每逢精忠廟會之期。各班伶人。勿論正配角。一律詣廟拈香。宛若淸明節北俗之吃會者然。（北方風俗。値淸明節日。闔族人麏集家祠堂。飽餐一二日。齊至族冢供祭。名曰吃會。間有族人。遠移他方者。屆期亦來認族。中國大家族制度。由此可見。）是日雜耍大鼓。應有盡有。以助娛樂。伶世家子弟。及挾有多貲者。恆借此機以炫富。錦服駿馬。睥睨同儕。爭相點曲。一擲數金。鼓姬含笑前迎。軟語道謝。大丈夫固當如是耳。一般淸貧者流。遠避垣角。莫敢仰視若輩。雖屏息不作一語。而心中未嘗不黯然傷神。愧恨孔方之不光臨我手也。巧玲必一一餽贈。計足一曲之貲。以全體面。其憐貧有如此者。』亦頗可資談梅事之參考。

『補遺』附及『趕三已死無京丑。李二先生是漢奸。』一聯。余所憶及者。則爲『楊三已死無蘇丑。李二先生是漢奸』。楊三爲崐曲名丑。其人稍前於趕三。李合肥久被人詆爲漢奸。會楊三死。諳者遂爲此聯。蓋與趕三無涉。惟趕三與李氏另有一段話柄。甲午之役。李獲褫奪黃馬褂三眼花翎之譴。趕三於北京堂會戲某劇中抓詞逗哏。有『脫去黃馬褂拔去三眼花翎』之語。觸李子之怒。大受窘辱。未幾得病而死。亦未至辛丑也。（關於楊三之聯及趕三之事。均曾見記載。一時不及檢查。姑就所憶略述之。難保無未盡確處。）庚子之變。李受命於危難之際。入京議和。朝野目爲救星。（在京人士。當創深痛鉅之餘。仰望尤切。）盡瘁而死。羣情悼惜。斥爲漢奸者蓋尠矣。

李合肥庚子議和。寓賢良寺（在東安門外冰渣胡同。距今東安市場甚近）。翌年辛丑和約甫就緒而卒。以卹典入祀賢良祠（地安門外迤西）。

近寄『古今』一稿。曰『關於「御碑亭」。』因此劇已攝入電影而更談及也。然所表示之意見。仍只對戲劇的『御碑亭』。以未知戲劇而搬上銀幕的『御碑亭』果是如何。不能批評也。余不獨未看過銀幕上之此劇。他劇之搬上銀幕者亦未經一觀。其陋誠可哂矣。特對於此舉之因科學之進步而爲藝術上之新的發展。頗懷好感。將來總當一觀耳。

『國劇搬上銀幕』之新鮮花樣。余雖未嘗觀光。却早於昔人記載中見有類乎是者。湯芷卿（用中）『翼駉稗編』卷一云。『少時在蘇州官司馬懋斌座中。閽人入白魏貳尹至。俄一人縹緲急裝入。相揖就座。官喜曰。君至。我等又可看戲矣。魏遜謝。官命從人預備。時方未初。乃以厚氈蒙牖側一室。拉魏及座客同入。魏向壁喃喃持咒。須臾。壁上現白光如鏡。旋轉數周。鏡中現一小戲臺。臺上懸燈千百盞。拳如橘如。纍纍相貫。一室通明若晝。旋見門內人影往來甚夥。魏請客點戲訖。臺上開場。生丑淨旦。各盡其妙。至十六七齣。魏曰。夜深矣。向臺吩咐撤鑼。燈燭盡熄。戲臺亦隱。惟白光旋轉壁上。移時始滅。』此書爲清道光間所作。而先有類乎今日『國劇搬上銀幕』景象之記載。『壁上現白光如鏡。』不儼似今之銀幕乎。演劇於白光之中。不又儼似銀幕上之國劇乎。今仗科學之力。昔則幻術之作用（似與俗所謂圓光之術有關）耳。寫來頗饒趣味。故錄供讀者欣賞。此書好談怪異。所記此事。是否確鑿。姑不深求。聊作神話小說觀可也。

道光間記載。乃有類乎『國劇搬上銀幕』之事。奇矣。然此猶明言是幻術也。更有奇者。則道光時已有類乎飛機之實物見於中國天空。吳薌厈（熾昌）『續客窗閒話』云。『機巧之法。盛於西夷。緣彼處以能創新法取士。欲官者爭造法器。窮工極巧。愈出愈奇。不第供耳目玩。且有切於實用者。魏地山明府語予曰。丙午謁選在都。九月上旬。偶出厚載門。鼓樓前。見通衢無數人咸翹首跂足仰望。鬨詫異事。予因隨衆所指處矚目。見半天一物。如舟無楫。如車無輪。長約三四丈。寬丈許。蓬蓬然四圍如有旂幟。距地數十丈。看不甚明。由東北來。盤旋若鳶翔。忽墜下洋銀十餘。人爭拾之。未幾往西南迅逝。小如一葉。又如一星。轉瞬不見。說者曰。此飛車也。泰西所製。車中人以千里鏡窺覘下方。城郭人民。歷歷在目矣。或曰。他國有如是奇器。恐其以數百輛載精卒數千人。飛入都邑。將不能禦。亦不及防。城郭守具。皆無用矣。豈不殆哉。薌厈曰。否否。此物藉風而起。須風而行。如我國之紙鳶。有大至丈餘者。非大風不能起。風微即落。夫紙竹至輕之物。尙不能收放自如。況笨重如車耶。起即非易。收亦甚難。風力稍偏。即不能如意起落。況我軍亦有轟天砲等火器足以仰攻耶。君毋作杞人憂也。』此書成於光緒元年乙亥（西歷一八七五）。所指丙午當爲道光二十六年（西歷一八四六）。其時距西洋之有飛機尙遠。而言之歷歷。居然已有類似之物東翔於中國。彼爲幻術。此乃若預言矣。雖稱魏氏自言目覩其事。仍是一種訛傳。齊諧志怪。固不妨逞奇聳聽耳。至所載議論。可見當時人見解之一斑。現代之事。固非所知也。斯物所擲爲銀元。供人拾取。使其小小發點洋財。亦甚可笑。又吳氏視西人之製新器。同於中國人之應科舉。目的在乎做官。可稱爲西洋『舉業』。而如吳敏軒（敬梓）『儒林外史』第十三回（蘧駪夫求賢問業）馬二先生對蘧公孫所談不做舉業『那個給你官做』者。斯尤奇妙之論。

康更生（有爲）光緒三十一年乙巳（西歷一九〇五）遊巴黎。登氣球。所撰『法蘭西游記』（『歐洲十一國游記』第二編）中有云。『登球至二千尺。飄然御風而行。天朗氣清。可以四望。俯瞰巴黎。紅樓綠野如畫。……此事非小。他日制作日精。往來天空。必用此物。今飛船已盛行於美。又覺汽船爲鈍物矣。至於天空交戰。益爲神物。……聞法人有製飛鳶。可跨人而攜行李。亦自此而推之。要必爲百年後一大關係事。』此所謂飛鳶。即近已盛行而製造甚精之飛機也。其關係作戰籌事者固已甚鉅。奚待百年乎。世變之亟。從可知矣。

於『古今』第十三期。得讀文載道先生『關於風土人情』。覺甚雋永。作者蜚聲文壇。余素孤陋。對其作品所見未多。意其於此類文字尤擅勝場也。此篇有云。『我有時想。食味的眞正價值。怕不在於食品的本身。主要還在食品中的風土性和它的誘惑力。以及食時的情調。由此而引起食者的心理與情緒的配合。這樣才稱得到「享受」。而「生活的藝術」也備於此中了。』云云。讀之深具同感。按劉廷璣『在園雜志』卷一云。『東坡云。謫居黃州五年。今日北行。岸上聞騾馱鐸聲。意亦欣然。鐸聲何足欣。蓋久不聞而今得聞也。昌黎詩。照壁喜見蝎。蝎無可喜。蓋久不見而今得見也。予由浙東觀察副使奉命引見。渡黃河。至王家營。見草棚下挂油煠鬼數枚。製以鹽水合麵。扭作兩肢。如粗繩。長五六寸。於熱油中煠成黃色。味頗佳。俗名油煠鬼。予即於馬上取一枚啖之。路人及同行者無不匿笑。意以如此鞍馬儀從。而乃自取自啖此物耶。殊不知予離京城赴浙省。今十七年矣。一見河北風味。不覺狂喜。不能自持。似與韓蘇二公之意暗合也。』亦頗有致。似有可與此相印證者。特載道先生之論更爲精湛耳。（油炸鬼。即今北京所謂麻花兒也。余昔在濟南。彼處稱此物曰油果子。或簡稱曰果子。至彼處所稱之麻花兒。北京則曰脆麻花兒。又天津呼油炸鬼爲油條。）

擷稿『談長人』（見『古今』第十期）引『山齋客譚』所紀之張大漢及『公餘瑣記』所紀之廖大漢吳大漢。謂此軍界三大漢頗可合傳。茲又按龍顧山人（郭則雲）『十朝詩乘』卷十九云。『幼時聞先王父按察公言。曩撫部徐清惠建節涖閩。所至攜一材官。軀幹奇偉。其長如曹交。嘗從清惠過吾家。門低。楣及其胸。傴俯乃得入。隣里聚呼觀長人。庭爲之塞。清惠言是趙姓名桓。北通州人。曩於北直治團練。其人爲勇目。喜其魁梧。特拔之。相從久矣。近閱江弢叔伏敔堂集。有詠趙桓詩云。春秋長狄久絕種。趙桓忽生通州鄉。量以工部營造尺。乃有八尺九寸強。折床毀椅坐臥窘。戴頭起立愁觸梁。傴而出門走入市。肩齊於檐頭過牆。背後羣兒戲相逐。誤入胯下如門廂。來經滬上衆夷駭。願欲貢之英國王。可憐輿馬不能載。時自闊步衢路旁。却防泥印大人跡。致令方士欺漢皇。或更指爲帝之武。小儒箋釋彌荒唐。又愁他日秋井塌。專車一骨考莫詳。臨洮大人亘無霸。以今準古其相當。記讀前史五行志。是名人痾爲不祥。雖然今世用人法。以貌魁岸爲才長。其長在身人所識。必有遭遇殊尋常。即無戰功獵大貴。保汝支食三人糧。弢叔時以佐職客閩。侘傺寡合。故藉抒抑塞之感。』是又一趙大漢也。可合稱清代軍界四大漢。

我的讀書和寫作

朱劍心

我是一個平凡的人，生長在一個平凡的家庭裏，自小學以至大學，都是受着平凡的學校教育。十年以來，對於學問的興趣，雖然漸漸地濃厚；可是常常埋首於故紙堆中，連本來一點點平凡的才氣，也都消磨盡了，而且已快將『垂垂老矣』！因此想到龔定盦的名句：『詩漸凡庸人可想，側身天地我蹉跎！』眞不禁有同樣的感慨。又想到孔老夫子的話：『四十五十而無聞焉，則亦不足畏也矣。』大概我將成爲一個『不足畏也』的人，是毫無疑義的了，然則我又有什麽『讀書和寫作』，値得浪費筆墨呢？那我可以這樣的告訴你：

在我少年的時代，是很想『不勞而獲』的隨便造成一個文人，所以隨便翻看了幾册詩文集的選本，隨便哼出了幾首詩詞，又歡喜臨摹幾紙碑帖，便已自鳴得意，不可一世了。誠然，那時候的詩詞，已頗有爲友朋間傳誦的，至於書法，更是童年的時代，早已流布鄉里，先達諸公，都以完白山人期望着我了。可是直到現在，在這兩方面的造詣，還是有限得很，原因是我看到這所謂文藝，實在是不値得研究；而所謂文人書家，也是不値得一做的！

在三十一歲那年，因爲某種特殊的原因，不得不離開杭州，向上海來討生活。當時滿擬『安排海上三年住，再覓西湖舊夢溫』；不想一住七年，還無法回杭。可是從此以後，反而死心塌地，折節讀書，方才感到一些學問的興趣，而把過去浪漫的習氣，完全消滅。幾年以來，雖算不得有什麽成就，可也自已覺得有一些收穫了。

總之，我自幼至今，除了啓蒙的老師，對我確有幫助外；其他敎過我書的先生們，儘有一代的名流，專門的學者，可是他們學問雖好，對我的幫助，却少得幾等於零。先天的遺傳究竟如何，我不得而知；但是後天的家庭教育，在我也是不曾得到，這是多麽遺憾的事！我之所以能够寫文，能够作詩塡詞，能够知道一些學問的事，全是憑自己暗中摸索而得，誰也沒有親切的指導過我。這是我足以自豪的一點，因而根本反對現代的學校敎育，這些數不清的大中小學，只是呑蝕了我們寶貴的童年，青春，實際是無益於我們的。因此，我又感到，現代的所謂學校，只是一個娛樂的場所，絕對不是求學問的地方。而國家之所以化這許多寃錢，辦這許多學校，老實說，不過是爲維持一大羣知識份子的生活，何嘗是爲青年學生着想！固然，這些話不免有過激之處；但今日教育界之百孔千瘡，恐怕也不必諱言的事實吧！

然則我今日之所以能有一點小小的收穫，應該歸功於什麽呢？我想，與其說是我自已的努力，無甯說是這教書的職業；與其說是先生的指導，無甯說是學生的逼迫。古人所謂『教學相長』，眞是一句至理名言，顚撲不破的！所以，我自就業以來，凡是一個文人所能担任的工作，如政治機關的科員，書店的編輯，私人的祕書，學校的教師，我全都幹過；結果，我認爲教書的生活，雖然我曾因此而吃過許多的苦頭，却和我的個性最合，給我的益處最大，假如從此可以風平浪靜，我將立志以此作爲終身事業了。只恨我才質駑鈍，雖然每天在繼續不斷的努力，總覺有日暮途窮之感，恐怕這學術界中，未必能站得起來。現在且把我這讀書和寫作的經過大略記述一些，或者可以作爲青年們一點小小的借鏡吧。

以上算是序言。

我的祖先，在清朝中葉以後，大都只做過一任京官，或是『教諭』之類的窮官，所以不會留下一大筆的遺產，可以供我們揮霍。可是斷簡殘編，和精駁善本的書籍，却遺存了不少。我的父親是一個老貢生，古文詩詞和書法，都相當的好。不過在我幼小的時候，不能了解他，他也不曾自己教我，大概因爲自己的兒子是教不好之故吧。等到我能够了解他的時候，他却已不大寫作，而我也常常浪遊在外，一年中很難得有幾天見面了。所以我說：先天的遺傳究竟如何，我不得而知；而後天的家庭教育，在我也不曾得到。這眞是何等遺憾的事！

我家的藏書，雖然相當豐富，可是先人的目光，大抵注重在版本的好壞，而不在實用這一方面，所以儘有宋元明版的好書奇書，却並不齊備經史子集的普通書籍。而且有許多極普通的書籍，都是殘缺不全的。假如眞正以研究學問爲目的，這許多藏書，無疑的，是不够的。好在我自有知識以至大學畢業爲止，這十五六年之間，根本還不知道天地間有所謂學問這一件事！興之所至，隨手亂翻，起初不過找幾冊詩文的集子，隨便看看，總覺得不是我所要說的話，讀未終篇，早又換過了一冊。後來找到了幾種先秦的子書，才覺得有一些意思，可也不大能懂，不過讀着好像痛快一些，也有和自己的意思非常相合的。平時在學校裏面，簡直連教科書也懶得一翻，更不必說課外的參考書了。寒暑假期回家以後，因爲住在鄉下，沒有地方可玩，於是便一個人躲在書室中，任情把藏書翻閱，雖然沒有一部讀完，却也大體翻了個遍。各種版本的不同，雕刻的精粗，紙張的好壞等等，現在也還有深刻的印象。至於文字的內容，那都是因爲後來再三重讀的緣故，所以還記得起來；倘是僅僅在那時一看，恐怕早已忘記得一乾二淨了。

我這樣的『雜覽』影響於自己的寫作方面，當然也有好處，所以十多年的學生生活，頗得一般師友的好評。不過因爲愛讀子書，時發怪論，往往爲學校當局所側目，竟有好多次遭到退學的處分。這種『文字之禍』，現在想來，自然不免覺得好笑；然在當時，我好像眞的勇氣百倍，大有『頭可斷而舌不可禁』的氣慨，是看得非常認眞的。就是後來在浙江各省立中學及私立大學教書，也還是這副脾氣，累得我到處碰壁，席不暇煖。恐怕多半也還是因先秦諸子的好發議論害了我也！

而且當時的好讀子書，也只是揀諸子中專攻儒家的部分拿來標榜，如墨子的『非儒』，莊子的『盜跖』，以及漢唐以後，如論衡的『問孔』『刺孟』，史通的『疑古』『惑經』……等等，覺得非常有趣。這顯然是在學校裏面，受着新文化運動的影響，和看到『新青年』等刊物之故。然那時思想的發皇，文筆的恣肆，現在想來，也還覺得生氣勃勃，不可一世。可惜這時期的文章，一篇也不存在了。

大學四年，論理應該好好地讀一些書了。但是，這却是我最墮落的時期。因爲我一向『雜覽』，表面上好像『博極羣書』所以大學的功課，全不放在心上。教授們既不負責，我也落得偷懶，所以這四年之中，除了拿到了幾十份講義，參加了幾十次的大小考試，畢業時勉强寫成了兩篇論文以外，其他什麽都沒有了；我簡直沒有讀完過一部書！

不過話得說回來了，大概我的脾氣，是絕對不受拘束的，所以在學校裏面，永不高興念書，大有北京大學生住會館，上戲園，而不上講堂的風度，可是一放假呢，却又天天躲在書房，目不窺園，甚至廢寢忘食，也是常有的事；只是目的不在研究學問，而是興之所至，隨意翻閱罷了。

又我家於藏書之外，金石拓本和名人書畫，也相當蒐羅豐富。因此，我在書本中亂翻以外，又歡喜欣賞或臨摹這許多金石書畫。性之所好，也往往不問寒暑，摩挲把玩，十多年間，總算把各體的書法，金石的篆刻，都學得有些像樣。在這方面所用的工夫，却不是和讀書一樣的盲目，而是稍稍有一些專心致志的。不過近十年來，已把它拋棄，不願再玩那些雕蟲小技。然而在朋友間一提起我的姓名，便立刻會想到這是一個書刻的名家，眞是何辱如之！有的時候，我簡直想把手指斷了，我何必以這種無聊的藝事出名呢！

大學畢業以後，第一件事，當然是找職業。所謂『初生之犢不怕虎，』從此就踏進社會的門限，開始我另一種生活了。起初在一個政治機關工作，旋又奉派到日本朝鮮去轉了一圈；回國以後，因爲政局已經完全不同，所以便宜告失業。在那個時期，才把平時學會了的『平上去入』，拿出來應用一下，自然是牢騷滿紙，慷慨悲歌，雖然年紀還不過二十稍餘，却已大有曹孟德『老驥伏櫪，志在千里；烈士暮年，壯心未已』之概。

回國以後，經過了半年的失業，在這時期，除了自己常常吟詩以發牢騷之外，才把歷代名家的詩集讀了個暢。我最歡喜的，却是清朝黃仲則和龔定盦兩家，大概因爲他倆的身世品性，和我比較相近吧。等到這年秋季。找到了一個中學教員的職位以後，把這些『敲門磚』又完全丟棄。大概我的讀詩和寫詩，只適宜於兩個時期：一，失業；二，失戀。其他的時期，好像我從不感到有讀詩或寫詩的必要。

自從鑽進了浙江省的教育界後，從此便在這漩渦裏打圈子。直到我三十一歲秋季發憤離杭，中間差不多有九個年頭。這九年之中，是我爲職業而讀書的時期，和從前的漫無目的的讀書，多少有些不同了。從前的讀書，是『但得大意』，『不求甚解』，頗以諸葛亮陶淵明自比的，所以儘有『家常便飯』如四書五經之類，也都不曾懂得。現在忝爲人師，要一句句講給學生們聽，怎能不自已先弄個清楚！雖然只是初級中學；但『後生可畏』，焉知沒有傑出的人！因此課前的預備，簡直苦透，而且當時各地的風氣，還是閉塞得很，學校裏的國文教師，既然是『鬍子』居多；而家長們所斤斤較量的，也只是子弟的國文而已。我以二十三歲的『翩翩年少』，當此大任，實在也不很相稱。僥倖兩三個星期過去了，不但與他們相安無事，而且還震驚於我的『博學』。我暗中竊笑，原來我從前『雜覽』的工夫，於今收效了。那時的校長先生便拍着我的臂膀，笑嘻嘻的說：『朱劍心畢竟不凡！』這一『得意』，非同小可，學期終了，却非『捲舖蓋』不行了！——這事說來話長，無關本題，且不管他。總之，我從此開始我爲教書而讀書，爲想博得學生的愛戴，同事的好評，也是爲保全飯碗而讀書。誰知道我的理想，是完全錯了！我每每想起老子所說『大智若愚』，莊子所說『周將處於材不材之間』的話而痛哭流涕。我之不懂得處世之道，固然是我所以失敗的原因；然而『教書』之不需要『讀書』，也太足以令人覺得奇怪了。這樣的南轅北轍，方枘圓鑿，所如輒沮，當然是意中事了。

最後九年之中，我固然讀了許多的新舊書籍，多認識了許多的新字，知道了許多的典故，寫出了幾百首的詩詞；可仍不曾好好兒研究過一種學問，寫成功一篇像樣的文章，這是我生平最可悔恨的一件事了。雖然中間常常因爲打破飯碗，奔竄流離，心思不能安定；其實總還是因爲自暴自棄的成分居多。愛惜我的一位老師，每逢我遭到不幸，去拜望他的時候，他總是長吟着杜少陵的詩句：『世人皆欲殺，我意獨憐才』以安慰我。並且說：『天下滔滔，你眞不應該妄自菲薄』呀！我惟有『感激涕零』，一句話也說不出來。

我在浙江省看看實在再沒有立足的餘地，於是不得不另尋門路，改弦易轍了。當我發憤離杭的前夕，便寫成了一篇『教員四箴』，和四首『離杭雜感』，這在我的生命史中，是極寶貴的文獻，不忍湮沒，把它抄在下面：

教員四箴（有序）

予掌教十年，攖被五庋。芳蘭當門，懷璧其罪。憶坐青氈，如蹈白刃。驚心未去，聞弦欲隕。偶撰四箴，庶幾懲羹吹虀之意耳。

吁嗟教員，無取髦俊。必爲老醜，庶乎忠信。男女大防，宮牆萬仞，文采風流，實姦之逞。一箴曰蠢，守之勿擯！

吁嗟教員，無取狂狷。狂則被誅，狷則被譴。蓋必中行，然後賢彥。唯唯諾諾，方爲上選。二箴曰愿，守之勿變！

吁嗟教員，無取正直。直則不撓，正則不慝。阿諛諂佞，是爲楷式。苟全取容，見貌辨色。三箴曰黠，守之勿忘！

吁嗟教員，無取通碩。學子服膺，同人落魄。道大莫容，才高見黜。魚鼈飛騰，蛟龍處蟄。四箴曰劣，守之勿斁！

離杭雜感

蹤迹萍蓬幾斷魂，鴻泥到處苦留痕，骨甎駿馬千金價，敢忝王孫一飯恩。五里霧中驚挫跌，九霄雲外感溫存。分明鱗甲全身現，倘復惺惺款語麐。

誤盡青氈忽半生，託根誰識女蘿情！嗟來不食憐齊丐，播弄無知惜正平。小草何如遠志好，流泉本是在山清。雞蟲得失渾閒事，恩怨眞當一笑輕。

底事含沙射影來，任他鬼蜮盡情猜。山無石髓容吾隱，天乏瓊樓位此才。腐鼠休矜滋味永，神鸞詎惜羽翰摧！只今省識春風意，終古芳華是罪媒。

逐逐無端往返頻，渡江洗馬慘風神。誠能忍我皆知己，但解憐才已古人。一例恩仇償未了，千秋歌哭向誰眞！嗣宗遁轍楊朱岐，此去茫茫待問津。

當我在衢州『被逐』，回到杭州『賦閒』的時候，一年之中，總算選注了三部自己歡喜的書：一是『樂府詩選』，歸正中出版；二是『晚明小品』，三是『黃仲則詩』，都歸商務出版。這些『選注』工作，本來無足輕重；但我却也藉此寄託了一些懷抱，相當的用了一番苦工。這可以說是我研究學問的開始。不久稿費用罄，看看在浙江還是沒有生路，於是不得不離開杭州，到上海在商務書館找到一些工作。那時工作清閒，儘有餘暇自己讀一點書；而且商務印書館的藏書又富，可以說是應有盡有。自己學問的有一些長進，大概也從此時開始，不久中日事變發生，我的父親在流亡中死了。我痛定之餘，才想編著一點東西紀念亡親，於是把二十年中所常常想着，而又似乎若存若亡的一點對於金石文字的知識，貫穿起來，使他成爲稍有系統的概論一般的書，這便是在商務出版的一冊『金石學』。

後來因爲身體不好，想得到一大筆的退職金，藉以休息幾月，於是又向商務提出了辭職。而那時踢天蹐地，跬步荆棘，蟄居上海，根本也沒有一個地方可跑，索性閉緊房門，潛心寫作，且等把退職金用光再說。自春徂秋，七八個月之間，總算又完成了一部『金石學研究法』，和其他萬言左右的短篇十多種。曾有幾篇發表於當時的『世界文化』，和現在的『眞知學報』等雜誌。這時興會飆擧，夜以繼日，生平讀書和寫作之樂，當無過於此。可是半年過去，『責字』實在也難以『療饑』；要等待『三顧茅廬』，也好像今非其時。正在侘傺無聊，而在流亡中的一個胞弟，忽又噩耗傳來，歿於浙東。我憂生念死，終於病倒。於是讀書的計劃，旣然暫告結束；而寫作的東西，也尙有未曾完篇。時光倏忽，到現在又是一年了。

總計我讀書的生活，到現在爲止，前後凡三十年。第一期是學生的時代，完全是盲目的亂讀；但却也得到一些『雜覽』的益處，而且的確是以趣味爲中心的。那時我的動機，可以說有兩點：一是好奇，二是好勝。譬如我歡喜讀先秦諸子，和後世那些疑古辨僞之作，如姚際恆的『古今僞書考』，崔述的『考信錄』之類，更推而及於顧頡剛的『古史辨』，那全是出於『好奇』的心理。這影響於我的思想最大，我絕對沒有崇拜的偶像，任何事件都要懷疑；而且好發議論，臧否人物。這在處世之道，固然不宜；若以論學，我覺得是沒有妨礙的。怎麽叫做『好勝』？說來更加可笑。我歡喜讀名人的年譜，而傳記次之。當一冊無論何人的年譜拿到，決不從他的出生這一年看起；譬如我今年二十歲，便先找那位譜主二十歲這一年來看。然後逐漸追溯上去，再繼續讀至終卷。讀着的時候，當然要拿自己來比，看他×歲的時候，是怎樣的遭遇，事功學問，有多少的成就；而自已却是這麽的不長進！不過雖然一時的感到慚愧，好像有一些奮發之意；但後來年譜見得多了，看來看去，大抵有後人替他編訂年譜的價值的人，當然不比尋常，那末我之『相形見絀』，也便無所用其慚愧，連一點的奮發之意都化爲烏有了。

第二期是爲『敎書』而『讀書』。孟子說：『人之患在好爲人師』，我最怕這一句話。我又曾常常想到歐陽修『瀧岡阡表』記述他父親斷獄的話道：『吾常求其生，猶失之死；而世人常求其死也』！我的意思，是說：我們敎書，常常想求其無過，還不免有錯；而一般人的敎書，簡直是常常在求其錯誤！我處於這樣的敎育界中，本來也很可以隨波逐浪，混一口飯吃。無如我總抱着『誤人子弟，男盜女娼』的心理，慄慄危懼。所以常常因爲一兩個字的訓詁，一兩個典故的出處，而翻遍羣書；更深人靜，不肯休止。說是『巴結』學生吧，到也未必；保全飯碗吧，尤其無須；我只是行乎心之所安罷了。這一點的精神，我無論處於怎樣的環境之中，始終沒有改變。至於課外材料之蒐集參考，自然更不用說了。因此，我得以更精細的重讀了許多書。向來所『但得大意』的，這時能領會一些精意了；向來所『不求甚解』的，這時非使他徹底了解不可了。這一期中學問上的進步，也相當可觀，只是仍舊不曾有一個中心的研究，依然是過眼雲烟，一切都落空了！

第三期可以說是爲寫作而讀書了。當初因爲失業的關係，不能不編撰一些東西，博得幾個稿費。但從此竟發生興趣，於是便想一面讀書，一面寫作，把研究所得的資料，立刻化爲文章，其爲鹵莽滅裂，當然是意中事。不過倒也能够把思想集中，聚精會神，對付一項問題，而從這問題出發，再去蒐羅資料。所謂研究學問，原也不過如此而已。我從三十一歲以後，直到去年大病爲止，就全是過着這種生活，興趣十分濃厚，這是『失業』所賜予我的。現在年將四十，病弱之軀，顯然的垂垂老矣。龔定盦詩：『世事滄桑心事定』，『此生一跌莫全非』，正好因此一跌，把心事歸於平淡，好好兒選讀一些自己歡喜的書籍，寫作幾篇自已認爲滿意的文章了。

編輯後記

黎庵

近來紙張價值上漲甚鉅，印刷價目亦有增加，本刊不得已亦酌增定價，藉資挹注，自本期起，每册改售三元，然猶不敷成本，區區苦衷，幸希讀者鑒諒。

葡都里斯本，在戰前本爲歐洲二三等都市，因緣時會，一躍而爲國際重心。世之紀敘里斯本文章多矣，欲求如本期翼公先生之作，娓娓清談，以小品作游記，斯爲不可多得。幸讀者勿輕予放過。

陳乃乾先生藏槧名家，譽滿書林，承諾爲本刊寫海上訪書長文，已見豫告。茲蒙先貺『趙烈文言行摘記』一文，敘曾幕中人才之言行，決非泛泛之作可擬。

徐一士先生之隨筆偶記，最爲擅長，蓋其於前人筆記過眼，浩如瀚海，今人於此一部門學問之廣博，殆無出其右者。『蹇齋小識』，即屬於此一類之傑構。

五知先生即龔公先生之另一筆名，所撰『堪隱隨筆』，除一部分在北京『中和月刊』發表外，餘將在本刊陸續布露。

朱劍心（建新）先生爲中央大學名教授，著作等身，久飲盛譽，尤邃于金石之學。本期所載『我的讀書與寫作』一文，乃詳述其求學作文之經歷，足資後學借鏡。

其他『娛古篇』『宣南菊事瑣談』『談相人術』諸篇，亦均屬可誦之作。

本刊創辦於去年三月，歲月不居，瞬將周年，本社爲紀念起見，擬於三月中特輯紀念特大號，除廣約名家撰述外，復向讀者徵文，如蒙以有關於『古今』之文字見寄，不勝歡迎，報酬從豐。

本社爲紀念『古今』周年，除出特輯外，復於屆時創刊『東西』月刊，已在積極籌備中，詳細內容，請見封底廣告。

本期印刷中適逢春假，因之不免有忽促疏忽之處，幸希鑒亮。本刊已收到之佳作待刊佈者甚多，茲擇要豫告如左：

說箋……瞿兌之
三吳回憶錄……謝剛主
水滸傳作者考……龔公
異國心影錄……柳雨生
夜讀……文載道
關於錢牧齋……鄭秉珊
葉天寥評傳……朱建新
冷衙夜讀抄……周樂山
樸園隨譚……朱樸
編輯生涯（連載長篇）……陶亢德

堪隱隨筆

五知

昔清初查初白曾撰『人海記』一書，上紀勝朝遺事，下述當時見聞，並及社會風俗，胸中感憶。其命名之義，蓋取吾鄉蘇東坡詩：『惟有王城最堪隱，萬人如海一身藏』。不佞雖喜讀書，苦無所得，惟久居『王城』，頗好究其習尚故聞，與夫旗士文人之著作軼事，及先賢之有風趣者。凡為所好，輒筆於書。適古今社遠道徵文，錄以應命。自知不賢識小，無關藝文，但上下古今，聊供茶餘酒後之談助而已。

報祿人

京劇中如『御碑亭』，『打棍出箱』，『連陞店』等，皆有報祿人，即報喜人並索討喜錢者是也。按舊日鄉會試，戲中所謂『大比之年』，閱卷定名後，中夜寫榜。而京中專有一般報祿人，結成團體，串通禮部吏役。先將應試士子之姓名住址調查清楚（昔日趕考者大半多住於會館），於是闈中書一名字，即有書手由門縫傳出，報祿人持之飛報中者，大索喜錢，多則四兩，少亦兩千。此正是先覩為快也。及天明榜發，乃另刻題名錄，（有如昔年戲單，所刻字體及紙張，均極粗糙。）沿街叫賣，頗似今之報販與賣新皇歷者。至此始為正式報喜人，如王有道（御碑亭）云將報單呈上也。蓋昔日多半親友代為觀榜，因士子得失心重，多不敢親自去看，久候不見喜報，則大半『吹台』，後年再見矣。然亦有已失望而得大喜者，以前三名例於最後始填寫也。嘉慶時楊靜亭『都門雜詠』，詠會試云：『寫畢三場候喜期，銀絨土物備多儀，上街金頂紅青褂，雇小騾車拜老師。』頗有風趣。每當大比之年，凡上京應名赴試之萬千士子，其春風得意與落第淒涼之兩方面，皆繫於報祿人之腿上與嘴上焉。

索喜錢者祖師考

中國舊日習慣，各行皆有祖師爺，且供奉祭祀焉。滿清時鄉會試之中式者，或外官至京，無論引見或赴部，及京官之遷陞等，皆有報祿人討索喜錢。尤以外官至京，人地不熟，經濟比較充裕，往往受其訛索不已。於是乃多以會館長班應付之。

其例以應給喜錢數目，付經辦者之手，由長班索回收據。若再有人來要時，即將此紙與閱，或貼諸門首，其效力較官廳告示尤大也。蓋索喜錢者多下等胥役，以至近乎花子之流，雖地方副爺（即今警察）亦無如之何，惟此紙可以禦之。其形式長七寸寬約三寸，上端印如意式，中印『張老喜應去喜錢』七大字。右填年月日，左書：『某大老爺陞』五字。詢之故老，始知所謂張老喜者，乃清初吏部皂隸。其時凡外官到部，部役多方索賞，此去彼來，不勝其擾，外官苦之。張老喜其尤甚者。嗣由張一人包索，而分給其黨，因印此紙給出賞者以為據。事為部中訪知，將嚴治諸役罪。張老喜挺身認供，無與眾人事。因照例計贓，處以極刑。事雖結而索賞之習如故也。眾役憫其為眾慘死，乃仍由其家屬包索，張以一死遂獲『世業』焉。至後此紙幾成例規，雖公開要索，未聞有人究詰其來由。凡昔日宦遊京師者，猶存此紙。今日視之，亦有關舊京習俗掌故之遺物也。又江寧李圭『入都日記』述之尤詳，與上說頗可參證。足知自清初至清末，此風實未易也。

粵東富紳

清道光時粵東富室，稱潘盧伍葉，其次爲譚左徐楊，後又增鄒與邱二姓。均當時巨富。考其致富之由，大都與『十三洋行』有關，正所謂發洋財也。按十三行其起源已不可考，相傳明朝或已有之。梁廷枏『粵海關志』卷二十五，謂初爲管理各國貢使及貿易納稅等事，後乃成爲對外貿易獨占專利的組織。清沿明制，其家數約十至十三故名。其性質實沿自『行商』，『公行』，『官商』諸名詞蛻變而來。起始於康熙四十一年（一七〇二）之官商，當時因中外語言不通，習俗不同，遂由官廳指定一人爲對外貿易經理人。後來由人的制度，竟變爲由商人所組織之『公行』，其職權亦遂爲洋商與中國地方政府交涉時之中間人或調停人。於是一面替政府徵收稅課，製定物價；一面又爲洋商代納關稅，經紀貿易。有時並須管理外人，保證其安分守己。因其係雙方代理人，故能朦蔽政府，剝削洋商。其最著者，如怡和行之伍浩官（名伍紀榮），廣利行之盧茂官（名盧繼先），同孚行之潘正煒（潘紹光），其他中和行，仁和行等亦皆潘姓。凡十三行經理人，十餘年間，皆成暴富。潘伍等又捐道員，儼然官紳，伍崇曜復刻叢書，並名重藝林矣。清人筆記『莊諧選錄』，『以俟錄』諸書，述粵東富人最詳，尤注意潘伍諸家，謂潘氏姬妾至數十人，均以『幾姑』稱之，序其次第，想見其奢僭矣。相傳林文忠督粵禁煙時，當時實以茶一箱，易烟一箱。而茶爲胥吏採辦，多雜沙石，中有至歐不能售又寄回者。商人損耗無算，遂成釁端。又文忠聞伍氏通西人，屢苛罰之，曾令籌軍餉至數百萬。伍每入見，嘗爲署中胥役侵侮，至費千金始得一椅。後林復出而殞於軍，或曰實伍等畏其復至，使人謀斃之云。按洪楊事起，文忠復出，世人皆知其病歿於途，未聞此說也。姑錄之以廣異聞。總之潘伍之富，實緣洋商。今日猶有舍官吏欲求一買辦者，猶可見其餘勢焉。京師諺云：『樹小房新畫不古，不問便知內務府。』蓋以內府員司易暴富也。而粵人亦以潘伍諸富人姓爲之語曰：『潘盧伍葉鄒，譚左徐楊邱，虎豹龍鳳狗，江淮河漢溝。』良以暴富爲人嫉忌，故譏刺之也。

花轎與轎夫

予幼時嘗往來於川陝間，時猶坐轎，或『二姑魯』（兩人小轎）或『三釘拐』（三人）。彼時以爲苦悶，至今思之，較坐車實舒適多多也。今轎已被淘汰，轎夫亦將絕種，惟舊京尙有花轎，猶保存此業遺跡，洵應重視也。按北京結婚儀式，可分三種，新者汽車，半新者馬車，上皆稱爲文明結婚。守舊者則用花轎。偶爾出街，逢黃道吉日，輒見花轎執事蠕蠕然悠悠然而行。前面有狀元及第等旂傘執事，衣冠仍係清制。穿綠布褂，戴鷄毛帽，皆破舊不堪，與花子身分，到相勻稱，因執其事者均『桿兒上的』也。（即花子。見京劇鴻鸞禧，有拜桿大典。）然其花轎，或繡鳳凰，或繪花卉，富麗堂皇，輝耀奪目。與前後底包碎催，列成長蛇，看去殊不一律。雖云主角與龍套理當有別，而相去太遠，總覺矛盾。且醜了梅香，亦醜了姑娘也。聞某新嫂嫂言：『在花轎裏非常難受，因不通氣悶人故也。冬日固冷，若遇熱天更了不得。而四面漆黑，飄飄忽忽似走非走，眞急得慌。』過來人云，當可徵信。

非如娶親奶奶，端坐轎中，顧盼自雄。俯視地上行人，到頗交關神氣也。

據予調查有新式結婚而仍坐轎者，則多係女家所點之活。以轎字無喬，無論馬汽皆不鄭重。而花轎實童子結髮之鐵證。故本地婦女每與丈夫口角，總是：『我是用花轎抬進來的！』即此一句已占上風矣。花轎之重大性與幽默性如此，活動此轎之『雲抬師』，其表情細膩幽默，則尤甚焉。披褂整齊不用說，只見舉輕若重，步伐粹細而整齊嚴肅，眞是似走非走，又似走一步退三步，勿怪坐轎新娘之急得慌也。嘉慶『都門紀事』，謂京師轎夫行走之勢，有『一柱香』，『風擺荷葉』等名。娶親爲『擺譜』，『亮箱』緩行，當屬一柱香，故上身不動，只下而如蜻蜓點水而已。又余幼居陝，時正庚子兩宮蒙塵之後，於是西南轎夫常對人言，無一不是曾抬『老佛爺』進京者。並云：『講究扶手板上置滿杯茶，行四十八站，不許有一滴水濺出，方爲合格。』洵弗愧稱雲抬師矣。

飛眼—撲翠雀

古人所謂眉語目言，言眉目傳情，其深摯有甚於相對密語者。形容其事者，以『西廂記』，『聊齋志異』二書，最稱能手。西廂記中並有『臨去秋波那一轉』句，金聖歎等且以之爲題，大作其八股，而發揮渲染之，『那一轉』，眞將受者靈魂兒轉上九霄雲矣。昔之唱旦角者常以飛眼送人，今之坤角，大洒特洒，焉得不令人歡喜若狂耶。考之記載，原來自古就有。淸施鴻保『閩雜記』卷八云：『下府七子班，其旦在場上故以眼斜睨所識，謂之「撲翠雀」，亦曰「放目箭」，曰「飛眼來」。其所識甫一見，急提衣衿作兜物狀，躍而承之。遲則爲旁人接去，彼此互爭，有至鬥毆涉訟者。俚俗之可笑如此。道光甲午昌黎魏麗泉（元烺）撫閩，曾嚴禁之。近來漳泉各屬，此風復熾矣。』是誠異俗，蓋全國各地，未有因飛眼而涉訟如此其嚴重者，亦未聞有以衣兜急接飛眼者。惟北方各地亦有此風。凡旦角出台，先以目視相識，名曰『飛眼』。受之者頗以爲榮。坤角出此，尤使人身心舒泰，如食魚肝油精也。余在川陝晉諸地看戲，旦角年輕貌美者，每出場時，台下多報以口哨。或以制錢擊之，或以飛鴿撲之，有旦角面被擊破抓破流血者，故多以袖掩面。不如此則旦角又以爲無趣，倘非紅伶。在陝西凡送飛眼者，謂之『丟意子』。擊之者謂之『打鴿子』，或『打旦』。蓋此俗雖皆地方上流氓及富家浪子所爲，亦可見色情狂者之普遍。今之京師則以鼓掌叫好易之。然『怪聲叫好』者，猶其遺緒。又上海有有『吃豆腐』一語，意境幽深，惟外人多不明其義。與上述雖不同，而其屬於色情則相等也。

帝王的回憶

滿淸自乾嘉以後，盛極而衰，道光以來，國事日在內憂外患之中，帝王亦適逢宵旰憂勤之際，無復中葉以前之悠游歲月矣。宣宗道光爲帝王中最勤儉者，中英戰後，累欲雪恥，抑鬱以終。文宗咸豐，內當洪楊之亂，外有英法之役，晚年頗有倦勤之意。而北京之陷，圓明園之焚，精神上之刺激尤甚。故事上在圓明園御舟徐行，岸上宮人必曼聲唱曰：『安樂渡』。遞相呼喚，其聲悠揚不絕，一如民間船夫曲，至舟達彼岸乃已。殆京師陷，出狩熱河，時同治尚在抱，嘗戲效其聲。上撫穆宗首曰：今日無復有是矣。言訖潸然淚下，內侍等皆相顧悽惶不已。又咸豐居熱河行宮，意常不樂。因御書『且樂道人』四字，命張諸行殿。慈安慈禧兩后見之，執不可云：天子一日二日萬幾，安有自求逸樂之理。今雖蒙塵，尤不宜有此，親督內侍去之。世傳倦勤之說當不誣也。文宗在熱河遽爾逝世，固爲憂慮焦灼所至，然究何以如是之速之巧，史乘記載未詳，後人亦無注意此者，猶待深考。不四十年而有庚子拳匪之亂，慈禧光緒出走西安。調粵督李鴻章入京議和，付以全權。鴻章以中興元勳負天下安危，力請回鑾。乃行至中途鴻章積勞病逝，中外震驚。慈禧北望泣謂光緒曰：鴻章死吾等將不能歸矣。鴻章遺摺力保袁世凱可負重任。清廷亦以世凱雖後進，諸臣才略實無出其右者，因命之爲北洋大臣，接李後任，繼續交涉。世凱力保外人無他，兩宮方始回鑾。後鴻章孫國杰以工部郎中襲肅毅侯，人稱李侯爺。旋外放爲廣東運使，蓋酬鴻章之勞，陛辭日慈禧泣曰：粵東乃爾祖舊遊，好自爲之。並語光緒曰：微彼祖吾母子安能至此。以上諸事皆散見於清人筆記中，當患難時思念盛景耆舊，雖帝王亦不免也。又按李國杰十年前任招商局總辦，因賄案被拘，聞已六十老翁矣。然其事則猶在世人耳目中也。

嘲士子詩

不佞嘗與友人談及，以爲滿清入主中國至三百年，其能維持政權之最大要素，厥爲公開考試。使貧寒士人，均有布衣公卿之想。所謂天下英雄，盡入彀中。雖不免小弊，然大體則公允也。因朝野社會尊重科甲，於是一般寒酸，或因失敗至成瘋迷（往事不勝枚舉），或以得意竟失常度，（如張謇得狀元後謝恩，腿軟不能起。）笑柄百出，窮形盡相。舊日記載，歷歷可考。而描寫最深刻者，莫如『儒林外史』一書。如一進號舍，一見老師，神經立起變化，畏懼哭泣，應有盡有。近閱嘉道間無名氏『都門竹枝詞八十首』，及得碩亭『草珠一串』譏刺時事，頗可見清中葉社會情形。尤以嘲科舉考試，最有風趣。如『詠趕考士子』云：短袍長褂着鑲鞋，搖擺逢人便問街，扇絡不知何處去，昂頭猶自看招牌。換底朝靴破帽胎，紙粘皮襖舊細裁，歸來嬉笑誇同輩，小市便宜買得來。肩挑行李手提筐，單夾皮棉各樣裝，看去人人皆得意，原來還未做文章。經書背得幾章零，通號闃傳姓字馨，請教太煩君莫厭，幼時只讀一附經。出闈自命攝雲梯，看相求籤日夜迷，直到滿街人亂報，猶然占課問高低。詩共十首。形容上京之『老趕』，穿章鄉談，已覺可笑，而猶好檢便宜也。按昔日科舉時代，每逢鄉會試，各省士人，齊集京師，衣服語言，各具特色，洵屬大觀。又殿試時，須自負大網籃上太和殿，筆墨小凳等物，皆自備籃內。而殿高階巨，所謂九重宮闕。其二三十歲年富氣壯者，固拾級而升。惟五六十歲之老進士，氣力不繼，負一大筐有如跛鼈，只見別人爭先搶後，自己則徒心急力絀也。其中頗有足資笑談者，安康余寶齡丈乃過來人，嘗爲余言，余則以掌故視之。

娛古編

陳亨德

書畫之眞贋問題早已成爲不易解決之事。董其昌『畫旨』云：『宋元名畫一幅百金，鑒定少訛，輒收贋本。翰墨之事，談何容易。』由此可見其問題之複雜矣。書畫向被人認爲文人雅士之專利品，別人是沒有資格問津的。因爲人心好附庸風雅，所以能了解書畫的固喜收藏，就是有幾個錢的大腹賈也往往收買些名家的作品以自標榜。於是贋造之風大盛。

書畫既如此爲人珍視，富貴人家對書畫亦與象犀珠玉等一體看待。並且常常懸高價求購。然書畫名家本不多，而眞品流傳者更少，幾經兵燹水火，所存更寥寥矣。於是以書畫爲販賣品者，大施伎倆製造贋品以謀重利焉。其改造方式不外以下數種：一、照式模仿。二、改小名家爲大名家。三、改較近年代之作品爲較遠年代之作品。

米芾書史云：『王詵，每余到都下，邀過其第，即大出書帖索余臨學。因櫃中翻索書畫，見余所臨王子敬鵞羣帖染古色麻紙，滿目皴紋，錦囊玉裝，裝剪他書上跋連於其後。又以臨虞帖裝染，使公卿跋。余適見大笑，王就手奪去。諒其他尙多未出示。又余少時使一蘇州背匠之子呂彥直，今在三館爲胥，王詵常留門下，使雙鉤書帖。又嘗見摹黃庭經一卷，上用所刻「勾德元圖書記」，乃余驗破者。』

王詵用米芾的臨本冒充古人，以書畫內行的資格，當然別人不會容易的發覺出來。但是自己拿自己作出的東西使當時公卿作跋，也未免欺人太甚。而當時公卿怕也不會高明，不然，怎麽能瞎着眼睛上當呢？

書畫作僞的技倆愈高，鑒別愈難，大約無論怎麽高明的收藏家也免不了上當。歐陽修集古錄序中云：『物常聚於所好，而常得於有力之彊。』收藏書畫之最有力的是帝王之家。如唐太宗，宋徽宗、高宗，金章宗，元文宗以至淸高宗，都是非常癖好書畫的。

唐太宗自己非常擅長書法，並且對王字非常愛好。述書賦云：『貞觀中，鳩集兩王眞跡，徵求天下併充御府。』因當時去晉未遠，所收當以千計，而使蕭翼賺取蘭亭眞本，可謂無微不至矣。

宋徽宗有宣和書譜二十卷，畫譜十卷。蔡絛鐵圍山叢談云：『所見內府書目，唐人臨二王帖至三千八百餘幅，顏魯公墨蹟，八百餘幅，凡歐虞褚薛及唐名臣李白白居易等書字，不可勝紀。』畫譜所載凡六千三百九十六幅，鐵圍山叢談亦云：『至末年上方所藏，率以千計。吾以宣和癸卯歲嘗得見其目。』金人入汴，書畫一時亡散矣。

周密思陵書畫記云：『思陵當干戈擾攘之際，訪求法書名畫不遺餘力。四方爭以奉上，後又於榷場購北方散失之物，故紹興所藏，不減宣政。惜乎鑒定諸人爲曹勛宋貺龍大淵張儉鄭藻平協劉琰黃晃魏茂實任源等，人品不高，目力苦短。凡經前輩品題者盡皆拆去。故今御府所藏多無題識。其源委授受歲月考訂邈不可求爲可恨耳。』高宗雖不能北定中原，而於書畫尙能恢復舊觀，而所謂目光苦短者，大概是怕當中有不少僞件在內也。

金章宗也自命風雅，收羅精品不少，現故宮所藏趙幹江行初雪圖卷，即曾入明昌御府者。元文宗有奎章閣，順帝有宣文閣，皆藏書畫者。以內府收藏未見專書記載。而甯王嚴嵩張居正諸家籍沒的入宮書畫，也就很可觀了。明亡自宮中散出之書畫多爲孫承澤所收，淸初順治間尙以范寬雪景大幅等賜宋權，可見明內府書畫也多。由此可見歷代內府所收藏皆不在少數，而其中眞贋成分如何，則不得而知了。

淸高宗當一代全盛時，又無所不好，於是書畫又輻輳內府。並且因爲明時著錄書畫的書漸漸的多了起來，於是高宗也有了興趣，將宮中書畫編爲兩種著錄的書。有關釋道兩氏者爲祕殿珠林。關於歷代書畫者爲石渠寶笈，各有初續三編。初編成於乾隆九年，編纂者爲張照梁詩正勵宗萬張若靄等，頗嫌紊亂。續編成於乾隆五十一年，爲王杰董誥彭元瑞阮元等編纂成者，體例已漸備。三編成於嘉慶廿一年，英和黃鉞姚文田龍汝言胡敬等編纂。依照續編編製，皆較初編爲佳。現在故宮所藏，有許多是經此三編著錄的。而早已散出的也不少。初編的上諭上說：『內府所儲歷代書畫，積至萬有餘種，籤軸既繁，不無眞贋。宜詳加別白，遴其佳者，薈萃成編。』但所謂佳者，不見得就是眞的。所以著錄中又分上次二等。但是又有誰能辨出那一幅是眞正的上品呢。可見至淸代書畫贋者多而眞蹟更少矣。更爲了著錄凡例中有云：『上等敍述尤詳。總無一字之遺。次等則但知本人題識，其有經御筆題跋者，仍謹爲詳錄，至他人題跋則但云某題一某跋一，不錄全文，體從其降，所以別於上等。』所以續三編中便沒有上次之分了。而凡例中的口氣也換了下面的語氣：

『皇上學富鑒精，於凡眞贋存佚，皆本之史集，覈實定評。』又云：『列朝名蹟經御製詩章識語及冠牌題籤者，十之七八。幾餘偶涉，精鑒詳評，寓古垂型，卽小見大。』因爲當時文網嚴酷，臣下對皇上敬畏非常，於是只謹嚴筆墨，對書畫內容絲毫不加可否矣。

宮中書畫來源，據初編上諭說：『臣工先後經進書畫暨傳入御府者，往往有可觀覽。』續編序文上說：『自乙丑至今癸丑凡四十八年之間，每遇慈宮大慶朝廷盛典，臣工所獻古今書畫之類，不知凡幾。』三編上諭中也說：『朕自丙辰受璽以來，幾暇惟以翰墨爲事。內外臣工祝嘏抒誠所獻古今書畫亦復不少。』由此可知宮中書畫大半爲臣工所獻者。他如畢沅的收藏爲抄沒入宮者。大概皇帝自己買進去的要算最少了。

許多人對書畫的品評，只以贋眞爲重。其實見解也不徹底。儘有許多精品，而本幅與題簽並不相符。經過考訂後，知道他的源委雖有不符之點，而本身價値仍在。故宮藏品中，這樣情形很不少。

盧鴻草堂十志卷書書都精，是向來有名的巨蹟。然而按周密志雅堂雜抄云：『原蹟久已殘缺，只餘九段。』而故宮現藏者却首尾具備。筆墨一律。也絕無補全的痕跡，當然發生問題了。况且盧鴻開元時人，而圖中一幅題字倣柳公權，時代也發生問題，按孫退谷跋李伯時孔歌圖云：『龍眠收藏法書極多，留心書學。』此卷歷仿虞褚嚴柳諸家書法精妙。畫亦淳古。有人疑爲李伯陽臨本，然未得證據。後在墨緣彙觀上見所著錄董文敏山水圖冊云：『第一幅雲錦淙水墨山水右行少行書題云：「盧鴻草堂圖李龍眠臨本，今在京口張秋羽家。余數得寓目。因仿雲錦淙一幅於此。」』那末董文敏是見過李伯時臨本的草堂十志了。京口張秋羽是何許人呢？按丹徒縣志：『張觀宸，字仲欽，別號修羽，補太學，才不究用，惟以書史古物自怡。構閣城堧中，署白培風閣，與董玄宰陳眉公二先生爲莫逆交。三山皆有別業。風日晴好，攜脅往遊，瀟灑有晉人風。精鑒賞，所藏法書名畫甚多，與嘉興項氏天籟閣相埒。識者以爲項氏尙有贋物，張氏絕無云。』張與董爲莫逆且有同嗜，他的收藏董當然見過。草堂十志是其中之一，所謂京口張秋羽怕卽張修羽之誤，而現在卷中正有張覲宸同其子張孝思的圖章，那末此卷爲李伯時臨本，有何疑義？

閻立本文姬歸漢册十八幅，設色畫胡笳十八拍詩意。按拍分題其上。舊簽題作虞世南書閻立本畫。陶望齡王鐸韓世能皆隨聲附和，式古堂書畫彙考也照樣著錄，但胡笳十八拍爲唐大歷間進士劉商所作，虞閻何能爲之預書預畫。但書畫皆精絕，非宋後物。案畫繼補遺：『李唐，徽宗時補畫院，建炎南渡如杭，仍入畫院。山水人物尤工，余家舊有唐畫胡笳十八拍。高宗親書劉商詞。按拍留空絹俾唐圖寫。』據此則此册實爲李唐畫，宋高宗書，無疑義矣。而其價值決不因閻立本而搖動。

刁光胤寫生花卉册每幅皆有宋孝宗題詩，高士奇舊藏江村銷夏錄著錄，淸高宗收入內府。親加題詠。簽亦手寫云：『內府珍賞神品。』册中一幅畫蜂蝶戲貓，宋孝宗詩云：『白澤形容玉兎毛，紛紛鼠輩命難逃。後邨詰與涪翁詠，未及崔公一議高。』淸高宗並且步其原韻題詩幅上，後來才從原詩中看出毛病。更加案語云：『詩中用劉克莊詰貓事，考克莊以淳熙丁未生，上距乾道之元二十二年，此題贋也。旣用其韻並正之。』此種事實上證明孝宗的題當然假的，而刁光胤的畫也不見得是眞蹟。然而確是精舊的東西。懷素自序卷從南唐以後流傳有緖。有南唐人題字，宋杜衍蔣之奇蘇轍邵䶵蔣粲曾行趙全時蘇遲富直柔，明吳寬李東陽等題字，可謂絕無問題。而明詹景鳳來圖玄覽云：『懷素自序，舊在文待詔家，吾歙羅舍人龍文幸於嚴相國，欲買獻相國。託黃淳父許元復二人先商定所值。二人主爲千金，羅遂致千金，文得千金分百金爲二人壽。予時以秋試過吳門。適此物已去，遂不能得借觀，恨甚。後十餘年，見沈碩宜（謙）於白下，偶及此，沈曰：「此何足罣公懷，乃贋物耳。」余驚問，沈曰：「昔某子甲從文氏借來，屬壽承雙鈎塡朱上石。」予笑曰：「跋眞乃自述郤僞，模奚爲者？」壽承怒駡：「眞僞與若何干？吾模訖，掇二十金歸耳。」大抵吳人多以眞跋裝僞本後索重價，以眞本私藏，不與人觀。此行逕最爲可恨。後二十餘年爲萬歷丙戌，予以計偕到京師，韓祭酒敬塘語余：「近見懷素自敍一卷，無跋，却是硬黃紙厚甚，宜不能影摹，而字與石本毫無差別何也？」余驚問今何在？曰：「其人已持去，莫知所止矣。」予語以故，謂無跋必爲眞蹟。韓大恨。此卷旣入嚴嵩手。嚴氏籍沒，文嘉於嚴氏書畫目中亦云：「以余觀之，但覺跋勝。」』由此說來此卷本身也不無問題。故宮舊藏有畢秋帆宋懷素帖，其中藏眞等帖，確遠勝自序。但不能作此卷反證。而且南唐以來，多少題跋縱本身有問題，每不失爲名蹟。故宮有一個黃紙本自序，可是也有跋。而且本幅與跋都甚破，更不會是眞蹟了。

題簽同本幅不符，還有更希奇的。如珊瑚網載宋徽宗雪江歸棹圖卷。董其昌題云：『宣和主人寫生花鳥，時出殿上捉刀。雖著瘦小金蘂，眞膺相錯，百不一眞。至於山水惟見此卷，觀其行筆佈置，所謂重峯石色，逈出天機，筆意縱橫，參乎造化者，是右丞本色。宋時安得其正？余妄意當時天府收藏維畫尙夥。或徽廟借名，而楚公曲筆，君臣間自相唱和。而翰墨場一段簸弄，未可知耳。王元美兄弟藏爲世寶，雖權相迹之不得。季白得之，告過溪上吳氏，出右丞雪霽相質，便知余言不謬。二卷足稱雌雄雙劍。瑞生莫嗔妒否？』世無董其昌，何人能下此斷語，眞是『翰墨之事談何容易』也。

宣南菊事瑣談

韋 禽

不進劇場，已經有年了。說來原因甚多。其一，上海的戲價戰後扶搖直上，簡直使我輩非富翁失掉了一看的勇氣；其二，也可以說是意興闌珊罷。聽戲是娛樂，凡娛樂都得在環境適合的地方演出。聽戲——上海人曰看戲——在北方，這似乎已經成爲不刊之典。不說別的，單祇是那一種風味，即非上海所能有。空言無益，待我舉例以明。

一年寒假，由天津囘家。途經北平，有一天的閒空。下午，沒有什麼事，吃完飯先上瑠璃廠去兜了一個圈子。在寒風里踱出了舊書店。那兒去呢？好，上吉祥去聽楊小樓的豔陽樓去罷。

吉祥在東安市場裏面。園子小得可以，也舊的可以，座位不用說比不上大光明美琪，簡直是差得遠着咧！一條條的硬木頭凳子，上邊的漆都已經給年來的老看客坐光了。兩排座位前後之間相距不可以尺，實在沒有容膝之處。不過這才是標準的聽戲的地方。

不過在這種地方，也眞有一種悠然的古味。好像能够夢想當日內庭供奉們的歌舞的姿態和聲音。

坐在我旁邊的是一位望七的老先生，他手裏拿了水烟袋，另一隻手拿着紙煤子，放在嘴邊作吹的架勢。面前泡好了一碗茶，是用的蓋碗，茶葉紙包放在旁邊。我們是坐在下場門的地方。這在老北京是非常講究的，因爲在這地方可以清楚地看到角兒出來時的姿態——術語謂之『亮相』。這在外行聽來不免有些神話化，角兒出場時不過是走出來或跑出來而已，有什麼道理？然而不然，此理似乎不能使不懂聽戲的人懂得。總而言之，那一天我也是想看楊小樓的亮相，當傢伙點一響，高登將要登場的一刹那，我就聚精會神的待機而動，果然，一挑簾，我就站起來了，推想當時脖子還伸得不短。可是，糟糕，老先生火了：『怎麽，我今兒特爲來瞧小樓這齣拿高登的亮相，讓小黑子趕五更來買的票，偏偏讓你給攪和了，不成！咱們得評評這理！』望七的老頭兒，會爲這點小事發這麽大的火，你瞧，這就是老北京聽戲的味兒。

我常聽人家說：『聽戲在北平』，好像成了一條定律，爲什麽呢？北平的風土好，又是舊劇的發祥地，人情好，語言更不用提，滿耳聽到的都是戲上常用的京白，如果在街上一走，準可以聽見人家哼的兩句京腔。俞振庭的金錢豹的『小子們開山』，楊小樓連環套的『保鑣路過馬蘭關』，近年來，程腔風迷南北，於是『遭不幸老王爺宴了御駕……』的調兒就處處皆是了。

街頭巷尾，更不少彳亍的賣胡琴者，他們悠閒的走着，隨便拉上兩段，在內行聽去，似乎並不怎麽樣，可是眞够味，似乎可以想見那一種寂寞的情調，『夕陽巷陌』，幾聲嘹亮的胡琴聲，哎！

到了酒館裏，更可以免費聽人家酒酣耳熱時的一曲高歌，這和上海酒家裏導女們的那兩口可不同，在北平敢於在公共場所露兩口的決不能含糊，他們對於行腔咬字準得有點研究，不然，敢找這個駡挨嗎？

北平自明朝以來，是幾百年的帝都，文化水準自然是相當的高的，——

——這裏只談中國本位文化——淸末梆子，徽腔入京，造成了菊部的空前盛況，同光時的梨園盛事，在前人的筆記裏時常可以看到，『燕京歲時記』云：

『京師戲劇，風尙不同，咸豐以前，最重崐腔高腔（卽弋腔），高腔者，有金鼓而無絲竹，慷慨悲歌，乃燕士之舊俗也。咸豐以後，專重二簧，近則並重秦腔。秦腔者，卽俗所謂梆子腔也，內城無戲園，外城乃有，蓋恐八旂兵丁，習於逸樂也。』

這也眞是老話了，近來大概是評戲盛極一時，這不能不推白老板玉霜之功，可惜現在已經『駕返瑤池』，海上不少白迷，大有如喪考妣之勢，其情蓋亦可哀已。

至於更詳盡的都人對戲劇好向的變革記錄，則有『天咫偶聞』所記：

『考京師士大夫好尙，亦月異而歲不同，國初最尙崐腔戲，至嘉慶中猶然，後乃盛行弋腔，俗呼高腔，仍崐腔之辭，變其音節耳，內城尤尙之，謂之得勝歌。相傳國初出征，得勝歸來，軍士於馬上歌之，以代凱歌，故於「請淸兵」等劇，尤喜演之。道光末，忽盛行二黃腔，其聲比弋則高而急，其詞皆市井鄙俚，無復崐弋之雅，初唱者名正宮調，聲尙高亢，同治中又變爲二六板，則繁音促節矣。光緒初，忽競尙梆子腔，其聲至急而繁，有如悲泣，聞者生哀，余初從南方歸，聞之大駭，然士夫人人好之，竟難以口舌爭，崐弋諸腔，已無演者，偶演亦聽者寥寥。』

這兒所談舊京戲劇的歷史，頗簡單扼要，皮黃之興，已經將百五十年了，後來秦腔盛行，作者認爲非吉徵也，則不免可笑，這大概與西太后的嗜好有關，她西狩之際，聽說就曾經非常賞識老十三旦等人，還特給紅頂道銜，一時稱爲異數哩。

至於戲價，則更是不堪回首了。最近程硯秋南來，票價竟到三十元一張，算是最高紀錄，讓我們看一下當時的記錄罷。『梨園佳譜』云：

『從前京伶無包銀之說，但每日唱後取車錢而去，以多寡分優劣。』

這種情形令人看來，眞不禁要感慨係之了。

淸末民初更是梨園極盛的時候，田際雲、梅蘭芳在當時似乎都有左右仕版的權威。這種盛況，一直繼續到北伐，以後雖然故都冷落，然而究竟是百年的基業，舊劇始終不衰，直迄晚近，因爲市場的不景氣，以致尙小雲、言菊朋諸角，都大賣力氣，半價雙齣，乃更肯定了『聽戲在北平』這話的成色。（可惜言三已於前年去世，聽說他的死因，是氣死在兒子與女兒的關係上，這也可以想見故都梨園風流事件的一斑了。）

北平城大，戲園子也零零落落的。前門外有中和園，華樂，廣和樓，哈爾飛，東安市場的吉祥，住得遠的，早早兒吃完飯，坐上洋車，穩穩地到了目的地，門外是兩盞汽燈，耀眼爭光，紅紅綠綠的小電燈，大鮮果攤子，兩隻不帶罩的百支光電燈，照了五彩斑爛的鮮貨，格外眼明，旁邊照例坐着光頭的掌櫃的，和和氣氣的招待着，紅紙海報上印了金字，貼了不同主角的戲碼，不是像海上只有一個角兒的戲的。

關於北平戲園子內部的情形，可以看『金臺殘淚記』的描寫：

『凡茶園皆有樓，樓皆有几，几皆曰官座。右樓官座曰上場門，左樓官座曰下場門，狎旦色者曰斗，爭坐下場門。樓下左右前方曰散座，中曰池心，池心皆坐市井小人。凡散坐一坐百錢，曰茶票，童子半之，曰少票，池心無童子座，暑日池心不賣少。樂部登場，坐者無許徑去，暑日開戲不倒票。官座一几，茶票七倍散座，二斗每據一几，虛其位，待旦色入座問安，立於僕豎之間，無茶票者曰聽闌干戲。』

上邊我也說愛坐在下場門，可並不是老斗。因爲我所欣賞的楊老將，已是六十歲的老頭兒了。後邊描寫老斗們的情狀，活現而可笑，這種人大都是少爺之流，或者老官兒。至於聽闌干戲則更使我記起舊的印像來。北方戲園大都有軍警特別座，在最後，奉『大令』。有憲兵在。如有滋事兵丁，可以拿來打棍子或逕行殺頭。張宗昌時代，有惡少與梅蘭芳爲難，被殺頭，掛在木籠裏在梅宅門首示衆。凡此蓋皆老斗也。

『京塵雜錄』亦道戲院內部事：

『戲園客座，分樓上樓下，樓上最後臨近戲臺者，左右各以屛風隔爲三四間，曰客座，豪客所集也。官座以下場門第二座爲最貴，以其搴簾將入時，便於擲心賣眼。』

這記載實在有趣。竟有愛上了那『臨去秋波一轉』的主兒，專坐在特別貴的位子內。同時也可以發現那時人心究竟尙古，角兒的秋波只能向一個固定的位置拋。現在則不然，如吳素秋，一出臺媚眼所至，上達三樓，廣掃四隅，全場的人都以爲『秋兒』是向他笑。嗚呼，是亦至矣！

另有一件事，使我發生興趣的。則是有許多伶人（名伶），他們的子弟不再業伶，如梅浣華，郝壽臣，程硯秋都是。爲什麽呢？反過來，現在却又有不少人想下海。這個矛盾現象，可以用歷史上的事實去解釋。實在近來伶人地位的提高，是顯然的。

以前優伶的地位，實在是卑下極了。『海上冶遊備覽』云：

『京師優人，見妓則請安而不敢抗衡。』

這事是眞的嗎？『清稗類抄』也說：

『京師之伶，不敢謁妓。卒然遇之，必屈一膝以致敬。稱之曰姑娘。妓則貽以手巾荷包等事。光緖庚子以後，伶漸縱恣，與妓會見，則不然。其後且有相狎者矣。然妓女若與優伶共宿，則人皆賤之，若與閹人共宿，則聞者不復顧。』

這個我想頗有道理。本來，『舍正路弗由』是變態的事。社會上自然會有一種公論，在妓女看來，伶人更是搶了她們的生意，在『道義』上說，也必須要買她們一些賬的。如金瓶梅中潘五兒向西門慶抗議的理由卽可爲例。『九尾龜』中所述海上情形，亦復相似，紅倌人一姘戲子，就名價陡落。至今這流女人，還爲小報所諷，可以說由來甚遠矣。

『京華春夢錄』也談到這一點：

『在像姑極盛時代，伶終不敢謁妓。猝然相遇，必請安稱「姑姑」淸末，伶漸縱恣，與妓會晤，請安稱謂之例，已不可見。民國初元，像姑風革，伶人以優隸賤質，一躍而爲藝員，乃益放肆，日事冶遊，妓亦不以前例相繩，並幾視伶爲客矣。迨於翩頃，習尙放浪，妓之無恥而善胡調者，且以狎伶爲榮，以是劇園樓廂中，時有粉白黛綠者，雜坐成羣，則皆北里姊妹，結盟而來，物色而目，多藉自成，特行蹤詭祕，終不知高陽臺安設在何處耳。』

孽海花中描寫彩雲與孫三兒所串的戲，可以算作標本。梅郝等輩，所以不願使他們的子弟重操檀板生涯之故，大概是目擊心傷，覺得恥莫甚焉。而梅程等更親歷其境，自然更是創痛鉅深，不能忘已。『淸稗類鈔』記他們的生活云：

『京師雛伶皆躡靴，必雛師獨立，始履。而僕亦稱之曰「主人」矣。堂主之子，曰「少主人」。伶出見老斗，憑其肩致寒暄，資格深者，伶直呼其字。曰「爺」者，疏遠之詞也。』

提起『老斗』，『京都竹枝詞』中，更有一咏，可以一聽：

『茶園（演戲之所）樓上最消魂，老斗（小旦呼悅已者曰老斗）錢多氣象渾；但得隔簾微獻笑，千金難買下場門。』

談相人術

陳耿民

中國的相人術，看容貌舉止來斷人成敗禍福，不知起自何時，大約在周末時代，便極流行，如左傳：『叔服曰：穀也食子，難也收子，穀也豐下，必有後於魯。』『是子也，熊虎之狀而豺狼之聲，不殺，必滅若敖氏矣！』『令尹子上曰：是人也，蠭目而豺聲，忍人也，不可立。』越世家：『越王爲人，長頸烏喙，可與共患難，不可與共安樂。』孟子：『存夫仁者莫良於眸子，胸中正，則眸子瞭然，胸中不正則眸子眊然。』左傳：『鄧曼曰：王心蕩，王祿盡矣，盈而蕩，天之道也。』『使者目動而言肆，懼我也，懼我，亡也，亡一也，不如殺之。』『莫敖必敗，舉趾高，心不固矣。』最有趣的是王孫滿來一個『集團看相』：『秦師過周北門，左右免冑而下，超乘者三百乘；王孫滿尚幼，觀之，言於王曰：秦師輕而無禮，必敗，輕則寡謀，無禮則脫，入險而脫，又不能謀，能無敗乎。』其時，大約相人術已極普遍，而且在民間或已如今日之濫用誤用，故荀子特作『非相篇』以闢之了。之後，更以訛傳訛，產生一種『望氣家』，如：『始皇以東南方有天子氣，於是東遊以壓當之。』『吾令人望其氣，皆爲龍虎成五色，此天子氣也。』之後，漢書藝文志裏遂有『相人』二十四卷之多。『內容不詳，我無是書，未加參考。）此外散見於正史者尙不少，國策中山陰姬，漢周亞夫，班超，英布，薄氏，劉邦，衛青，唐太宗，岑文，南史王敬，晉陶侃，王敦，桓溫，司馬懿，等等皆載其被相事，有奇驗。但漢以後，此術似乎不再發達，最著名的僅有嚴君平，管輅，唐袁天綱三人而已。至於各傳中：龍顏虎眉，左股有七十二黑子，反握，駢脅，重瞳，顧自見其耳之類的句語，是史官描寫其人身體上的特點，自然和相無關。今時相士，大抵用麻衣相法，柳莊相法，神相鐵關刀，神相類編諸書作藍本；替人看相作專業，跡近迷信，雖一度經政府驅禁，但至今未絕。

我雖曾看過相書，而不會相人，相書中無影片，眸子怎樣算作瞭然，怎樣才是眊然，再加上部位上的術語，看起來令人頭痛。而且我對於相人的理論觀念，和他們根本不同，一切相書認爲：『相是與生俱來的表徵，相貌形體生成如何，他的禍福就安排定當，祇等時期一到，便降落其人身上。』我却認爲：『相是有諸內，然後形諸外的生理和心理表現，有關人事，而無關禍福的。』雖然禍福每混入人事臧否之中，但終不能謂某人辦事十分妥善，他就必十分富貴。相書我不予以辨論，誰高興請買去看，但我之所謂的『相法』，却有自我說明的必要。

我以爲相是從生理和心理發出，看相是從多見人多經驗得來，既非迷信，更不神奇，很天然的物有物相，人有人相。我曾在南美看過牧人賽馬，如果身壯，頸闊，腿大，足小，跑起來步碎，急，而身後穩定，令騎者安適，少抛動之苦，就是馬中上選。禽類，畜類，昆虫，魚類，植物，礦物，都各有其產地，種類，性能，成份的外表特徵，內行人略加審視，便能分別大致。

人是高等動物，除形體相貌外，另具有頗爲玄妙，複雜的精神，智慧，態度，情感，志向，教育，氣量，慾望，習染，品性，種種潛伏在內，決不能草草率率從外表一相，便加以斷定，像看物件那樣容易，但非絕不可能。從古久當領袖的人物，做事多，用人多，成敗經驗多，因而常善相人，達到量材任用的好處，久而久之，自然求出相人的總則來，此項總則，極有可採，如劉備相馬謖；『言過其實，不可重用』之類，而在曾國藩全集中，有着更好更多關於此類之紀載，可以引用。

查曾氏一生，與其謂善用兵，知人，不如謂得力在辦事切實，賢明，勤勉，公正，負責之爲洽當，因曾氏行軍用人，泰半從經驗日久得來（曾氏本一文臣，初不知兵，觀咸豐二年（時曾年四十一歲）十二月詔諭湘撫張亮基曰：『丁憂侍郎曾國藩，籍隸湘鄉，于湖南地方人情，自必熟悉，著該撫傳旨令其幫同辦理本省團練，搜查土匪事宜，伊必盡心不負委任，欽此。』可知原用其熟悉地方，實心任事兩點，并不以其知兵。後一年在曾『籌備各陸各勇赴皖會剿』奏摺中，硃批中有：『今觀汝奏，直以數省軍務，一身克當，試問汝之才力，能乎否乎？』諸語，且疑曾氏不能多担軍務也。）眞可謂殷憂啓聖，自誠而明，完全是累積經驗，事後寫入故覺其異常切當，如關於志向・壬寅十一月日記：『至岱雲處，看渠日課，岱雲近日志日堅而識日卓越，閱之喜極無言。』辛酉八月日記：『劉仲良庶常秉璋，廬江人，李少荃之門生，氣象崢嶸，志意沉著，美才也。』

教育・癸亥十月日記：夜接周中堂之子文翕謝余致賻儀之信，別字甚多，字跡惡劣不堪，大抵門客爲之，主人全未寓目，聞周子平日眼孔甚高，口好雌黃，而喪事潦草如此，殊爲可歎！……因周子之荒謬不堪，既以面諭紀澤，又詳記之於此。』氣量・批鮑超稟：『功名稍遲，則福澤愈長也；本部堂以四字叮囑曰：小心大度，願貴軍門常常謹守。』習染・癸卯六月日記：劉蔭渠自新城來見，六年不見，一面即深相愛重，喜其與三十年在京相見無異，仍是樸訥書生氣象，朱染軍營氣習，亦無官場氣習也。』又批婁雲慶稟：『近來帶兵者，往往位至提鎭，輒氣驕意滿，……貴鎭氣度大方，向無此習氣，願勉爲名將，用副厚期。』情感・批丁義方稟：乃來稟悻悻負氣，及爲不平之語，……試思李勒二道豈誣告勇丁者，本部堂豈妄責部曲者。』又批李鶴章稟：『該令統率各營，和輯衆志，已有成效，足見平日能以情意相感孚，并不以位望服人也。』品性・批曹廣澤稟：『該員留心戰事，志高氣旺，余亦望其能立事功，惟有兩種短處，一則每遇一事，粗觀大意，不能層層想到；一則不能耐久，此事尙未熟習，又想改途易轍，若不能除此兩弊，將來必無成就。』又疏薦左宗棠：『剛明耐苦，曉暢兵機。』態度・批受業吳希顏稟：『人不易知，知人不易，孰爲卑鄙猥瑣而不堪問者？孰爲瑰奇卓犖而迥出流俗者？不妨實指其名。』又批葉光岳稟：『總由待人不誠，說話無信，故居爾下者多不服也……第一說話要謹愼，不可隨口編湊謊言，第二要耐勞苦，莫學浮華懶惰樣子弟。』才識智慧・批薛元啓稟：『該員操守頗好，辦事實心，惟才識稍短，條理不甚詳晰，宜更廉正，以葆其所能。』又薦用李鴻章奏：『勁氣內斂，才大心細。』曾氏集中類此者甚多，不勝引用，事後亦覺十驗八九，近來科學家對於上述諸項，亦已有分類詳細的剖論，但散見各處，非整本著作。於此，我在『相人術中』得到結論是：

相人的才幹，品行，氣量等，是有相當把握的，相人的禍福是無把握的。用相術來輔助用人應世則可，占禍福多不靈。

宿命論之迷信式的星相書，并非中國人所獨有，聞其源出自印度，孤陋如我，亦已見到英文本兩種，計

掌紋大全一本，PALMISTRY FOR ALL

著作人　CHERO

出版者　HERBERT JENKINS LIMITED. LONDON.

最新星宿學一本，MODERN ASTROLOGY

著作人及年月 1890 BY ALAN

該掌紋大全一書，廿年前已重印至至十二版，八萬二千多本，則估計英國人閱者當有百萬人以上，讀者不必單替中國人迷信担心，德不孤，必有鄰也。

掛牌相士，算命，我亦曾領教好幾次，大多數依樣胡蘆，有小部份相士則僅說十來句話，異常簡單，自然他有他們的祕訣，若果問我他們靈不靈？那末，高等動物的人類，除潛伏有上文所舉六七種微妙的虛體的分子外，還帶有幾分『傻氣』，不妨讓其存在，如果萬事認眞，通通點破，恐怕損及壽元，不如寫兩則笑話，以作結束。

廣東相士口訣一則。眉長過目，兄弟四五六，若然不足，反爲孤獨，如果養得兩三個，就是你家山之福。

和尚答案一則。（忘記出處，似從清人筆記看來）

主持僧某，性慧黠，與人談休咎，或有奇中，人頗神之。有三士子將會試，聞僧名，往訪請占之，至，僧閉目坐，如入定然。三士子叩以今科同赴試，得中式否？僧乃開目向三人略一瞻瞬，復閉目，始終不言，僅舉一指作答，其徒遂端茶送客出。後試畢，榜發，果一人中式，一方嘆其先知，其徒問僧曰：知師原未學此，然何其神也？僧笑曰：理無不驗，汝等不思耳；夫我始終未發言，僅舉一指作答，今一人中式，固驗矣，倘兩人中，則表示一人不中，驗也，三人全中，則表示『一齊中』，亦驗也，若皆不中，則表示『一起落第』，安有不驗者哉？諸徒聞之，皆大笑。

中央儲備銀行

中華民國國家銀行

資本總額國幣一萬萬元

本行特權

一、發行本位幣及輔幣之兌換券

二、經理國庫

三、承募內外債並經理其還本付息事宜

本行業務

一、經理國營事業金錢之收付

二、管理全國銀行準備

三、代理地方公債

四、經收存款

五、國民政府發行或保證之國庫證券及公債息票之重貼現

六、國內銀行承兌票國內商業匯票及期票之重貼現

七、買賣國外支付之匯票

八、買賣國內外殷實銀行之即期匯票支票

九、買賣國民政府發行或保證之公債庫券

十、買賣生金銀及外國貨幣

十一、辦理國內外匯兌及發行本票

十二、以生金銀爲抵押之放款

十三、以國民政府發行或保證之公債庫券爲抵押之放款

十四、政府委辦之信託業務

十五、代理收付各種款項

南京總行

行址：中山東路一號

電報掛號：中文五五四四　英文 CENREBANK（各地一律）

電話：二二二一〇—二三七五一　二二五四一—二二五四八

上海分行

行址：外灘十五號

電報掛號：中文八六二八

電話：一七四六三　一七四六四　一七四六五　一七四六六（轉接各線）

蘇州支行

行址：觀前街一八九號

電報掛號：（中文）五五四四

電話：六九三，一八五六

杭州支行

行址：太平坊大街惠民街角

電報掛號：（中文）五五四四

電話：二七七〇

蚌埠分行

行址：二馬路西首

電報掛號：中文五五四四

電話：

古今

原書原樣

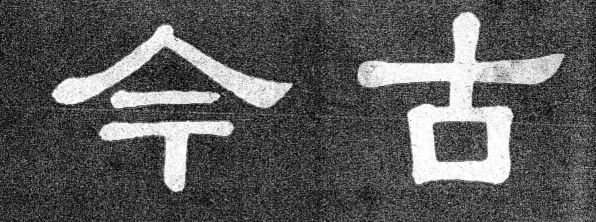

朱樸啓事

鄙人中年哀樂，迭遭家難，強自排遣，始創『古今』。不圖珠玉盈前，紙貴洛陽；瞬息周年，感慨何極。竊以梨棗之資，均出私家；涓滴之微，未由公府。當此紙貴兼金之日，益堅慘澹經營之志。唯前以友好愛閱，率多贈投，驛遞之勞，亦已周年。茲以記室事忙，洪喬悞多，且成本過鉅，不勝負荷，不得已擬自下期起停止分贈。各界友好倘蒙惠賜訂閱，敬請逕函『古今出版社』為荷。區區苦衷，伏希

亮詧　朱樸謹啓

古今出版社啓事

本刊下期為周年紀念特大號，以時間偪促，及篇幅增多關係，不得已延至三月下旬出版，第二十．二十一期則於四月十六日合併出版。伏希鑒亮。

古今 周年紀念號向讀者徵文啓事

本刊之創辦，適值文化界極疲之秋，本刊之出，一鳴驚人，遂引起今日出版界蓬勃之氣象，本刊適逢其會，不敢妄自菲薄，爰定於三月下旬出版之十九期，特輯周年紀念特大號，以資紀念，除已廣約南北名作家撰稿外，並敬向讀者徵文，儻蒙惠錫佳著，藉光篇幅，不勝企幸。（收稿期至遲三月十日）

周年紀念特大號 已收到佳作預告

故人故事……汪精衛

趙叔雍：人往風徽錄
龍沐勛：苜宿生涯過廿年
謝剛主：三吳回憶錄
瞿兌之：說箋
白衛：幽居識小錄
紀果庵：我與古今
柳雨生：異國心影錄
鄭秉珊：古今一年寫作一年

謝興堯：「逸經」與「古今」
文載道：借古話今
周越然：吳平齋家訓
金雄白：談辦報
翼公：大西洋上惡浪記
朱樸：古今一年
蕘公：水滸傳雜考
陶亢德：編輯生涯

其他尚未收到之佳作繁多不勝備載

古今 半月刊第十八期目次

中華民國三十二年三月一日出版

社長 朱樸

主編 陶亢德 周黎庵

發行者 古今出版社 上海亞爾培路二號

發行所 古今出版社 上海亞爾培路二號

印刷者 國民新聞圖書印刷公司 上海靜安寺路一九二六號

經售處 各大書坊報販

零售每冊中儲券三元（聯銀券八角）

定閱價目（連郵費）

	半年	全年
本埠	三十五元	七十元
外埠	卅六元	七十二元

凡郵局匯款概請註明『西摩路郵局兌付』否則不收

國民政府宣傳部 登記證滬誌字第七六號

公共租界警務處 登記證C字第一〇一二號

法租界政治處 登記證（在申請中）

『汪精衛先生行實錄』序

周佛海

東莞張次溪君，編了『汪精衛先生行實錄』一書，要我做一篇序。我平生沒有爲人家的著作做過序，所以序應該怎樣做，實在不大內行，但是爲　汪先生的言行實錄做序，却不是敷衍應酬的文章，而是有意義，有價值的筆墨。所以特把自己的感想寫出來，聊當做這本書的序文。

這本書分做四部。第一部爲年譜，第二部爲著述年表，第三部爲庚戌蒙難實錄，第四部爲行實錄。此外還有一篇北京銀錠橋史蹟志。　先生的道德文章，學問勳業，大都均網羅在這一本册子的裏面，使當今及後世景仰和崇拜　先生的人，能夠得一種有系統而綜合的資料，以研究　先生的思想，傳述　先生的事業。所以這本小册子，在思想上和歷史上，無疑的是有很大的貢獻的。

我乃是中國國民黨的後輩，雖然在庚戌以前，還是鄉村一個塾童的時候，就聞了　先生的大名，但是直到民國十三年春天，於無意之中，纔在上海第一次瞻仰　先生的風采。那個時候，國共已開始正式合作，共產主要份子，有許多已加入了國民黨。毛澤東也加入國民黨，做宣傳部的祕書。我那時因爲還在日本京都留學，所以還是共產黨員，沒有加入國民黨。我由日本回到上海的時候，赴國民黨黨部去看他。當時黨部是在環龍路四十四號。當我和毛正談得起勁的時候，忽然一位身材高大的偉丈夫，破門而入。我當時不知道是誰，毛替我介紹道：『這是　汪先生。』一位神仰十餘年的革命先輩，忽然從天而降似的站在我的面前，一個渺小的學生，眞是手足無所措，不知道說甚麼纔好。毛報告我的名字之後，　汪先生似乎知道我的名字，和我握手，並寒暄了幾句，然後和毛談了一刻的事務。這便是我第一次拜見　先生的經過。

晤談雖然只有片刻，我立卽感覺到和這樣熱誠的人物接近，眞正如坐春風之中，使人溫暖，使人愉快，使人心醉。我又立卽感覺到這位人物，對於羣衆的魔力，對於羣衆的吸引力，一定不小。我因此又感覺到這位人物，將來一定是有着廣大羣衆擁護的政治家，一定是能夠領導廣大羣衆去奮鬪的革命導師。這便是我第一次拜見　先生時的印象。我的印象的正確，以後的事實替我證明了。

民國十三年赴廣州，參加國民革命以後，瞻仰　先生的風采和言論的機會較多，對於　先生的景仰更進一層。二十六年事變發生以來，深談的機會更多，　先生的爲國之忠，用心之苦，治事之勤，赴義之勇，任難之毅，使我得了不少的薰陶和感召。自從發動和平運動以後，出死入生，追隨左右，至今將近五年。其中所經的危難困苦，不是筆墨所能形容，而　先生安之若素，應之以定，絲毫沒有因爲危難而稍餒其氣，稍變其志，所以纔能以赤手空拳，奠定還都大業，使中國於軸心國家之中，占一重要地位，而角逐於國際舞台。這樣的勳業，其根本的動力，全在　先生『我不入地獄誰入地獄』的慈悲而勇毅的精神。

要敍述一位偉大人物思想性格的全部，是不容易的。好像泰山之巍峨，滄海之浩瀚，我們不容易描寫其全貌一樣。我現在只就一點，略爲說明。

我要說的，就是 先生的民主精神。無論對同志，對部下，無論做大事，做小事，都是循循善誘，諄諄訓誨，務使同志或部下，明瞭這事的原委，明瞭何以要做這件事，明瞭這事如何做，然後纔命令去做。他決不以命令叫人盲從，決不沒有指示使人妄動。封建時代的專制，近代的獨裁，他決不屑採取的。他能得廣大羣衆的擁護在此，能毫無憑藉而創業也在此。

在去年全國司法會議的時候，我去訓話，中間有一段，大意是推行政令，有兩個工具，一是司法，一是教育。司法是迫之以威，教育是喻之以理。但是中國古代是專用司法一類的威力，而不大採用教育爲工具的。法家的政治思想不必說，就是儒家的政治哲學，也是一樣。我們看看『民可使由之，不可使知之』這句訓語，就可知道。『使由之』就是以命令強迫去做，『不可使知之』，就是不要以教育使人民了解。我覺得這是不對的。要使人民完全『知之』之後，纔使之『由之』，固然政治效率一定遲緩，而且有時也不可能，但是至少務必儘量設法去使人知，至少務必使中堅份子知之，專制和獨裁，或者可用以應變，而不能以之處常。這便是近代民主政治的精神。 先生對同志和部下，常不惜舌敝唇焦去訓誨，去說明，就是要使人『知之』。這一點，我非常敬服，所以特別提出來說。

要說的話很多，如果一直寫下去，這篇序的本身，要成爲一本書了。現在就此擱筆，不知道這篇感想，能不能算是一本書的序文。

中華民國三十二年二月九日周佛海序於南京迎賓館。

夜讀

文載道

下了一陣雨，天色顯得有點陰沈，或許是欲雪的先兆，晚飯後在一檠寒燈之下，不禁記起昔人『雪夜閉門讀禁書』之句。由此復聯帶的想到『高齋風雨記論文』一語，更引起我對於夜讀的嚮往。可惜我所記得的都是片言隻句，近乎斷章取義——然而反過來說，或者好的文字，本來無須冗煩滿紙。如杜少陵所謂『語不驚人死不休』，而驚人的警句又豈能多得？例如古之策論，今之宣言，雖氣勢堂皇，音節鏗鏘，但總不免有『雖多亦奚以爲』之感。

閑話休得拉扯，這里且談夜讀。

自苦雨翁『夜讀抄』一出，遂令人於夜讀有深切的懷慕。尤其這篇素雅的小引，讀之益對夜讀悠然而不能自已。但夜讀論理須跟書齋有點毗連，如苦雨翁所說，『因爲據我的成見，夜讀須得與書室相連的，我們這種窮忙的人那裏有此福分，不過還是隨時偷閑看一點罷了。』他又說其尊人在日，『住故鄉老屋中，隔窗望鄰家竹園，常爲言其志願，欲得一小樓，清閑幽寂，可以讀書，』但終於以侘傺不得意而未能如願。尤使人覺得文士生涯的清苦。一個人想做官發財，或攪轡澄清，這須得視各人的命運而定。至於得一斗室或小廔，以爲朝夕流連之所，進而修點自已的『業』，卻是非常樸素的願望。然不幸生而爲中國文人，卻變成奢望或夢想了；特別是在上海，素有『寸金地』之稱，能够溫飽已經大大不易。不過說到鄙人自已呢，則以襲先人之餘蔭，總算較爲幸運，得有一小室以償夜讀之願。寒齋初名屠嚼齋，旋改星屋，今又易爲辱齋：蓋自亂戰以還，聊以誌感而已。室中除書架十數具，披霞娜一座外，餘卽放桌椅幾件。又以書架中略有空間，別放小擺設數事，近於所謂骨董之流亞。然品質低劣，不足當鑒賞家一顧，蓋得之街頭的冷攤者。窗外略有一線隙地，有時可抬頭望見浮遊的雲絮，本來也可種些『幽篁』之類，如白楊則更佳，迎風聽蕭蕭之聲，尤令人沈醉在詩境中，或者正符合兩當軒的『愁多思買白楊栽』之感。但鋤土荷泥，未免煞費手足，鄙人亦懶惰無心學雅趣了。

既有書齋，最好還要多設一點燈火，而燈之中最不可少的，自然是檯燈。感謝它的澄明而清徹的光，使我們在夜讀中添了意外親切的低徊。昔東坡居士答毛維瞻書云：『歲行盡矣，風雨淒然，紙窗竹屋，燈火青熒，時於此間，得少佳趣，無由持獻，獨享爲愧，想當一笑也。』可謂文情並茂，至今猶覺瀟灑中有此淒清一境。而且夜讀最適宜還是在秋冬之間。蓋春夜太穠豔絢爛，夏則苦於蚊蚋之相擾，如秋天卻於蒼涼中得瀟灑之味，至冬夜因多風雨，而霜雪尤爲他季所無，遂覺別有自然情致。昔時煤價低廉，斗室中着一爐子，不惟可以取暖，而且還能烹茶。宋人詩云，『寒夜客來茶當酒，竹罏湯沸火初紅，』少時讀之今尚依依於熊熊爐火之間。追至夜深腹餒，即取簡易的雜食加以煨煑，益覺身心兩溫了。蚤年在故鄉的舍下，陪家父讀漢書，或講聊齋，至亥子之交即取羊肉汁佐粥啖之，食畢躺榻椅作少憩，時或弄到東方之既白，自以為也是人生一樂，惜十餘年來久不得嘗了。不過這種佳趣，也只能於意會中得之，最多也只為知者道吧。

劉禹錫陋室銘云：『山不在高，有仙則名，水不在深，有龍則靈，斯是陋室，惟吾德馨。』可見雖是『陋室』，只要苔痕上階，草色入簾，以及往來有鴻儒而無白丁，在寒士看來，也頗得盤桓徜徉之勝了，後讀五柳先生詩，有『衆鳥欣有託，吾亦愛吾廬』之句，不禁歡喜讚歎。竊意吾輩之於書齋，其愛惜之心亦正復相同耳。

中國歷來的文人，不管事實上有無正式的書室，但名稱卻不可無，甚至積久而成很多的名目。近人陳乃乾氏編『室名索引』，其數量之繁殊確是可觀。如清季李蒓客的日記，除越縵堂外，尚有幾種室名，且每易一名，書前還有小引以說明。如日記第十二冊，名曰桃花聖解龕，自謂『秉生於冬，冬氣寒，故性冷，得氣於秋，秋令肅，故性傲。惟冷惟傲，故所值多阻而命窮，窮則思通。冬者春所孕也。先生生冬之末，春氣融結，胚於靈根，故其才肆，其情深，其發為文章花葉布濩，爛然若春桃者……。』並『取東坡若見桃花生聖解之語，以名其龕』云。而其一生學問，亦得力於夜讀者為尤多，至其對於書籍之愛護，搜藏，也眞有苦心孤詣之感，甚至貧到典衣告貸之際，於書之買和讀，還依然且莫不廢，今日偶一展閱，雖憮然而更感欽敬。同治十年七月二十九日日記，有自述晚庭讀書之樂云：

『二十九日丁巳。晴，涼。（上略）傍晚夕映在檐，涼颸拂地，槐葉時墜，馴鵲弄聲，遂几庭中，啜茗看阮儀徵四庫未收書提要及張月霄愛日精廬藏書志，几旁有瓦盆種秋海棠數本，作花正妍。竊謂此時之樂，較六街車馬徵逐歌舞者奚啻仙凡耶？雖索米質衣而折除福分，薇䄄槐鼎，不足償矣。』

這才是眞正的，超越一切的在尋求書中的樂趣！在答沈曉湖的書中（光緒四年十二月），他還想在故鄉西跨湖橋湖畔買地三畝，築屋數楹，中高樓三間，以儲藏圖書，『臨窗設几，按左右二間，窗皆可開以俛視園圃，東西壁列架插書，中間經，左間史，右間子集，剛經柔史，又一日閱子集。窗嵌頗黎，每朝睡足，一搴幔則旭日滿窗，隔岸之山，浮青潑翠，貢媚送妍，光滿一室。』浙東川壑秀媚，而越中又具荇水荷風之勝。無論作短時的小休，或終年的優遊，心靈中自能獲得一種輕快和暢適。讀王右軍蘭亭一序，和張宗子的『陶庵夢憶』，猶能見到當時的流風餘韻，可惜李君也同樣的落拓不得志，正所謂『所值多阻而命窮』。其次，人們對早年遊釣之鄉，不免特別易於憧憬，眷戀。於鄉情之外復加童心，可以說是人類感情中最珍貴的一角，正如大海潮汐，起伏而富變化也。

夜讀的另一種勝處，是在午夜中可以聽到各種聲響。有天籟的，如風雨，有人工的，如車馬。此時如擯除哀樂，起視中庭，即感到大自然的離奇惝怳，眞有耳得之而為聲，目遇之而成色之概。明張大復『梅花草堂筆談』卷一獨坐云：

『月是何色？水是何味？無觸之風何聲？既燼之香何氣？獨坐息庵下，默然念之，覺胸中活活欲舞而不能言者，是何解？』

『萬物靜觀皆自得』，世上有許多事情，往往在靜觀中，在無意中，會得到人生的、哲理的啓示。如論語子在川上一章，即表現出生命的無常的意義。我時常在讀到書上的或一問題時，即掩卷冥索，或聞遠處啼叫之聲，則輒涉遐想。至聲音中之最淒厲難堪者，在我的印象中，當推深宵老嫗賣長錠之聲，於寂靜寥廓的夜氣中，忽然聆此悠長的一串，不啻對此身作當頭一棒！於是由此復聯帶的想起鄉間的招魂，一人呼之在前，一人應之在後，且多數又是出諸女性尖銳的喉嚨，雖寥寥數言，而『聲聲』歸來，播入當時稚弱的耳膜中，尤覺得沈重的追壓，使空氣頓時的嚴重而恐怖，這時也只有跑到慈母身前才釋重負。

我在前年病中曾作一首七絕，末二句云，『總是童心忘不得，小窗對月讀詩時，』這所說的正是實情。而且當還不止區區一人。幼年從塾中放學歸家，因明天要還生書，故須於晚上誦熟。有時逢詰屈聱牙的書，如『禹貢』等，眞要讀到『痛哭流涕』。惟書室適朝東，舉頭正對天際明月。然當時根本不解『夜讀』的趣味，何況在生書未誦熟前，更有『良辰美景奈何天』之感了！待背出，即先向母親前試誦，實則家慈那裏識得這許多字，不過充一下數，試一試明天先生前的效果而已。待從記憶中努力擠出後，母親即向紫銅的火缽中，取驢皮膠數匙，冲沸水給我飲下，味甜而膩，醫云『冬令大補品』。這也是童年的小小甘辛。現在呢，恕我說得莫氣一點，卻稍有『去者日以疎』之憾了。

自離鄉後，兒時的舊情雖不可得，然夜讀則未嘗中輟。現在卻分一部分時間於寫作了——說到寫作，我卻記起李笠翁『閑情偶寄』的居室部中，在『藏垢納汚』項下，有一段很妙的設計：

『欲營精潔之房，先設藏垢納汚之地，何也？愛精喜潔之士，一物不齊，即如目中生刺，勢必去之而後已。然一人之身，百工之所爲備，能保物物皆精乎……。至於溺之爲數，一日不知凡幾，若不擇地而遺，則淨土皆成糞壤，如或避潔就汚，則往來僕僕，是率天下而路也。此爲尋常好潔者言之。若夫文人運腕，每至得意疾書之際，機鋒一阻，則斷不可續。然而寢食可廢，便溺不可廢也。官急不如私急，俗不云乎。常有得句將書，而阻於溺；及溺後而覓之，杳不可得者，予往往驗之，故營此最急。』

然則又怎麽辦呢？曰：『當於書室之傍，穴牆爲孔，飲以小竹，使遺在內而流於外，穢氣罔聞，有若未嘗溺者，無論陰晴寒暑，可以不出戶庭』。這說出來或者將成笑柄，然而卻是寫作的甘苦之談；眞實的經驗。以鄙人而論，固不欲使室中『穢德彰聞』，然每到所謂靈感踴躍，思緒集中時，倘一面又迫於『溺急』，就只得將『人中白』傾注在室內銅盂中了。於此又記起嵇中散致山濤書有云，『每當小便，而忍不起，今泡中略轉乃起耳』，則其忍耐之力，也足以可驚的了，擲筆爲之呵呵。

像這一類性質的文字，全看寫者的態度而分高下。下焉者固流於低級無聊，但如嚴正的當文章來寫，卻在廊廟文學之上，如苦雨翁的入廁讀書便是一個例子。所謂宇宙之大，蒼蠅之微，皆可入我毫顛。鄙人於夜讀亦取近似的態度：喜博覽汎閱。雖明知雜而無當，但我的師原不止一個，祇要能增益孤陋，有裨聞見的，就是鄙人夜讀的對象，甚願於燈前茗右，永以爲寶也。

（舊臘月大寒後一日，燈下。）

關於李卓吾——兼論知堂

南冠

李卓吾是明代一個奇人。其實他的行逕也未爲甚奇，不過社會上瀰漫了假道學的汚濁空氣，看了他的行逕，不免覺得奇怪，因而驚世駭俗了。李君死後，即爲正統派所痛罵，而明社一屋，他的著作更變成了禁書，不爲世人所讀了。直至戰前，有知堂老人的表揚，略爲世人所知。知堂有一篇「談文字獄」的文章，刋於宇宙風上，不曾收集。這文章曾爲郭沫若先生所大稱賞。在「中華公論」創刋號的「借問胡適」一文中說：

「最近讀到了周作人寫的談文字獄，所談的是關於李卓吾的事，那文章我覺得寫得極好。像那樣的文章，我可以坦白的說，我是俛首心服。」

當時知堂在北平，郭先生曾說過「如可贖兮人百其身」的話，主張包一架飛機去接，結果未成事實。可巧另一周君包了一架飛機在北平舉家出亡，連哈吧狗金元寶在內，這是周作仁君，即在風雨談的附錄「改名紀略」中曾經說及者也。這事說起來似乎又有些感慨，但是已經過去，也就可以不必再提了。

兩個禮拜以前有朋友自北方來。晚飯後一同出遊，在霞飛路上的DD'S里的一個黯黑的角落里大談周作人，直至十二時。我覺得這是一個奇蹟。我們三個人中，其餘的兩位都是吃朔口飯的，照許多人所說，還該是風流倜儻的人物，結果却能在這 American Bar 里邊談着這位老先生，還覺得頗有了解。當時還談及「人生大事」的結婚問題，W君是主張結婚的，不過認爲閨房之內，難得找一位能欣賞周作人的伴侶，引爲遺憾。後來從咖啡館出來，走在街上，夜涼如水，不禁感到「文士的命運是寂寞的」這種感情。三個人默了地走着，彼此不說話，心里懷着郭沫若郁達夫所說的「首陽山」的那種心情，雖然現在是三個人。

幾年前曾讀北平通信，知堂老人的「答客問」中有句云：「今日之事，須看明日之報紙，始能知之。」我頗喜歡這句子。還可以見老人的風格，是「今世說」里的好材料。

「炒栗子」中引廿六年除夕作詩兩首云：

「燕山柳色太淒迷，話到家園一淚垂。長向行人供炒栗，傷心最是李和兒。」

「家祭年年總是虛，乃翁心願竟何如。故園未毀不歸去，怕出偏門過魯墟。」

詩是舊作，但爲文重加引用是在廿九年三月二十日。最近有新作云：

「年年乞巧徒成拙，烏鵲塡橋事大難。猶是世尊悲憫意，不如市井鬧盂蘭。」

一種黯黑的定命論心情，赫然如見，而詩意前後更是相關，可以參考。W君最欣賞「最後的十七日」中的幾句話：

「東山談苑記倪元鎮爲張士信所窘辱，絕口不言，或問之，元鎮曰，一說便俗。這件事我向來很是佩服，在現今無論關於公私的事有所聲說，都不免於俗。」

我也具有同感，覺得其偉大處蓋即在此乎。

周先生曾說過他寫文章的態度，以能給自己的兒女們看爲理想，努力說誠實話，說是一向不敢違背此意。這一點我覺得極可佩服。直至現在還不曾變。「答客問」中有云：「東方文化在七七以前即已聲明不懂。」最近在「中和」上發表「日本之再認識」，我初看題目，不禁奇怪，不懂的東西，已經研究有得了麽？仔細讀去，還是說不能懂；與發表在國聞周報上的「日本管窺之四」里邊的話無異，不禁大爲佩服，覺得還保持了那寫文章的信條，確是難能可貴者已。

談李卓吾爲什麽先要拉扯上這些話，因爲這很有關係，尤其是最末一點努力說誠實話一點，兩人蓋是相同的。關於這一點，知堂曾說：

「凡是以思想問題受迫害的人大抵都如此，他豈眞有惑世誣民的目的，只是自有所得，不忍獨祕，思以利他，終乃至於損己而無怨。」

這即是郭沫若先生所極稱贊的一點，即余永甯的「李卓吾先生告文」所言：

「先生古之爲己者也。爲己之極，急於爲人。爲人之極，至於無已。則先生者今之爲人之極者也。」

這幾句話可以捉住卓吾老子的一生行事的精髓。種種爲世人所不了解的事都由這一點出發。這不禁又使我聯想起七七以前知堂先生在國內文壇的地位來。談狐說鬼吃苦茶玩古董這些事都爲人捉牢算作沒落的證據，大加奚落，其實這正是一幕喜劇，當時對知堂圍攻的人多矣。好像都出自一條陣線，其實仔細分析起來，都很有資格上的差異。其淺薄者是在接了總攻擊令以後開火，關於知堂的爲人和作品略無所知，僅就行爲表面作攻擊的根據。這正是一幕喜劇，如在「關於苦茶」中說：

「此外也古人把打油詩拏來當作歷史傳記讀，如字的加以檢討，或者說玩骨董那必然有些鐘鼎書畫罷，或者又相信我專喜談鬼，差不多是蒲留仙一流人。」

這話說得雖然似乎有些滑稽，實際上也眞有些人是這麽看的。甚至鬧出認明遺民張岱是沒有心肝的笑話來。胡風作周作人論，認爲他消沉得很，已經爲時代所遺棄，這如果不是昧了心在說的，那麽就是不了解，只要看知堂在「苦茶隨筆」中有那麽些劍拔弩張的文字即可知道他實在並不消極。

宗派的看法，實在是了不得。無論什麽都會給歪曲了的。我聽見過周氏的一位論敵說過一些對他批判的話。大概對他的文章無間然，而思想則亦明瞭，但是筆墨相逢却不能客氣，還在周氏的論敵中大概是最高的一派人，所謂知彼知已者是。而周氏對他們也非常客氣，彼此私人之間也曾有文筆的往還。這正如古代武士們互相決鬥的風格罷，最苦的是和那些毫不了解的人相爭，一刀一槍全中在不關痛癢的地方，實是大煞風景的事。而這還不算最苦，最苦是爲一般猢猻所奉戴，若猢猻王，實在哭笑不得，正所謂「與其混蛋所稱贊，不如戰死在他的手里。」聽說周氏私底下甚冷靜，好像是世故極深的樣子，這難免不是這種結果，其實求了解最好是讀書，或作神交，或爲私淑，都無不可耳。

據我的愚見，周氏蓋是東方漆黑的定命論者。其所譯永井荷風「江戶藝術論」第一篇浮世繪之鑑賞中有云：

「我反省自己是什麼呢？我非威耳哈倫（Verhaeren）似的比利時人而是日本人也。生來就和他們的運命及境遇迥異的東洋人也，戀愛的至情不必說了，凡對於異性之性欲的感覺悉視爲最大的罪惡，我輩卽奉戴此法制者也。承受『勝不過啼哭的小孩和地主』的教訓的人類也。知道『說話則唇寒』的國民也。使威耳哈倫感奮的那滴着鮮血的肥羊肉與芳醇的蒲桃酒與强壯的婦女之繪畫，都於我有什麼用呢？嗚呼，我愛浮世繪，苦海十年爲親賣身的游女的繪姿使我泣。憑倚竹窗茫然看着流水的藝妓的姿態使我喜。賣宵夜面的紙燈寂寞地停留着的河邊的夜景使我醉。雨夜啼月的杜鵑，陣雨中散落的秋天枝葉，落花飄風的鐘聲，途中日暮的山路的雪，凡是無常無望無告的，使人無端嗟歎此世只是一夢的，這樣的一切東西於我都是可親，於我都是可懷。」

這文章譯得實在好，我看也是因爲有着心理共鳴的關係才如此的罷。這種東洋人的悲哀，也只是自由主義者才可以痛切的感到。如果是上了法的，如義和拳與紅燈罩，那也沒有什麼，正是有福了。最著的是淸醒白醒的，赤鮮的皮膚上塗了火酒，那滋味正是不好受，於此可知刮骨療毒的關壯繆爲不可及也。

知堂在日本作家中，特別欣賞谷崎潤一郎與永井荷風二人，曾云：

「冬天的蠅內有文十篇，又附錄舊稿八篇爲一卷曰墨澤。卷首有序六行云：

『討人厭而長生着的人呀，冬天的蠅。想起晉子的這句詩，就取了書名。假如有人要問這意思，那麼我只答說，所收的文章多是這昭和九年冬天起到今年還未立春的時候所寫的也。還有什麼話說，蓋身老矣，但益愈益被討厭耳。乙亥之歲二月，荷風散人識。』谷崎今年才五十，而文中常以老人自居，永井更長七歲，雖亦自稱老朽，紙上多憤激之氣，往往過於谷崎，老聾中唯戶川秋骨可以競爽，對於僞文明俗社會痛下針砭，若島崎藤邨諸人大抵取緘默的態度，不多管閑事了。」

由此可知在日本也有這一派不爲時人所歡迎的自由主義者，情形正是相同。

知堂的思想，我看是虛無而少信，不過有人會要奇怪，因爲這在中國，也是有的，而大家並不以爲知堂該被算在內。我也頗以爲奇怪，因爲這些被認爲正宗的虛無主義者，表現反而要和緩得多，大抵取妥協態度。不肯堅持自己的主張。而同時他的信念較深，不把目前的情形看得那麼一片漆黑，其區別蓋如是而已。就感情上論，我寧取那敢於堅持自己的主張的，「其實本來也很平常，只是因爲懂得物理人情，對於一切都要張眼看過，用心聽過，用心想過，不肯隨便跟了人家的脚跟走，所得的結果正是極平常實在的道理，是日光之下本無新事也。」我很佩服這種敢於痛言不顧的人，很同情他們孤軍苦戰的姿態。戰亂前知堂用辛辣的筆鋒與左派苦戰，看了眞是感動。

由這漆黑的定命論出發，自然「文章無用」就是必然的結論。這一點我始終贊成，並不是說文章眞無用，御用雜誌，宣傳大綱都是有用的。我只是說文章應該無用。如紅樓夢，雨天的書，這都是無用的文字，只堪供欣賞供贊歎耳。因此我想，職業作者是要不得的。如果有人落到職業寫作這行業中，眞不免罪過，最近就有這樣的悲劇，藝術至上論者玩噱頭，爲宗派（卽噉飯地）不惜閉眼捧臭脚，其可憐蓋眞令人不忍也。

知堂別有「讀初潭集」一文，談李卓吾兼及錢玄同。這文章也爲我所愛讀。正是一個絕好的對照，「玄同和我所談的範圍極廣，除政治外幾於無不在可談之列，雖然他所專攻的音韻學我不能懂，敬而遠之，稱之曰未來派。關於思想的議論大抵多是一致，所不同者只是玄同更信任理想，所以也更是樂觀的而已。」

玄同更信任理想，然不妨仍可大談。友朋之樂，懸想起來，每爲欣慕不已。近來喜與二三「同道」深夜大談不息，以爲人生至樂。思想細微處不盡同並無關係。所最怕者，道貌岸然，或趣味懸殊，便無辦法了。

閒話說得太多，現在想引卓吾的一段小議論以爲例：

「李溫陵曰，甚矣聲色之迷人也，破國亡家，喪身失志，傷風敗類，無不由此，可不愼歟。然漢武以雄才而拓地萬餘里，魏武以英雄而割據有中原，又何嘗不自聲色中來也。嗣宗仲容流聲後世，固以此耳。豈其所破敗者自有所在，或在彼而未必在此歟。吾以是觀之，若使夏不妹喜，吳不西施，亦必立而敗亡也。周之共主，寄食東西，與貧乞何殊，一飯不能自給，又何聲色之娛乎。固知成身之理，其道甚大，達業之由，英雄爲本，彼瑣瑣者非特才妄作，果於誅戮，則不才無斷，威福在下也。此興亡之所在也，不可不愼也。」

這是說李夫人，阮嗣宗鄰女，阮仲容姑家鮮卑婢諸事的，知堂評曰：

「此所言大有見識，非尋常翻案文章可比。」

又關於蔡文姬，王昭君，卓吾云：

「蔡文姬王昭君同是上流婦人，生世不幸，皆可悲也。」知堂云：

李卓吾此種見解蓋純是常識。與藏書中之稱贊卓文君正是一樣，但世俗狂惑聞之不免駭然，無名氏之批（按該批爲「上數條卓吾皆以爲賢，乃欲裂四維而滅天常耶。」）猶禮科給事中張問達之疏耳。其詞雖嚴，唯實在只是一聲吆喝，却無意義者也。天下第一大危險事乃是不肯說誑話，許多思想文字之獄皆從此出。本來附和俗論一聲亦非大難事，而狷介者每不屑爲，致蹈虎尾之危，可深慨也。……但只有常識，雖然白眼看天下讀書人，如不多說話，便也可括囊無咎。此上又有潔癖，則如飯中有蠅子，必哇出之爲快，斯爲禍大矣。」

知堂在打油詩案所招致之痛罵，蓋卽不肯默然之過。不然鴛蝴派的濫調詩文豈便無有，何以無人加以嘲諷，所以這些話也正是夫子自道，有些懺悔的意思的。

前邊所提及的張問達疏卽是說他倡亂道，惑世誣民的：

「李贄壯歲爲官，晚年削髮。近又刻藏書，焚書，卓吾大德等書，流行海內，惑亂人心，以呂不韋李園爲智謀，以李斯爲才力，以馮道爲吏隱，以卓文君爲善擇佳偶，以司馬光論桑弘羊欺武帝爲可笑，以秦始皇爲千古一帝，以孔子之是非爲不足據。狂誕悖戾，未易枚舉，刺謬不經，不可不燬，尤可恨者，寄居麻城，肆行不簡，與無良輩游庵院，挾妓女，白晝同浴。勾引士人妻女入菴講法，至有攜衾枕而宿菴觀者，一境如狂。又作觀音問一書，所謂觀音皆士人妻女也。後生小子喜其猖狂放肆，相率煽惑，至有明刧人財，强摟人婦，同於禽獸而不之恤。」

發表了這麼許多罪狀，眞應該殺不赦了。結果奉聖旨：

「李贄敢倡亂道，惑世誣民，便令廠衛五城嚴拿治罪。其書籍已刻未刻者令所在官司盡搜燒燬，不許存留。如有徒黨曲庇私藏，該科及有司訪參奏來並治罪。」

關於宣淫的一點，最易爲人所指摘。眞實情形如何呢？說出來更不免要暴露了士大夫的醜態。「李溫陵外記」引馬經綸的「與當道書」爲他辨白說：

「夫旣以彼爲異爲顚矣，則忌者誣之曰淫縱，便信以爲眞淫縱。忌者誣之曰勾引，便信以爲眞勾引，何也？其心誠疑之也。疑蛇則蛇，疑竊則竊。此亦情所必致，勢有固然，無足怪者。夫以七八十歲（按卓吾彼時年七十六歲）垂盡之人，加以淫縱勾引之行，不亦可笑之甚乎？且所謂麻城士女云者，蓋指梅衡湘守節之女言也。夫衡湘身冒矢石，爲國討賊，凜凜大節，是當今一個有數奇男子，乃有女不能制，有家不能正，有仇不能報，有恥不能雪，必待諸公爲伊抱不平，而慷慨陳言，代爲處分，世間曾有此理否？……蓋此事起於麻城士夫相傾，借僧尼宣淫名目以醜詆衡湘家聲，因此敗壞衡湘之官，如斯而已。」

這豈非又是士大夫的醜劇？

卓吾在通州時，多病，草遺言，也可算是奇文，然而不免做作之氣，開後來金聖歎『痛快』一流的作風，竊所不喜，然亦正是牢騷的發洩也。

關於卓吾遺著的板本，最近周越然君有一文談及『李氏叢書』。該書我僅在圖書館中翻過，因爲是叢書的關係，卽使並不好的明板，也非我輩架上物，但有上海雜誌公司翻本可得，不過印刷太劣，非讀書所宜，容肇祖先生詳加調查，有金陵陳仁錫刻『李氏藏書』，王維嚴刻『李氏續藏書』，又『李氏焚書』，『續焚書』，『言善篇』，『初潭集』，『李卓吾遺書』，『李氏文集』，『易因』，『李氏六書』等多種，蓋亦是大著作家批評家，與馮夢龍，金聖歎，同是一流人物也。

堪隱隨筆

記東西陵

五知

今年春假間，師大同學諸君擬約余同往遊明陵，藉資參證平日講述，以作考古旅行。旋以昌平稍遠，且春寒風勁，遂未前往，因談及有清一代之東西陵焉。按東西陵爲滿清諸帝后之總歸宿，世人雖習知，惟亦不明其內容。自十年前東陵盜案出，始爲中外所注意。考東陵在遵化縣之昌瑞山，西陵在易縣之梁格莊，蓋以居北京之東西而言也。按滿清諸陵可分三起，一爲奉天三陵，乃肇祖（孟特穆），景祖（覺昌安），顯祖（塔克世），之永陵，太祖（努爾哈赤）之福陵，太宗（皇太極）之昭陵。此未入關之淸始祖也。次爲東陵，爲世祖（福臨）順治孝陵，聖祖（玄燁）康熙景陵，高宗（弘曆）乾隆裕陵，文宗（奕詝）咸豐定陵，穆宗（載淳）同治惠陵，及孝欽慈禧后顯陵。次爲西陵，爲世宗（胤禎）雍正泰陵，仁宗（顒琰）嘉慶昌陵，宣宗（旻寧）道光慕陵，德宗（載湉）光緒崇陵。凡東西兩地，共九帝十陵。每歲清明必畢行謁陵大典，亦猶民間之掃墓節也。余昔購藏有清季謁陵路程單，及扈從日記等書，知其按里計程，往返約時一旬，每日平均行五六十里。有無錫孫鼎烈（內閣中書，後中己丑科進士）撰「永甯山扈從紀程」二卷，述光緒十三年春謁西陵事甚詳，其道里紀程等，與路單完全相符。首日由神武門起七里至阜成門，又八里至釣魚臺，二十八里至盧溝橋，龍王廟，五里至常新店，二十五里至黃新莊，宿於行宮，共七十三里。二日三十里至田各莊，二十六里至韓村河，二十三里至半壁店，宿於行宮，共七十九里。三日二十三里至石亭，十九里至魏村，十八里至秋瀾，行宮宿。四日三十二里至安河，十五里抵梁格莊行宮，凡一百七里。五日十二里進東口子門，前抵泰陵矣。路單中並記明班數，及各陵距離，回時仍由原路至神武門。

又謁陵時，凡內廷辦事備用諸處各衙門，皆派人隨行。扈從大臣，有京尹，直隸總督，藩司，提督，總兵各官，及滿漢中書，各部員司，均於行宮南安營。至營衛之責，由京至盧溝橋北蔣家墳，距平則門十八里，釣魚臺十里，爲京營交界處。扈蹕之事，步軍統領，直隸總督於此交替，且忙於迎送。如光緒十三年直督爲李鴻章，於行宮送駕後，由琉璃河坐破船回津，因次日又須於蔣家墳交界處迎送也。扈從中有所謂「茶馱子」者，蓋負御用茶具，隨乘輿前行。故每站一報茶馱子到，則王大臣率百官鵠立恭候。又有所稱「燈城」者，其制每夜駐蹕，以三標兵環宮守衛，人持腰刀，軍棍，匝籮各一具，名「匝籮兵」。又每人持紅洋布蒙橢圓燈一盞，高二尺五六寸，腰圍經七八寸，以三足竹架支地。宮門外，圍繞宮牆一過，排列整齊如環城，兵卒或坐或臥，徹夜達旦，寂靜無譁，參差上下，如千點紅星，鐙城內屬禁地，無事誤入者罪無赦。又云：侍衛八旗護衛營駐宮牆外，左右後三面棚帳棋布，晝建旗，夜懸鐙。旗鐙標幟不以字，上而星辰，下而飛走動植，器用之物，各出新式，使遠望易辨。內監在西朝房西，晝張五色繡鳳旗，長二丈七尺，桿高六七丈。夜懸海天旭日鐙，燃燭如椽者六七。星月光中竿鐙林立，望之如明星萬點，誠鉅觀矣。孫氏所述鐙城旗幟諸制，洵足見帝制時之整齊嚴格，體制尊嚴。至於帝后服裝，謂：上（慈禧）衣淡黃袍，藍坎肩，帝（光緒）則先衣藍甯綢袍，紅青甯綢馬褂，絨暖帽，紅絨結頂。迨清明行敷土禮，則御青長袍褂。並云上天姿英挺，儀容肅穆。又當時扈從之人，路途辛苦，且飢不得食，渴不得飲。紀程云：福楙通副，倭文端從子，懷餅數枚，乞茗果腹。合肥傅相（李鴻章）停輿購道旁火燒啖食，節鉞二十餘年，不忘翰林情況。尤足供掌故。

關於錢牧齋

鄭秉珊

一 楔子

乾隆中，開四庫全書館，目的是銷燬書籍中的違礙文字，最倒楣的是錢牧齋，乾隆四十一年十一月十七日的上諭道：『明末諸人書集，詞意抵觸本朝者，自當在銷毀之列，……如錢謙益在明已居大位，又復身仕本朝，而金堡屈大均，則又遁跡緇流，均以不能死節，靦顏苟活，乃託名勝國，妄肆狂悖，其人實不足齒，其書豈可復存，自應逐細查明，概行毀棄，以勵臣節，而正人心。』自清初到乾隆，經過幾次的文字獄，被累的人不算少，所以這次的禁燬，雷厲風行，十分認眞，尤其錢氏的作品，片字不留。後來嘉慶時，即以著秣陵集的陳文述的博覽，僅見鈔本無名氏詩一卷，據說就是牧齋詩鈔，而失節兩個字，註定了錢氏的人格，使他永不翻身，即如現在的報紙上，還時常有鈔撮前人揶揄錢氏的文字，不啻替乾隆帝搖旗吶喊，做勵節正心的工作，眞不可解，我在前天寫了一篇錢氏的評傳，把他的政治活動，和文學成就，客觀的敘述出來，文長二萬餘字，意猶未盡，現在再把他的軼事來談談。（兩篇材料不同，可以參看）

二 天巧星浪子錢謙益

拜魏忠賢做義父的阮大鋮，他是寫戲劇的好手，他曾編一部東林點將錄，把東林人物，比做梁山泊的好漢，牧齋的綽號，叫做『天巧星浪子錢謙益』。這五個字，傳神阿堵，眞虧他想得出，畢竟是戲劇名家，評騭不虛，原來東林的首腦，像顧憲成高攀龍輩，他們對於性理研究，果然推勘入微，以文學而論，却並不出色當行。又如被魏忠賢殺害的周順昌繆昌期諸公，看他們的遺書，實在很少文學價值，論東林人物的文學，牧齋算是巨擘，足當『天巧星』而無媿的。所以死事諸公的墓銘碑誌，當代名家的詩文集序，都出之他手。黃梨洲說：『三吳之文，以牧齋爲典型。』說出了當時實際的情狀。

歸震川的古文，是清代桐城派的祖禰，稱崇得和韓愈歐陽修相並。其實歸氏生前，僅以八股馳名，王李聲勢極盛之時，歸氏以一個老舉子（中進士時年紀已大了）資格，文壇上那有他的一席地。歸氏有後來的榮譽，固然是文章有眞價，但是也是錢氏的痛排王李，竭力推尊的緣故。錢氏的散文，師法歸氏，格律的謹嚴，情韻的深遠，雖然不如，而文辭華贍，波瀾壯闊，却遠勝震川的。

清史稿云：『謙益爲文博贍，諳悉朝典，詩尤擅其勝，明季王李號稱復古，文體日下，謙益起而振之。』是的，牧齋的詩，較散文爲尤佳，他起初學於友人程嘉燧，最深於杜少陵，後來出入於中晚宋元，尤近元遺山，他平常也拿遺山自比。清初江左三大家，牧齋和吳梅村龔孝升並稱。梅

註

光緒中元和蔣鳳藻致葉鞠裳書云：『天祿琳瑯所收宋刊陶淵明集，牧齋繪象自題在前，乾隆入貢未抽。又蒙高宗純皇帝，亦附一聖容，加以御題附後，此昭昭在人耳目，可證可據者也。』是乾隆知錢氏與絳雲樓之必不朽，不惜寫象與貳臣並列，託宋本陶集以並傳也。

村的哀感頑豔，受無數人的傾倒，其實錢氏的蒼涼激楚，尤勝於吳，諸君請一讀牧齋的有學集，便可證此言的非謬！

牧齋富有資財，性情豪奢，藏書極多。建絳雲樓，備極壯麗。樓上有藏書廚七十三具，滿貯宋元精本，可惜後來付之一炬。他有宋本兩漢書，是元趙子昂的故物，幸虧以千金讓人，未付刼灰，現藏於清宮。清末徐乃昌重刊元本陽春白雪，是柳如是惠香居故物，便是絳雲的燼餘，有『錢受之』及『惜玉憐香』二印可證，惜玉憐香，充份的表示浪子的身手！

他中年家居，在虞山拂水巖下面，築拂水山莊。後來改爲丙舍，又在旁邊建耦耕堂秋水閣諸勝，和程孟陽讀書其中。柳如是到常熟，自薦願爲夫子妾，他大喜過望，連夜趕造我聞室，十日落成。詩酒唱和，流連二月，又偕遊虎丘西湖，刻東山酬和集，自比於謝安石的東山絲竹。六月七日，與柳氏結婚於松江舟中，賦前七夕詩，要同人唱和，六十老翁，豪興不減少年，曾遊齊雲和黃山，供應的人，有因此破家的。被張漢儒誣陷一獄，狼籍靑徐道上，各處疏通，費用巨萬。入清後因黃毓祺一獄，化去三十萬金，才得保全性命。因此之故，老年貧困，賣文爲活，四肢發瘋，兩脚腫脹，復林茂之的信，有云：『老而不死，苦駐人間，看盡滄桑世界。』又云：『弟年來窮困，都無人理，盜刼歲荒，催徵叠困，上下無交，困無斗粟，天地閒第一窮人，人不知也。』俗語說：『浪子回頭金不換』，可惜這個浪子，回頭已是太遲了。

三　領袖山林

錢牧齋的政治活動是失敗的。失敗的原因，照我個人的推想，大概有這三點：第一是多文爲累。他的詩文高妙，果然得到許多人的讚美擁護，但也爲敵人所特別注意。在二十九歲通籍後，休閒十年，方才出山，出山後典試浙江，就有賣關節事，被人誣陷，旋即削籍回家。崇禎初年，起自廢籍，召爲禮部侍郎，又因枚卜的競爭，給溫體仁周延儒的聯合攻擊，終周溫兩人當國十餘年中，始終沒有入京供職的機會。由周延儒『虞山正堪領袖山林耳』這句話看來，可知周氏們的如何忌視他了，第二是誇大之病。他秉有好大喜功舖張揚厲的情性，自以爲是顧憲成的弟子，王圖的門生，是東林的嫡子，自顧高等死後，第二期東林的中堅是文震孟黃道周倪元璐等，功名都落後十餘年，所以他便以東林領袖自居。他著有何君實墓誌，裏面說他和何氏在少年時讀書破山寺，寺裏的四金剛，託夢於何氏，說你們時時進出山門，累我們起立迎送。又僕婦生病，禱於城隍神，神憑婦人說道，乞得錢相公一個名刺，便可宥赦，所以他便自以爲將來必定位居宰執，自命不凡。由他的文章看來，他派別的觀念極深，往往流於意氣。又是一個雄辯家，言語頗不謹愼，因此政敵恨他刺骨，崇禎九年張漢儒誣陷之獄，便是由溫氏策動，險些送掉性命的。第三是志大才疏。這是東林諸人的總缺點，錢氏也未能例外，他們自以爲君子羣而不黨，惟以文章氣節相呼應，以犯上敢諫爲能，而沒有敵黨組織的嚴密，因此政治活動，東林始終下風。即如崇禎初年，逆案已定，東林再起，但奄黨的馮銓楊維垣等，身雖下野，而潛勢力極大，交通內外，東林也奈何他們不得。及至崇禎殉國，錢氏與史可法謀立潞王，那知又受馬士英的欺騙，福王即位南京，東林中人，仍舊沒有握到實權，黨禍紛起，南都也很快的覆亡了。

錢氏屢經憂患，漸知政治的須用手腕，所以在張漢儒事件中，不惜和太監曹化淳，逆黨馮銓交往。在復社發達時，不惜傾身下交後輩的張溥。

爲要打倒溫體仁系的薛國觀，又不惜和政敵周延儒聯絡一起。弘光即位，因主立潞王之故，恐懼得罪，又不惜擁護馬士英，舉薦楊維垣，吹拍阮大鋮，可是東林中人，紛紛懷疑他的人格，淸譽也日減了，由今日的我們看來，這是無足怪的。因爲他那時年紀已經六十三了，以前通籍三十年，居官不過三四載，這次再不出山，那麼以後別無機會了。又他眼見以前東林的失敗，敵人的佔勝，種種因果，爲要樹立自己的政治基礎，不得不隨俗浮沉，從權行事。本來據十五世紀馬凱維里的政治學說而論，政治學應該和倫理宗教分離，纔切合現實，我們讀史記，覺得春秋戰國秦漢時代，國與國之間，人與人之間，縱橫捭闔，朝秦暮楚，變化無窮，東林墨守儒家迂腐之見，欲求得勝利，何異緣木求魚呢！

順治二年五月，豫王入南京，牧齋等迎降，三年正月，在北京官禮部左侍郎，管祕書院事充修明史館副總裁，正總裁便是他的政敵，而正得皇帝信任的馮銓。他在六月中便乞歸，杜門却掃，自謂：『不讀世間書，不作世間文，不見世間人，不談世間事。』情懷惡劣，可以想見，但不忘明室，暗中仍與黃毓祺來往。順治四年，黃氏被捕，他於三月晦日也琅璫入獄，在南京獄中一年多，纔得釋歸，從此政治生活告終，以學佛著述自娛者十餘年，正合着周延儒『虞山正堪領袖山林耳』一句話了。

四　恰比西方共命看

柳如是眞是一代尤物，以一個妓女，而能詩擅畫，並且精美無比，已是一奇。以二十四歲的妙齡，別具眼力，情願下嫁六十老翁的錢牧齋，更是奇特，無怪錢氏要破除世俗之見，娶爲繼妻了（結髮妻尙在），結婚以後，伉儷情深，有舉集詩第一首爲詠同心蘭絕句，有云：『並頭容易共心難，香草眞當目以蘭。』『花前倒掛紅鸚鵡，恰比西方共命看。』就是爲自己兩人的寫照，第二篇爲觀夫人畫竹歌，云：『仲姬放筆自斂衽，文敏展玩爲徬徨，天上人間此佳耦，齊牢共命兼師友，祇應贊歎復頂禮，豈問榮華論妍醜。』就以趙子昂管仲姬自況，而郎髮妾膚的雅謔，也何減你中有我，我中有你的詞句。錢氏以詩文著名。不聞能畫，但閨房陶染，居然有畫蘭的扇面傳世，說者以爲是替柳氏所畫，時在甲申五月，蕭伯玉讀初學集題記云：『錢牧老語予言，每詩文成，舉以示柳夫人，當得意處，夫人輒睇睇注視，賞咏終日，於寸心得失之際，不失毫髮。』河東君傳云：『在絳雲樓校讐文，牧齋臨文有所檢勘，河東君尋閱，雖牙籤萬軸，而某冊某卷，立時翻點，百不失一，所用事或有舛誤，河東君頗爲辨正，故虞山甚重之。』都可想見閨房的樂趣。

錢氏的娶柳如是，很受人的諷刺，聲譽漸減，其實那時甫經張漢儒之獄，坐監年餘，去死間不容髮。正是心境最惡劣的時候，喜佳人之難得，擬終老於是鄉，老人暮年，往往有如此心理。有的人以爲錢氏諂事馬阮，屈身淸室，或者是出之柳氏的計劃，然而錢氏門人顧苓所作的河東君小傳，明明說：『乙酉五月之變，君勸宗伯死，宗伯謝不能，君奮身欲沉池水中，持之不得入。』恐怕他人不相信，還舉出沈明掄王之晉二人做見證。牧齋死後，族人錢遵王等，糾合多人，勒索三千金，柳氏佯爲好語，入室縊死，衆人驚竄，家產纔得保全。這樣看來，柳氏行爲，奇之尤奇了。『恰比西方共命看』，雖是甲申年的詩句，似已爲二十年後的讖語了。

五　尾語

牧齋晚年，居常熟城外三十里外的白茆鎭，芙蓉莊，原是他外家顧氏的產業，有紅豆樹一枝，又叫做紅豆山莊。順治辛丑年，錢氏八十歲，紅豆開花結實，引以爲瑞，賦詩紀事。康熙癸酉，乾隆丙辰，道光甲申，咸豐丙辰，光緒乙丑庚子，均開花結實，至今尙存。絳雲樓半野堂在城內本宅，康熙間置昭文縣治，闢爲縣署，東面有樓三間，相傳是柳氏縊死的地方，歷任封閉不開，見新齊諧諸書。拂水山莊，則在虞山山中。諸家筆記，往往混淆不清，特爲拈出。

錢氏少年時，做八股文，歡喜刺取內典文字，名儒邵濂，呼爲楞嚴秀才。清史稿云，絳雲樓火，惟一佛象不燼，遂歸心釋教，簡直是稗官小說語調。牧齋費數年的工夫，著述明史，相傳脫稿纔數日，絳雲樓火作，全部焚去，火中有神人指揮，大概是是非不得其平，天也妬忌他了。絳雲樓藏書，現存有書目一冊，供後人的憑弔，樓前有沁雪石，是趙子昂鷗波亭舊物，後來移常熟縣署中，錢昌用計賺出，歸之徐廷庸，又歸錢氏。石質純黑，雨後露出白紋，好似沁雪一般，也毀於火。式古堂畫考，載有錢氏所藏倪雲林畫玉山草堂顧阿瑛像，王維江山雪霽圖有錢氏題記，一鱗半爪，可想見絳雲樓收藏名畫，內容數量，也很可觀的。

錢氏論文，痛排王李，東吳人士，宗趣一變。明史和四庫提要，暗襲他論文的地方很多，而黃梨洲明文海明文案明文授讀，推牧齋爲大家，評選取舍，也一宗錢氏，聞牧齋病篤，還到常熟去訪問他。復社人物雖衆，側重於制義，張天如詩文學漢魏，而格塞艱澀，遠不如他。雲間的幾社，在復社外另樹一幟，其翹楚陳臥子的詩文，雖宗七子，而才情美富，聲律鏗鏘，實爲牧齋勁敵，陳氏菲薄錢氏的降清，虎丘題壁詩，有『黑頭巳白羞江總，靑史何曾惜蔡邕』之語。錢氏的列朝詩集，就不錄陳氏詩。雖然說：『采訪之役，未及甲申以後，豈有意刊落料揀哉。』但臥子身殉明室，詩集不錄，還不是派別恩怨的作用！觚賸稱柳如是起初想嫁給陳臥子，臥子不納，纔委身牧齋，或者因爲這個關係，故抑陳氏，也未可知。

牧齋生前，是當時文壇的領袖，其聲望有如近代的魯迅翁。排斥敵人，聲色俱厲，一如魯迅，而弟子私淑的衆多，或者要駕而上之。至於思想的不及，那是時代的關係，當時吳梅村周櫟園等都是後輩，以得一序爲榮。王漁洋那時年纔二十多歲，以詩贄見，他大加賞識，有『貽上代興』之語，贈詩譽之爲麒麟，拿宋濂見方孝孺爲比，王氏後來果然享大名，袁隨園推爲一代正宗，可見他老眼的非花。峴山狂士歸玄恭，作萬古愁曲，把古往今來的人物，一齊唾罵，眼高於頂，但是和錢氏相得，送春聯有：『居東海之濱，如南山之壽』語，十分傾倒，但是盛名之下，反對的人也多。峴山吳殳，著『正錢錄』大罵牧齋。汪堯峯也以爲錢氏之罪，不減王李，但吳江計甫草大抱不平，說汪吳輩的舉動，猶如在泰山上小便，在犯者爲大不敬，却無礙於泰山的尊嚴。可見錢氏聲氣之廣，地位的崇高了。

查初白過拂水山莊詩：『生不並時憐我晚，死無他恨惜公遲。』我們今日讀錢氏的初學有學集，很佩服他的詩文，頗有生不並時之歎，不要說查氏與他不過相距一二十年的時間，牧齋有醇儒碩彥爲師友，天下英俊爲弟子，多才美貌的柳河東爲妻子，異書名畫爲玩賞，位至卿貳，年登大耋，而詩文卓犖，後來閻潛邱有聖人之譽，淸史稿有起衰之推，確實是死有何恨！但是在甲申乙酉間死去，則文章氣節，一代完人，榮名要在黃道周倪元璐瞿式耜諸人之上。喜歡錦上添花的乾隆帝，一定要追封賜謚之不暇，不作燬板禁書的愚蠢舉動，而也不會至今尙有人誤會他的了。

談和珅

陳寥士

中國人談起歷史來，總喜歡談那神姦巨猾，如東漢的董卓曹操，南宋的秦檜，明的嚴嵩嚴世蕃父子，除正史外，就是說部野史，也記載得栩栩欲活，津津有味的。在清代的高宗朝中，最著名的要算和珅了！和珅與董卓曹操秦檜嚴嵩嚴世蕃等，雖時代的背景，各有不同，但是弄權弄勢，作威作福，也可稱爲『各有千秋，未敢多讓』了！清代的最盛時代，爲康熙雍正乾隆三朝，嘉慶道光以後，就由盛而轉衰。然則乾隆朝的元氣，被誰斲喪呢？不客氣的一句話，完全斲喪於和珅一人之手！

一　因抬轎而入相

從來入相的奇緣，沒有奇過和珅的。或者他命中該要入相，所以天緣湊巧，交上紅運，步步高陞。檮杌近志云：

『乾隆中葉，和珅以正紅旗滿洲官學生，在鑾儀衛當差，舉舁御轎。一日，大駕將出，倉卒求黃蓋不得，高宗云：是誰之過歟？各員瞠目相向，不知所措。和珅應聲云：典守者不得辭其責。高宗見其儀度俊雅，聲音清亮，乃曰若輩中安得此解人！問其出身，則官學生也。和珅雖無學問，而四子書五經，則尚稍能記憶。一路舁轎行走，高宗詳加詢問，奏對頗能稱旨。遂派總管儀仗，升爲侍衛，洊擢副都統，遂遷侍郎，在軍機大臣上行走，尊寵用事。旋由尚書授大學士。蓋自乾隆四十二三年以後，嚮用益專。其子豐紳殷德，復尚公主。（公主府址，清季改爲北京大學堂）而權勢愈熏灼矣。』

上面的記述，關於抬轎一段故事，描寫得活龍活現。再查清史稿列傳一百六，和珅傳中所載，他的初期仕籍是：

『和珅字致齋，鈕祜祿氏滿洲正紅旗人。少貧無籍，爲文生員。乾隆三十四年，承襲三等輕車都尉，尋授三等侍衛，挑補黏竿處。四十年，直乾清門，擢御前侍衛，兼副都統。次年遂授戶部侍郎，命爲軍機大臣兼內務府大臣，駸駸嚮用，又兼步軍統領，充崇文門稅務監督，總理行營事務。』

看他一路順風的樣子，都由未升侍衛前抬轎的一個大關鍵而來。

二　查辦李侍堯貪私案

乾隆四十五年，雲南總督李侍堯貪私案發，上命和珅偕侍郎喀凝阿到雲南去查辦。侍堯在當時，稱爲才臣，乾隆很倚任他。和珅到後，鞫訊其僕，所有侍堯貪婪需索的眞相，都瞭然了。論以重辟。一面將雲南吏治廢弛，府州縣多虧帑，亟宜清釐，奏明乾隆。乾隆要用和珅爲總督，但雲南事出於他所按劾，有嫌作罷，以福康安代之，命珅回京。未到京前，擢爲戶部尚書，議政大臣。及珅到復命，而陳雲南方面的鹽務、錢法、邊事等多與上意相合。並允行授御前大臣，兼都統。賜婚其子豐紳殷德，爲和孝公主額駙，待成年行婚禮。又授領侍衛內大臣，充四庫全書館正總裁，兼理藩院尚書事。

和珅查辦李案之後，在仕版上，已晉入第二階全盛時期。清史稿稱爲『寵任冠朝列』，是實在情形。

三　與阿桂齟齬原因

和珅終身私銜阿桂，齟齬不休，原因起於共討甘肅的叛案。

乾隆四十六年，甘肅撒拉爾番回蘇四十三等叛變，蘭州受了嚴重的威脅，額駙拉爾旺濟，領侍衛內大臣海蘭察，護軍額森特等，率兵往討。命和珅爲欽差大臣，偕同大學士阿桂前往督師。阿桂適有病，促和珅兼程先進。到蘭州後，海蘭察等已擊賊得了勝利。卽督諸將分四路進兵。海蘭察逼賊到山梁，殲滅他的伏。那知道賊已掘了數丈深的溝坎，並將小道截斷，出路都沒有了！總兵圖欽保因而陣亡。過了數天，阿桂到了。和珅委過於諸將不聽調遣。阿桂道：不聽調遣的應該誅。明日大家部署戰事，阿桂所指揮，都能如意，就道：諸將並不見得不用命，應當誅誰呢？和珅大恚。上微察之，下詔斥和珅，並責問圖欽保死事，爲什麼不奏報？赴師遲延，而劾海蘭察額森特先戰，顚倒是非！又謂自阿桂至軍，措置始有條理，一人足辦賊。和珅在軍，事不歸一。海蘭察等久隨阿桂，易節制，命和珅速回京。

這是和珅第一次受上的譴責，欽差大臣不得不回京了。他第一次受到挫折，恨阿桂刺骨，也是當然之理。但不久又命兼署兵部尚書，管理戶部三庫。

四　查辦國泰于易簡案

乾隆四十七年御史錢澧彈劾山東巡撫國泰，布政使于易簡貪縱營私，上命和珅偕都御史劉墉按鞫，錢澧也從往。和珅陰袒國泰，旣至盤庫，令抽視銀數十封無闕，卽起還行館。錢澧請封庫，明日盡發視庫銀，得了借市銀充抵的眞相，國泰等的罪案都鞫實了。

和珅對於查辦國泰于易簡案，無異將私心暴露於世。但是他的運氣好，正碰着加恩內外大臣的當兒；他又加太子太保，充經筵講官。四十八年賜雙眼花翎，充國史館正總裁，文淵閣提舉閣事，淸字經館總裁。甘肅石峯堡回匪平，以承旨論功，再予輕車都尉世職，併前職投一等男爵，調吏部尚書協辦大學士，兼理戶部如故，這是他走到極盛時代的第三階段。

五　和珅家奴劉全被劾

乾隆五十一年，御史曹錫寶彈劾和珅家奴劉全奢僭，造屋踰制。這一聲炮，帝已覺察了曹御史的意思，實在要劾和珅，不敢明言，故以家人爲幌子。命王大臣會同都察院傳問曹錫寶，使直陳和珅私弊。曹不能指實，和珅預使劉全拆屋更造，勘察不得直。曹反而獲譴了！

踰月，又授和珅文華殿大學士。五十三年，以台灣逆匪林爽文平，晉封三等忠襄伯，賜紫韁。五十五年賜黃帶四開氣袍。

六　刻石經被磨

乾隆五十六年，刻石經於辟雍，命和珅爲正總裁。時總裁共有八人之多，尚書彭元瑞獨任校勘，勅編『石經考文提要』，事竣後，元瑞受着優越的賞賜，引起和珅的嫉忌，大加謗毀。非但說元瑞所編不好，且謂非天子不得考文。上道：書是御定的，那得指爲私書！和珅乃使人撰了一部『考文提要舉正』以攻元瑞的原著。並冒充自己的作品，呈上，嘗提要不便士子，請加以銷毀。上不許。館臣疏請頒行，也爲和珅所阻，因而中止。又使人暗中磨碑字，凡從古字體都被改了！

和珅在此之後，有好幾件事，被上詔斥。

七　家財鉅萬性情吝嗇

和珅因爲秉政久了，善伺高宗的意思。不附己的，伺隙激動上怒，陷於獄。納賄的就爲他周旋，或故意使之緩和。大官僚們均恃爲奧援，剝削他們的下層，以滿足和珅的私慾。鹽政，河工，都是利的淵藪，誅求無厭。檮杌近志云：

『………其家財先後抄出，凡百有九號，就中估價者二十六號，已値二百二十三兆兩有奇。未估者尙有八十三號，論者謂以比例算之，又當八百兆兩有奇。甲午庚子兩次償金總額，僅和珅一人之家產，足以當之。政府歲入七千萬，而和珅以二十年之宰相，其所蓄當一國二十年歲入之半額而强。雖以法國路易第十四相比，其私產亦不過二千餘萬，四十倍之，猶不足當一大淸國之宰相云。』

和珅旣有這麽鉅大豐厚的家產，應該可以揮霍無度了，事實恰好相反。他賦性吝嗇，出入金銀，都一一親自稱兌。官邸中的開支，都由下官承辦，不拔一毛。家中姬妾雖多，都沒有賞給，日飱薄粥。他的刻意貪婪，不知所爲何事，眞是莫名其妙。

八　郝雲士諂珅的失敗

乾隆崩後，嘉慶早已洞燭他的姦猾，所以一經王念孫彈劾，就服罪了。在王念孫之前，還有一件彈劾案，是呂鳳臺提的。

蕉窗雨話一書中，詳載吏部郎中郝雲士詔事和珅的一件公案，並有兒女的忠貞哀豔故事，連帶在內，現在節記一個大概。

雲士長於子平的術，他要將庶出的次女雛玉，嫁給貴人。後來推算呂鳳台的八字，官至一品，他的子名笙，也很貴。遂以雛玉字笙。鳳台彈劾和珅的疏甫上，就得旨下詔獄，嗣得人緩頰，戍烏魯木齊。雲士悔婚約，召呂笙至私宅，送他五百金，逼他簽離婚書。笙毅然却其金，呼紙筆欲作書。雛玉自後出，立將其未寫成的離婚書，撕作粉碎，大笑道：我沒有得罪於呂氏，爲什麽要逐我？吾翁彈和氏，完全對的。昔楊椒山死柴市，朝貴尙有以女字其子，吾翁大節，不媿椒山，你要逐我，不如應箕尾太遠了！郝夫人出而調停，呂笙遂一笑而別。笙回家告母，語未畢，郝氏已送雛玉來，次日遂成禮。

和珅敗後，鳳台赦歸，任太常少卿，逾年，補侍郎。雲士的家籍歿，卻以罪戍鳳台的舊地。呂笙以第二人捷北闈，連捷入詞苑。鳳台亦陞尙書。雲士能推算鳳台父子的貴，而不能推算和珅與他自己的失敗，可謂愚昧之至了。

九　二十款罪狀

嘉慶四年，高宗（乾隆）崩，給事中王念孫劾和珅不法，仁宗（嘉慶）即以宣遺詔日，傳旨逮治，命王大臣會鞫，俱得實，詔宣布他的罪狀如下：

朕於乾隆六十年九月初三日蒙皇考冊封皇太子，尙未宣布，和珅於初二日在朕前先遞如意，以擁戴自居，大罪一。

騎馬直進圓明園左門，過正大光明殿，至壽山口，大罪二。

乘椅轎入大同，肩輿直入神武門，大罪三。

取出宮女子爲次妻，大罪四。

於各路軍報任意壓擱，有心欺蔽，大罪五。

皇考聖躬不豫，和珅毫無憂戚，談笑如常，大罪六。

皇考力疾批答章奏，字跡間有未眞，和珅輒謂不如撕去另擬，大罪七。

兼管戶部報銷，竟將戶部事務，一人把持。變更成例，不許部臣參議，大罪八。

上年奎舒奏循化貴德二廳，賊番肆劫青海，和珅駁回原摺，隱匿不辦，大罪九。

皇考升遐後，朕諭蒙古王公未出痘者，不必來京。和珅擅令已未出痘者俱不必來，大罪十。

大學士蘇凌阿重聽衰邁，因與其弟和琳姻親，隱匿不奏。侍郎吳省蘭李潢，太僕寺卿李光雲在其家教讀，保列卿階，兼任學政，大罪十一。

軍機處記名人員，任意撤去。大罪十二。

所鈔房產，楠木房屋僭侈踰制，仿照甯壽宮制度，園寓點綴，與圓明園蓬島瑤台無異，大罪十三。

薊州墳塋，設享殿，置隧道，居民稱和陵，大罪十四。

所藏珍珠手串二百餘，多於大內數倍，大珠大於御用冠頂，大罪十五。

寶石頂非所應用，乃有數十整塊，大寶石不計其數，勝於大內，大罪十六。

藏銀衣服，數逾千萬，大罪十七。

夾牆藏金二萬六千餘兩，私庫藏金六千餘兩，地窖埋銀三百餘萬兩，十罪十八。

通州薊州當鋪錢店資本十餘萬，與民爭利，大罪十九。

家奴劉全家產至二十餘萬，并有大珍珠手串，大罪二十。

有此二十大罪，還不伏法嗎?清史稿中列敍二十罪款，還有殛珅紀聞一書，較史尤詳。

十　和珅的姬妾

和珅姬妾很多，有寵妾叫長二姑，人呼為二夫人。二夫人能詩，和珅引帛時，賦七律二首哀輓，并以自悼，詩云：

『誰道今皇恩遇殊，法寬難為罪臣舒。墜樓空有偕亡志，望闕難陳替死書。白練一條君自了，愁腸萬縷妾何如。可憐最是黃昏後，夢裏相逢醒也無。』

『掩面登車涕淚潸，便如殘葉下秋山。籠中鸚鵡歸秦塞，馬上琵琶出漢關。自古桃花憐命薄，者番萍梗恨緣艱。傷心一派廬溝水，直上東流竟不還。』

又有蘇人吳卿憐，先為平陽王中丞亶望妾，王坐事伏法吳門，蔣戟門侍郎錫棨得之，以獻於珅。珅又敗，卿憐沒入官。

卿憐也能詩，有絕句八首，寫其哀怨，傳誦於時。

談善耆

魯昔達

肅親王善耆，於清末親貴中，素具賢名。蓋有數之人物也。庚子以後，改革之聲甚囂塵上，耆則更有新派之目。其時留學生回國者日衆，凡知名之士，善耆多方延納，羅致門下。旂籍中如良弼恆鈞等，皆為肅府中之上客，頗見信任。有程家檉者，以同盟會健將而奔走善耆之門，善耆官民政部尚書，其漸與民黨通聲氣，以及民黨之得在北京活動，程之力也。

北京自吳樾炸彈案後，設探訪局於城外鷂兒胡同，以史伯龍（名雲）主其事。以偵緝民黨為職務。程之見重於善耆，蓋善耆欲藉程以調察民黨之內容，而程依善耆之勢，遇事亦多有保全焉。程字韵孫，安徽人，民二二次革命之役，袁世凱坐以通敵謀破壞，捕殺之。

汪精衛先生等謀炸攝政王載灃，事洩被捕，衆以為必無生理矣，善耆密言於載灃，謂革命黨勢已盛，殺汪等適以激其怒，非大局之福，宜從寬典，示懷柔，載灃亦懼報復愈厲，因韙其言。遂僅交法部監禁，當解送法部收獄之前，善耆祕延之於其邸，待以賓禮，從容談話，以政見相商榷，僅顧鼇一人旁侍，顧亦以留學生見器於善耆，時為外城巡警總廳六品警官也。各省代表晉京請願，速開國會，清廷厭且嫉之，大臣中無與代表往還者，而善耆獨招讌於邸，傾談竟日，於憲政之實施，蓋惓惓焉，故代表咸許之為親貴中之有心人。

善耆之接近民黨，關心憲政，均思緩和革命，以延清運，而大勢所趨，無濟於事。武昌起義後，議起用袁世凱，善耆不謂然，迨袁氏應召入京，知事已無可為，遂避地大連，依東人為活。後客死大連。遺摺有云：『奏為賚恨哀鳴，叩謝天恩，仰祈聖鑒事，……辛亥兵變，各省響應，卒以召用非人，潛移國祚。疾首痛心，莫此為甚。臣力爭不聽，挽救無術。更不能與盈廷泄沓，共戴三光。遁之旅順，偷延視息。潛抱艱貞之志，恨無開濟之材。每伺再造之機，終無一成之寄，瞻望觚棱，瞬逾十稔，憔悴就死，臣罪當誅。……』詞甚激楚，於袁世凱猶有遺憾焉。

清末親貴，多酷嗜戲劇，一腔一調，莫不研尋。一時演成風氣。王公府第，皆有票房，而以肅府為最。耆自幼即喜戲劇，其隨從太監，率能登臺奏技，府中每月必演戲數次，每演善耆必自飾主要角色，嚴寒盛暑，不以為勞。除普通皮簧外，並自編新戲，有戰台灣一劇，尤喜演之，自飾鄭成功，文武唱做兼備，全劇須演六小時，善耆精神抖擻，始終不懈。雖伶人亦自歎不如也。其弟善二爺，亦嗜戲若命，往往弟兄合演一劇，互為諧謔，以為至樂。民國後，肅府班底曾出演東安市場，所演本戲有請清兵等。頗可叫座。北京盛行皮簧，肅府班底則高腔也。

今日行經船板胡同，猶能想見當日笙歌之盛，而保全有功，亦令人思之不已也。

道家的延壽與長生

楊靜盦

提起道家二字，便想到『牛鼻子』一語，這名詞好似有些陰刁，不甚伉爽之慨。葛仙翁吐出一口飯，立即變成黃蜂。葉法善請李北海在魂夢中，偷寫丁丁碑。現在看來，無非是幻術與催眠法，然而這種行爲，多少帶一點欺騙和陰惡。所以牛鼻子一語，在二花臉口中，總是對戴道士巾的陰謀家軍師而發。其實道家作法，持劍禹步，口中含水，『霍』的一聲噴出，頗類牛鼻內吐氣之狀，當時口語，大概是取材於此。

道家派別，據傳勤家先生中國道教史上有八十六系之多，什麼混元華山太乙正乙武當茅山等。不過現今從外貌看來，認不得這許多，祇覺得有二種：一種是娶妻生子，頭部四面薙去毛髮，頂上留有盤髻小辮，閒時兼做農工，法事披起鶴氅。還有一種是滿留頭髮，常衣道服，安居院觀。這類庸俗的人物，去詰問他們的流派系統，恐怕大都有些惘然罷。但是道家的深入民間，實較儒佛爲普遍，試觀新屋架梁的四鄰，多以篩鏡爲避煞之用，祀祖時的『安宅』，皆用斗案（即斗中貯米，插有尺秤鏡及分成三焰的油盞），宅神（其實是麵粉做的蛇，俗名土龍），還有祀灶的各種，祭社的一切，皆與五斗米道有關，至今仍行之不改。因爲道教沒有浮圖的深邃玄哲，所以張道陵寇謙之輩，遠奉老子，近剽佛教，創立宗派。又以其源出秦漢方士，所祀的日月星辰，風伯雨師，山川社稷等，大都是歷代留傳下來的迷信，在道教手中，遂集了中國古代迷信的大成。這種迷信，又都是中國圖騰時代的遺蹟，因此與社會民衆水乳交融，遠較舶來品的佛教深得信仰。雖佛道二教，都經過前代帝王的提倡，然大山高岳，道觀每多於僧寺，道士亦多於僧侶，這亦是道教深入民間的一證。歷史上帝王及士大夫階級的信奉道教，也許別有作用，因爲道家有行蹻變化之方，延壽長生之說，總較諸西方極樂世界的幻說，有些實際，至少在生存時可以盡情任性地享樂。蓋此等人所享受的是錦衣玉食，所企求的是延壽長生，秦始皇漢武帝的使徐市欒大入東海求長生不死之藥，也是這種心理表現。所以陸靜修陶宏景李筌羅隱等，也因此得以完成道教的功果。故道家延壽長生的學說，確是切中潮流，建立了教中的中心思想。其說約可分爲內丹，外丹，房中術三類，茲分述之。

一　內丹

內丹又稱胎息。道家說人是禀天地陰陽冲和的氣而生成的，細分之則爲精氣神：精是天，氣是地，而神即精氣二者的化合，稱之爲心。心神一動搖，則精氣散而夭亡，若能反其道，保精固神，即可延壽，歐陽修的『有動乎中，必搖其精』，怕也是受道家的影響。儒家則每以性命是天賦，人不能違天，所修是行爲的道，故孔子但說知命，遇着厄逆，便嘆曰命矣夫。孟子也說『修身以俟命』，都是以性爲固定，命是不可抗的。但道家則倡言性命雙修，欲得長生不死，羽化登仙，非改易性命不可，兵解尸解，都可算是仙去，改易性命，所以須要胎息，周易參同契考異云：

『將欲養性，延命卻期，審思後末，當慮其

先。人所稟軀，體本一無，元精雲布，因氣託初。陰陽爲度，魂魄所居，陽神日魂，陰神月魄，魂之與魄，互爲室宅。性主處內，立置鄞鄂，情主營外，築垣城郭。城郭完全，人物乃安。於斯之時，情合乾坤。乾動而直，氣布精流。坤靜而翕，爲道舍廬。剛施而退，柔化以滋，九還七反，八歸六居，男白女赤，金火相拘，則水定火，五行之初。上善若水，淸而無瑕，道之形象，眞一難圖，變而分布，各自獨居。類如雞子，白黑相扶，縱橫一寸，以爲始初。四肢五臟，筋骨乃具，彌歷十月，脫出其胞，骨弱可卷，肉滑若飴。』

其註云：『此言人之始生，亦以陰陽交合而成，今欲爲丹，亦由是也。』這便是導引內丹的原理，修養聖胎的方法。因爲道家呼吸，須學人在胎胞之中，所以叫做胎息，按摩導引等都屬此類。其法甚多，玆舉雲笈七籤卷五十八的一端於下：夜半之後，寢於靜室，左脇着地，兩足少縮，頭向南而東，握兩手，呑咽唾液，七回之後，乃吐氣，如此則使內氣充滿於腹中。此淸氣蓄於胎中之時，濁氣從手足毛髮之中自然排洩。用如此修鍊之法，則氣化爲血，血化爲精，精化爲液，液化爲骨，精神充滿。一年而易氣，二年而易骸，三年而易血，四年而易肉，五年而易筋，六年而易髓，七年而易骨，八年而易髮，九年而易形，十年而道成，遂得眞人之位，變化自在，世界之靈官玉女皆來侍。這類書籍，有明代周履靖的赤鳳髓，王文祿的胎息經，以及通行本的易筋經八段經等，皆是道家內丹的流衍；現今什麼善社的靜坐延年，什麼德社的精神治病，亦都是道家胎息的廣播。

二　外丹

外丹即金丹，雲笈七籤卷六十五至七十一，記之最詳。蓋燒煉金石，旣可以服食長生，又可有黃金致富。有名金丹玉液，有名鉛汞，有名爐鼎，有名龍虎，名稱雖多，其爲燒煉丹藥則是一事。金丹服後如何，今先錄抱朴子內篇金丹卷第四的一節以明之：

『第一之丹名曰丹華，當先作玄黃，用雄黃水礬石水（原注一本作汞）戎鹽鹵鹽礬（疑作礜）石牡蠣赤石脂滑石胡粉各數十斤，以爲六一泥（刻本有封之二字），火之三十六日而成，服之七日仙。又以玄膏丸此丹，置猛火上，須臾成黃金。又以二百四十銖，合水銀百斤，火之亦成黃金，金成者藥成也，金不成更封藥而火之，日數如前，無不成也。

『第二之丹名曰神丹，亦曰神符，服之百日仙也。行度水火，以此丹塗足下，步行水上，服之三刀圭，三尸九蟲，皆即消壞，百病皆愈也。

『第三之丹名曰神丹服一刀圭，百日仙也。以與六畜呑之，亦終不死，又能辟五兵，服百日，仙人玉女，山川鬼神，皆來侍之，見如人形。

『第四之丹名曰還丹，服一刀圭，百日仙也。朱鳥鳳皇，翔覆其上，玉女至傍，以一刀圭合水銀一斤火之，立成黃金。以此丹塗錢物用之，即日皆還。以此丹書凡人目上，百鬼走避。

『第五之丹名餌丹，服之三十日仙也。鬼神來侍，玉女至前。

『第六之丹名煉丹，服之十日仙也。又以汞合火之，亦成黃金。

『第七之丹名柔丹（一本作藥），服一刀圭，百日仙也。以缺盆汁和服之，九十老翁亦能有子，與金公（即鉛也）合火之，即成黃金。

『第八之丹名伏丹，服之即日仙也。以此丹如棗核許持之，百鬼避之。此丹書門戶上，萬邪衆精不敢前，又避盜賊虎狼也。

『第九之丹名寒丹，服一刀圭，百日仙也，仙童仙女來侍，飛行輕舉，不用羽翼。

『凡此九丹，但得一丹便仙，不在悉作之，作之在人所好耳。』

這就名做九鼎丹，較五石散爲佳。五石散即丹砂雄黃白礬曾青慈石，又名寒石散，亦在抱朴子金丹篇中。更有太清神丹，據說煉法是元君所發明，元君是李耳的老師，所以功效在各種金丹之上，抱朴子金丹篇云：

『作此太清神丹，小爲難於九鼎，然是白日昇天上之法也。合之當先作華池赤鹽，艮雪，玄白飛符，三五神水，乃可起火耳。

一轉之丹服之三年得仙
二轉之丹服之二年得仙
三轉之丹服之一年得仙
四轉之丹服之半年得仙
五轉之丹服之百日得仙
六轉之丹服之四十日得仙
七轉之丹服之三十日得仙
八轉之丹服之十日得仙
九轉之丹服之三日得仙』

轉是循環的變化，像丹砂燒之成水銀，再燒又成丹砂，燒煉愈久，轉數愈多，成仙愈速。實則是化學中的昇華作用（Sublimation）。丹砂是硫化汞，雄黃是硫化砷，礬石爲硫砷鐵鑛，且鹵鹽加强熱，則發生氯氣，能促成丹砂雄黃礬石的昇華，游離出汞砷等毒質，如若服下去，那能不爲毒死。大概道家服金丹毒薨，便也叫做尸解罷。故趙翼的二十二史劄記卷十九裏說：因唐代與老子同姓，乃尊崇之建玄元皇帝廟，立崇玄館，定道舉之制，行煉丹之事，太宗高宗憲宗敬宗武宗，皆因服食丹藥而死。當時至死不悟的精神，實在可佩，至於士大夫階級，更無用說得，除中毒而死外，有些服五石散而膚如蜜蠟，半死半生，有些竟成了木乃伊。考其何以重視金丹，大概是因爲植物性與動物性的藥，易起變化，金石則有永久性的緣故，後世拿黃金納於屍體中，作爲防腐之用，也許是從這信仰而來。

三　房中術

抱朴子內篇卷八釋滯云：『房中之法十餘家，或以補救傷損，或以攻治衆病，或以採陰益陽，或以增年延壽，其大要在於還精補腦之一事耳。此法乃眞人口口相傳，本不書也。』此段葛洪已說明房中是什麼，而其方法須眞人口口相傳，且又非常重要，同書卷四微旨云：『凡服藥千種，三牲之養，而不知房中之術，亦無益也。』房中之書，今多不傳，據漢書藝文志方技略有房中家八部一百八十六種，第一載容成陰道二十六卷。容成在列仙傳中是黃帝的老師，周穆王時尚在，善輔道之術，取精於玄牝，其要在於谷神不死，守生養氣，髮白更黑，齒落更生，所以抱朴子內篇遐覽卷十九有容成經之名，其實此書與一百八十六卷，皆不傳於世，僅清孫星衍平津館叢書收有素女方一卷，亦不過記房室的禁忌，四時的藥物，說是房中却病之術，也未必有效罷。還有周履靖的夷門廣牘中有修眞演義一卷及既濟眞經一卷，明王文祿的百陵學山中有多男三鍊法歌及六鍊九鍊法，近時影印的本子，因其多穢褻成分，刪去不錄，故非查木刻明版，不易見到，今略述之。修眞演義爲紫金光耀大仙鄧希賢著，其序曰：

『漢元豐三年，巫咸進修眞語錄於武帝，帝不能用，惜哉。書傳後世，微語其術者，亦得肢體强健，益壽延年，施之種子，聰明易養。然當棄，有當忌，先知棄忌，方可次第行功。余演其義爲二十章，分功定序，因序定功，序固不可紊，功亦不可闕也。修眞之士，當自得之。』

其目錄爲：『棄忌當知，神氣宜養，房內靈丹，鑪中實鼎，男察四至，女審八到，玩弄消息，鼓舞心情，淬鋒養銳，演戰練兵，制勝妙術，鎖閉玄關，三峯大藥，五字眞言，采煉有序，搬運有時，全義盡倫，回榮接朽，還元返本，種子安胎。』（共計二十章。既濟眞經又名『純陽演正孚佑帝君既濟眞經』，爲鄧希賢箋註，正文是韻語，箋註是散文，文和註的筆調無異，大概出於鄧希賢的僞造。多男三鍊法署『鄧士魯遇異人授』，六鍊九鍊法署『海口仙玉又福亞』，不知何解？後二書甚簡單，今節去其註，僅錄正文如下：

多男三鍊法歌

天地閉，萬物匝，男女祕，百嗣發，開祕之法不可傳，傳之非人天必罰。左右掌連心，心火暗能達，分主客，各擦擦。數用重陰六十八，須知十減四五七。莫敎火候過離下。一擦一度伏臍間，九九老陽五相壓，又知九息上增九，八十一息純乾卦。春夏秋冬名四時，二十四氣尸生化，三五七九奪氣機，一奪一吸深取之，周而復始天不違。坎水常勝離，離火易焚滅，仙草占仙春，得陽陰復結，濃煎濕注參仙訣，離火纔欲然，滿口莫入咽，潄無聲，吐無決，煖席取溺壺，除將肝火瀉，心慵作螺螟，虛脊凡七跌，功成敵萬人，眞元莫浪洩。要算坎水潮生月，信進我退投，信退我進接，一二煉法不可缺，更有一言須口說，左男右女肩間截。此名多男三鍊法，六鍊可長生，九鍊能飛越，約爾他年逢建業。』

六鍊九鍊法

『心悟何須逢建業，請言六鍊長生訣，數數增除三鍊同，兩手交摩湧泉穴。再言九鍊先守中，陽生補腦坎離接，尾閭夾脊透枕關，泥丸既實補中缺。嚥津調息不遺中，四肢上下充精血，鍊就純陽歸初，浩然一氣能飛越。』

好了，不用多抄，餘下的非特荒唐，也嫌穢褻。明代末年，本和羅馬亡國時代差不多，上下荒淫無度，所以很疑心以上四書是明人的僞造，或許是當時的投機生意。再有日本正宗敦夫所輯的醫心方，近有石印本出售，其中第二十八卷，也是述房內，後爲長沙葉德輝編成雙梅景閣叢書，因過分穢褻，禁止出版，然暗中流通，恐亦不少。道家的重視房中，與內外丹無異，都可以延壽長生，如能相輔而行，即可白日飛昇，羽化登仙。並有黃帝以御千二百女而昇天，凡人能夕御十女而不洩之說，今日聞之，豈不駭人，第恐當時也不過士大夫階級有此豪舉，藉以隨其荒淫的性欲，直至現代社會未必不仍留有一部分的信仰，其實都是圖騰時代的遺蹟，不足置信的。

在漢末時，睿智之士巳覺方士的延壽長生爲蟲說，今錄魏文帝典論一節，以結束本文，藉明內外丹房中術都是不可靠的。

『潁川郤儉能辟穀，餌伏苓。甘陵甘始亦善行氣，老有少容。廬江左慈知補導之術，並爲軍吏。初儉之至市，伏苓價暴貴數倍，議郎安平李覃學其辟穀，餐伏苓，飲寒水，中泄利，殆至隕命。後始來，衆人無不鴟視狼顧，呼吸吐納，軍謀祭酒弘農董芬爲之過差，氣閟不通，良久乃蘇。左慈到，又競受其補導之術，至寺人嚴峻往從問受，閹豎眞無事於斯也。人之逐聲，乃至於是。』

記戊辰東陵盜案

何戡

戊辰東陵盜案，聞爲孫殿英部下所爲。當時頗爲人所注目，道路傳說，且有珠履鮮翡翠西瓜諸寶流落人間之祕聞。唯迄今已十餘年，史料絕鮮，僅小報有捕風捉影之記載耳。憶昔日曾見天津北洋畫報有畫刊數種，關涉此事，余曾剪而存之，後則不知喪失何所矣。今年北平中和月刊曾發刊關於此案之史料數種：㊀寶瑞臣（熙）：『東陵于役日記』。㊁耆壽民日記。㊂徐榕生東陵于役日記。㊃陳詒重：東陵道詩注。以上四人，均該案發生以後，清室特派前往收拾殘局之大臣，所言自屬可信。不佞當日居天津日租界須磨街，宣統皇帝之行宮則在日租界大羅天張園內，每過該地，望園內花木蒙茸，不禁大有故國之思。清室退位，遜帝播遷，勝朝陵墓，痛遭殘毀，其事蓋大可痛心者。

此次盜案之主要主標爲慈禧陵，而所遭亦最慘。四人所記僉同，而以徐榕生所記較詳，茲錄如下：

『初十日。早晴，向各堂報告菩陀峪地宮內情形，午隨各堂到菩陀峪地宮隧道，埴與叔壬先下，爲之導引。仍由券門下盜發之穴匍匐以進，先至西北隅仰置之槨蓋前，啓上覆破壞槨板，則孝欽顯皇后玉體偃伏於內，左手反搭於背上，頭髮散亂，上身無衣。下身有袴有襪，一足襪已將脫，徧身已發霉，均生白毛。蓋盜發之日爲五月十七日，盜去爲五月二十四日，至今已暴露於梓宮外者四十餘日，可慘也。即傳婦人差八人，覆以黃綢，移未毀朱棺安於石床，然後以黃緞被褥裹之，緩緩轉正。面上白毛已滿，兩目深陷，成兩黑洞。脣下似有被殘之痕，又覆以黃緞衾，藉以黃緞褥，殮於原舊朱棺之內。併用澤公所藏前頒遺念衣二件，覆於衾上，又在棺內外檢得當日殉殮已落之牙，剪下之指甲，用黃綢包好，放於衾外。』

所述刼後情形，誠慘不忍睹已，一代英后，死後數十年遭此凌辱，其人生前功罪可不具論，揆諸情理，亦當使人歎息也。憶當時且有如此之傳言，苟慈禧陵再不被發，白毛生滿，行將爲厲。蓋俗傳旱魃即是此狀，全身紅毛尚可除治，苟遍體白毫，則縱有張天師之五雷正法，亦莫可如何矣。按此說係得諸『江湖奇俠傳』中，而該書則流行一時之讀物也。

此次盜陵案，有一奇蹟發生，即有一后妃玉體，歷經數百年，毫未損壞也，徐記云：『十五日。……忽於地宮西南隅兩棺之間衾襚之下，覓得后妃玉體一，身著甯綢雲龍袍，已一百四五十年之久，面目如生，並有笑容，年約五十歲，耳環尚在。一足著繡鳳黃緞朝鞾，又於側近拾得一鞾一襪，以水濯之，鞾之花紋與著於足者同。不知是后是妃也。』念當日並無防腐之法，而屍體竟得保存百餘年而不腐，誠怪事也。據寶熙回京後，考據所得，該玉體爲孝儀純皇后，勝水峪裕陵寶城內祔葬后妃五人之一也。

裕陵爲清高宗及后妃五人葬所，共金棺六具。刼後零散不堪。骸骨滿地，無法收拾，結果同棺而殮，以骸骨錯亂，且多遺失，若武斷强分，而致錯雜凌亂，將更多致罪戾也。徐榕生言：『於此棺內檢出顱骨一，此骨決是高宗純皇帝之骨，因前檢得之骨，存在之齒尚多，此則僅存一齒，可爲高年之證。且生齒之孔，此爲三十六，他骨則二十八或三十二也。此顱骨較他骨爲大，又同在此棺內檢出脛骨一，亦較他脛骨爲長，更可證爲男骨無疑。』

此十全老人，於身後竟骸骨零散，頭顱拋擲，幸未淪爲溲器，猶堪告慰耳。計此次收拾殘局重加殮葬，並修理陵寢所用之款，共僅一萬六千元耳。以視清社未屋前，奉安盛況，何可比擬。銅駝荊棘，不待百年而已如此，是更不能不令人重歎息耳。李太白詞曰：『西風殘照，漢家陵闕。』正若爲此日詠也。

冷衙夜讀鈔

周樂山

殺戮戊戌六君子之上諭

偶於泰縣冷攤購得昌言報兩冊，一是光緒二十四年七月十一日出版；一是同年九月廿六日出版。後列主辦人姓名：總董梁鼎芬，字節庵，廣東番禺人。總理汪康年，字穰卿，浙江錢塘人。總繙譯曾廣銓，字敬詒，湖南湘鄉人。此時正當戊戌政變，內載八月十四日硃諭云：

『近因時事多艱，朝廷孜孜圖治，力求變法自強，凡所施行，無非爲宗社生民之計，朕憂勤宵旰，每切兢兢，乃不意主事康有爲首倡邪說，惑世誣民，而宵小之徒，羣相附和，乘變法之際，隱行其亂法之謀，包藏禍心，潛圖不軌，前日竟有糾約亂黨，謀圍頤和園，刼制皇太后及朕躬之事，幸經覺察，立破奸謀。又聞該亂黨私立保國會，言保中國，不保「大清」，其悖逆情形，實堪髮指！朕恭奉慈闈，力崇孝治，此中外臣民之所共知，康有爲學術乖僻，其平日著作，無非離經畔道非聖無法之言，前因其素講時務，令在總理各國事務衙門章京上行走，旋命赴上海辦理『官報局』，乃竟逗留輦下，搆煽陰謀，若非仰賴祖宗默佑，洞燭幾先，其事何堪設想！康有爲實爲叛逆之首，現已在逃，着各直省督撫，一體嚴密查拿，極刑懲治。舉人梁啓超與康有爲狼狽爲奸，所著文字，語多狂謬，着一體嚴拿懲辦，康有爲之弟康廣仁及御史楊深秀軍機章京譚嗣同，林旭，楊銳，劉光第等，實係與康有爲結黨，隱圖煽惑，楊銳等每於召見時，欺蒙狂悖，密保匪人，實屬同惡相濟，罪大惡極！前經將各該犯革職，拿交刑部訊究；旋有人奏，若稽時日，恐有中變，朕熟思審處，該犯等情節較重，難逃法網，倘語多牽涉，恐致株累，是以未俟覆奏，於昨日諭令將該犯等即行正法，此爲非常之變，附和奸黨，均已明正典刑，康有爲首創逆謀，罪惡貫盈，諒亦難逃顯戮，現在罪案已定，允宜宣示天下，俾衆咸知，我朝以禮教立國，如康有爲之大逆不道，人神所共憤，即爲覆載所不容，鷹鸇之逐，人有同心，至被其誘惑，甘言附從者，黨類尚繁，朝廷亦皆察悉朕心存寬大，業經明降諭旨，概不深究株連，嗣後大小臣工，務當以康有爲爲炯戒，力扶名教，共濟時艱。所有一切自強新政，胥關國計民生，不特已行者亟應實力舉行，即尚未興辦者，亦當次第推廣，於以挽回積習，漸臻上理，朕實有厚望焉，將此通諭知之，欽此！』

觀此煌煌『硃諭』，戊戌六君子已『明正典刑』，康梁『逍遙法外』，事變已告結束矣。

蘭閨清玩

蘭閨清玩一書，正續集二冊，光緒丁酉仲春上海點石齋印，是一種骨牌玩法專書，將骨牌列成譜式，後附有唱詞，想是給閨中婦女消遣的，如紅豆詞（附圖）云：

『紅肥綠瘦，臨行贈我雙紅豆。十里長亭，奈何天裏，落紅成陣水爭流。孤鐙從此有三年守，忘不了門中人面，緊不住月下孤舟，問花花也羞，恨差一點天難湊，怎癡心想到天盡頭？辜負了春三二月，打斷了天長地久，時光又九秋，殘花半落，飛繞天涯，人在天涯否？天下花枝怎並頭！可記得五更時候？有一點別樣風流，輭語丁香開笑口，貪戀他鄉花月耦，對天賭的是瞞心呪！聽瑤琴誰把空絃叩？雙燕斜飛却誤投，罵一聲黑心人，你新人美滿，那管舊人腰瘦！一重花影一重樓，只落得兩條長板無人走。」

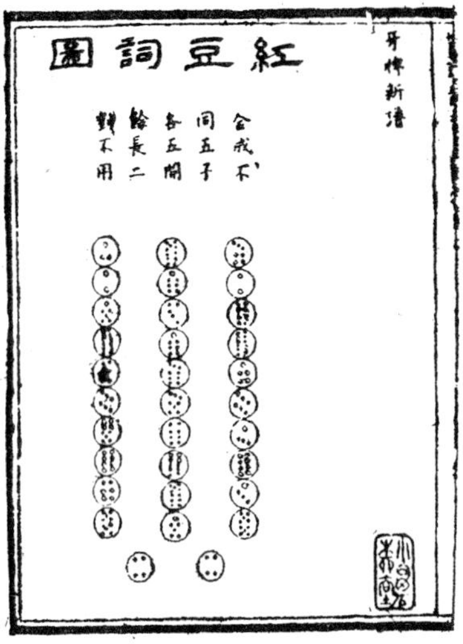

又如顛倒鴛鴦曲（附圖）云：

『三三五五過平原，十二隊金釵缺一行，怎雲鬟壓亂在枕兒上。到如今地老天荒，你有心，可記得那人模樣？顛三倒二，天翻地覆，碰丁子只拌著箇猴頭鬧！瘦損了月貌花容，是不是人間天上？落紅如雨惱人腸，輭梯兒，當初怎上空心當？勾結了一點癡情，三生孽障，者教做斷線風箏放不長！

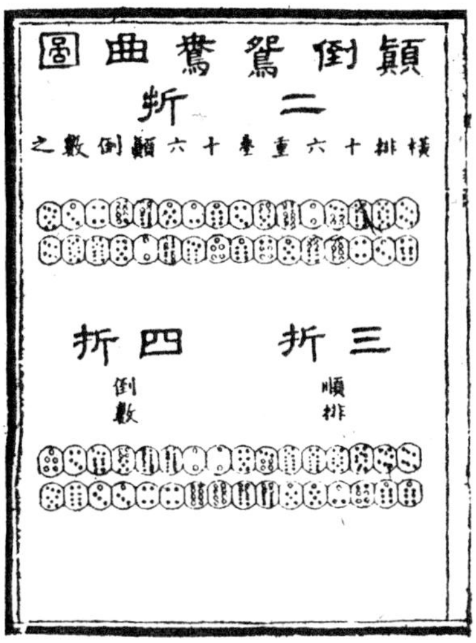

『（二折）恨雙魚斷了天邊信，柳梢外，斜照空明，沒來由，四肢無力懨懨病。石榴妬殺茜羅裙，海棠扶不住烏雲鬢，甚心情架起團圓鏡！隔疎簾雙燕呢喃問，羅屏半掩，孤樽獨倚，一層紅紙隱秋燈，三媒六證豈無人！算盤兒陰差陽錯歸除盡！自從解了雙連環，竹籃打水真乾淨！天無一點惜花心，怎教奴繡鞋步步把蒼苔印？難道是已老春蠶繭不成？

『（三折）滿地遊絲滿樹花，俏花枝，把盡牆低亞，非是奴三心兩意，五更四點把情人罵，只落得幾行珠淚，灑不到兩處天涯。而今九九消寒罷，去年五月五日喜相逢，今年七月七日分離乍，數雙星生怕流星打，捲珠簾倚閤紅窗下，隔梅花望得眼巴巴！掩紅窗，重把珠簾下，好人兒，是一雙可意的寃家，將金錢顛倒難成卦，蹙損了兩撇彎蛾，可不耽擱你青春二八？

『（四折）誰家簫鼓，何處簾櫳，兩人同向雙星拜，暢好是聯牀並枕，海紅斗帳緊相偎，紅紛烏紗，門當戶對，癡心兩多，等到梅開，二月丁香早結胎，較人肥瘦把腰肢改，莫連聲的呼么喝六，紅燈伴剔鳳頭釵，你梅酸一點人難耐，怎三山半落青天外，說甚麼綠綠紅紅，鴛鴦雙譜，者纔是彩毬對踢，你去他來。三分是箇好人材，七分像個鬼精怪，教闌干，你與我儻住了雙蝴蝶，莫管他風片雨絲攪不開。』

卅二年一月於泰縣。

舊報上之賽金花

陳乃乾先生惠寄古今舊報數條，皆記賽金花事者，陳先生並無跋語，所寄亦非全報，故不詳報名及年月日，以其背面廣告察之，要乃申新兩報，其體裁近於今日報紙之通訊，然其內容則又似小說，或為副刊文字，亦未可知。文中所及之立侍郎，當係庚子與聯元同戮之立山，庚子時立山已仕至內務府大臣兼戶部尚書，則此時當前於此也。

東亞病夫曾孟樸撰『孽海花』說部，盛傳一時，而全稿未殺青，三年前余編宇宙風半月刊，友人東吳大學教授陳旭輪先生告我，謂其鄉人張隱南（鴻）太史，為翁松禪相國姪壻，居翁邸最久，撰有『續孽海花』說部，欲舉以相售，後以議價不洽而作罷。此稿後挾以北上，刊於『中和月刊』，即別署『燕谷老人』之『續孽海花』也。今稿尚未刊畢而太史已作古人，不知『中和』能刊畢其全文否？

『續孽海花』作者以居翁邸久，故敘戊戌之事最詳，報上之立侍郎，亦嘗現身為要角，足可參考互閱，要不可謂非一段文獻也。

黎庵謹識。

賽金花到京一誌　京都訪事友人來信云：賽金花，原名曹夢蘭，嗣改傅鈺蓮，前在滬時芳聲籍籍，後因避地到津，改復今名。去冬復由津到京，暫寓楊梅竹斜街宏興店內，然聞名訪豔者，寥若晨星，不似在津時門庭若市。居無何，賽金花自出局票，叫名伶譚鑫培，自署名為曹老爺，鑫培不至，又叫孫菊仙，亦不至。花旦于莊兒者，京中第一等脚色，且在內庭演劇，時得優賞，都人士莫不稱道。于字玉琴，現隸福壽班，為該班班主，一日忽有素不相識之某甲，手持條子（即局票），至于之門，促于速往，于覩曹老爺名，亦不復記憶，然乘騎至宏興店，店友告以在上房南屋，于既入室，則所謂老爺者，乃一花枝招展之半老徐娘也。于至此退步欲出，曹呼曰：玉琴，來！吾與汝言。遂同坐閒談。既而命玉琴燒鴉片烟，玉琴辭以行規，不敢從命，蓋優不嫖妓，京中規矩極嚴，非若上海無恥妓女，專以姘戲子為事也。曹當給于莊兒二十金之四恆銀票一紙，四恆者，恆利，恆和，恆源，恆興四家銀號，最稱妥實，故都中喜用其票。玉琴至此，行不得，留不得，無奈相陪燒烟，幸是日適值忌辰，例不演劇，曹遂留玉琴不使歸，玉琴因是日無戲，亦遂不行。此時正午已過，約有一點鐘光景。曹以賦閒既久，遂命玉琴侍寢，俾令真箇銷魂，玉琴為名優兼以善戰名，至下午一夢醒來，曹謂之曰，爾所不及山東粮道某者，爭在半點鐘耳。自此玉琴與賽金花無三日不見，此為賽金花去年到京第一事，為人所稱道者。以後詳細情形，均經訪事人訪探確實，容為按日續錄。

賽金花遇貴二誌　昨報紀賽金花到京一誌，玆經訪事友將賽金花到京以後情形詳細抄寄，爰為節錄於後，緣賽金花久住上海，凡上海倌人所以能穀時髦的緣故，大半從姘識戲子而起，蓋若輩既以戲子為可貪之物，戲子亦即自抬聲價，凡下乘妓女，都不屑勾搭，必須稍有身價之人，人人共知其為某妓，然後從而姘之，則該妓之聲名，亦因此而起。賽金花原名曹夢蘭，既久在上海，自然熟習此種祕訣，所以到京之後，寂寂無聞，房飯開銷，日窘一日，由是百慮千思，頓生一計，寫個假局票，把于莊兒喚到，迨至連理枝成，朝夕與共，賽金花只有倒貼于莊兒，生受不安，乃爲之竭力延譽，凡于莊兒之相好，如立侍郎余御史等，皆以風流自命，向喜水陸幷進者。莊兒每於見面時，輒說賽金花如何標緻，如何溫柔，於是立大人等爲之躍躍心動，一日立大人散値回寓，爲時尙早，正與莊兒同桌午飯畢，莊兒遂慫恿立大人到宏興店，同訪賽金花。立大人欣然允從，就坐莊兒坐來的車，一同前往，到店下車，店裏自掌櫃的起以及夥計，都認得是立大人，無不交頭接耳，竊竊私議。當時立大人進房之後，莊兒先高聲報道：立大人來了！賽金花是前幾日早已聽得莊兒說過，知道這位大人的來歷，幷他的脾氣，連忙滿面堆笑，迎接出來，當時立大人甚是喜歡，問長問短，殷勤備至，賽金花先意承志，百般逢迎，弄得立大人心癢難熬，坐立不是，幸虧是莊兒見機，托故先走，又趕到立大人寓處，叫把車子套來，冬天天短，那是已是上燈時候，當時立大人就在賽金花房中晚飯，飯後立大人說是有點告乏，就在賽金花坑上睡下，賽金花連忙靠近立大人身旁坐了，一面給大人搥腿，一面與大人說話，兩個人唧唧噥噥，後來聲息俱無，帶來的老媽們都是慣家，連忙迴避到外間，歇了好一會子，又聽得兩人說笑聲，趕進去看，那賽金花正燒烟給立大人吃哩。大人吃過烟，賽金花又拿出許多點心讓吃，等到吃過了，纔叫套車，慢慢的手挽手兒的走出來，兩個人又叮嚀了一會，然後立大人上車回去。自此以後，立大人無二天不到宏興店，誰知于莊兒拉皮條拉不完，拉了一個立大人，又拉了一個余御史，二馬同槽，如何能容得下，要知端的，且聽明日再述。

漁翁得利三誌賽金花　話說昨日報中所稱之余御史，這人很有風骨，京城裏面一班大老甚是怕他，人人都叫他余都老爺。却說那于莊兒因爲感激那賽金花知遇之恩，力圖報効，已經拉到一位立大人，不上半個月，連借帶送，這位立大人已經化上了二千多兩銀子，也就算是極好的了。不料莊兒又帶了這余都老爺前來玩耍，這余都老爺同于莊兒兩人相好，賽如一個人，當下到店進房之後，這余都老爺脾氣，却不比立大人好說話，仰着面孔，滿臉的烟氣，足足像有三兩大土癮頭似的。見了人都要人去巴結，他是從來不大理人的，這番見了賽金花，依舊擺出這副面孔，當下賽金花問長問短，極其殷勤，誰知這位都老爺面孔雖冷，眼睛却尖，當賽金花拿起烟袋讓吃烟的時候，早已看見賽金花手上帶着一個嵌寶戒指，余都老爺認得這東西是立大人的，心上就一個不自在，臉上呆了一呆，看客聽着，原來這位余都老爺與那立大人雖是極要好的嫖友，時常同出同進，立大人是旗人，性子愛標些，不像那余都老爺一錢如命。所以那些相公姑娘們不免要另眼看待，因此余都老爺心上氣不服，然而又要時時向立大人處借貸借貸，所以有點不願意，亦只好悶在肚裏，不好擺在臉上。這日看見立大人送與賽金花的戒指，知道是已經上手了，心中正在惱悶，不提防院子裏男班子接二連三的一路喊進來，請大人的安，又有人說你老來了，隨後就聽見一陣靴子響，好像那大人已到了外間了，當時只見賽金花臉上一紅，心中好像懷着鬼胎的一樣。余都老爺亦聽呆了，還是于莊兒靈敏，連忙站起來說，讓我去看，是那一位大人，一掀簾子，劈面看見進來的不是別位，就是立大人，隨高聲回道：大人來的好，余都老爺正在這裏等你老呢。誰知立大人雖與余御吏同嫖，心上亦有些忌他，聽見莊兒的話，就有些不快活的意思，欲待進去，心想這人在跟前，叫我很有許多不便，欲待出去，又怕堋合，叫店裏的人幷跟來的看得詫異，心中正在躊躇，忽見裏間簾子一掀內中走出一個人來不知是余御史抑是賽金花，要知端的，且聽明日再述。

醋潑芳巢賽金花四誌　話說前日報紀立大人因訪賽金花走到屋子裏，正與那于莊兒說話，不料簾子一響，從裏間走出一個人來，你道這人是誰，誰知既不是余御史，亦不是賽金花，原來是賽金花的母親，因爲這立大人是來慣的，與這賽金花之母認了丈母女壻，彼此都改了稱呼。當時這老物走到外間，見了立大人就說道：我說是誰，原來是你呵！一面說一面凑到身前，與立大人附耳說了好幾句話，其先立大人看見他小丈母出來，心上一個憎嫌，臉上就有些很不願意的樣子，及到他小丈母同他說了兩句話，竟大不舒服起來了，便罵道：甚麽混帳忘八蛋狗朋友，大靑白日，冠冠冕冕的就來劄朋友的靴腰子，有這個情理，沒有。一面發火，一面就在上首椅子上坐下，他小丈母見他動了氣，連忙賠着笑臉說道：只因你老是熟客，不比余老爺是初來，所以求你老迴避他一會子，等他走了，你老再來就是了。余老要劄靴腰子，料想我們大姑娘肯麽？小丈母一面說，一面叫立大人的車夫，拿大人的臉盆手巾打手巾把子給大人擦汗，莊兒亦在旁幫着勸，誰知道那立大人盛怒之下，只聽得上半段叫他迴避，沒有聽見下半截大姑娘不肯被他劄去的話，早已一腔熱血喉嚨，喊得八丈高，用手敲檯拍凳，一脚先把莊兒踢開，指着他小丈母數罵沒有良心的婊子，明天拿片子叫坊官把這影子轟出去，不准在京城裏住，好沒有良心的王八蛋，賽金花因爲聽說余都老爺不是好脾氣，不敢怠慢，自已靠着立大人是有相好的，所以叫他娘出去支吾數語，希圖一走了事，誰知立大人竟動了眞氣，後來鬧大了，只好自已出來賠話，一見立大人就雙手把他兩個袖桶管按住，唧唧噥噥咬了好半天的耳躲，始而見大人搖頭不語，繼而見大人歪頭側頸，末了見大人顚頭播腦，於是小丈母老婆子于莊兒以及大人的跟馬相公的跟兎一齊纔把心放下，正忙着預備點心，請大人到對過店內空屋裏坐，不料房間裏面只聽得豁琅一聲，好似靑天霹靂一般，大家又嚇了一大跳，還是賽金花走的快，趕忙掀起簾子，往裏一看，只見余都老爺直挺挺的躺在坑上，兩隻眼睛直巴巴的朝上看，臉上已發了靑了，要知端的，且聽明日再述。

解圍有術四誌賽金花　話說賽金花母女一干人，正在外間安排立大人，不提防房裏豁琅一響，及至進內看時，只見余都老爺直挺挺的躺在炕上，炕前地下打碎一隻茶碗，想是都老爺動了氣，摔碎的。當時亦無人敢問，誰知那余都老爺看見大家進來了，一時一個難爲情，要發作亦無可發作，要說話亦無話可說，忽然一咯嚕爬起來，歪戴着帽子，急忙忙往外就走。其時那立大人也正因余都老爺摔碗疑心，立起身來把耳朶凑近門前仔細的聽，不提防余都老爺一掀簾子，撞了箇滿懷，當時還是立大人靈變，認得余都老爺，忙說我知道老哥在此，所以特地到來奉候你。那余都老爺却是一句話說不出，呆了一呆，回轉身就往外跑，走到店門口，一面上車，一面吩咐店家道，好大膽子的東西，膽敢窩娼，叫他小心着。那店家是嘗過都老爺辣味的，一面送都老爺上車，一面趕到後面，求立大人保全賞飯吃，其時立大人眼看着余都老爺出去了，拉了于莊兒的手，同到房裏來，正待議論此事，忽見店家滿頭是汗進來哀求，遂趕忙安慰道：有我，你放心。店家方叩謝而去。當時一屋子四個人，商量這事，立大人道：老余的脾氣，是不好弄的，偏偏逢着了他，一定添出多少枝節來，這事沒有別法，只有派莊兒前去探聽探聽，把他按住了纔好。莊兒道：乾爹放心，等我去了來，於是莊兒到門前，跳上車，一轡頭趕到余都老爺的下處，一進門，只見余都老爺背着手在廊沿下踱來踱去打主意哩。余都老爺看見莊兒進來，臉上倒有些不好意思似的，歇了半晌，問道：你來做什麼？莊兒道：剛才你老有些動氣，我記掛你不下，所以特地來看你。余都老爺道：我有甚麼氣，但是年下又快到了，館子裏的賬是不用說，就是這宅子裏開銷，亦是不小，外省的炭敬，看來亦有限，至於那些門生，是比我更窮，恨不得要我老師幇他們纔好，論起來，大家都是好朋友，我亦不肯動他的手。于莊兒一聽這話，心上明白了，連忙回說道：原是這話，剛才立大人原說的，今天這事，若是碰在別位都老爺手裏，一定要同他碰一碰，知是你老是最要好的朋友，一定沒事的。余都老爺道：只要他懂得朋友交情就是了。這些玩意地處，我還有甚麼同人家吃醋的事麼？於是莊兒一笑辭了出來，依舊趕到宏興店裏，其時立大人尚未走，莊兒把方才情形說了一遍，立大人道：要幾百兩銀子算什麼，明天還要你替我去ナ了過這事。莊兒答應聲是。到了次日，到立大人處，取了一張三百兩的銀票，送與余都老爺，過了一天，立大人又請余都老爺到宏興店賽金花處小飲，余都老爺回信說：彼此都是好朋友，何必要拘此形迹，於是纔把這事放下，以後賽金花聲名愈大，更有一般王公貝勒前來遊耍，其事甚長，且聽明日再述。

異言異服六誌賽金花　話說賽金花自經立大人與余都老爺吃醋之後，由是聲名鵲起，起居服御，漸漸闊綽起來，立大人替他定打轎車一輛，又用六百兩紋銀買到驢子兩匹。那賽金花是出過洋的，外國話很懂得兩句，於是除看戲應局之外，有時竟打扮着到各公使府中遊玩，很有幾國的公使夫人賞識他，准他常到府中玩耍。那賽金花又認得幾位王公貝勒，有時亦裝作旗人，到那些王公府裏請安，府裏自福晉郡主以下，亦都賞他個臉，與他來往。但是他的聲名，竟是越鬧越大，連老佛爺都知道他的名氣，因此今年各國公使夫人覲見，竟有要派他做繙譯的意思。這是後話，聽慢慢的再述。

編輯後記

黎庵

『汪精衛先生行實錄』一書，東莞張次溪君編撰。周佛海先生序此書，敘遇合史跡，兼及言論風采，使人生風雲際會之想。在序跋文中，洵屬罕觀之作。此書準於三月初發行，由南京建國書店經售，每部定價四十元，限售百部，特為介紹。

文載道先生『夜讀』一文，格調逼近知堂，於今小品文作家中以文字勝者，文先生當可首屆一指。南冠先生亦文學知堂，『關於李卓吾——兼論知堂』一文中，於知堂先生之思想文字，有極深切之解剖與了解，確為不易多見之作。

錢受之丁兩姓之交，進退維谷，動輒得咎，其身後之遭遇尤慘，新主遺民，兩加詆毀，幾無完膚。比年來亦多有為之作反案文章者，散見南北刊物。鄭秉珊先生『關於錢牧齋』一文，持論中肯，不恃偏見，必可傳誦。

本期談人物，尚有和珅善耆兩篇，和珅一代權奸，善耆清季號稱明達，俱有一讀之價值。『道家延壽與長生』多談私方禁書，為吾人讀書所不易見，在本刊亦可聊備一格，非敢以討論研究為事也。

君主時代帝皇陵寢，亦列入家國要典，東陵盜案，喧傳一時，何藏先生就當時與役諸君筆記，艸為斯篇；適五知先生『堪隱隨筆』中亦有陵寢紀事，遂一併刊出。

下期本刊周年紀念特大號，佳作紛投，美不勝收。尤其難能可貴者，乃國府主席　汪先生亦頒賜手稿，付紀念號發表，　先生詩文，久已領導羣倫，毋庸贅言。原稿已由　先生面交樸之社長，請讀者密切注意。

週年紀念號特稿豫告

准本月下旬出版

紀念本刊周年

原書原樣

聯合主辦

國府主席　汪先生，近徇本社朱社長之請，親撰鉅作，復蒙　頒賜手稿，蓋世名文，益以佳箋手蹟，簪花妙格，美不勝收。先生片楮隻字，人間已奉若瑰寶，況數千字長文，價值奚啻連城。朱社長未敢自私，欲公之社會，爲孤寒造福之舉。乃徇中報社陳社長（彬龢）之請，並獲得　汪主席慨允，將此項手稿，舉行義賣，由出最高價格者，取得所有權。售款所得，卽移交中報讀者助學金。詳細辦法，當于下期本刊及中報同時發表，幸希注意。

朱樸之先生『往矣集序』云：『我和周先生正式訂交雖然還不過是最近三四年來的事，但是意氣相投，肝膽相照，遠過數十年的故交。在我生平所交的朋友中，秉性之忠厚，情感之熱烈，待人之眞誠，行爲之俠義，沒有一個比得上周先生的。「言爲心聲」，他的文字完全是他人格之表現，至性至情，絕無半點虛飾。尤其是最近數年來周先生的孤臣孽子之心，絕非一般普通人所能知道及了解的。不佞忝在交末，深知其處境之艱，用心之苦，因而益堅其敬愛之心。』觀其人而知其言，則本書之價值可知。今已再版出書，實價每冊四元。（函購加掛號郵費七角）。郵票代洋，共計五元二角，郵匯請指定『上海西摩路郵局』兌付，否則恕不收受。

『往矣集』除普通本外，復發行特製本若干冊，專供於周氏文字有特殊愛好者之需，用重磅道林紙印刷，硬面燙金精裝，冊首並附有作者照片多幀，不特可供珍藏，抑亦餽贈友好之嘉品。每冊實價二十元，不折不扣，並以直接向本社購買爲限。製數不多，售罄決不再版。

古今

周年紀念特大號

特稿

古今訂本第三冊

（每冊實價三十元）

古今合訂本第三冊業已裝竣出版，內容包括古今半月刊第十三期起至十八期，凡二百餘頁，都三十餘萬言。布面精裝，每冊僅三十元，訂數不多，如承賜購，務祈從速。

本冊中執筆人姓氏簡錄

周佛海　徐一士
陳公博　龔　公
趙叔雍　陳乃乾
袁　殊　文載道
朱　樸　予　且
謝剛主　張素民
翼　公　馮和儀
金　梁　朱劍心
李宣倜　周樂山
諸青來　鄭秉珊

陶亢德主編　古今出版社新刊

獨樹一幟的譯文雜誌

東西

創刊號要目

東西論……新渡戶稻造
中西文化之比較……羅素
日本之再認識……周作人
日本人的笑……小泉八雲
日本旅行記……Lancelot Hogben
英領印度成立經過……鈴木朝英
印度的非暴力革命……Sherwood Eddy
印度佛跡訪勝記……木村日紀
印度人與牛……Catharine Mayo
與李鴻章論基督教……麥克辛
支配現代英國者……古垣鐵郎
紳士之國……鶴見祐輔
英國人了解美國嗎……Helen Bryant
拉丁美洲內幕……約翰根塞
智利印象記……Carl Crow
玻立維亞的土人……M. De Mathrusin
飯匣（小說）……加籐武雄
柿子（小品）……夏目漱石
怪頭顱（小說）……Liam Q' Faherty
雨趣（散文）……Richar lsonWright

古今（第十九期）

周年紀念特大號

故人故事

汪精衛

珠江難覓一雙魚，永夜愁人慘不舒。
南浦離懷雖易遣，楓林噩夢漫全虛。
鵑魂若化知何處，馬革能酬愧不如。
淒絕昨宵燈影裏，故人顏色漸模糊。

辛亥三月三十日（或者四月初一日，記不清楚）晚間，有獄卒劉一鳴（這是獄卒中對我最好的），趁沒人時，悄悄對我說：『喂，你們又起事了，在廣州殺了不少的頭呢！』我聽了，很難過，請他找一張新聞紙來看。這在獄中，是大干例禁的。難為他想盡方法，帶得一張來，當我看見胡展堂死事的消息，傷心已極，做了幾首詩，後來承他悄悄對我說：『你那個胡展堂沒有死』，於是中止。其他死事同志，多半認識，總做了兩首詩，第一首『欲將詩思』云云，做得不好，將來要刪，第二首前四句也不好，太空泛，後四句尚是實情，錄之如右。

『故人顏色漸模糊』，如今隔了三十三年了，自然更加模糊，只能舉幾個故人的幾件故事，做模糊記憶之例子。

一個是林時塽，福建侯官人。是一個美少年，兩隻眼很大，他自號『獅眼兒』，其實不是，獅眼是圓的，他兩隻眼大而長，比獅眼要好看得多。他有兩三件故事很特別，當時一般同學，買參考書，如山田三良博士的國際私法，小野塚喜平次的政治學大綱等等，都是精裝，黑皮封面，嵌着金字，都鄭重其事的，插在書架，小心汚損。他也是如此。忽然一日，他將所有的書，都剝了封面，我很詫異的問他，他答：『顧得封面好看，便捨不得讀，捨不得塗，不如剝去，省得顧惜。』我翻了幾本，果然亂塗亂抹，笑道：『還好，如果沒有塗抹，你的手掌心也要剝皮哩。』他很窮，有一位姊姊，在浙江，時時寄錢給他。一日，他對我說：『我姊姊寄錢來了，不過罵我爲什麼不寫信？唉！瞎說不好，實說嚇壞了她也不好。』次日，他給我三張畫，道：『你瞧，懂得嗎？』我看着第一張，畫他一個人，抱着膝，對着燈，愁容滿面，書几上放着幾片『西京燒』（這是燒白薯，切成片，加些鹽，烤乾，我們夜間讀書之唯一美妙食品）。第二張，畫他一個人，滿面笑容，手裏拿着一封信。第三張，畫他在一株大樹下看書。每張上面，都有『姊姊』兩字，下款『弟塽』，月日每張不同。我當時記得，如今忘記了。我看了幾遍，不懂，問他道：『你搗什麼鬼』？他笑道：『第一張，說我心裏想她，又沒有錢，只能吃燒白薯；第二張，說我得了她的信，很歡喜；第三張，說我如今不愁了，自自在在的讀書了；這樣比寫信好得多，又不撒謊，又不累她担心。』我說：『好，只怕她不懂。』他說：『你以爲她和你一樣的牛精嗎』？（牛精是蠢才之極稱）唉！我也有一個五姊，我可沒有林時塽那般的風趣，那般善於體貼人情，只落得回國之後，到五姊墳上，去做『斜陽趣歸去，回首斷墳孤』的詩了。

又一個是李文甫，廣東東莞人。他最令我佩服的，是變化氣質。他初入黨時，牢騷到不得了，唯一理由，是不能與聞幹部祕密，幾乎要每天發牢騷，甚至於每頓飯。可是後來他入了幹部，氣質完全變化，幾乎是兩個人。他常常說：『我以前爲什麼如此糊塗』？他成爲又謙讓，又虛心，挨罵不同口，任怨不形於顏色；總而言之，由極壞的脾氣，一變而爲極好的脾氣了。我今年六十一歲了，也算見過許多同志，可是像李文甫這樣勇於改過，實在少見，唉！可惜他死得太早！

又一個是喻雲紀，名培倫，四川敍州人。弱不勝衣，在千葉醫學專門學校肄業，當時同志中讀書之聰敏細心，潛心科學，要算他第一。初時製炸藥，只知道銀炸藥，水銀炸藥，一個不愼，把手炸壞了，有半個手掌失了活動能力（是左手抑右手，記不得了），於是精益求精，其他甘油炸藥，黃色炸藥等等都能製造了。發火部分，是鹽酸加里和硫黃；引導部分，是水銀炸藥；主要的爆炸部分，是黃色炸藥等；合三部分而成爲炸彈的內容，是他一手包辦。外面彈殼，要鋼鐵的，也是他一手包辦。電線也是他一手包辦。他說：『我只能製造，不能使用，不是怕死，是我神經不濟，臨時慌張，倒累了你們的事。』不錯，他一到實行的時候，面色發白，手足皆戰，的確不是怕死，是太緊張了！這樣，是不行的！所以當己酉的冬天，到庚戌的春天，我們同在北京，及至佈置好了，他便離開北京，同東京去，可是誰會想到，當辛亥三月二十九日的那一天，他是最勇敢的一個呢！後來聽見黃克強說：當那一天，他是又沉着，又英猛，沒有一些面白手戰的態度。然則變化氣質，不只李文甫一個了！

『故人顏色漸模糊』，把模糊的記憶，在燈下寫出來，以遣此舊曆上元之夜。

三十二年二月十九日燈下。

扶桑笈影溯當年

周佛海

一個靑年，要有理想，有抱負，有野心。否則，便沒有靈魂。有了理想，抱負，和野心，而又要刻苦，鍛鍊，和努力。否則，便是狂妄。不是我自負，我在靑年時代，是有靈魂的，同時，也決不狂妄。我幼時的抱負和苦學的情形，在「苦學記」中已經寫過了。不過那篇文章，只寫到渡日留學，考進東京的第一高等學校時爲止。現在把那個時候以後，留學期內的生活情形，以及暑假回國，從事社會運動的經過，略述一個大概。

那個時候，我國政府，指定了五個日本國立的學校，凡是考進這五個學校中之一的，都給官費。五個學校，就是第一高等（畢業後入帝大），高等師範，高等工業，高等商業，和千葉醫專。五個學校之中，最出鋒頭，最爲當時的女學生所傾慕的，是一高的學生，戴一頂兩道白圈的制帽，披一件披風，脚下却穿一雙「下駄」（木屐），在街上大搖大擺，昻首高歌，略略做一些出軌的事，不但警察都不去管，社會人士，還認爲可愛。我當時一心一意，想進一高，而一高又非常難考，見着一高的中國留學生，非常羡慕。現在我居然考中了，兩道白邊的帽子，也飛到我頭上來了。這不單是有了官費，經濟問題可以解決，同時，我的理想也實現了。所以當時快樂的情形，遠超過老童生進學。發榜後，立卽向湖南留日學生經理處預支了一個月學費（那時每月是三十六圓），到房州去避暑，去海水浴。

開學以後，我就用起苦功來了。早上六點半鐘起，晚上十一點鐘睡，每日的十六七個鐘頭之中，休息的時間至多不過二小時。因爲要學的東西太多了，學校的功課，已經忙得不亦樂乎，單只外國語一科，有英文，有德文，有日本的古文。但是這些東西，決不能滿足我的求知慾，課外的工作，比課內的更多。第一，讀中國古書。第二，當時社會主義和民主主義的思潮，非常澎湃，尤其是俄國和德國革命，對於靑年予以不少的刺激，所以我對此很感興趣，這一類的書籍雜誌，努力去閱看。第三，我對於西洋歷史和當時的國際情形，也很有興趣，因爲那時正是第一次歐戰結束，國際聯盟成立的時候，所以閱讀這一類的雜誌和書籍，也佔了我不少的時間。大約早晨起來，到學校之前，讀中國書，有時讀得起勁，竟高聲朗誦起來，不管隔壁的日本同學，討厭不討厭。上課回來之後，閱讀課外書籍，然後吃晚飯。飯後到帝大門前一帶舊書店去翻閱舊書，借以散步，大約一小時。晚上讀到十一時以後，從「押入」（壁廚）內裏把鋪蓋拖出來，納頭便睡。星期日上午，還是用功，下午步行到神田的中國青年會看看中國報，或訪訪同鄉。在一高預科的一年之中，每天都是這樣，不單是日本同學沒有交際，就是中國朋友，也少往來。不單是「芳原」（妓女區）「淺草」（遊樂區）沒有去過一回，就是影戲院也沒有去過，只是星期日晚上，中國青年會演電影的時候，偶然去看看。每日唯一的娛樂，就是晚飯後跑舊書店。這個味道，印象很深，現在還常做這樣的夢。

因爲閱讀國際問題的書籍，也有多少心得，一時高興，做了一篇分析當時國際形勢並推測其趨勢的論文，投到留日囘國學生在上海辦的「救國日報」，居然登了出來，而且博得好評。我中學時代的史地教師鄧竹銘先生，遠道馳書獎勵，大爲稱讚。這便是我的處女作。

這樣的生活，過了一年。預科畢業，照例要分發了。當時日本只有八個高等學校。我因爲要選擇一個清靜的地方，所以要求分發鹿兒島的第七高等學校。

鹿兒島在日本的南端，風景秀麗，氣候溫和，人情樸實，是西鄉隆盛的故鄉，眞是一個很好的地方。那時七高，有十三四個中國學生。我任總司令部政治部主任時，爲我做了兩年多科長，我任江蘇教育廳長時，爲我做了五年多的祕書，後來我任宣傳部長時，又爲我任祕書的陳天鷗，就是當時的同學，先我一年到鹿兒島。我離開了重慶以後，他現在還在任宣傳部祕書。幫忙我十年的老友，現在還沉浮於宦海中，不能展其抱負，我心中委實抱歉，加以現在關山遠隔，魚雁難通，落月屋梁，那能令人不懷舊雨而感傷呢！

第一年除學校工課以外，專門只看社會主義的書籍，國際問題的書籍，沒有工夫再看了。讀書之外，作文譯書的興趣也大增加。這一年譯了「社會問題概觀」一書，約六七萬字，買給中華書局，得稿費一百二十元。這個款子，留作暑假囘家省親的路費。當時梁任公一派的人，在上海辦有「解放與改造」半月刊，我常常投稿，都登載出來，稿費非常豐富。這種稿費，大部寄囘家養母，一部拿來買書。

課外的娛樂，就是遊山玩水和看電影。海灣中的櫻島，是大正四年發火的火山。我去時山頂常常還冒烟，島上的枇杷和蘿蔔，味道特別的好。我和幾個同學常於星期搖着小艇，渡海上島遊玩。每日下午，不是一個人騎脚踏車，沿着海岸到名叫磯濱的海岸去看海，就是登學校後面名叫城山的山頂去遠眺。看電影的朋友，就是陳天鷗。晚飯後，兩人談起電影，便不顧風雨，由我們住的叫做城谷的地方，步行到電影區天文館通。來囘約有七八里，我們常常在大雨之夜，兩個人打一把雨傘，赤着脚穿一雙高跟「下駄」，跑去看電影。有時有好影戲，而錢却用完了，官費還沒有由東京寄來，兩人便只是乾着急，希望郵差光臨。但是郵差如來，而所送的是平信，仍舊失望，因爲匯款的信，都是掛號的。我有時開他的玩笑，由外面進去，大聲喊「書留！」（掛號信）他以爲送匯款的郵差到了，出來一看，原來是我。有時等郵差不到，而周圍菜園上肥料，臭得心煩，於是大吟「前後有糞桶，往來無郵差」以自遣。

民國九年夏天，決心回沅陵省母。打一打算盤，除却往來川資外，所得稿費所餘無幾。想做一套西裝，算來算去沒有錢做，於是只好穿着學生裝回國。那曉得一到上海，便不能再往前進了。因爲那時張敬堯督湘，我們的湘軍，羣起驅張，戰事緊張，道路梗塞。這個情形，我在鹿兒島完全不知道，這次回家，完全爲省母，如今不能達到目的了。回想三年前離家出國之時，母親自己傷心，而又怕我傷心，躲到廚房，背着我飲泣的情形，恨不得立即就跪在母親膝下，倒在母親懷中，去安慰他老人家。但是千里迢迢，除却望白雲而灑思親之淚之外，有甚麼辦法呢？寫到此地，遙想母親現在不知在甚麼地方，不知情形怎樣，眞是痛不欲生！到了現在，還用三國時代的辦法來從事政治，實在沒有甚麼意義。

旣然不能回家，打算到杭州去玩玩。動身之前，去時事新報館訪張東蓀。他是「解放與改造」的主持人，我因爲投稿的關係，和他常常通信。我到了報館，他還沒有到。有個姓俞的編輯出來招呼，不久來了一人，大約是研究系的相當重要的人，隨梁任公遊歐回國的，姓名記不清楚了，俞替我們介紹。他介紹我說這是周某人，是做文章的。他的介紹實在沒有錯，但我却萬分不高興。我當時抱負不凡，深以將來的大政治家或革命領袖自命，如今却被人叫做「做文章的」，把我當做一個單純的文人，因此感覺到是一種輕視。文人，自然有文人的價値和重要，但是我當時却志不在此。後來東蓀來了，却談得非常投機。他們當時組織「共學社」，翻譯名著，請我也譯一本，我便担任翻譯克羅泡特金的「互助論」。

到西湖住在智果寺，每日除譯書，看書外，便和幾個朋友划船，登山，有時竟跳到湖中游泳。西湖附近的名勝，沒有不到過的。但是西湖夏天熱極了。夕陽西下後，湖水把熱氣反射出來，尤其覺得蒸熱。住了三個多星期，因爲熱不可耐，仍舊回到上海。

到了上海，張東蓀告訴我，陳仲甫（獨秀）要見我。仲甫本是北大教授，主辦「新青年」鼓吹新思想，爲當時的當局所忌，所以棄職來滬，「新青年」也移滬出版。有一天我和張東蓀，沈雁冰，去環龍路漁陽里（現在似已改爲銘德里）二號，去訪仲甫。當時有第三國際遠東代表俄人吳庭斯基在座。吳大意說：「中國現在關於新思想的潮流，雖然澎湃，但是第一太複雜，有無政府主義，有工團主義，有社會民主主義，有基爾特社會主義，五花八門，沒有一個主流，使思想界成爲混亂局勢。第二，沒有組織。做文章，說空話的人多，實際行動，一點都沒有。這樣決不能推動中國的革命。」他的結論，就是希望我們組織「中國共產黨」。當天討論，沒有結果，東蓀是不贊成的，所以以後的會議，他都沒有參加。我和雁冰是贊成的。經了幾次會商之後，便決定組織起來。南方由仲甫負責，北方由李守常（大釗）負責。當時所謂南陳北李。上海當時加入的有邵力子，沈玄廬等。戴季陶也是一個。不過他說 孫先生在世一日，他不能加入別黨，所以「中國共產黨綱」的最初草案，雖然是他起草的，他却沒有加入。這個時候，只是籌備組織，還沒有正式成立。預備在一年之中，於北京，漢口，長沙，廣州等地，先成立籌備性質的組織，然後於第二年夏天，開各地代表大會，正式成立。我在計劃擬定，分頭派人工作的時候，恰當學校要開學，所以就回到鹿兒島的學校去了。

我爲甚麼贊成組織共產黨，而且率先參加？第一，兩年來看的共產主義和俄國革命的書籍很多。對於共產主義的理想，不覺信仰起來；同時，對於中國當時軍閥官僚的政治，非常不滿，而又爲俄國革命所激刺，以爲非消滅這些支配階級，建設革命政府，不足以救中國。這是公的。第二，就是個人的動機。明人不做暗事，誠人不說假話，我決不隱瞞當時有個人的動機；我決不說假話，說當時的動機，完全是爲國爲民。不過個人的動機，不是升官，不是發財，不是享樂。當時如此，當時以後如此，現在亦復如此。提起個人享樂，沒有這樣笨的人，做這樣笨的事。就是現在，也許有人以爲我們的和平運動，爲的是個人享受。其實冤枉萬分。據我個人現在的情形說，最愛的電影不能去看，最愛的舊劇，不能去聽，想去逛公園而不得，想去蕩馬路而不行。在家好像籠中的鳥，出外好比被押解的囚徒。每日生活，也不過日食三餐，夜眠一榻，不能像以前軍閥官僚亂作胡爲，窮奢極慾。不單如此，連普通人能享的福，也不能享，普通人能做的事也不能做。這種情形，還是享福？還是受罪？當時雖然是個窮學生，不能預知現在的情形，但是確確實實志不在此。當時所謂個人的動機，就是政治的野心，就是 Political Ambition 。在一高的時候，正是巴黎和會的前後，各國外交家都大出鋒頭。所以當時對於凡爾賽，非常神往，抱負着一種野心，將來想做一個折衝樽俎，馳騁於國際舞台，爲國家爭光榮的大外交家。後來研究俄國革命史，又抱着一種野心，想做領導廣大民衆，推翻支配階級，樹立革命政權的革命領導者。列甯，特路茨基等人物的印象，時縈腦際，輾轉反側，夙興夜寐，都想成這樣的人物。雖然現在年將半百，一事無成，但是當時意氣之豪，實可以上衝雲霄！懷着這樣野心的青年，又值着中國政治腐敗，世界革命怒潮高漲的時候，那得不本着創造的精神，去組織一個新興的革命黨！這便是我參加發起「中國共產黨」的原因。

回到鹿兒島之後，除掉上課以外，仍舊是研究馬克斯，列甯等著述，和發表論文。同時，我想要領導羣衆，除却論文，最要緊的是演說。所以糾合十幾個中國同學，組織了一個講演會。每禮拜講演一次，練習演說。當時同學都說我有演說天才，說話很能動人。我聽了這些獎勵，越加自命不凡，居然以中國的列甯自命。現在想起來，雖覺可笑，但是在青年時代，是應該有這樣自命不凡的氣概的。

我約了幾個朋友，租了一棟房子，自已弄伙食。每天有中國菜吃，生活比較在東京舒服。但是窮苦的地方，仍舊很多。一雙襪子不破底，決不去換。夏夜蚊子多，沒有錢買蚊帳，而又怕點蚊煙，只好了拿張報紙來蓋頭。蚊子雖然可避，報紙的油墨氣，實在難聞！這一年譯完了一本「互助論」。

接着上海同志的信，知道七月間要開代表大會了。湊巧是暑假期中，我便回到上海。黨務發展得眞快，不單是我們去年計劃的上海，漢口，長沙，北京，廣州，都成了組織，就是濟南也有了支部。當時陳炯明在粵主政，還沒有叛變，約仲甫去粵，担任廣東教育委員會委員長。所以代表大會，他不能親來主持。廣東代表是公博，北京是張國燾，劉仁靜，長沙是毛澤東和一位姓何的老先生，漢口是陳潭秋，包惠僧，上海是李達，李漢俊，濟南是誰記不清了。丁默村雖然不是代表，却是C・Y・（共產主義青年團）的活動份子，也在上海。我便算是日本留學生的代表。其實鹿兒島方面，沒有一個人參加，東京只有一個施存統。我算是代表施和我自已兩人。第三國際，加派了馬令來做最高代表。我和毛澤東等三四人，住在貝勒路附近的博文女學樓上。當時學生放了暑假，所以我們租住。沒有床，我們都在樓板上打地鋪。伙食，當然是吃包飯。在貝勒路李漢俊家，每晚開會。馬令和吳庭斯基也出席。開到第四晚時，究竟是馬令有經驗，他說：「明晚一定要換個地方。我們在此地一連開了幾晚會，一定使巡捕注意。」我們說反正明天只有一晚，一時又不易另找地方，大概不要緊。於是決定仍在原地。那天下午，我忽然肚子大痛大瀉，不能出門，一個人睡在地板上想工作進行的步驟，糊糊塗塗也就睡着了。大約十二時左右，忽然醒來，看見毛澤東探頭探腦進房來，輕輕的問我道：「這裏沒有發生問題嗎？」我駭了一驚，問他，纔知道是出了事。

原來他們正在開會的時候，忽然有一個面生的人跑進房來，因爲當時旣沒有衛兵守門，而漢俊家又是和同鄉合住。所以此人上樓，沒有人去阻止。他進房來一看，便道：「對不起，走錯了。」說完，立卽退回。究竟是馬令機警，他說：「快散了罷，一定是偵探。」於是立卽散會，只有公博還留着與漢俊閒談。不到一刻鐘，法國探目，安南巡捕，中國包打聽，把房子圍住，一湧上樓。探捕問他們爲甚麼開會，他們說大家都是北大學生，因爲要出一種雜志和叢書，所以開會商議。探捕又問爲甚麼有兩個外國人。他們說兩人是北大教授，請他們指導。一個中國探捕指着公博道：「你不是日本人嗎」？原來公博雖然自信他的北京話，說得和北京人一樣，而別人聽起來，却好像是外國人說中國話。所以硬指他是日本人。經了好久的說明，纔證明他是廣東人。巡捕看見漢俊書架上，全是社會主義的書，於是大教訓一頓，說不應看這些書。閙了一刻，也就去了。僥倖巡捕沒有搜身。他們兩人衣袋內，都放有共產黨綱草案，如果搜出，還有不進巡捕房的道理！公博當時帶着新婚夫人度蜜月，住在大東旅社。巡捕走後，他怕有人跟梢，不敢逕回旅館，繞了幾個遊藝場，纔回旅館。那知他緊隔壁的房中，當晚發生一件奸殺案，開了兩鎗，打死了一個女人。公博夫婦，眞嚇得魂不附體。毛澤東以爲博文女校，也一定被發現了，嚇得不敢回去。在遠遠的地方，探頭探腦偵察了半天，纔敢進去。這些話，都是我以後聽見他們說的。

我聽了毛澤東的報告以後，覺得功虧一簣，實在可惜，和他商量明日一定繼續開會，但是上海租界內恐怕不行了。我忽然想起李鶴鳴（達）的夫人是嘉興人，何不去嘉興開會。於是便力疾跑到漁陽里去商量，因爲鶴鳴是住在仲甫家裏的。我們商量決定，鶴鳴夫人明日早車赴嘉興，先雇一隻大船等着，我們第二班車去，乘船遊南湖。於是連夜分頭通知各人。到了第二天，三三兩兩的到北站上車，我也抱病前往。到了嘉興，早有鶴鳴夫人在站等候，率我們上船。當地的人，以爲是遊南湖的，也不注意。我們把船開到湖中，忽然大雨滂沱。我們就在船上開起會來，通過黨綱和黨的組織，並選舉陳仲甫爲委員長，我爲副委員長，張國燾爲組織部長，李鶴鳴爲宣傳部長，仲甫未到滬的時期內，由我代理。「中國共產黨」，就這樣在烟雨蒼茫，湖波浩渺的孤舟中，正式產生了。當時我們對於這個黨，是懷着滿腔希望，而且舉全副精力去奮鬥的。那知道以後參加了惡劣的份子，越變越壞，竟變成殺人放火，屠城洗寨的流匪，和張獻忠，李自成一樣的殘忍。所以當時第一次全國代表的人物，大部都先後宣告脫黨。公博回粵不久，就赴美留學，無形的退黨了。李漢俊，李鶴鳴和我，在十三年前後，都先後脫離了。劉仁靜被開除變爲托派了。我們當時的最高領袖陳仲甫（獨秀），在十八九年的時候，也脫離了。張國燾在國民黨興勦共之師後，在鄂東還活躍了許久，但是二十六年也脫離了，現在在重慶，和陳立夫一起，做反共的工作。我以後二十六年秋，和仲甫在南京見面，二十七年春，在漢口和國燾見面，回憶前塵，都有隔世之感。我們發起共產黨的時候，做夢也沒有想到會惡化到變成流匪。作俑的人，實在是罪孽深重！

大會完畢之後。一面指派各地的負責人，分頭前往工作，一面在上海活動起來。我們覺得實際工作，要從勞動運動做起。於是便成立了一個「勞動組合書記部」，以發動並指揮上海勞工運動。「勞動組合」是日本名詞。「書記部」是俄國名詞的翻譯。把一個日本名詞和一個俄國名詞合併起來，做一個勞工運動組織的名詞，是費了許多心思纔想出來的，可見得當時的幼稚了。但是苦幹的精神，却可佩服。例如在日本人經營的紗廠的工人，想學日本話。我便在工人羣居的地方，開一日語夜校。我自己每隔一夜去教兩小時。「到民間去」的口號，我們都做到了。不僅這件事。當時的經費，是俄國供給的。我和馬令見面，不是在新世界，大世界，便是在永安公司的屋頂花園。在祕密工作正幹得起勁的時候，暑假快完了，我不能不回到學校去上課，所以迭電催促仲甫來滬，以便交代工作，再去鹿兒島。仲甫果然辭了廣東職務，到上海來了。誰知他到上海之後，突然發生了一件意外事件。

現在記不清了，不知爲一件甚麼事，仲甫和馬令，雖然沒有見面，意見却不一致。仲甫是一條硬漢，一定要馬令認錯，纔肯見面。而馬令却不肯認錯。正在這樣相持的時候，有天我在仲甫家商量妥協方法，却被仲甫夫人拉着打牌。滑稽極了，仲甫夫人，楊明齋（俄國回來的山東人）和我三個人，打起麻將來了。仲甫和力子，在樓上談話。忽然包惠僧跑來說：「我剛從輔德里來，路上遇見密斯楊到你那裏去了。」原來我的祕密住處，在南成都路輔德里，我那時正和淑慧戀愛着，是鶴鳴夫人介紹的。聽了惠僧的話，我就把牌讓給他打，回到輔德里，淑慧正在等着，我便約她到法國公園去散步。經過漁陽里，她要去看仲甫夫人，被我阻止了。公園散步之後，我送她回家，順道去看馬令。他託我帶一封信給仲甫，竟把第三國際代表的頭銜拿出來，信中對仲甫說：「如果你是眞正的共產黨員，一定要聽第三國際的命令。」我帶着這封信再到漁陽里，已是黃昏時候了。敲開了後門，忽然一個山東大漢問道：「你找誰？」我說：「找陳先生。」他說：「不在家。」我立即覺得很奇怪，馬上退出。我想仲甫家裏沒有這樣的人，何以這樣兒？回到輔德里不久，陳望道神色倉皇的走來說：「仲甫、力子、惠僧、明齋、和仲甫夫人，都被捉到巡捕房去了。你這裏一定很危險，趕快把重要文件燒掉，去躲避一下。」我聞訊之後，非常驚異。後來聽見大家說起，纔知道原委。原來我走後半點鐘，巡捕來包圍，把一切人都捉去。惠僧做了我的替身，他不來報告密斯楊的事，當然被捉的是我，決不是他。經過漁陽里時，如果聽淑慧的話，去看仲甫夫人，我和淑慧，也都要被捉。這兩關，我都逃過了。巧不巧呢？這還不算危險，還有危險的事。原來仲甫到了巡捕房，不承他自己是陳獨秀。巡捕房以爲沒有捉到陳獨秀，所以命令把守他的房子的包打探，不論是誰，凡到陳宅去的，都要捉去。湊巧褚輔成去訪仲甫，包打探不問靑紅皂白，把褚也捉去了。褚到了巡捕房，上級人員是認得他的，問他何事到陳宅去，他當然說是訪陳，又問他是否認得陳獨秀。他說不認得怎麼去看他。捕房人員說帶他去看。於是帶他到拘留的地方。仲甫看見褚，正要打手勢叫他不要指出，而褚却先大聲喊道：「仲甫，這是怎樣一回事！」於是事情弄穿了。捕房遂通知把守陳宅的包打探說，陳獨秀已經捉到，以後來的人不要再捉了。我正是包打探接得通知之後，纔去送信的，否則，一定也要被捉去。身上搜出第三國際代表的公文，眞贓實犯，還有不判九年徒刑的嗎？這些話，也都是以後大家出來，對我說的。我逃脫這第三關，眞是大家之福。不然，一干人都要監禁幾年。力子和仲甫夫人，當晚就保釋了。但是營救仲甫却很費事。正在這個時候，又發生一件重要的事。

原來民國十年，美國召開華盛頓會議。第三國際，認爲這是宰割弱小民族的會議，所以在伊爾庫茨克召集了一個遠東弱小民族會議，以謀抵抗。中國方面，要召集工人，農民，商人和靑年的代表六七十人，派去出席。時間非常偪促，而又毫無準備，急得我毫無辦法。商量數次，以廣州爲中心的南方各大都市，和以北京爲中心的北方各都市，都派人去召集，長江一帶，由我親自出馬。於是把營救仲甫的事，托付力子等人，乘直航長江的輪船巡赴長江。

渡日的時候，由長沙到上海，所坐的船，不僅不是統艙，而且連四等艙都不如，是坐臥在運漚的米袋上的。這一次因爲掩護起見，坐了官艙。第一次吃飯的時候，五六個茶房，站在周圍侍候盛飯，我坐着非常不安，因爲我這還是第一次經驗。我覺得同是一個人，爲甚麼我們可以坐着吃飯，他們立着伺候？但是過了兩三天，也就習慣了，不覺得甚麼不安。可見得一個人眞誠而純潔的靈魂，是容易墮落的。不過尊重人道的基本觀念，我還是非常濃厚的。跟隨我的副官們，不是做錯了事，我決不隨便責罵，對於其他的屬下，更不必說。但是偏有人說我是官僚，架子大。這眞是天大的冤枉。有許多人我不能接見，實在是沒有時間。我的時間，是要用在最有效的工作方面，那裏能够用去聽別人背履歷，發牢騷呢？

時間實在不够支配，連星期日都要會客，辦事，敷衍不周到，自然是必有的事，那裏是架子大？也許我的環境使人看起我來好像是官僚，其實我的書生本色，始終絲毫沒有改變。誤會的事，實在很多。去年由日返國，經上海坐夜車到南京，天氣又冷又早，我萬想不到會有人在車站接我。下車一看，車前站着財政部和中儲的高級同事。我以為只有少數人，所以點頭致謝外，就出了車站。以後有人告訴我，當時去接的，還有社運會等機關的許多人，看我沒有和他們打招呼，事後罵我架子太大。其實我那裏知道有還許多人去接呢？這些事不必解釋，也不必求人諒解。不過寫到此地，不覺自然而然的順筆寫起出來。言歸正傳，離題出軌的話，不要再多說了。

到了長沙，住在當時有名的大吉祥旅館。連夜去看毛澤東。他那時在曾公祠辦了個自治大學。沒有教授，也不上課，而名之為大學，可見得五四運動後當時文化界之混亂了。他就住在校內。我進去後，遠遠看見他在燈下看書，原來是用紅筆圈李後主的詞。他看見我忽然到來，駭了一跳。我告訴了原委，便連夜商量辦法。三天之內，召集了二十餘人。當然大部分是青年學生，農民一個沒有，工人却有兩三個。我分別見面，指定了集合的日期和地點，並分發川資後，就離開了長沙。當時軍閥雖然沒有特務工作，也沒有藍衣社，但是却也有他的偵緝隊，不過不大靈敏罷了。我上船走了半天，趙恆惕纔派人到大吉祥去搜查。去年決心回家省母，而道路不通，今年到了長沙而不能回家，世界上的事，眞是不由人算！不單是不能回家，而且因為祕密工作，連信也不好由長沙發，只好惘惘悵悵，離開長沙。

到了漢口，便去武昌尋陳潭秋，他在一個中學當教員。和他商量，在兩日之內，約集了十餘人。閑時和他去遊黃鶴樓，望着長江景色，眞是「日暮鄉關何處是，烟波江上使人愁。」照例和各人分別談話後，於是隨流而下，到了安慶。這個地方，沒有熟人。在上海時，老早托高語罕介紹了兩個人，於是拿着信去尋。但是這兩人並非黨員，而安慶也沒有黨員，所以比較費事。他們約我遊菱湖公園和臨江寺，一面遊玩，一面說明，住了兩天，好不容易纔集了五六個人。於是又以安慶兩個新友的介紹，到蕪湖赭山的第五中學去訪一位學生。在此地也約了二三人。經過南京，並不勾留，一直回到上海。這次派赴伊爾庫茨克開會的青年，以後大部都到莫斯科去留學。後來共產黨的新興幹部，一部就是這一批先生們，一部乃是法國回來的勤工儉學的學生。這兩部分人，在共產黨內，磨擦得很厲害，而其勢力，也互為消長。這是後話。

到了上海的時候，仲甫已經出獄，並和馬令見面了。學校早已開學，我便把經手的事，交給仲甫，偕淑慧渡洋，到鹿兒島去了。去年看報知道仲甫在四川江津逝世，回憶故人，悽愴欲絕。

我在上海和長江一帶活躍的情形，鹿兒島的中國同學，都不知道，而日本警察却知道了。到了鹿兒島後，他們暗中對我，非常監視。我的導師門脇先生也警告我，要我注意，否則，有被開除學籍的可能。於是我便老老實實的用功，好在在鹿兒島也沒有活動的餘地。

日本高等學校每年兩次的學期考試，是非常嚴格的。不單是中國留學生留級的很多，日本的同學，留級的也不少。甚至有留兩三年的。一位山西同學，和我同住，每一年級，必留一次，人家只要三年，他却讀了六年。很佩服他有毅力，終於畢了業。我是很怕考試的。因爲平常課外的閱讀和譯作，佔了我許多時間，學校的功課，除却西洋史一類自已愛好的，和英文德文一類每日要繳卷的東西以外，平日是睬也不睬的，一定要到考前一兩週，纔臨時抱佛脚去連夜趕看。考試的關頭，眞不易過。就是現在，還常常做夢，夢見考期快到，而許多東西，還沒有看，心中着急，急醒過來，原來是夢。可見得考試給予我的印象的深刻了。但是僥倖我一次都沒有留級，很順利的畢業了第七高等學校。

鹿兒島實在可以留戀，櫻島朝霞，磯濱夕照，時常在我夢中。四年來，屢次經過福岡，飛往東京，總想到鹿兒島去重遊名勝，再訪母校，因爲時間的關係，終不可得。但是無論如何一定要設法，以償宿願。

究竟進東京帝大或京都帝大，費了不少的考慮。當時有名的馬克斯主義的權威者河上肇先生任京大教授，我因爲要進一步研究馬克斯主義，所以便入了京大。當我偕淑慧甫抵京都車站的時候，便服警察，就迎上前來，問我是否周某。因爲我從鹿兒島動身的時候，那裏的警察，早已電京都報告了。我們便在學校後面的吉田町，租了牧田家的樓上兩間屋子住起來，自已開伙食。當時大學生的官費，是每月七十二圓。兩夫婦每月用七十二圓，自然拮据得很，所以不用下女，一切買菜，燒飯，洗衣，都由淑慧自任。有時官費沒有寄到，便把衣服或書籍，拿到當裏去當。起初去當，倒有些難爲情，以後也無所謂了。

當時先生，除却河上肇外，我最愛聽以後會任商工大臣和鐵道大臣的小川鄉太郎的財政學。小川口如懸河，像個政治家。河上一副冷靜的面孔，嚴肅的聲調，眞可以領導人走上冷靜研究的道路。在大學時期，我每日是過的圖書館生活，連午飯都是帶乾粮去吃。只是晚飯後，或偕淑慧到附近田野間去散步，或一個人去跑舊書店。有了好電影，一定去看，但是都是一個人去。因爲一則由吉田町到電影區的京極，相當的遠，我來往都是步行。二則當然買的是最低的等級，常常沒有座位，要立着看。當時日本放映時間很長，一立就要立三四個鐘頭。有時站得太吃力，只好蹲着休息。我是電影迷，情願吃這樣的苦。淑慧自然不會這樣。所以大概是我一個人去。在京都也組織了一個講演會，每週練習講演。有次我的演題，是「資本是甚麽」？本着馬克斯主義的立場，說明資本的本質，發生和發展，深得同學的好評。現在回想起來，當時情形，猶歷歷在目。

幼海是京都出世的，當時窮的要命，淑慧生產的時候，當然不能進醫院。生產的那天，恰好大雨，牧田老太太連夜於大雨中去接產婆，以後時常幫忙淑慧，撫養小孩。她這樣的熱心，我們非常感激。前年淑慧赴日，特地到京都託警察查了出來，前去拜訪。我由東京返國，經過京都時，也去看了她。事隔二十年，我們還特地去訪問，日本報紙對我們這樣的念舊情殷，都非常讚譽。

多了一個小孩子，事情就多得多。有時我正苦心焦思，研究一個理論的時候，小孩大聲啼哭，眞是心煩。淑慧除燒飯，洗衣外，又加上撫養小孩的事，生產之後，不到四天，就起來燒飯，可見得當時的艱苦了。有次我去上課，她去買菜，把小孩一人放在房中，忽然房中蓆子，着起火來，剛好那時她回來，已經滿房都是煙，小孩悶得氣都閉塞了。如果她遲回去十分鐘，房子就會燒掉，小孩也要葬身火窟了。這也是很危險的一件事情。

沒有考進學校，非常憂慮；學校快畢業，却又非常恐慌。沒有進學校，不能領官費，飯都沒有吃，那裏能讀書？畢業離開學校，官費不能再領了；如果找不到職業，飯都沒有吃，那裏能革命？那怕你志氣比天還高，那怕你野心比海還大，不能生活，甚麽都是空的。志氣不能充飢，野心不能禦寒！咳！生活，生活，這兩個字，古往今來，不知埋沒了多少英雄豪傑，志士仁人！我當時有兩個打算：第一，最理想的是做北京大學的教授。因爲五四運動，新文化運動以來，北大很出鋒頭。陳仲甫，李守常也都是那裏的教授。做了北大教授，地位既可以號召，也有相當的虛榮。但是唯其如此，北大教授，是不容易到手的。想的人既多，而當時北大學閥的門，又關得相當的緊；那裏能够如願？第二，不得已而思其次，想到上海商務印書館當編輯。看見很多留日同學，在那裏任編輯。薪水最多的，每月是一百五十元。我想如果能得到每月一百五十元，也可心滿意足了。但是談何容易！商務的編輯，雖然沒有北大教授那樣困難，但是也不容易到手。到政府機關去運動一官半職，既然不是我的志願，也不是一個共產黨黨員所應爲。這件事情，雖然用盡心思，沒有辦法，但是却從天外飛來一個意外的機會，很輕鬆的把這個問題解决了。

原來國共正式合作，國民黨開了第一次全國代表大會之後，許多共產黨都加入了國民黨。這就是所謂跨黨份子。我當時雖然還沒有正式加入國民黨，但是戴季陶先生，却約我去廣東幇忙。他當時任宣傳部長，要我任祕書，每月薪水大洋二百元。（當時廣東，都用毫洋。）後來到了廣州，鄒海濱（魯）又要我兼任廣東大學教授。別的教授，每月只有毫洋二百二十元，而對我却送大洋二百四十元。當時要求一個每月一百五十元的商務編輯都不可得，現在每月却有四百多元的收入。加之那時廣東，革命空氣，非常濃厚，革命工作，非常緊張，事事都表現前進向上的蓬勃氣象。所以我由學校一出來，就得了這樣的地位和工作環境，實在是始料所不及。但是這些都是後話，當在學校還沒有找得職業出路的時候，實在焦急萬狀。我想快要畢業的無數青年，沒有一個不是這樣情形的。大家不要着急！「山窮水盡疑無路，柳暗花明又一村。」只要預先播下了「努力」的種子，雖然一時覺得山窮水盡，終究會出現柳暗花明的境界的。

我不是道學先生，也不願意學道學先生。老實說，我秉性也不許我怎樣拘謹。回國以後，也曾有過不少的放誕行爲，浪漫事實，但是在留學的八年之中，却眞正過的是淸敎徒的生活。不單是沒有一件足以稱爲「羅曼史」的豔遇，連狎遊也沒有嘗過一次。現在可以回憶的只有一件平淡無奇的事，我是愛吃酒的，量雖不大，興致却豪。在到鹿兒島的第一年，有一晚和同學痛飲，大醉而歸。不知道如何於歸途中倒臥在路傍。我當時住在城山後面一個僻靜地方，叫城谷，往來的人，非常之少。彷彿有位妙齡女郎，扶我起來，而且扶送我回家。我進了「玄關」（大門），馬上又倒在席上，只說一聲「謝謝」，也沒有看清這位女郎的面貌，更沒有問她的姓名。次日酒醒，也就忘了。兩三日後，在赴學校的途中，遇見一個女學生，向我微笑，我以爲是偶然，也不注意。不久，又遇着，仍是微笑，並且好像要和我說話一樣。我以爲是認錯了人，但是覺得非常奇怪。第三次又遇着了。本來想問她一句，不過當時臉薄得很，和女人說話，臉就要紅。我們用了一個老太婆管家，她有一個十七八歲的女兒帶來同住，也生得相當秀麗，我和她說話的時候，眼睛總不敢對她看。就是現在和初次見面的女人說話，也覺得非常不自然。所以當時雖然要向那位小姐談話，眞是欲言而止者再。倒是她走近來先開口道：「那天晚上，你的酒，吃得眞太多了。」我恍然大悟，回想起那晚扶我的女郎。以後便常常遇見，因爲我們學校的對門，是一所高等女子學校。她到學校去上課，常常途中相遇。路上沒有人的時候，我們都常常談話，而且越談越親密。但是我却沒有問她的住址，當然沒有去拜訪她。如果進一步的追求，當然大有成爲眞正羅曼史的可能，但我却就此中止了。這便是我留日八年，唯一無二的够不上算豔遇的豔遇。

往事如烟，前塵似夢，一一追溯起來，倍覺光陰虛度，老大徒傷。二十年來，經歷了事業的艱難，體驗了世途的險阻，當年的抱負，昔日的野心，好像過去的事實，如夢一般的消逝了一樣，也如煙一般消逝了。今後只希望盡自己一點微力，俾能對於國家和人民，略有涓埃的貢獻，以了此殘生，其他還有甚麼冀求呢？

一九二二年著者留學日本鹿兒島時與其夫人楊淑慧女士及日友中濱明氏攝於寓所時著者年二十四歲陽夫人年二十歲

人往風微錄

趙叔雍

弁言

余不好學，仰荷蔭庇，數十年抗塵人海，不屑用世，而又未嘗不爲世用也。頗憶垂髫時，敬侍庭訓，一時豪俊文學之士，來往惜陰堂者，輒獲請益，丈人輩行，無不以進德修業相勗勉，少長問學，又嘗得名師承授，旋者于役南北，交游益衆，長揖公卿，閒治文酒，乃至藝流卜隱，無不引與相共，見聞日廣，造詣亦漸進，竊欲排日作記，少存往跡，苦未得暇，滋可慨已。邇者退食，偶獲淸暇，往事重疊，歷歷在目，發奮爲紀先哲嘉言，識其小者。用備史官之旁證。追疇日之歡悰，小園花木，曾見驚鴻，年光倒流，庶幾華表，傷逝之私，固有不能已於哀樂中年者。抽管之餘，不勝爲之神往已。癸未人日，惜陰堂識。

題詞

徵聞竊比傳心史，述德猶堪紹義方；淡墨微滲錄鬼簿，傷離惜逝兩蒼茫。

寒霞漸翦一樓明，夢裏衣冠屬老成；迴憶尊前索梨栗，孤兒忍淚數生平。

樊樓側帽舊京華，本事題詩付鬟雅；十載風情消中酒，只扶殘醉看梅花。

（一）唐紹儀

唐紹儀，字少川，廣東香山人，旋改中山。其先聚族而居，地以族名，曰唐家灣。居戶商賈，無不族人，比戶列廛，富甲鄉國，距灣不遠，有叢山，則道光之際，其祖父輩避英艦所棲泊也。幼時應出洋考試，十五歲卽赴美留學，輒冠其曹，歸滬後，由滬返粵，船隻失事，會與同學梁敦彥尚書同室，急難之際，衆客喧拏，獨置衣物不顧，挈餅餌火器下小艇以行，機智果敢。梁益禮重之。梁留官粵東，紹儀去北洋，入李文忠公幕府，辦理譯務，李名大震，初嘗就海關末秩，總稅務司赫德，以英人爲我規劃關政，中外建制，顯多軒輊，積不能平，遂上書披瀝其事。赫德召之入見曰：靑年胡乃氣盛？新進不容置詞，愼緘爾口，勤謹奉公。一怒去職，瀕行函赫德曰：當吾主關政時，必有以正之也，逮任稅務督辦。拜命之日，卽傳見赫德，嚴詞告誡，赫德退直，鬱鬱求去，旣登幕府，復去高麗，隨袁世凱主持交涉，因與英使朱爾典爲莫逆交。中東戰後，歸任津海關道，津海固腴缺，一任輒積貲百十萬，紹儀周旋尊俎，力崇國體，精治飲饌，排日餽遺，以窺國情，十得八九，西洋人士咸樂爲之用，乃致歲有虧損，其家猶按時餽款存濟之，舉世以爲異事。後任東三省時，相地鳩材，益闢官署，所揮斥者至鉅，建樹亦特多。生平博學深思，豪情壯語，公卿每禮重，亦莫不嚴憚之。李文忠督粵時，隨節北行，舟過虎門，巖石如畫，李掀髯睥睨，謂嘗聞粵東王氣，惟此是賴，特虎頭內向，是以謀功不成，唐遽應聲曰：虎頭會有外轉之時，公其俟之。又戊戌變起，奉廷寄，發康梁祖墓，李計無所出，招僚吏集議，長子經方亦侍座，左右依違無一詞，則請置勿行，且披陳歷國政事，語侵及李，李爲怫然。議未諧，側席請退，卽束裝草辭呈，襆被且行，經方素日與共飯，日旰未見傳膳，往室內覘之，曰：吾言不直，但自行耳。經方禀之堂上，李獨邀入見，溫諭慰勉，唐猶曉曉。李曰：若言誠是，特不宜當衆指陳，吾子旁侍，更不宜語侵老夫，汝意吾誠識之，可速歸治公牘，毋呶呶向人也。唐垂老猶憶其事，以李爲知人善用，策勛定國，於此覘之。逮返北洋，世凱倚之如左右手，唐固通治術，識政要，且右民主，與北洋閥閱委蛇，非其志也。辛亥革命事起，陰贊共和，南北議和之際，先公密電謂君來當可奠定國是，餘子碌碌，不足與言，袁亦卒任之爲總代表。初議在漢口開會，先公復告以江漢用兵之地，舟車艱阻，非在上海，不足以綜全國之輿情，一天下之視聽，因改道赴滬。先公爲介見孫中山黃克強兩先生，克強湘籍，相見尙爲寒暄語，中山先生鄉人，僅道闊別而已。和議旣成，任內閣總理，捍格不獲申其素願，黃禎祥復刧持之，遂謝官閉戶。世凱又謀帝制自爲，則力格其非，逮窺其異志已決，不爲所動，乃脫身南行，一時人望益歸之。西南護法之役，奮身參與，實綜其成。旣以病養痾日本，東瀛朝野，倒屣奉盞。旋任中山模範縣長，以牧令遙隸政府，時亦垂垂老矣。則就故園蒔花壘石以自娛，園榜共樂，就土山環堵，建樓一楹，平舍一椽，登樓觀海，滄波浩淼，風檣沙嶼，歷歷在目，以款賓客，來者雲集。閒事臨池，學米襄陽，而自謂不工，不樂爲人染翰。民國十九年，兩粵自外甯府，別立建制，亦預其役。東北變起，鬩牆事定，優游滬粵，片言隻字，胥爲當世所引重，語亦不肯輕發。迨陳濟棠稱兵，敬事攸加，虛與款曲，終勸其釋兵柄，顧大體，舉家北歸，息影廬山者六閱月，益不願問世事。二十六年，中日搆釁，目怵心傷，病榻中宵，傍徨無策，一時兩國朝野，冀挽浩劫，多往請益，雖輒婉卻，而豪俊賓客，借箸以籌，遂爲忌者所中，屬刺客往襲殺之。時其幼女甫將于歸，家人瑣宂，未遑將護，亦以素性恬淡，不置更衛，故得乘間以入也。平日伉爽耿直，雙目炯炯，舉措昂然，每值休沐，必張筵以款故舊，中年間事行博，雖盛負，一及正事，拍案卽起，絕不介意。又好鑑別名瓷，收藏甚富，晚年多出以易米，而振卹貧助，莫不樂爲，有叩之者，必輸巨款。按老尤好讀書，晨夕把卷，客至追述年時掌故，移晷不倦。民國元年，娶繼配吳夫人，要以薙鬚，欣然從之，行禮上海趙氏園，黃克强爲之證昏，一時播爲佳話。三十年前，余方弱冠，即隨侍先公，獲接丰采，旣而往還南北，每承清誨。十九年干役粵垣，堅邀赴園居，研討政事，遂作客觀海樓，得攬山海之勝。方督辦開灤礦務時，美利堅人胡佛爲工程師，事隔二十餘載，胡佛膺總統選舉，有中傷之者，謂其在開灤時不檢細行。右胡佛者函詢究竟，覆白其誣，胡佛始任元首，時言中美敦睦者，欲其赴美一行，益速敦槃之好，而折衝者陰泥之，不果行，知者以爲憾事。方臨命前三日，余往視之，垂詢時事，謂扶危定傾，當以民意爲鎡基，言者紛紜，多非長策，信能假我時日，集各省賢俊於一堂，共定大計，雖老弱亦願相從，竊窺其意，蓋欲取法辛亥間上海之各省聯合會，由以改制，重奠邦本，進言釋兵，而形格勢禁，內外軋鑠，急功者圖成於旦夕，因運者乘時以蹈厲，相持之局，知尙有待。迄於今茲，數歷寒暑，舊觀少復，乃不及扶杖觀之矣，悲夫！

章太炎與中國醫學

孫硯孚

提起已故章太炎先生，誰都曉得是經學大師，文章巨匠，那知他於中國醫學，也有極深的研究，寫了不少有價值的論醫文字呢。

章先生因爲歡喜研究中國醫學，所以搜求醫書，異常努力，他於民國十三年，爲了要看清代名醫柯韻伯遺著的全豹，特在杭州三三醫報上登了『徵求柯韻伯遺著啓』，『不惜重金購取』呢。

他搜求醫書眞可說是不遺餘力，在國內搜求之不足，竟至『遠及日本』（龍泉寺與湯夫人書中語）。我們從他的家書裏，知道他在民初，已有宋明精本醫書二三十部了，試問並世中醫，誰有這許多好醫書。

他研究中國醫學，頗有獨到的見解，如他寫給吳檢齋的信裏說：『……謂中醫爲哲學醫，又以五行爲可信，前者則近於辭遁，後者直令人笑耳！……』（華國月刊第三期第三冊）寫給自强醫報創刊號的頌詞說：『……下問鈴串，勿貴儒醫，通天人陳五行者，醫之稗荑，多議論少成功者，雖是亦非！……』研究中國醫學而主張排斥五行，洵屬卓見，比較起一般舊中醫來，他還有革新的思想呢。

他以他考據的特長寫的張仲景事狀考古方權量考（並見上海國醫學院院刊一二兩期）王叔和考（葯渓微言），鉤稽舊籍，博引繁徵，眞是前無古人，後無來者，極有功於醫林。

他寫的數十篇論醫文字，在他生前，原由同學杭州謝誦穆兄，裒集後，謀付印，後因請他老先生自己手定，不幸他遽歸道山，原稿遺失。眞是非常可惜！後來才由蘇州國醫學校集印了一冊章太炎先生醫學遺著。

讀書偶記

樊仲雲

(一)

近數年來，讀書味道之時間少，栗六終日，忙的都是柴米油鹽等等，這原是最爲瑣屑的事，平時在家庭中，聽到妻子談柴米價錢，常覺討厭，但是今日爲了千數百人的膳食，却不得不去奔託。想不到如今辦學校，最主要乃是開門七件事，這便是所謂「戰時體制」罷。

自來南京，忽忽三年，因爲居室狹隘，寢處坐臥，都在一間屋中，因此不止架上書空，甚至可說連架也是沒有的。偶然買了一部二十四史，頗想於閒居暇時，當作小說來讀，却很少有這樣的機會。只因日常要給幾個定期刊物搜集材料，所以對於一般的報章雜誌，不能不加瀏覽。

惟自戰爭日趨擴大而長期化後，歐美的書籍已不能看到，日文的刊物則種類與篇幅都一天天的減少，由紙張的恐慌表示今日的讀書界也已成爲「戰時體制」了。於是在一般學校，學生上課簡直「無書可讀」，許多書籍已經買不到，而新書則久已停止印刷。戰前紙張每令不到三元，目前價格已漲至八百餘元，幾乎漲到三百倍，所以印書出售爲一件蠢事，商人爲了獲利，還是把紙張囤積起來更爲便當。

因此之故，今日的學生青年，不止物質的糧食，要受限制，感到肚子的飢餓，就是精神的糧食，也因不足而有頭腦的飢荒。想了起來大家都有子弟，大家都知道靑年就是我們的將來，但是有誰感到教育事業的重要呢？因爲這是戰時，應當「軍事第一」，何況孔子說過庶之，富之，教之的話，教是放在最後的，現在倘要放在第一，自然是行不通了。

(二)

記得四年以前，我曾在一篇論文中這樣的說過，觀察近代國際的政局，大約十年一大變，五年一小變。而因其中心在歐洲，故歐洲變動的發生爲先，以後，東亞方面乃隨之受到影響。其時間的相去，大約爲一二年。

如第一次大戰的發生在一九一四年，而凡爾賽和約之訂立在一九一九年，先後計五年。但至道斯計劃成立，洛加諾條約簽字，歐洲始眞由戰爭而開始和平復興，時爲一九二四年。從一九一四到一九二四前後十年。迨一九二九年世界經濟恐慌爆發，這是一變，一九三三年國社黨在德國執政，又是一變，至一九三九年第二次大戰發生，則爲大變，前後又適爲十年。

就東亞方面言，華盛頓會議之召集在一九二一年，一同平靜無事，直至一九三一年，乃有東北事變。華府會議是繼巴黎和會而來，東北事變則受世界恐慌的影響。以後一九三六年的世界危局幸而渡過（西班牙內戰中國的綏遠戰事及西安事變俱並未擴大），但是一九三七年夏却爆發了中日戰事。一九四〇年國府還都，中日關係算開一新局面。迨一九四一年日•英美戰爭發生，世界戰局，忽呈異觀。從一九三一到一九四一年先後又正是十年。

由此以觀，歐洲戰局在今明兩年也許會發生新變化，因爲從一九三九年起到現今差不多快要五年，而自德國國社黨執政算起則今年正是十年。

㈢

上面所記是我的猜測，乃從過去事實歸納得來，最近看見一則預言，也頗有趣，是關於美國總統的，姑記於此。

說到美國的總統，其在今日眞是人人注目，加以如羅斯福那樣才氣橫溢，在一九四〇年竟打破美國歷史上的傳統而就任第三任總統，明年又是美國總統改選之年，據傳羅氏頗有利用戰事而競選四任總統之意，所以更爲世人所注意。當羅氏就任第三任總統時，美國有個預言家，說他恐怕不克終於其任。這是因爲美國總統每日見客握手，處理事務，非常繁忙，至有「致命的工作」（Man-Killing-Tob）之稱，故凡任總統者鮮能克享大年，羅氏患小兒痲痺症有年，迄今未愈，在身體上恐不克勝任。並且還有一個重大理由，根據美國總統的歷史，自羅斯福第三任職之年起算，以前每隔二十年的總統，都是死於任內的。

如一九四〇年前二十年，爲一九二〇年，那一年當選的哈定總統（Harding），就是在任職二年半後，即一九二三年夏遊阿拉斯加，在赴舊金山的船中，因食蟹中毒到舊金山後不久死亡的。這是公開發表的病狀，但據謠傳則有說是總統夫人串通侍醫把他毒死的，這裏邊包含着桃色新聞，當然只能作爲不經之談。

再前二十年，即一九〇〇年，麥荊萊總統（Mckinley）二次當選，次年九月，在白法羅全美博覽會的會場中，爲一無政府主義者所暗殺。現總統羅斯福的叔父齊阿陀•羅斯福（Theodore Roosevelt）就是代麥氏而繼任總統的。

一九〇〇年前二十年爲一八八〇年，是年當選總統的爲迦非爾特（Garfield），他於次年就任以後不久即被暗殺。由此以前再二十年的總統，便是解放黑奴最有名的林肯，他在第一次總統任內雖然平安無事，但在一八六四年二次當選以後不久，却因觀戲在戲院中被人殺死。這已是大家都知道的事了。

若由林肯再回數二十年以前的總統，那是一八四〇年當選的哈里生，（William Harrison）本爲有名的將軍，隱居鄉間，當選那一年已經是六十八歲的老年，因爲就任儀式時傷了風，加以招待賓客，煩勞過度，所以不久卽病，一月以後便以疾卒。

由此再二十年，在一八二〇年當選的是主張孟羅主義的孟羅，再前二十年，即一八〇〇年的總統爲現今民主黨的始祖傑弗遜。他們二人都在連任二任總統以後死去的。所以這個推算只能到距今百年前的哈里生總統爲止。一九四〇年當選的羅斯福是第五人，他的運命究竟怎樣，我們只好等待下回分解了。

（四）

再記一則預言的故事。

一八四八年，法國發生二次革命，各國受其影響，都有動亂，至次年一八四九年，現今德國的前身普魯士，也有亂事，威廉太子不得不亡命倫敦。海外的亡命生活，當然甚是無聊，想着祖國的亂事，不相何時可以平定，心中的焦急憂慮，自不待言。一天，外出散步，到了有名的倫敦橋附近，看見一個老人揭着預言的招牌。威廉太子一方面爲了消遣煩悶，同時也爲了好奇心的激動，就走上前去詢問：

『我是普魯士霍亨查倫王家的太子，在這亂世紛紛之時，敝國與王家的前途究竟怎樣呢？請你爲我一卜。』

老人在默禱了一番之後，說道：『把今年的每一數字加了起來，再加今年的數字，看是怎樣？』太子於是便這樣寫着：

1+8+4+9=22　22+1849=1871

『到一八七一年，霍亨查倫王家興盛極了！』老人答說。

威廉太子受了預言鼓舞，接着又問：『那末請問以後怎樣呢？』

『同樣的把一八七一各數加起來，然後再加一八七一。』

太子依着老人的話，於是得到下之算式：

1+8+7+1=17　17+1871=1888

『在一八八八年，霍亨查倫王家將要遇到不幸』。

太子聽了不覺一驚，於是又問：『以後怎樣呢？』

『再把一八八八年各數相加，然後再加一八八八，看是多少？』

1+8+8+8=25　25+1888=1913

『對不起，到一九一三年霍亨查倫王家就要難保了。』

我們現在來把過去的歷史加以對照，那末很有趣味的，一八七一年便是普魯士當年的威廉太子以名相畢士麥之力統一各邦，戰勝法國而正式接德意志皇帝之位於凡爾賽宮的一年。在霍亨查倫王家眞可說是極盛時代。以後一八八八年，老帝威廉第一（即威廉太子）去世，太子繼位爲非力特烈三世，不久亦卒，由其孫威廉第二接皇帝位。一年之間，連喪二君，不能不說是不幸。至於一九一三年，雖是無事，但其翌年一九一四年，實爲世界大戰勃發之年，因爲戰爭失敗，威廉第二亡命荷蘭，死在國外，霍亨查倫王家果然滅亡了。

（五）

前一次大戰的死傷，據美國陸軍部統計，協約國方面總動員數爲四千二百十八萬人，戰死者五百十五萬，受傷及被俘失蹤者一千六百九十萬，死傷人數占動員兵力之五二・三。同盟國方面動員兵力爲六千五百萬，死者八百五十萬，受傷及被俘失蹤者二千八百九十萬，在總動員數中死傷者之百分比爲五七•六。這麽許多死傷的代價，是獲得了二十年的和平，——不，說是休戰還妥當些——到了一九三九年九月，大戰又爆發了，這次的動員兵力與死傷人數，因爲戰事尚方興未艾，我們不得而知，但可以確言者，則其數目一定比前次更爲大得可驚。而就歐洲戰爭言，今年是第五年，各國都已感到糧食困難，物價高漲的苦痛了，前途茫茫，眞不知道將來是如何！

第一次大戰停止後四年——一九二一年十二月，一個美國的新聞記者來到歐洲，那時候英國的情況是這樣：

『這一個月的光陰，一部份是消磨在倫敦，勝利後的倫敦。身穿敝舊便服外罩黃呢大衣的壯年人在街頭巷角叫賣鉛筆。英倫、蘇格蘭、威爾斯、和北愛爾蘭——不列顛聯合王國——共有失業人數一百八十三萬四千名，其中大多數爲男子，大都是在疆場上効過力的男子。勞合喬治會答應以「英雄之居所」給與他們，但他們還時是住在疾病叢生的貧民窟裏。他們甚至無工可作。有些組成了歌唱隊在街上藉歌唱求乞，他們所歌唱的大都是「到鐵潑萊雷（愛爾蘭地名）去的路程很遠」，和「維持着家中的爐火」兩曲。他們在戰線上因懷鄉病而唱這兩支歌。現在，則是爲了銅幣而歌唱。還有些被遣散的軍人，則簡直在街上討飯。還有些將他們的奬章擦得雪亮，掛在胸前去請求做泥水匠或公共汽車賣票人，這些奬章是從流血、泥土和蚤蟲中得來的。他們已替國家取得了勝利。然而國家是誰？他們可是這國家中的份子嗎？事實上似乎並不然。……

『在戲院裏，我所看到的是整排的女人，丈夫已經戰死疆場，或未婚夫已經喪命於戰壕，因而不能再覓到一個丈夫的女人。這些女人也未嘗不是戰勝者，因爲她們也是英國的份子。』

戰敗的德國呢？情形自然更是嚴重：

『我第一次到達柏林是在十二月二十日的晚間，瑪柯夏早已在西站裏等候着我，但我因未知柏林共有好幾個車站，所以直到佛雷特列街的中央車站方始下車。當我下車時，我竟不看見瑪柯夏，並且也沒有一個脚夫。我祇得自已提着行李下階。街上也沒有街車可僱。我藉着在學校裏時所習得的一些德文向旁人指手劃脚地詢問着，才得悉汽車夫正在罷工。瑪柯夏指示我去下榻的公寓遠在市區的另一方面。我呆站了半天，束手無策。繼而我走到車站裏的行李房，想去探問一下。正走到門前時，看見那裏停着一輛卡車，車身上漆着「赫爾曼百貨公司」的字樣。我吃吃地和汽車夫講了半天，但他似乎一些不懂。最後，我拿出一張一元的紙幣，向他颺了一颺，向他說：「凱撒街十五號」。他立刻喊道：「跳上來。」他原在將許多貨箱裝上車子，這時他竟拋棄了這項工作，一脚跨上了司機座，叫我坐在他的旁邊，立即向前開駛。我就是在這一種不平凡的座位上初次看到柏林市。寬大的街道上寂靜無聲，街面上已積滿了雪。我未抵柏林前以爲這樣的大都市裏必很熱鬧，萬想不到竟如此的寂寞。汽車夫不斷的和我談到物價、糧食、馬克和法國人。我給他的一元美鈔，不料竟可抵到他所得月薪五分之一。「美國人都是有錢的嗎？」他問我。「當美國參戰時我還在前線，那時我就已知道我們必定失敗的了。」他又說。他似乎將美國看做了天堂。……

『這是戰後德國的慘象。我不久即得悉用錢之道已變成了一種藝術——並且也是一種性質極複雜的科學。外國人也漸漸習成了一種乖巧的技術。他們須懂得何時可買進馬克，何時可賣出馬克，並何時去買東西。每個德國主婦都須具有金錢的魔術，才能去買番薯和付租金。德國人對於自已口袋裏的或存在銀行裏的錢，沒有一個能得知它的實在價值。例如一個德國工人帶了他所領得的工資四百馬克回家。他上床臥了一覺之後，袋裏的馬克竟會自然消溶。第二天，他出去買衣服或食物時，他每會發現所能買到的已祇及上一天的半數了。因此，他即向僱主說：「你必須增加我的工資。」僱主答應了他的要求，但一面即將所產的出品加價。結果是僱主需要更多的金錢以應付工資，而人民則需要更多的金錢去買日用品。於是政府即濫發紙幣，紙幣的發行額愈大，馬克的價值愈跌。這就是通貨膨脹中的循環。後來工資改爲每星期發付兩次，甚至再改爲每晚發付一次，工人領到工資後都爭先恐後地趕去購買日用品。沒有人再願意將錢留在袋裏。進項較大的德國人都將金錢盡數去購買古董或奢侈品，或出去濫作旅行，濫吃濫用，總之以化完爲止。夜總會裏因而生意興隆，在這幾年中，德國人差不多是受着「儘量吃喝尋樂吧，因爲明天我們就要死了」的心理之控制。這種心理，在政治上、道德上、文藝上、思想上，和一般的習慣上，都已留下了痕跡。在以下的幾年中，德國人尤其渴望安全，因此，當一個獨裁者居然以安全許給民衆時，許多德國人都很情願以個人權利爲代價去取得它。據他們的說法，飽腹遠優於自由。任何在野黨的領袖祇須在對衆人演講時提及通貨膨脹之恐怖，即可以使聽者驚懼失魄。

『凱撒街十五號那所屋房原祇够供一家居住之用，但這時每間房裏都已住下了一個家庭。我所佔的是臨街一間大房。房金和每天三餐的代價是每月一千馬克。當我初到那裏的時節，這個數目之值等於美金六元。九個月之後已低落到等於美金七角。因此，房金和飯錢差不多每星期或每月總要增加一次，但照美金計算起來，我所付出的其實是一次便宜一次。物價之上漲遠趕不上外幣之上漲。德國已成了外國人的樂園。我替紐約晚報寫通訊，每星期所得的報酬在美金二十元左右，但我還化不完。……

『飯是開在餐廳裏的。碗盆洗擦得非常乾淨。吃剩的食物，不論是一小塊麵包或乳酪或牛肉，都由各人好好地用紙包了攜回臥室，以供兩餐之間點饑之用。寓客祇許在每星期六日洗一次熱水浴。但你如給芬尼數枚爲小帳，侍女就隨時會替你提幾桶熱水到浴室裏去。外國人在車火上和警察署裏更能看出錢之爲物之如何可貴。德國的公務人員向以廉潔聞於世界，但這時節祇須塞一個馬克到他的手裏，他即丟了自已的職務來替你服役，甚至違章的事情都肯做。他不得不尋找一些外快，以彌補其薪水之不足。』

這是前次戰爭的結果，正如這個美國記者在其所著『國際人物與政治』（Men and Politics, by Louis Ficher）所言，『誰也不曾戰勝誰，試問舊金山大地震是誰戰勝了呢？』

古今一年

朱樸

歲月不居，光陰似箭，「古今」出版，忽忽已屆周年。回憶去年此時，正值我的愛兒殤亡之後，我因中心哀痛，不能自已，遂決定試辦這一個小小刊物，想勉强作爲精神的排遣。不料出版以後，洛陽紙貴，口碑載道，我一面既慶幸新寵之前途無量，一面却又深感舊恨的永難忘懷，俯仰身世，誠不勝甜酸苦辣之感！

「古今」之所以能獲得今日之初步的成功，其最大的原因有三：第一，摯友周佛海先生對於「古今」及不佞個人精神上的鼓勵及幇助極大，他的愛護之忱，簡直無可比擬。第二，亢德黎庵—尤其是黎庵—襄助之功不可沒。第三，不佞本人過去雖向以做事馬虎出名，但是這一年來對於「古今」，則以全副精神對付，廢寢忘食，一絲不苟，心目中幾視「古今」爲第二生命。（此乃說老實話，並非「丑表功」也。一笑！）

此外，南北諸位第一流作家之不吝珠玉，以及國民新聞社對於印刷方面的諸多賜助，使本刊得盡善盡美，當然亦是成功之最大原素。

★ ★ ★ ★

「古今」之所以出版及其所以能至今日的地位，略如上述，現在我來檢討過去一年中外界對於「古今」的批評及申述未來一年「古今」預定的計劃。

自從「古今」出版以來，外界的批評大概譽者十之九而毀者十之一。我們自己雖有堅强不拔的自信，但是絕對歡迎人家的批評—尤其是對於我們指正的批評。可憐的是能够使得我們心服的指正式的批評半篇都沒有，有之僅一二「跖犬吠堯」式的冷箭而已。不僅此也，復有卑劣之徒，鑒于我們空前的成功，因妒生恨，竟陰謀利用外力以壓迫本刊者，其喪心病狂，下流無恥，誠不屑齒及，這是我們認爲不勝遺憾的。

至於譽者呢，雖十占八九，但能令我們心許的也並不多見。去年十二月三十一日中華副刊上有一篇柳雨生先生的「談古今叢書」，我認爲最能認識我們的心境，茲摘錄其原文如下：

近年出版界的情況，可說是今非昔比。烽燧疊起，文化衰落的現象，日甚一日，是大家都已經意會得到的事情了。在這個文化低落而亟待補救，亟需振興，——或者更可憐一點說，亟當保存的時候，上海還能够有一個古今出版社，有一個『文獻掌故，樸實古茂，散文小品，冲淡雋永』的『古今』半月刊，你說，爲什麼不叫我們歡喜呢。

『古今』最初是沒有什麼『社』的，後來有了『社』的名義，想也未必有什麼社的『組織』。它的主編人，多是我的很好的朋友，幾個月來常常到他們辦事的地方（亞爾培路二號）去談談，也無非東南西北的隨便說說，毫無拘束，毫無顧忌。我和他們的熟識，長的已經有了十年以上的情誼，並非因爲有了『古今』，纔大家認識的。然而『古今』畢竟不失爲一個可以閒談的地方，他們發刊的雜誌，不失爲一個國內第一流的好散文雜誌。

有人說：『古今』太偏於談人物了，並且太偏於談古代事故。有人說：『古今』太嚴肅了，像許多篇用文言寫的文字，格調高古，擲地作金石聲，但絕不是現在我們需要的精神食糧。——話雖如此，『古今』的銷路仍舊激增起來，並且因爲受到讀者歡迎的緣故，又由月出一册，改爲半月一册。在這個世亂羣離，言不及義的時候，『古今』不失它的孤崖一枝花的風趣。

也許有人會說：『古今』的缺點，是偏重於風土人情，懷古感舊，不免流於清談。——清談是可怕的名稱，許多人都不願意承認自己的議論是清談的。我們現在不是做史論，也不是談王衍，謝安，或嵇康，阮籍，劉伶，……清談云云我們可以用不著怎樣饒舌去分辯，南北朝的清談究竟和政治的興衰有多麼大的關係，這裏都不用去提它。因爲清談還有一部分應該和哲學，和玄理都有密切關係的，或者也可以認爲是人生率眞的態度的一種罷。它絕對不是「飽食終日，無所用心」，它更未必是「羣居終日，言不及義。」

我們何不翻一翻『古今』所載的文章呢？——慚愧得很，我的文字也有幾篇在內，但那是不用齒及的了。好的文章，不是沒有人寫得出來的，但是我却知道那決不是荒懶的我。請讀一兩篇文中的警闢透徹，蕩氣迴腸的句子罷，例如：

「吾人之決心於革命，孰非由惻隱之心所發者。人必不忍其同類之死亡屈辱，而歷史之所紀，父老之所傳，亡國之慘在人耳目，此追既往而生惻隱者也。人心醉而未由醒之，濁而未由清之，目擊蚩蚩之民，辛苦憔悴，爲人踐踏，乃無異於牛馬草芥，顧身受者不能自脫，坐視者莫知所救，此撫現在而生惻隱者也。……德之不建，民之無援，使人陷於沈憂之中而不能自拔，由此鬱積以成革命之決心。……若夫爲惻隱之心所迫，則接於目充於耳者，皆顚連無告者之憂傷憔悴之色與其呻吟之聲，既不忍於旁觀，又不能拯之出於水火，吾何爲生於此世乎？」

我們請再讀另外一段用白話寫的文字：

「……身世之感，雖常令人發生出世之想，而家國之憂，却不能不令人鼓舞餘勇，堅定貫徹初衷的決心。尤其是我們現在所處的環境，正是周公恐懼流言，王莽謙恭下士的時候，是非未定，功罪難分。如果半途而廢，雖存周公之心，終成王莽之果，上何以對祖先，下何以對子孫！後世的批評，我們可以不必去管，流芳百世也好，遺臭萬年也好，無聲無臭，與草木同朽更好，……但是個人的是非固然不必計較，國家的利害，却不能不加考慮。自古孤臣孽子的用心，不在求諒於當時及後世，乃在使個人的苦心，努力和犧牲，實際有益於君父。所以現在距我們企求的目的，雖然道路崎嶇，關山險阻，但是救傾扶危的目的一日不達到，就是我們的責任一日未解除。一息尙存，此志不容稍懈，那裏能夠因爲人事滄桑之感，而改變鞠躬盡瘁死而後已的決心呢！」

兩文都論革命的決心，可以代替我解釋它並非完全清談，更決不會有什麼誤國的罪名了。但是，『古今』的文字，精闢的固多，清新流麗，夾敍夾議的又何嘗沒有？個人所見到的，翼公先生的文字就是其中之一。整飭條貫，宛轉周致的又何嘗沒有？個人所見到的，『爱居閣脞談』就是其中之一。現在，聽說該社就要發印叢書了，驚心動魄的文字也有，整飭條貫的文字也有，談古說今，紀敍故實的也有，而清新流麗的文字，更是很多。個人的歡喜讚歎，還是小事，但是，『這種盛况，至少可說是四五年來國內文壇上所未覩』了，細想起來，一石一木，都需要極精細極用力的去經營，更何况是偉大的『文化』呢？我們在荒野的空漠裏看見同路的旅伴，快樂的發出一兩聲驚歎的微語，大概也不能夠盡算是一個人的所謂感慨或感情作用罷。

今年一月十三日中華副刊上又有一篇楊素宜先生的「一年來的散文」，除批評「古今」上的諸作家外，並提及不佞的名字：

朱樸之是政界聞人，是專門學者，但散文的格調，尤爲流暢清新。所作「發刊辭」，「四十自述」，「蘇遊散記」，「記蔚藍書店」諸文，都是至情動人之作。朱氏筆鋒常帶感情，雖不常作，却極難得。

上述除稱我是「政界聞人」與事實不符愧不敢當外，其他如說我筆鋒常帶感情云云，誠可謂一針見血之評。我生性富于感情，尤其這兩年來，迭遭家難，刺激太深，因是字裏行間，往往無端流露而不自知。所謂「言爲心聲」，誠屬無可奈何者也。

寫到此地，我忽然又想起一件關于我個人的事來了。去年今日「古今」創刊號出版，孤軍突起，一鳴驚人，震動了沉寂已久的整個上海文壇，一時效顰者流，紛紛而起，有一個刊物想魚目混珠，竟冒用我「朱樸」的名字及「古今」中另一作者「左筆」的名字寫了些無聊的文章。後來經我在「古今」第三期上刊登聲明「本人除主辦古今外向不在其他刊物撰文」的啟事，不佞的名字才絕跡于其他刊物。這一方面固十足暴露上海有些文氓之如何無恥，一方面却又徹底反映「古今」之怎樣的被人重視。此種情況，誠足令我們興啼笑皆非之感。

綜括一年來「古今」的成績，其收穫實已遠超我們當初的意料，殊堪欣慰。同人等受此光寵，敢不益自奮勉，以期不負愛護諸君的厚愛。我們在未來的一年中，除了絕對保持過去取材謹嚴寧缺毋濫的精選作風外，並且更將廣約作家，多出叢書，實現發刊詞中所說的『對于國家民族來做一點我們所自認尚能勉爲其難的工作。』

風雨如晦，鷄鳴不已，我們希望有志之士，同來共襄盛舉！

卅二年三月十五日于退省齋

『宇宙風』與『古今』

瞿兌之

從前有人說過，老人的記性是遠事記得眞，近事忘得快。憂患可以催人老，我們都是生於憂患之中的人，所以也都不知不覺的老了。每每思量舊事，只覺少年時情景都湧上心頭，甚至兒時情事，向往從不記憶的，也於半夢半醒之間，勾引起一二。甚哉老至之催人。至於近五七年間的事，却反而模糊顚倒，如醉如癡，一場春夢，渺然不可尋矣。

現在要我談宇宙風與古今，宇宙風半月刊是民國二十四年九月十六日創刊的（現在居然徼幸還有一本在手邊），還是七年前的事。雖然記憶不能眞切，也還不至於十分模糊。惟有一件事使我覺得疑夢疑眞的，便是宇宙風當時的定價每本大洋一角，而第一期的編輯後記還說但在銷數增加到我們的預算時，本取諸於人用諸於人之旨逐漸減低，使一般看雜誌代跳舞的讀者減低支出。

宇宙風與古今雖然編輯與執筆的人物頗有相同者，雜誌的形式好像也一樣，然而並不能說二而一，其旨趣風格已經顯出極大的變化。

古今在近來所以能引起讀者興會，就是肯老老實實的說些話。以前的刊物需要些別致與別調，因爲平民的東西不彀刺戟，這些年來的世事却刺戟我們太多了。酸甜苦辣各種味道迸上心來。絢爛之極，歸於平淡。似乎還是清茶淡飯最能養人最有眞味。縱使這種茶飯不容易得到，閉目存想一番，也覺其味無窮。固然是閱歷多年紀大的人，容易有這種見解，但是這幾年的光陰也彀我們的閱歷，也彀催我們老的了。

七年前的人多感到興奮，而少數憂深思遠之人則都抱悲觀。近來的心理似乎不同。無論何處的人，無論在何種環境，都覺得不需要刺戟而需要冷靜。與其說空話不如說些實在的事，與其大聲疾呼，不如慢聲低唱，與其濃渲重染，不如輕描淡寫。

宇宙風創刊到現在已經七年。恰巧我也是七年沒有離開過舊都，這次重作江南之游，記得二十五年花朝前幾日，從嶺南北歸，路經上海，春雨如烟，輕寒如夢。在旅館中與二三知友討論將來的歸宿的問題，都有前路茫茫之感，然而都知道將來事態一天比一天嚴重，我們都是刦數中人，不能逃避的了。該在什麼遭刦，也是有一定的，我們也許從此一別後會期難了。記得席次口占的詩起頭四句是：

別離情事五年眞，語笑風姿一總親。入市儲書俱老大，遠游惜誦各悲辛……當時悲觀達於極點，覺得這幕燕釜魚的局面，不定今天什麼時刻就要結束。看着世上人的憧憧往來，便似邦貝城的伏尸，在未被沙埋的一刹那以前一樣。但是大禍尚未臨到，能彀延遲一刻也是好的。能彀不在我們眼中看見也未可知。然而厄運終不可免，所有慮到的種種大半都漸漸實現了。

當前這個時代，是人類受最嚴重試驗的時代。尤其我們民族，已經備嘗甜酸苦辣種種滋味。而今而後，還須豎起脊梁，挺受千斤重擔。譬如入山行脚的人，在山底下的時候，還可以從容顧盼，領略野色山光。等到行至山腰，喘汗相屬，歸路已迷，遙望山顛，尚不知其幾千仞，飢渴疲勞，虎狼蛇蝎，都是苦惱。然而不到山顛，今夜便無宿處。所以只有前進而無返顧。在這苦惱之中，遇着一塊石頭便可以小憩，遇着一泓泉水便可以小飲，遇着一枝藤蔓便可以小小借作支援。凡是天然的平凡的一草一木一石一水在平常不值一顧的，在這時便都是我們所需的安慰。

我們在這時代，固然當前的安慰。是第一要緊，然而也不僅是得過且過，還懷抱着個去的回憶與未來的希望。回憶也不是迷戀過去，而是『前事之不忘後事之師』。不能了解過去，便不能了解現在，不能了解現在，便不能發生未來的希望。

未來的希望是不用空講的，我們無須『見卵而求時夜見彈而求鴞炙』。但是有一點是人心所同然者。無論未來的景象如何，我們必有一分的責任，必不能置身事外，必有以慰償今日的辛苦。越是艱難，越覺得可以自信。

古今在今日所以有這不同之風格，就在舉些實在的事，說些實在的話，勾引起往日的回憶而增加未來的希望。我覺得這是人人心坎中所願意有而必需有的。

今日的『今』便是將來的『古』，今日的『古』已經隨着歷刦而摧毀消逝了。將來的『古』還須趁現在稍爲多保存一點，以供後人的考鏡。這宗工作是我們的責任，我希望古今對此再多多發揮。

七年未南游，今度又翩然乘興，縱目江山之勝，與懷古今之際，旅舍獨居，但覺初春景物之撩人，無殊前日。應古今社之約，信筆寫來，作此短記，凡曾讀宇宙風與古今者，將有感於斯文。

× × ×

『逸經』與『古今』

謝興堯

一封快令下幽燕，云道將出紀念刊；掃邊角色殊心喜，也着形頭跳加官。

（註）不佞獨坐斗齋靜思『古今』下期題目，正在無計可施之時。本刊編者周公忽來快函，謂三月爲本刊周年誕辰，將大出紀念刋，大唱堂會戲。並御親點此重頭新劇，——卽本題。以不佞面有菜色之跑龍套碎催，令演正角，想不砸鍋，其可得乎？月前與徐一士先生函論撰稿事，猶云吾輩之於任何刋物，雖非執筆要角，尙不失爲硬配。亦如戲班中之侯喜瑞張春彥一流，雖未必卽替本班生色，但不致出大漏子。實則此語已太覺妄僭，無端自往臉上貼金，豈有『離了紅蘿蔔不成席』之筵乎？而一士兄竟謬擬於『四大名旦三大鬚生』之列，更避席不敢承矣。

聖歎批云：蕘公之註，無疑地是取定軍山戲詞，當年『小余』唱得有聲有色，也是堂會中不可少的戲。且舊曆正月，戲取吉祥，凡伶人演定軍山者，其海報必貼『一戰成功』，蕘公卽取斯意。至跳加官，當然係祝本刋主持者之『加官進祿』。予知蕘公之善頌善禱矣。

別去春中又幾年，靜撫流光輒惘然；『宇宙』『逸經』都成史，忍從泥土檢殘編。

（註）不佞於民國二十四年至滬，二十六年春北歸，主編『逸經』，毫無成績。而電光石火之光陰（林語堂先生書贈詩句）。忽忽六七年矣。去年夏間步街頭，見地攤上有『宇宙風』及『逸經』數册，土浸雨溼，汙穢不堪。腦海中立卽湧出當年海上文壇熱鬧情形，撫今追昔，不勝淒涼。因亟掏數角全購而歸，非敝帚自珍，蓋深憐其遭遇也。

聖歎批云：蕘公自矜曠達，於古今事物，何尙看不開如此。予前讀其『書林逸話』中『近年圖書之聚散』一章，已知其與紀曉嵐同病。想予昔時所手批之水滸三國，以及西廂記等書，莫不風行一世，人稱金批。曾幾何時，遂以崔鶯鶯潘金蓮包花生米裹油炸鬼矣。吾輩文人著作，只要能風行，便足自豪，又何憾焉。

武功文治總難離，收拾八股作新題；畫期時代開風氣，說文談藝天下師。

(註)世人嘗云武化時代用不着文化。但文化究係一切之母，所以武功稍定，文化必興。事變後無論南北，所有報章雜誌之文，莫非『和平親善八股』。本刊崛起，掃除濫調，獨創新格，故能得大多數之同情愛護，而爲士林之精神食糧。自九期改爲半月刊後，更勵精圖治，充實內容。其開風氣之先，識見勇氣，固有足多者矣。

聖歎批云：昔韓昌黎文起八代之衰，明之山林小品，亦力矯八股之弊。予之提倡語體，亦欲打破枯滯。而語堂道兄主張以輕鬆文字描寫事實，尤須保存。甚望『古今』於創始之功後，更能主持一代風會也。

廿年京國幾廢興，莽莽紅塵寄此身；留得白頭宮女在，好向『人間』說『古今』。

(註)不佞寄居京華，將及廿載。由曹氏當國，干木執政，以至『北伐』『東征』，西去南還。在這中間，看不完的英雄起伏，數不盡的朝代興亡，眞可語於『盛衰閱盡話滄桑』矣。從文化界的刋物言，『論語』『人間世』最早，『古今』最後。但取百家之精華，補諸子之闕殘，則又後來居上。當此嚴重生活下，猶能於漏盡燈殘，寒夜寂聊中，手執禿筆，談論今古，豈非幸事而趣事耶。

聖歎批云：白頭宮女之可悲，固在於已經落伍，所謂『人老珠黃不値錢』。而白頭宮女之可貴，則在於猶能說開天遺事。又北京以健談善吹者爲『說古』。玆當『古今』誕辰，甕公共好好說一兩段，以作一觴之侑可乎。

幾首歪詩道過，書歸正傳。先說辦雜誌罷，當編輯也很難，第一須有看來稿的博學，還要有耍筆桿兒的能耐（新術語叫作喜愛寫作深於文學修養），我是一樣也不行。然而何以後來會弄雜誌呢？這只好歸之先天，說『古來就』有（借法門寺劉公道語）。因爲自從民國十六七年起，便學耍粉筆，以『誤人子弟』爲職業。但一系一班，人數有限，嘗以未能『誤盡天下蒼生』爲憾。於是便想辦個雜誌碼的，大徹大悞一下。但雖有雄心，苦無機緣。至二十四年長毛團之老兄弟（洪楊所捌太平軍，世稱長毛。當時洪楊軍中，以廣西起義幹部，稱爲老兄弟，淸軍則呼之曰老長毛。自湖北以至金陵後所擄，稱爲新傢伙），簡老爺隨『太子』北上，晤於舊京。談話之間，因慕海上文壇熱鬧非凡，遂決定合作辦一雜誌。又因我素好讀史，他本名『文』，於是乎更決定了雜志的性質和內容。

說到雜誌的內容，當時可以分爲兩大類共若干種。第一類爲特別的，即『欽定』與『專門』是。關於黨政軍各欽定的雜志，及各機關學校所出的文理科專門學報，先姑且不談。第二類爲普通的，亦可稱爲大衆讀物。有『綜合體』，如東方雜志，國聞周報等。有『閒淡小品文體』，如人間世等。有『幽默體』，如論語等。有『純文藝體』，如文學月報等。尙有其他其他……，不可枚數。假使在這時候辦雜志，而正經嚴肅的討論雜志的體裁，那簡直是一個重大問題，同時也不好解決。幸而我們都疏忽了這個大問題，根本沒有想起這回事，僅僅由我們個人的志趣與嗜好，便自然而然的反映出雜志的性格及特質。這眞是歪打正着的實例。

關於『逸經』的體裁，便不議而決的以文史爲範圍，內容方面又分爲圖象，史實，人志，遊記，特寫，紀事，祕聞，考古，詩歌，小說，書評，雜俎等若干門，仍不出綜合體的界限。我記得在當時並沒有什麽意見，心裏以爲這是裝點門面，叠床架屋，因爲我是注重實際，不願意說空話的。同時又文在人的方面，又拉了好幾位作分門編輯，如我担任史實，遊記，書評。陸丹林担任人志，祕聞，詩歌。胡肇椿考古，李應林紀事，明耀五圖象，特寫。大華烈士雜俎，小說。表面上看來，倒眞是一台好戲，熱鬧火熾，其實也不過黑字寫在白紙上，就是那麽回事。無論胡肇椿任博物館長，李應林任嶺南校長，都是忙得不可開交，無暇過問。就是明耀五雖然是分門編輯，常常把文章拿來，也被割裂成小塊補白。我負『主編』名義，一開頭便在心理上投下一條暗影，又在創刊號上發表了幾個第一，雖然是遊戲好玩，我總以爲是美國氣派，更引起第一次的『腹誹』。這些雖然是私事瑣碎，但因與刊物的體裁內容有關，所以在此順便的提上一提。

當時我們所標榜的口號，最重要的『文體』方面，是：長短不拘，語文並用，莊諧雜出，雅俗共賞。『取材』方面，是：中西並集，今古盡收，譯作皆有，大小悉備。『內容』方面，是：不尙清談，不發空論，必求言中有物，華而且實。使能篇篇可讀，期期可傳。但是標榜儘管標榜，事實還是事實，把逸經拿來重檢一遍，雖然中間也有不少的佳作，就大概說距目的地尙相差甚遠，無寧說有一部分還是我所反對，不願登載的東西。但結果還就事實，都繼續的刊載出來，這裏面以無聊小說和譯作品最多。凡讀過逸經的朋友，我想總還記得的。

世界上的事，總是因人而影響到事。逸經的體例與門類雖然定得很詳細明了，但因我同又文都是喜談洪楊的老長毛（當時又文曾封我爲堯王五千歲。我在國聞周報上發表文章，也自署老長毛），無形中便有一個共同的偏見。只要是太平史料，便是寶貝，並且儘量的從各方搜輯。中國方面除我們自已所藏外，又從南昌胡氏，北京蕭一山等處，徵求文獻。我自已亦每天到徐家匯藏書樓去抄錄咸豐時代的外國報紙。外國方面則託友人王任三（名重民受北平圖書館之命到歐洲整理文物）親到英法德各圖書館博物館去找材料。這樣一來，差不多每期都有關於洪楊的文章，當時我們很高興，同時讀者也以逸經爲洪楊專刊。而這里的是非就很難言，說好了可以算是逸經的特質，說得不好，便是一二人的偏見。因爲你個人所喜歡吃的，不見得便合於大家的口胃，而辦雜志也不是希望少數有嗜好的人看，更不是僅供社長編輯們自已玩賞。除此以外，還有兩篇長稿，也是因人而寫成的文章。一個是馮自由的『革命逸史』，一個是劉成禺的『洪憲紀事詩本事注』，他二人都是同盟會時代的『老革黨』，經歷的事也很多，眞可算是白頭宮女。這兩篇寫得很好，所以頗被社會注意和讀者歡迎。又當我離開北京前，曾經特約了幾位朋友長期撰稿，其中最重要的，便是徐氏弟兄（凌霄，一士）。確替逸經生色不少，這是我至今還銘感不忘的。（所遺憾者，便是凌霄先生的擱筆，本來徐先生爲逸經所寫的，都是極精絕的文字。記不清在那期裏，又文聽了某君的話，忽鄭重的問我，說徐先生文章有重複之嫌。我仔細檢看，乃是兩篇文章徵引同一事證，而重心說法亦各不同。但又文語氣之間，頗有南北之見，並有『你的朋友』之意。我雖反復陳說，終不能明。因一時憤懣，將情形致書凌霄，遂將他爲朋友爲趣味的一團雅興，完全送掉。我之離開逸經，與此事大有關係，迨後北返，雖向凌霄多方解說，至今未釋。乃觀『古今』諸公，特在北方約角，且不嫌麻煩，予以優禮。較之逸經當時目光不出廣東者，宜其蒸蒸日上也。）

後部雜俎，小說，是大華烈士自編自輯，但『東南風』頗好，『陰陽風』則有怪氣之病。上面這些都是逸經班底，也可說是當時的陣容。

關於逸經的大略，已如上述，現在再說『逸經與古今』罷。的確，這兩個雜志的體裁和內容，從表面看，眞是找不出甚麼『大不同』的地方。並且古今所標舉的，取材方面是：文獻掌故，散文小品。趣味方面是：樸實古茂，沖澹雋永。都與逸經完全相同。但是詳細考究一下，無論在面目上，情調上，這兩個刊物，又好像有極大的差別。頗有可以意會不可言宣的道理。這當然是時代的驅使，與環境的要求。我想恐怕還是以時代環境，及主持者，與撰人，讀者幾方面綜合的力量，把他促成了這個面貌。所以若論到逸經與古今的異同，那只好抽象的說：所有同者聽其同，所有異者亦聽其異。再說明白點，便是逸經有逸經的時代，古今有古今的時代。並且古今中之執筆撰稿人，有好些都是『逸老』，更是這兩個雜志異中必同的唯一原因。有人說我的話太模糊不着實際，未免騎牆敷衍。那麼勉強的批評：可以說逸經是三段論，古今是兩段或一段論。何謂三段論呢？便是紅燒魚的作法，除了燒頭尾外，再來個燒中段。因爲逸經的編法，總是頭兩篇必是史實，史料等專篇，中間便是革命逸史，洪憲詩等掌故隨筆，末了殿以小說雜俎。至於古今呢？有時有雜俎，但絕無小說，前面大部分是史事掌故，後部或爲通信，或爲特寫。這不過均是大概，不一定每期都是如此。

至於我對辦雜志的意見，如逸經與古今，都是我心目中所贊許的刊物。因爲就我個人的興趣和看法，我總以文史兩門抱的綜合雜志最有意思。其原因很簡單，因爲單是史學的，不免枯燥，單是文學的，不免空洞，也皆難辦好。並且凡是昔賢作學問，莫不視文史爲一事。（如司馬光歐陽修王安石，均以文史大家自居，見洪氏容齋隨筆。）所以在刊物原則上，總以闡揚文史爲精神主體。但是在卷首，我不贊成如逸經上的多列門類，自我宣傳。至於取材，只要是文史題材，考據也好，特寫也好，以及有關時代社會紀事的佳作，均一律歡迎。而以事實新鮮文字輕鬆爲上選。編輯方法，我還是主張三段論，頭幾篇是考據或特寫，中部掌故隨筆，後部雜俎，或爲故事，或爲通信，甚至於特載都可以。總而言之，全冊以『精』爲尙，以『新』爲佳，甯缺勿濫，甯實勿華，則自然篇篇可讀期期可傳矣。

古今的不自夸張，取材精審，這是比逸經顯得乾淨、精神的地方。但是因爲篇幅比逸經少，所以表面上不如逸經的博大龐雜。這也是時代的關係，因爲紙張太貴且太缺乏，只好更精益求精的作去。有人說古今的內容『今』太少了，我則以爲少到不少，不過不大明顯，竟被人所忽略。如周佛海先生的幾篇大著，都是有關於今的重要文字。他如翼公先生的『歸航』諸篇，和『香港通信』，何莫非時代文獻。再如樸之先生的『記藍蔚書店』，或由個人而及社會，或述文化而紀政黨，亦以今爲主眼，只可惜稍少，不是期期都有耳。我以爲事變後的各地通信，實在是有關時代，社會的好題材，所難者，便是需要有好手筆來觀察描寫。就是上海一地，可紀的事必很多，古今諸公不妨注意於此點，以求今史料的保存。

拉雜寫來，話已經說得不少，除了感觸外，委實想不出『可貴的見解』（黎庵兄屬語）。當此古今一周大慶之夕，回想逸經開幕放鞭炮的情景，黃粱夢醒，往事難索，翹首海天，曷勝悵惘。且千里迢遙，沛包之寄難通，秀才人情，半張之紙猶在。無已，只好取過年禮貨之展轉循環互送法，以昔年語堂先生所送逸經之滿包，原封不動，再轉送於古今可也。千祈笑納，勿却是幸。

語堂先生論逸經書云：『……人間世提倡小品文筆調，以談話腔調入文，而能爲此筆調者尙少。愚見以爲西文所謂談話（娓語）筆調可以發展而未發展之前途甚爲遠大，並且相信，將來總有一天中國文體必比今日通行文較近談話意味。以此筆調可以寫傳記，述軼事，撰社論，作自傳，此則專在當代散文家有此眼光者之努力。此種筆調甚平易而實亦甚難，非「健談」者寫來便薄弱，無氣力，而「健談」豈易事哉。芥蘭菜炒牛肉片人人會炒，而炒得老嫩相宜耐人咀嚼，豈是易事？

茲本此義，姑以愚見以爲可發展之幾點說說：

㈠斯脫奇Lytton Strachey 以小品閒散筆調作傳記，在傳記學中別開生面，似小說，似史實，於敍事之中加以幻想，於議論之中雜以軼聞，此有可採者一。中國人做傳記太幼稚了，史論太道學，傳記太枯燥，少能學太史公運用靈活之筆，百忙中帶入輕筆，嚴重中出以空靈，所以中國傳記技巧上極其幼稚。你想道學先生替人家做墓誌銘，那裏懂得什麽空靈細膩？今日讀不到一本好的袁子才傳，金聖歎傳，蘇東坡傳，曾國藩袁世凱傳，——即使有也都是攷證家戴玳瑁眼鏡的玩意，那里會有一點文學意味？今日可做的傳記很多，若李鴻章，若曾國藩，若張宗昌，若徐樹錚，何一不可運用生花之筆做一本極好傳記？

㈡軼事等於西洋Anecdotes（按即逸事趣事），擴充起來便是Episodes，而成爲成段的描寫。中國人記筆記的技倆，我最反對，一事僅僅一段十幾行二三百字便完，這都是文言之束縛所致。我的意思是：除了不分類，不整理，無議論，無描寫的零亂隨筆以外，也應用白話寫出較可讀較生動的成段文字。一段軼事至少可以寫成一二千字成篇文章。……中國這種散文非弄得他靈活一點不可。大家少寫史論，於千百年後評古人某者「自知不明」，某者「自信不篤」，替古人做訓育主任。還不如用心理學的知識與文學的技巧把他寫成一段體貼入微的心理素描。以體會代武斷，以心理代道學。譬如罵秦檜罵嚴嵩者多矣，但誰曾寫出秦檜的心理來？古人鄙夷小說爲稗官小道，今人既然承認小說是文學，何妨用小說解剖心理之技術入於筆記？

㈢時評及時事記載今日都不見得有人用閒談筆調寫出。我不是說記載必不可嚴謹板重，然而於嚴謹板重之外，不妨別開生面，化板重爲輕鬆，變嚴謹爲幽默。最好的例，便是紐約的泰晤週刊（Time Magazine，非泰晤士日報），此報數年前爲大學畢業青年所創辦，即以純粹口語及閒談筆調敍述國家大事及時聞。一用此筆調便有許多材料，嚴重記載所不能用者可以列入。同時持負責態度，求不失實，不似一般小說。「泰晤週報」風行一時，銷路六十萬，便是因爲他的記載特別靈活，人家讀得下去。細想今日一切文字所以如此板重枯燥，都因有鬼嚇殺人也。寫作方面，有學究鬼，有攷證鬼；批評方面，有刻薄鬼，有道學鬼。左派言古代幽靈復活，我言古代幽靈向來就不曾死去也。吾甚願見文筆輕巧而內容負責不失實的時事記載各地通信，逸經可勉於斯否？』

語堂先生的言論，都是可貴的禮物，也可說是一般文史刊物應該注意的事。尤其是第三項時事記載，各地通信，與古今現在環境和將來責任，都非常切適。鄙意亦是如此。因爲各地方的材料必多必富，及今不書，後將何依？所難者便是其人須具史學上的所謂才學識，第一要眼光銳敏，第二要思想精密，第三還要文筆輕巧，眞的豈是易事。以前宇宙風上的『京話』，已經有那麽點意思，竟已膾炙人口，蓋亦佩其濟筆之難也。我這份禮物，是慷他人之慨，借花獻佛，想古今不致以陳舊見棄歟。

古今與我

紀果庵

『我本淮王舊鷄犬，不隨仙去落人間。』

旣是不能避穀升仙，總得追求吃飯之道。十數年轉徙飄零，把一個願意躬耕老死鄉井的人，竟是天涯海角，不想我也像天寶樂工一般，在江南托鉢乞食了。我在教育部(民國廿九年)第一次會見朱樸之先生，那天正是孫寒冰君噩耗傳來，樊仲雲先生等在發起賻贈的款子，朱君慷慨解囊，馬上簽了一千塊的支票，我因是北佬，對他尙不認識，由面孔和像片對證起來，疑心是周佛海先生？可是周先生又不會到這一部分來，直到他走後，才曉得姓名職位。不久，我脫離掾曹生涯，仍舊幹起苜蓿勾當，雖是冷板凳，究竟算是還我初服，將南來以後所感受的離愁，減去不少。職務有閒，舊書店爲我唯一消遣，這也是我後來所以能寫出白門買書記的原因。時日匆匆，三十年秋冬之季，我們開始計劃出版一種純研究純學術性的刋物，因爲那時出版界八股之風，比今日還濃厚，自己想爲什麼在這環境不能產生一個比較可讀的刋物？恰好這時上海局面變了，正可請到兩位經驗極富的編者，於是第一期『眞知學報』就在三十一年三月出版了，在那時，這刋物雖不像樣，但却可說是唯一的學術讀物。與第一期眞知出版同時，就看到中報上『古今』出版的廣告和目錄，上面大書朱樸之先生主辦，第一流散文月刋，我只覺得由目錄上看來，這也是打破八股風的同道，惟文字如何尙未寓目，三月三十日那天，我去中報館參加紀念宴會，遇見許多平時不大容易看見的文友，好幾個人都談到『古今』，並勸我應當買一本看看，恰好羅君强先生正接到由上海寄來的一冊，他也在盛讚着。我雖和亢德黎庵兩兄算老同志，然與亢德兄音問已斷絕數年，江湖水深，恐早相忘矣，旣不知是周陶二公所主編，還是忽略的成分居多。後以眞知事，開始與亢兄通信討論，除感慨外，兼及近況，因告我古今乃黎庵所編，囑爲寫文。其時第二期的古今已出版，余遂獲第一第二兩期各一冊，略加披覽，始大欣悅，好像又回到六七年前看『宇宙風』的心情。隨了刋物，得黎兄來函，仍以寫稿相命，我幾年以來，因爲感傷人事，漸知注意歷史，覺得一切學問，皆是虛空，只有歷史可以告訴人一點信而有徵的事蹟，若偶然發現可以寄託或解釋自已胸懷之處，尤其像對知友傾瀉鬱結已久的牢騷，其痛快正不減於漢書下酒！當黎庵信來時，正在研究曾左交惡的問題，這也是因想知道一些太平戰役的史實而引起的，翻閱左曾兩家全集，知筆記中所說，皆是推測之詞，骨子裏還不是爲了爭權奪利，於是覆信黎庵，說打算寫此一篇，那知黎庵較我更爲『有歷史癖』，從此給我來信，由湘鄉與湘陰的長短而談到許多晚淸史籍，眞如抵掌促膝，使我得到不少益處。我自到南京，久已失去友朋切磋之樂，和可愛的舊京，暌違將及三年，在首都只看見些汽車包車，女招待跳舞場，聽到些投機圍集，活動摩擦，學術云云，向誰去講？自與黎庵信札往來後，才又恢復了舊時樂境，至今思之，猶有餘味。

黎庵要去我的像片，他說我像老向，老向與我，本皆北方之强，『美秀能文』四字，一點也談不到，朋友看見我這『龐形大漢』，都以爲我一定能吃酒，會吸煙，却想不到我兩樣通來不得，實在够不上論語社同志，與陶周二兄，皆有煙癖，余愧未能，眞覺有玷良友。去年夏二君先後寄我小照，惟皆專貼派司用者，毫不『神氣』，昨天我會到寫『女人頌』的朱劍心兄，他說在滬與黎庵會談，直如覿面叔寶，靈光照人，不勝欣羨，我自恨爲鄉下老，未到過『天堂』一步，知友如此，尙未識荆，亦奇聞也。

卅一年夏季，知堂翁南遊，舊日弟子，追隨者甚多，渺小如予，只充定筵席揩檯子之役，不能親承謦欬，忽得黎兄來信，有來京與此翁一晤之意，蓋自宇宙風時期起，知翁雖長期撰稿，周陶與翁，却也如我與周陶，並不認識。但來去匆匆，會晤終難實現，可是我也就失去了瞻仰丰儀的機會，反而由我寄出所拍照片三幀，以爲紀念。去年夏天氣候之熱，可稱前無古人，『古今』一到，立卽看完，殊有不過癮之勢，且揩油的朋友甚多，如汪長濟兄卽每期向余索要，弄得我一冊無存，對『古今』說，是可幸，對我自己說，是損失！我爲消遣長夏計，曾向黎兄索事變以後之宇宙風數期一閱，因我自廿六年秋季，卽不見此刊，今日得之，正不啻老友重逢，不知是何滋味。可惜黎兄只覓到六期寄我，常嫌其不足，至今此數冊尙什襲珍藏，不致遺失，因爲這也算一段友情的紀念。

我在南京，老感覺不舒服，也是因爲我在北京住得太久，印象太深之故，所以覺得南京總是不及北京。像傅彥長先生那種主張，到一個地方就應先體會那一地方的好處，並將自已與之習慣，道理是很對，作起來就很難，我在南京可以說已經在盡力發掘他的長處，而除去花尙可看，馬桶尙可用兩件外，到如今尙未看出什麼中意的地方。若是照實利講，現在三百塊錢買一石官米一百多塊錢買一袋麵粉實在比北京上海都好得多，然而作文章的人偏不高興計較什麼米貴麵賤，其所留連者，乃在乎歷史風土人情，我在寫『兩都賦』一文時，不客氣說，心裏有些偏袒北京的，這文章的名字本叫南京與北京，改爲今名，還是黎庵兄的聰明。班孟堅賦兩都，東都西都，大有軒輊，假定以感情說話，我主張國都還是在北京好，然草野之見，自然不得與於大計，不必提他。自此文發表，北京的朋友，多對我夸奬，南京朋友，未免不大高興，然好人在什麼地方都是好人，我的南京朋友也不少，他們大抵皆君子之流，並不因住在南京而有任何減色，此應藉此機會，一加聲明者。暑假中，有幾封周陶二公的信，被『作家』的編者討去發表，雖未說出名字，却被人一猜而中，蕭穎士斷李華能爲弔古戰場文，到底是李華的文章有了相當聲價才會如此。可惜我這個人懶得連髮都不愛理，信件更不能保存，否則若干年後，裒集成冊，不亦大有價值乎？忙亂中揮汗爲眞知學報撰文，如『清初圈地攷』等，皆曾大得黎庵指示，並承他美意奬勵，但讀書愈多，愈感覺自已學問不行，無怪古人有學然後知不足之論，去夏至今，關於圈地史料，連續發現不少，人事牽纏，無心補苴，只好聽之。暑假後我大忙起來，寫不出什麼東西，古今又囑少談古多談今，因爲古太多了，人家都說成了古董，我才敷衍了買書記一稿，題目想好，徵求黎庵意見，黎庵以爲可以寫出，起初不過想記記自已買書的滄桑得失而已，不意下筆不能自休，就成了現在的樣子。書商因是不快者甚多，甚至向我提出質問，我只有勸他們馬馬虎虎，可是也有人說：『爲什麼不把我們這片店說進去，我們的書也不算少。』彷彿我的文字成了『案內』，實在有負初心。這篇文章頂好留到十年廿年之後再看，使人知道南京還有過這麼一種物價，未始不足當『掌故』，若說目下，比起謝君的書林逸話，良有大巫小巫之異！南京買書的人很少，碰來碰去，不過那幾名，又都不大講究板本，戰後收藏蕩然，故家喬木，完全化爲灰燼，只剩幾位窮酸，在這古城裏充呆子，可憐可憐！在北京買書，可以需要什麼買什麼，在這兒買書只能看見什麼立刻就買，不然，再回頭架上已空，悔之無及。最近南京書賈鑑於滬上書價狂漲和北京客人吸收胃口太好，將價錢胡亂向上提高，核計起來，有許多書還不如化聯銀券從北京買合算，此亦始料之所不及也。自買書記後，我差不多未給古今寫稿，黎庵兄屢次催促，前幾天正月稍閒，才勉湊一篇『談紀文達公』，自知無何見解，恐不見得會發表。黎兄與我志趣最投合的清史之學，自去秋以來，一直沒有翻閱過一本書籍，人事之羈累，有時令人一切難遂心願，凡是不願作的，偏偏得作，因爲不作沒飯吃，反之，願作的呢，則不能不大受犧牲，我常常自己發牢騷，不知何時才能靜坐焚香，讀書遣日。即以文字而論，雖學術上的寫作或得心應手的文章未作一篇（眞知巳半年未交一字），而迹近八股（亢德兄曾稱之爲七股）或被逼拶而出的滿紙草茅狗屁文字，却每月總要弄上七八篇，如此爲文，毫無生趣，大約等於文案先生之作等因奉此，眞罪業也。幸好不知因何，就與黎兄通函談起寫字來，自已雖是春蚓秋蛇，寫不成樣，但關於碑帖之蒐集，墨迹之欣賞，亦性之所嗜，於是大談特談，一發而不可止，那時黎庵自謙寫不好字，忽然也用起毛筆來，說是有人送了一塊硯池給他，鼓起興趣，後來談來談去，有些厭了，還是黎兄來函，說『打住吧』，才不再談；唯古今社早日約我塗鴉一篇，起初是無此勇氣，近日忽然振起野心，竟亂寫一通寄去，想來也是覆瓿資格居多。記得這是因爲春節晚上，萬里一身，俯仰感念，信手取舊國聞周報翻閱，瞥見今傳是樓詩話轉載樊山金陵雜詠，頗有風致，所以第二天就寫信給黎兄說，要把這詩寫出寄去，來信大加獎借，才率爾操觚，寫了以後，掛在壁上，實在越看越不成樣子，對於那樣詩篇，未免太不調和，好在這是了却心願的事所以不去管他。或黎庵見此字，也當贊成我一聲大胆耳。

三十一年下半年起，雜誌界有一種風氣，就是竭力想變換胃口，避免八股七股之類的東西。繼萬象而起的大衆，雜誌，都有着獨特的作風，而且銷路相當不壞。文壇的寂寞，實在過於長久了，飢者易爲食，作品雖不够水準，只要不讓人望而欲嘔，總還有辦法，且作者水準低，讀者水準又何嘗高？『古今』可說是在烏烟瘴氣中第一枝挺秀的梅花，這個淸亮的角聲起處，自然不乏賢明之士，起而踵行。如所謂『人間味』『人間』『風雨談』之類，大有風起雲湧之勢，而其瓣香，未始不在古今，人間味且自已聲明以古今爲『模特兒』，但是好比北京人吃飯館，烤鴨，必上便宜坊，蘿卜絲餅必上致美齋，就是買區區醬菜，也還是不嫌繞遠的跑到六必居等等，所古今之爲古今，仍然居在領導地位，此並非諛詞，而是公認事實；我個人對於古今，與其說愛好的心盛，還不如說希望的心盛，在剛剛出版不及二十期的刊物，已算具有『老資格』的本刊，唯希望其精神日新月異，並且常有像『盛衰閱盡話滄桑』那樣的鉅作，給我們看看。

「古今」一周紀念贅言

徐一士

當文壇消沈寂寞之際。刊物中乃突有「古今」出而與世相見。使讀者眼界頓開。爭先快覩。文化界因之呈一種活躍之狀態。斯誠事變以後文藝史上所可大書特書者。「飢者易爲飲。渴者易爲飲。」蓋刊物之稍能饜望者。即可博得歡迎。況如「古今」之內容充實。氣象光昌。爲出版界放一異彩。其擁有甚多之愛讀者。風行一時。衆口交譽。蓋實至斯名歸焉。此種現象。豈倖致哉。

「古今」刱刊於去歲三月。月出一期。至第九期（十月十六日出版）起。更由月刊而改爲半月刊。每月兩期。其質的方面與量的方面。均益足使人滿意。其不懈益進之精神。有如此者。自刱刊以迄今茲。遂於奮勵進行中已屆周歲矣。此固甚值得紀念之事。第十九期之特出「一周紀念號」。以示歷久不忘。宜也。

「古今」第十七期載「一周紀念號向讀者徵文啓事」有云。『本刊之出。一鳴驚人。』誠哉其爲一鳴驚人也。願善葆此不懈益進之精神。努力邁往。行見二周•三周•………。發揚光大。久而彌昌焉。勉之勉之。一飛且沖天矣。

由「古今」而回憶事變前之上海定期刊物。有可述者。東南人文素盛。上海尤薈萃之區。加之交通之便利。物資之豐厚。舉凡出版業務之發展。遠地作品之徵集。在在均易於爲力。以故文藝定期刊物亦於此種環境下發榮滋長。蔚呈盛況。其以散文小品一類文字見稱於時者。如「論語」以「幽默」鳴。頗令讀者耳目一新。銷行甚廣。內容多可喜。而論者亦或謂其專載諧謔一路作品。取材不免單調。閱讀之際。除足供消遣外。所得似較少。繼之而起者。則有「人間世」。更對小品文特別提倡。其所揭櫫者云。『小品文可以發揮議論。可以暢洩衷情。可以摹繪人情。可以形容世故。可以劄記瑣屑。可以談天說地。本無範圍。特以自我爲中心。以閒適爲格調……善冶情感與議論於一爐。……「人間世」之創刊。專爲登載小品文而設。蓋欲就其已有之成功。扶波助瀾。使其愈臻暢盛。……除遊記詩歌題跋贈序尺牘日記之外。尤注重清俊議論文及讀書隨筆。以期開卷有益。掩卷有味。』旨趣如是。內容亦頗能相副。不僅「有味」。實兼「有益」。故較「論語」尤得讀者之重視。「人間世」停刊較早。而當其將次停刊之時。即復有「宇宙風」代之而興。宗旨相近。而又一新其陣容。所揭櫫者云。『雜誌之意義。在能使專門知識用通俗體裁貫入普通讀者。使專門知識與人生相銜接。而後人生愈豐富。「宇宙風」之刊行。以暢談人生爲主旨。以言必近情爲戒約。幽默也好。小品也好。不拘定裁。議論則主通俗清新。記述則取夾敍夾議。希望辦成一合於現代文化貼切人生的刊物。所以不專談幽默。正是以慶幽默之成功。無論何種寫作。皆可有幽默成分夾入其中。如此使幽默更普遍化。』於「人間世」及「論語」之長。蓋兼取之。尤有後來居上之概。間出特輯。亦博好評。又有「談風」一種。較後起。內容亦頗良好。體裁似亦以近之。惟刱刊未久。即値事變。所見僅數期。印象未深。此外更有可特書者。則有「逸經」一種。標明「文史」刊物。宣布宗旨曰。『「逸經」之宗旨。乃在供給一般讀者們以高尙雅潔而興趣濃厚。同時旣可消閑復能益智的讀品。並圖貢獻於研究史學及社會科學者以翔實可靠的參考資料。務期開卷有益。掩卷有味。』並謂性質是「純粹的文藝與史學的刊物」。文體是「長短不拘。語文並用。莊諧雜出。雅俗共賞。」取材是「今古盡收。譯作皆有」。內容是「不尙淸談。不發空論。必求言中有物。華而且實。使能篇篇可讀。期期可傳」。蓋文與史兼重。而所載作品。頗側重於史的方面。「太平天國」史料之蒐輯研究。尤其特徵。至文字方面。雖莊不廢諧。而大體言之。體裁固較趨嚴肅也。出版以後。亦甚得社會歡迎。其成績。尤爲治史者所贊許焉。滬杭密邇。聲息相通。有異軍特起之「越風」一種。出版於杭州。揭同人信條四項曰。『一。不張幽默惑衆。一。不以巧言欺世。一。不倡異說鳴高。一。持惟眞憑實據和世人相見。』其內容蓋以史爲主體。並於浙省文獻。更特加注意。就其命名觀之。即可覺其上承浙東學派之遺風。且富於鄉土意味。(出有西湖特輯。)旣以反「幽默」爲信條。尤足見其文字方面之嚴肅性。當時「越風」內容亦頗可稱。允爲之江之名刊物。而銷行各地。則似未逮上擧滬上各種之廣溥。蓋地域與性質均不無關係耳。

以上所列上海(附杭州)諸定期刊物。蓋聊取可資論及「古今」之揚搉者。作簡單之引述。就所見略擧而已。其未見及偶見而印象太淺者。不敢妄談也。

當諸家刊物。競起爭鳴。其情狀可云極一時之盛。乃事變遽起。風流雲散矣。數年以來。景象蕭索。嗜讀諸刊物者。忽忽若有所失者已久。去歲三月。復見「古今」刱刊於滬上。「入門下馬氣如虹」。打破沈寂。令人精神陡振。讀者忻慰之情。來暮之感。蓋交集焉。「古今」之發刊詞云。『古今中外。東西南北。形形色色。無奇不有。在幾千年的歷史中。世界上產生了多少英雄豪傑和名士佳人。發生了多少驚天動地可歌可泣的事蹟。過去的都成史料。現在的有待紀錄。未來的則無從說起。……所謂歷史。整個的就是一部人類的千變萬化和喜怒哀樂的紀錄。……我們除了一枝筆外。簡直別無可以貢獻於國家社會之道。因此。我們就集合了少數志同道合之士。發起試辦這個小小的刊物。想在此出版界萬分沈寂之時來做一點我們所自認尙能勉爲其難的工作。我們這個刊物的宗旨。顧名思義。極爲明顯。自古至今。不論英雄豪傑也好。名士佳人也好。甚至販夫走卒也好。祇要其生平事蹟有異乎尋常不很平凡之處。我們都極願盡量搜羅獻之於今日及日後讀者之前。我們的目的在乎彰事實。明是非。求直理。所以不獨人物一門而已。他如天文地理。禽獸草木。金石書畫。詩詞歌賦諸類。凡是有其特殊的價値可以記述的。本刊也將兼收並蓄。樂爲刊登。總之。本刊是包羅萬象無所不容的。』開宗明義。所昭告於衆者若此。蓋其範圍宏大。包孕繁富。所謂「上下五千年。縱橫九萬里」。斷擣所在。足見大凡。要其注重之點。固尤爲史的方面之致力也。體裁風格。則深具引人入勝之能事。似前擧各刊物之長處。類皆有所採取。而更自有其特色。

所登作品。大都以輕鬆清新之筆調。爲雋婉流利之談吐。文質相劑。情韻不匱。凡是讀者。當能辨之。無待煩言。至「古今」之工作。以視前舉各刊物。則殊有難焉者。此一時。彼一時。今昔相衡。不可同日而語。亦無待煩言而解。「古今」當局之苦心孤詣。當爲世所共喻矣。（縱或稍有未盡使人滿意之處。緣是似亦未宜遽作求全之責備。）

「古今」第十七期。標明「散文半月刊」。此後內容。似將側重在文的方面。與前之重史稍異。惟「文」與「史」雖若各有其分野。而「文」之含義本多。「史」之領域亦廣。二者實有息息相通之關係。固可分而不盡可分也。初民於狩獵辛勞之餘。圍火團坐。燔食所獲。於烟焰中快談祖先之英雄事蹟。興酣更以歌唱舞蹈繼之。此蓋文學與歷史之共同的起源。『文』『史』就其發生上言之。可稱爲一對孿生子。其後雖漸分化。而關係仍屬密切。大史家每具文心。大詩人亦多史筆。司馬遷與杜甫即爲最顯著之例證。史學家劉子玄。章實齋。於所作「史通」「文史通義」中。論史與衡文並重。尤足見兩者界域之不易劃分。迄於最近。盛唱以科學方法治史。史學乃與文學判爲兩途。成爲社會科學之一部門。此在學術上固爲一種進步。然以過於重「事」而輕「人」。重常則而輕變象。充類至盡。幾將以歷史統計學爲史學之正宗。流弊所及。「史」只剩留枯燥的名詞數字。「文」只剩留浮飄的感情。其實「文」與「史」畢竟均以人類生活爲其對象。史書之佳者。特具意境。正與文藝無殊耳。要之。「史」不可無性靈。「文」亦不可無實質。否則治史將等於掘墳。學文亦將等于說夢。其影響殆可致民族活力與熱情之衰退。非細故也。是以治史者不宜僅以排比史蹟爲已足。尤宜注意於抉發史心。文藝作品之有資於史學者。有時或過於碑版傳狀之類。因後者每祇是事蹟的鋪陳。前者每可見心情的流露。此杜甫元好問吳偉業等之作。所以稱爲詩史歟。且不僅客觀之作。可爲珍貴之史料。即屬於純主觀者。苟能審爲體味。亦可洞悉其時代精神。歷代作品中。其例亦自不乏也。（嘗與何梅岑先生談及「文」「史」問題。每就鄙說加以引申。此節頗采其語。）「文」「史」關係。略如上述。「古今」今雖以「散文」相揭櫫。吾知其於「史」的方面。（或具體的。或抽象的）。必仍能使讀者獲得不少之裨益。即以第十七期而論。其有裨於治史者豈尠乎。（散文小品。其用或優於高文典冊。以其簡明而生動。易於引人入勝也。）

余治史既無所成。爲文尤筆舌拙滯。頻年東塗西抹。實無足道。「古今」剏刊之後。徵及拙稿。以備一格。雅意殷拳。勉効綿薄。大懼無以副讀者之望也。（「古今」於拙稿時有過譽之介紹語。厚愛可感。然實非所敢承。）茲以一周紀念。復徵言於不佞。誼弗可辭。語難中肯。拉雜書此。贅言而已。

借古話今

文載道

一　與古今的一點因緣

到這期爲止，『古今』恰恰出滿了一周年，編者先生想約幾個朋友寫點紀念之類的文字，承他的不棄，願意在珠玉中間放些砂礫進去。這在讀者或者要感到澀目，正如一星砂礫的跑進眼中那樣的不快，但在我卻別有欣慰之感。

自從古今社搬到亞爾培路二號以來，我時常成爲不速之客。有時候就在那澄朗的明窗下，燃起紙煙跟黎庵兄撩上半天，上自社會人生，下至里井瑣聞，無不海闊天空的作爲晤對的材料。『最難風雨故人來』，有時候，一個人躲在書齋中感到岑寂、煩悶，或者，有什麼事要和他商酌，也就踏著一街淨淙的小雨，讓風翼襲著破舊的洋傘，匆匆地跑到那邊徵詢他的『高見』。直待到一方長而黝暗的莫色蓋下來了，才彼此分手而歸——尤其是因爲社址距寒舍只有一箭之遙，往返更覺方便。這中間，也曾經想寫一篇『記古今社』的小文，後來看到外面談『古今』的文字已經不少了，所以就因循而至於今。今天就趁機約略的帶到一點，算是了卻一樁心願，並且由此而談一談我個人一年餘來的凌亂感想。

在什麼書上看到這樣的一個故事：倪元鎮爲張士信所窘辱，絕口不言，或問之？元鎮曰，一說便俗。讀之令人悵然。我並不想高攀古人，竊比前賢，不過他的答語卻深深令我感慨。一個人最好最聰明的方法——我在這里誠意的說，無過於什麼話都不說！而人類的感情思想，無論是哀和樂，它的最崇高的表現也無過於沈默與無言，如佛子之所謂寃親平等。金古良在『無雙譜』題漢末隱士焦先的贊詞云：

『孝然獨處，絕口不語。默隱以終，笑殺狐鼠。』

這種修養簡直令人肅然。論語『陽貨』第十七的一章，記孔子和子貢的對答云：

『子曰，予欲無言，子貢曰，子如不言，則小子何述焉？子曰，天何言哉，四時行焉，百物生焉，天何言哉！』

這一段旨趣，境界都極好，雍容闊大而寄托閎遠，非後來的儒教徒所能企及。然而，並不是我刻意的自圓其說，人究竟還是無往而不矛盾，也便是無往而不可憐的東西，我們終於還不能保持沈默的終始。因此，焦先也究竟有入『無雙譜』的資格，絕無中之僅有者。至於孔仲尼自己呢，同樣的不能忘情於口舌，但看在這一章之後，他依然有更多的感想和意見，於是人也反不免爲狐鼠所笑！

這是我的『借古』，現在應該來『談今』了——這看起來，倒大有從前做『賦得詩』的遺風，必須按照題目不出一定的格式。否則，便如朋友之批評我文章的缺點：善於拉扯。

不錯，我何嘗不有自知之明？但實在也沒有法子。『壓根兒』我是命定的浮雜和淺薄的人；尤其是自前年冬天以還，我的思想與情緒，陷入了不能自拔的虛無和悲涼，終至於想靜靜的閉戶讀書而不可得。加以年來艱苦辛勤的一點藏書，除古書外，都被遷移各處，特別是我四五年來收藏的幾套日報，雜誌（每套均首尾兼全），也均落於子虛公之手，偶然想參考或摩挲以下，即立刻有一個痛苦的印象──當時我怎樣酸辛的送他們跑出我的收藏室──浮上我的心頭，像一具怪物那樣的齧嚙我的心。現在雖然還保持了一部份的單行本，但那些日報卻永遠的和我訣別了，而且書籍的配補，還可期諸他日，而報紙則從此『侯門一入深似海』，以後永無再見之期了。所以我就此不想說話，讓那駸駸的歲月蠶蝕著我的多餘之身──雖然還有其他的原因，如中經小病，只能忙於醫藥的料理，而精神復甚困頓，當然更加無法執筆了。

而這時節的上海──其實也可說是南方的出版界也異常沈寂，定期刊物既然這樣的少，則其水準自也不能强人意了。但忽然不知在那一天，我在報攤上瞥見一本『古今』的創刊號。一翻內容，覺得還沒有『攬七念三』的大作，而且定價也便宜，便買了一冊，回到家裏就細讀一過，似乎相當適合我的胃口。這樣的到了第二期，又買了一本，從編輯的風格和某些的作品上，我猜出了這大約是朋友黎庵兄編的。

我怎樣的會猜得出來呢？在這里，我似乎應該像說書先生那樣的在賣過關子之後，先將警木一拍，隨即呷了一口茶，把扇子揭開來習慣地揮了幾下，然後說道：『列位聽我慢慢道來』──

卻說當『古今』出版的一個月前，有一次，黎庵兄步至寒齋閑話，中間曾說到友人想出一本雜誌，像過去『人間世』那樣的專門『談狐說鬼』，裏面並且有『羅叔言參事』的『雪堂自傳』，本來想給『宇宙風』登的，大約因格於刊物的旨趣，沒有刊出。我問他爲什麼不把『宇宙風』復刊呢？答云，這非一二人所能作主。當下說過也就散了。在這之前，有一位『古今』特約撰稿的默庵君，也向我表示近來想寫一篇考據性的小品（按即蠹魚篇），打算在雜誌上刊載。黎庵與默庵本來是很熟的，而且又爲黎庵所最賞識，最折服的，謂其文字高出我二人之上。所以兩庵之間，素有『因緣』，然非香火而爲文字耳。其次，還有一個原因，『古今』的社長朱樸之先生，跟他們在很早的時候就相熟的，則以此而推測古今的編輯，必屬陶周二君無疑了。於是在第三期中，果然有朱先生的『介紹辭』了。

我因此更每期手不釋卷的買來閱讀。

一本好的刊物，即使對作者的酬金較爲儉薄一點──自然不能儉到可以做『儉德會』的會員──但只要內容整齊，作者也甯願爲文撰稿，其興趣比在內容窳劣而酬金奇多的刊物上寫作還要高。不過，這決非說『古今』的酬金並不豐厚，這是有附帶申明之必要的。所以，我就很有意爲『古今』打雜，曾經寫信給黎庵兄，問他是否接收，而回信則是：頗表歡迎云。當時還擬定了兩個題目，一個是『中國子史叢刊擬』，一個是讀張次溪編的『北平歲時志』（鉛印本，國立北平研究院史學研究會出版）。到現在拙文倒已經寫好十來篇了，但這兩篇最先擬好題目的東西，卻反而還不曾寫出，不過這篇『關於風土人情』一文，却就是由讀『北平歲時志』和顧祿的『清嘉錄』引起的一點感想。也可說是一個『濫觴』。因此，這第十三期的編後記中說我『擱筆已久』，是實情，說我『經編者再三催促，始允執筆』，卻是需要修正的，因爲『關於風土人情』這一篇，固然是我一年來的第一次『弄墨』，但卻是我先有向『古今』寫文之意，而後始勞編者先生來催促的。這樣，到了第十四期，出版適值國曆元旦，於是復有『千家笑語話更新』之作。

可是等到我爲『古今』寫稿時，已在改半月刊之後了。

當未改之前，一部份的讀者，唯一的感到不滿足的，厥爲本刊只能月出一次。雖然月刊也不過僅只有一月之隔，如從前讀小學教科書上所說，『日子過的眞快』，以月大而計，每人豈非睏了三十一次的覺之後，又可看到了？但常人的心理，對於一件心愛的事或物的等候，有時卻顯得非常的緩而慢，語云，『等人心頭急』，此之謂也。譬如：

『古今還沒有出麽？』

『要等到月初呢！』

『月初還有幾天？』

『大約還有一………』

如果出了半月刊，這一類的問答，不是可以減少或者簡直可以減除嗎？何況『天下蒼生喁喁以望』之情，更見迫切。記得林語堂先生說過，在『人間世』的發刊詞上：各種的定期刊物中，無論周刊、旬刊、月刊、季刊等，以半月刊爲最合格，尤其適宜於小品文刊物，而『古今』則正是小品之流亞，這中間曾經跟朱先生談起，而他卻有一點顧慮；因爲還缺少四五位經常的執筆者，不容易將內容弄得純粹，否則，便不免影響了質的嚴肅。但這樣等到了第八期，『古今改出半月刊啓事』終於登出了。並敦請『前論語、人間世、宇宙風主編陶亢德先生列名編輯』云。

到了第九期上，果然面目一新，連封面都改過了。前於此的古今的封面，多少是受『宇宙風』的影響的。在第九期上，列名的『古今』，用陰文而當作書眉，即占全面三分之一。我記得後期的『魯迅風』半月刊上，也是用的這種樣式—自然不是說它是模仿來的。下面則印以石濤的畫，題云『兩人山際論古今』，剛剛賦得本文，山上席地而坐『隱士』之類兩人，下泊一小舟，船尾有童僕各一，江流岸草，令人眞要發起思古之幽情來了。但自此以後，卻未見『古今』再換過封面，也曾幾次的跟黎庵兄說起，答謂實因製版太貴，重做即非五六百金不辦。其實，一個刊物之於封面或設計，卻是很要緊的，使人在欣賞之外，別有摩挲之趣，而且特別是文學刊物。我覺得，在類乎這一路的封面之中，以過去的『太白』半月刊爲最佳，樸素而有風致，適切的表達出小品文的特色。同時，便是單行的書籍，於裝幀設計也很重要，例如我最初之買良友版文學叢書之三巴金先生的『雨』，就只爲了從書窗中看到他裝幀的漂亮才去買的。只是這樣的說，我眞有點近乎『形式主義』者了。

這是我對於『古今』的一點因緣。知堂老人在『瓜豆集』的題記上，隱約之中，有將撰文比作像結瓜豆緣之意，可謂實獲我心。我也希望能於文字上，使彼此在修『業』之外，再結點瓜豆緣。書云，以文會友——只是我的文會不得友，卻極巴望別人能降格的來會我，那就不勝榮幸之至，雖然共爲『會』也則一。

二　編者與作者

『古今』的作者中，似乎以比較成熟的作者爲多，除了區區自己之外——關於刊物之刊載『老作家』稿子一點，彷彿一向被當作『物議沸騰』的對象。我以爲還可分兩點來談，即原則與現象。在原則上，編者向成熟的作者徵稿，是不錯的。因爲他們畢竟較爲老練深刻而有力，藝術手腕能保持水準以上。但由於應付生計，或自以爲儼然是個『名作家』了，往往就有一種敷衍嫣虎，搖筆即來不假思索的現象，似天才而實爲懶惰，可以寫得更好一點而偏不寫！『反正是特約的，不由編者不登！』這恰恰和未成名的作者相反：他們唯恐編者不肯登，所以寫時也特別賣力認眞，把文章確能當作文章來寫。但因限於本身的修養欠缺，和文字的接觸疏稀，所以雖肯努力而終不能達到一般的水準——雖然這些努力決不會白花，經過『時間』的培育，終能結出結實的果來。然以現狀而論，編者之心有餘而力不足，亦正是難怪之理。

因此而就有『偶象崇拜』之類的嘲諷。

我也因此希望某些成名作者寫稿時能更嚴肅一點，更認眞一點！如果困於生計，那不妨爽直的要求增高酬金，『君子愛財』，以文字而謀稻粱，本是天經地義的事。但如果所寄去的卻是一大堆潦草塞責，連自己也不知所云的東西，則編者的失望爲何如？讀者的失望爲何如？而糟蹋數百元一令的潔白的紙張又爲何如！人家以最大的誠意，熱忱來矚目你的大作，而你卻出之以敷衍，以『應酬』的態度，如果『反求諸己』，先生！你心中，所感到的又是怎樣？又是怎樣？而且在事實上，編者，讀者，出版者的得失倒還在其次，最大的損失卻是——這些『名作家』自己！在留給的別人的壞印象之後，人家索性乾脆的不來請敎你！

但在『新作家』中間，有時卻因一二佳作的被人賞識，或者在自己人的刊物上拿出一點筆墨以後，居然也心高氣傲以來，犯著同樣的敷衍懶惰的毛病，甚至不惜以鈔襲而急於成名的，卻是更加的無藥可救，連僅存的一些基礎就此斷送了。其次，尙有令人覺得奇怪的，自己口口聲聲的攻罵別人的『偶象崇拜』，拉攏名家，但一等到自己榮任大編輯時候，心中卻已搖搖地浮起『偶象』或『名家』的影子來了，對於未成名的作品，比別人還要吝於顧盼！然則世上『事出離奇』的事情，寗有甚於此者？

『己所不欲』，最好當然是『勿施於人』。自己爲了出版家的生意眼，不能不向『偶象』之類拉些稿子，別人何嘗不有同樣的需要？我到現在還服膺沈從文先生在『廢郵存底』中所說的話：『編輯有編輯的勢利，想支持一個刊物必然的勢利。』世上的事情決不能看作怎樣的簡單，只有挨到自己挑上擔子時，才覺得別人的喫力吧？

然而這或者要引起別人的疑問來了：『你只顧說這個敷衍，那個塞責，那末，先生自己的作品又是怎樣呢？』

不錯，這颼颼的一箭確能的中我的瘡疤。假如允許我的解答，那末，除了與生俱來的愚笨和遲鈍之外，自問對於寫作時的態度，卻是願以最大的努力，努力於作品的不致流爲敷衍和草率。鈔別人的書，卻歡喜加上自己的意見，雖然意見又是這樣的平庸淺薄。而這一點大約就是構成我的拖沓、拉扯的缺點，鄙人也未嘗不『內疚神明』也。

我以爲編者和作者之間，被此應該有一種尊重、瞭解。這尊重不同於還就和客氣，而瞭解也原非愿諒和通融。作者瞭解編者某些事實上的困難，而編者則尊重作者『心血的結晶』。我尤其歡喜將稿送到熟朋友編輯的刊物上，這倒並非希望可以包庇、標榜。而是爲了倘逢編輯有删改的必要時，我還可和他們商量斟酌。編者的文章固然不遜於作者，可是編者的意見、眼光卻未必合乎作者。其次，倘使有必要的删改時，至少可以把删改的詞句，更接近我的原意。例如我和本刊的黎庵兄，他們改動固然有使我折服的地方，而且還能超過原作。但如果我不同意的地方，我就可跟他面紅赤筋的爭執着，假定換了陌生的編者，便無法辦到了。我記起從前有一篇文稿，被一個大編輯在末一節中，整段的用編者自已的意見，寫在別一張紙上，再貼上我的原稿——簡直超出了修改的範圍以外的光景，到現在還覺得不舒服？而這位編輯删改的『理由』，卻又是這樣的『沒有理由』。編者之於來稿，偶然的改動幾個字，或者眞能『點鐵成金』；但如整個的意見，有和編者枘鑿的地方，我想：那還不如痛快的退給人家。從此以後，凡是投稿陌生一點的編者的稿，我總要加上兩句『拙稿倘欲删改，請先通知一下』的話。這並非說絕對不能改，不過表示一種保留而已，因爲我已經受够教訓了。

聽說從前有一位先生的編刊物，逢到要改動來稿的字句時，卽使一字之微，也必先徵求作者，或謙遜地於事後向作者致歉。這位先生在文壇上是前輩，於修辭學是專家，尚且這樣的謹愼、誠懇，令人感到前輩的風範與氣度，究不可及！

我在前面說過，我並非主張我的文字絕對無可改動，世上旣沒有『完人』，想必也沒有『完文』。然而編者也不能一登寶座，便非把別人的作品，化上自已的裝去不足以顯其威靈。最折衷、最理想的辦法，應該是倘屬必要，先向別人徵求一下意見。這種辦法固然有其困難與麻煩，但我想，一本刊物中未必每篇都有『化裝』的必要。其次，也應該改得令人拜服，至少比原來的好。例如我在『古今』上所登的作品，除了『關於風土人情』中，因『特殊關係』而略去一段外，其他的一二字句的進出，我是相當同意的。

三　對於古今的感想

嚼了這樣的一串舌，回頭來又看了一看自已的話，眞覺得愈事愈拉扯了，用流行的譬喻來說，就是『跑野馬』。直將題目跑出八千里外。現在要想勒住繮繩，銜轡疾走的逃回來，卻兀自的不能停蹄。我有一種偏見，以爲文章應該從細小處、淺近處着手，正如黎庵兄主張不妨來攷據一下紐子的起源（見十六期編後記）。而一經着手以後，卻可以古今中外，信手拈來；於海闊天空中使其『放諸四海而皆準』，顯出放蕩、馳騁的姿態。

梁簡文帝誡子當陽公大心書云：

『汝年時尚幼，所闕者學。可久可大，其唯學與？所以孔丘言，吾嘗終日不食，終夜不寢，以思無益；不如學也！若使牆面而立，沐猴而冠，吾所不取。立身之道與文章異：立身先須謹重，文章且須放蕩。』

這是六朝人物的話，少有風趣，雖然也有人以爲文章正是表現『立身』的供具。不過，較之立身放蕩而文章謹重者，卻大有高下之分——以此而說到『古今』整個的作風，大約是放蕩、謹嚴兼收並蓄的，但卻也有一定的範圍。這是小品文刊物的理想的水準，在獨特的性格下時有晦明，縱橫與升沈的表情，而不流於雜亂泛濫。正如鄉間的小溪，於一脈清流中，浮遊著沙石，魚蝦，水草和小孩們擲來的瓦礫，微風起處，頻作漣漪，卻不損其清徹平靜，使走過的人，立在橋上躑躅久之。或者坐在一傍，遊目雲天，聽著跟溪流一同飄來的牧笛之聲，讓情緒上得到片刻的蘇息，然後回得家來致力自已的『道』。

這樣的說起來，豈非有點彩聲起自後臺之嫌嗎？但是我也並不怎樣的在『捧』！『古今』固然是周公編的，在『我的朋友』之列，不過彼此的交誼，比之於陌生者，也只多了一份歲月上的積累罷了。而且即使這樣，那末，這種自私心理彷彿也是人情之常：看見朋友拿起刀箭真的唱起來了，無論站在臺下或臺內的人，也難免要加上一份親切，一覺到好的地方，似乎也不必因為是朋友所唱，硬緊的忍住彩聲。這種不自然的矯情，正和無誠意的，不問青天或黑夜的瞎恭維一般的乏味。像上面所說的『文章必須放蕩』云者，我的偏愛便在這里，蓋『放蕩』的文章，有時正可看到作者真性的表現，比較的少於做作。

把『古今』在初期和後期比起來：也顯然是進步多了。較諸過去『論語』和『人間世』的開頭精彩，後來沒精打彩的退步來，更為難得。只是現在還有一個缺陷，便是雖已改了半月刊，但篇幅仍覺不够。令人一覽無餘。我也曾經跟主持者說起，而其所以不能增加的理由，不外乎兩點：㈠，紙價、印價等太貴，而售價則只有三元，批出去只收七折。現在每張紙要賣到一元半錢，而古今每期恰要一張紙，二元一角錢作什麼好？㈡生怕來稿不够，有凝質的純正。但後面的一點，在眼前是不成問題的，因為每期的稿子，已經足够從容應付了。那麼，最困難的便是前者，而『古今』又沒有公開的出版機關——我想，我們可以這樣說吧？關於紙價的問題，可謂說來話長，受其累者也不止一家二家。在響亮的『統制物價』聲中，而有紙老虎的奔突搏逐，不能不說是一個奇蹟！我們——一切從事文化工作而有切身之痛者，竭誠的希望當局能將這些紙老虎一針戳穿。『水滸演義』記武二哥打死景陽崗的大蟲，博得人人拍掌叫快，我不知道打擊這些人為的『大蟲』，是不是比武都頭要困難或者容易？漢高祖對蕭何（？）說：『卑之，無甚高論！』我以為現在有許多的事情都可作如是觀；能够做，可以做的事情應該拿出亟起直追的精神來，趕快做去！而只能壯壯聲勢的大言壯語，非事實所做得到的不必做，至少限度，慢一點做！做人固應大處着想，作事卻不妨小處着手。何況，紙張的漲和減，也正是一件大大的事情。『工欲善其事，必先利其器』，這是『不能再老』的老話，『不能再舊』的舊調，然而紙張之與文化，卻便是工之與器。在不『利』的條件之下，我們如何能希望它的『善』，於是也就更談不上『真』和『美』了。然而我們的呼籲和吶喊，卻敵不過紙老虎的一轉身、一抖擻，『帝力之大正如吾力之微』，我們因此也永遠的被別人譏為奢談夢想！

然而『話說回來』，『古今』雖然僅只薄薄三十二葉，五萬餘字，但卻有一個痛快的特點：有的時候，卻能大氣磅礴的將萬餘長文一篇刊完（固然也有分作幾期刊載的作品），例如謝剛主先生的『三吳回憶錄』及其他長文。這在一般的編輯先生，是不願采取的。他們所歡迎的乃是五花八門，『雅俗共賞』之作，可以招徠顧客，吸引多量的讀者。四萬字的篇幅，題目倒有二十個以上。這種心理在出版家更其普遍。就是日報的副刊上，老板們也希望在豆腐干似的天地中，題目卻能多多益善，不時的關照編輯：『短一點的！』『短一點的！』自然，倘能有短小精悍的作品，未嘗不足以使刊物增光，但因此而削足適履的限制作者的文思，卻令人異常悶損不快。我想，與其雜零狗碎的揉作一團，何如使讀者覺到一氣呵成。事實上，一本刊物猶如作者一篇文章，決沒有篇篇都能合乎理想，也決沒有句句都能出語驚人。只要有一半的篇幅，能使讀者感到擊節嘆賞，刊物就有了生氣。一篇作品亦然，所謂至理名言又豈能多得『君子多乎哉？不多也。』但倘能時有可人的字句，這作品已足光豔逼人了——雖然作者的主觀的努力總應該期望統篇完美、和諧，如何使之刮垢磨光，骨肉停勻，像詩人那樣的，要有『吟妥一個字，撚斷幾莖須』的忠於藝術的情熱。但反過來說，即令詩聖如杜工部，他雖然想做到『語不驚人死不休』的地步，可是像『諸葛大名垂宇宙』的拙直的句子，居然也出諸他之手，又將何說？然而當我們讀到『三顧頻煩天下計，兩朝開濟老臣心』的句子，就不由得不從心底送出至高的崇敬來了。換一種說法，我們有時也可能有超過他的句子，然而畢竟少，就只能片言隻語，偶一爲之，一入篇章便失卻均勻的措置。小孩子把百家姓鈔畢，一定有一兩個字比我們還寫的好，但要連篇累牘的寫得跟我們一樣整潔，除非是神童！杜少陵也有低於我們的所在，譬如爲心緒、靈感、時間和環境的限制，但他在大體上卻高出於我們萬萬，所以也終於能屹然地成其爲『詩聖』。反不見乎知堂老人的文章？在後期作品中，每篇倒有大半局是鈔書、引文，然而偶然的加以自己的清言細語，就覺得他筆下的古書，都栩栩然活躍楮上了。

野馬跑得愈來愈遠了，我連忙勒住繮繩用目一望，烏乎，蓋已靠近八千字有弱矣。秀才人情從來如紙半張，『古今』出了一周年，我們當然的要送點薄禮，而我又是那樣的不着邊際，逸出本題遠哉遙遙；然則只有像劉家阿季那樣的，在空白的紅封筒上，寫上四字：『賀錢萬貫』。好在那樣多的貴賓中間，想必決不計較區區的一份。據說『古今』還打算請一次客，吾鄉俗語有云：『面皮老老，肚皮飽飽』，所以形容老饕的而又厚顏者，換言之，即是喫白食之流也，如是鄙人又安能免於老老飽飽之譏乎？幸而與主編者『叨在愛末』，當能愿宥我的荒傖寒酸吧（作揖介）？

趙承旨大瀛海道院碑觀後誌

沈爾喬

碑在象山縣之爵溪，距縣治二十里。吳澄撰文，趙孟頫書，袁桷篆額。據縣志全文七百五十四字，近趺處已漫漶百餘字。其書秀發似北海之葉有道碑，而和婉直窺大令；惜拓手不佳，水墨浸暈，不能發承旨之精神爲憾耳！篆額規模博大，大似繹山碑；文亦空靈紆徐，無煙火氣，足徵當事者之鄭重矣。金石收藏家著錄與否，手邊無書可檢；獨經數十年來文化藝術之創造與發掘如此進步，而此碑不見稱於世，設非以官文書調查搜羅，將終古淹沒無聞；然則是碑之顯晦，固亦有時歟！據述象山尚有蓬萊觀碑，爲唐大中間物，乾隆乙丑出土者，斯尤不易得；安得一精拓本與此碑共傳於世，亦浙東文化之光也。

按浙東人文，自唐代以來久著稱於世，而文獻之見於典籍者，諸部集錄外，金石碑版之屬傳世蓋尟。不佞承乏以來，肆意搜求，僅獲此大瀛海道院碑於偏僻之象山縣。以浙東區域之廣袤，文化歷史之悠久，前賢遺蹟，有待於吾人之網羅者，奚止於此！他日文種、嚴子陵、錢鏐、王安石、王陽明、黃梨洲諸先生之遺蹟，更當廣爲搜求，或有所得，當陸續貢之『古今』。不佞浙東人也，發揚文化，豈敢後人，則是碑其嚆矢也。沈爾喬并識。

略論掌故與小品

——祝古今創刊一周紀念

朱劍心

「古今」自創刊至今，恰好一周年了。我自第一期起直至最近，每一期都一字不遺的讀過的。內容的好壞，早已有目共賞，無需我再來錦上添花。只是她既然和我發生了一點文字因緣，當此紀念大典，總不能不備一份菲禮，送去點綴一下，而且也是表示區區的一點祝賀之意，於是便想到了這個題目。

一年來「古今」所刊載的文字，雖然琳瑯滿目，美不勝收；但大體總以掌故和小品兩類爲多，因此想趁此機會，大略說說我對於這兩種文字的淺見。

「掌故」這個名詞，本來是漢朝一種官職之稱，是屬於「太常」的；他的職司是「主故事」，因此凡是關於國家的故實，也稱爲掌故了。到了後世，這涵義又彷彿和「文獻」兩字相混。所謂文獻，原本論語孔子言夏殷之禮，而深慨文獻之不足徵這句話，注釋的人道：「文，典籍也；獻，賢者也。」馬端臨的「文獻通考」，命名卽取其義，并且自已解釋道：

凡敍事則本之經史，而參以歷代會要以及百家傳記之書，信而有徵者從之，乖異傳疑者不錄，所謂「文」也。凡論事則先取當時臣僚之奏疏，次及近代諸儒之評論，以至名流之燕談，稗官之記錄，凡一語一言可以訂典故之得失，證史傳之是非者，則採而錄之，所謂「獻」也。（文獻通考序）

我們再來看看「古今」的性質，其屬於漫談掌故的許多文字，大體都與馬端臨的解釋相符。我雖不敢說有什麼「歷史癖」，（歷史癖三字，爲胡適之先生所常言。）卻是非常歡喜看這一類記載。所謂「名流之燕談，稗官之記錄」，尤其愛不忍釋。「古今」多載這一類文字，正合於我的脾胃，而爲我所愛讀的主因。假如把這所謂掌故或文獻的源流來研究一下，倒也可以找出許多冠冕堂皇的例證，決不是無足重輕的「街談巷語」可比。現在且一說他的源流：

掌故職「主故事」，和史官所職相仿。隋書經籍志史部有「舊事篇」一目，所載有「漢武故事」，「西京雜記」等二十五部，當是談掌故的最早的書。又「雜傳」類載「三輔決錄」「海內先賢傳」等二百一十七部，也有許多和所謂掌故並無二致。隋志述「雜傳之緣起」道：

古之史官，必廣其所記，非獨人君之舉。周官「外史掌四方之志，」則諸侯史記，兼而有之。……自史官曠絕，其道廢壞。……武帝從董仲舒之言，始舉賢良文學，天下計書，先上太史，善惡之事，靡不畢集。司馬遷班固，撰而成之，股肱輔弼之臣，扶義俶儻之士，皆有記錄。而操行高潔，不涉於世者，史記獨傳夷齊，漢書但述楊王孫之傳，其餘皆略而不記。

這是說正史的傳記，爲雜傳所自出。

又漢時阮倉作「列仙圖」，劉向典校經籍，始作「列仙」，「列士」，「列女」之傳；皆因其志尙，率爾而作，不在正史。後漢光武，始詔南陽撰作「風俗」，故沛三輔有「耆舊節士」之序，魯廬江有「名德先賢」之讚；郡國之書，由是而作。

魏文帝又作「列異」，以序鬼物奇怪之事；嵇康作「高士傳」以敍聖賢之風。因其事類，相繼而作者甚衆，名目轉廣。而又雜以虛誕怪妄之說，推其本源，蓋亦史官之末事也。載筆之士，删采其要焉。

這是說神仙怪異的傳記，也是正史的支流，有不無可采的。我以爲這些都可以屬於掌故的範圍。隋志把它們一概隸入史部，其實是很對的。可是到了清代修「四庫全書」，却把這些明明屬於史部的作品，都改歸子部小說類了。我們且把「四庫提要」翻開一看，如雜家類雜說之屬，雜纂之屬，和小說家類雜事之屬，異聞之屬，瑣語之屬，所列諸書，大抵有關掌故，足爲史料，不僅是廣異聞，資談助而已。至於史部雜史類，那當然更是精粹的史料，全屬掌故的性質。我們對於這一類的作品，是不應該等閒視之的。「古今」一年來所刊載的，也有許多珍異的史料，如：

盛衰閱盡話滄桑　康有爲與梁啓超
談汪容甫　記嚴範孫先生
曾國藩與左宗棠　記金聖嘆
談李慈銘　談岑春煊
漫談蟫香館主人　記金冬心
記郭嵩燾出使英法

等等，實在多得數之不盡。我們讀著，不但感到那些人物的偉大或有趣，而心嚮往之；即單以文章而論，也使我們够味了。將來出版得多了，我想可以彙編一部「掌故叢編」，嘉惠士林，大概「古今」二周或是三周紀念的時候，一定可以「樂觀厥成」吧。

× × × × ×

小品的文字，溯其起源，大概是作者因爲許多高文大冊，堂皇典麗的廟堂製作，實在看得厭了，所以想直抒性靈，不拘繩墨，隨隨便便的寫一些出來，以供欣賞。這種作品，即在先秦諸子中，如莊列寓言，已頗有小品風味。魏晉六朝，駢儷盛行；而在駢儷之中，即有著很好的小品，世俗通行的「六朝文絜」，就是一部小品的結集。而劉宋臨川王劉義慶所撰的一部「世說新語」，尤其是小品的極致。唐宋以下，蘇黃最長此體。此後便要數到晚明了。晚明小品所以特別流行的緣故，恐怕一是因爲時代的杌隉不寧，二是因爲前後七子提倡復古的反響。原來普通古文之所以不爲我輩所喜，實在因爲那些東西衛道的氣氛太濃；而淺陋空疏，言之無物，還是其次的問題。所以晚明諸賢，一經首倡，便不約而同的起來反抗，造成了另外一種風格。袁小修「中郎先生全集敍」說得最好：

自宋元以來，詩文蕪爛，鄙俚雜沓；本朝諸君子出而矯之，文準秦漢，詩則盛唐，人始知有古法。及其後也，剽竊雷同，如贋鼎僞觚，徒取形似，無關神骨。先生出而振之，甫乃以意役法，不以法役意，一洗應酬格套之習，而詩文之精光始出。如名卉爲寒氣所勒，索然枯槁，而杲日一照，競皆鮮敷；如流泉壅閉，日歸腐敗，而一日疏瀹，波瀾掀舞，淋漓秀潤。至於今，天下之慧人才士，始知心靈無涯，搜之愈出，相與各呈其奇而互窮其變；然後人有一段眞面目溢露於楮墨之間，卽方圓黑白相反，純疵錯出，而皆各有所長以垂之不朽。

這一段話，眞說得透闢極了。然而晚明諸賢文章雖好，却也救不了宗社之墟；終於異族入主，這一派直抒性靈，不拘繩墨的小品，也告了一個結束。

三百年來，這種作風，幾乎絕響。直到民國十六年後，「黨八股」風行天下，其空疏無聊，更在唐宋古文之下，於是「晚明的小品」，又忽然被文士們推尊起來，連我也趁熱鬧選注了一部，借酒澆愁，寄託了一些懷抱。那時的刊物，如林語堂的「論語」之類，也頗以此爲號召，甚得社會人士的歡迎。後來「論語」停刊，繼之而起的，又有「宇宙風」，「人間世」，「天下事」，「人世間」等等，不一而足，都可以說是「論語」的變相，而以幽默小品倡導於世的。而那時東方樂土，早已燃起了漫天的烽火，不久，那些刊物，一齊都消滅了。另一方面，則繼「黨八股」而起的，又有另外的一套，旣非性靈，亦無繩墨；千篇一律，味同嚼蠟；人生幾何，何以堪此！於是去今一年以前，才誕生了一種小品散文的月刊，那便是本刊「古今」。「古今」之問世，眞是所謂「銀瓶乍破水漿迸，鐵騎突出刀槍鳴」，她以一種嶄新的姿態出現於京滬文壇時，立刻就銷售一空，譽滿士林。年來我們「性靈」的饑荒，由此便可想而知了。而且還有一點，每逢到國難嚴重的時候，總有一般似是而非的「國粹保存家」，出來張皇叫囂，一則曰尊孔，再則曰讀經，三則曰宗韓，四則曰祧姚，五則曰……，好像非此不足以言救國。而「古今」之創刊，也正是他們的一服清涼散。假使把袁小修稱道袁中郎的話，拿來移贈「古今」，也沒有什麽不配吧。（所以我上面要抄上這麼一大段。）

文章已經寫到了盡頭，秀才人情，不離本色，於是胡湊歪詩四首，以表祝賀之忱。詩曰：

濁世誰堪與正語，知言從古數莊生。
淳于曼倩俱陳迹，魏晉淸談亦有情。

魏晉沈沈千百載，廣陵久已絕嗣音。
何期世變滄桑後，京國風塵得古今。

典雅淸新邁等倫，鯤鵬斥鷃各精神。
前朝掌故時人筆，風味醰醰似酒醇。

幾許名流費品題，不才我亦浪攀躋。
因緣一載從頭記，更賦新詩印雪泥。

我與古今

予且

黎庵先生叫我寫一篇東西給古今，我貿貿然地給了他一個題目叫『我與古今』。古今出版以來，我只寫過兩篇隨筆，題目是『是與不是』和『衣』，看了這個題目，就覺得不好，不過有一點可以自慰的，就是兩年以來，自己要寫的願意寫的，却只有這兩篇，如果再要加上一篇的話，那就是這一篇了。

然而我與古今，關係絕不在此。關係究竟在什麽地方？我應該作下列的說明。

事實是這樣的！

我是一個忙人。忙人就想偷閒。正和閒人就想找點事做一般樣？閒人找着了事，雖然愉快，心裏總有些惦記着那事是不是真做得好。忙裏偷閒的人就不同了。他偷得了閒，心裏準是愉快的。這一點閒是他自由的時間，是他自己的時間，更是他寶貴的時間，在這寶貴的時間裏，他愛做什麽就做什麽。我到底做什麽呢？我看古今！

假如有人問：

『爲什麽要看古今？你是個寫小說的人哪！』

正因爲我是個寫小說的，就最怕看小說，不說別人的，就是自己的都怕看。小說寫成寄出去的時候，好像是解除了一重枷鎖，一個被羈囚的人，誰還願意把枷鎖拿來研究一個仔細，期望着自己會發生愉快呢？

假如有人再問：

『有閒空不一定要看書的，不愛小說，何愛古今？』

我的回答是不看古今，那就只有靜坐了。

去年，我確有一個長的時期是在家裏靜坐的。靜坐却又不是蔣竹莊先生所提倡的那一種，換句話，只不過是靜靜的坐在那裏罷了。我是一個有了五男二女的福人，白天家裏是不會靜的，靜的時間，是在晚上九點鐘以後。白天，跑出去敎幾點鐘書之後，就回家帶着孩子們實行勞動服務。這樣既可以替妻子分勞，又可以替自己省錢，孩子們既可以力盡其用，屋舍又可以時時清潔，這是我的家政。倘使我要自贊的話，什麽『相愛』『互助』『整齊』『清潔』『衞生』『經濟』『勤奮』『儉樸』都可以用的。不過我的目標不在此，我最怕孩子們閒着，一閒着就會發生欲望，欲望是最可怕的東西。雖然他們的欲望很簡單，像『看看電影』『吃點糖果』這一類的話，不過這一類的話在我就很難應付。所以我一看他們閒空下來，就得說點故事或是帶領他們唱個『甜蜜家庭』的歌。務使他們感到家庭的空氣，非常融和，以家庭虛空的甜蜜來代替糖果實際的甜蜜。把到電影院去看明星們動作之有趣轉換爲幻想着自己動作之有趣。

我是一個精神食糧和物質食糧兩感缺乏的人。精神食糧分放在學校和故鄉的，如今已是一無剩餘，只留下幾本自己不要看的書放在現在的屋中，更沒有錢去添買。物質食糧的缺乏，乃改爲每人每餐，吃一洋磁碟飯菜，名爲『分食衛生』，實是『尅扣糧餉』。隨着這個制度而生的辦法，就是晚間八時後就得睡覺。我向孩子們說我們應服從朱柏廬先生的格言，叫『旣昏便息，黎明卽起。』向妻說：『欲治其國者，先齊其家。』齊家應從小處做起，那便是八點鐘睡覺。

這是理論，事實不是這樣的。午飯吃不飽的，可以挨餓，因爲晚餐就要來的，晚餐吃不飽，再不早睡覺就不行，因爲旣無夜餐，又不能再行提倡勞動服務，更唱不出甜蜜之歌。那麼就只有『催眠』是一個『無上甚深微妙法』了。

我是一個樂天的人，九時以後的靜坐，絕不憶起物質生活上的愁煩。有時明月透進窗櫺，照在我的桌上，還會想起唐人的詩，叫：『獨坐幽篁裏，彈琴復長嘯；深林人不知，明月來相照。』我的環境，簡直是富有詩意的環境。不過明月不是夜夜有的。我的靜坐却是每夜如此。去年夜間雖然寫些小說，但是發表的地方不多，又拿不了幾個錢，環境雖然雅致，雅致中還是免不了寂寞。『寂寞是悲哀的』，寫小說的人就常常這樣的寫着。自從黎庵先生送了我古今之後，古今便成了我寂寞中的良友。

我這樣的寫來，自然是繞了一個大彎。但是古今和我物質生活的關係，總算是說明了的。這個灣固然是大，自已覺得並不枯燥而且很眞實，寫小說的人又要說了：『眞實是能動人的』。於是我便拿這個『眞實』來說明『我與古今』的第一段。

我的物質生活與古今的關係如此！

精神生活與古今呢？覺得更有可說的地方。

古今這個雜誌與其他雜誌最大之不同處，就是在他的『眞』。譬如看一本科學的雜誌，我們得着一種『實』的印象。實和眞是不同的，實是『死板板』的記載，『眞』則『虎虎有生氣』。過去市上流行的雜志很不少，如果拿一字批評來說，有的是『賦』，有的是『虛』，有的是『雜』，有的是『誌』而已矣。文章往眞裏寫已經難了，雜誌看完了能予人以『眞』的印象就更不容易。古今裏所刊載的文章，大而至於國事的處理，小而至於送一張五元的禮劵，無一處沒有作者眞情的流露，實際的如一地方風土之素描，虛玄的如論指上螺紋所主之休咎。而我們讀過之後，得着的不是『實際』和『虛言』，乃是作者思想和風格顯露在紙上，這就是『眞』。我不禁還要引用寫小說人的話『惟眞乃能動人』。因爲他的『眞』，就令人不得不引之爲良友了。自然這良友不是我一個人的乃是千千萬萬人的。

這位良友所給予我的是什麼呢？就小裏說，在我寫小說思想遲鈍起來的時候，拿出來翻一翻，會使我思想活潑，新的意念自會源源而來的。這是一個事實，可是我並說不出一個道理來。在我不寫小說，隨意拿來翻閱的時候，又常令我回想到我所遇的人，所讀的書，所處理的事。在一個靜的夜間，我覺得對於已往的一切，好像有了新的見解，新的認識。如果要說這就是古今所給予我的知識，至少應該說這是一種活的知識。

古今是以眞的情緒，活的知識，新的意念給予我們，俾我們對於生活作更進一步的修養，以期達到人生最高之理想境界的。現在，正値我們和這位良友訂交一年的紀念。我就將我這淺薄的見解說出來權當祝詞罷！

『古今』一年寫作一年

鄭秉珊

在去年的四月裏，於友人桌上，看到『古今』創刊號。因爲其中有一篇記載畫家齊白石的文字，所以借了回去，遍讀一過。其中文字，很合我的口味，嗣後便按期閱讀，引起了我的寫作動機。

『古今』是專載散文的刋物。談起近代的散文，應得追溯『語絲』的創刋。語絲出版了數年，其給予新文學的發展，影響極大。但我個人的意見，以爲他最大的成就，乃是使散文地位的確立，得與小說詩歌，並駕齊驅。而魯迅知堂昆仲的兩枝筆，一個辛辣深刻，一個冲淡雋永，也開創散文的兩種風格。

繼『語絲』之後，行銷最廣，時間最久的是『論語』。論語提倡幽默筆調。從社會背景論，是那時期的言論統制，不容有說老實話的機會。由散文演變論，也就是上述兩種風格進入更深階級的表現。綜合論語數十期的文章，眞够得上寄沉痛於幽閒的標準的，固然是有。而過火的作品，不免流於油滑，本來世間精言妙語，原是無多，文章天成，偶然拾得，那裏能够製造不窮，按期發刋，所以論語後期的內容，簡直是廣笑林的意味了。『人間世』的出版，態度已較論語有異。而『逸經』和『越風』，便以文史記述，占每期的最多篇幅。（逸經的東南風陰陽風，還不免是生意眼）誠以文史方面，有待於整理評價的材料很多，可以取之無盡，而亦不致流入於模仿公安竟陵的新名士氣派。

現在『古今』的風格，與戰前的『宇宙風』最相似，偏重隨筆小品，也不廢文史掌故，因爲主編的周陶二君，便是宇宙風的舊人。但把這兩種刋物，仔細的分晰，仍顯然有種種不同的地方，我想聰明的讀者，也一定能感覺到的。

就我個人的眼光而論：如最近期的，『盛衰閱盡話滄桑』『了解』『仕而優則學』諸篇，似乎宇宙風中，沒有過類似的文章。龔公的『書林逸話』，其內容豐富，敍述詳明不必論，即文字也遠勝於在逸經中發表的諸篇了。『古今』的作者羣，似乎有大一半人的年齡都在中年以上，其閱歷學識處境，都和宇宙風的作者不同，因此其作品，顯着平淡，沉着，充實諸特點，雖然有人譏爲扯淡，又謂並無寫情寫景純文學優美的文章，但『古今』要爲現時代的產物，能擁有衆多的讀者，不見有許多刋物，正模仿着方興未艾嗎？

一國的文化，是綜合諸方面的結果，即以日本而論；有研究新戰術新兵器的書籍發行，同時也有菜根譚新釋，論語莊子荀子新釋的出版。雜誌方面，有『改造』『現代』『中央公論』，也有科學，電影攝影，也有書道，美術，也有棋道，佛學，還有『昭和詩文』（專載漢詩文言文）。各有刊行的主旨，各有衆多的讀者，各不相謀，也不相衝突，而其總和，則成爲日本的高度文化。中國的雜誌期刊，不及百種，如『古今』既有其獨特的風格，似乎也不必與其他同化。何況如要研究介紹東西各國的文化，儘可以還出版一種『東西』。

以上是我對於『古今』一年的感想，同時還說說我寫作一年的情形。

當我讀完『齊白石』一篇時，我心中頗有些感想，和我前年讀人間叢書『二十今人志』中的記齊白石一篇時一樣。我想：以現代人記述當代的名畫家軼事，却也不能詳細些，無怪翻開歷代畫史彙傳，都是些二三百字甚至僅數十字的人名錄了，我以爲寫畫家小傳的作者，應該要具有繪畫的各種常識，然後纔能寫得深刻眞確。我以爲寫中國藝人的小傳，還應該注意他的個性，環境，學問，交游，材料的搜集要多，纔能寫得精采生動。因此吾又想起，我這十年來，搜集這方面的材料不少，似乎也可寫出一些。而且這種工作，似乎做的人還很少。恰巧工作的餘暇，也較前多一些，環境又逼我必須有一種副業。於是『記金冬心』諸篇，就陸續產生了。

促成我寫作的另一個原因，是由日文書籍的啓示，我雖不識日文，但很歡喜逛日本書鋪。日本出版美術方面書很多，關於油繪水繪板畫等的入門書，層出不窮，而且都出之名畫家手編。畫史畫人的傳記特別多，銷路也好。日本從前的大畫家，不過如小形光琳，英一蝶，大雅堂，圓山應舉等數十人，而記述他們軼事的書籍，多至數百種。去年出版的，如『本朝畫人傳』，共四大厚册，記載畫人二十五六家，每每占六七十頁的篇幅。武者小路實篤是文學家兼畫家，也著有『東西六大畫家』一書。其中談中國畫人的一篇，是『牧溪』傳。又有『支那藝苑考』，『支那畫家傳』諸書。藝苑考中，收有王羲之年譜，鄭板橋評傳等，畫家傳中，有梅道人，羅兩峯，鄭板橋，奚鐵生諸篇。徵引宏博，記述詳明，附有書畫圖片，因此更引人入勝。而十年前出版的世界美術全集，書道全集等，其中有關我國書畫的圖片既多，其解釋的詳晰，竟有非吾人所能企及的，看了除歡喜讚歎外，還未免十分慚愧，但也增加我從事於這個工作的勇氣；這知一寫下去，不能自休，一年所得，居然也有十多篇，十餘萬字的成績了。

我是有歷史癖的，今年打算所寫的範圍，不限於藝術。我還有求知慾望，因此妄想能有機會服務於較大的圖書館（如文物保委會圖書館等）。要是服務於圖書館，而生活能够安定，這麼致力數年，鍥而不舍，或者有較好的收穫，可是此願何日能償呢！

『古今』一年，使我得讀許多佳著，感謝『古今』，引起我寫作的興趣！

（三十二年二月十六日）

周年的話

微言

記得民國二十四年的時候，上海各書局都競出雜誌，因此有人稱是年爲雜誌年。其實這種稱法有些不大妥當的，因爲那時雜誌雖出得多，新書也出得不少，稱爲雜誌年，是未免原誣新書了。不過這個名詞，如果移用於去年，那倒是名符其實的。因爲去年上海各大書局，簡直沒有出過一本新書，舊書也幾乎不再重版，售缺了事。只有雜誌，倒還風起雲湧，新出了不少，所以稱之爲雜誌年，實在可以當之無愧的。

這些新出雜誌，加上舊有的幾種，大大小小，統計起來，至少有廿餘種罷！如果從性質上替牠們分一個類，那末以我管見，似乎可分做三類：一類是硬性的，像政治月刊，經綸月刊，東方文化等等；一類是軟性的，像小說月報，萬象，大衆等等；一類是既不硬來也不軟，可以說是中性的，那便是我現在所要談的古今；而古今以外，再也找不出這樣同樣性質的刋物。如果再用人物來比喻，我以爲硬性的刋物可比之英雄，軟性的刋物可比之美人，而中性的刋物當比之爲名士。英雄們總是氣概偉大，常能人望而生畏，所以這種刋物，除非眞有研究的人，大約是不大愛看。美人們差不多是人人所喜悅的，所以這種刋物，無疑的是銷路最大。名士們多是自標清高，固然比不得美人，但比英雄總可以使人接近一些，所以這種刋物，無疑的是介乎英雄與美人之間。我這一段意見，好像替辦雜誌的人着想，實際上却是想介紹介紹古今究竟是怎樣一種刋物，牠在雜誌界裏應當處在怎樣一個地位。雖然這事情大家早已明白了的，可是我總愛這樣嚕囌了一遍。

我既認古今爲名士性的刋物，也許有人要問，古今裏眞沒有英雄性或美人性的文字嗎？譬如創刋號裏 汪先生的「革命之決心」，第二期裏周佛海先生的「我的奮鬥」，那不能不說有些英雄性的；而後來如張素民先生的「談怕太太」，僉忍先生的「女人頌」，蘇青女士的「談戀愛」，似乎也脫不了美人氣味的。但我以爲前兩篇原是文選，只是一種附錄，決不能算作正文。且兩先生所說，都是發抒自已的情感，決不會硬性到怎樣。至於怕太太之類，張先生等確也談得親切有味，決不能與最近市上所流行的「怕太太日記」所可比擬。而且女人戀愛，有許多往往會談得肉麻當有趣，可是這在古今裏却是絕對沒有的。畢竟名士是名士，他們的談吐與英雄美人是不同的。

還有古今之可稱爲名士性的刋物，一看牠的封面也就可想而知。雖然牠的版底已更改了三次，可是次次總是一筆淡墨的山水，使人除了想起這是名士風度以外，還能再想到英雄與美人嗎？而石濤「兩人山際論古今」的題詞，更顯出古今特有的風趣來。這種風趣，也爲其他英雄美人性雜誌所沒有的，最可玩的，古今創刋號的封面上，還題着宋末名士鄭菊山的一遍詩：

久欲謀歸力不任，　浮雲蹤跡謾巢林。
功名未入屠龍手，　貧賤常懷買鶴心。
月下開門微雨過，　樓頭聞笛二更深。
世間萬事俱陳迹，　空倚西風閱古今。

眞足代表了古今的態度與性質，古今之所以爲古今了。現在古今誕生已經一年，我沒有什麼可以紀念牠，就隨便寫些牠的本身的一些話，作爲紀念牠的意思罷！（卅二年三月二日）

古今的印象

馮和儀

古今創刊號是在民國三十一年三月出版的，那時上海出版界的空氣正沉寂得很，我有時在書報攤旁瀏覽，所見的無非是電影歌曲畫報之類，看來不免興趣索然。古今創刊號放在攤上，我很快的就發現了它，因爲它的形式大小與過去宇宙風等類刊物相同，封面畫雅得很——樹與石頭之外還有一隻漁船。

於是我伸手取閱了，先翻目次，有羅振玉的雪堂自傳，有朱樸的四十自述，這兩篇先合了我的胃口。我是歡喜談身邊瑣事的，這類文章寫起來比較親切有味，至於人家看了罵不罵，那我可不管。那天我爲了要看羅朱兩公的自我傳述，我就買了本古今回來。

雪堂自傳是用文言文寫的，讀起來有些像歸有光張惠言諸人的作品，不如四十自述之寫得動人。朱先生這篇文章，雖然拉雜書來，感傷氣味很重，但作者本人既是個名人，將其生平自作一個『輪廓的記述』，要亦不是無意義的事。

以後，我便常常買『古今』來看。我看過的文章，如周佛海氏的盛衰閱盡話滄桑，朱樸氏的記蔚藍書店等，都是富有歷史價值的作品。而且他們都是用小品文筆調來寫述的，絮絮說來，娓娓動聽，不像正式歷史之惹人頭痛。

但是，我頂愛讀的還是陳公博氏的兩篇文章，一篇是上海的市長，一篇是了解。

陳氏是現在的上海市長，像我們這樣普通小百姓，平日是絕對沒有機會可以碰到他的。不過我却見過他的照相，在辣斐德路某照相館中，他的十六寸放大半身照片在紫紅綢堆上面靜靜地歎息着。他的鼻子很大，面容很莊嚴，使我見了起敬畏之心，而缺乏親切之感。他是上海的市長，我心中想，我們之間原有很厚的隔膜。

及至開始讀他第一篇文章的時候，我的性情改變了不少。他把上海的市長比作 Number One Boy，這個譬喻便是幽默而且確切。『他是個很有趣的人』，我心中想，隔膜薄了好些。

最後，他說他自己在許多市長的必備條件之中，祇有一個天然的具備條件，便是他的耳朵眞是半聾的，這話眞說得不唯幽默而且謙遜之至了。這類謙遜使人聽了起親切有趣之感，與『兄弟忝爲×××，鮮德寡能……』之類虛僞客套相去不知幾許。一口氣看完他的文章，我的觀念全改變了。

市長也是同我們一樣的人；他在小孩子的時候，也是好取耳朵爲樂的，現在所不同者，無非是職業上區別；他做市長，我們做別的罷了。

市長也有牢騷，也愛做游戲文章來發洩他的牢騷呀！

于是我不必等到讀他的『了解』，自以爲已經相當了解他了。當我再走過辣斐德路某照相館，看見他的半身放大照片的時候，我覺得他莊嚴面容之中似乎隱含着誠懇的笑意，高高的，大大的，直直的鼻子象徵着他的公正與寬厚，因他在古今上面之文字感動力，使我對他的照片都換了印象。

這不是古今的賜予嗎？

有人說：古今是本官雜誌——主辦的人是官，寫文章的人是官，讀者也無非是官吏階級罷了，這話我可不敢贊同。古今的讀者是誰，我雖然沒有代他們調查過，官乎？民乎？吾不知也。不過照他們的銷數看來，即使每官人手一冊，恐怕中國也沒有這麽多的官吏，其爲人民共讀的可知了。若說主辦人朱樸之先生，他固然是個官，但他辦古今的經費可不是用公款的（見滿城風雨談古今，言古今完全是一個私人的刊物，經費有限云云），在古今裏面也絕對沒有說過官話，寫的都是他個人『遣愁寄情』的文章，這是讀者有目共覩的事實。至於寫文章的人呢？有許多的確是現任官吏，不過他們也同朱先生一般，在古今裏面沒打過官話，他們寫的都是學術考據隨筆小品之類，與發表政見的洋洋大論迥異，陳公博先生在『了解』一文中說起一個人的公生活性格與私生活性格往往不同，因此我們可以推論一個人的官話與私話說起來也一定相異，我愛聽做官的人講私話，不歡喜看小百姓寫官樣文章。

總而言之，在古今裏面我已經看到許多親切有味的文章，因此我對于古今的印象也親切得很。

古肥今瘦

楊靜盦

有人說『古今』的取材，似乎舊些，而編者在第九期的編輯後記裏，也說稍嫌古董化。這話未免有些偏，文章的材料，祇求味醇意厚，本來沒有什麼新與舊，古與今的分別。至於編者的謙抑陳詞，那是又當別論了。不問是談的李商隱，抑嚴世蕃，記的聖城，或里斯本，都爲閱者心中所欲知的事，並且是急切地須要明瞭的。尤其是『上海的市長』那篇文章，寫得情摯懇切，除掉出師表陳情表等，誰也趕不上他。其他，即使是頌祝女人也罷，寫些戀愛結婚養兒子也好，反正是行文瀟洒，涉筆成趣，篇篇皆爲可讀的佳作，那裏用得着新呀舊的去批判呢。證之顏氏家訓上的『文章』篇，說：『文章當以理致爲心腎，氣調爲筋骨，事義爲皮膚，華麗爲冠冕。今世相承，趨末棄本，率多浮豔。辭與理競，辭勝而理伏。事與才爭，事繁而才損。放逸者流宕而忘歸，穿鑿者補綴而不足。時俗如此，安能獨達，但務去泰去甚耳。必有盛才重譽，改革體制者，實吾所希。』如今翻開『古今』，都是以理致氣調勝的文章，絕對沒有一篇是浮豔補綴的，可稱有盛才重譽，足以改革一時的體制。高明的閱者，當然知道這話，實在不算過贊罷。

梁武帝在『觀鍾繇書法十二意』中，曾說：『世之學者宗二王，元常（鍾繇字）逸迹，曾不睥睨。羲之有過人之論，後生遂爾雷同。元常謂之古肥，子敬（王獻之字）謂之今瘦，古今旣殊，肥瘦頗反。』鍾繇和王獻之，雖然古今不同，肥瘦相反，僅不過是蕭衍對於鍾王墨蹟的批評，其實是在難分軒輕中，巧立的名稱，根本上古也不見得肥，今也沒有什麼瘦。我們現在所愛閱的『古今』，也無從分得出古今肥瘦，只覺得斯穎有趣，倒不在乎談的是古事，或是今情。不過憑私見而論，與其文章偏於今，而肥胖得成爲公式主義者的新八股，還不如玩玩歷史小品，即使其瘦入骨，祇要有一點興趣，便是『好肉出在骨頭上』呀。故而編者的古董化謙詞，實卽等於梁武帝古肥今瘦的說法，所以應當別論者以此。

澄懷錄：『蕪子容聞人語故事，必令人檢出

處。司馬溫公聞人語新事，即使抄錄，且必記所言之人。故當時謂古事莫語子容，今事莫告君實』從莫語莫告二點看來，這種的古事今事，一定沒有來源，盡是些道聽塗說，無稽之語。倘使有了根據，原不妨傳語相告的。我們現今從『古今』上所得的收穫，實在都可以傳語蘇頌相告司馬光的，因爲古事可檢得着出處，今事也决非妄說，尤其是文章的新穎有趣，都是發前人之所未發呢。

古今二字，在武進方言裏，原作古事的解釋，如謝剛主(國楨)先生幼時，在祖母榻前，聽講古事，武進人便叫作『聽古今』。在方賓觀編的白話詞典裏，古今二字之下注着：『就是古事，講古事叫講古今。』究竟還解釋是怎樣的來源，那就不得而知了。所以按古今二字而說，還是古肥今瘦爲上，要知今事非特揮毫不易，或許有時會弄得不十分討巧。故龔自珍在京師樂籍說中云：『士也者，又四民之聰明熹論議者也。身心閒暇，飽煖無爲，則留心古今而好論議，留心古今而好論議，則祖宗之立法，人主之舉動措置，一代之所以爲號令者，俱大不便。』這樣去論議古今，豈不是有『空梁落燕泥』，『奪朱非正色』等的恐懼嗎？

這一點小言，算貢獻給『古今』一周紀念的讀者徵文。最後還有一句率直的言語，擬就讀者的地位說一說。在『古今』的編制文筆上，可稱是盡善盡美，絕無閒言。不過篇幅方面，似乎微嫌有些江瑤柱的滋味，祇宜細咀，不能大嚼。這大約因紙張騰貴，工價飛漲，不能再增加葉數的緣由。一方面固然是成本加重，另一方面還是恐讀者負擔增高。但是以前的十六開本期刊，普通總是四十八頁，即每本須報紙一張半。現在的三十二頁，適合報紙一張。未免眼巴巴的十五天中，僅得到四萬五千字的精神食糧，簡直和十天領到二升半戶口米相彷彿，同有喫則不飽，不喫則又怕餓死的感慨啊。

古今一周

周炎虎

歲月匆匆，『古今』出版已是一年了，編者特輯周年紀念號徵文，以資紀念。我是『古今』的愛讀者，現在不顧文字的拙劣，想來談談一年來的『古今』。『古今』創刊於去年三月，那時出版界正感最荒涼的當兒，自『古今』出版，打破了沉寂的出版界，其他刊物也隨之增加。

『古今』取材是『文獻掌故，樸實古茂；散文小品，冲澹雋永。』我重翻一年來的『古今』，覺得對於以上兩句，雖未能全部實踐，却有一大半可說做到了。有人說：『古今』多評騭人物懷古的文章，讓我來鈔上一段『古今』發刊詞吧；『自古至今，不論英雄豪傑也好，名士佳人也好，甚至販夫走卒也好，祇要其生平事蹟有異乎尋常不很平凡之處，我們都極願盡量搜羅獻諸於今日及日後的讀者之前。』據我看來，在這遍地烽火的時代裏，世事滄桑，誰人不在懷想天寶舊事呢？

『古今』的作者大都積學及專研之士，遍及南北，還是晚近刊物上從未有過，乃是『古今』的創舉。南方作者平時尚能看到他們的作品，而居住北方的作者，久爲渴念着，已數年未讀他們的作品了，茲因有『古今』的出版，得讀到他們的文章，這是何等欣快的事啊！

徐一士先生的隨筆，從前在『國聞週報』上讀到過。思維縝密，吐詞矜愼，而尤熟於勝淸一代掌故，博學而負重名。先生最近所寫『蹇齋小識』，虛懷若谷，『於多聞愼言之道，有德有言之義』（思仿：隨筆序言），殆庶幾焉。

蘉公先生曩年在滬，編輯『逸經』，文名早播，今讀其『書林逸話』，文長萬餘，娓娓談來而不覺其長。『逸話』一篇可與長沙葉德輝『書林淸話』『餘話』先後媲美，但『逸話』尤具社會史料價值，雖作者自謙『不敢步武前賢』，其價值實在葉著之上也。北方書市，是每個有愛書癖者所欲知者也。

紀果庵先生文名是戰後始聽到的，除爲『古今』撰稿外，別的刊物也時有作品發表，我尤愛讀他的一篇『論從容就死』。該文所引董康著『書舶庸譚』，我也在十餘年前讀過，書共四卷三冊，記得是日記體裁，請名手繕寫，裝訂絕美，後來贈給一家圖書館了。近來在舊書店裏，也曾遇到，是董氏重輯本，計十卷分裝五冊，增有傅增湘等序文。董氏平生喜刻書，不想到他年逾古稀還在給他的舊作做重訂的工作，眞是雄心不小。

翼公先生據編者告訴我是一位外交家，他的海外回憶寫來夾敍夾議，文筆亦佳，更覺生色。翼公的筆名像在『生活』週刊上見過，這是目前出版界僅有的文章，也卽是『古今』的特穫。

『關於風土人情』的作者文載道先生，是我新交的一位文友，他許久沒有寫作了，本篇是空閒後的第一篇作品，冲淡雋永他的作風頗像知堂老人。

還有寫『龍堆雜拾』的魯昔達先生，鈎稽史事，爲這南唐悲劇皇帝李後主寄無限同情。可惜魯先生除『雜拾』『再拾』外未見其他文章，令人望眼欲穿。還有許多佳作也都爲我愛讀，恕我不再辭費了。

『古今』由月刊改出半月刊，銷路激增。惜頁數已由四十頁減爲三十二頁，插圖也取消了，更有封面鋅板未能每期更換，未免美中不足。製板紙張費用的激漲，也許是我的苛求吧。在南有『古今』，我每比之一位好友半個月一晤，上下古今，娓娓淸談。而遠在北平也有一位好友，那是以硏究學術歷史爲宗旨的『中和月刊』，出版四年，篇幅內容兩都充實。撰稿之人，大多卽爲『古今』作者，尤覺親切可愛。前聞『古今』編者有溝通兩刊物之議，想爲本刊讀者最所樂聞，使此南北兩散文刊物互相聯定，我希望他能早日付諸實現。

『古今』與『東西』

陳寥士

一切組織，一切歷史，一切問題，不外乎一個「時間」一個「空間」。時間是「縱」的，空間是「橫」的，宇宙眞理，形而上形而下的學術，也不外乎此。旣出了「古今」，又出了「東西」，「合縱」之外，加以「連橫」，文字的壁壘及陣容，可以說，再整齊也沒有了。

「東西」二個字，除方向外，又作物事解。通俗編卷二十六，兎園冊，明思陵謂詞匠曰：今市肆交易，止言買「東西」，不及「南北」，何也？輔臣周延儒曰：南方火，北方水，昏暮叩人之門戶求水火，無弗與者，此不待交易，故惟言東西，思陵善之。

山陰平步青玉雨注釋諺，以爲周延儒的解釋東西，不過一時捷給的應對，不能爲確鑿的定論。

古有「玉東西」，是一種酒器。

齊書豫章王嶷傳，願武帝壽百年。帝曰：百年亦何可得，但得「東西」一百，於事亦濟已。

謂物曰「東西」，但物是產於東西南北四方，無所不有，而約言之叫做「東西」。好像史是紀四時，約之曰「春秋」，而不涉夏冬，是同樣的意義。越言釋卷下，今人以物件爲「東西」，考之於古無可證，惟東哲貧家賦，價家至而相敦，乃取「東」而價「西」，稍爲近之。

最前的出處，在公羊傳襄公十六年，傳曰，君若贅旒然。注曰：旒旒喩者爲下所執持「東西」。就壻爲贅壻，亦是妻所持挈，故名之云爾。這樣看來，東西二字，出乎經注之中，可謂最有根據的了。

鶴林玉露卷十六，載有「東西」一條，大意如左：世上言仙的叫做蓬萊，言佛的叫做天竺。蓬萊在「東」，天竺在「西」。

抱朴子曰：自齊州至日出之所，號曰太平地。佛經屢稱西方爲極樂世界。太平極樂，獨稱於「東西」，這是什麼緣故？

古來的戰爭，除漢高祖和項羽，宇文泰和高歡，是「東西」相距，不過一二十年外，其餘戰爭，都爲「南北」，很少「東西」的。

「東西」月刊的出版，或者亦是和平的朕兆。

年年有個三月三

柳存仁

新春剛到，許多應時的文章，便也應運而生。許多出什麼紀念特刊的書報，我們看了覺得都是很冠冕的，也就不必多說。我在今年開始的一天，也曾替某報的元旦特刊寫了一篇文字，大意是，今年就是今年，如果今年的一班君子之流的人物，仍舊不能够爲苦痛犧牲的同胞們解除或減輕些痛苦，那麽今年的開始並不比去年的歲尾有什麼兩樣，我們明年也不必再多寫什麽除舊布新的文章。

說着說着便已經快到三月了，却仍有一篇特刊的文字要寫，友人云，『古今』的創刊至今也快到了一年，想要做做紀念。在這個歲月，出一本不像樣的刊物比什麽都容易，要想弄一兩種確有風格不同凡響的雜志，就比什麽都困難。紙張，印刷，什麽都比昔日不知道要漲個多少倍，因爲一天到晚不舍晝夜的上漲，出版經營者一不是活神仙，二不是活財神，眼看自已的刊物斷折下去，怎不心痛，所以一本厚厚的雜誌，出了不滿一年，戛然而止，也正是人之常情。『古今』在過去一年，我們固然未嘗聽得出版者藉着這個刊物忽然發起大財來，也未曾看見經營家因爲囤積『古今』而獲得無上的厚利。然而，刊物出版，準能够定期的『不脛而走』，創刊號再版了好幾次，至今報紙上面還有特別花了廣告費來徵求出讓某期某册的，事實如此，我們叨爲文字工作同行，不能不眼瞧着『古今』的興隆而不稱讚上一句！

其次就是人。現在，據某報發表的一年來的出版界一類的文章所說，而也爲大家所無法否認的，就是作家的星散。有的昔日的作家，現在也經遯入終南山中，有的進一步已經大隱於朝，都是輕易不肯動筆的了。有的作者退隱於商，所謂『書傳許邁，市隱韓康』者是，家裏囤積了不少盒的德國針藥，一天的價目要漲上三次，而稿費仍然是那麽十來塊錢一千字，當然也就不便開口叫他多寫。然而這一班作家們，人雖老而心却也不老，有時候朋友當中談及『古今』，雖然它只是一周歲的襁褓孩子，然而他們却未嘗不看得起，未嘗不歡喜讚歎，未嘗不做了『古今』的定戶或是長期購閱者。這樣，『君如愛讀本刊，請即長期定閱』，現在君既長期購閱，當然也可算是愛閱本刊無疑的了。至於那些肯於爲『古今』撰稿，以至長期爲『古今』撰稿的人，看到『古今』的漸漸由幼而壯，日趨健康，堅實明徹，不登瘓迷的文章，不作驚人的濫調，其衷心的愉快，更是可想而知了。

私衷想來，『古今』選刊的文字，所以能够獲得大衆歡迎的原故，大概不外是談古的能够翔實明確，情文並茂，論今的能够說老實話，妙趣橫生。不管是談古也好，論文也好，叫人一讀之下總想一口氣讀下去，分兩期刊完的文字總叫人著急等下期，過去流行的雜誌也未嘗沒有過這種偉大的魔力，但是，在最近一年之內，海上的出版界靜極思動，正在寂寞寥落中稍微有一點兒生機，『古今』應運而生，出版最早，格調最新，自然更能夠引起各方面的注意和讀者們的共鳴了。

不佞是『古今』的投稿者之一，以作者的本分而論，也是十二分的喜歡『古今』的。我在去歲一年之中，著書都爲稻粱謀，統共不過寫了幾十篇散文，除了很短的不計外，偶有一二稍長的文字，總喜歡交給『古今』，呈展在讀者的面前，區區的文章，卑不足論，但是據我所知，確是有若干位文字寫得極好，甚至不肯輕易動筆的名公鉅卿，文人學士，因爲是『古今』的嗜讀者的關係，也漸漸的變成『古今』的長期撰稿人了。我和『古今』以及古今出版社的諸位先生，熟得像是老朋友一樣，將逢老朋友做壽，詞非冠冕，聊作祝賀，希望我們愛好的『古今』，年年有個三月三，永遠不離我們的身畔罷。

『古今』與『讀者文摘』

胡詠唐

看了十七期『古今』封底『東西』的預告，鉛字紅藍相映，甚爲美觀，不禁想起了『讀者文摘』雜誌（Reader's Digest），因爲最近期的該誌頭花等處也是用彩色的。『古今』與『讀者文摘』性質截然不同，本不能相提並論，今我想說的不是關於二者的內容；雜誌本宜各俱風格，不能勉强效仿，然『讀者文摘』主持有方，編輯認眞，而成爲西洋一般雜誌中最理想的雜誌，我覺得確有可供觀摩借鏡的地方。只是這並非說『古今』主持無方，編輯馬虎，只是說『百尺竿頭，不妨再進一步』而已。我愛好『讀者文摘』，已十多年於玆，所讀當已超過百期；其中自有所以愛好的緣故，且國人愛讀該誌者爲數亦夥，今逢『古今』出版週年紀念之盛，把『讀者文摘』可愛之處述之於下，不知他人愛讀之理由亦與我同否？不知『古今』當局認爲有可取之處否？

一初讀『讀者文摘』，但覺其鉛字清晰愈恆，非一般西洋雜誌所及，倒與日文書藉近似；惟所刊文字多係摘節，當時頗懷反感，以爲文字好便好，不好便不好，好的文字焉可摘節？不好的文字何能賴摘節而使之變好？所以隨手一翻，不想讀長二三頁的正文了，只是偶然讀了幾則補白；可是不讀尤可，一讀可就與該誌結了不解之緣。原來補白或警句，或笑話，或格言，或軼事逸事，既有『趣』，亦不能認爲無『益』於身心。既然有了好感，便去翻讀正文，是以我的愛讀該誌可以說是濫始於補白。該誌有『白』必『補』，絕未有塡以廣告者。愚意此後『古今』不妨多刋精短『補白』，以助讀者餘興。

二『讀者文摘』每篇正文，標題上端多加小標題，以示正文大意；讀者固不能讀此大意而窺正文全豹，然而可以藉此一望而知該文是否我所欲讀之作，比方我欲讀政治文章，小標題說明該文是講農業的，那末我不必浪費精神與時間去讀該篇了。『古今』每期由編者作『編輯後記』，有時亦及每篇大要，並及作者生平；愚意此後『古今』的『編輯後記』不妨分而爲二，關於每篇內容大要者，置於每篇標題之前；涉及作者生平者則爲『編輯後記』的範圍，這樣辦法於編者無損，而於讀者有利。

三後期『讀者文摘』的『頭花』或『尾花』多用彩色，甚爲美觀悅目，予讀者的印象很好。『古今』的封面封底廣告近期多用彩色，其美觀悅目，前已言之。讀物印刷的悅目與其銷售的普遍化很有關係，不儘賴內容精彩，比方我於日文只識『阿依』，然頗有意於買日文書；此何故？印刷悅目而已。從前日報標題用紅色大字者有『時報』，對之表不滿者有之，我個人認爲無甚不可。考不滿者之理由非爲紅色大字之本身，而是其所用字樣如『黃慧如與陸根榮』如何如何，『七十歲老翁與十齡幼女』如何如何等。故如善意利用彩色，非無可採處。且『古今』的廣告何故用黃藍二色？以其悅目也！以其能增廣告效力也。須知『古今』每期之文章都足爲下期有力之廣告。廣告用彩色，文章何以不可用彩色？大致正文的『白紙黑字』是沒法改變的，因爲白紙配以黑字在目前紙張和印刷術狀況之下是比較最妥當最不損目力的辦法，若是字跡忽紅忽綠，未免怪樣，我說的不是這個，是指標題，『頭花』，『尾花』等。我國雜志界雖尚無行之者，然『古今』何妨一試？

四我讀『讀者文摘』十餘年，但覺有一缺點，未免憾事。缺點唯何卽沒有插圖漫畫是。前年十二月八號前數個月，我正在這麼思想，而『讀者文摘』適巧送來（十月號？），翻讀之下，該期內加漫畫一欄，這一喜非同小可，心想這麼一來這本可愛的理想雜誌可謂十全十美毫無缺陷了。我國雜誌，戰前多有刊登漫畫插圖的，而今却多沒有這個特色。『古今』非絕無插圖，如園林字畫屢曾鑄版刊出，然而從來沒有登過漫畫，誠爲憾事。不知『古今』此後將增加此一欄否？

『讀者文摘』問世以來二十二年於玆；去年中美交通斷絕，該誌無從購得，不知有無新的改進；以過去而論，確有『日新月異』的作風，處處爲讀者打算，定價始終二角五分美金，而篇幅却自九十餘頁增至一百九十餘頁，難怪銷數達四百十萬份了。英語民族人口只有二萬萬人，英語出版物又多，多則競爭必烈，而『讀者文摘』竟可月銷四百餘萬冊；回顧我國人口號稱五萬萬，期刊又不算多，豈有銷不到八百萬冊之理？

『讀者文摘』每月除發行普通的英文版外，尚有『盲人版』，供盲人摸讀之用；又有『西班牙文』版，銷售於拉丁美洲，又發行灌音版，可不用眼讀，而用耳聽。雜誌規模之大，用思之深，可見一斑。『古今』何以不可刊發『盲人版』？何以不可刊發『梵文版』『藏語版』等等？何以不可製爲留聲機片問世？刊『盲人版』可請教上海盲童專家；『梵文版』等可以聘任印度高僧等；『灌音版』更易解決，灌音公司上海有的是，而金少山馬連良的嗓子確有利用的價值，讀來抑揚頓挫必博聽者的歡迎。資金不够運用嗎？盍不發行股票？

一年來的編輯雜記

周黎庵

——爲周年紀念特大號作

在發下古今周年紀念特大號第一批稿件的夜間，我才有工夫提起筆來寫這篇非寫不可的文章，心境確是有異樣的感觸，古今的出版，居然已經一年了！

我編輯過的雜誌刊物不算多，也有五六種，其中完全由我主持編務的，則只有談風宇宙風乙刊和古今，談風出了二十期，不滿周年便遭遇戰事而夭折；宇宙風乙刊雖出了二年多，也遇着戰事而停刊，但老是在不死不活的狀態中，從來不曾有過轟轟烈烈的舉動。只有古今，却在朝野一致注目中，舉行周年紀念，這於我編輯史上是異樣的，而於我的心境中也是異樣的。

我本來不是一個文人，而且極力要擺脫文字的生涯，但命運注定我，使我和文字締不解之緣，宇宙風乙刊之編輯，全是幇幇友人的忙，但後來竟把所有的責任都放在我身上。那時列名爲編輯者雖有四人，語堂翁遠適異國，早已久不問聞；憾廬翁在上海編他的宇宙風桂林版，兼辦林氏出版社，印行中國與世界及西洋文學兩刊物；亢德兄則專心于天下事，將宇宙風乙刊大家不管，結果便落在我身上，編輯經理，都由我担任，而且又做得很不好，印刷紙張都生了問題。他們既不管，我也管不了許多，正思拂袖告退，恰巧香港方面有人招我前去，乃摒擋一切，整裝待發。編完了十二月十六日的那一期，正在找尋替我的人，不料戰事爆發，香港固然去不成功，刊物也不便再行出版，只得困守滬上，過那無可奈何的歲月。

在這個時候，有許多朋友，是離開上海，深入腹地去了。當然也有人勸我同去，但是我不能走，這時已與戰事爆發前不同，我不能只顧自已的一走了之。所以只得株守，本來要和我同去香港的亢德兄，也是同樣的情形，我們自然物以類聚起來了。

那時的出版界，較好的都停頓了，還在出的，都是烏煙瘴氣的東西，不值得人一顧，我們也有重把舊刊物復刊的企圖，但爲環境所不許可。這時恰巧碰到一位朋友，他在迭遭家難，無可排遣之餘，要辦一個較像樣的刊物以作消遣。這樣湊巧的事情，自然一談便成了。他便是古今社的社長朱樸之先生。

因爲對于雜志性質的興趣所近的關係，亢德兄便把實際編輯的責任推給了我，而我也僅負編輯的實責而不居其名義，在陰曆年底便籌備起來，到三月下旬才出版，其間的工作，眞是煞費苦心，在今日想來，歷歷如在目前。我設法拉稿的結果，除了從前投給宇宙風乙刊而未便刊出的『雪堂自傳』之外，實際上我僅僅拉到了一位作家，他幫我的忙確是不少，以後我要費些篇幅來細談關于他的事。

創刊號出版了，只印了一千五百本，還担心銷不了，拿起目錄一看，內容雖不算下劣，却也平淡無奇，並不像以前的雜志的創刊號，琳瑯滿目，心中自然不大滿意。但是銷路却出奇的好，一銷便完了，各方的輿論也非常之好，認爲是事變以來第一流刊物，其實是矮中取長，廖化作先鋒，樸之社長和我都不滿意得很。

然而，創刊號那時定價八角，合現在只值新幣四角，但倘然你需要那一期的話，目前出了五十倍的價錢，還沒有辦法可給你買到一本；貨物固然沒有一種不漲，但比古今創刊號再漲得多一些的，恐怕也沒有了吧！

第二期在我看來，似乎編得更不行，幾乎全部是人物志，這倒不是我編輯的失職，而是來稿限定如此，毫無辦法的；但第二期的銷路却比創刊號更好起來。

第三期有了周佛海先生的『苦學記』，陣容爲之一振，各報競相轉載，爲古今生色不少，周先生一枝健筆，生龍活虎，實非一般文人所能望其項背，古今加入了這一枝强有力的生力軍，內容便非昔比，駸駸然銷路大增了。

周先生的文字吸引力，實在驚人，計他以後在古今發表的文字，有第九期『自反錄』，第十三期『盛衰閱盡話滄桑』，第十六期『走火記』，第十八期『汪精衛先生行實錄序』，我們均預先多印二千本，都是一銷而空。尤其是十三期，使發行部的職員無法應付，直到『往矣集』單行本出版，二月之中，連銷罄了兩版（第三版正在加添新材料設計中，預定四月下旬可以問世），才把十三期的應付爲難的情形壓平了下去。

編刊物最大的樂趣，是朋友之樂，不論神交也好，面交也好，總比生意上朋友和酒肉朋友來得密切一些；十年來編輯生涯，我交了不少未識面的知已朋友，危難時甚至於可以託性命家室。編古今一年來所交的朋友，大半是新的，以前簡直不曾往來過，所以我想在此把古今的人事一談；好在讀者對此最有興趣，決不嫌其累贅吧。

古今之有今日地位，不得不歸功于樸之社長，關於他的生平，在創刊號『四十自述』中，已經很詳細了，他自認爲書生結習未除，這是很確當的。所以古今能辦得有如此的成績，也正因如此。否則，是很可把古今斷送在一般的通病上的。他一身兼了很多的職務，實際上他所專心一志的，乃是古今，事無大小，務必躬親，自從『古今出版社』成立以後，他便每天到社辦公，其他的職員尚未到，第一個到的便是他。古今因爲全是私人經營，不受任何方面公費的補助，所以經濟方面的困難，非可言喻，尤其是紙張一項，我們還是以五百多元一令的高價，向黑市購來應用的，其間購買的困難，實在煞費精力。他這樣的苦心擘劃和孜孜不倦的精神，才使古今蒸蒸日上。他的社長頭銜，決非一般的掛掛名的可比，而且實際上，他也參加編輯任務，有許多文章的拉得，都是由於他的關係。其他如稿子的校樣，排式的設計，他也是無役不與的。

在這里，我要補述一下古今初期那位幫忙最多的作家了。

這位作家是一個名不見于經傳的脚色，我無須在這裏提出他的尊姓大名，所談的只是他的文字和他與古今的關係罷了。他的年齡很輕，到今年總還不滿二十五吧，而且更出奇的，還是一位最著名大學中電機工程科學生，然而讀書之多，文字之好，不獨我自愧不如，即在今日上海文壇中，不論成名與未成名的，也很難和他頡頏。然而能够賞識他的人，却實在不多，我在宇宙風編輯時代，他已經用各種筆名寫文章了。古今決定要辦，我想只有他最有用處，經過幾度的接洽，他便答應寫了。但是條件却非常的多，稿費之類，總是斤斤較量，一些不留餘地。我極力忍耐，請他幇忙。所以因爲交稿付款的關係，我們常常見面，但是我們始終不成爲朋友。他的行蹤，似乎有些祕詭。而且我看得出，他並不十分看得起我，他替我寫文，只是賣文而已，絕對沒有因此而成爲朋友的意思。然而我還是看重他的文章，不獨私衷欽佩，而且還到處爲他延譽。我自認自已是有些傲骨的，平時對人少許可，獨有對於他的文章，却五體投地的自嘆不如。因爲多產的緣故，他有時也不免抄舊書，但也不着痕跡，其聰敏和才華，眞是難得得很的。

他似乎很厭棄上海，常常說要走，但又常常不走，結果是一聲不響的一走了之。好久之後，一位朋友去向他討所借的書籍，已是人去樓空了。我覺得很寂寞，像這樣奇特的朋友，在我是不曾有過的，我想起他的時候，眞覺得有些茫然，好像廬山一樣，我始終不曾知道他的眞相。

在最近，他才從途過徐州的時，給我一張明片，寥寥幾個字，又不着地址，使我無從回信，但因此，方才使我知道他已北上了。

他在古今所寫文字的筆名很多，如南冠、楮冠、魯昔達、何戡、吳詠、革禽之類，都是他的，古今雖時有名角登場，但要說誰是主要的班底，使古今造成今日的風格，不用說，便是用這許多筆名的他了。

當此執筆寫週年紀念號文字之際，南北作家，珠玉紛投，獨獨少了這位艸創的功臣，在我心頭，實在有些異樣的不安，他雖在古今尙有數篇存稿，但用完就沒有了。他在過南京時，據明片說，有一篇『白門秋柳圖記』寄給古今，却不見收到，恐怕已遺失了吧。倘使他在北國有機會見到了我這篇文字，他一定不吝再行賜文，我在這里企予望之。

由古今而結識的朋友，實在不少，在上海的不必說，且舉南北兩京的同文，南京有紀果庵先生，北京有謝五知先生。果庵在古今的文字發表得並不多，然而他却是古今的功臣。一年來他和我的函札往來，從來不曾間斷過，他出奇的忙，但仍不廢治牘，他對古今有很好的批評和指點，使我有所遵循。他所治的清史，尤投合我的興趣，有時貢獻些鄙見，居然也蒙採取，這是我引以爲榮的，友朋之樂，自謂無過於此了。

五知先生即前編逸經的謝興堯氏，在滬時我沒有機會踫到他，去年承徐一士先生的介紹，才得通訊，我們也是無話不談的，使我知道北方的情形不少，現在古今的北銷能蒸蒸日上，是不能不歸功於他的。

說到北方，我覺得編一個雜志能不與人同，是最好的辦法。古今的作者，固然南方的佔大多數，但他們的文字，什麼刋物，都可以求得。物以鮮爲貴，我乃轉移目標向北方，最先拉得徐一士先生，再由他的關係得了五知先生，然後再有了瞿兌之謝剛主兩先生。這次沈啓无先生南來，我們又約妥了他，不久周作人先生和凌霄漢閣主，都將在古今發表文字。南北作家文字的交流，這種盛況，倘能在古今上實現，我私衷是覺得無上之榮幸的。

講到古今的風格，有人以爲像宇宙風和逸經，其實並不盡然，只是一部分的相像，並不相襲，說的好聽一些，便是取其所長，去其所短，而且事實上，因爲篇幅的不多，更容易精悍一些，這便是古今的特色了。

說起編輯古今的甘苦，這是難向衆言的，大家看了古今上許多名人的文字，以爲古今定是什麼什麼的什志，因之不免『另眼相待』，其實不然，十八期的封裏上，即登了樸之社長的啓事，說『梨棗之資，皆出私家；涓滴之微，未由公府』，這是事實。私人的力量，當然很微薄的了。因之，創刊之初，不獨無所謂社址，連聽差書記都沒有一個，一個人唱一本這樣的獨脚戲，眞匪易事。從拉稿寫信貼郵票付排送校樣付印刷帳寄贈戶登廣告到付稿費，都是一個人的事，在烈日炎炎的下午，跑到警衛森嚴的印刷所去看校樣，常是使我頭痛的事，所謂『如魚飲水，冷暖自知』，眞是不足爲外人道也的。現在總算有了一個像樣的社址，而且還添了幾位職員，這是營業上有了把握才如此的。去了這些事務上的麻煩，自然可以把精力集中於編輯一點，此後的古今，我想大致是可比從前更進步一些的。

古今稿擠，我自己雖有所作，往往擠不進去，因此也懶得動筆了，但借此紀念號的機會，理該好好寫一篇的，但爲了約稿校樣之類的事太忙，而且自己又有些私事，忙得不可開交，百忙中才偷閒寫了這一些，算是一篇『一年來的編輯雜記』吧！

（三月七日於古今社）

編輯後記

黎庵

本期紀念號內容，眞是琳瑯滿目，美不勝收，南北作家，均能應期來文共襄盛舉，確是值得衷心感激之事；尤其難能可貴者，乃國府主席　汪先生，於宵旰憂勤，日理萬幾之餘，亦抽暇爲紀念號撰文，此不獨本刊獨特之光榮，亦中國文壇有史以來之盛事。本社同人安敢不深自勉勵，以求竿頭日進。關於　汪先生手稿義賣辦法，請見封底廣告。

本期又一特殊之貢獻，乃周佛海先生之『扶桑笈影溯當年』，本刊之得有今日地位，周先生文字號召之力爲多，此文與『故人故事』並刊，足稱雙絕，爲本刊生色不少。

趙叔雍先生之『人往風微錄』，豫告已久，自本期起開始刊載。作者宦游南北，垂三十載，上自光宣遺老，下迄當代鉅公，無不親炙交游，益以生花妙筆，精采所不待言。下期刊載記張南通父子，乞予注意。

樊仲雲先生爲評論國際問題之權威，『讀書偶記』中所言，均爲辨物入微之見解，讀者幸勿輕易放過。

瞿兌之先生宰輔門第，文章傳人，前以『銖庵』之筆名在申報周刊撰文，博得萬人歡迎。睽離南中讀者，蓋已七八載於茲，此次經再三敦促，始允爲文，瞿先生爲宇宙風老作家，所評當有可取。謝興堯先生即堯公先生，前任逸經主編，人謂本刊與逸經風格相近，故特請謝先生一爲評較，可稱得人。

紀果庵先生與本刊關係之密切，於本期拙文中已加提及，於『古今與我』中更可見一斑。文載道先生亦爲社中至友，故記敍特別詳細，可補樸之先生與拙文之所不及。其他如予且鄭秉珊微言馮和儀周炎虎柳存仁胡詠唐諸先生之作，均爲紀念本刊周年之特稿，皆有寶貴之言論見解。

朱劍心先生『論掌故與小品』一文，雖係祝本刊周年之作，仍不脫先生平時爲文擅長攷據之作風。前在十七期編輯後記中，偶於先生加以介紹，不料先生數遜異常，認爲頗有『浮譽』，閱後『直如芒刺在背』云云，囑爲更正，編者爲尊重作家意見起見，理合在此致歉。

龍沐勛先生詞學名家，教育鉅子，『苜蓿生涯過廿年』，乃自傳性之著述，惜一期不能容納，當於下期刊完。

白衡先生乃一現代中國大詩人之筆名，戰前曾在港主編『俗文學』，故於此道研究有素，不同泛泛之作。此後當源源有名作見惠。

柳雨生曾於去秋赴東瀛一行，然歸來後曾未有文記行。『異國心影錄』鄭重付與古今，足見本刊之地位與先生之感情。

周越然先生之『吳平齋家訓』，可見前輩治家典型，足與顏氏家訓並傳。先周生按語，尤見風趣。

本期篇幅雖增加三倍，而來稿之不能容納者仍多，只得留諸下期，務祈原宥。臨末尚有一好消息報告，即下期本刊有周作人先生之特撰名文——『憶廢名』發表，此舉讀者渴望已久，務祈密切注意。

苜蓿生涯過廿年

龍沐勛

一　教書習慣的養成

我是命中註定做教書匠的！自從二十歲那一年，由我那僻處湘贛交界的故鄉——萬載株潭——糊裏糊塗的跑了出來，當初做着一名小學教師，漸漸升教中學，以至大學，整整二十二年，除了寒暑假之外，是不曾離開過教書生活的。國府還都的那年春季，我還在上海，担任國立音樂專科學校，和私立光華大學等處的教席。那時我的腸胃病害的不能起牀，爲着汪先生的特殊知遇，勉强扶病到了南京。中間隔了四五個月，不曾拈着粉筆，便有些『皇皇然若有所失』，好像老於兵間的宿將，驟然離開了那隊伍，便有些不很自在似的。

說來慚愧！我雖然教書二十多年，好像小學生升學似的，一步一步的由小學升上去，忝做大學教授，不知不覺間也就十五年了！然而每一次學校裏叫我塡起履歷來，我總是把出身一欄空着的。有許多朋友，看見我在學術界的交游方面，大多數是北大出身，或者是北大的老教授，如張孟劬、吳瞿安諸先生之類，硬派我做北大國文系畢業的。在國府還都的那年，有一次　汪先生約我去吃飯，同席的有一位原在北京女子師範學院做教務長的王廈材先生，汪先生給我介紹，說王先生對他講，和我是北大老同學，所以特地約到一塊兒來談談。我當時怪難爲情的，又不敢冒充，只得低聲的向　汪先生解釋，大約是因爲我有三個哥哥，叫做沐光、沐棠、沐仁的，都曾肄業北大，時間過得長遠了，廈材先生或者記錯了吧！區區原來自十四歲在故鄉龍氏私立集義高等小學校畢業之後，就不曾升過學的！

我現在還時常感覺到，我的吃飯本領，那根基還是在那十三四歲時候打定的，而我的教書匠生涯，也就同時開始了！我的父親，是寒苦出身的。中了光緒庚寅科的進士，和文芸閣、蔡孑民、董綬金諸先生同榜，後來做了二三十年的州縣官，一直是淸風兩袖。現在雖然事隔四十餘年之久，而我在外面偶然遇着桐城人士，不拘老少，談起來，差不多沒有不知道『龍靑天』的。我父親自從辛亥革命那年，退居鄉里，除了奉養我的八十多歲的老祖母外，就在離家二三里地的一座龍氏宗祠裏，創辦了那一所集義小學，所收的學生，大都是族人子弟，而我和我的幾個堂兄弟，也就做了那學校裏的基本隊伍。那時同學們也有四五十個，除了另請一位教英算的先生外，其餘國文和歷史等等，都是由我父親教的。他老人家是最服膺孔老夫子『學而不厭，誨人不倦』那兩句名言的。他教學生，相當的嚴厲。每天叫學生們手鈔古文，以及史記列傳，顧氏方輿紀要總序、文選、杜詩之類，每個學生都整整的鈔了幾厚本，鈔了便讀，讀了要背，直到顛來倒去，沒有不能成誦的，方纔能手。一方面又叫學生們點讀通鑑，每天下午，大家圍坐起來，我父親逐一發問，有點錯句子，或解釋不對的，立即加以糾正。一個星期之內，定要做兩次文章。學生們做好之後，交給我父親，詳加批改，再叫學生站到案傍，當面解釋一徧，又要學生拿去另謄清本，交出重閱。單說我個人，經過這一番嚴格訓練，一年之後，便可洋洋灑灑的，提起筆來，寫上一篇一兩千字的很流暢的議論文。到了高小畢業，就學會了做駢文詩賦。我還記得有一次，我父親叫同學們做一篇『蘇武牧羊賦』，以『海上看羊十九年』爲韻。我居然做了一篇彷彿『六朝唐賦』體格六七百字的東西，現在還記得『髮餘幾何，齒落八九』，那麽兩個警句。後來我在各級學校裏，混了二十幾年，雖然因爲經驗關係，或從時髦人物，得了些新的教授方法。可是要求國文的進步，還是免不掉這句『熟則生巧』的老話，心手相應，意到筆隨，我父親當年教我的法門，總是終身吃着不盡的呢！

我生來就有一種自尊心，而且勇於負責的。自從五歲喪母之後，就跟着父親。尤其在十歲那年，父親棄官歸里，從事小學教育之後，更是朝夕不離。我父親對兒子，是有些溺愛的，常愛向親戚朋友們誇獎我，說我的詩文做得好，素來不罵我，打是更談不上的了。我卻并不因爲父親的溺愛，便放肆或偷懶起來，反而加倍努力，比人家進步得特別快些。有時候，我父親因爲有特別的事情，不能够到學校裏來，我便招集同學們，團坐在一塊，溫起書來，背的背，講的講，儼然代表執行着我父親的職務。同學們過慣了這種生活，也就不以爲忤，反而樂受我這『小先生』的督導。後來我父親索性叫我幇着改文，事實上一個十三四歲的孩子，儼然做起助教來了。

我在高小畢業之後，便抱着一種雄心，想不經過中學和大學預科的階段，一直跳到北大本科國文系去。那時我有一個堂兄名叫沐光的，在北大國文系肄業，一個胞兄名叫沐棠的，在北大法科肄業。他們兩個，都和北大那時最有權威的教授黃季剛先生很要好。每次暑假回家，總是把黃先生編的講義，如文字學、廣韻學、文心雕龍札記之類，帶給我看。我最初治學的門徑，間接是從北大國文系得來，這是無庸否認的。我那堂兄還把我的文章帶給黃先生看，黃先生加了一些奬誘的好評，寄還給我，并且答應幇忙我，直接往入北大本科。後來我在十七歲的那一年，生了一場大病，幾乎一命嗚呼。我另有一個堂兄名叫沐仁的，就靠黃先生的介紹，不曾經過預科的階段，直接進了北大國文系。等我病體回復健康，黃先生在北大，也被人家排擠，脫離他往了。我的父親因爲供給三個子姪的學費，和幾十口的大家庭生活，積年廉俸所入，也消耗的差不多了。我只好打銷這升學北大的念頭，努力在家自修，夢想做一個高尚的『名士』。到了將近二十歲的時候，我的胞兄沐棠，在北京教育部死了！我也結婚多年了——我的家鄉是喜歡替兒女早完婚嫁的，我也不能例外——覺着躲在鄉間，不是道理，而那時的國立大學，漸漸對於審查資格，嚴格起來，『只看衣衫不看人』，也只好隨他去了。後來終於得了父親的允許，勉强湊了些費用，由堂兄沐光的介紹，到了武昌，拜在黃先生的門下，學些音韻學。那時黃先生在武昌高等師範學校——後來改稱武昌師範大學，再改武漢大學——教書，我也偶然跟着他去旁聽，一方面教他的第二個兒子名叫念田的讀論語。黃先生除聲韻文字之學致力最深外，對於做詩塡詞，也是喜歡的。

他替我特地評點過一本夢𥦗四稿。我後來到上海，得着朱彊邨先生的鼓勵，專從詞的一方面去努力，這動機還是由黃先生觸發的。我在黃先生家裏，住不到半年，一面做學生，一面做先生，也頗覺着稱心如意。我還記得，我在過二十歲生日的那一天，正是暮春天氣。悄悄的一個人，跑到黃鶴樓上，泡了一壺清茶，望着黃流滾滾的長江，隔着人煙稠密的漢陽漢口，風帆如織，煙樹低迷，不覺胸襟爲之開展，慨然有澄清之志。照了一張紀念相，做了幾首歪詩，現在早已不知散在那裏去了！過了不久，不幸王占元的部下，在武昌鬧起兵變來，我跟着黃先生和高師的同學們，逃奔到城外的長春觀，再轉到漢口。這次兵變平息，恰好我家僅餘的些小資本，做點夏布生意，又被駐在漢口的經理人耗蝕完了！那時恰值暑假，黃先生帶着我到蘇揚各地，玩了一番，我就捲了鋪蓋，挾着幾本用過苦功的書籍，回到家鄉喫老米飯去。

二　初出茅廬的挫逆

民國十一年的春季，我的妻鬧着要回九江娘家去。那時她已養了一男一女，住在鄉間有些厭煩了。她的父親陳古漁先生，是前清最末一科的進士，和我的父親，一同在湖北做知縣。這門親事，也就是在那個時候說合的。我在舊曆的新年，帶着妻兒到了九江，住了不久，就向我岳父借了五十圓的旅費，溜到上海，正式開始我那『餬口四方』的生活了！我的父親雖然做了幾十年的清官，也曾被兩湖總督張文襄公派到日本去考察過，一時名輩，如吳摯甫（汝綸），趙巳山（爾巽）諸先生，都很賛許。可是他老人家生性骨鯁，素來不喜應酬。尤其在歸隱以後，十幾年來，差不多與世相遺了。所以我跑到上海，找着不一個和我父親有關係而在社會上有些聲望的人物來。赤手空拳的，一個初出茅廬的鄉下人，混進這個五方雜處的洋場裏去，眞有『前路茫茫，望洋興嘆』之感，那里還會有我這鄉下佬托身之地呢？我寄住在法租界一家同鄉開設的夏布莊的一間擱樓裏，僅得一榻之地，一線之光，偶然想起陶淵明先生『審容膝之易安』的句子來，不禁有些『毛骨竦然，汗流浹背』。幸虧那夏布莊主人柳餘甫先生，和我家有些瓜葛，而且在同鄉的商人裏面，是最喜歡幇助斯文人的。我得着他的照顧，喫飯還沒有問題，可是我素來是不慣『素食』的，——這是詩經裏面所說的『彼君子兮，不素食兮』的素食，不是素菜館如功德林、覺園等等所辦的素食。——到底怎樣去謀職業呢？我開始向報館去投稿，做了一首諷刺時事的七言古體詩，僥倖的被新聞報副刊主筆看上眼了，把牠登了出來。過了些時，我的新認識的一位漂流在外的同鄉朋友柯一岑先生——他也是改名換姓，糊裏糊塗溜到上海灘上來的，等到出了頭之後，纔恢復本姓叫郭一岑。——正在時事新報館，主編學燈，和上海方面的文化教育界有些交誼，就把我介紹到北四川路橫濱橋的一家神州女學裏去教書。我教的是高小最高年級的兩班國文，滿堂的『吳儂軟語』的女孩子，看學校裏請了這樣一位身穿藍布長衫——我這藍布長衫，直到現在，還是喜歡穿的。後來惹出了許多有趣味的故事，待我慢慢的再講。閱者如不相信，請到我的寓所，參觀十年前徐悲鴻先生替我畫的受硯圖，和最近方君璧女士替我畫的彊邨授硯圖，就可恍然我是『說老實話』的人了——頭髮長得很長，不修邊幅，而帶着幾分土氣息的國文先生來，就有些『竊竊私語』，這個我是心裏明白的。那時的待遇，是月薪大洋二十八圓，每天由學校裏供一頓中飯，因爲上下午都有課的。我天天都是破曉起身，吃了幾根油條，就在夏布莊走到外擺渡橋，趁三等電車到神州女學去，勉强維持了一個多月。終於學生們向當局提出抗議來了，說是龍先生的學問，雖然不錯，可是我們大家聽不懂他的話。——其實這一層，我到是託天之福，我的嘴巴是天叫我吃四方的。雖然不能操着各省的方言，可是一出門來，我的普通話就說得相當好，人家猜不着我是『江西老表』呢。——教務主任謝六逸先生，弄得沒有辦法，我也只好知難而退，讓給謝主任自己去兼了。說起這個女學，是由張默君女士創辦的，她雖然担任着校長，我可不曾見過她一面。後來她和考試院副院長邵翼如先生結了婚，她自己彷彿也在做着立法委員，在南京玄武門內建築了一座『美輪美奐』，富麗如宮殿式的『夢筆生花館』。區區僥倖在上海做了幾年大學教授，春假到南京去拜訪她，承蒙她們賢伉儷殷勤招待，叨擾了幾次盛筵，我笑着對邵夫人——這是用司馬遷作史記的筆法，這稱呼是應該如此的——說：『張校長！我是你十年前的舊屬呢！』

一岑看見我又失了業，說我不是教小學的材料，因爲上海灘上的小學生，大多數是操吳語或粵語的。後來他又把我介紹給××高級商業學校的校長×××博士。×博士是相當有名的人物，可是那學校早就名符其實的有些商業化，對於聘請教員，是要先看貨色的。他向介紹人要求叫我寫一封很長的信，把我教國文的方法和主張說出來給他做參攷。我也心裏明白，這明明是考試先生，便有些不耐煩，可是回頭一想，西楚霸王兵敗烏江，『尙何面目以見江東父老』的話，與其回到故鄉，受鄰里戚黨的暗嘲熱諷，到不如硬着頭皮在外邊亂撞，偶然丢一兩回醜，也算不了什麽了不得的事。古人說：『富貴歸故鄉』。讀者諸君，須要切記！假如你也是和我一樣冒冒失失跑到外地謀生活的人，倘是不能够揚眉吐氣的話，那你寧肯餓死在馬路上，千萬不要回到本鄉本土去，受人家的奚落。我們鄉裏有句俗話，叫做『近處菩薩遠處靈』，我就抓住這句名言，做我立身處世的唯一方針呢！我那時思來想去，沒有別的辦法，只好信口開河的胡謅出一大篇道理來，寄給那位博士校長，僥倖他認爲合格了。可是要等到暑假招生之後，看看是不是『生意興隆』，纔來招聘我去擔任些鐘點。這我可忍耐不住，想起黔婁不食『嗟來之食』，我家裏還有老米飯，那個高興來弄這種『生意經』呢？我就拂衣而去，一溜煙的又離開這個滑頭社會，溯江西上了！

路過九江，上了岸，到岳家去，看了一看我的兒女，在江邊的客棧裏住了一宵，第二天又搭輪船到了漢口。立刻過江到武昌黃土坡，去看黃先生。黃先生的脾氣，我想大家都曉得的，卻是對我這個受業不到四個月的門生，特別的好。他知道我的家境中落了，在上海又『鎩羽而歸』，正陷在『進退維谷』的境地，登時叫他的姪兒叫耀先哥的——他名叫黃焯，後來在中央大學，做了十多年的助教，聽說現在在四川國立某大學做教授，已經好多年了——把我的行李搬到他家裏去住，說不久定要替我設法，找個中學教員的位置。果然不到幾天，那私立中華大學的校長陳時先生，就送了一封聘書來。那聘書上載明教授附中的國文，月薪四十八吊。我因爲黃先生的好意，而且我的教書經歷，總算升格了，所以我也不去計較待遇的厚薄，就把聘書收下來了。到了秋季開學，我爲着上課的便利，搬到一家公寓裏去住着，但離學校還是相當的遠。我每天清早，走到附近的小店，坐在長板櫈上，買了幾根油條，——那時候的大餅油條，是便宜不過的，拉黃包車的，拿了幾十文錢，要喫牠一個飽。卻不料二十年之後，一個國立大學教授，兼着簡任一級的官員，每天早上要多喫幾根油條，連着兒女一道喫，就非大大的加以節制不可，唉！——和一大碗滾開水，解決了肚子裏的飢餓，挾着那討飯袋——教授皮包——翻過蛇山，走到那個學校裏上課去。那間教室，大概是向什麼古廟裏借來的，裝着幾扇木槅紙糊的門䆫，地面一高一低的。那臨時用幾條木板拼搭起來的講臺，我踏上去幾乎跌了個倒栽葱，引得哄堂大笑。可是你倒不要藐視了這一班學生老爺們，他們雖不像上海那批小姐們的摩登，可是一樣的會向新來的先生搗亂，照例的說聽不懂我的話。那我可有些冒火了，我當時毫不客氣的『赫然震怒』，把這批學生當面教訓了一番。我說：『我從小就生長在你們湖北的，我也會講湖北話。難道你這批湖北人，都學了洋話，連本省的話都聽不慣了嗎？』刁頑的學生，只有嚴厲的對付他們。方纔會俯首帖耳來聽呼喚的。果然被我罵得一聲不響了。我忿忿的出了教室，跑回公寓裏，把那撈什子的聘書，叫人退回學校裏去，一面向黃先生道謝，說我是不適宜於教書的，這回決定回到老家，『身率妻子，戮力耕桑』去了。結果陳校長屈尊跑到我的寓所來，并且帶着兩名學生代表，向我陪罪，我纔息了怒，答應着繼續教他們的書。武漢的天氣，是比較冷的。我住在那家公寓裏，一間僅容一牀一桌的屋子，地板和䆫子都是破爛不堪的。隔着板壁的芳鄰，據說大半是些丘九老爺，白天他們到學校上課去，到還覺得靜悄悄的。一到了上燈時分，可就『胡笳互動，牧馬悲鳴』似的，胡琴馬將的聲音，雜然並作，一直鬧到深更半夜，我倒佩服他們的精神眞不錯呢！那是『窮秋九月』的季節，瑟瑟的酸風，從破紙䆫子不斷的侵襲進來，我的身體素來是單薄的，就有些抵擋不住。我可相信精神是能够尅服一切的。鬧的儘管牠鬧，吹的儘管牠吹，我對着一盞煤油燈，踏着悉窣作聲的地板，用那蠅頭般的小字，批校我那部石印本的昭明文選——這部書我是常常攜在身邊，作爲第一年正式教書的紀念品——有時也會拍着破桌子，哼些詩詞，恰和老杜的『青燈無語伴微吟』，彷彿有了相同之感。這生活過了三個多月，就到寒假了。我因爲我的妻兒，在娘家過年，有些不便——九江的鄉俗，是不准出嫁了的女兒在家過年的，女壻和外甥是更不消說的了——就把她們接回老家去。我在外面混了一年，受了許多的挫折，也就有些心灰意嬾，我的父親也叫我暫在家裏住下，犯不着這般的做，橫直家裏老米飯還有得喫呢！我打定了主意，就寫信給黃先生，把中華附中的教席，婉辭推卻了。

三　海濱的優美環境

事有湊巧，我回家不到幾天，忽然接着上海轉來的電報，說有一位朋友張馥哉先生——他是北大國文系畢業，也就是當時所謂黃門四大金剛之一。他和我堂兄沐光，是同班的，而我這時和他還未相識，不過由他的親戚金懷秋先生介紹過，他就把我記在心裏。後來我做了暨南大學的國文系主任，纔把他拉來教文字音韻學，共事了幾個月，又遇着『一二八』的事變，損失了不少的書籍，他還是回到浙江教中學去。他是一位淡於名利的學者，屢次有朋友招他到大學裏去教書，他總是推託着不肯遠行。直到『八一三』事變以後，他纔從間道避到上海租界內來，和我們幾位朋友，合辦太炎文學院，可是不久他就病死了！身後蕭條，我愧不能多所濟助，有負死友，念之痛心！——要我到廈門陳嘉庚先生辦的集美學校去，代他的課。月薪是九十五圓——照周佛海先生的話，合起現在的法幣來，應該在萬圓以上呢！——教的是舊制中學的最高年級。我毫不踟躕的，又動了遠游之念了。登時回了一個電報，答應下來。就在正月初三的那一天，辭了老父，別了妻子，冒着大風雪，獨自一個人坐着山轎，走了兩天，到萍鄉搭火車，轉到武昌，順流東下，經過上海，取得馥哉的介紹信，換上太古公司的海船，一直漂到廈門去。一路舉目無親，加上廈門話的難懂，一登了岸，便有些異樣的感覺。可是既然路遠迢迢，冒冒失失的走了出來，只得鼓起勇氣亂撞，好容易由旅館裏的茶房，送上開往集美的帆船，在海港裏走了三四十里，到了集美村，找着一位體育教員孫移新先生——是馥哉介紹的——替我叫校工把行李搬到校舍裏去。我這生長在山鄉裏的人，一旦住在這一所三面臨水的高樓上，看那潮生潮落，朝夕變幻的海濱風景，到也心胸開拓，忘卻了那異鄉孤寄的閒愁呢。

我雖然上年在上海和武昌教過書，得了些少的經驗和教訓，可是來到這陌生的學校，教的又是最高年級，總免不了有些『戰戰兢兢』起來。好在那一班的學生，對馥哉是極端崇拜的，所以對他介紹來代課的人，也就有了相當的敬畏。我乍去上課，有些學生，都比我年紀大，我就有些不自在，兩臉通紅的，彷彿做新娘子一般，有些說不出話來。那位教務主任李致美先生——他是山東人，北高師畢業的——總是在窗子外面偷着看，他背地裏對人講：『張馥哉這回拆爛污了！怎麼找了這樣一個人來代課？可是既然來了，水闊山遙，難道馬上打發他回去？』過了幾日，我的態度也漸近自然了。李主任愛喝一點白酒，辦事非常的認真，而對同事們倒是極誠懇的。他有時候帶點酒意，跑到我的房間裏來閒譚，把我改的作文，抽出來瞧了幾本。他纔老實不客氣的對我說：『馥哉到底是個負責的朋友，不會隨便拆爛污的？我看了你改的作文，我纔相信你是個有眞實本領的人物呢！』我受了他這番鼓勵，眞是感愧交集。後來學校裏比較有眞實學問的蔡斗垣，施可愚，姜子潤諸先生，和葉采眞校長，都對我另眼相看，學生們都對我敬禮有加，這位李致美先生，我還要推他做一個最先識貨的人物，我至今還存着『知音之感』，想探訪他的蹤跡呢！（未完）

三吳回憶錄（中）

謝剛主

西泠片羽

因爲急欲要看西子的風光，凌晨就起來了。從微茫的晨靄中，到湖濱公園，看着一片白茫茫的湖光和湖那邊山上，尖而瘦的保叔塔，閒踱着湖邊，找了一家粥店，檢了一個座位，吃了一點點心，看着湖濱的遊船慢慢的浮動了，岸上的遊人來來往往，倒也覺得有趣，出了粥店，僱了一部黃包車到西泠印社去訪朋友，遇見一個童子，他說：你問的那位先生，前一個月已經走了。從西泠印社出來，到省立圖書館，館長楊立誠先生也不在館，我覺得很失望；但是我生性喜歡獨遊的，可以到深邃的遠山，可以探蒼茫的幽谷，一個人高興到那兒去，就到那兒去，要是找不到適當的游侶，反倒受拘束了。於是決定了游蹤，一日遊山，一日遊水，連忙僱了黃包車作我引道，約定上午逛北山，下午逛南山。

從圖書館出來，先到香山九老洞，由香山洞到玉泉寺，據張岱西湖夢尋上說：

『玉泉山爲故淨空院，南齊建元中，僧曇超說法於此，龍王來聽，爲之撫掌，出泉，遂建龍王祠，晉天福三年，始建淨空院。』

玉泉面積不到半里，水清見底，池裏養着五色金魚，最大的有二三尺長，成羣結隊，游泳水中，若是拋進去一點餅餌，大小的金魚都來搶着吃，頗有魚躍於淵之樂。出了玉泉寺，從叢叢小道，經過普福寺，廟的樑上，懸了一串最大的念珠。從普福寺出來，不遠就到了靈隱，進了巍峨的山門，看見左邊一片玲瓏剔透的奇山，那就是飛來峯。

說起來飛來峯的石佛，是大家都知道的了。但是是那樣的惡劣的大佛，真是爲名山之玷。原來元代胡僧楊璉眞伽掘了南宋六陵，宋代的遺民謝皋羽，吳玉潛，林霽山輩，偷偷檢拾六陵的遺骨，重新埋葬，種了許多冬青樹，這是宋代遺民，月湖汐社怎樣可紀念的事情！胡僧不但掘了六陵，還把飛來峯上刻了無數的獰猛的佛像，逼肖楊髡的樣子，西子有知，能不氣死？但是一般的遊人，偏偏願在石佛旁邊，拍一個照，這是我不解的事。

我在冷泉亭，小坐移時，便鼓着勇氣直登靈山，走着崎嶇的山徑，兩旁全是青翠的竹林，隱蔽不見天日，微微的陽光，從竹林裏穿過來，更顯得青光可意。一步一步的往上走，轉了好幾個灣，腿覺着累了，鼻子裏微覺喘息，頗有廢然欲返的意思，忽然發現高處一抹的黃牆，隱約的可以見『韜光』二字。那時衹有鼓着勇氣再往上走，不久就到了佛庵，僧榻小坐，遠望着竹林，喝了一杯清茶，頓覺着羽翼生涼，大有超然塵表之概，宜乎張京元韜光庵小記上說：

『韜光庵在靈鷲後，鳥道蛇盤，一步一喘，至庵入座一小室，峭壁如削，原出石罅，匯爲池，蓄金魚數頭，低窗曲檻，相向啜茗，眞有武陵世外之想。』

我坐在庵中啜茗，彷彿還有明代的景像，看着時已近午，慢慢的踱到山門外一家飯舖，要了一碗素菜，一碗竹筍湯，吃着別有風味。吃完了飯，在飯舖中休息片刻，就從廟門由北而南。在山畔的小道中，有無數私人的別墅，曲折的小花園，半畝的竹園，蒼虬的老樹，一幅一幅的雲林畫境，都到我眼前。經過于忠肅祠，橫穿過山嶺，山嶺上有一個閣子，過了閣子不遠，便是烟霞洞，張岱描寫烟霞洞說：

『過嶺爲大仁禪寺，寺左爲煙霞石屋，屋高敞虛明，行迤二丈六尺，狀如軒榭，可布几筵，洞上周鐫羅漢五百十六身，其底邃窄通幽，陰翳杳靄。』

洞門偏生蒼苔小樹，極爲幽雅，從洞門往右邊走，經過了許多房屋，彷彿已到盡頭，忽然從房屋的套間裏，走進去是一個閣子，前面和右面臨空可以眺遠，雪白的粉壁上，掛着胡適之寫的白話詩橫條。我從閣子外邊的走廊上往下看，看見閣子下面，全是青翠的樹木，綠葉飄蕩着，大有凌風欲仙之概。由綠樹的外邊，可以看見一片白茫茫的湖水，湖水的外邊，便是錢塘江。那時我感覺到的，如置身如在萬綠叢中，可以看見婆娑的綠樹，綠樹外的湖水，湖邊隱約可見的紅樓，紅樓外如帶的錢塘江，江外隱約可見的青山，而我的眼，我的心靈，眞有一望無窮之感，眞不知道山外還有山，水外還有水了。我更覺得坐在閣子上遠望湖山，閒品清茶，固然好了；要是風雨來時，山色淒迷，湖光燦爛。或是駕一葉扁舟，披着蓑衣在舟中看雨。或是披着蓑衣，騎着小驢，走過山徑竹樹叢中，來到山寺的閣子上聽清翠的雨聲。或是在閣子上看見竹樹環合叢翠搖動，湖山改色，大雨滂沱，點點飛來，一望無際，不知是山，是水，是湖，眞是有如東坡所說：『千山動鱗甲，萬谷撼笙鐘』的氣勢，那時候必定另有一番景像。我遠看着湖光，正在那出神。黃包車夫突然催着我說：

『先生時候不早了，要是再不走就趕不過來了。』

我走出閣子，順着小道，到了龍井，由龍井折回去，到虎跑泉。一座小山上兩面全是樹林，樹葉經霜，已經漸漸的變紅了，深黃的斜陽，照在碧綠和微紅的樹葉上，格外覺着秀麗，泉水從山澗樹林邊流出來，微微的可以聽見泉聲，樹上有幾個小鳥在那裏叫着，與流水合鳴，恰成了音樂一部。我忽然想到，北平西山臥佛寺前門的甬道上，兩邊全是古柏，成了一帶的長林，太陽從森林中發出清光，顯着格外的皎潔，泉水從澗中潺潺的流着，頗有虎跑的景像，但是沒有虎跑那樣的幽潔蔚茂，不知不覺走到虎跑寺後院山下的亭子裏面休息，泉水曲折從亭子前面流過去，命茶博士泡了一碗龍井茶，喝着非常的清冽。沁入肺腑。眼看着天色不早了，從虎跑泉出來到六和塔。遊玩了一天，自然覺着疲倦，鼓着勇氣，一直登到五層，憑着塔的牆欄上，可以遠望青山，近撫江水，無數的風帆，來往的過去，眼界爲之開朗。下得塔來，天色已近黃昏，順着大路從南屏山下經過，雷峯塔已經化爲雲烟了。除了蒼翳的樹林和張蒼水祠堂，雷峯的遺跡已無從憑弔。匆匆的走到運木寺，在暮色蒼然中，登大雄寶殿，正在那裏做水陸道場，萬鐙齊明，光輝燦爛，僧衆們披着錦繡的袈裟，唱着鏗鏘的梵唄，奏着微妙的音樂，善男信女，跪拜如雲。尤其是挾雜着漂亮的小姐們，時式的衣服，婀娜的身軀，和黃鸝出谷的嬌聲，也在那裏皈依空王，頂禮膜拜，於是乎吾不能不嘆杭州人念經的藝術。

旣回到旅社，天色已經曛黑，略爲休息，就到王順興燒豆腐，件兒肉，喝了三杯老酒。跑到法院路去訪余越園先生，數年不見的朋友，見面自然高興。歸來夜已三更，就睡覺了。

第二天早晨起來，順着湖邊到孤山後面放鶴亭上吃了一碗藕粉，亭子前面有一道極寬的橋，去年西湖博覽會時造的，名西湖博覽會。過去橋就是葛嶺。我因路不熟悉，放鶴亭茶館裏還沒有客人，茶博士引着我在孤山一帶遊玩，經過蘇玄瑛墓，在湖濱一片荒寒的地方，一杯黃土，埋葬詩人，不禁有無限蒼涼之感。茶博士替我僱了一支瓜皮艇子，我上了船，從孤山還岸，渡到對面的葛莊。滿院種著美人蕉，走過曲折的回廊，便到對湖的軒裏，可以看見全湖的景色。由葛莊乘船到葛嶺，我從船下來，船夫引著路同登葛嶺，路較韜光平坦，不多時就到葛嶺上面的抱朴廬，是晉代葛洪修鍊的地方。從抱朴廬出來，再往西走，一路上瞻玩著風景，不期而遇著二位老先生，在一塊走路，聽著說話，好像帶點河南口音。我問他們姓名，才知道一位是南陽王先生，一位是錢塘李先生，是兩位商而好道之士，談得很投機，就結了遊山的伴侶，一邊說著話就到了初陽臺，是葛嶺最高的地方，左邊山坡下是削而瘦的保叔塔，前面可以看見全湖的風景。從初陽臺下來，由黃龍洞到紫雲洞，一路上全是山嶺，山上的樹，四面環合，山嶺忽高忽低，嶺下的深谷，生長著無數的青翠樹木，在樹林中間隱約著有一條小道，別有曲徑通幽的風趣。轉過山嶺便是紫雲洞，洞是非常深邃的。身上的汗到洞裏全消了。而李先生越發與我熟習了。他與我談了無數的修道的經過，並且知道是善於相面的。從紫雲洞出來是極寬的石階，階旁長著無限的修篁。出了廟門，經過白沙泉，又走了一里多路，山路更窄了。看見一條最高的山道，兩邊全是鬱茂的長林，那就是金鼓洞，別的洞是很寬闊的，金鼓洞却是以幽邃勝。前面是一個大殿，殿後便是一個如屋的洞。洞裏擺著幾個石凳子，中間一張石桌子。洞的前面，被廟遮著，只看一線的天，和洞上的青苔野草，除了聽見洞上的鳥聲，和微微的陽光從洞隙上透過了，一切都歸於寂靜了。

幽居識小錄

白衘

一 十七字詩之祖

十七字詩是一種俳諧體，以三句七言及一句二言組成，其妙處就在最後的那兩個字。幼時看笑話書，記得就有一條是講十七字詩的。現在連那部笑話書的名字也不記得了（有機會很想問問景深兄），可是那幾首十七字詩却還深印在腦裏。大概是這樣的：有一個人善作十七字詩，有一次逢到天旱，太守求雨而雨不至，他就寫了一首詩嘲笑他：

『太守祈雨澤，萬民多感德，昨夜推窗看：見月。』

那位太守知道了，已經很不高興了，可是他還繼續拿了太守的名字來開玩笑：

『古人號東坡，今人號西坡，若將兩人比：差多。』

太守聽說大怒，以誹毀罪流放他到雲陽去。發配的時候，他的舅父來送行。他的舅父是瞎了一隻眼睛的，當時他就賦詩道：

『發配到雲陽，見舅如見娘，兩人齊下淚：三行。』

到了戍地之後，縣官看見他一表非俗，很賞識他，又聽說他能詩，就叫他即席口占一首。他便說：

『環珮響丁當，夫人出後堂，金蓮三寸小：橫量。』

十七字詩是古已有之了的。其首倡者是宋朝元祐紹聖年間聞名的山東人張山人。在宋洪邁的『夷堅乙志』卷十八中，有『張山人詩』一條，說道：

張山人，自山東入京師，以十七字作詩，著名於元祐紹聖間（一〇八六年至一〇九八年），至今人能道之。其詞雖俚，然多穎脫，含譏諷，所至皆畏其口，爭以酒食錢帛遺之。年益老，頗厭倦，乃還鄉里，未至而死於道。道旁人亦舊識，憐其無子，爲買葦席，束而葬諸原，揭木書其上。久之，一輕薄子至店側，聞有語及此者，奮然曰：『張翁平生豪於詩，今死矣，不可無記述。』即命筆題於揭曰：『此是山人墳，過者盡惆悵，兩片蘆席包：敕葬。』人以爲口業報云。

在孟元老的『東京夢華錄』卷五『京瓦伎藝』條中，也有『張山人說渾話』的記載。

這記載，『東京夢華錄』所記的是崇甯至宣和間（一一〇三年至一一二五年）汴京的繁華舊事，和洪邁所說的『元祐紹聖間』年代相差無幾，則此『說渾話』的張山人，必係那『以十七字作詩』的張山人無疑。這樣看來，張山人不但是以寫十七字詩著名，而且是一位瓦舍間著名的藝人了。可是這位張山人的眞姓名是什麼呢？在宋王闢之的『澠水燕談錄』（一〇九五）卷十，我們發現了他叫『張壽』。原文說：

往歲有丞相薨於位者，有無名子嘲之，時出厚賞購捕造謗。或疑張壽山人爲之，捕送府。府尹詰之，壽云：『某乃於都下三十餘年，但生而爲十七字詩鬻錢以餬口，安敢嘲大臣？縱使某爲，安能如此著題？』府尹大笑遣去。

而在『王直方詩話』（胡仔編『苕溪漁隱叢話前集』卷二十八所引）中，我們又找到了更詳細的記載：

禹玉既亡，有無名子作詩嘲之云：『太師因被子孫煎，身後無名只有錢，喏喏佞翻王介甫，奇奇歆殺宋昭宣，常言井口難爲戲，獨坐中書不計年，東府自來無土地，便應正授不須權。』其家經府，指言是張山人作。府中追張山人至，曰：『你怎生作詩嘲他大臣？』張山人曰：『某自來多作十七十六字詩，著題詩某吟不得。』府尹笑而遣之。

從這裏，我們可以看到這幾件事：一、張山人名壽；二、他不但做十七字詩、十六字詩，而且還說渾話做場；三、他是在至和二年左右到汴京來的，因爲王陸禹玉是在元豐八年（一〇八五年）逝世的，在這一年中他說『某乃於都下三十餘年』，假定是三十年罷，那麼這樣推算上去三十年，就是在至和三年了（一〇五六年）；四、他大概是在大觀間（一一〇七至一一一〇年）還鄉而死於途的。這個時代是這裏推算出來的。在他到汴京去鬻詩餬口的時候，他至少有二十歲（卽生於一〇三六年頃），一個人的壽命普通七八十歲已算高了，而卽在崇甯癸未（一一〇三年）到京師的幼小的孟元老還來得及見到他記得他，那麼把他老死之年放在大觀間，大概也不會差得太遠罷。

這些不但使我們知道了一點關於這位藝人的姓氏、時代等等的明確的觀念，而且還把這位山人的生活方式、滑稽風度活畫了出來。現在，我們所引爲憾事的，就是還沒有找到幾首他的原詩了。宋袁文在他的『甕牖閒評』卷六中，在談到博家以一二三四五六骰子爲『浮圖』的時候，曾引用了張山人的兩句詩：

浮圖好浮圖，上頭細了下頭麤。

這張山人大概就是張壽罷，詩也是滑稽詩，可惜不是十七字詩，也不是十六字的，雖則不是著題詩，但如果捉起他來問，他一樣也可以否認的。

在談着張山人壽的時候，我想到人們往往把他和『張打油』混爲一人，因爲這兩個人都是以滑稽詩知名，而且眞姓名都是隱而不顯的。然而張山人壽是宋朝人，是十七字詩之祖；而張打油却是唐朝人，和胡釘鉸齊名，是打油詩之祖，最有名的是這首雪詩：

江山一籠統，井上黑窟窿，黃狗身上白，白狗身上腫。（見楊愼『升菴詩話』卷十一）

可是關於張打油和胡釘鉸，說起來也話太長了，留着以後談罷。

二 鶯鶯歌逸句

唐元稹作『鶯鶯傳』記張生鶯鶯遇合事，流佈甚廣，影響至巨，後人傳之歌詠被之管絃者，不一而足。如宋有趙令時之『商調蝶戀花』十闋，金有董解元之『西廂』諸宮調，元有王實甫之『西廂記』雜劇，明有李日華陸采等之『南西廂』傳奇，淸有查繼佐之『續西廂』雜劇等等，均爲人所熟知，而與元稹同時代之李紳所作『鶯鶯歌』，雖則就在『鶯鶯傳』上已說『貞元歲九月，執事李公垂宿於余靖安里第，語及於是，公垂卓然稱異，遂爲鶯鶯歌以傳之』等語，却依然是默默無聞，可見作品之傳與不傳，眞是偶然的事。

李伸字公垂，潤州無錫人，是元稹和白居易的好友，爲人短小精悍，於詩最有名，白居易詩中所謂『笑勸迂辛酒，閑吟短李詩』的『短李』，就是他也。他有『追昔游詩』三卷，『雜詩』一卷。『全唐詩』合編之爲四卷。卷四有『鶯鶯歌』，下注：『一作東飛伯勞西飛燕歌，爲鶯鶯作』，僅僅只有八句，錄之如下：

伯勞飛遲燕飛疾，垂楊綻金花笑日，綠窗嬌女字鶯鶯，金雀婭鬟年十七，黃姑上天阿母在，寂寞霜姿素蓮質，門掩重關蕭寺中，芳草花時不曾出。

這僅是『鶯鶯歌』的開端而不是全篇，『全唐詩』却把牠當做全篇編排着。這就是說以下的早就失傳了。清康熙時編纂『全唐詩』，搜羅的書是很廣博的，而『鶯鶯歌』却只有這八句，日本河世甯輯『全唐詩逸』，用力至勤，也沒有注意到這首詩的逸篇。而這首詩的逸篇，正如曾經有人提起過了的，却是在一部並不稀見的書中，那就是董解元的『西廂』。爲要使人們對於這篇重要性僅次於元稹的『鶯鶯傳』的『鶯鶯歌』加以注意，爲要使一位唐代名詩人的逸篇不再沉湮下去，我把在董『西廂』中所引的李伸的『鶯鶯本傳歌』錄在下面。這雖然依舊是殘篇，但還是有着牠的重要性的。

一、『伯勞飛遲燕飛疾』等八句，已見前，不再錄。（卷一）

二、問橋上將亡官軍，虎旗長戟交壘門，鳳凰詔書猶未到，滿城戈甲如雲屯。家家玉帛棄泥土，少女嬌妻愁被虜，出門走馬皆健兒，紅粉潛藏欲何處？嗚嗚阿母啼向天，窗中抱女投金鈿，鉛華不顧欲藏豔，玉顏轉瑩如神仙。（卷二）

三、此時潘郎未相識，偶住蓮館對南北，潛嘆悽惶阿母心，爲求白馬將軍力。明明飛詔五雲下，將選金門兵悉罷，阿母深居雞犬安，八珍玉食邀郎餐，千言萬語對生意，小女初拜爲姊妹。（卷二）

四、丹誠寸心難自比，寫在紅箋方寸紙，寄與東風伴落花，彷彿隨風綠楊裏。窗中暗讀人不知，翦破紅綃裁作詩，還把香風畏飄蕩，自令青鳥口銜之。詩中報郎含隱語，郎知暗到花深處，三五月明當戶時，與郎相見花間語。（卷三）

三　讀水滸傳之一得

水滸傳是一部百讀不厭的書。在童稚的時候，牠做過我的好伴侶，到現在兩鬢垂斑的時候，牠仍不失爲我的枕邊祕笈。這就證明了這部書是老少咸宜的不朽鉅著了。

牠不但能消遣我們的無聊，而且還使我們不斷地得益。我的意思是說，不但在文學手法上，世情的暸解上，牠不斷地給我們教益，就是在學問智識的增進上，牠也是開卷有益的。這裏就是一個小小的例子：

嘗讀永樂大典戲文『小孫屠』，在這四句『題目』中就逢到了一個疑難的問題：『李瓊梅設計麗春園，孫必貴相會成夫婦，朱邦傑知法明犯法，遭盆吊沒興小孫屠。』這『盆吊』是什麼刑罰呢？本文中沒有說明；字典籍書中不載，那是更不用說了的，宋元刑法志上沒有說起，小說筆記裏也沒有談到。這種問題，祇得不求甚解了罷。可是忽然記起，似乎水滸傳中有說到這二字的，便拿起水滸傳來一翻，果然在第二十八回『武松威鎮平安寨，施恩義奪快活林』中找到了。那是講武松殺了潘金蓮之後，被刺配到東平府平安寨時的事。武松被解到了牢城中，得罪了差撥，可是管營相公却不但沒有給他吃殺威棒，反而好好地管待他。衆囚徒疑心這不是好意，說晚間必然來結果他。武松道：『他還是怎地來結果我？』

於是衆囚徒就說出『盆吊』來：

『他到晚把兩碗黃倉米飯和些臭鮝魚來與你吃了，趁飽帶你到土牢裏去，把索子綑翻着，一牀乾藁薦把你捲了，塞住了你七竅，顛倒豎在壁邊；不消半個更次，便結果了你性命。這個喚做「盆吊」。』

原來這什麼地方也不得其解的『盆吊』，却在這部水滸傳中說得清清楚楚。

『小孫屠』中還有這幾句：『誰知命運遭乖蹇，今朝受刑憲。免教受掤扒，感恩即非淺。』以及『分明是你把妻兒騙，今日怎胡言！拷打更拼扒，如今怎躲免？』這『掤扒』或『掤扒』是什麼呢？（再說，在金元戲曲中，這兩個字眼也是常見到的。隨便舉兩個例罷：在董解元的『西廂』卷四：『有刑罰、徒流、絞斬、弔拷、絣把。』在楊梓的『豫讓吞炭』第三折：『既待捨死忘生，怕甚麼弔拷掤扒。』）在別的書中也是不得其解，又還是在水滸傳中找到了的。

那是在第五十一回『插翅虎枷打白秀英，美髯公誤失小衙內。』插翅虎雷橫在勾欄裏打了唱諸宮調的白秀英的父親白玉喬，給白秀英在知縣那裏使了枕邊靈；知縣就把雷橫枷起來押出去號令示衆，那婆娘要逞好手，定要把雷橫號令在勾欄門首。原文說：

『第二日，那婆娘再去做場，知縣却教把雷橫號令在勾欄門首。這一班禁子人等都是和雷橫一般的公人，如何肯絣扒他？這婆娘尋思一會：既是出名奈何了他，只是一怪。走出勾欄門，去茶坊裏坐下，叫禁子過去發話道：「你們都和他有首尾，却放他自在。知縣相公叫你們絣扒他，你到做人情。少刻我對知縣說了，看道奈何得你們也不？」禁子道：「娘子不必發怒，我們自去絣扒他便了。」白秀英道：「恁地時，我自將錢賞你。」禁子們只得來對雷橫說道：「兄長，沒奈何，且胡亂絣一絣。」把雷橫絣扒在街上。』

這裏的『絣扒』就是『小孫屠』中的『掤扒』和『拼扒』，因爲是俗語，所以字無定形。讀了水滸傳的這一節，這兩個字的意思，便瞭如指掌了。

水滸傳能給我們的知識還有很多很多（同時，牠也提供我們無窮研究的題目），這裏所舉的，不過是一斑而已。誰說水滸傳祇是一件文學作品而已？

四　元曲中的蒙古語

現在研究元曲的風氣，越來越盛了。可是研究的範圍，大概總限於作者的考證，戲曲本事的源流和影響，脚色的考據，曲調的溯源等等，對於元曲語言的研究，一直到現在爲止，還是寥若晨星。前輩吳梅先生在他的『元曲研究ＡＢＣ』上冊裏，曾經說他將在下冊談到元曲的方言。可是一直到他前年逝世，這個預諾還是沒有實現。賀昌羣先生在他的『元曲概論』中雖然有『元曲的淵源及其與蒙古語的關係』一章，但却實在也沒有說出什麼元曲和蒙古語的關係來。年前在吳曉鈴先生的『讀曲日記』中知道李家瑞先生正在從事元曲語言的研究，着手著一部『元曲詞釋』，內容分爲字、句、詞、語、諺、謎六部。這是一件可喜的事，不過後來又聽說李先生病了，不知這部稿子到底寫定了沒有？

的確，如果沒有把元曲中的方言俗語研究清楚，我們讀元曲總還是等於囫圇吞棗一樣，鑑賞元曲的文章便是談不到。研究元曲中的方言俗語，愚意應從兩方面着手：一是研究宋元的方言市語，尤其是宋代的俗語，因爲在元曲中，宋代的俗語是保留得很多。二是研究蒙古語。

所謂蒙古語，並不是近代蒙古語，而是當時流行的蒙古語，即所謂『八思巴文』。爲了要理解元曲中的蒙古語而去接近那更困難的『八思巴文』研究，這要求似乎過份一點。因爲『八思巴文』的研究，在全世界也還祇是開頭呢。可是，在『八思巴文』學者還沒有弄出一個完全的系統出來之前，我們怎樣辦呢？我們却也有一個偷懶的辦法。

第一，我們應該曉得，那些元曲的作者，除了李直夫是女直人，楊景賢是蒙古人以外，其餘都是漢人。（散曲作家中固然也有幾個是蒙古人，但大都仍是漢人）這些漢人的蒙古語知識，原是極有限的，尤其用在他們的戲曲上的蒙古字，因爲要使觀衆了解，便更是尋常耳聞目見的幾個。我想當時一定有什麼蒙漢字彙一類的書流行在民間，就像現在日本占領地之有日語初步，日華常用字彙等書一樣，可惜當時的這一類書沒有遺傳下來。如果有的話，一切的問題便都可以迎刃而解的了。可是，無論如何，有了這個主見，我們的胆也就大得多了。

雖則我們沒有八思巴文或甚至近代蒙古語的知識，但還能幫助我們去探討元曲中的蒙古語的，有元代出版的『元朝祕史』和明初出版的『華夷譯語。』這兩種書都是以中國字寫出蒙古字的音，而又註出這些音的意思來的。

『元朝祕史』有商務印書館四部叢刊三編的本子。可是因爲這是整編的歷史，須要我們先把這裏面的字式據華文意義來分類，或據蒙古字的拚音來作一次編排，纔能給我們便利的幫助，而這種整理工作，也是需要長久的時間的。（約五十年前，有一個俄國人姓保玆涅耶夫的，曾經把『元朝祕史』由音譯漢字重造成蒙文，惜乎書沒有出版；最近法國漢學家伯希和也從事於這個工作，但這工作到底已完成了沒有，我們也無從知道。否則對於元曲中的蒙古語研究，倒一定大有貢獻呢。）所以，『元朝祕史』對於我們研究元曲固然有很多的幫助，但是這幫助還是要我們自己先費過很大的功夫纔能得到的。不必我們費很大的勁兒而能給我們幫助的，倒是『華夷譯語』那本小小的書。

『華夷譯語』是明洪武十二年翰林侍講火源潔著，現有涵芬樓祕笈影印本。火源潔是蒙古的語學家，仕於元，有朝鮮、琉球、日本、安南、占城、暹羅、韃靼、畏兀兒、西番、回回、滿喇伽、女直、百夷等十三國譯語，元時有彙刻本，亦名『華夷譯語』，和此書並非一書。大概他在元代先著十三國譯語，後來元亡仕明，又編了這本專講蒙古文的『華夷譯語』罷。這部小書前半部把一般通用的字眼分爲天文、地理、時令、花木、鳥獸、宮室、器用、衣服、飲食、珍寶、人物、人事、聲色、數目、身體、方隅、通用等十七門，而註以蒙古的讀音；下半部載阿札失里等詔勅書狀十二首。對於查檢最方便，研究元曲蒙古語最有用的，就是這小書的前半部。

這前半部祗有二十八葉，所包涵的辭僅八百四十四個。這都是一些通用常見的字，雖則爲數不多，但對於研究元曲蒙古語的人，這已經是一個極大的幫助了。現在，讓我們來舉一個例，看看牠所能給我們的是怎樣的幫助罷。

在去年商務印書館排印出來的『孤本元明雜劇』中，有一本關漢卿的『鄧夫人苦痛哭存孝』。在頭折的最初的幾行，我們看到了這樣的句子：

（冲末淨李存信同康君立上）（李存信云）米罕整斤呑，抹鄰不會騎，弩門并速門，弓箭怎的射，撒因答剌孫，見了搶着吃，喝的莎塔八，跌倒就是睡，若說我姓名，家將不能記，一對忽剌孩，都是狗養的。

什麼是『米罕』，『抹鄰』，『弩門』，『速門』，『撒因』，『答剌孫』，『莎塔八』，『忽剌孩』這些字眼呢？除了『抹鄰』我們可以猜得出是『馬』外（但也很可能是驢子），其餘的作什麼解，可就沒有辦法了。

但是，『華夷譯語』這部小書却把這些字的意義告訴了你。在飲食門，你找到了『酒』字，下註『答剌孫』；『肉』字，下註『米罕』。在鳥獸門，你找到『馬』字，下註『抹鄰』。在器用門，你找到『弓』字，下註『弩門』；『箭』字，下註『速門』。在人物門，你找到『賊』字，下註『忽剌孩』。在通用門，你找到『好』字，下註『撒因』。在人事門，你找到『醉』字，下註『莎黑塔八』。這樣，你所不能解的字眼便全部解決了。

這不過是一個小小的例子，其餘元曲中的蒙古字，有許多都可以從這本小書裏找出來。在『八思巴文』的研究還沒有一個完全的系統之前，我們且利用這本小書以及『元朝祕史』來研究元曲中的蒙古方言罷。

五　葫蘆提和酩子裏

在西廂五本解證中，說到『顚不剌』一辭的時候，這樣說道：

『顚不剌』詞中用之不少，如『顚不剌情理是難甘』，『顚不剌呑症候』等語，豈以顚爲輕狂而反起可喜耶？繹其意似言沒頭腦，沒正經之意，如『葫蘆提』，『酩子裏』之類，可解不可解之間云云。

『顚不剌』是蒙古語 tein bolai 的音譯，誼爲『如此樣的』。可是我不想在這裏多說，我想來談談的，是那所謂『可解不可解』的『葫蘆提』和『酩子裏』。

『葫蘆提』和『酩子裏』均見於『董西廂』。『葫蘆提』一辭見下：

卷一：一夜葫蘆提鬧到曉。

卷二：葫蘆地把寺院焚燒。

『酩子裏』（或作『瞑子裏』）一辭見下：

卷二：瞑子裏歸去。

卷二：酩子裏忍餓。

卷二：誦篤篤地酩子裏罵。

現在先說『葫蘆提』。董西廂上的湯顯祖的批註是對的。他說：『葫蘆提，方言，糊塗也。』按『葫蘆提』或作『葫蘆蹄』，『胡盧提』，『

鶻鸕蹄』。是一句宋朝的俗語。宋張耒『明道雜志』云：

錢穆內相，本以文翰風流著稱，而尹京爲近時第一。余嘗見其剖決，甚閑暇，雜以談笑渾語，而胥吏每一顧問，皆股慄不能對。一日，因決一大滯獄，內外稱之。會朝處，蘇長公譽之曰：『所謂霹靂手也』。錢曰：『安能霹靂手，僅免葫蘆蹄也。』葫音鶻。

宋吳曾『能改齋漫錄』卷五上也說：

張右史明道雜志云：『錢內翰穆公知開封府，斷一大事，或語之曰：可謂霹靂手。錢答曰：僅免胡盧提。』蓋俗語也。然余見王樂道記輕薄者改張鄧公罷政詩云：『赭案當衙並命時，與君兩個沒操持，如今我得休官去，一任夫君鶻露蹄。』乃作鶻露蹄，何耶？更俟識者。

因爲是俗語，所以字無定形，這是無足怪的。而意思却是很明白，作糊塗不辨是非解。可是，這『葫蘆提』的來源是怎樣的呢？那是從『糊塗』二字變化出來的。同是那位不明白爲什麼『胡盧提』又作『鶻露蹄』的吳曾，在同書的卷二中說：

『鶻突』二字，當用『糊塗』，蓋以糊塗之義，取其不分曉也。案呂原明『家塾記』云：太宗欲相呂正惠公，左右或曰：『呂端之爲人糊塗』。（自注云：讀爲鶻突）帝曰：『端小事糊塗，大事不糊塗。』決意相之。……

這樣，『葫蘆提』這三個字的來歷是很分明的了：牠們是『鶻突』二字的轉音，而『鶻突』就是『糊塗』。這樣，這三個字並不是在『可解不可解之間』的。

『酩子裏』或『瞑子裏』，也是宋代的俗語。湯顯祖的批注說：『瞑子，調侃暗地也。』『暗地』是對的，却沒有調侃的成份。就在前面引用過的『明道雜志』中，還有這樣一則：

掌禹錫學士厚德老儒，而性涉迂滯，嘗言一生讀書，但得佳賦題數個，每遇差考試，輒用之，用亦幾盡。嘗試監生，試砥柱勒銘賦。此銘今具在，乃唐太宗銘禹功，而掌公誤記爲太宗自銘其功。宋漁中第一，其賦悉是太宗自銘。韓玉女時爲御史，因章劾之。有無名子作一闋嘲之云：『砥柱勒銘賦，本贊禹功勳，試官親處分，贊唐文；秀才冥子裏，鑾駕幸并汾，恰似鄭州去，出曹門。』『冥子裏』，俗謂昏也。

昏，日冥也；冥，幽暗也，夜也；瞑，閉目也。意義都是可以相通的，總之是『暗地裏』的意思。這也並不是在『可解不可解之間』的。

元曲中這一類的宋代俗語，是大量地保存着，比蒙古語還多。我這裏提出這兩個辭來談談，並非是想提起人們的注意，對元曲中的宋元俗語不要隨便放過，不求甚解，而加以更深的研究，探討而已。

異國心影錄

柳雨生

在我過去一切的寫作經驗裏，我覺得像寫我現在的這一篇文章的心境，還是陌生的，如果我不願意說它是無聊的。我曾經到過日本去一次，所晤見的多數是那邊文學界知名的人們。我和林房雄先生談過幾次話，同時叫我迴憶起從前讀過的開明書店出版的『林房雄小說集』，發生無限的感觸。是他說，要寫一篇關於我的文字。後來，我又看到片岡鐵兵先生的一篇文章，大約是登在日文的『朝日週刊』罷，上面有一兩段話有着和我有關的文字。我是不懂日文的人，請懂得的朋友們看了，才知道片岡先生的批評。這樣也就過去了，林房雄先生的文章，却未曾讀到，我想，他的著作生涯是很忙的，未必寫出。但是，菊池寬先生倒是寫了一篇，聽說是登在『文藝春秋』上面的，我既不懂日本文，當然不會無意的看到。看到的是一篇中文的譯文，登在上海一家週刊的，裏面談到我云云。我對於一切異國的作家們對我的眞實的感情，常常是用一種不用多說話的無言的領略去接受它的。實際上是我既然不懂日語，也就是不能够多言。既然不能够多言，沈默是我應該守的本份了。

我曾經像一頭沒有家的小貓，在異國遨遊了一個不長不短的時間，心裏異樣的感觸並不是絕對沒有的。但是我回國之後，我沒有向任何朋友，眞的，甚至於任何相識的人提到一句話，寫及一個字，有關於我在日本的印象和感觸。就是我的家人，譬如說我的妻吧，我也未嘗告訴過她一句，什麼是敷島牌的烈性紙烟，什麼是日本婦人所歌舞的『春雨』。到今日爲止差不多有四個月了，我也同樣的謝却一切好友們的請求，不肯寫一點返國後的筆記。爲什麼這樣呢？因爲我只是一個文人，一個喜歡與人世間種種的可驚可喜可哂可泣的色相接觸的人，在我的生活修養之中，必然的有一個時期我需要沈默，我也需要迴憶，我也需要靜想。我不願意淺淺薄薄的說出一兩句話，發表一兩段卑無高論的主張，來取悅於我所不喜歡的人，或取憎於喜歡我的人。我在任何時間需要的永遠是誠實。

我今年忽然立願寫這一篇文字，也並不就是我沈思所得的結果，而且我的沉思的結果，照一般的說法看來，恐怕是沒有什麼結果的。我的個性雖然並不是與歷史政治絕緣，而生活環境的束縛，也往往與整個局勢有關，但是我更愛好單純的生活的愉快，生活的美，以至於最超妙奇特的所謂止於至善的境地。我曾從文學書籍中和許多古人或異國的偉人接觸，未嘗一親謦欬，更未曾握一握手。然而我們的心裏自有李太白，或白香山，或小泉八雲，或華盛頓•歐文（Washington Irving），在我的心裏常有若干的異國作家，腦裏的影象，眸裏的笑顏，都不是片面文字所能够表達的，更絕對不能表達到十全十美的地步。有的時候我會想思想的結果，只剩下一種寂寞的安慰，這種安慰如果眞是寂寞的，那麽就是親如家人父子，都不能分潤，何况是廣大的羣衆和無窮的讀者。

我之所以要寫這篇東西，是代表了一個十足的眞實的中國人應該有的舉動。古人說得好，『以直報怨，以德報德。』在我的心裏看起來，以直報怨是中人之性，我不願多說，以德報德都未免有一點兒殘忍。譬如，子女對於父母，任何人都有一種天性的愛的，雖是嬌情的人也不大容易造作。但是我們試想一想，兒女對於父母有沒有完全聽受教訓，有沒有一點兒反抗的舉動。結果當然是有的，父母劬勞到了極頂，可是子女的報答，都決做不到十足的以德報德的程度，那麽，即使算做到了以德報德的境地，是不是實際上還覺得有一點兒牽强或不滿麽？照我的靜靜的思想的結果看來，日本的知識界，是能够懂得一種大勇猛大精進的道理的人。這不是輕輕的無謂的恭維話，確是我近來的思想的結論之一。我想，做人的道理，最高尙的是應該超乎以德報德的恩仇的觀念之外的，一個人是如此，一個民族國家其實也是如此。我們中國更有一句相反的話，是『寗使我負天下人，毋使天下人負我。』這是一位歷史上的英雄受到後世的譏笑的原因。懂得眞正的大勇猛大精進的精神的人，一定是能够責己深切，對人寬恕的人。這種理想的人生，大約是人類所歷久追尋而決不致於被認爲落伍的一種眞理。

更進一步去追尋吧，我們不但應該以德報德，並且應該用投飼餓虎的偉大精神，用一切的努力，去拯救全宇宙全人類正在掙扎苦痛中水深火熱的生活。

更進一步去追尋吧，把人類從戰亂中解救出來，更進一步去追尋吧，把自由和眞理從壓迫中解救出來，把獨立和正義從紛擾中解救出來。

我們不怕艱難和困苦，我們嫉恨虛僞和自私。

我這一次到日本去，在這個時候，心境的異樣是顯然的，其寂寞和虛空也是顯然的。整個世界都在無邊的戰火中强烈燃燒着，人類的聰明和智慧使自己建設起了一半符合理想的世界，但是虛僞和自私又毀滅了它。整個世界的人類在這場劇烈的搏鬥中顯明的劃分成兩個堅固的壁壘，每一邊的人都想着，都自以爲自己是懂得眞理和正義的，而對方則全是自私與欺騙。但是，眞正的眞理，照我個人的愚昧的見解，不應該決定於燦爛的戰場，烽火連天的疆場，却應該決定於暮色蒼茫的微光底下，剛才落過一陣陰涼的秋雨，青苔滿地的翠巖深穴，裏面偃臥的瞑目靜思的赤脚哲人的語言。可是這一位哲人，大約總是不大願意開口的。

我懷疑中國的人民連婦孺以至於販夫走卒，大概都是明白這種道理的，因爲，至少他們都聽過那一部通俗的三國演義。三國演義裏面有這麽一回，幾位將軍勞苦的跋涉到深山裏去訪問一位紫虛上人，要想問一問未來的休咎。但是，上人的答覆，就是閉目不言。

我第一次看到菊池寬先生，也是借了這一次的機緣。當他開始要表示意見的時候，並不是閉目不言，而是片刻不停的把眼睛霎動着。就是這種瞬時不停的霎眼，是他給我的第一個愉快的印象。這一點，記得片岡鐵兵先生在他的文章裏也提到的，說是我很喜歡看到菊池先生的霎動着眼睛。

菊池先生霎眼的地方是在一個大庭廣衆的場所。他的眼睛一面霎着，口如懸河一般的，說出一番叫許多聽得懂他的語言的人拍掌的話。我並不能懂得他的語言，雖未拍掌，然而我對於他的語言的瞭解，其實是更為深刻一層的。語言可以使對方瞭解，但是也能够使對方得到欺騙。在我們的哲學家的書裏，早有着許多對這一類的眞理闡發的話。如『五色令人目盲』，就是其中一個淺顯的例子。我並不能懂得語言，我覺得我的觀察一定是更專心的，更來得深入和細徵的。我們中國有許多算命的人，大部分的是瞎子，這些瞎子，雖然有一部分是天生的殘廢，然而另外也有一部分是用手術把它揉瞎的，為什麽要揉瞎呢？聽說也是相信更可以專心一點來推算的道理。

我由菊池先生的眼，瞧到他的眼睛，瞧到他的臉，一直到他的全身

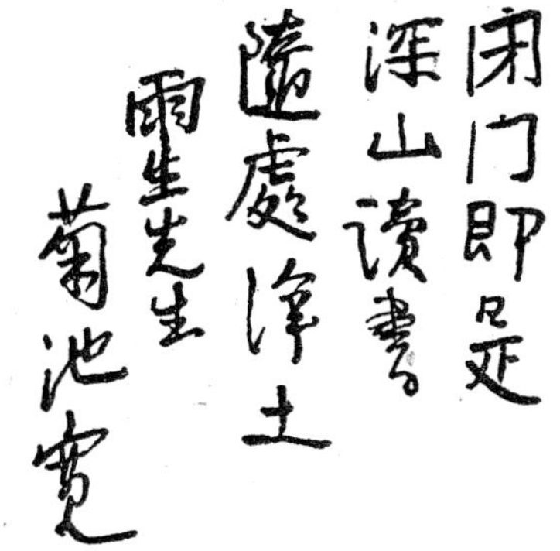

。後來，我對片岡鐵兵先生所說的話，——其實，我也並沒有說什麽話，只是對他說『菊池先生……』四個字，說完了我自己連霎了幾次眼睛。

片岡先生懂得了我的話，並不是他能够懂得我的語言。大約我的一切語言，在他們當中是沒有人可以完全懂得的，然而他們其中也有一部分人，看了我說話的姿勢，態度，像是可以明白我的意思。我的話是用我自己的語言傳達出來的，可是我的語言發表的結果，使別人感受到的『是』和『非』，却並不是由於語言的功效。好在我們平常總也算是肯用心的人，用心就是『正在想』或『想想看』，在思想的當時，可以判斷出一個意志的眞實和虛偽來。我在看到菊池先生霎眼的時候，心裏所想到的東西很多，至少是：第一，菊池先生是一位站在台上的人，許多羣衆都坐在台下。在台上看人是困難的，有時候並且是容易眩惑的，眩惑的結果，眼睛就會霎起來。第二是，『五色令人目盲』，仁義禮智信也能够令人智昏。第三是三國演義上面的紫虛上人。第四是上海租界裏有一個新市場，那邊也有一個善占吉凶悔吝的紫虛上人。第五，……多想也是會叫人糊塗的，並且寫也寫不了許多。可是，當片岡鐵兵先生看到我向他學菊池霎眼的時候，他忽的笑了起來，說了一句英文，『Very interesting？』我的答覆是點點頭。其實，片岡先生只知道我當時覺得有趣味，那裏知道我的心裏的趣味之所在。不過，他後來好像已是非常懂得我的意思的，至少我是這樣的想着。因為，有一天晚上菊池先生邀請我們吃日本飯，在座的還有橫光利一，林房雄，河上徹太郎，舟橋聖一……等先生，片岡先生也在座，並且恰巧和我坐得很近。他是一個有長長的頭髮，大型的頭顱，深凹的眼睛的作家，令人一看之下，就會覺得他是時時刻刻在思索着問題，在探求着問題的核心的。當晚，他在一張紙上寫了一段很多字的話給我，那些字雖然不是日文，可是我竟然仍舊不能够懂得。原來他寫的是法文。那是勃多萊爾的原句，他告訴我寫的原因是，他曾經到過中國的太湖，太湖的運河的情趣，頗像勃多萊爾的句子的情調。後來，他又在紙上把這一點意思加寫了出來。他的眼眉是細長而多睫的，我從他的雙眉的一開一閉，嘗試的去了解他的話的意思。他也向我說英語，但是說得很少，幾乎不能够達意。然而不達意也不要緊的，特別

是我覺得語言的不達意，有什麽要緊。我們家裏都有小孩子，沒有一個懂得大人的話的，哭哭啼啼，笑鬧雜作，大人們也不懂得他們的話。然而小孩却依舊能够和大人共同生活着，沒有什麽特別的不方便。中國的老子書裏說：『專氣致柔，能嬰兒乎？』，不知道片岡先生允許不允許我在這兒曲解一下，我們之間的互求瞭解，正像大人之與嬰孩一樣。大人和小孩的不同，不是氣質，只是程度。有血統氣質關係的人的瞭解，無論多麽遠的距離，都只是程度的差別，不會有性質的不同的。那就是說：我們之間的距離，決不會怎樣的大。近代中國歷史上的重要人物，大政治家，軍人，學者，以至於文學家，多和日本有着相當重要的關係，其關係也許是正面的，也許是反面的，但是關係之深切，遠非中國人與歐美各國間的關係所能及。因為這一種關係是更深入的，更普遍的，一種氣質的與血肉的關係。把整個宇宙硬分做東方西方，又把整個東方劃分做遠東近東，這種偏狹的淺薄的看法，在我的想像中是不能够接受的。所以我寧願反對西方文化、東方文明如何云云的說法，却主張世界的文化的總成績，應該是東西方全人類的精神所發揮出來的，寶貴的貢獻的總和。所以，即以片岡先生而論，既要看看中國的太湖，也不妨讀讀勃多萊爾的詩。即以我而論，雖然我喜歡讀正續清經解

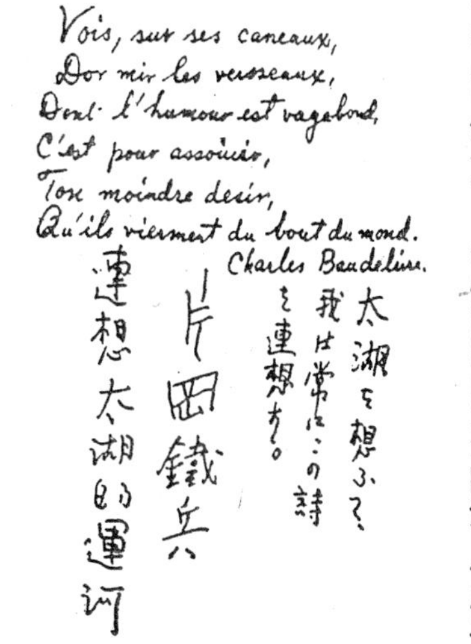

Vois, sur ses canaux,
Dormir les vaisseaux,
Dont l'humeur est vagabond,
C'est pour assouvir
Ton moindre desir,
Qu'ils viennent du bout du monde.
Charles Baudelaire.
太湖を想ふて
我は常にこの詩を連想す。
片岡鐵兵
連想太湖的運河

裏面一切的關於易經的研究，却不願意一筆抹煞英國的學者韋雷（Arthur Waley）的成績。然而，專就我們東方的人自己而論，正如一個家庭裏面的人在沒有泯滅家庭的限制的時候一樣，當然因為環境上許多客觀的原因，瞭解起來確是比較的容易，也比較的熱情。所以，連英國的詩人吉百齡恨起來都說：『東方究竟是東方，西方也究竟是西方。』從側重的意義一方面去說，這句話連一個西洋人都不會反對的。

如果說我能够了解片岡先生，我覺得它的根本的原因應該是這樣。

我在上面還提到林房雄先生，他就是有意寫一篇文字送給我的人。他的文章究竟寫了沒有，我不知道，也不用知道。因為，他跟我說，他是一個能够了解我的意思的人。

他並不是住在東京的，到東京來大約是短期的勾留。他和我住在同一層樓的房間——一家西式的著名飯店裏。這家飯店據說是最著名的，餐廳裏燈火輝煌，但是在深夜的時候，樓上甬道的燈光，也相當的黑暗。他帶我穿過那條暗暗的短道，走進他的房裏，已經是夜間一點半鐘的光景。

他告訴我，這是他每天開始寫稿的時候。寫呢，大概總要一連的兩小時。

他自稱是一個『粗人』。我的印象也頗為同意，不過，倘若我說他的面貌有點兒像是我們理想中的蘇東坡，恐怕更對。因為，他永遠是結實的，壯健的體軀，紅潤的面容，洪亮的聲音，又喜歡喝酒，又吃大魚大肉，可是光光的平頂短髮，更有點兒像中國的和尚。他穿的又是玄色的寬大的日本衣服，走起路來，飄飄蕩蕩的，像是在直跳直闖

我讀過他的書，明白而且同情他的半生堅苦奮鬥的歷史。雖然一位作家或是任何成功的人的生活的發展往往是曲線的，可是，我始終

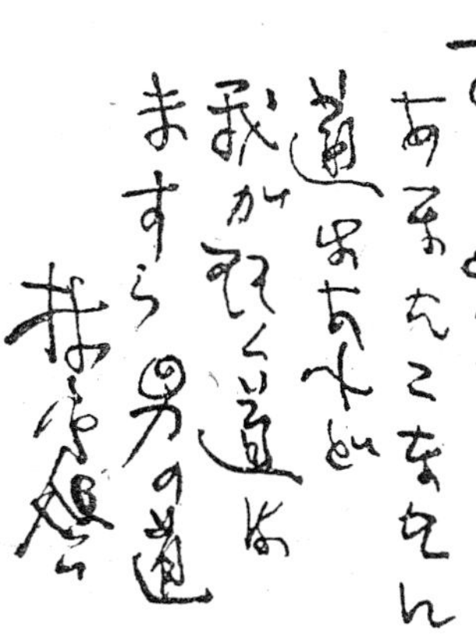

期望，並且相信他有着一種百折不回，向前邁進的精神。

我向來不喜歡喝酒，可是在他們的面前，我沒有畏縮過一次。我們喝的只是啤酒，大約不過盡了一二瓶。他今天也沒有寫稿，也許是因爲旅行在外的關係。或是我來閒談的關係吧。我們開始了許多率直而不相欺騙的，毫不客氣的談話，雖然我在形式上。的確是一位遠方來的異國客人，而這個國家的情勢，又正是當着一個歷史上所未有的艱辛與苦撐中的支離破碎的局面。

『我正在寫西鄉隆盛的傳，』他說：『已經完成了幾部分了。我想，我這一生一世，能够完成這一部三十厚册的書，我的工作也就可以算是完盡了。』

『不吧，你的年紀還不算老啊！將來還應該有更多的，更好的佳作出現呀！』我直率的說。

他向我注視了一下，眸子裏的光彩像是那樣的神光奕奕。

『我們都是弄弄文學作品的人。你知道，我相信你知道。我們的心裏有一種苦。我很想對你用言語來表達，但是我的英語的程度不大好。我的心裏有一種苦悶，你是不是明白呢？』

『所以我們要想建設一個堅實明徹的理想人生麼？』我又說。我說這話的時候，因爲斟酌用字的關係，大約也有點兒慢吞吞的。

圓桌上除了脫了招牌商標紙的，潮濕的空酒瓶之外，還有幾本厚書，其中有一本就是他的『西鄉隆盛』。他的『西鄉隆盛』，是創元社出版的，已經完成的大概有：『早春之卷』，『落花之卷』，『青葉之卷』，『而立之卷』，『月魄之卷』，『彗星之卷』。這是一位典型的日本政治家的小說體裁的傳記，他的寫作的動機，我想，恐怕是想鼓舞一般他們國內青年的熱情和勇氣吧。另外，滴滴的響着的，還有一隻小鬧鐘，我看來已經兩點一刻。

我說：『中國的詩人有一句話，叫做「欲辨已忘言」，這是一種很超脫的境界了。讓我們不用開口，從我們的神情態度之間，求得相互的認識，慢慢的明瞭對方吧。』

我在一張白紙上，寫了『欲辨已忘言』的句子，向他講了兩遍。他點着頭，好像是已經明白，又像是不大明瞭的樣子。但是，『蘇東坡』的態度始終是豪邁的，也許還有點兒嫵媚，他接着就講，他是一位能够了解我的意思的人。

我問他的家庭狀况，他大略的提了一提。家庭是在鎌倉，過了幾天，就要回到那邊去的。

『我的妻在夜間我寫文章的時候，總是替我準備好一切的。』他繼續的說，掏出了一包『光』牌的香烟向我送過來。我燃着了一枝烟，一面聽他說話，腦裏憶着海行的深藍色的洶湧的波濤，想着這個時候單獨

在家裏的我的妻。

我也有一個妻，一個唯一的能够愛我，安慰我的妻。每天夜間在我寫東西的時候，也總是陪伴着我，一個人織着絨線衫，或是向溫暖的小鐵爐烘着手。所以，當有一次菊池寬先生問我有沒有結婚的時候，我說：

『結婚兩年了。在中國這個艱困的環境，結婚是添上一層負担的。我也怕這個重累，可是，我是結了婚的。』

我把妻和孩子的照片給他看。

我們談話的地方，是在菊池先生的家裏。我在上面單提到片岡鐵兵和林房雄先生，是因爲他們對我的印象，都曾經自己講了出來的。其他的人，像武者小路實篤先生，橫光利一先生，谷崎潤一郎先生，久米正雄先生，春山行夫先生，山本實彥先生，舟橋聖一先生，接談的時間較少，我就不用多寫。（常常在一塊兒的還有中山省三郎先生，奧野信太郎先生，巖谷大四先生這些人。中山先生是專治俄國文學的，他送給我一本他譯的『屠格涅夫散文詩』，又贈給我許多美濃紙。奧野先生是慶應大學的漢文教授，正在日譯中國的『西遊記』。有一天，中山、奧野、冰廬兄、潘先生和我，一同到街上去逛舊書肆，順便參觀冰廬的舊校早稻田，奧野先生又請我們到一家有希臘古典風味的茶座去喝茶。第二天朝日新聞上登了一段特寫，叫做『三人之買物』。這大約也可以算是一個好紀念吧。巖谷先生新婚不久，我們常常談結婚的人生哲學。可是，我現在實在沒有心緒，多寫這一類憶舊的文字了。我現在所以還要寫這一篇小文，不過是像上文所說的，代表了一個眞實的中國人應有的態度。菊池寬先生發表的文字，大概是一個誘導的原因。否則，我有百分之五十可以算是一個在異國『有口不能言，有耳不能聽』的人，當然沒有寫這類文字的資格。）可是，菊池先生給予我的印象，除了愛眼是一個愉快的印象之外，其他可以紀述的也還有一點。順便可以把我未能直接開口的話，也說上一點罷。

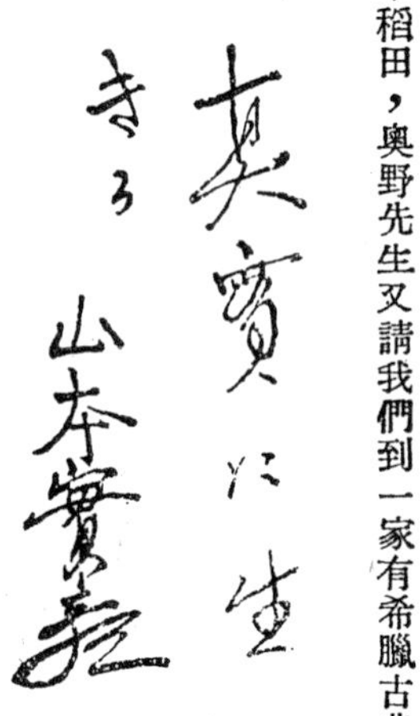
山本實彥

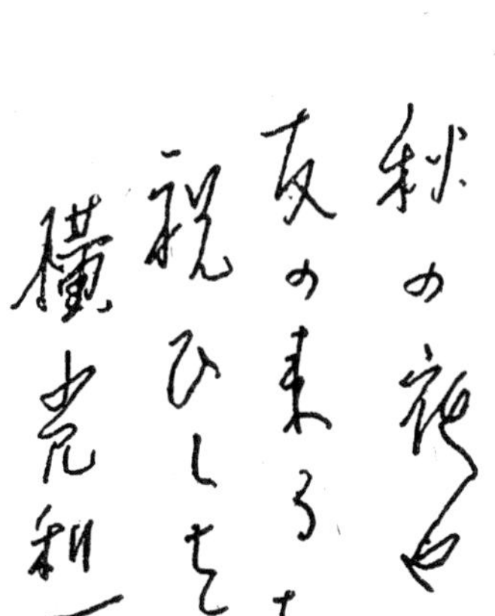
横光利一

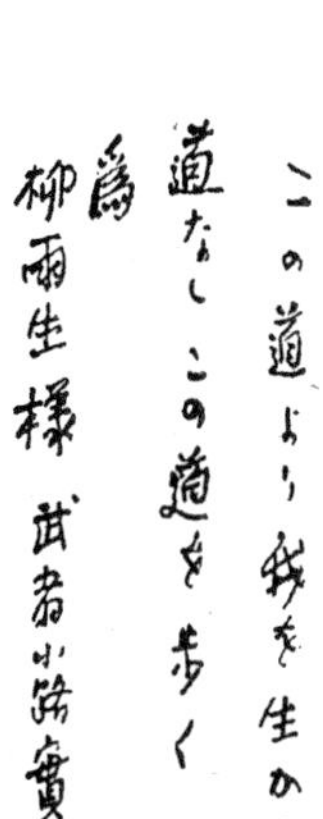
この道より我を生かす
道なし この道を歩く
柳雨生様
武者小路實篤

在我到菊池先生的家裏以前，我曾經到過他的文藝春秋社。和我一塊去的，還有周先生，龔先生，潘先生。龔潘兩先生，即『三人之買物』裏的二人也。文藝春秋社是在一座很大的樓裏，租了兩三間房子。（那是麴町區的大阪大樓）編輯部和經理部，大約是在一塊兒辦公的，規模相當的大，頗像民國二十五六年間上海愚園路愚谷邨的宇宙風社。出版的雜誌有五種之多，主持編務的，有河上徹太郎，舟橋聖一等先生。還是菊池先生經營的事業之一。我們先在他的辦公室，談話約半小時。照我的記憶所及，他的辦公室裏，可以注意的東西有二：一是芥川龍之介的照像，使我看了，自已有一番發自內心的沉默之感。一是一隻很大的銅馬，雕刻得非常像眞。——和馬有關係的，是一大厚叠關於賽馬的書籍。

『我要女人，我要刺激，我要賽馬的賭博，……這的確是一種賭博呀！』菊池先生大聲的說，在大阪大樓地下室的飲冰室裏，同座的除上述諸人外，還有河上，舟橋諸先生。我們一塊兒吃着冰淇淋。

他有八匹馬，都放在郊外的一個馬廐裏。從前恐怕還不止此數罷！周先生問他愛不愛蘭花的時候，他大聲的回答：『I want women！I don't like flowers！』格格的笑聲，多麼的直率可喜。

他的整個身軀，是矮矮而微胖的，年紀已經逾五十了，精神却還很朗硬。近視眼的程度，也不很淺。他的照片看到的人很多，當然不用多說。

忽然一個苗條身材的女子，年紀不過十八九的樣子，穿着一身黑白相間的西裝，扯扯揑揑的走進來，步子是十分的健美的。臉也非常秀麗，嘴脣搽得很紅。

『她是，……來！來！她是我的女書記，』菊池先生說：『她是東京最美麗的小姐！』

『你們看她美不美？』菊池先生說着，那位小姐有點兒羞答答的，相當的動人。

事後，潘先生告訴我說：『菊池很能够玩弄她的情感呀。這也是一種分析女子心理的好機會。』

我是很喜歡菊池先生這種詼諧而又不大過火的態度的，立刻請那一位小姐替我寫幾行字。菊池先生先告訴他我的名字。

她吃吃的笑着，不答應寫。後來寫了出來，原來，就是她自己的名字。一瞬間，她忽然已經不見了，走得是這麼的輕快。

我抬起頭來，看到壁間有一幅風景油畫，不覺出神了半天。

『日本的女人！』我想起戴季陶（日本的人還記得他叫做戴天仇罷）先生的『日本論』那部書來。

談鋒一變而至於小說的創作問題，潘龔兩先生和菊池先生的話，就漸漸的多了。於是就談到了張資平先生。

『在貴國，』菊池先生說：『還有一位張資平先生，聽說有人稱他做中國的菊池寬。對不對？』他懇切的問着。

『對的。』忘記了是那一位回答的了。

『我很喜歡，若是我能够看到他的作品。』菊池先生的話。

× × × ×

菊池先生的文章裏，說到我能够做詩，並且說我的詩，也發表在那邊的報紙上。—這件事情是不錯的，不過我並不能够做詩，我的詩多做一定要鬧笑話的。

事情的開始是這樣的，菊池先生僱了木炭汽車，送我們到歌舞伎座去看戲。

歌舞伎座是日本東京一家很大的日本舊戲院罷。大約和上海的黃金大戲院彷彿。我們的位子是在樓上正座第一排，位子很舒服，我想是先包好了的，因爲戲院裏本來非常的擁擠。

戲院的特點，一時不容易說得完全。但是我知道下面的幾點，必爲中國現代舊劇舞台所無。㈠舞台左側多了一條直的長形木台，直貫觀衆座位的當中，達到座位後部。演員出入也可以由此路徑。㈡音樂場面的人，另在舞台右側一個小型凹進的地方演奏，一律長袍大袖的黑色和服，奏着古式樂器。㈢演員不開口唱，唱的人却是場面的黑衣和服裏之一人。

如此寫來，自愧非常淺薄，像不能够搔到日本舞台舊劇的癢處。台上有兩三個人，完全黑衣黑褲，蒙面，僅露雙眼，很是奇怪。我和周先生提了一提：『這是幹什麼的？』周先生也不大明白，以爲是飾鬼者，因爲劇情是什麼，本來我們也不能懂。後來再問菊池先生，他指手劃脚的說：

『These men are supposed not to be on the stage.』（這些人是假定本來不在台上出現的），蓋檢場者也。然而日本舊劇的檢場人，並不喂演員們喝香片茶，連著名的菊五郎都不飲場，是其一種優點。

菊五郎是誰？日本多稱他爲菊五郎丈，有點兒像我國的楊小樓。我看的兩齣劇，一齣的名字是：『梶原平三譽石切』，其故事很曲折，也很注重忠孝仁義信愛。曲折的故事，我這裏不用多寫了，據菊池先生說，大概是『向一位貴胄賣一把刀』。在這齣戲裏，菊五郎飾一位要角。

一齣戲更有趣味了，叫做『鏡獅子』。劇情的大概，是很難一目了然的。可是菊池先生在我的說明書上，塗了又塗，寫成一句話是：

『The girl is haunted by the spirit of the mask of a lion, which is a masterpiece sculpture.』

（用一句文言說，此女爲一獅形面具之靈所攝，而此面具則一精工之雕刻品也。）

菊五郎在這戲裏，初是男人扮女裝，宛然是窈窕的淑女，後來『爲靈所攝』，忽然改裝爲一獅子頭的武生裝束，在台上搖搖擺擺，倒也八面威風。在日本舞台底下的觀衆，是不會叫好而只拍手贊美的，當他把幾尺長的獅子頭髮東甩西甩的時候，就和我們的楊小樓唱金錢豹一樣，四座的掌聲就像春雷一般的響動起來。

依照日本戲院的慣例，一幕戲完了，就該休息片刻。觀衆們都離開位子，到外面去喝喝茶，抽抽煙。這個習慣可以使顧曲的周郎，不至於過分疲勞，過分興奮。

我們離開座位，去看『菊五郎丈』的卸裝，也在這個時候。

（鏡獅子的舞台面）

這天晚上有一個宴會，吃的是中國式茶，坐的是日本式席。同座的時候，東京日日新聞社的人要我替他的報紙寫一點東西。我是不大會喝酒的，乾了一兩杯之後，忽然想起郁達夫先生的一首登山的舊詩，大概是：

大地春回十萬家，偏安原不損繁華；
輸降表已傳關外，策帝文應出海涯。……

這是有一點兒詠史性質，同時又是批評南宋的陳同甫的。我這時心裏只想到他的起句，意境是很高，氣象是很闊大的。其他的句子，就有點史論的調子了。現在中國的局面，是破碎的，消極的說，我們所想謀的是安定保全，並不見得就是『偏安』。積極的說，我們要想從根本上使日本的國民明瞭中國，認識中國四十年來爭取自由平等的奮鬥，中國强盛了，對於日本決無什麽不友善的地方，日本對中國好，是有利無弊的，而中國的同胞們，也要反躬自省，努力研究日本，努力了解日本的國民性，生活，習慣，思想，社會，人物，和其所以能够强盛之道。所以我寫出了一首舊詩，後來登在報上，也是表示這樣的意趣和希望的。達夫先生的詩是六麻韻，我的是十一尤，並不相襲，但是我的詩的意境，和他的詠史不同，却是寂寞而眞誠的，寂寞是我自已的心境，眞誠是我對別人的態度。句子做得好不好，也不去管他了。雖然未必能够獲得許多人的瞭解，然而我覺得只要有一兩個人懂得也還是好的。

『你的詩，我大體是可以懂的，』菊池先生說，這時是在他家的客廳裏了。『然而，也不能够全懂。』

這是菊池先生的謙遜話了。我的詩是在他家裏想的，寫的。他有很精雅的毛筆，硯台，信紙和印泥，一定是很講究寫字的人。

他大約擁有幾座房子。我到的却是他的住宅。那是一座不大不小的洋房，大約有兩層樓，屋外是一小塊庭園。

我們坐着木炭車（出租的）到他的住宅的時候，他和車夫在黑暗中大聲的談笑，有的時候好像駡那車夫幾句。車子轉灣抹角的，愈走愈黑。

離主要的街市遠了，兩旁的燈火慢慢的稀少起來。

同車有一位女客，我也認識的，我現在假定是G小姐吧。不久，G小姐下車了，車座中只剩我和菊池先生兩人。

我知道G小姐的文章寫得很好，她的年紀看上去，總已有川十多歲了，樣子像是很高傲的，也許沒有結婚，可是我並沒有去問詢她會否結婚的意思。（這在習慣上，不是不大禮貌的麽？我想。）不過，我記得我曾經讀過一篇她的文章，論到男子的貞操一類問題的，我向菊池先生說：

『她不是有過一篇文章，很著名的，談到男子的貞操的麽？』

車子的顚動很厲害，菊池先生未必聽得清楚我的問句。他誤會了，答說：

『我知道，她是從未結過婚的。可是，我不知道，她究竟是處女不是！』

這一次的格格大笑，不由的不是我發出來了。菊池先生的態度，可以說是一貫的，讓我們的心裏，感覺到非常的明快淸朗，我立刻想起左宗棠的『此諸葛之所以爲亮也』的話了。

他家裏客廳的布置，是完全西式的，除了偶然有一些日本式的裝飾品。陳設得相當的好看，有一座菊池自已的半身的銅像，倒是非常神似的藝術品。——也許還有菊池先生心愛的東西也不一定，像四面壁間高懸的山水畫軸，還有那個賽馬所得的很大很大的銀杯，也陳設在一個玻璃橱裏。但是我記憶得最淸楚的，要算是他自已的銅像了。

那個時候已經是夜間十點鐘了。他叫使女端出點心，兩人進了些西式糕點和紅茶，就引導我上二樓去。樓上的走廊放着幾個龐大的書架，充滿着西式的書籍，大小新舊都有。另外一間屋子，四周壁上全是高高的書架，也都是收藏着燦爛的硬面書籍。屋子本來是黑的，電燈拍的一亮，我就接觸到這樣的景象，同時，地面上鋪着厚厚的深藍色的地氈。全屋都是那麽調和，那麽靜穆的，一點兒聲音都沒有。地氈上還留着一冊厚皮的書。

和這間書室毗連着的，是他的著述的小房間，陳設很簡單，也不過是寫字檯，茶几一類的傢具。我記得，日本的雄辯講談會拍過文化電影，有幾百尺攝的是菊池先生在搆思的情況，就是這個地方。

和這個房間連着的另一間，就是他的臥室，却是一個較寬大較舒適的房間。毗連着還有小小的浴室。我在這間屋裏安息了一晚，並且還洗了一個極暖熱的澡。他家的熱水似乎是用煤氣管燒的，可是我對於甚至簡單的機械的觀察本領，一向都是很差的，至今已經不能追憶了。

在他的恬靜的牀旁，有着一個小小的木書架，那是一套十餘亘冊硬面藍色燙金字的改造社版『菊池寬全集』。其中的第十二冊，好像是重複的。我把這個書架的書籍大略看了一看，發現裏面還有一冊中文的『李太白詩集』。我望着他的書架，久久的不忍離開，雖然只有幾十本書，我心裏的感想，却像是對着一位崇高的，積學的先輩。

這天，他自己却到另一間日本式的房間去睡眠。那間房子我也去看過的，屋子很空敞，堂前好像懸掛着一個橫額，寫着什麼齋的名字。

第二天早晨，冷冷的，我們都起了身。因爲要趕出去乘電車，再轉乘火車到土浦去，大約五點鐘我就醒了。早餐也是西式的，很豐盛，一盤煎魚也很多。那酸酸的橙皮，擠了汁子拌着魚肉一塊兒吃，最投合我的脾胃。

『這些都是我的太太替我們弄的。』他說。

我暗暗的驚訝，難道，日本的婦女燒西菜也這樣的配胃口麽？可是我沒有問他。

『我的太太從來不接見我的客人的，』他說：『就是日本的朋友也不見面……。』接着，他告訴我他的家庭狀況。我記得最清楚的，是他有一個最幼的兒子，現在中學（照片我也看過了）。一位女兒和女婿，現在也住在這所房子裏。其餘的詳細情形，我用不着多記敍了。

× × × ×

我記憶菊池寬先生的話，大約應該止於這裏了。菊池先生在著作界的盛譽，從日本的大正時期一直到今天，數十年來如一日，用不着我多去稱讚。我完全不懂得日語，談話的時候完全用的英語，就算並不隔膜，至少也並不格外來得親切。菊池先生對我的態度，以至於他託我帶回贈送我的妻的手提袋，是我記憶之中永遠不會忘記的。可是，我在讀完了菊池先生最近的文章之後，我忽然想起菊池先生的一篇非常有藝術價值的短篇小說來，那是他的『超乎恩仇之外』。這篇故事的內容，是可以感動得叫人流淚的。這篇故事的情節，是可以讓一個陌生的中國人去『解日本國民的生活和他們的人生哲學的。這篇故事的題旨，雖然是講的人與人之間的恩仇關係，可是我覺得國與國之間的關係，不論是理智的看法還是感情的衝動，也未嘗不可從這篇小說裏，悟出一番大徹大悟的道理。我所以寫出現在這篇短文，一方面是想答謝菊池先生……他們許多人待我的盛情，一面面是我覺得，菊池先生能够寫得出『超乎恩仇之外』那樣的傑作，那麽，他對於我的期望和熱忱，是能够使我發生深刻印像，引起重大的反響的。

在我離開日本的時候，途中住在奈良。『文學界』的主持人河上徹太郎先生從東京趕到奈良來，表示他自己——和菊池先生他們的意思，希望我在日本多住些時候。我們的談話由夜間兩點多鐘到三點半鐘，短袖跣足，穿着寬大的睡袍，同座的還有巖谷大四先生。他們的意思我是明了的，雖然我謝却了他們的盛情。不過，我用一句極誠懇而又極熱烈的話回答我的日本文學界的朋友們，爲了要安慰你們，我才寫了這篇小文，雖在苦痛的寂寞中，裏面的話是沒有一個字不是出於肺腑的。我願意深切的責備我自己，並且警醒我自己的國民，但是，我想我們不久的將來一定可以再度的晤面的，願那個時候也像今天上海的天氣一樣，雖然寒冷，幾小時的厚雪，已經把整個眼面前的世界，裝點成光明澄徹的新天地了。（中華民國三十二年一月，大雪之日。）

吳平齋家訓

周越然

吳平齋，名雲，晚號退樓，又號愉庭，清嘉慶、同治間浙江歸安（吳興）縣人。歷官蘇州府知府，性嗜古器，精於書法；其著作有『焦山志』，『古銅印存』，『古官印考』，及『兩罍軒彝器圖說』等。余兒時初習字時，先母卽授以吳平齋雙鈎之『九成宮』，故四十餘年前已知吳雲之名。後讀先大父岷帆公（諱學源）之『螟巢日記』（未刊稿本），內有記吳平齋云：『……未刻，吳平齋來。平齋，名雲，太湖喬漊人，善詩畫，時報捐通判，赴部驗看。余向者但耳其名，未曾識面也。』（清嘉慶二十五年，卽公曆一八四五年，五月初七日。）又在箱中查獲先父鏡芙公（諱蓉第）小像一幀，上有吳雲題詩云：『之子吾鄉秀，梓然腴且清。二十成進士，聲聞滿帝京。觀政在銓曹，激揚勵官箴。中原正多故，盜賊尙縱橫；所貴幹濟才，爲國致治平。義利析繭絲，陋彼闒蹄冷。拭目作霖雨，潤澤遍蒼生。』——據此二者，知愉庭老人與余家有兩代世交。惜吳氏旅蘇（？），吾族宅湖，因此後輩彼此無相遇之機也。去冬書友送來愉庭老人家訓手稿一冊，共二十三首，索價甚昂，余因一時手頭缺錢，無力購買。然心愛其文字，遂竭半日之力而盡錄之。今見其中富多教導之語，皆有益於後輩者，因付『古今』，以廣流傳焉。

一

諭源兒，楨孫，官孫知悉：明日月朔，家祠拈香，吾當親詣；老不能跪，長揖而已。往後遇朔望，爾等以一人輪往——拂拭座埃，置一鷄毛帚。夏季，只須長衫。冬，秋，春，常服，換一紅帽子可也。事期持久，禮節應簡也。源兒現病未痊，准予給假，馥綬代行。馥綬或遇有事，官孫代行。朱子家訓所云『祖宗雖遠，祭祀不可不誠』，卽此事也。六月三十日，愉白。

（越案：此教孝也，故列之第一。紅帽子，紅纓帽也，禮帽也。）

二

『多寶塔』碑一本，付福叔臨寫；又『靈飛經』一本，付爾臨寫，——以兩人筆致所近也。外『餐霞閣帖』兩本，留在案頭，隨時觀看，則楷書自有長進。

（越案：科舉時代，最重書法，最重楷書，故父兄往往囑其子弟習字。然當此科學昌明之日，打字機盛行之時，字仍不可不習。余一生吃虧，就是不善書法；其他實學，更不必談。）

三

吾生平所到之區，無論闤闠之中，與夫茅第湫溢之地，必設一書桌：否則身無歸束。自十數歲至今，五十餘年如一日也。前日囑爾在西鏡室設一書桌，藉可與　篆香先生周旋受敎。何以至今不設耶？讀書人家中不擺書案，一味閒散，尙得謂之讀書人耶？此紙試質　篆香先生，以吾言爲如何。廿六日晨初，愉老人示楨孫悉。

（越案：『工欲善其事，必先利其器。』讀書人而無書桌，焉能用功（寫，讀）？但今日之學生，有睡臥而閱小說者，……此豈眞心用功乎？不良之習慣耳！）

四

盛暑體中或小有不適，則新鮮藿香葉泡茶，閙些行軍散，磨服揚州紫金錠，再服藿香正氣丸（南潯大全藥店尙可靠，鄉下店靠不住）。此至穩至妙之口，口口輕易服藥，以醫生極少能人也。此紙宜置案頭，不可拉雜。

此等確切手諭，惜爾等年輕，不解珍重。他日學與年進，閱及之，當知寶貴也。已卯六月初五日手書。

三伯父已于初四日巳刻抵滬，明後可以到家矣。又花椒袋三只，其一交福叔。

（越案：老人囑其子孫不信庸醫，不輕易服藥，誠哉是也。但自己又何以介紹所謂藿香葉，行軍散，紫金錠，正氣丸——種種不合科學之物耶？南潯，鎭名，離湖城約七十里。花椒袋昔時視爲避疫之物。）

五

七兒覽：吾今日午刻到署，署中均好，昨在唯亭發一信，想必收到。福綬曠課過久，我臨行囑其不可作輟。課文並試帖詩，望隨時寄來爲盼。爾無正經酬應，亦不可出門。均此切囑！六妹方子，潘宅禮單（初七，八必要送）開於另紙，可照辦。京靴記得有新者，可找之。欽謂珊倫又不在家，只好稍從緩辦。凡借出物事，須要有記認，免得歸還時舛誤。　初六日父字。

平華懷庭均此。並付福綏同閱。

（越案：署，想是蘇州府署。試帖詩，五言六韻或八韻，專爲考試之用。方子，卽藥方。唯亭，蘇屬地名。）

六

（錄出窗課，送幾篇與朱姑母加批，亦可。）作文之道，須要知行並進；全在平日讀文時，用心體會。『人有鷄犬放』題，本不難做，而題旨不清，又無書卷，便難著筆。『夫聞也者』題，忽中間夾入突起『夫達也者』四字，此豈作者所未知耶？皆由粗心之故也。脫字仍有，尤宜留心，爲囑！

（越案：兩題均見四書。）

七

文理非不清疎，特以思路不開，故但粘定題面四字立說。須待先生改後，玩其所用書卷，及層次意思，久之，自有領會，惟不可輕心掉之耳。以後一題到手，卽須趕做，庶無來不及之患。蓋場屋中風簷寸晷，稍縱卽逝，不可不趕緊耳。切記，切記！　十月三十日退老人書示。

（越案：文章非獨要好，並且要快。老人之言，一點不錯。）

八

三，六，九課題，取來在家作。福姪可進來同作。天涼後再作試帖。每日錄文一篇，或窗課，或陳文皆可。讀文二十遍。

溫經傳拾葉，只須朗誦兩遍，讀試帖詩壹首（要熟背）。凡經傳詩文，有未曉者，必須詢問，依此功課，倘肯上緊勤習，不過半日可了。了後，准予出書房漸息，特不准出大門。　八月廿一日愉老人定。

（越案：此暑中功課也，並不難行。）

九

手書已悉。窗課八篇寄還，望查收。兩生於書義題旨，每欠講究，且別字亦多，須囑加意留心。轉瞬赴考，以期拔幟而登。墨俟八月間到家，面付可也，亮甫墨色亦壞極，皆宜切究。世家大族，每每聯得鼎甲詞林者，其用墨用筆，皆有家授也。新聞紙檢上。卽問

懷庭賢姪刻佳。　初七日愉老人手書。

松寶並無病痛，前日不過體弱，沒筆力而已。

（越案：懷庭雖係『先生』，然爲老人之姪，故書中亦隱含教訓之詞也。）

十

屢次命爾抄錄窗稿，不啻舌敝脣焦。觀爾之意，全不領會，殊堪怪異。今與爾約，從今日起，除文期外，每日將錄出窗課，送吾閱看。並可分出若干篇，交福叔代抄。只須數十日工夫，兩人合抄，便將從前所作，全行抄完。凡抄窗課，大有益於文思，故福叔亦可抄也。此付馥綬收目。初八日

（越案：初學者抄錄文課，其得益實不在『創作』之下。）

十一

馥綬覽：來禀並功課單均悉，功課似嫌太密，望請　先生酌減另定；定後仍錄出寄來爲要。外寄去天津平果十二隻，以四隻轉送　先生可也。七月二十日愉老人手示。

觀所來各件，字跡頗有進功。此第一切要事也。勉之！

（越案：『先生』想是懷庭。當時天津平果，蘇浙不易得，故老人特寄之。）

十二

福綬覽：凡讀書子弟，其上者早起晚息，孜孜用功。文期三，六，九，限定功課，終年不輟。其次者，平日卽不能埋頭用功，每遇場前亦必奮發有爲。人一己百，期於一擊而中；斷無有悠悠忽忽，全不着緊者。爾天資並非愚笨，特不肯用心研磨耳。爲今之計，只有多讀多做。凡遇字有不識。（批改本，行草書，爲尤甚），句有不解者，務必詢問。前後所作窗課，釘成一本，讀得爛熟。此外讀考卷，讀試帖。爾姿質尙好，如此數月，保爾必大有長進矣。記之記之！退老人字，十月二十。

遇文期，無論好歹，總得交卷，爲考試地步。

（越案：老人亦知『開下車』之法，奇哉！）

十三

馥綬覽：爾自道考以後，能否認眞用功。何以窗課從未送來？當此長日如年，正宜奮發有爲，轉瞬秋冬將至，又屆考期矣。明年縣府試，豈能不往？年已及冠，全在自已刻刻在念也。退老人手示。

（越案：此書主旨，在『刻刻在念』四字。）

十四

馥綬孫覽：爾到館已兩月，並無隻字到家。凡事必先難後獲，卽作書

修稟，亦須時時習錄，不可因其喫力而畏難廢棄。人生隨筆數行，同於布帛粟菽，不能須臾離者，豈可不加之意乎？爾與福叔共思之思之！到館詩文共作幾篇？可寄一閱。食物四種，　祖母所寄，可查收。　伯父十六日乘輪北上。　閏三月十八日，愉老人手示。

（越案：此與上一信大同小異；其主旨在『不畏難廢棄』及『不能須臾離』兩語。）

十五

起比－出句－是詩（疑誤）之所必到處。對句忽少一『之』字。　中股－出句－斯時研求之心苦矣。對句忽多一『之』字，此非關乎文理之優絀，直是粗心浮氣，全不用心檢點，以至如此。（爾試自問，于心安乎？）以後脫稿，謄寫完畢，須要細細點句勾股，切不可草率了事。（寗從容，毋急遽！）此爲至要！

（文字欠佳，楷書能好，亦可爭勝。今字又惡劣，奈何奈何！）

觀爾楷書，愈寫愈壞，無一筆整齊，且甚潦草。爾字，本尙可觀，今忽改樣，可恨之至。

（越案：『起比』，『出句』，『中股』，皆作『時文』時之專名也。清末改試策論，此種名稱亦取消矣。）

十六

到城後，距考尙有十日。每日功課必不可間斷，爲至要！每日作六韻詩一首。無論如何，總要立限交卷。此外或做一開講，做一前八行起比，則間日一做亦可。惟六韻詩不可少也。

摘錄典故，溫習四書，默識窗課，量力爲之。院考畢後，方可疏散。

此時眞一刻千金也。勉之，勉之！

（越案：城，指湖城言。『六韻詩』，即五言六韻之試帖詩。每篇時文，大概分爲：㈠破題，㈡承題，㈢起講（即開講），㈣起股（即起比），㈤中股，㈥後股等。院考，亦稱道考，在城中右文館行之。）

十七

文似漸有進機，而中間別字之多，與平仄不諧處，竟有匪夷所思者。倘場屋一遇此疵，雖錦繡文字，亦必遭斥。豈可不牢記牢記乎？凡事總要用一番苦功，始能與人角勝，全在自爲之也。九月初一日，退老人示付福綬收目。

（越案：別字連篇，平仄不調者，其文字必無『進機』。老人所以警之者，欲其反省而加力用功也。）

十八

楨孫收目：十二由家動身，計十四必到。初至西湖，如入仙境，遊覽之後，必須靜坐。錄遺，第一要字體整齊，務與福叔格外小心。題目萬萬不可有訛；試帖謹防失韻。前寄還之八韻詩，中間奇謬。吾不欲顯斥其非，故寄爾自看。乃接爾回稟，並未刻責引咎，蓋不甚經心也。刻下正在要緊關鍵，故諄諄告誡。七十老翁，力疾揮汗，不憚煩勞。爾須仰體此意，福叔亦同此知照也。前所需『毛詩疏證』各種書籍，因卷帙太繁，故不寄上，然此等書，近日庠序中不但從未寓目，甚有不能舉其名者。爾能索及此書，吾雖未寄，心頗喜之。昨沈笏山兄到杭，吾檢爾應用紈扇二握。又寄爾縮臨『鄭文公碑』－此中頗寓獎借之意也。

（越案：此時老人之子與孫皆已入泮而赴鄉試矣。凡秀才未曾過歲考者，或經歲考而不及格者，非經過『錄遺』之手續不可。錄遺，卽預試或補考之意。）

十九

計爾早日到省，甚盼稟至也。正在寫此，適値　冢師信，欣悉廿二錄遺。千萬小心，與福叔互爲檢點閱看。至囑至囑！卽呈　冢師一閱。十九日愉老人手示。

（越案：閱此足見老人之關心也。）

二十

楨孫覽：前寄爾信並食物，曾接爾覆稟。此後多時杳無續稟，蓋動筆艱難也。凡事先難後獲，畏其難輒向後退，則無往而口口口口，不特寫信一端已也。秋闈將屆，旣進口屋，則必奮發有爲，期有萬一之想。爾　太岳丈欲看爾近課，望卽錄出寄來。（前囑爾六月初寄來，想未忘。）餘詳與　先生書中。家內均安勿念。六月初三日愉老人手書。

福叔均此。寄去揚州紫金錠四枚，自留二，以二枚呈送　先生。直隸春林紫金錠，爲治痧聖藥，必須隨身佩帶。另一錠可交福叔，共五錠。

（越案：老人之孫，連家信都不肯寫，可謂懶矣！倘祖父管敎不嚴，不加催促，想決無獲得秀才之可能。）

二十一

鋮楨覽：近日新聞紙寄去，望與　先生同閱。此中大有見聞，不可不熟看也。前敎爾用墨之法，已領略否？凡事皆要用一番心也。聽課至十月必寄。設或　先生未批，卽將未批者寄來。是爲至囑！福姪亦照此辦理。家中長幼俱各安好，無須寄念。並呈　先生一閱，不另書。七月初二日愉老人示。

（越案：老人知報紙之足以廣見聞，蓋非頑固者也。）

二十二

楨孫覽：昨交柯僕帶去方罩子一隻，望問姨婆取烟膏六七兩（可用秤數），裝在磁缸內（務必封好）。恐其翻側，故用方罩，以便手提。再取桂元膏一缻。倘嫌缻高，裝不下蓋，則另換蓋碗（小樣）亦可，不必定要滿缻也。又鞋店來收帳，可付錢二千文（鞋已收到）。餘由杭局另信再示。廿六日愉老人手書。

（越案：據此可知老人有阿片煙癖。但當時之阿片，不及現在捲煙之貴！）

二十三

楨孫覽：來稟已悉。辮帶收到（松仁，靑果均收明。）昨來松子糖，食之甚佳。吾到署身子頗健，惟大便竟至半月始解，艱苦可想而知。松子糖最相宜也。七嬸母與長弟均已全愈，聞之甚慰。小兒第一要緊，在撙節食物。阿松與桐弟奎弟，皆要小心，爲囑！阿英稚幼，尤在保攜之人當心也。大伯父到後，坐船卽放至署，因伯父卽欲動身到家，料理一切也。鶴笙鈔件，束性待至喜事畢後，再行動筆。望將已鈔，未鈔，將洋布包好，收存在誨如處。是爲至要！爾每日作家稟，藉此練習行書。老人家信，雖隨手拉雜，苟得其二三，便可將就應酬矣。十五日愉老人書。

冢師，海如，笙卿均此。鶴笙卽此致意。前稟『寥寥數家』，『寥』字誤書『了』。

（越案：老人之便祕，蓋阿片煙之爲害耳。）

貧賤江頭自浣紗

亢德

我是天生俗骨，素不風雅，所以陋室之中，絕無字畫張壁。近來因爲蝸居的牆壁給孩子用粉筆鉛筆塗得太不像樣了，挖得百孔千瘡了，這纔把昔年於無意中得之的幾幅字畫拿出來掛起，聊當『粉飾』。可是掛不了幾天，寶珈給我畫的一幅山水又給孩子用鉛筆畫滿了圓圈，撕去了一角。妻是女人，自愛體面，乃以豐子愷先生繪贈的一幅『貧賤江頭自浣紗』圖換上，此刻酒後靜觀，不覺出神。

這幅畫是我編輯人間世半月刊時豐先生繪贈的。當時人間世編輯除我與語堂先生之外，還有徐訏兄，所以子愷先生寄贈繪畫時共有兩幅。贈徐君的記得是『遊春人在畫中行』，贈我的就是『貧賤江頭自浣紗』。以這兩幅題句絕不相同的畫分貽我與伯訏，自接到當日以至今晚，我始終感到一種說不出的感荷。

豐先生是從論語人間世以迄宇宙風最給我以多量作品的作家之一。和他第一次晤面的日子已經記不得了，但分明記得他枉駕見訪的時間是午前。我素來晚睡晏起，豐君見訪時我還高臥未醒，妻來推我醒覺後，在我耳邊輕輕的說：『有位戴黑眼鏡長鬍子的先生來看你了，快點兒起來！』我趕忙披衣下牀，跑到房門口迎客，只見門外低頭垂手的站着一位戴黑鏡長鬍子的先生，請敎尊姓大名之後，原來就是姓『匯豐銀行的豐』的子愷先生。

他是一位謙恭溫良的君子，瘦怯怯的，樸樸實實的，在上海這種十里洋場和他同行，我老怕他給不知講理的車馬撞了，給七分流氓氣的老上海欺侮一下。在語堂先生家裏午飯時，他吃他的素，我們吃我們的葷。語堂先生問起他茹素之故，他說從小就聞葷腥作嘔，便這樣吃素吃下來了。

豐先生原籍崇德石門灣，以賣文所得建有緣緣堂，但時居杭州田家園。有年我返鄉過杭，曾一訪他的田家園寓所。居處極爲幽靜，室外有一小池，圍以木欄杆，室內四壁黏着他自寫的好多首陶詩。據他說這屋子原是遜清某名宦的故居。

在田家園一別之後，不久八一三戰事爆發，他自石門灣攜老扶幼，一家十人，跋涉關山，逃至桂林，我則自滬去港，自港至廣州，爲刊物奔波數千里。後來宇宙風在粵出版，第一期的封面就是他的大作，並給我一篇『告緣緣堂在天之靈』，爲南遷特大號增光。

上面說過豐先生是最肯爲我所編輯的雜誌寫稿的作者之一，無論我編什麼刊物，只要去信要稿，無不有求必應。卅年我在港時，他給宇宙風特繪了十幾幅旅行漫畫，這時候他人在貴州遵義，舌耕所得，不足以仰事俯畜，但寄畫給我時還特別聲明爲宇宙風寫作，稿酬在所不計。就在這一年他的大女兒寶寶（？）出嫁了，夫婿宋氏，他來信告我時還附以宋君一稿，是關於他的阿Q畫傳的。

在我和豐先生的交往之中，只有一件事使我迄今對他負疚，那就是人間書屋的出版他的『藝術漫談』一書。這是一本傑作，當初向他要求出版時，我認爲銷路大有把握，所以印數旣多，裝訂紙張也特別講究。誰知出版以後銷路奇少，不久戰事突起，更少人購此『閑書』，以致所付版稅，始終不滿百元。我常想要是此書由開明印行，銷數當十百倍於人間。他雖絕不言及此事，我却愈想愈覺得負疚於心。

與子愷先生不通音訊已一年餘了，今晚酒後看『貧賤江頭自浣紗』這幅畫圖，不禁懷想起贈畫人來，但祝這位遠居僻地的藝人和作家康彊無恙，並祈這幅『貧賤江頭自浣紗』圖能與我共存共枯。

古今出版社
中報館

聯合主辦

紀念古今創刊周年

汪主席墨寶義賣

國府主席汪先生，近循本社朱社長之請，親撰「故人故事」一文，復蒙頒賜手稿，蓋世名文，益以佳箋手蹟，璧花妙筆，美不勝收。先生片楮隻字，人間已奉若瓌寶，况數千字長文，價値奚啻連城。朱社長未敢自私，欲公之社會，爲孤寒造福之舉。乃徇中報陳社長之請，並商承 先生同意，允將手蹟義賣，以全數充作中報辦理之清寒學生助學金，購者既得珍藏墨寶，復得造福社會，誠一舉而兩得。玆定辦法數則如下。

汪主席墨寶義賣辦法

一　原文先由古今半月刊第十九期紀念號發表。

二　定於四月中旬將原件陳列大新公司四樓畫廳公開展覽。

三　用競買方法，由出價最高者得件。

四　最低價爲國幣伍萬元。

五　參加競買者請書明姓名地址願出數額等項，投函亞爾培路二號古今出版社，或漢口路中報館總編輯室。

六　自四月十五日起至四月卅日止爲收信日期。

七　來信彙齊後，聘請陳公博張一鵬吳湖帆趙叔雍諸先生會同比較，決定得件人。

八　得件人名銜於五月一日公佈。

上海郵政管理局暫准登記證第四〇〇號　本期特價拾貳元

散文半月刊　第二十一期

古今

三十二年四月十六日

古今半月刊第二〇期目次

中華民國三十二年四月十六日出版

社長 朱樸
主編 周黎庵
發行者 古今出版社 上海亞爾培路二號
發行所 古今出版社 上海亞爾培路二號
印刷者 國民新聞圖書印刷公司 上海靜安寺路一九二六號
經售處 各大書坊報販

零售每冊中儲券四元（聯銀券一元）

定閱價目（連郵費）

	半年	全年
本埠	四十八元	九十六元
外埠	五十元	一百元

凡郵局匯款概請註明『西摩路郵局兌付』否則不收

國民政府宣傳部 登記證滬誌字第七六號
公共租界警務處 登記證C字第一〇一二號
法租界政治處 登記證（在申請中）

懷廢名

藥堂

「余識廢名在民十以前，於今將二十年，其間可記事頗多，但細思之又空空洞洞一片，無從下筆處。廢名之貌奇古，其額如螳螂，聲音蒼啞，初見者每不知其云何。所寫文章甚妙，但此是隱居西山前後事，莫須有先生傳與橋皆是，只是不易讀耳。廢名曾寄住余家，常往來如親屬，次女若子亡十年矣，今日循俗例小作法事，廢名如在北平，亦必來赴，感念今昔，彌增悵觸。余未能如廢名之悟道，寫此小文，他日如能覓路寄予一讀，恐或未必印可也。」

以上是民國二十七年十一月末所寫，題曰懷廢名，但是留得底稿在，終於未曾抄了寄去。於今又已過了五年了，想起要寫一篇同名的文章，極自然的便把舊文抄上，預備拏來做個引子。可是重讀了一遍之後，覺得可說的話大都也就有了，不過或者稍爲簡略一點，現在所能做的只是加以補充，也可以說是作箋注罷了。關於認識廢名的年代，當然是在他進了北京大學之後，推算起來應當是民國十一年考進預科，兩年後升入本科，中間休學一年，至民國十八年才畢業。但是在他來北京之前，我早已接到他的幾封信，其時當然只是簡單的叫馮文炳，在武昌當小學教師，現在原信存在故紙堆中，日記查找也很費事，所以時日難以確知，不過推想起來這大概總是在民九民十之交吧，距今已是二十年以上了。廢名眉棱骨奇高，是最特別處。在莫須有先生傳第四章中房東太太說，莫須有先生，你的頦子上怎麼那麼多的傷痕？這是他自己講到的一點，此蓋由於瘰癧，其聲音之低啞或者也是這個緣故吧。

廢名最初寫小說，登在胡適之的努力週報上，後來結集爲竹林的故事，爲新潮社文藝叢書之一。這竹林的故事現在沒有了，無從查考年月，但我的序文抄存在談龍集裏，其時爲民國十四年九月，中間說及一年多前答應他做序，所以至遲這也就是民國十二年的事吧。廢名在北京大學進的是英文學系，民國十六年張大元帥入京，改辦京師大學校，廢名失學一年餘，及北大恢復乃復入學。廢名當初不知是住公寓還是寄宿舍，總之在那失學的時代也就失所寄托，有一天寫信來說，近日幾乎沒得喫了。恰好章矛塵夫婦已經避難南下，兩間小屋正空着，便招廢名來住，後來在西門外一個私立中學走教國文，大約有半年之久，移住西山正黃旂村裏，至北大開學再回城內。這一期間的經驗於他的寫作很有影響，村居，讀莎士比亞，我所推荐的吉訶德先生，李義山詩，這都是構成莫須有先生傳的分子。從西山下來的時候，也還寄住在我們家裏，以後不知是那一年，他從故鄉把妻女接了出來，在地安門裏租屋居住，其時在北京大學國文學系做講師，生活很是安定了，到了民國二十五六年，不知怎的忽然又將夫人和子女打發回去，自己一個人住在雍和宮的喇嘛廟裏。當然大家覺得他大可不必，及至盧溝橋事件發生，又很羨慕他，雖然他未必眞有先知。廢名於那年的冬天南歸，因爲故鄉是拉鋸之地，不能在大南門的老屋裏安居，但在附近一帶托跡，所以時常還可彼此通信，後來漸漸消息不通，但是我總相信他仍是在哪一個小村莊裏隱居，教小學生念書，只是多「靜坐深思」，未必再寫小說了吧。

翻閱舊日稿本，上邊抄存兩封給廢名的信，這可以算是極偶然的事，現在却正好利用，重錄於下。其一云：

「石民君有信寄在寒齋，轉寄或恐失落，信封又頗大，故擬暫留存，俟見面時交奉。星期日林公未來，想已南下矣。舊日友人各自上飄游之途，回想明珠時代，深有今昔之感。自知如能將此種悵惘除去，可以近道，但一面也不無珍惜之意，覺得有此悵惘，故對於人間世未能恝置，此雖亦是一種苦，目下却尙不忍卽捨去也。匆匆。九月十五日。」時爲民國廿六年，其時廢名蓋尙在雍和宮。這裏提及明珠，乘便想說明一下。廢名的文藝的活動大抵可以分幾個段落來說。甲是努力週報時代，其成績可以竹林的故事爲代表。乙是語絲時代，以橋爲代表。丙是駱駝草時代，以莫須有先生爲代表。以上都是小說。丁是人間世時代，以讀論語這一類文章爲主。戊是明珠時代，所作都是短文。那時是民國二十五年冬天，大家深感到新的啓蒙運動之必要，想再來辦一個小刊物，恰好世界日報的副刊明珠要改編，便接受了來，由林庚編輯，平伯廢名和我幫助寫稿，雖然不知道讀者覺得何如，在寫的人則以爲是頗有意義的事。但是報館感覺得不大經濟，於二十六年元旦又斷行改組，所以林庚主編的明珠只辦了三個月，共出了九十二號，其中廢名寫了很不少，十月有九篇，十一二月各五篇，裏邊頗有些好文章好意思。例如十月分的三竿兩竿，陶淵明愛樹，陳亢，十一月分的中國文章，孔門之文，我都覺得很好。三竿兩竿起首云：

「中國文章，以六朝人文章爲最不可及。」中國文章也劈頭就說道：

「中國文章裏簡直沒有厭世派的文章，這是很可惜的事。」後邊又說：

「我嘗想，中國後來如果不是受了一點佛教影響，文藝裏的空氣恐怕更陳腐，文章裏恐怕更要損失好些好看的字面。」

這些話雖然說的太簡單，但意思極正確，是經過好多經驗思索而得的，裏邊有其顚撲不破的地方。廢名在北大讀莎士比亞，讀哈代，轉過來讀本國的杜甫李商隱，詩經，論語，老子莊子，漸及佛經，在這一時期我覺得他的思想最是圓滿，只可惜不曾更多所述著，這以後似乎更轉入神祕不可解的一路去了。

我的第二封信已在廢名走後的次年，時爲民國二十七年三月，其文云：

「偶寫小文，錄出呈覽。此可題曰讀大學中庸，題目甚正經，宜爲世所喜，惜內容稍差，蓋太老實而平凡耳。唯亦正以此故，可以抄給朋友們一看，雖是在家人亦不打誑語，此鄙人所得之一點滴的道也。日前寄一二信，想已達耶，匆匆不多贅。三月六日晨，知堂白。」所云前寄一二信悉未存底，唯讀大學中庸一文係三月五日所寫，則抄在此信稿的前面，今亦抄錄於後：

「近日想看禮記，因取郝蘭臯箋本讀之，取其簡潔明了也。讀大學中庸各一過，乃不覺驚異。文句甚順口，而意義皆如初會面，一也。意義還是很難懂，懂得的地方也只是些格言，二也。中庸簡直多是玄學，不佞蓋猶未能全了物理，何況物理後學乎。大學稍可解，却亦無甚用處，平常人看看想要得點受用，不如論語多多矣。不知道世間何以如彼珍重，殊可驚詫，此其三也。從前書房裏念書，眞虧得小孩們記得住這些。不佞讀下中時是十二歲了，愚鈍可想，却也背誦過來，反覆思之，所以能成誦者，豈不正以其不可解故耶。」此文也就只是明珠式的一種感想小篇，別無深義，寄去後也不記得廢名覆信云何，只在筆記一葉之末錄有三月十四日黃梅發信中數語云：

「學生在鄉下常無書可讀，寫字乃借改男的筆硯，乃近來常覺得自己有學問，斯則奇也。」寥寥的幾句話，却很可看出他特殊的謙遜與自信。廢名常同我們談莎士比亞，庾信，杜甫李義山，橋下篇第十八章中有云：

「今天的花實在很燦爛，——李義山詠牡丹詩有兩句我很喜歡，我是夢中傳彩筆，欲書花葉寄朝雲。你想，紅花綠葉，其實在夜裏都佈置好了，——朝雲一刹那見。」此可爲一例。隨後他又談論語，莊子，以及佛經，特別是佩服涅槃經，不過講到這裏，我是不懂玄學的，所以就覺得不大能懂，不能有所評述了。廢名南歸後曾寄示所寫小文一二篇，均頗有佳處，可惜一時找不出來，也有很長的信講到所謂道，我覺得不能贊一辭，所以回信中只說些別的事情，關於道字了不提及，廢名見了大爲失望，於致平伯信中微露其意，但卽是平伯亦未敢率爾與之論道也。

關於廢名的這一方面的逸事，可以略記一二。廢名平常頗佩服其同鄉熊十力翁，常與談論儒道異同等事，等到他着手讀佛書以後，却與專門學佛的熊翁意見不合，而且多有不滿之意。有余君與熊翁同住在二道橋，曾告訴我說，一日廢名與熊翁論僧肇，大聲爭論，忽而靜止，則二人已扭打在一處，旋見廢名氣哄哄的走出，但至次日，乃見廢名又來，與熊翁在討論別的問題矣。余君云係親見，故當無錯悞。廢名自云喜靜坐深思，不知何時乃忽得特殊的經驗，趺坐少頃，便兩手自動，作種種姿態，有如體操，不能自已，彷彿自成一套，演畢乃復能活動。鄙人少信，頗疑是一種自己催眠，而廢名則不以爲然。其中學同窗有爲僧者，甚加讚歎，以爲道行之果，自己坐禪修道若干年，尚未能至，而廢名偶爾得之，可謂幸矣。廢名雖不深信，然似亦不盡以爲妄。假如是這樣，那麼這道便是於佛教之上又加了老莊以外的道教分子，於不佞更是不可解，照我個人的意見說來，廢名談中國文章與思想確有其好處，若捨而談道，殊爲可惜。廢名曾撰聯語見贈云，微言欣其知之爲誨，道心惻於人不勝天。今日找出來抄錄於此，廢名所贊雖是過量，但他實在是知道我的意思之一人，現在想起來，不但有今昔之感，亦覺得至可懷念也。三十二年三月十五日，記於北京。

知堂先生南來印象追記

紀果庵

關於印象記一類的文章，我很少寫。因爲普通的事物，過眼雲煙，不會「印」下什麽「象」，特殊事物，旣所見不多，且不久就變作模糊，所以不寫最得體。知堂先生南來一事，確是一件大事，就是在苦雨翁個人，也還是江南水師學堂時期的南京印象，三十七八年之後，景物全非，居然又來走走，恐怕亦非始料所及；沒有資格去看先生的日記，假若可能，想必有絕妙文章。但此事在一年後的今日追念起來，實在是影子馬虎得很了。在記憶中只有藹然儒者的風度，使人感覺很適當的一撮短鬚，慢慢的八字步，和我第一次親見的揮毫，大書「衣沾不足惜，但使願無違」的陶詩，尙頗淸楚而已。

然而，在今日，卽使這樣簡單的外表儀容，又有幾人呢？

知翁南來確期，竟已忘記，自廿六年以後，我就廢止了日記，要想知道每日詳細起居，實不可能。唯於中大週刊合訂本內查得在中央大學講演是五月十三日上午十時，但講演是到京的第二天抑第三天，則待考。我記得中央大學招待吃飯，是在成賢街農場，各色玫瑰開得正盛，我到農場時，樊仲雲校長和胡道維先生等已先在，曾在花圃中合拍一照。中大農場在事變前原是花卉場，戰後，夷爲荒圃，經過一年多的整理修建，才恢復舊觀，宴客之所，叫做「瓜棚小憩」，是用竹杆搭成的瓜架，新種的絲瓜和南瓜正抽蔓，還沒有成蔭，故不見得會有「豆棚瓜架雨如絲」之感，不然，以先生書齋之苦雨，又久於海濱住居，在這樣所在吃飯，必有一番特別感覺也。先生向來穿中裝，這天不過加了一件馬褂，在舊京像這種園林眞遂處可得，況中山北海等地，更爲幽邃雅麗，但在南京，則求一公餘消閒之處尙不能，此地可以望望紫金山的雲，且又有一泓溪水，遠處歸考試院的樓台，姑且算他漢家城闕吧，陪稱了這麽一位詩人、哲人，也够得上江南的盛會了。那天參加的，有李聖五，薛典曾，戴英夫，陳柱尊，褚民誼等先生，褚先生是自從先生到京後就一直負招待之責的，可惜翻閱一下我在當時所拍照片，薛仲丹先生竟已成了古人，人世滄桑，又豈可意料。席間樊先生致詞，說一向與周建人先生很熟識，又與魯迅先生常見面，只有豈明先生，平時景仰，未曾識荆，今番相會，自屬無上榮幸云云。先生答辭裏頂有趣的，就是說到三十八年前之南京儀鳳門內江南水師學堂「管輪堂」生活，我從先讀過先生的「憶江南水師學堂」，不意今天却聽老人口述開天遺事。李、薛、戴諸公，因與先生并不甚熟，應酬話沒什麽可記，飯畢吃茶時，我拍了一張團坐的像，惜正是背光，不能照得好。

農場主人陳醉雲兄很會利用機會，磨好墨，蘸飽筆，靜待先生揮毫，對於這請求，先生并未十分拒絕，只是爽快地說：「怕寫不好。」於是寫

0815

起「路狹草木長」的詩來了，我站在瓜棚外，攝得一影，即去年刊於「古今」者，在旁邊露了一隻手和西服者，正是陳柱尊先生。陳先生以吃酒著名，知翁酒量似亦不能算小，但二公好像未在同桌，且陳公又素主午飯不吃酒，故不能使我們欣賞一下「二難幷」。這天的菜是聚賓門外馬祥興的著名「美人肝」，曾經有人介紹給先生，但我吃來却也毫無異味。

到中央大學講演是再三謙讓才答應的，由外交部一位先生伴往。我們會預備一點茶點，先生似不大會客氣，我們讓，便吃了。這亦可愛處，遠較岸然道貌為天眞也。在學校我們很聽了許多先生衷心之話，這些話今日可謂無從說起，且不必說起了。講題是「中國的思想問題」，聽講者是出奇的多，有些其他國立學校的學生都是再三要求才允許進來的，我坐在最前排，所以聽得很清楚。先是一段自謙，其理由為說不好「國語」，如「周作人」三字，即永遠講不好，小孩子聽了往往要笑起來。至於談到中國思想的本身，則與最近發表的「中國的思想問題」（中和月刊）差不多，大致是說把儒家思想當作中國的中心思想就好，不必遠求，也不能遠求。儒家思想的表現，即「禹稷精神」，他們都是以解決老百姓吃飯為前提者，故可佩服。先生說因為欽佩禹，竟連抱朴子裏的「禹步」也學了起來，幷在台上表演一下，頗令聽者有幽默之感。「無論什麼思想，都必須有其種子，才能長成樹木，外來思想可以說都是沒有種子在我們頭腦裏的，又怎能强人接受呢？我們的思想種子就是『儒』，不過這種子因沒受到好的陽光與空氣，故不能好好發展，我們的職責，只在如何加水加肥料，使此種子成長且茂盛便好，不必像太平天國一般把基督教硬認作天父也。」我覺得這一段話最可使人五體投地，中國人而忘記中國思想體系者，殊可尋思。此講稿我認為可以作為一年後中和所刊一文之前趨，蓋先生蘊蓄之已久，且是他的一貫主張。唯演稿只在中大週刊登過，別處幷沒有登，此稿由我自校，相信尙無多大差錯。

平實而近人情，乃先生思想和文字的特長，不能只以沖澹二字括之。大約廿五歲以前的人是魯迅翁的信徒多，廿五歲後，則未有不拜倒先生之門者。我在大學時，受先生的散文，每沉沉欲睡，而第一次見到先生，則是在中學時聽他講演，那時因不大懂得先生自謙的「藍青官話」，一句也不會聽得懂，僅看見一位穿夏布長衫的中年人在台上張口閉口而已，其實先生本人，當作談龍集的時候，那種意氣亦自與雨天的書看雲集以後的作品大不相同，我曾看見的幾個最活躍最肯動的教授或同學，到後來都成為佛門信徒，終日坐功諷咒，絢爛之極，理應如此，況先生本性，又是屬於「靜趣」的學者型，把文章和話都說得像微風吹拂的湖水，却亦有其年歲與環境的造因在內也。對於先生，沒有像一般入室弟子那麼親炙過，有名的苦雨齋，也沒有去過一回，然與先生相熟的人，大抵非師即友，終也算有些緣分。且我在孔德學校任課時，先生的次女——菊子，和建人先生的公子，豐二豐三，還都在該校讀書，我一看見豐二君的玩皮，就會想到先生在鴨的喜劇中所說的「小波波」，大叫「愛羅先珂」為「愛羅希珂先」者。豐二正是打碎寒暑表的那位，而呼先生為先，則我也被這麼叫過好久，孔德學生之玩皮是有名的，如遇先生換了新衣服，或薙頭時，必上前打頭，且曰：「薙頭打三光，不長蝨子不長瘡！」此話說來有如三代以上，先生觀之，或有相當回憶，如我，都已生堂堂老去之悲，在當時，却不失為一個小孩子，十年，二十年，有幾許人禁得起呢？

先生文章，我幾乎篇篇讀過，即戰後「藥味集」爲南方不易見到者，也都在刊物上拜讀了。因爲全是由雜誌上看到，就不買單行本，廿六年秋，我將兩大箱雜誌全部賣給北平的打鼓人，約每斤銅元八枚至十枚，大約有這種慘痛經驗的並不只我，且使許多好文章葬身於火窟者尤多，自是除舊存先生的看雲集等三數種之外，欲閱先生文字，只好付諸夢寐。事變後第一年冬方紀生陸蠡等在北平創刊朔風，風格殊似「宇宙風」，先生在頭幾期必有一篇隨筆，好像都還是存下來的東西，後來，也許是存的用光了，要提筆說話又很難，頗有一段長期沉默，使許多人都有着「愛而不見，搔首踟躕」的意思。我在前段已講明，先生文章的特色只在平實而近人情，唯人情兩字，正未易言，易卜生說：「多數人永遠是錯的，少數人永遠是對的。」我十幾年來很佩服此語。中國歷史與社會上，將錯就錯的事情太多，殆即所謂「習非成是」。如先生所讚許的袁氏兄弟李卓吾金聖嘆諸君，大率只是肯說老實話，不願僞裝君子之流，然此却是世俗所目爲非聖無法，政治的革命是流血犧牲，成功倒也很顯著，向舊思想或不通的人情挑戰則需要一種韌性的勇敢，其成功不易看見，且又往往將時間延長數十百年；好些人以爲先生的思想仍是屬於舊的，保守的，殊不知在平實之中，却有一番廓清的力量。即如韓退之，頗爲先生所不喜，然近日豈不是還有若干人提倡非作「原道」式的文章不可嗎？請參閱一下柳雨生君所作「關於藥堂」（中華副刊三月廿八日）一文中所引用先生的「談焚書坑儒」一段話，大體對先生文字本質的了解，或許差不多了。

話說得遠了，這裏不是要作先生的評傳，還是少嚕囌爲是。先生在中大講演後，曾應文物保管委員會的茶會招待，時文物會正整理好各陳列室，預備開放，先生對各陳列品看得很仔細，蓋「老去無端玩骨董」，亦先生平日嗜好之一端也。先生收藏的，好像還是與吳越有關係的東西居多，如晉磚之類似頗爲我所記憶。又曾作過談墨的文字，在「風雨談」抑「苦竹雜記」發表，已記不清，但我則受了影響而好用「青燐髓」「古隃麋」等名稱的墨，想先生亦萬想不到。又苦雨齋製箋也頗有名，先生常以贈貽朋友的。可惜文物會中此類收藏竟沒有，幾幅圖畫亦不佳，康熙所寫的大中堂簡直在糟蹋天府筆墨，比乾隆式的墨猪更不入眼，先生只有微笑一下，却一句話不曾說。茶會席上，用中國點心，南京本地製品殊欠雋美，只幾盆鮮紅的櫻桃，據云爲玄武湖名產的，倒還有點意思。這天出席的有各報館記者及文物會同仁，余忝爲「顧問」，故亦獲一席。說些什麼話，已忘得乾乾淨淨，總也是因爲過於涉及應酬性質之故吧？先生寓所在香鋪營中華留日同學會，那倒是很雅潔的，但缺乏如苦雨齋中那種幽邃耳。不知先生感覺如何，我始終不曾到那裏一候起居，頗感疏略。（訪客過多，亦一因。蓋先生到京後之次日，各報即皆有「印象記」一類文字披露矣。）

樊先生是道地江南人，行年四十餘，尚未渡江一次，這回爲了送知翁北行，却破例一乘渡船了。對於我，頗有一種新的喜悅，蓋北人總願南人北上，即區區渡江，也有近鄉一步之感也。先生走後日子不多，就接到寄贈的「藥味集」，樊先生很歡喜的翻閱着，後來終於送給朱樸之先生了。本來在京時曾談到南北兩京大學交換講座的事，但今日的事，說來說去，老是複雜，沒有一個直接了當的辦法，所以至今不曾實現。起初，我們聽了「督辦」兩個字，未免有些與先生的風度不相和諧的感覺，也許是民國以來所謂「督辦」者，給人印象太壞之故；至去年冬，我披閱北京出版的

「新民報」，見有先生着戎裝檢閱青年團的照像，更其不免要笑出來，因爲好像與先生日常習慣距離愈加遠了，「周知堂」或「藥堂」等字，怎麼會和「青年團」發生聯繫呢？不知先生自己心中怎樣，我們反正是這麼大胆的感覺着了，果然，不過兩三個月，先生就放棄了「烏紗」生活，而照舊穿那不肯換袈裟的袍子。我聽此消息，是晚上在家裏開無線電，無線電本亦先生罵爲「無所逃於天地之間」的蠢東西，不想竟從此知道了先生的近事。有人對此事很驚訝，很惋惜，然在下則有另一種喜悅，陶淵明何嘗應當去見督郵，卽使不是計較折腰與否的問題，詩人自仍以「池魚歸故淵」爲樂耳。

這文章雖也敷衍了兩三千字，其實對先生可謂一無所知！尤一無所用。知翁來時，黎庵曾有信給我，打算到京走走，因與先生神交許多年，却尙未認識，後來以先生來去之匆匆與黎庵决心之不够，到底沒實行。然黎庵所了解的先生，定較我爲多，只是我比他多會一面而已。所以此文還以黎庵自作，由遙想的筆致出之，最有味，不然還是請敎閒步庵主人吧！惜最近與該菴主人盤桓四五日，也沒有能獲得一點關於先生的新事情，只是約略知道先生最近或許有再到江南之可能，若然，此番已脫去一層頭銜，想像其遺遙與言論，必另具風采，黎庵說已爲「古今」寫「懷廢名」一文，令人愛不忍釋，其實黎庵未看到先生本人，其可愛處又遠過其文字，而如我之拙劣，與先生所懷相比，又大可慚悚者也。

讀『藥堂語錄』

南冠

三十一年十二月十一日晨，往訪董齋兄，在案上見適自北平寄來之「藥堂語錄」一册，會稽周作人撰，天津庸報社出版者也。知堂著書多係北新出版，戰後則只有「秉燭談」一册。而周氏更有一個時期絕不動筆，此一小册出版於三十年五月十五日，在「藥味集」之前，然而却後到手，係託北平朋友買寄，以「古今」第一二兩期交換得來者也。

飯後攜之至Cathay Mansion，坐小窗下，日影滿室，披卷讀之，覺得是亦人生一樂。吾輩年紀尙輕，然似已自極濃之世味中渡過，無復少年幼稚的情趣，也因此可以欣賞知堂翁。卽如近來的生活，極閒蕩之致，常常泡在American Bar裏大半天，欣賞浮世男女的一粲一笑。卽如今日，坐在酒吧裏吃茶，在看「藥堂語錄」，並攤紙執筆寫此小文，如此行逕，稱之爲「遺少」固無不可，鄙人也不否認。郭沫若先生去國前有「離滬之前」一文，內多憂危懷念之意，鄙人最近也將離滬，而前途的苦難似更有甚於郭君，然而其表現却不同若此，竊念此蓋小資產階級與革命者分野所在，而對「世紀末」這個「名詞」也多少可以了解。然而吾輩終不能與知堂翁全同，流連光景是很可愛的，而我則不能沒有捨去的一日，吳梅邨詩云：「書劍尙存君且住，世間何物是江南」，鄙人深知江南之可愛，然在結末終不能不捨去，李義山詩云：「年少因何有旅愁」，或可作爲一種解釋乎？

至於這本小書，磁靑表面，皮紙小簽題，爲知堂手蹟，是很可愛的，題名「藥堂」，作者在題記中別有說，其發意蓋已甚久，「書信」中有與平伯書，說明文字中要存「性」，因取名「煆藥廬」。此處的文章多是談書小記，有如種種草藥，陳列在攤子上，後記中說他早年學吸烟云：

「余不能吸紙烟，十幾歲時曾買刀牌孔雀品海諸烟，努力學吸，歷久終未學會，以至於今，殆爲天分所限耶。」因爲他不能吸烟，故買舊書閒看，作爲消遣，「以代博弈」。此種讀書的態度，殆非一向的「正統」辦法。其說明取名「語錄」原意云：「本來照儒釋兩家的老規矩，語錄是門人弟子所記師父日常的言行，揚子雲王仲淹自己著書，便很爲後人所非薄，我們何必再來學步呢？這是該得說明一下的。我不懂玄學，對於佛法與道學都不想容喙，語還祇是平常說話，雖然上下四旁的亂談，却沒有一個宗派，假如必須分類，那也只好歸到雜家裏去罷。我最初頗想題作常談，因爲這說話如或有百一可取，那就爲得其中的一點常識，只可惜劉靑園已有常談四卷，李登齋有常談叢錄九卷，延荔浦又有詩話曰老生常談。已經三缺一，便也不好意思再去湊數，這固然還是雷同，但名同而實異，無甚妨礙。」

知堂的文字，在苦鬱之中每有滑稽的機鋒在，這裏也就不能免，而說得又是那麽有風致，此所以難得歟？

這些讀書小文，所談無非常理瑣事，而作者特拈出一點曰「眞實」，加以特別的注意，這精神在寫「知堂說」時即如此，似乎是自認爲最值得珍視的一點。因爲當時他反對一般口是心非的高調者。現在時異事遷，而他還特地要提出這一點來，我看那意思大概是够悲哀的，在知堂的文字中，直至而今還一直保持住沒有改變者，也只有這「眞實」一點吧，這可以解釋他近年寫文章的範圍爲什麽總不離古書，因爲除此以外，實亦無甚可談，即可談而仍能保持其「眞實」者也。後記中云：

「讀一部書了，偶有一部分可喜，便已滿足，有時覺得無味，亦不甚嫌憎，對於古人何必苛求，但取其供我一時披讀耳，古人云只圖遮眼，我的意思亦止如此。讀過之後或有感想，常取片紙記其大概，久之積一二百則，有友人辦日報者索取補白，隨時摘抄寄與，二三年來原稿垂盡矣。庸報社索去者有四五十則，日前來信云擬蒐集爲一冊，亦便答應，此種文字新陳兩非，不入時眼，印成書本亦少有人讀，恐終辜負報社的好意，但是有一件事，可以代作廣告者，不佞雖未受五戒，生平不打誑語，稱之曰語錄，自信可無慚愧者也。」

其一種末世的哀愁，讀之使人愀然不樂。

這裏一共有五十篇小文，皆是讀書札記。其中有不少篇爲我所喜歡，値得提出來談談，而因爲南方的讀者不易見此小冊，這裏遂更有介紹之意。

本來在「秉燭談」中即已有過類似的文字，即「明珠抄」是。這些小文都發表在世界日報的明珠欄中，本有十九首，現在收集者僅有六首了。不免可惜，原因係上海兵燹，原稿散失。我想北平各大圖書館中，當不少舊報存留，或者可以重新輯錄的。這六首明珠抄中所談不外幾個問題，都是知堂所一向攻擊的目標。其一是韓公退之。此公運氣不壞，雖至現在，有一般無恥文氓大捧其原道，對「周誥殷盤，詰屈聱牙」之句，搖頭擺尾，大加贊賞，於此則不能不佩服知堂翁的 taste 之較高了。不佞深受此種影響，韓公以次，直迄方姚曾吳，一概深惡痛絕。而對唐公蔚芝及其徒流，則更有「甚麽東西」之感焉。

其次的「談字學舉隅」，則是對舉止惡俗的人大加斥罵。本來天下之人多矣，所作的事豈能盡如我意，也不過能看得過去便罷了。如果能於其人的全部行爲中有一兩點覺得可以欣賞，亦已滿足了。然而非激起人的怒火，痛加貶斥不可的人物却也有得是。「談字學舉隅」中的諷罵，在我看來，比談虎集時代要深刻得多，也惡毒得多。誰說知堂翁的火氣逐漸消沉了！戰後的文字，倒的確是溫和得多，雖然骨子中的痛恨依然，可是究竟不願意怎樣露骨斥罵。「瑣事閑錄」篇談張林西的書，引張書「不入詩話」一則：

「先叔祖幼不讀書，而聰明穎悟，古近體雜作頗富，惜皆散遺，遊幕江南日，與袁太史往來，正値隨園詩話開雕之時，薄其行止，終不肯出稿以相示也。曾云，袁某好相人陰，兩三次晤敍之後，必設法窺驗，殊爲可鄙。」知堂加案語云：

「案隨園身後是非甚多，竊意關於詩文方面，蔣子瀟游藝錄中所說最爲持平，若論其人，則只憑著作想望其丰采者與曾經面接者兩方可以有很大的距離。亦可以說都各有道理者也。林西的叔祖弼亭，據閒錄中所記，曾向兄索錢不得，擲紙錠來焚化，則其人似亦非君子，唯所云隨園陋習，當未必盡虛。蓋士大夫中常有此等事，尙不如續編食性一則中記嗜痰與鼻涕者之尤爲少見也。張君記此瑣事，雖意在非袁，却亦可貴，鄙人曾從故友煠齋聞知名人逸事三四，自已見聞亦有若干，尙未能振筆直書，留爲後世人作談資，則樸直處不逮前人遠矣。」

這一則卽是說的關於做人的可愛與否的問題。隨園的逸事甚多。嚮從淸人筆記中看見過一些，老而好淫。觀「子不語」中所僞造的「控鶴監祕記」，詳細描寫男陰，說明它的許多好處，仔細論述，由女子方面設想，可知林西所說的話，不是全然無因的了。本來這種拜物狂非常普遍，文人中更不少見，袁君多方觀摩，以寫文章，原亦有理。不過就事論事，覺得不敢恭維罷了。

曾與朋友談起，舊京舊友某君，近來的遺少氣極重，如買魯迅翁所著書必求北新、未名社初版本，並須毛邊之類。我以爲這種作風也未可厚非，實在我自己也是頗講求這種小趣味的一個人。在古今著作中，最愛讀藏書記，記述版本、紙印的話頭。知堂文中獨多此種記載，且所記非宋元善本，不過淸刊或近來印本耳。却亦覺得中有至趣。如「存拙齋札疏」中云：

「羅叔蘊不愧爲吾鄉傑出之學者，亦頗有見識，其文章樸實尤可喜，所作序跋致佳，鄙意以爲近時殆無可與倫比也。雪堂校刊羣書敍錄二卷，用鉛字排印，雖云倣宋，實不奈觀。深惜其不用木刻。」

近來買得「文祿堂訪書記」，亦是此種倣宋體字印，覺得非常討厭，猶不止不奈觀已也。而紙用所謂「江南連史」，厚而有光，決非佳物。近日印書，如此已算攷究，豈不可歎！我覺得淸末以來的鉛印中裝書，亦祇人境廬詩艸尙佳，而此又非商務本，蓋是日本印，美濃紙本也。常見人家用中華書局的備要本珍藏起來，以爲珍物；每每欲嘔，此種怪癖由來已久，蓋已不易治療矣。

「汴宋竹枝詞」中亦云：

「書賈來，得河南官書局新刻汴宋竹枝詞一冊，板刻不精，紙亦粗疎，均不足怪，唯橫揩，閱之未免不快耳。」

橫揩不知是怎樣的情形，而知堂閱時覺得不快，這感情恐現今少有人了解了。常見人借圖書館通俗小說類書，津津閱之，而此種書則均已破敝不堪，書口參差烏黑，口液指紋遍滿葉中，極爲可怕，而閱者不自覺。而此種書册又往往在摩登女子的搽了蔻丹的纖纖十指中翻閱，常在電車中見此情狀，不禁奇怪。

往日讀周作人書信，有致沈啓无君函一通，有云：

「在路東海王村牆攤一攤上見有山居閑談，兩套十二册，比敝菴所有者只是天地頭稍短，又係連史而非皮紙，但中縫却均正而不歪，無煩重摺，索價不甚昂，未知兄曾否見到，亦有意於此乎？」

觀乎此，似乎知堂很有過重摺中縫的事了，念此工程亦十分浩大，不佞則過懶，決不會去做者也。

近在來薰閣見明屠赤水作「由拳集」一部，黃紙，印不佳，前後有苦雨齋藏書印記十餘方，本擬購藏，以備一格，而需六百元，則非所可辦，聞已歸陳某。據賈言，此書爲苦雨齋易出者，蓋已新得佳印善本矣。往年常見知堂歎古書價昂之語，今則久不聞此，想苦雨齋中善本必富，唯主人意興則甚頹唐，近來讀書記少有所作，不知何也？

語錄中更有此種題記數種，並抄存之。

「辛丑侍行記」云：

「陶拙存著辛丑侍行記六卷，書不難得，而多用毛太紙，近日始得官堆紙印者一部，與原板求已錄彷彿，亦可喜也。」

「麻團勝會」云：

「家中舊藏皆大歡喜四册，道光元年刊，內係韻鶴軒雜著及隨筆各二卷，無撰人名字，後因移家失去，在北京復求得一部，則紙墨均不及矣。」

「洞靈小志」云：

「近來專看閑書遣日，得龍顧山人著洞靈小志及續志，甚爲喜歡，蓋又可供數日臥讀之資也。小志刻於甲戌，續志則在丙子，去今才三四年，而板刻頗精致，比用鉛字洋紙印者更愜心目。近年木刻書不多，但如天津金氏之屛廬叢刻及天津文鈔等，刻印均頗佳，與水竹邨人各集相似，或是同一系統，若天津詩人小集，又嫌稍細弱矣。」

「耳食錄」云：

「從舊書堆中找出耳食錄正續共二十卷，坊刻粗紙印，錯字滿目而文可讀。」

「洪幼懷」云：

「偶買得蘿廊瑣記四册，凡九卷，題固始王守毅著，咸豐甲寅刊，紙墨不甚精良，而字體頗特異，多說文體及別體字。」

雖祇是數語，而多情致。蓋是至可愛的題跋文也。舊來僅黃堯圃藏書題識有此風味。其中往往亦蘊蓄着孤寂的心情。至有稍稍長者，兼寫其懷舊之思，則更堪耽讀矣。「入都日記」云：

「從杭州書店得舊書數種，均頗可喜，此店在清波門內花牌樓，戊戌居杭時雖住在此街，距塔兒頭不遠，殊有懷舊之思。書皆小品，其一爲醫俗道人著俗語指謬三卷，杭州白話報抽訂本，木板竹紙，辛丑年刊。」

此入都日記蓋是李小池所作。知堂非常賞識李君的著作，「思痛記」記在長毛中事，曾屢屢介紹。此書結果頗爲人所知。曾聞人談，某舊書攤主夫婦二人，夫吸大煙，爲警局所繫，無錢營救。阿英先生爲此攤之常客。檢肆中有思痛記十餘册，爲售之中國書店，得款十餘元，贖之出。此蓋亦書林逸話也。

我在這里介紹讀書札記，而又偏重於這些地方，似乎大有買櫝還珠之勢，而更有稱贊「此茶熟得好」之嫌，然而我所欣賞的，却是這些地方，那也沒有法子。

其次，我發現知堂翁對穢褻事物的留心，仍然存在，如談龍時代寫「猥褻的歌謠」相同。有「曲詞穢褻」一篇爲證：

周壽昌思益堂日札卷七有讀曲雜說十八則，其第十三云：「笠爲鳳求凰，有小引字字雙，極市井穢褻之語，不堪入目。考西廂之酬簡一折，牡丹亭之驚夢一折內，何嘗無狎語，長生殿之窺浴折內尤極蕩冶，然止覺其雋豔，不似笠翁之惡穢欲嘔也。須知此事亦須讀破萬卷，始能下筆有神，雅鄭之分關乎根柢如此。」

「案周君所說末數語甚有理，大抵藝與文都爭這一點，或曰趣味，或曰書卷氣，其實就只是多讀多做，有經驗，識好醜而已。但是上文所舉實例却未見妥適，可知此事實不容易，或者因爲反對笠翁有成見故耶。西廂記牡丹亭三十年前讀過，略略記得，長生殿有點荒疎，重新拿出來看，卷二第九折窺浴中鳳釵花絡索有四語，係描寫女人身體，本亦平平耳。而吳舒鳧評註之云：『描摹冶麗，如有玉環呼之欲出，覺雜事祕辛猶形似非神似也。』稱揚過份，或是友朋捧場，亦尚屬人情之常，周自菴更謂其尤極蕩冶，而止覺雋豔，則似故揚甲以抑乙，乃評家惡習，更無足取，若平心而言，尤極二字亦用得不當，豈耳食吳評，信其超越祕辛之故歟。笠翁傳奇立意本多村俗，如鳳求凰一曲即是說男子戒淫，乃得三妻，中狀元，其曲詞如何，亦不想爲之辯解，因此非不佞所知，惟所云字字雙小引，雖原本不佳，却亦並不那麼惡穢，第六齣倒嫖中普賢歌或反爲可議。案此小引係第三齣夥謀之首三章，反覆細讀，誠是市井之語，但別無不堪入目之處，此齣本敍娼家因生意蕭條，招集會議，脚色三人，一副淨扮村妓錢二娘，一丑扮肥妓孫三娘，一淨扮老妓趙一娘，讀者只看此情節及上場人，便可知其所說必無甚好話矣，偶於此而欲求見鶯鶯麗娘玉環出場時之空氣，眞是極大難題了。即如長生殿窺浴之文雖可云雋豔，但起首時丑扮宮女上，所唱小引字字雙，小監胡纏云云，亦正是市井語，與鳳釵花絡索不同，可見此等處正有一種必要的諧和，假如一味高雅，亦便有出軌的時候，讀曲雜說之七有云，元人院本多貪好句，不切本人口吻，李逵唱風雨替花愁，其詞非不圓美，却是可笑，即此理也。」

這是一等極妙的文評。李逵唱風雨替花愁，實在是可笑的事。這些意思本也平常，暇日批覽劇曲，便多如此感覺，此處用極明顯現實的寫法一來，便覺得明朗得可愛了。

集中最末一篇題目是「中秋的月亮」。嘗與朋友閒談，此種題目，似只有知堂可寫，如出諸別人之手，便將與小學高等作文相類矣。此雖是笑話，亦係實情。知堂平常很少作流連光景之詞，而這里却有些：

「好多年前夜間從東城回家來，路上望見在昏黑的天上掛着一鈎深黃的殘月，看去很是悽慘，我想我們現代都市人尚且如此感覺，古時原始生活的人當更如何？」

這很使我是些感觸，七七前寒假返里，路經北平，聽夜戲回來，坐洋車經過寂靜的長安街，在黃磚綠瓦的牆角下索索獨行，天上掛着的也是這麼一鈎深黃的殘月。當時別無恐怖之感，只覺得十分淒厲，記起西廂上的句子，「幽僻處可有人行，點蒼苔白露冷冷。」默默地有些悲哀。

知堂又說：

「等到月亮漸漸的圓了起來，他的形像也漸和善了，望前後的三天光景幾乎是一位富翁的臉，難怪能够得到許多人的喜悅，可是總是有一股冷氣，無論如何還是去不掉的，只恐瓊樓玉宇，高處不勝寒，東坡這句詞很能寫出明月的精神來，向來傳說的忠愛之意究竟是否寄托在內，現在不關重要，可以姑且不談。總之我於賞月無甚趣味，賞雪賞雨也是一樣，因為對於自然還是畏過於愛，自己不敢相信已能克服了自然，所以有些文明人的享樂是於我頗少緣分的。」

我讀畢此文，也不禁感到一股深深的冷氣，彷彿看見了那代表定命論者所信的命運之黑幡，有些悚然。雖然文末一轉却是轉得那麼好：

「中秋的意義，在我個人看來，吃月餅之重要殆過於看月亮，而還賬又過於吃月餅，然則我誠猶未免為鄉人也。」

集中有「鼠數錢」一則，引「茶香室續抄」原文，加案語曰：

「案錢鼠在越中亦有之，俗名油煠老鼠，實臭鼠也，過時聞有臊氣，如油焦味，又唧唧作聲，但不及常鼠數錢時之急速耳。王衍梅作鼠嫁詞中云：『啾啾唧唧數聘錢』，即運用此典，頗工巧可喜。但鼠之數錢實乃震驚失常，欲叫不得，故急迫而咋咋之作聲，猶人之口吃，其時大抵與蛇驟遇竦立不能動，旋即被其纏束矣。兒時聞鼠數錢聲，常為悚然，蓋知近處必有異，所懼實在蛇而非鼠也。三十年前家母在越，夏夜為帳頂上鼠所擾不能寐，以壓帳竹竿拍席驅之，嗒然作聲，鼠亦忽數錢，驟驚故爾。母謂或竹竿聲似蛇拍尾故，此解更近理。北京未見臭鼠，常鼠大小有數種，亦未曾聞其數錢，殆因少蛇故耶。中國舊日通行銅錢，交付時必計數，除一五一十羅列几案地上外，大抵兩手持數，亦以五文為一注，由右至左，錢相觸有聲，說及數錢聲便各會意，今銅錢幾盡廢，即銅元亦漸匿跡，恐更後將無人能解此語矣。」

這種紀述兒時故鄉瑣事，加以微淡的情感，最為我所愛讀。知堂多讀筆記，自己也說過以後要寫筆記類的文字，如此則即甚佳。另有一則「五祖肉身」的結尾，便有點受了前人筆記影響，有些通套語言之味，便不甚為我所喜矣。

知堂與鼎堂

陶亢德

近來頗想寫一篇『記知堂』，並且連怎麽寫也擬好了，上篇是『知堂的信』，中篇爲『知堂的文』，下篇則『知堂的人』。但是想想容易，做做甚難。我與知堂未曾見過一面，這幾天他雖在南京，滬寗相距又不甚遠，搭夜車去大概一覺醒來已可到石頭城外，然而近來的行旅，不但傷財亦復勞民，據報上說現在搭車趁船，均須牛痘證之類，而種痘之麻煩，曾在電車裏聽人說過，不亞於前幾時的軋米軋油，今晨去三馬路訪友，特意繞道走過在那裏的工部局衛生處，果見雨絲風片中站在門外候魚貫而入者爲數殊多，看把門巡捕的神氣，似又不十分把這許多鵠立雨中的人們當作人看，總之是入京識荆，這次多半又力不從心的了，記知堂的人自然無從寫起。寫『知堂的文』呢，苦雨齋著作之編集者，我雖十有八九，但要加以述評，自非仔細重讀一次不可，且不說此刻無暇，就是要找出這許多冊書來也極麻煩，蓋年來室小孩多，早把非參考或翻譯選材必需的書籍另裝木箱，釘起來堆在扶梯頭和後窗口，若要翻尋，也先得向領薪水的地方請一兩天假始克蕆事。於是決定先寫『知堂的信』，其餘且俟異日。知堂給我的信卽在手邊，拿出來看一遍均不費事，誰知道眞個拿了出來看過一遍之後，也覺得目前並非可寫之時，是眞出人意表之外者也。

原來我所欲寫的『知堂的信』，第一在於借他信中所言勾起一點我編輯生涯中的往事，其二是抄點信札中的妙語佳句，論世評人，藉窺知堂其人的一面，第三則憑其一二述及自己之處，稍見其生平及處境。那知道通讀過一百三十幾封來札之後，竟覺得第一點我自己的記心太壞了，信中與我編輯生涯有關之處，至少須把我所編輯過他所撰文過的雜誌全部一查，而我所編過的刋物現在所存者已鷄零狗碎，譬如我得知堂第一篇文章雖記得是登在論語的那篇『緼女圖考釋』，但署名是『難知』還是『難明』（編者按：是『難知』），却已記不淸楚，手頭又無論語合訂本全份，查考自也無從。因之很難做到。第二點的妙語佳句，只需做做謄文公，比較容易，不過其中類多諷人譏世，今日刋出，也屬殊多未便。至於第三點呢，更是殊多未便了，自然更只得從緩。但是旣已發心想寫，信又讀過一遍，於是就把他信中有涉及鼎堂者的二封抄了出來再加一點說明，算作記知堂的引子。

其一云：（二十五年二月二十七日）

賜信均收到。鼎堂相見大可談，唯下筆時便難免稍過，當作個人癖性看，亦可不必太計較，故鄙人私見以爲互訐恐不合宜，慮多爲小人們所竊笑也。偏見未必有當，聊表芹獻耳。

其二爲：（廿六年十月二十五日【明信片】）

十五日所寄刋物四冊於今日收到，至爲忻喜。鼎堂先生文得讀，且感且愧，但亦不敢不勉耳。

其一云云，是關於鼎堂和宇宙風鬧僵的事。鼎堂卽郭沫若先生那時候所用的筆名。（宇宙風創刋時連載知堂鼎堂語堂之文，北平遂有人戲稱之爲三堂半月刋。）語堂和我與鼎堂本不相識，所以辦論語時未嘗請他撰文。後來辦人間世，有一次冰瑩來信說起鼎堂在日本經濟不大寬裕，人間世論語能不能請他撰文（其時冰瑩也在日本）。約人撰稿本來是我的事，語堂也決不會反對，鼎堂的文章求之無方罷了，現在既有冰瑩作介，我就立刻復信請她代爲懇切求稿。後來鼎堂來信，說是有一部離騷的白話譯稿，不知要否。和語堂一商量，大家覺得恐怕太長，而且既是詩，出版者方面也許不大稱心，於是回他一信，婉請撰惠別的文章。結果也就沒有下文。此後又辦宇宙風了，這雜誌我是把他當作性命看待的，血心要辦他成爲一個『精彩絕倫』的散文半月刊，在盤腸大戰的想人約稿中，不由不想到有過上述一點因緣的郭鼎堂。於是在決定雜誌創刊之前，就寫了一信給他，並且指定要他寫長篇自敍傳『海外十年』，或如不久之前登在『文學』上的他的遊記『浪花十日』兩類小品。這海外十年的題目是他以前在一篇什麼文章裏提起過的，總算我那時候記性不壞，竟還記得。他的回信是說海外十年現在成爲海外廿年了，寫浪花十日之類的文章也須先有錢旅行。後來一說兩說決定寫海外十年，我也先匯去了一百元國幣作預支稿費。現在大家看到一百元三字也許要笑話我何必鄭重其事，殊不知姑不論當時的一百元錢勝過現在的幾千，就是只要知道宇宙風的全部資本不過五百大元，而一個作家的稿費預支一支就支去了五分之一，也當原諒我今日回想起來怎不大書特書一下的私衷了。

天下事往往難於逆料，我們雖以一番誠心十分力量請鼎堂撰文，誰知海外十年登了沒有多少字之後，他竟在一篇什麼小說書（只記得書名中有個鐵字的）的序文中把我們臭罵了一頓，說幽默和小品之類是四馬路上的賣笑婦。這篇文章轉載在時事新報的副刊青光上，後面還有不知什麼人的後記，說是郭公的爲宇宙風寫文章，是不知國內文壇狀況，受人之愚，今已明白，故海外十年已如神龍見首不見尾云云。鼎堂原文和什麼人的附記，我們看了自然『爲之大怒』，我一面寫信詢鼎堂到底是怎麼一回事，一面寫了篇『鼎堂與宇宙風』，一述他給宇宙風寫稿的經過，擬刊出以明事實。語堂也寫了一篇文章，題目記得是『我要看月亮』，是諷刺左派的禁談風月的。不久鼎堂回信來了，措辭並不如那篇序文的殺氣騰騰，而只責語堂文中常多『左派左派』字樣，後來似乎是語堂回他一信，告以所以『左派左派』者，是『左派』先太欺人了，別人可噤若寒蟬，我林語堂做不到云云。接着是鼎堂又來一長信，痛言國事之亟，大家不應再作意氣之爭。這封信是教我轉的，當時讀了很爲感動，字跡和信紙樣子也歷歷如在目前。只是此信今日我處固然不見，即語堂赴美前托我保存的『有不爲齋書簡』中亦無其蹤影，假如尚在人間的話，眞是後人寫中國文壇史的絕好資料，同時也可見鼎堂爲人之如何可敬可愛。

上面所引知堂信中的云云，就正指鼎語二堂相爭的一回事，他之所以勸架，是由於我在去信詢鼎堂以究竟，同時寫了一信給他，一面告訴這回事，一面詢鼎堂究是何等樣人，因爲此時不久以前，知堂恰去日本一行，我在報紙或刊物上見到二堂相見晤談的消息，想想彼二堂既可暢談甚洽，何以這二堂就水火如此，所以想問個究竟。回信就如上引。語堂的『我要看月亮』和我們的『鼎堂與宇宙風』二文之暫不發表，就爲了知堂的一言。及到後來鼎堂痛論彼此互許之非，這兩篇東西就自然扯去丟之字簍。他也繼續爲我們撰稿，長篇北伐途次中文稿，就在宇宙風上登完的。

知堂所說的鼎堂相見大可談，確是事實。當他從日本回來時，我曾拜訪過他幾次，談吐極安詳溫和，可惜語堂那時已遠在美國，無從握手言歡，不知後來返渝那次曾經相聚一堂否？

現在要記信片中的那回事了。其時鼎堂已撇婦拋雛，從日本回來爲國請纓，知堂則還苦住北平。宇宙風已經停刊，改與逸經西風出聯合旬刊。鼎堂給這聯合刊寫了一篇短文，深以苦住北平的知堂爲念，並有『如可贖兮人百其身』的推崇話。我把它寄給了知堂，他就復我那一張信片。現在二堂相隔愈遠，但人之相知貴相知心，我想四川之堂與北京之堂的彼此崇敬與了解之心，不會因山川之隔與時日之逝而今昔互異吧！

談辦報

金雄白

在報界前後混了二十年，絕無寸進，建樹、貢獻、心得等一類好聽的名辭，對我可說離題萬里，毫不相干，二十年不長不短的時間，事實上我僅僅在報界做了一名工匠，雖然也曾受過許多一知半解自命為工程師們的指導，無如誨者諄諄，而我則聽之藐藐，二十年中除了虧他得以東拉西補的仰事俯蓄以外，到如今祇有星霜兩鬢，甘苦自知！

在中學校時代，我即對新聞事業發生了很大的興趣，五四運動中，在學生會裏從事於宣傳工作，更決定了此後投身新聞界的志願，民國十三年秋，以家伯劍華先生方主時報筆政，由他的汲引，開始報界生活，是後由時報而時事新報、大陸報、晨報、中央日報、京報，以及申時電訊社，大白新聞社，暨和運以後的中報、平報，職務從校對起，外勤、編輯、翻譯、廣告、隨軍、攝影、經理、社長，無一不做，成了一名道地的學徒出身的工匠，知所當然而不知所以然的做去，僅憑經驗，毫無學識，究竟新聞事業在中國還是落後得太多，所以像我這樣的低能，居然也混了這麼多年，回首前塵，眞不勝其感慨萬端了！

報紙眞可說是家絃戶誦的讀物，雖然也有些人為了求知，要瞭解世界大勢，國內情形，或與本身有關的消息，實際上一般人祇拿他作為消閒解悶之品，在中國不管編輯水準如何，自有其忠實的讀者，編輯技術上，版面的美觀，似乎卑之無甚高論，實際上頗有些讀報者所不甚了了的道理，數十年依樣葫蘆，整齊劃一，那是前輩典型，自然值得推許，即使別出心裁，表面上似嫌不循常軌，有人評他能推陳出新，交相贊譽，反正中國的民衆，治學對事，都有不求甚解的寬大精神，最容易滿足，也最容易欺騙，辦報又何能例外？站在報人的立場上，尤其多年來以此為生的我，對於如此讀者，眞抱着滿腔的歉意，也表示衷心的感謝。

報人在社會上眞是一個特殊的份子，日入而作，日出而息，為了生活，有時也說為了興趣，或者說得誇大一些，體面一些，為了文化，為了國族，在人家就寢的時候，不得不振起精神踏進一間凌亂無序破紙滿地的編輯室中，一燈熒然，嘔心瀝血的振筆疾書，有時稿件缺乏，報紙照例不能留一塊空白，於是藉剪刀漿糊之力，雜湊起來，也有無可剪裁，不得不在短時間中，硬寫莫明其妙的幾千個字，實行補白的工作，可是苟逢時局動盪，或有突發之事變，忽然來稿山積，消息紛歧，以有限的篇幅，超過實際需要幾倍的材料，抉擇選輯，已感困難，孰眞孰僞，應取應捨，一時不易證實，標題之撰擬，大感困難，目光具先見之明，編輯能井然不亂，全靠有冷靜的頭腦與寶貴的經驗，而且所謂重要消息，也即是最後消息，往往來得很遲，時間已屆上版印刷，而桌上猶稿如山積，潦草塞責，編輯人是萬萬要不得的，一字之差，可釀大禍，若使從容推敲，則出版時間勢必延遲，望平街頭的報販，京滬道上的晨車，決不專誠恭候，編輯人有時急得肝腸寸斷，肺腑如焚，工作可非做完不可，直到晨光曦微，街頭馬鳴蕭蕭時，方纔如釋重負，吁一口氣，安步當車，一路領略那曉風殘月的詩情畫景，狼狽而回。和運發軔時的記者生活，更別饒奇趣，二年前上海租界是怎樣一個環境，宣傳工作人員是怎樣一個目標，出得門來，即有畢命之險，如其終朝伏處，報社有時成爲靶子場，有時又變作了火葬所，彈聲震耳，未免喧闐，爲防禦偶然的投贈，平時門戶堅鎖，鉛網四佈，自以爲安身保命，萬無他虞，誰知烈焰高張，濃煙大起，頓時又成了甕中之鼈，於是報人天天有成烈士的機會，也人人有做烈士的資格，抱定集團就義的奢望，大家祇有睡於斯食於斯工作於斯，編輯完了，長枕大被，席地而寢，不佞忝爲夥計之長，大權在握，自應享受特殊之利益，高臥於佈滿了塵埃油墨，潛伏着無數臭虫的沙發之上，居然一枕鼾然，尤其在夏季，必待汗香四溢，垢穢寸積，方纔捨命外出，偷偷摸摸的洗濯一番，和運中曾經享過如此一年的清福，將永遠成爲畢生之紀念！記得民國二十九年奉命到上海接辦平報的時候，很多知友，以爲我必繼穆時英劉吶鷗之後，鼎足而三，有涕泣而勸阻者，而迄今仍偷息人間，無聊逾昔，爲之喟然！亦爲之憮然也！

我覺得在中國，尤其在現在，爲了迎合一般的口味，保護個人的健康，增加報紙的銷路，正不必斤斤於編輯上最低的要求，說什麼應該避免『統長線』『疊頭子』（按此係編輯術語）之類，進而還研究到版面的美觀，活潑，醒目，嚴肅而不凌亂，好在報紙決不是讀者研究編輯技術的講義，何苦徒費心機，也有人談到標題應該絕對有提示性而不應該成爲敘述性，我也祇有反對，譬如說『汪主席發表談話』『汪主席昨又發表談話』『中政會昨舉行會議』等等的標題當然十分妥貼，無瑕可擊，而有人就批評他看了題目，不曉得內容，認爲沒有提示性，我以爲中國人有的是時間，儘可從容不迫，從頭至尾，一字不遺的看去，以達到爲消閒解悶而讀報的目的，這樣的編輯，可以省去許多腦力，縮短許多時間，有百利而無一弊，同時我還敢保證，出版以後決沒有人會庸人自擾，拿其他的報紙作比較，來說長論短，批評優劣。此爲記者養生之要道，我以二十年之經驗，以目前觀察之所得，以此貢獻於同業諸公！

編輯的辛勞和外勤的受氣，眞是同工異曲，各有千秋，線索之不易獲得，有好新聞而不能發表，那是通例，大人先生瞧不起新聞記者，而且討厭新聞記者，已成一時風尚，平心而論，在過去的十餘年中，許多同業，果然爲了報酬太少，生活的壓迫太甚，不惜自墮人格，另謀非法的收入，或者流品龐雜，發問幼稚，因而召致社會輕視與厭惡，也屬無可諱言之事實，但是記者們最畏懼的還不是大人先生而是大人先生的門房，記者們所看見的，不是他們平時奴顏婢膝的形態，祇覺得他們也有其神聖不可侵犯的尊嚴，逢到嚴辭呵斥，既爲常事，冷顏相待，更屬萬幸，爲了後會有期，惟有喏喏而退，外勤受氣以外，在戰時，須冒鋒鏑之危，或經跋涉之苦，在民國十三四年的時候，上海各報尙無外勤的名稱，新聞來源，全靠通訊社和一般普通的所謂『老槍訪員』的供給，消息的遲緩枯燥，文字的簡陋幼稚，與今日相較，誠已相去霄壤，平津電報，每日寥寥數百字，已屬了不起，如民國日報等較窮的報館，並此而無之，既無須每一件消息加以編輯，連標題也沒有，一律用三號字接連排上，當時技術的落伍，與地位的浪費，眞是可憐可惜，自從國民政府開始北伐以後，同時上海社會的日趨繁複，固有的新聞來源太嫌不够，而記事亦覺太不能滿意，各報同人，自動出外採訪，始有外勤記者的產生，當時如申報的康通一金華亭，新聞報的蔣劍侯顧執中，時事新報的葉如音胡憨珠，民國日報的嚴愼予等等，對報紙均盡了甚大之努力，不佞當時猶在時報，除担任編輯工作以外，也從事於採訪的實習，外勤記者的產生，對中國現代報紙的革新，自有不可磨滅之勞蹟，訪問要人，探查政祕，與捕房醫院法院連絡，記載社會動態，都一一的實施，幾年來我們曾經訪過孫聯帥（傳芳），張督辦（宗昌）之流，也曾被馬弁們賞幾句又脆又亮的『媽特皮』，政治的變動，人物的更易，如同看電影戲劇，幕起幕落，可惜都太短促了一些，國民革命軍抵達上海的時候，爲了不自覺的熱血濆湧，我們都曾經過一星期的未親枕蓆，倦了在桌上假眠，餓了在車廂中啃冷麵包，李寶章的威靈顯赫，大刀曾經架上我的頸上，閘北工人糾察隊圍攻畢庶澄的殘部時，懷了一張通過鐵絲網的派司，在火線上一路蛇行，疏疏落落的鎗聲，從遠處傳來，有時子彈向耳邊掠過，工人們一身藍布衫袴，背上了匣子砲長鎗，形狀有些特殊，一手執了大刀，聽見有一些聲息，就不時的亂舞着，車站門口，直魯軍居然伏屍五步，離昨宵在火車上見到自命風流蕭洒的畢庶澄時的談笑風生，幾乎疑心是換了一個世界，這一種親切的景像，革命過程的眞況，除了記者，誰能領略，誰能體味呢？尤其在新龍華草棚中與那時的革命先鋒隊薛岳劉峙兩團長對話時的興奮的情緒，楓林橋邊交涉公署初次謁見蔣先生的情形，到今天，時隔十六七年，猶如昨日，一提起筆，又一一的湧現在眼前了，後來的清黨運動，差不多每天到清黨委員會，也差不多每天有和陳人鶴楊嘯天兩先生談話見面的機會，自然這一個歷史上的鉅變，那共產黨徒審問就戮的情形，我們所知道的目擊的，比任何人都詳盡，二十年來，肚子裏裝滿了許多野史，不知那一天會給我一些時間，追憶記錄出來，至於民國十七年奠都南京後的繼續北伐，濟南五三事件的調查，十七年蔣先生的北上與張學良的會晤，遠適燕京，遨遊泰岱，我均曾隨軍出發，長了許多見聞，添了許多學識經驗，最使我不能遺忘的，是十八年蔣先生辦的京報關門，我方賦閒，周佛海先生已介紹我到上海市長張岳軍先生那裏去幫忙，突然陳立夫先生來電要我進中央日報，担任採訪部主任，我那時對新聞記者確已有一些厭倦，但是爲了情面難却，終於重作馮婦，欣然就道，本來我除採訪工作以外，在報館中陳先生付與了一些其他使命，爲當時的社長某先生所發覺，同時我的個性，實在太頑皮一些，某先生有一位愛人藏在中央飯店，抽屜中更藏一張伊人倩影，背後題上「去年猶比今年少，今年已比去年老」的句子，我年輕好弄，又替他在後面添上二句：「待到明年更不如，西施變作無鹽貌」，又爲他發覺了是我，確巧那時中原大戰，就派我上平漢線隨軍，我與那方面的總指揮何雪竹不熟，很想走蔣先生親自指揮的津浦線，承佛海先生的好意，代我要求一路去，某先生是另有作用的，自然斷然拒絕，爲了到前方的便利，又承周先生替我在總政訓處掛了個祕書名義，買了三塊錢一套的灰色軍裝，皮帶綁腿，儼然軍人模樣，一手提了行李，一手拿了照相機，孑然一身，匆遽就道，社裏給我的錢，少得可憐，待到豫境駐馬店時，早已囊橐蕭然，打電報求救，却如石沉大海，前方戎馬倉皇，我又舉目無親，弄得呼籲無門，每天在車站看火車經過時找尋熟人，冀求萬一，幸而遇到宣傳大隊長蔣堅忍先生，借得五十元，狼狽而歸，那時幸而未死於異鄉，不能完成某先生的計劃，此心耿耿，至今尙抱遺憾，我對新聞記者的興趣，從此尤大爲減退，中央日報的職務，自屬未便覥顏戀棧，某先生現猶任職渝府，不稔伊人何在，猶屬舊時紅顏否？

做報人的興趣，有的旨在不時露名，便于自捧，但以職業而論，似還不失淸高——近來事實上有許多不甚淸高的同業，那當然是例外——其次中國人迷信於做官，報人與政府，近水樓台，確是一條終南捷徑，現在袞袞諸公中，報人出身者，屈指難數，足爲寒酸的窮記者們，揚眉吐氣，但記者的眞正興趣，却在彼而不在此，無論爲編輯爲外勤，容易表現他的能力，發揮他的天才，這是最足自慰的一事，同時每天有不同的消息，也有知人所不知的新聞，成了社會上雖非先覺而是先知的人們，舉一個例來說，民國十六年在上海舉行中央全會四次預備會議的時候，桂系軍人李宗仁李濟琛白崇禧等將有不利於　汪先生的陰謀，我曾於無意中探到了確息，以之轉告於曾仲鳴先生，在他們準備有所動作的前夕，　汪先生已先悄然去法，記者們類此的情形甚多，我們偶有所得，即沾沾自喜，對新聞界雖已一天一天的灰心，而到今猶未忍脫離者，興趣所在，殊未可完全抹煞也。

在最初從事報業的時候，眞是初學三年，天下去得，但是辛勞、淸苦、受氣，經過一個時期，銳氣已盡，不復如前之猛晉，與我同時投身報界的同業，現在死的死，走的走了，這許多年來，爲生活而殉職不獲善終的不知多少，匹夫無罪，懷璧其罪，生前嘔盡心血，迨至一棺附體，身後蕭條，高堂白髮，繞膝雛兒，正不知何以爲生，念昔日相聚之情，誠不勝其心碎矣！其猶操故業，不才如我，類皆老弱殘兵，飽嘗人間况味，亦早應歸淘汰之列，外勤記者可用時期之短，其情形與軍隊中之兵士正相彷彿。

在事變以前，上海報紙上競載社會新聞，繪影繪聲，讀者每病其誨淫誨盜，影響世道人心，有人以爲在報館本身，不過想迎合心理，藉以推廣銷路，而其原因所在，鮮有能知其詳者，我可以自承爲始作俑者，當開始登載時，是怎樣一個環境？那時革命軍方底定上海，什麼政治部、市政府、市黨部、總工會等一類團體機關，每天都有一個工作報告送來，收文幾件，發文幾件，詳詳細細，都非登不可，報紙弄成了一本流水賬，長篇累牘，編者的顰眉蹙額，猶其餘事，讀者們的痛心疾首，收了他們的報費，眞有些覺得太對不起了，我方編時報的本埠新聞，覺得辦報灌輸一些國家民族的思想，宣揚一些建國匡時的德政，那是權利，登載一些讀者們要看的材料，至少不取厭於讀者的新聞，是我們的義務，反過來說，讀者們因看報而無形中在思想方面有些改變，對政局有些認識，爲自然的結果，但出了報費，就不能不讀到一些心愛的東西，權義方纔兩訖，否則一味孤行，大唱高調，扳起了一副假正經面孔，主張自正張以至副刊，一律刊載八股式的大文，公報式的消息，也許頗可得某一方面的獎勵，但我始終認爲還是笨伯，也是外行的辦法，報紙不是贈閱的，你可以施行强迫教育，讀者自然可以省錢省時，另請高明，報紙的消滅事小，宣傳之效果何來，所以爲了調劑枯燥的版面，我主張多登一些社會的動態，——當然不是專指桃色新聞而言——後來的變本加厲，阿附時好，果然應當負責，應當向聖廟門前長跽懺悔，但衡諸原意，亦殊非可厚非，而中宣部已經大發雷霆，部長邵元冲先生要我到南京，面加嚴斥，中全會甚至有勒令停閉之動議，誠不勝其罪孽深重之至。

許多人對於報紙的訛字錯字加以指摘，嚴格來講，自然無可諉飾，但出版的時間，如此其短促，校對的程度，當然必不高深，新五號字在毛樣上，糢糢糊糊的看不甚淸，如「大使」和「大便」祇差中間的一短劃，假定沒有校出，可以發生一個相當嚴重的問題，排字房裏字盤的排列，依部首，也有就平時熟用的名辭，連在一起，排字工友發排時祇看原稿，不看鉛字，有時是拿差了一格，有時那一格裏放差了另一字，尤其在拼版的時候，散落是常事，工友隨隨便便的插進去，匆忙中原稿不在旁邊，也來不及看文義，令人看得莫明其妙，還稱徼倖，一不湊巧，成一個大笑話，上海某報曾經有一段歡宴的新聞，迨至大樣來時，發覺標題上的「歡」字差成了「觀」字，編者把他校正過來，可是明天報上，淸淸楚楚的印出「獸宴」，結果工友二名遭拘捕後各處徒刑半年，豈非寃哉枉也，所以我們辦報的，沒一天不可以生是非，也沒一天不可以有入獄之危，報人眞不易爲也！

做了幾年報人，深深的瞭解到什麼叫「言論自由」，在過去的中國，我覺得所謂言論自由，自然是主觀的自利的，譬如在野時一定高呼言論自由，要求言論自由，一旦在朝，便說爲了推行政策，祇許善意批評，不准惡意攻訐，但天哪！惡意與善意，如何定義？有何界限？我以爲善意，其奈人家認爲惡意何？每逢政局變動，或同時有兩個勢力存在時，報人們便成了兩姑之間的媳婦，動輒得咎，左右爲難，做報人辦報紙最苦的時期，在民國十六年革命勢力尚未到達上海的時候，共產黨徒要你宣傳北伐，總工會的汪壽華常常把我們架到祕密機關出言恫嚇，而那時警備司令李寶章又不許你宣傳赤化，大刀隊的威風，何等厲害，又天天傳記者們到龍華司令部痛加辱罵，我在老西門幾乎殺頭，刀下餘魂，及至逃命歸來，同業中已風鶴頻驚，到晚雙方到報館要我們簽字不登不利的消息，結果爲了保全狗命（亂世時的人命），全滬報紙祇有一律停版，所以所謂言論自由，我以經驗所得，認爲應當是一個否定的名稱，我更希望同業腦筋中絕不應留此四字的些微痕跡，明哲保身，莫善于此矣！

辦報眞是一件吃力不討好的工作，自昔已然，于今爲烈，一百天的努力，自然是應當，一字的錯誤，那便該死，上海人有「與人有仇，勸人辦報」的話，眞是最沉痛之言，我在事變以前，已棄行改業，迨和運發軔，佛海先生和羅君强兄獨賞識于牝牡驪黃之外，偏要我權充廖化，固辭不獲，中報之後，繼以平報，三載以還，可說心力交瘁，但是無能的我，除了做到以最少的經費在物價狂漲的現代維持一張報紙，足以自傲自負而又自慰以外，成績的低下，內容、版面、發行、廣告，甚至酬酢晉接之微，什麼都不能自滿，弄得交相詬病，怨尤叢集，眞是惶慚之至！

辦報本非易事，瑣屑、緊張、擔驚、受怕，一天二十四小時之間，各部分連續工作，沒有中輟的時間，對內有人事問題，對付許多有頭腦有思想指導社會而又酸溜溜的編輯先生，已經煞費苦心，對外更有人事問題，當局的意旨，有時無法揣摩，無心的紀載，會引起私人的恩怨，打躬作揖，那是家常便飯，現在想來，過去的二十年，眞不知如何過的，可是現在的環境，是平時的情勢嗎？關于內容記載，反正我在前面說的「甘苦自知」，存而不論可也，辦報第一要人力，目前材難之嘆，固不獨辦報爲然，所有大文豪小文豪，早已彈冠相慶，不屑復爲記者生涯，其新進之流，學養較淺，于編輯上應有的技能，未曾嫻熟，敷衍且感不足，更何從說到發揚改進，向來報紙內容的充實，除特寫以外，借重于譯述歐美日本的報章雜誌，太平洋戰爭以後，歐美雜誌早已絕跡，所賴惟有日本方面，可是延聘日文翻譯人材，較之編輯更爲不易，偶有應徵，所索報酬之鉅，決非報館所能負担，物資的缺乏，尤爲應有之現象，一切主要材料，報紙油墨，均待配給，字鉛、火油機油等，均爲統制品，購買之後，繼以搬運，手續上的麻煩，尚其餘事，用盡方法，而獲得一紙派司，到手尚須遷延幾月，而報紙則一日不能停版，青黃不接之際，急得束手無策，其次現在報人的待遇，低得不成話說，一月之薪，尚不够買半担之糧，工役之艱苦，當然更甚，職工幾乎人人面有菜色，早夕相見，常覺得如芒刺在背，做報人是生成的苦命，二十年浮沉苦海，尚欲罷不能，或將永無超拔之日？

想到就寫，毫無層次，「滿紙荒唐」，惶恐惶恐！

人往風微錄（二）

趙叔雍

張謇孝若

張謇字季直。別字嗇庵。江蘇海門長樂鎮人。著籍南通。優於文學。初居吳長慶幕中。漸隨赴高麗。時袁世凱方以世家子投效。不爲時重。輒往請益。其時文名籍甚。往應殿試。主者必欲物色得之。武進劉葆楨竊得中朝屬意。卽於試策中略及朝鮮事。果獲雋。劉固雄於文。知者謂亦善於揣摩也。既占榜首。出翁文恭公門下。鮮事既敗。歸處鄉里。薄於仕進。有意爲經世之學。研討農商水利植棉紡織冶金熬波諸事。無不精至。棉鐵立國之說。比之於漢桓寬焉。又重教學。慨於帖括之無裨政事。鄙而汰之。卽就邑中舉辦大生紗廠。立師範學校。酌其所盈。以供修脯。旋而演治道路。建制樓舍。字孤卹老。設南通大學。與日俱進。南通爲中國之模範縣者。實惟隻手之力。經之營之。維時山陽丁寶楨任山西巡撫。推挹備至。函中至有與其爲無價值之帝皇。不如爲有價值之商人語。謇拜函。惶悚無地。隨卽火之。以逃於文字之獄。貨殖繁冗。文人每非所長。謇握算持籌。思緒井井。顧仍不廢藝事。日以吟課臨池爲樂。朋好酬唱無虛夕。亦輒往返滬甯。主持江蘇省教育會事。立憲議起。卽與先公及閩縣鄭孝胥。武進孟森。崇明王清穆。山陰湯壽潛設預備立憲公會。又任江蘇省議會長。辛亥春仲。連名十人上書監國攝政王。規以勤政。毋任親貴。書置不報。識者謂清社殆不祿矣。八月十九日。武昌事發。適在漢口。星夜歸來。館惜陰堂。商定大計。務主不擾民。少殺傷。冀以潛移默運之力。肇造新邦。少紓浩劫。一時經世文字。多出其手。各省聯合會。亦奉之爲祭酒。市廛失色相告。殿撰公亦右新政。言共和。謹厚者爲此。國人宜知所從違。民意向背。於此徵之。和議之際。唐紹儀伍廷芳兩代表。日往折衝。議已垂定。退位詔久不下。或曰。一代禪讓。亦當得大手筆爲之。遂爲擬作。電之京師。及詔下。大半均采用之。其原稿猶在人間也。世凱既任總統。往就農商部長。少行其志。勸工治商。多所擘畫。又規畫水利局。爲開闢新運河之議。袁旋謀稱帝。屢爲箴規。不能聽。拂袖歸去。特與黎元洪徐世昌李經羲崇爲嵩山四友。制定規章。贊拜不名。箋啓以字。勿稱臣。比於漢之商山四皓。爲革除中之珍聞。此後南北干戈之際。亦時多獻替。而卒不能盡其效。及既歸里。益發奮治墾務。先是通海有墾牧公司。闢地百里。捨鹽治墾。手訂條款。以付之江知源。秉命受成。所獲至豐。尤而效之。于淮南設公司植棉。及雜糧。賴以舉火者。數十萬家。蓋淮北治鹽。淮南改墾之利。實促其成。亦親見其利。余嘗往居旬日。遍攬數績之盛。江海之勝。沃野千家。炊煙萬竈。乃不能不服其見卓而行毅。化斥鹵蜃樓之地。爲桑麻絃誦之鄉也。固以墾事日繁。需資日廣。力或不任。則不免於支絀。憂心如擣。復爲招致銀行團往參觀。羣許其成效。因有鹽墾債券之發行。賴以支拄。凡與其事者。向與共甘苦。晨興啜粥。晚治麥飯。經國朝野之事。南通庶幾備之。益出餘緒。經營興築。平治塗道。或問其計政。以至家儲。則曰。吾初無私蓄。亦不治生產。大生會計。爲余料量所需。即有紅利酬給。亦入公項。爲建置之需。其不足者。即由大生付之。吾以南通人。營南通事。初不爲之強分公私。苟有不敷。吾子若孫。當代償其責。語悖於法。而切於事。因玆人亦多諒之。其時江南俶擾。咸欲得一言爲重。方面干城。時時赴通問大政。孫傳芳徐樹錚均往游觀。輒置杯酌逆之。又出任吳淞商埠督辦。交通銀行總經理。親勘海塘。規劃淞鎮。惟期促未遑有所建樹。爲審治文牘者。最賞余鄉人沈同芳、孟昭常、劉桓、孟森諸君。沈早下世。孟氏昆季。輒爲視草。文彩斐然。劉嘗爲農商部次長。漸隱於貨殖。不復仕進。又川沙黃炎培、蘇州沈恩孚。胥負衆望。時治教學。爲當世所推重。咸與共患難文字之交。其鄉人管石丞工書。與有神似。便爲捉筆。其題名草書謇字。或類寶實。公文畫押。隨手揮就。人或戲以寶實稱之。比於王克敏之草押。似老妓二字云。所居先營數椽。近城濠。即曰濠南別業。風亭月榭。陳舊有儒雅氣。漸拓地治園囿。別築閎廈。則捨宅爲博物館。嘗爲子孝若行冠禮昏禮於閎廈中。一時傳爲盛事。博物館多出私儲以供之。殿試應卷。嵩山志勝。文獻之徵。歷歷在目。又以素重藝事。故綉繪雕刻之屬彌夥。余沈壽女士。吳人。工刺綉。其所作意大利皇后像。爲海國所推獎。嘗延之授綉。亦多精品。張之壁間。南通瀕江建邑。山水襟帶。饒有狼山諸勝。駱賓王所曾至。謇壯年嘗謁觀音殿。始舉孝若。以得神貺。頗事虔禮。因廣其寺。復營觀音院其間。遍徵海內觀音像五百幀。爲鎮院之寶。祥雲馥郁。香氣氤氳。花雨諸天。華嚴彈指。因以爲狼山公園。部置幽倩。略似溫州之資福積穀二山焉。方七十壽時。與兄詧設大酺於城園。稱觴者雲集。謇亦自爲題詠以寄興。又約故舊。婆娑爲樂。遠比於洛陽耆老之盛會。謇固好樂藝。方宦京師時。新會梁啓超番禺羅惇曧邀觀梅蘭芳爨演。彌致劇賞。賦詩游揚之。復爲工書摺箑。自謂應朝考以來。未嘗作工楷如此精整。日下傳聞。以爲韻事。南通固有劇場。延歐陽予倩主其事。歐陽世家子。治新學。兼通劇藝。受任之始。頗圖振奮。亦感於伶官積習之深。未易遽改。經年辭去。維時蘭芳南來。專舟往演。因建梅歐閣以志其盛。蓋掇宋人語以名之。唱和一集。傳遍海宇。從學者李斐叔。賞其好學。攜之上海。屬執贄蘭芳門下。即在交通銀行張筵行禮。隨梅北行。既又同游歐美。李性簡傲。時與人忤。獨忠事師門無間言。綴玉軒筆札。多出其手。清麗可誦。蓋沐教益者至殷。謇書師宗元。結構略似劉石庵。雄健過之。又善十七帖。其爲先公書則曰。君師眉山。余特效顰以取悅耳。治文學有法度。不尙風華。自然流麗。獨不好詞。余方受詞學。偶加督過。謂詞多鄭衛。詞人何補。余笑而存之。以比於晏臨淄之門下老吏。雖不能用。亦感其誠。生平裘馬飲饌。一勿華治。往往自稱農家子。雖進居機要。退比宏景。初未嘗以絲毫富貴驕人。人亦樂爲之用。於孝若。愛之至篤。時見歌詠。宣統元年甫十二歲。即攜之觀南京南洋勸業會。迂道海上。栖息惜陰堂。謂與余同歲。當締奕葉之交。歸即賦五古一章見貽。余亦有和章。則爲改定之。自此兩家世好。音問勿替。先公復爲介楊恩湛、鄭鐵如。授以用世之學。漸從一澳大利人南行。將赴澳學畜植。其人僉壬。館於斐利濱。絜然遠去。遂復返。別隨鄭鐵如至美利堅習商事。先後遠游。均有述作。斐利濱游記及仕學集。爲世傳誦。歸來執業上海銀行。漸爲考察實業專使。赴歐洲一行。調任智利公使。未遑就任。又任淮海銀行董事長。以至鹽墾教育水利諸端。均秉嚴命。善爲經紀。孝若天分卓越。文彩清麗。酬酢世務。施設允當。不必盡名父之傳。已足驚世而震俗。自奮謝賓客。屏居海上。董治政書數十卷。爲張季子九錄。又自編年譜行於世。胡適以子爲父傳。詳盡親摯。深愛其書。爲長序以美之。世變未已。海桑易代。鹽墾之盛。少減曩昔。孝若知人善任。心力凋瘁。幸能支撑其間。不墜先業。而閱世益深。芳愛盡斂。日趨沈著。舉國譽爲令子。視余之浮沈江海。抱持先集。數載未及殺青者。相視誠不可以道里計。方居上海時。輒共晨夕。亦少少從事於棉墾諸業。追溯總角之樂。趨庭之娛。倏已天上。爲之悽惻。把手泫然。忽一日。老僕以細故行凶。深宵入臥室殺之。而復自殺於戶外。知好震悼。乃莫察其致禍之由。誠前劫已。

編輯後記

黎庵

周作人先生的文章，不見於南中刊物者，已歷有年所，此次慨允爲古今撰文，全出先生至誠，初非其他可比，讀者只要一看本期的題目，便知如當年老譚貼定軍山，決不是泛泛之作也。此文發表日，適爲先生戰後再度南游，事前編者曾函約來滬一游，未蒙允諾，而編者又偶攖小恙，未能去京拜謁，殊爲悵觸。乃約去歲負招待之責者紀果庵先生撰爲南游印象追記。適南冠先生有『讀藥堂語錄』存稿，又得陶亢德先生記先生與郭沫若之文，四篇拼在一起，幾成先生的特輯。果庵曾侍先生講席，南冠又私淑先生，亢德於執筆時雖尚未與先生謀面，但關係之深，十年如一日，這幾篇文章，當然都不會差到那裏去了的。

金雄白先生報業先進，歷任各報記者，爲中國新聞界有數之人物。近又手創『中』『平』兩報，實爲新報業之骨幹。承於百忙中惠『談辦報』一文，感荷所不待言。

趙叔雍先生本期記張季直父子，南通負蓋世奇才，不得志於敛治，晚歲所爲，功業直駕三百年所有狀頭之上，亦民國史上重要之人物。下期刊載熊鳳凰（秉三）軼事。

陳乃乾先生藏槧名家，在今日談目錄板本之學者，南中已無可抗手，以先生而撰此文，其名貴可想。

本刊每苦篇幅太少，致精彩長文，不能盡納，如龍沐勛先生『苜蓿生涯過廿年』，不能一氣讀完，殊爲憾事，謹此致歉。

上期特大號，成績總算不錯，只是最後付排的幾篇，錯字奇多，原因是編者雖然於改正後批了『負責付印』，而印出來却並未照改，這是時間太倉促的緣故，自然編者也要負一部份責任的。

發行部啟事

（一）本社前與商社訂約，歸其承消發行，不料該社初無實力，臨時要求毀約，本社念其力所不及，姑予照准。以後古今及東西月刊之發行，仍歸本社自理，恐或不明眞相，特此鄭重聲明。

（二）本刊之直接定戶，原爲便利讀者而設，不料近常發生郵遞不到之事。實在何人，本社無從調查，以後蒙賜訂閱，本埠最好自取，外埠最好加掛號郵費，否則，如有遺失，本社當以七折照補，恕不再行免費補寄。特此聲明。

上海書林夢憶錄（上）

陳乃乾

寒家自經太平天國之亂，向山閣舊藏圖書，蕩焉無存。先府君鄉舉後，即棄學經商，嘗終歲作客於外，不甚顧及家事。故余髫年就傅時，家塾中僅經史讀本數篋而已。迨入蘇州東吳大學，從黃摩西先生受國文課，日就圖書館借閱，於是益沉酣於書。假日則流連於玄妙觀及大成坊巷諸書肆中（當時大成坊巷中有書肆三家，其一曰大成山房。近年書肆皆聚居於觀前護龍街一帶，而大成坊巷中諸店停歇久矣），擇其卷帙較少而價廉者購之。歸里後，同里有父執徐蓉初先生（志摩之伯父）者，力裕而嗜書，遇故家散出者輒購留之。又有費孝廉景韓，時館南潯張氏，常回里爲其府主訪書，今適園叢書中所採海甯先賢遺著，皆當時費孝廉所訪得者也。余既與此二公交遊，因得略識版本。遂覺前此所購盡爲糟粕，而浸漸於舊槧名鈔之癖矣。

辛亥後，移家上海，所見漸廣。比館徐氏積學齋，遂得與海內藏書家往還。課餘之暇，輒徜徉書肆中。諸書友亦以一日之長見推，苟有所得，必先舉以相示。版本價值，每參與商榷。故三十年來幾無日不與書友爲伍，而江南藏書家之盛衰流轉，亦歷歷在目。

昔之藏書者，皆好書讀書之人。每得一書，必手自點校摩挲，珍重藏弆。書香之家，則以此貽之子孫。所謂物聚於所好也。近來書價驟貴。富商大賈，羣起爭購。視之若貨物，若貲產。以此貿利者有之，以此爲甕貨者有之，以此爲書齋陳設者亦有之。且富商大賈之財力，贏絀無定，故書之流傳變動亦較速。而眞能好書讀書者，反無力購致矣。

業舊書之商人，與藏書之家，關係最密。在乾嘉時，有盧紹弓黃丕烈吳騫顧廣圻等眞知篤好之藏書家，於是有陶正祥錢聽默諸商人爲之奔走收羅。陶錢諸人，不特精鑒版本，其學問辭章皆有可觀。余嘗見袁綬階家牡丹畫冊，聽默與黃顧諸人倡和題詠其後。蓋當時藏書家視書賈爲商量舊學風雅切磋之友。又如孫星衍爲陶正祥作墓志云：『與人貿易書，不沾沾計利。所得書若値百金者，自以十金得之，止售十餘金。自得之若干金者，售亦取餘。其存之久者，則多取餘。曰吾求贏餘以餬口耳。』嗚呼！若此者安可求諸今之人哉。今日藏書家既爲不識書趣甚則目不識丁之富商大賈，則書賈自與普通市儈無異。藏書家既以書爲甕貨而貿利，則書賈亦非伺色要挾沾沾計利不可。此事勢之必然者也。

在今日而作書賈，其趣味地位固與乾嘉時懸殊。即以沾沾謀利言，亦往往得不償失。或謂業舊書者以賤値收進而昂價售出，一轉手間，獲利十倍，遠非他業所可企及。但事實則不然。他業之進貨必自工廠，工廠造成貨物，志在推銷，一則願銷，一則願進，故進貨之交涉甚簡易。

惟舊書業之進貨，必從向有藏書之舊家。此種舊家，雖因中落或他故而售及藏書，而舊家之氣焰，依然仍在。故其態度常在可賣與不賣似賣與非賣之間，若不運用手腕，便無成交之望。且舊家不常有，非若工廠之日夜造貨也。此舊書業進貨之難不同於他業也。雇主入肆購物，自必胸有成竹，看貨付價，交易而退，此常例也。但舊書店之雇主則異是。入肆任意抽閱，其欲購何書，本無定見。其態度亦常在可買與不買似買與非買之間。甚或留閱樣本至經年累月不決。書賈雖累次登門守候，卒因雇主事忙而無見面之機會。於是書賈亦不得不運用手腕以求成交。此舊書業售貨之難不同於他業也。總之不論購進售出，皆須運用手腕。手腕者何。質言之，即賄賂旁人及奴顏婢膝說好話耳。

業書者在買賣手續上之困難既如此，而獲利更無把握。初聞某舊家有書出售之消息，不便逕往叩詢，必先覓得彼此相識之人作介紹。在既看書而未講定價值之時，必與其家之傭僕戚友及有關係之人極力周旋酬應，或許以報酬，或陪其嫖賭吃看，或借錢供其使用。一則恐其讒言破壞，二則恐其另行招致他人爭購。迨既已講定而書未攜出之時，尤須與此等人交好，防其在大部書中抽去幾本，則損失頗重大也。書將運走之時，若當地人緣不佳，則又有絕不相干之人，託保存本地文獻等美名藉端攔阻。經過若干次險阻艱難，幸而完璧攜歸，則書價，佣金，運費等正項開支以外，其例外銷費已不貲矣。且進貨必須付現金而售出往往欠賬，進貨則巨款整付而售出則零星收入，若併成本利息，人工及例外銷費而統計之，則百元購進之書，雖售至百五十元，亦無利可言也。

當地人藉端阻止之說，驟聞之似難置信。然事實上則屢有之。余所目擊而尚在記憶中者有三事。其結果皆不同。民國二十年揚州吳氏測海樓藏書出售，初由當地人黃錫生介紹於北京直隸書局主人宋星五（今直隸書局已易主），擬價未諧，忽爲北京富晉書社主人王君購成。王君已將書價付清而書則尚待裝運。錫生欲向其分利，不遂。因揚言於衆，謂富晉實代某國人經手，書將流出外洋，於是縣長及黨部出而阻止，禁其裝運。惟對於善後處置則絕不提及。當時吳氏已收之書價既不肯付還，而地方上亦無力籌款以圖保存。事成僵局。後經余與蔡孑民先生分向民教兩廳解釋，保證決不裝運出國，乃由兩廳令江都縣長放行。此一事也。後二年，杭州崔永安太史之遺書售於上海書賈李某，已談妥付定洋矣。時杭州富商王某購書之興正濃，使人言於李某請全數轉讓，李某不肯。王怒，遂託褚輔成轉囑省會警察局派警監視，不許書籍運出崔氏之門。復倩人言於崔夫人，願照李氏原價購其書。崔夫人亦怒，既以定洋交還李某，並拒絕王氏之請。其書保存至民國二十七年之秋，始遭亂散失。此又一事也。寧波藏書家以范氏天一閣盧氏抱經樓最爲著名，別有馮氏醉經閣者，亦多藏善本，較之范盧兩家，僅差遜一籌耳。惜其家保守不密，自民國初年以來，時有散出，至民國二十三四年時，始檢點存書，得合族同意整批售出。承購者爲吳人李某，亦成交付定洋矣，爲當地士紳所阻。交涉歷數月不決，卒由當地錢業巨子某君出貲承購，其所還定洋，李某不願領回，遂分給當地諸介紹人，作爲奔走之酬，楚弓楚得，其事始寢。綜上三家，測海樓有自刻書目流傳於世，自歸富晉書社後又另編書目，其中重要善本，大半爲北平圖書館購藏。崔氏書善本不多，其收集亦在光宣之間，在藏書家系統上不占重要地位，雖無目錄流傳，亦不足惜。惟醉經閣則明刻善本甚多，卽早年散出者幾無一非棉紙精品。今其書存亡不可知，並目錄亦不可見。所能確知出，中有武英殿聚珍版叢書完善無缺而已。

甯波自明季以來，未遭兵燹。故家藏書，大都保守無恙。民國初年，凡江浙及北方書賈，每常年株守其地。其時生活程度低廉，住甯波城內旅館中，開大房間，連膳食每月僅十八元。本地掮客甚多，每日奔走四鄉，苟有發見，盡是明刻棉紙。故書賈人寓居其地者，無不利市百倍。

天一閣藏書既名聞全國，在當地則婦孺老幼無不知之。加以甯波人愛鄉觀念甚切，故每逢大批書出售於外省人時，往往發生波折。不獨醉經閣如此，前此之天一閣抱經樓皆如此也。天一閣藏書，自薛福成編見存書目後，族人相繼保存，迄無散失。至民國三年，有鄉人馮某串同黨徒，乘夜越牆而入，竊出書籍數千冊，陸續運帶來滬，初售於交通路六藝書局主人陳立炎，每冊僅二角許。後改售於××閣，得價稍善。立炎所得者僅數十種，散售於各家，適園藏書記著錄之書經注疏其最著也。××閣所得甚多，去其畸零不全者，尚得七篋，轉售於食舊廛書肆。食舊廛者，金羅二君所合組，專以中國舊書售於日本。既得此，將編目寄日本。編目甫成而事發，遂以書歸烏程蔣氏，得價八千元。陳立炎及××閣之購馮某書也，知其行不由徑，故出價極廉。然亦深自慮禍，急欲脫售。方冀由食舊廛轉售日本，則更可滅跡，而不知其無及矣。

馮某之竊天一閣書也，同時竊出碑帖數種及范氏祖先小像手卷。碑帖爲何，今不可考，惟宋拓麓山寺碑後歸藏園傅氏者，確爲其中之一。竊書後三月，滬市漸有傳聞，而范氏則未之知也。時江陰繆筱珊（荃孫）以前清遺老作海上寓公，負版本目錄學重望。上海藏書家若張氏適園劉氏嘉業堂皆月致修脯，請其鑒定藏書及編校叢書。聞天一閣事，親往食舊廛求一觀，食舊廛堅不肯認。筱珊怒，因馳函范氏究其事。范氏檢視閣藏，始知確有遺失。遂派人來滬偵訪，歷旬日，不得縱跡。乃設計在申新各報大登廣告略謂閣中被盜，失去書籍多種，但無關重要，不願收回。惟有先祖遺像手卷兩件，自明以來歷經名人題識，世代保藏。務請送還，當以萬金爲酬，決不追究云云。馮某利令智昏，親齎手卷往，冀得萬金之賞。遂被拘入捕房。刑訊後，招出售於何家。於是六藝書局××閣食舊廛三家皆對簿公庭矣。時租界尚爲會審制，開庭數次後，判決馮某及同黨監禁十年，三書店皆罰金了事。但范氏則尚不甘服，越四年，陳立炎以購抱經樓書至甯波，范氏卽就地拘之，念舊惡也。

陳立炎名琰，杭州人，營新書業於上海。其所設六藝書局，涉訟時與食舊廛同時閉歇。翌年復設古今圖書館於交通路。於舊書不求甚解，苟有所遇，則低價買進高價賣出，以糊塗賺錢而已。但其爲人頗有膽識，善結交。書業公會之成立，多賴其匡助，故同業諸巨商頗信任之。抱經樓藏書之出售也，價在二萬元以上。其時上海舊書店寥寥無幾，營業皆狹小，貲本亦短淺，對此無敢問鼎。立炎得沈知方魏炳榮諸君之贊助，毅然往購。比至甯波，爲范氏所知，訴於當地官紳，援舊案拘之。上海書業公會同人聯名電請保釋，復倩人再三疏通，歷旬日而事解。盧氏書雖全部運滬，惟其中舊刻四明志數部，則仍留歸甬人保藏。時知方任中華書局副經理，別自設進步書局編輯所於三馬路惠福里，遂闢進步書局樓下西廂房以陳抱經樓書而顏曰古書流通處。

辛酸記

潘達

姜白石詩：『頻揮熱淚話辛酸』！我坐在公案上，傾聽一個警察的供狀，正是這樣的情緒！

事實是最近的現在，傳說：一個警察年齡並不大，精神並不頹廢，很肯努力於職務，可是他是一個早婚的人，家中有着一個年老的母親，一個年青的妻子，子女團膝，已經有了兩個男孩子，和三個女孩子了，他原是八口的家庭。

他自己每天循例的上局裏服務，他的妻子每天抱着一個哺乳的小孩，站在馬路上討飯，不止一天的了。這一個風聲傳來，起初我倒有些生氣，因爲不曉得他的底細，究竟是否他把領到的餉銀自已花了，不拿回去贍養妻孥，才拋棄了她，使他出頭露面走長街去要飯或有其他的隱情呢？

我的氣，便氣在我們堂堂的警務人員他的妻孥在街上要飯，豈不是丟了臉嗎？我便吩咐手下，去傳這個弟兄來問話：他來了，站在我的公案前的時候，他眼看我的臉上神色嚴厲，他很侷促不安的起來，我把上面寫的傳聞的一段事實講明了，他是十分的驚駭，經過一度的思忖，他便供述說：這是誤會的！我在局裏服務，怎能使妻子去討飯，這是誤會的。

我聽了這樣吞吐的供詞，料定他必有什麼隱情在裏面，因爲一個人，人人要面子的，尤其是公務人員，我就喚他一個人到辦公室裏來，很緩和地問他：你是不是在外荒唐，把餉銀都花了，便狠心的驅着妻子要飯，要飯確是一件不體面的事情，但是你也不能强辯，我已經派人把你的要飯的妻兒都帶進局裏來，已經問明口供，確是你的妻子，可是她承認要飯，但不肯吐實怎樣要討飯的原因。在一個緊張的局面下，他聽了我的話，臉上顯着一陣陣的苦悶，他突然的跪在我的面前，放聲痛哭！

他很懇切的供述：局長！您待我們一般弟兄，同甘共苦，訓誨有加，人非草木，安能無動於中，我們不要說在您面前這樣說，我們在您背後，都是一致的說着，局長的紀律嚴明，要做一個好官，我們弟兄也應該跟着好上司，做一個模範警察，我們每天除了奉公守法去服務外，那敢在外面有一絲一毫的外快，可是我一家八口，每月關餉下來，不彀買一斗米，我是因爲要跟着局長做一個硬漢子，情願常常餓着肚子上差，所有的錢，都拿回去贍家，可是老的嘆着苦，小的喊着餓，幸虧我的妻子，雖是一個蠢才，還能彀體諒我，她情願出頭露面上街去要飯，我倆雖是相約不露消息，全我個人的面子，不知怎樣終於給局長曉得了，該死該死！

我聽了上面的供詞，不由得想起姜白石的詩句，我倒也不免有些兒辛酸起來，忍住了眼淚，再問他有沒有其他隱情，他堅決地說沒有，那末我問他說：你的餉和你妻子的要飯來的錢，併起來彀不彀贍家呢？

他便忍俊不禁說：局長！你饒恕我！我一個月關下來的餉，和我妻子每天每天的要飯下來的錢，統計比較起來，她還比我多着呢？

我聽了，默然！懍然！對他說知道了，你下去罷……

名士派

陳耿民

名士兩字的定義如何，如何始稱得上其人是名士？頗難加以確切的解釋；望文生義，則爲『地方上著名的博學者』，但據習慣上又似不盡然，凡有相當學問，未嘗做官，或致仕隱居，或著述豐富，或文名藉甚，似乎都可混稱之曰：名士。近二三十年來的報章雜誌和其他作品中，已很少用名士兩字，而習用了一個起源甚古（見北史），含義更廣泛的名辭——名流。

今人對於不留意起居，不修篇幅，衣冠隨便的人，輒笑他是『名士派』；到底名士何故生出此種派頭，和是否一定染上了那種派頭呢？我來把它追究一下。

不愛整飾外表的名人，爲數甚多，最先見於詞賦創造家屈平：『屈原至於江濱，被髮行吟澤畔，顏色憔悴，形容枯槁。』其次：『曾子促襟見肘』『晏嬰狐裘卅年』『衛文公大布之衣，大帛之冠』『莊子負郭披藜藿，到門居甚貧』等等，這類還是或者因貧，或者倡儉，仍屬『似是而非』；較之爲甚的莫如晉史所載諸名人。

晉代崇尚名流幷無事功而稍有文名的人，都有傳記，愛風度，喜言談俏俐，諸名流中大都染上名士派而側重精神美，對其他人事習慣，滿不在乎，如謝安：『及登台輔，朞喪不廢樂，王坦之書喻之，不從，衣冠效之，遂以成俗。』王徽之：『性卓犖不羈，爲大司馬桓溫參軍，蓬首散帶，不綜府事。』王獻之：『少有盛名，而高邁不羈。』祖逖：『逖性豁蕩，不修儀檢，每語世事，或中宵起坐。』王猛：『桓溫入關，猛披褐而詣之，一面談當世之事，捫虱而言，傍若無人。』最甚莫如中散大夫嵇康：『美詞氣，有風儀，而土木形骸，不自藻飾。』在他所作『與山巨源絕交書中：『性復疎嫻，筋駑肉緩，頭面常一月十五日不洗，不大悶痒，不能沐也。』加以他書中自述的『七必不堪』，『二甚不可』，十足是名士派的代表作；這類人既不因貧，更非倡儉，除了叫作『名士派』之外，頗難起一個更洽當的名詞；惟上述諸人仍屬豪放，憤時，嫉俗，而未得其正。世傳李鴻章出使英國，坐頭等船，常吐痰在地毡上，好用手挖鼻洞汚，搓成小丸彈去，西人侍役爲之大窘不懌，然則李相國也染有國粹的名士派頭了。

名士亦儘多儀容整飾，起居精雅的，何不取作代表，而單取土木形骸，不自藻飾的嵇生派來起綽號呢？這可見『名士派』純屬『左袒的恕詞』而非『中庸的名詞』蘇老泉就曾因此向王安石破口大罵說：『凡事之不近人情者，鮮不爲大奸慝……囚首垢面而談詩書，豈人之情也哉。』然而我以爲名士派甚有可恕之處，幷不如東坡所說之大奸不近人情，反之是殊近情理的。

大凡任何人過於注重學業和事功，類多日夜精勤，惟恐不及，除非他的夫人特別代爲照料，那有工夫和閑心放在衣飾上，且名士成名，幷非僥倖，常窮年累月來追考一種學問，美國電學家安迪生往稅局納稅，人多了，一面等一面想及他自己的工作，挨到他時，局員問他叫什麼姓名，他竟答：『哦，我，我忘記了。』曾國荃圍金陵，日夜攻守，國藩奏中說他『不像人形』，曾見大科學家愛因斯坦的照片，蔡元培先生的照片，都是其髮蓬蓬，不事儀式，葑門集載『訪章記』中的餘杭章太炎，亦大率類此，他們既無閑工夫，亦無法找人更代，習慣如此，久而久之，成爲自然，心中大約亦另有一種人生哲學祇隨自己的興味，願將研究所得，或功業上所得的實益，送給人羣，『豈無膏沐，誰飾爲容』，絕不必修飾外表，來討人家好看；那末，祇可說他不入『祇看衣冠不看人』的俗眼則可，不近人情則不然。

名士而兼整飾儀表，是好的，名士而不暇修飾儀表，決非大奸不近人情；常人愛多費時光去修飾儀表衣裝，最合說他是近於『女』情。

苜蓿生涯過廿年（續）

龍沐勛

集美，是閩南一個設備最完美的中學！校舍建築在一個三角形的半島上，有一二十座堂皇富麗的洋樓，緜延十數里的校基，分設着中學，男師範，女師範，水產科，小學部。學生數千人，大都是南洋華僑子弟，或閩南各縣的土著，可是個個都會講國語，沒有人再說聽不懂我的話了。華僑的性子，是非常爽直的。導之有方，比任何地方的學生都好教。我一直在那裏教了四年半，從第四組教到第十七組，有的年紀比我大上十來歲，也有的十二三歲的孩子，非常活潑天眞的。所有華僑的子弟，尤其對我好，好像家人父子般的。他們都說：『他們的父兄，叫他們遠涉重洋，回到祖國來讀書，是希望特別注重國文，知道些祖國的禮俗文化。』他們的好處是伉爽忠實，壞處卻帶了幾分馬來土人的獷悍，三句說得不投機，眞個會『拔刀相向』。我常常想，從事華僑教育的人，應該這樣去領導他們，發揚滋長他們的善根，化除他們的獷悍之氣，把我們的優良文化，和民族思想，身體力行的，灌輸到這班華僑子弟的腦子裏。等他們回到南洋，把這種子，散布開來，不怕我們的大中華民族，不會『無遠弗屆』，替代了撒克遜民族，把國族飄揚到整個地球上去！我夢想着這個理想的實現，自從到集美教書，以至跳到號稱華僑最高學府的暨南大學，經過十二三年的長時間，都和華僑教育發生極密切的關係，我這夢想，一點不曾打斷過。可惜歷來主辦華僑教育的人們，沒有遠大的眼光，只把『華僑教育』這四個大字，裝着幌子，——陳嘉庚先生，卻是一位實心實地要辦好華僑教育的人，他把他那經營橡皮業賺來的錢，獨力創辦了這集美和廈門大學那麼規模壯偉的兩所學校。可惜付託不很得人，他的事業，也就跟着他的商業，漸漸消沈下去了！——把華僑子弟看做『天之驕子』，當他們是救苦救難的觀世音菩薩一般，把他們嬌養起來，不特不注意給他們沐浴些宗邦教化，而且一味的放縱他們，籠絡他們，讓他們盡量發揮他們那獷悍的習性，弄得國內學生對他們當作『化外』，避之如恐不及！這個我可毫不客氣的放膽批評，暨南就是一個好例子。結果華僑父老，就有些不很放心，給他們的子弟回國讀書，那還談得上『華僑教育』的特殊效果呢！這是後來的事，我不覺連類及之，暫且把牠放下。我從十二年的春季，老遠的跑到集美去代課，後來由代『即眞』，從秋季起，學校就正式送了我的聘書，也不追問我的出身如何了。那時正是集美的黃金時代，牠的科學館和圖書館，都在不斷的把新出的圖書儀器，大量的購進來。若干有志的同事們，得着這優美的環境，又沒有外界的引誘，——那地方本來是個荒島，你若是想要嫖賭喫喝，尋求那不正當的娛樂，只好渡過老遠的海峽，跑到廈門去。——所以埋頭用功的着實不少，不到幾年，都有了相當的著作，被南北各地的大學，禮聘做教授去。我在這裏，感覺到學術文化機關，是絕對的應該和政治商業的區域，隔離開來，學校內部，絕對不容許有政治和商業性質的份子滲了進去，那纔眞正的能够造出有眞才實學的人物來，作爲改造社會，建設新國家的中堅份子。我生平不參加任何政治團體，本來也就是爲着想要終身服務於教育界，替一般人做個榜樣呢！

我在集美四年半的時間，除掉一心一意的教書改文外，——我做專任教員，只教兩班國文，每週擔任教課十二小時，隔一週作文一次，時間是相當充裕的。——就是跑到圖書館去借書來看。我這時感覺着我的常識太缺乏了，就是在國學方面，也算不得有了怎樣深的造詣。所以我就努力的向各方面去尋求新的知識，把時人的作品，不拘新舊，以及翻譯的文學、哲學、社會科學等等，涉獵了許多。又深恨我往年不曾多學外國語，以致不能直接去讀西洋書籍。聽到人家說，讀東文比較容易，我就特地買了不少的日本書，請同事黃開繩先生——他是東京帝國大學畢業的，後來染了肺病死了！——來教我讀了兩三個月，因爲黃先生吐血，不便打擾他做這義務教師，這事就中途而廢了，我至今還引爲大憾！

我是一個主張硬幹、笨幹的人。我的任事是這樣，我的治學也是這樣。我從二十一歲，正式出來做教書先生，直到現在。已是四十二歲的年齡了！在這整整二十一年的當中，我無時無刻不在做人家的先生，也就無時無刻不在自已做學生，我忘了我是已過中年的人了！我還記得我在集美的時候。除卻誠心誠意的向各種書本上去找指導我的先生外，那時恰好有位詩壇老將陳石遺先生，到廈門大學來做國文系主任。他老先生也是北大的老教授，門牆桃李，徧滿寰區。他雖然也過着半世的淸苦生涯，但因生性好客，自已會燒幾樣小菜——他著的家庭食譜，把稿子賣給商務印書館，據說銷到幾十萬冊，着實賺了不少的錢呢！——而且特別喜歡奬掖後進。他認爲得意的門生，常常會留着喫飯的，彷彿蘇東坡先生的『碧雲龍』茶，特爲某幾位門人而設。那時我在集美教過的學生邱立等，已經升入廈大，從他老先生去受業了。我反而由學生的介紹，拿點詩給他老先生看，他說我的絕句很近楊誠齋。我很慚愧，自已是江西人，那時連誠齋的集子都還不曾讀過！宋人的絕句詩，我只是喜歡讀王荆公的。我聽了他老先生的話，趕緊向圖書館借了一部宋詩鈔來，打開其中的誠齋集鈔一看，纔知道誠齋原來也是學王荆公的。我這纔深深的佩服他老先生的眼光不錯，也就備了些贄儀，向他碰了頭，拜在他的門下。從這以後，我常常渡海到廈大去，向石遺先生領教——他給我論詩的信札，整整的一大本，可惜那年由滬南遊嶺表，在海船中遺失了！——幷且常是叨擾他自已做給自已喫的幾碟小菜。夜間就住在邱同學的牀上。原來邱同學比我大上七八歲，文字學是極造詣頗深的，我早把他當做『畏友』。他總是讓牀給我睡，而且常常陪我去逛南普陀，以及廈門附近一帶的名勝地，情誼和兄弟一般的。自從我離開集美，還是不斷的通信。有幾次，我想找他到上海來教大學，都因受了阻礙，不曾實現。現在隔絕十餘年，不曉他漂流到什麼地方去了！我對學生是誠懇的，所以歷遭患難，得力於學生們的幫助，也着實不少，只是有心無力，不能够多多的提拔他們，五夜思之，還感着『慚惶無地』呢！

集美的風景，我認爲是最適宜於教學的！藏修游息，都是一個最好的所在。只是氣候比較差些，我的老胃病，就是在那時患起，一直害到現在。我那時感着不舒服，常是帶着學生，到海邊去閒遊。那地方是不適宜於種柳的，卻有許多大榕樹和常綠的相思樹。我常是坐在那綠陰之下，欣賞那靑山綠水間，風帆葉葉，白浪滔滔的壯美風景。有時獨自一個人，跑到鰲頭宮的大石上去聽潮音，澎湃鏗鏘，如聞天樂。我現在在晨光熹微中，執筆追憶，寫到這裏，對着案上那張獨踞磐石、背臨大海、飄飄然有『遺世獨立』之概的照片，還不禁『悠然神往』呢！

在集美四年半的當中，我曾回到老家兩次。一次是十二年的暑假，我冒着炎蒸天氣，老遠的歸到故鄉，喜的老親無恙，而我所深愛的最初一個女兒小名芙芬的，因爲出痲疹死了！我的大兒子聰彝，也正患着同樣的病。但爲職任心所驅使，匆匆的離開家庭，回到廈門去。這年秋天我的大兒子也死了，接着又生了一個女兒。這消息，老父怕我傷心，直把我瞞到第二年的暑假，重返故鄉，方纔知道。就在這十三年的秋季，帶着我的妻，和我的女兒順宜，一同到集美去了！我這女兒的名字，是公公取的。果然從這以後，一切都比較順手了。一直在集美鄉下住着，除我個人到過兩次福州，去看石遺先生，和涎鼓山外，不曾離開廈門一步。十七年的暑假，我因石遺先生的介紹，接到上海國立暨南大學的聘書，纔帶着我的妻，和兩個女兒，——一個叫美宜，是在集美生的。——一個兒子，——廈材——七八口書箱，辭別了這海山雄秀的廈門，乘桴北返。所有在廈大和集美的學生，都來結隊歡送，并且留下許多紀念照片，表示依依惜別的樣子，我也不禁爲之黯然！

我是不愛出風頭，和應酬巴結的，所以留在閩南這長遠的時間，對於當地士紳和各方面，都少交往。那時魯迅先生，和傅築隱、沈兼士、顧頡剛、羅莘田、郝昺蘅諸先生，都在廈大教書。我雖然都曾晤談過，但是除羅郝兩位，比較親密外，其餘的不過認識認識而已！我因爲受黃季剛先生的影響，也不敢輕易著書。所以在這四年半當中，除了編過一本文學史，作爲講義，又在 中山先生逝世的那一年，做了一首一百韻的長詩，表示追悼，頗引起閩南人士的注意外，就不曾在任何刊物，發表過文章，這也就可看出了我的笨相吧！

四　重來上海的奮鬭

我那年暑假，回到上海，先把家眷送往九江，再返故鄉看我的老父。在家裏住不到一禮拜，因爲赤燄漸張，大有『行不得也哥哥』之勢，我就悄悄的溜到九江，和我的岳丈及妻兒等，上廬山住了將近一個月光景。遊覽了海會、棲賢、秀峯、靑玉峽、玉淵、三疊泉諸名勝，作了十幾首紀遊詩，和一卷游記，頗爲義甯陳散原先生所激賞，後來發表在暨大的刊物上面。

和風乍起，我孑然一身的回到那塵雜不堪的洋場上來！我是惡煩囂而喜幽寂的，幸虧暨大設在離上海市十餘里的眞茹鄉間，我以爲一個人總是可以住在校內的。所以征塵初洗，便自跑到學校去，準備把行李遷入。不料那事務先生，毅然決然的拒絕了。說什麼你是新來的講師，是沒有住校的權利的。那十足的官僚氣，我就有些看不順眼，但也只得廢然而退，別想棲身之所。找了很久的時間，纔在北火車站附近，找着一所一樓一底的房子，重把我的家眷接來。我當初教的是大學一年級的兩班基本國文，時間是排在每天早上的第一節。那時上海附近的交通，還不很發達，自上海到眞茹，總要趕上在北站七點開出的那班火車。冬天晝短夜長，我總是未明而起，走出門來，只聽得洗馬桶的唦啦唦啦之聲，『如助予之歎息』！我素來是抱定『盡其在我』的主張，不管討好不討好，力總是應該賣的！各學校的學生，對於國文素來不很注意，何況暨大號稱華僑最高學府，素來是以踢足球著名的！常常是球員一聲令下，不問校長答應不答應，學校布告不布告，學生們會自動的停課！一班老教授們看慣了，也就安之若素，不把牠認爲什麼稀奇！只是我這個不識時務的呆小子，不管風晴雨雪，他們停課不停課，只要教室裏有了一兵一卒，我總是要滔滔不絕的講下去的。那個說人類會沒有同情心呢？我這樣的笨幹，居然在全校自動停課的時間，我班上的學生，是個個自動的來聽講了！同學們看見我的身體很瘦弱，老是大清早跑到學校裏來，就大家要求我住在校內，他們也好在課外來求些教益。我把上次事務先生拒絕我的話，告訴了他們，他們都有些『義憤塡膺』似的，衆口一辭的說：『豈有此理』！這時學校正在謀教授們的安心教學，在學校的後面，籌劃着建築十幾幢的洋式平房，叫做暨南新村，準備有家眷的教授們住的。在十八年的春季，這房子就動工了。我就向學校當局去要求，預定一間給我住。當局又照例的說講師沒有資格住房子，把我拒絕了！同學們聽到這個消息，替我代抱不平，說：『等我們去要求，看他們敢不敢拒絕』？原來暨大的行政系統，是校長指揮院長，和其他的高級職員，院長和其他高級職員，指揮教授講師，教授講師指揮學生，學生又指揮校長，是循環式的！說也奇怪，他們學生去一說，就靈驗了！我不待那房子竣工，就搬了進去。同時在那年的暑假，當局也把我改做專任教授了！

我住在暨南新村，自十八年起，到二十四年秋季去廣東止，足足住了六年。中間雖因『一二八』的事變，逃到法租界辣斐德路國立音樂院的汽車間內，過了一個舊曆年，住上幾個月。等到淞滬協定成立，學校搬回眞茹以後，我又重新披荆斬棘的回到那所村居去。我手種的竹子，被人家芟夷盡了！只有柳影婆娑，和那不凋的冬青樹，依舊的危立窗下，似解迎人，直叫我發生『樹猶如此，人何以堪』的感慨！

我初到暨大的那一年，是鄭韶覺先生做校長。正在由商科大學，力謀擴充，他聘了陳斠玄先生做國文系主任，作爲擴充成文學院的基礎。那時所聘的教授，也大都不愧爲『一時之選』，而我以一個五年前在上海做小學教員而被女學生們趕掉的酸小子，居然也和這批名流學者，以及什麼金字招牌的博士碩士們，『分庭抗禮』起來，這雖然要感謝石遺先生的介紹，和斠玄的提拔，而我那自己的努力，能够得着這麼的結果，也總算是天不負人了！『學而不厭，誨人不倦』，這是先師孔子的偉大精神，也就是先君傳給我小子的無上寶訓！我雖然一生戇直，只管獃頭獃腦的苦幹，以致引起人家的嫉妒，遭遇了不少的風波，我可相信，『最後勝利，總是屬於我們的』。暨大本來是個情形複雜的學校，又迫近在政治商業中心的上海，那被野心家利用來作鬥爭的舞臺，原也是不足引爲詫異的。我不加入任何黨派，也沒有什麼同學、同鄉等等的觀念，我只知道以身作則的教學生怎樣讀書，怎樣做人。我的一生，受人敬重在此，被人嫉妒和攻擊也在此！我眼看着暨大由商科擴充到有了文學院、法學院、理學院、教育學院完成現代大學的組織，這不能不歸功於鄭韶覺氏的辛苦經營！我個人自從講師做起，爲了苦幹，得着學生的信仰，不到三年，做了中國語文學系主任，也算是『一帆風順』，『得其所哉』的了！

古今

周年紀念特大號要目

（每冊實價二十元）

上海郵政管理局暫准登記證第四〇〇號

聯合主辦　古今出版社　中報館

紀念古今創刊二周年

汪主席墨寶義賣

[illegible]馨花妙格，美不勝收。先生片楮隻字，人間已奉若瓌寶，況顆千字長文，價值[illegible]

汪主席墨寶義賣辦法

一　已定於[illegible]古今半月刊第[illegible]期紀念號發表。

二　定於四月中旬[illegible]陳列[illegible]四樓畫廳公開展覽。

三　用競買[illegible]，由出價最高者得件。

四　最低價為國幣伍萬元。

五　參加競買者請書明姓名地址願出數額等項，投函亞爾培路二號古[illegible]

六　自四月十五日起至四月[illegible]日止為投信日期。

七　來信彙齊後，將請[illegible]一[illegible]，當場[illegible]比較，決定得件人。

八　得件人名銜於五月一日公佈。

每冊實價肆元

古今

半月刊　第二二期

古今半月刊第二二期目次

中華民國三十二年五月一日出版

社長 朱樸

主編 周黎庵

發行者 古今出版社 上海亞爾培路二號

發行所 古今出版社 上海亞爾培路二號

印刷者 國民新聞圖書印刷公司 上海靜安寺路一九二六號

經售處 各大書坊報販

零售每冊中儲券四元（聯銀券一元）

定閱價目（連郵費）

	半年	全年
本埠	四十八元	九十六元
外埠	五十元	一百元

凡郵局匯款概請註明『西摩路郵局兌付』否則不收

國民政府宣傳部 登記證滬誌字第七六號

公共租界警務處 登記證C字第一〇一二號

法租界政治處 登記證（在申請中）

大西洋上惡浪記

翼公

一

平時從歐洲乘船到紐約，眞算不了一回事。大西洋上，風平浪靜，以視太平洋有過之無不及。以經過的地帶來說，既無紅海那麼暑氣逼人，又無遠東各埠那樣雜亂無章，所以慣於旅行的人，對於橫跨大西洋而赴紐約，決不會視作畏途。可是我在前年二月十六日從里斯本到紐約，情形恰巧相反。經過那一次旅行之後，提到「大西洋」三字，幾乎情不自禁的要嘔吐起來。心理上的反常，一至於此，連我自己亦不知其所以然。

向例行駛大西洋的郵船，小至二三萬噸，大至四萬五千噸，都是簇新的巨型商輪。從歐洲啓椗，不到五天，即可安抵紐約。即使遇到風浪，至多一星期總可到達目的地。莫說英國的瑪麗皇后號（戰前下水者又有伊里莎白號），法國的諾曼地號，速率旣高，設備又新，引起旅行家的同聲贊美，就是像白雷門（德籍）雷克史（義籍），也何嘗不是特級郵船，一旦置身其中，彷彿投宿大旅館一般，一切應有盡有。在不怕暈船的人們看來，祇嫌日子之短，不覺旅程之長，寂寞悶苦當然根本談不到了。

可是我在那一次渡海西行，正在歐戰爆發之後。交戰國的巨型商輪，相率停泊美國商港。行駛大西洋的船隻，祇有美國船，希臘船，和西班牙船。並且甲等美輪，早已移作別用。往返紐約者，大半是貨船改裝之商輪，噸數有限，設備簡陋，而票價之昂，却超過平時一倍。乘此等船赴紐約，單從經濟立場來說，已經太不合算，何況還有其他種種麻煩，使你感覺失望呢！

不過這是戰時特殊情形，在我自己，早已領會。并且我也深深覺得能在那時買到一張頭等票，不失爲天字第一號的旅客。試觀千百成羣的猶太難民，化了很多的手續費，且猶得不到一個艙位，以此例彼，也就心滿意足了。可是話又要說回來。我原想在一星期內趕到紐約，事先問過船公司，他們對航程的估計，亦大致相同。那知道那隻美國船在大西洋上跛來跛去，足足行了十天之久，才算勉强到達紐約。船主某君，在海上已有四十多年的經驗，竟亦公開對新聞記者說，這是他平生未有的遭遇，弦外之音，不言可喻。可見我在那時候終於平安抵美，眞可說是福星高照，莫大的幸事了。

二

我在里斯本動身的一天，春寒未消，而天空放晴，陽光煥發，不但我自己精神百倍，就是送行的朋友們，也是個個喜形於色，在碼頭上站了兩小時之久，一點沒有倦容，這够使人感念不置了。我還記得南鳳送我上船後，以手指遙指天空說：「你瞧，這樣的好天氣，在海上旅行，眞是機會難得，你今天太辛苦了，用了晚飯後，可以早些休息罷。」我因時間短促，衹得送他徐徐下船。復在甲板上俯視家人，只見大家脫帽揚巾，歡送的情意，異常熱烈，使我深深感謝。未幾船夫解纜，啓碇在即，又聽到「一路平安」之聲，傳入耳鼓。在這一刹那，我的情緒起伏，瞬息千變，莫可名狀。繼而想到我的赴美計畫終於實現，不到七天，可以安抵紐約，又不覺爲之悠然神往。我當時又有一種感想，里斯本的朋友對我固然不錯，可是我畢竟是個離羣的歸雁，如何可滯留他鄉，遲遲不行。我只希望我能在美國作較長時期之勾留，等到念之、卜賢、南鳳他們都來新大陸，彼此朝夕相見，共話滄桑，那才是快樂無窮呢！

三

我的房艙有兩個鋪位，和我同室者是一位法國少年。年齡不過十三歲，却長大得像十六七歲，身體異常結實。我和他點點頭，打個招呼，把行李安頓畢後，便約他到甲板上去散步。他說「先生你先去，我去望望叔父，一回兒再來。」原來他隨叔父同船赴美，叔父另住一室，尚未見面，此人究係何等人物，我當時亦無暇探聽。我一個人在甲板上踱來踱去，怡然自得。憑欄遠眺，只見海水碧綠無紋，山色蒼翠可愛。忙碌了一天，能在那時頹息片刻，眞是最愉快沒有了。未幾夕陽西下，山色迷茫，兩岸建築，渺然不見。原來舟行大海，已經遠離歐洲本土。正想回到艙內，那位法國少年匆匆跑來連聲說：「他們都到了飯廳，我們就去罷。」於是相率下樓，草草用膳。膳時見蝶風夫婦與好幾位女太太笑迷迷的聚在一起喝咖啡。見面之後，蝶風便說：「今天早些休息，明天一早我來叫你。」這話剛剛說完，船身突然動搖。蝶風的女兒知事情不妙，首先扶着樓梯匆匆上樓。蝶風夫人緊緊跟着，連同座朋友都不遑招呼了。我問蝶風覺得如何？他說：「這一點算什麽，難道離開里斯本，就會碰到大風！」我點點頭，便把咖啡一飲而盡。正想約蝶風到客廳去吸烟。孰料風聲越來越緊，好好一巨型商船，竟像地震一般，左右傾斜，震動不已。不得已衹得各歸寢室，和衣而睡。

我對面睡的，正是那位法國少年。他小名叫亨利。我便拍拍亨利，問道：「你也怕風浪嗎？」他回答得非常巧妙，不說風浪可怕，却說大風浪時少吃東西，那才覺得掃興。他和我談了一會兒忽然寂靜無聲。望望他，早已睡熟了。我自己呢，一則因爲白天太繁忙了，到了晚上正想早些休息。二則因爲與異國少年同居一室，究竟無話可談，不如閉目靜養，早入睡鄉爲妙。正在酣睡的當兒，忽然似夢非夢的聽到亨利喊着：「有水，有水，先生快快起來！」抬頭一看，只見室內積水已有一尺多深。放在床邊的書報雜誌，早已一齊落地，隨水飄泊。最可怪者，我的眼鏡袋竟亦不翼而飛。那才使我徬徨不安，幾乎急得要命。在黑漆一團的小天地中，摸索良久，好容易把電燈打開，眼鏡找到，始用全力把窗門緊閉，一面急按電鈴叫喚侍役，但結果侍役的影子始終不見。衹得同亨利分別搶救行李，一件件拖到外邊，然後以兩只洗口杯，一個餅乾匣把積水舀出，貫入洗臉盆內，才使水患稍平。亨利赤足營救，精神勇敢，洵可欽佩。我自然亦不敢示弱。從深夜二句鐘，一直忙到天明爲止，才算告一段落。這種意料不及的遭遇，爲我出門以來第一次的經驗，無怪亨利事後逢人便說，我倆搶救之勇，彷彿救火員一樣。的確，那一回，虧得兩人同室，否則獨力應付，更不免手忙脚亂，不成樣子了。

四

一場風波平安過去。正想解衣而眠，可恨船身震盪越見劇烈。向不暈船的我，對此局面，竟亦無法可想。亨利勸我速往甲板，吸吸新鮮空氣。我則寧願伏居室內，或尙可安然入夢。可是到了正午，風勢不但未能轉好，且有步步加緊之勢。我還想整衣而出，一探外面情勢如何。那知走廊內，只見穿白衣的女看護們跑來跑去，忙得不亦樂乎。我順便向她們說：「我此刻能到飯廳去吃飯嗎？」有位三十多歲的胖姑娘扮着鬼臉，輕聲的說：「你不知道今天情形特別，却還想吃飯，我眞佩服你！」我還是莫明其妙的站在那兒不動。醫生突然在我面前走過，連忙勸我趕快回到艙內。我才知道局勢嚴重，祇得前俯後仰的緩步退入臥室，躺在床上嘆氣。當時精神疲乏，偏偏不能合眼。說也奇怪，頭也不暈，心也不跳，只是肚子餓想吃東西。正在無可奈何之時，侍役敲門而入。詰其所以，則以局勢嚴重對。我再三盤問他眞相如何，他總是不肯直說。我問他叫什麼名字。他說，只要叫他約翰就是了。我便在衣袋中取出美鈔十元交給約翰，一面正襟危坐的對他說：「約翰，你要知道，我在海上旅行已不止一次，一切可不管，只希望有東西給我吃，否則我在船上委實受不了。」約翰是十足的美國人，說的英語，道地紐約口音。無端瞧見美鈔送到手中，當然心花怒放，道謝不止。臨走的時候，還對我說：「一刻兒就來，替你佈置床鋪。」不到半句鐘，約翰果然來了。他一手拿着花旗蘋果，另一手帶了兩條絨毯，一看見我，就笑迷迷的說：「先生請你先吃些水果，讓我來鋪牀。」我把水果吃好，牀也鋪好了，便解衣而睡。不知如何，忽又好夢驚醒，只見約翰站在床前，雙眉不展，彷彿有什麼心事似的。我連忙問他有什麼不好消息。他指指隔壁房間，低聲的說：「先生你且聽一聽，這是什麼聲音？」我用心一聽，原來是女人祈禱之聲，什麼「上帝救我」「上帝祝福」那一類的字句，聽得非常清楚。我很明白局勢有些不妙，說不定今晚風浪還要厲害，前途危險正多，眞不知如何是好。

五

到了黃昏時候，約翰又來看我，帶了一袋橘子，一盤火腿三明治，情意懇摯，使我十分欣慰。我同他談了十分鐘話。他就匆匆走了。那時候，風勢緊逼，比白天還要嚴重百倍。一時小孩啼哭聲，老嫗嘆息聲，隨着海嘯聲俱來，益覺景象凄慘，令人不寒而慄。在此種情境之下，試問怎樣能安心入眠。我想，凡是一個人遇到危險的時候，最好把情感抑制，力持鎭靜。尤其要把一切可能的幻想，完全一掃而空。因爲幻想中的危險，比較現實的危險，更爲可怖。假使在海上尙未發生眞正的危險的時候，還要多方預測危險的程度如何，危險的結果如何，那便是一種不必有的幻想，徒然杞人之憂，無裨實際。話雖如此說，我也是一個平凡的人，人類共有的情緒，當然對我發生同樣的作用。人家感到憂慮苦悶，我也不免抱同樣的感覺。可是有一點不同者，西洋仕女，能把當時的情緒，寄托在宗教，以求精神的安慰，而我却無此信仰，無此習慣。我當然只是閉目靜坐，一言不發。心中雖然沒有「上帝」那一個觀念來伴着我，安慰我，却另有一種不可動搖的信念，憑此信念，使我屏絕無謂妄想，保持鎮靜，一絲不亂。後來到了紐約，有位極熟的朋友問我，所謂不可思議的信念到底是什麼？我乾脆的回答他：「一個人有一個人做人的道理，說得好聽一些，就是一己的人生觀。我有我的人生觀，當然我有我的信念，說他是哲學也好，說他是宗教也好，無非仁者見仁，智者見智，正何必去追究呢？」那位朋友早已嘗遍過人生的甜苦酸辣，聽到我的話，也就一笑置之，彷彿已完全心領了。

閒話且不提。我在那天晚上，眞是無聊已極，枯寂萬狀。坐立不安，吸烟無味，看小說也提不起精神來。想去探望蝶風，又怕深夜驚擾他人，不必多此一舉。沒奈何，先把約翰送來的三明治吃個半飽，然後仰臥榻上，就我熟習的詩語、京調、崐曲，隨意亂哼，一句又一句，一段又一段，胡亂的哼着，不求其工，也不嫌其繁。一直哼到思想模糊，精神疲倦的境地，方始安然入夢。等到天明醒來，亨利跑來看我，要吃水果。我把多餘的蘋果，雙手交給他帶去，他高興極了，便對我說：「甲板上風勢眞大，還是在榻上躺一躺的好。」我問他約翰看見沒有？說時約翰緩步而入，面容憔悴，好像終夜未曾安睡似的。他擦擦左眼，勉強露出笑容，對我說：「昨晚好險呀！虧得颶風只碰到一角，否則恐怕全船的人，一齊淹死了。」他還告訴我，昨晚船主發令，叫船上所有職員，不得與旅客交談，不得任意休息，大家分守各地，聽候差遣。船主雖然發過無線電到紐約，但直到天明爲止，始終得不到任何一方面的消息，大概別處早已發現颶風，原想開出的船，也都停止不走了。假使約翰的話，確實如此，危機之重大，可想而知。我迴想到昨宵情形，仍不免有啼笑皆非之感。因此毫不客氣的對約翰說：「從此我們是患難之交，我希望你去好好睡一刻，再把要吃的東西送來。」他欣然而去，過一會兒又把許多食物帶來。招呼週到，使喚靈便，果然比較第一天又進一層。雖說錢能通神，究竟人類感情是一樣的，祇要處境相同，利害相同，無有不能相互了解的。

這是上船後第三天的景況。過了一天，風勢漸減，大雨亦止。我晨起無事，換了衣服，往訪蝶風夫婦。他們依然高臥未起。蝶風雖然不比他夫人那麽悲觀，可是精神萎頓，嘔吐時作，看來亦非多多靜養不可。我安慰他們幾句話後，先到甲板上呼吸空氣，復拉了亨利的手，繞甲板走了三個圈子，然後到膳廳去探望。果然情況不同，已有五六桌飯菜排好，圍而食者，男女參半，且多法籍人及猶太旅客。我同亨利合坐一桌，後來他的叔父也下樓來了。看他消瘦得不成樣子，便輕輕問他前晚感想如何。孰知經我這輕輕一問，竟惹出他一串的牢騷話。可是說來說去，只是着重在一點，就是說明他住在巴黎吃不飽，體重爲之大減。好不容易買到船票，避難美國，打算在船上養養身體，那知偏偏逢到這樣的大風浪，弄得他滴水難嚥，比生病還要難受。我聽他一面嚕囌，一面發愁，覺得非常好笑。還是亨利比較知趣，吃了一二樣菜，跟着我就走，大有懂得「空氣」與「麵包」，在那時候實在是同樣的不可缺少。

六

一天過一天，風浪旣息，氣候轉暖。甲板上熙熙攘攘者，盡是打扮得如花如玉的西方美人。看書的，談天的，甚至攜了手提照相機到處亂跑的，一切的一切，與前兩天判然不同。從此我恍然大悟，西洋仕女的享受自然，與恐怖自然，其心理相等，一言以蔽曰，善於衝動而已。

直到第九天，行抵紐約的消息，始正式披露。於是大家快活極了。連蝶風夫婦也都打扮得端端正正，看不出暈過船的樣子。我自已呢，一面電致紐約友人，告以到埠日期，一面剪髮洗浴，重檢行裝，由鎭靜轉到活潑，也自動的忙碌起來。

旣抵紐約，看見不少多年不見的朋友，眞是說不出的快樂。下榻旅館後，第一件事不能不立刻去辦，就是發電葡京，報告平安抵美。不到一天，李博士覆電寄到。拆開一看，原來是不長不短的英文字句，如果譯成中文，等於說：「聞兄安抵紐約，此間同人，深爲慶幸。」的確，我畢竟平安到了紐約，假使那一回爲颶風所襲，致遭不測之禍，不但紐約朋友無從同我緊緊握手，恭賀脫險，恐大西洋上惡浪記那一類小品文字，也決然無人可以代筆。然則此文之作，至少在我自已，實在是一件値得紀念的事！

大漢

一士

清代軍界張廖吳趙四大漢。前旣述之矣。（見「古今」第十期所載「談長人」及第十七期所載「蹇齋小識」。）近偶閱袁枚「新齊諧」（初名子不語）。於卷四見有「三斗漢」一則。亦其倫也。據云。『三斗漢者。粤之鄙人也。其飯須三斗粟乃飽。人故呼爲三斗漢。身長一丈。圍抱不周。鬚虬面黃。乞食於市。所得莫能果腹。一日之惠州。戲於提督軍門外。雙手挈二石獅去。提督召之。則仍雙手挈石獅而來。提督命五牛曳橫木於前。三斗漢挽其後。用鞭鞭牛。牛奮欲奔。終不能移尺寸。提督奇其力。賞食馬糧。使入伍學武。乃跪求云。小人食需三斗粟。願倍其糧。提督許之。習武有年。馳馬輒墜。箭發不中。乃改步卒。鬱鬱不得志而歸。遊於潮州。値潮之東門修湘子橋。橋梁石長三丈餘。寬厚皆尺五。衆工構天架。數十人挽之。莫能上。三斗漢從旁笑曰。如許衆人。赬面汗背。猶不能升一條石塊耶。衆怒其妄。命試之。遂登架獨挽而上。衆股栗。橋洞故有百數。辛卯年圮其三。郡丞范公捐俸倡修。見此人能獨挽巨石。費省工速。遂命盡挽其餘。賞錢數十千。不一月食盡去。莫知所之。或云餓死於澄海。』如所云。此漢旣亦以長人而嘗隸軍籍。可與張等共稱清代軍界五大漢矣。瀏覽所及。更綴錄之。亦所以供談佐而已。（袁氏所云辛卯年。蓋乾隆三十六年也。）

人往風徵錄（三）

趙叔雍

熊希齡

熊希齡字秉三。湖南鳳凰廳人。少有文名。寶山朱令。觀政是邦。卽以其女字之。年十八。中進士。其時新學初興。改革議起。卽與諸名輩陳寶箴三立父子康有爲唐才常梁啓超縱談大計。一時有新黨之目。日事會議。興學論政。其時湘中風氣特盛。胡元倓倡明德中學。招集俊彥陳果夫等任教習其間。希齡贊許獨多。戊戌事敗。遠游海外。避地江南。旋以端方好新學。深重其人。力張薦剡。遂隨五大臣出洋。考察憲政。又服官度支部。轉東三省。淸理財政。有聲於時。旣而卜居上海。與惜陰堂爲鄰。罷官歸來。硏討計政。不廢治理。辛亥九月。改革事起。奮發蹈厲者。實繁有徒。而圖籍司農。罕有精思默察者。先公爽然憂之。請其規策一切。綱擧目張。用以奠課賦度支會計之初基。以示之當道。孫黃唐陳諸君。羣相折服。因北行任財政總長。大亂初定。編遣軍隊。革新政制。在在需財。而賦課不繼。日嗟仰屋。始有大借款之擬議。惟事無前例。各國又相凌鑠。動輒阻格。遂以書抵先公。求得深諳律例。愛助中國之外籍專家。折衝其間。以昭公信。先公深以爲然。物色德雷斯律師始終其役。勞績甚著。總統袁世凱。乃利得鉅款。爲排除異己之需。則非初料所及。而亦實爲國家之不幸也。繼晉任內閣總理。網羅才俊。位之臺閣。海內翕然。有人才內閣第一流內閣之譽。袁則旣持南北之見。復有窺位之私。卒至解散國會。天下騷動。因以乞退。旋改熱河都統。不久亦解綬隱去。自此誓不復仕。僅刻意以救災卹孤爲己任。京畿屢有災振。輒任督辦。實行工振。以濟危亟。復創設慈幼院於香山。香山燕京勝地。金章宗所營搆。明淸以來。列爲御園。禁人游觀。庚子遭聯軍之刼。始就蕪廢。遜國以後。由官中經紀。得許編戶承租營繕。士大夫多搆一椽。資爲游憩之所。希齡引泉導脉。疊石栽花。一一濆治。幾復舊觀。築平屋於夢感泉邊。榜題雙淸別墅。馳聲日下。又就歡喜園舊址。於高處建藏書樓。雲海半天。松濤萬斛。別舍賓館。游客如歸。山麓壞殿。卽就建慈幼院。招佮仃孤童。資其眠食。授以藝事。施以敎化。又命弱女遠渡美利堅。習保育。歸爲院師。年耗數十萬元。半出之官。半集之商。資助者亦樂於將輸。河南督軍張鎭芳。以獨力建層樓。爲治事之所。卽以其名名之。海內樂觀厥成者日衆。所耗之心力亦日多。進而設醫院學校。香山之名益彰。扶杖涉足。終歲不倦。且營太夫人葬事於山墟。自爲生壙。永庇慈蔭。蓋夙以山主自居者。且欲永以山傳矣。世凱稱帝意動。所謀日左。陰與蔡鍔梁啓超有連。蔡其鄉人。梁則舊好。謀所以脫之於險。滇南建幟。洪憲瓦解。實有以助成之。黎元洪繼任總統。復辟事作。溥儀受奸儈之慫恿。背禪讓之大信。復辟宮禁。時適居天津。即與段祺瑞梁啓超漏夜定馬廠進兵之策。更密電南北疆吏名流。率起勘亂。列數復辟之罪。初。張勳以復辟事。嘗開會徐州軍次。疆吏多遣行人參與。至是同起申撻伐。纔七日而事定。徒爲史家之佚聞。世多頌祺瑞啓超功多。未知潛移默化。帷幄運籌。猶有人在。大政既定。衆以物望所屬。請再出仕。則笑謝之曰。吾爲國家。慈幼育孤。其職責寗不益鉅。百年樹人。吾任其難。奚復不可。於是益致力所事。且闢石駙馬大街居宅爲民衆閱覽社。紅卍字會治事處所。身與羣兒共晨夕。授以講章。每紀念節日。國慶令辰。輒集院生。張盛會。勉以愛國家。服公役。會竟。置酒肉以醉飽之。羣兒彌不感涕。其畢業者。更量材介以職責。院生以約束嚴。秉教導。亦多能盡其用。爲世所愛重。遂益顧而樂之。春秋佳日。買舺南來。與知好杯酒相屬。縱論大計。所至倒屣。言經濟用世之學者。尤奉之爲山斗。蓋素長政事。復歷顯仕。一時知名。多爲後進。隻字見重於臺閣。深慮時出之老成。以是一時言事功者。無不願得片言相引重。歐洲戰發。頗持參戰之說。國家亦薄有所獲。而國民黨人。或不之直。跡其平生。戊戌以新黨昌言改革。辛亥以名流振導革命。又先公嘗約辦統一黨。與張謇湯壽潛莊蘊寬有沆瀣之合。政府北遷。先公不更問政事。改共和黨。更嬗衍爲進步黨。因之迄與國民黨持議微左。然黨人前輩孫黃諸先生。咸禮重之。其鄉人譚延闓。更夙好往還無間。研討政事。率以國家爲依歸。初不以羣黨爭一日之短長也。幼長文學。尤通政論。雄辯滔滔。振筆治牘。更紙十餘番不止。詳賅切摯。覽者咸爲動容。辛亥秋冬間。以毗鄰密邇。時爲先公草稿捉筆。及北任內閣總理。來函謂揆席繁冗。亟欲擺脫。仍歸爲惜陰堂書記。氣類之合。於此見之。家居或爲兒女輩講解文課。旁薄浩瀚。至躍登書案。口授指畫。聽者無不神會。方六十壽日。綜核生平所入。俸給貨殖。部別類居。列數十萬元。率捐爲慈善基金。設委員會。延友好經紀其事。曰。吾取之於公者若許。今仍當還之國家。用爲慈幼之資。吾所需甚儉。自奉月得三數百元爲已足。友好當就孳息所得。畀吾此數。以終天年。斯大幸事。友好亦樂受之。按期董理其事。伊古散財之道。未嘗或見。風世勵俗。足以愧厚自封殖者而有餘。平日就道樂靜。肝胃宿疾。時間時發。因習坐功內養之術。色澤加豐。神以日斂。惟舊疾猶未獲痊。關外事起。激昂特甚。與朱慶瀾等規劃救濟。陰策部隊。居恆栗六。頗爲當局所忌。蓋嫉變亂之由。叢過於當道。淸言諍論。不少寬假。以是朝列亦多不滿之。而其從事慈幼扶傷者如故。世變日亟。籌措維艱。勉自支揞。心力爲之交瘁。余嘗養痾豫王府。病瘳。客歡喜園流連晨夕者兼旬。輒往覘化育之盛。稚子牽衣。天趣揚溢。青年力作。竟日樂羣。家居昆季之歡。初若不知塵外別有宇宙。誠足以化民成俗。樹德鎡基者矣。間亦少與聲色之盛。闇禁綦篤。憚事甚至。得間微服以行。彌用爲樂。顧不嗜博。亦不豪於飲。淸言蘭吹。用爲絲竹東山之助。民國五年。身任河工振務等三督辦。而勾闌中雙鳳院有大凌波小凌波兩豔倡。過從較密

○京師人士○爲作諧聯○一熊三督辦○雙鳳小凌波○盛傳於時○越二十年○余自關外觀政歸來○道出山麓○招作茗敘○綠陰如幄○鑑水一泓○爭談掌故○方憑夢感泉次○倒影淪漪○鬢眉奕奕○僉謂老人凌波弄影○婆娑興致○不減年時○因爲追述斯聯○滄海變易○人事無常○大道青樓○猶留故影○足徵風趣雋永○情緒迴環○投老猶勿忘懷○爲足念已○希齡疏髯廣頰○論議之外○間作雅謔○尤愛獎掖後進○與青年學子語○溫淳如家人○亦偶作小詩○恬淡得陶謝法乳○書法頗師米蔡○意境極高○隨手揮灑○饒有逸趣○退隱後並好塡詞○略似蘇辛○輒挾湖海元龍之英氣○艱詞澀語○一一驅遣○又學畫松竹梅花○橫幅長題讀語○足以名世○悼亡以後○鬱鬱寡歡○時多疾病○或南來小住戚鄗家中○臨池讀書○以遣永日○因識江山毛彥文女士○彥文留學美利堅○習文學敎育有年○歸任教職○輕視天下士○無可意者○以與其女公子同几硯○得承教益○獨重老人○遂論昏媾○方六十六歲時○彥文三十三歲○結昏於上海貝當路教堂○先一日預演禮節○亦循唐紹儀例○薙鬚成禮○復賦催妝詞賀新郎一曲○以記其事○喜筵設新亞旅館○賀客雲集○則自起致詞○並引先公贊許之語爲左證○蓋昏儀亟定之時○嘗來惜陰堂○詳述其事○先公樂而許之○因以爲言○昏後同至江山○謁外家○並攬江郎片石之勝○又北返續理慈幼院事○夫人夙敦師道○見重儒林○益勤所事○雙淸儷影○望之如神仙中人○旋歸上海○以捨身許國爲責志○海宇不靖○力事勸募○躬赴南洋○輦金至鉅○滬警既發○與夫人移居香港○賃廡未就○作客九龍逆旅○方數日爲十二月二十四日午夜○忽感心疾○亟召醫至○不獲救○遂謝賓客○權厝香港公墓○彥文夫人歸滬僦屋以居○南北暌絕○兵塵路阻○猶關注院務○於今不輟○足以完其遺志矣○（作者附誌：上期記張謇一文中涉及『嵩山四友』，其一之黎元洪實係趙爾巽之筆誤，玆承讀者林超君校訂，特此更正，並志謝忱○）

六紅

徐一士

寒齋小識

蘇州拙政園○久負盛名○「古今」登載「拙政園記」二篇○（見第十二十四兩期）斯園掌故○讀此可得其詳矣○又按明徐樹丕（淸初猶存）「識小錄」云○『拙政園在婁門迎春坊○喬木參天○有山林杳冥之致○實一郡園亭之甲也○園創於宋時某公○至我明正嘉間御史王某者復闢之○其鄰爲大橫寺○御史移去佛像趕逐僧徒而有之○遂成極勝○相傳御史移佛像時○皆剝取其金○故號剝皮王御史○末年患身癢○令人搔爬不快○至沃以沸湯○如此踰年○潰爛見骨而死○其子即貧○孫某至以弔喪爲業○余少時猶識之○當御史歿後○園亦爲我家所有○曾叔祖少泉○以千金與其子賭，約六色皆緋者勝○賭久○呼妓進酒○絲竹並作○俟其倦○陰以六面皆緋者一擲○四座大譁○不肖子惘然叵測○園遂歸徐氏○故吳中有花園令之戲。實昉之此。後人於清朝之十年賤售與海寧陳閣老。僅得二千金云。』亦頗足資考鏡。王氏子以摴蒲而失斯園。乃歸於徐氏。其間徐氏蓋以詐欺之術施之。樹丕言之頗悉。關於斯園之一段小史料也。徐之所以得園。行爲實甚卑劣。而樹丕於先世惡行。若津津樂道焉。雖極狀王氏之不堪。烏足掩徐之罪耶。

骰一擲而六色皆緋。俗所謂六紅也。余因上述一節而更漫述明清人所紀其他六紅故事。以供談佐。姑就近中瀏覽所及。弗能備也。

骰。賭具也。徐王拙政園之得失。亦正由於賭。嫖賭向來並稱。清人記載中有涉及六紅之關乎嫖者。如施閏章「矩齋雜記」云。『涇川孝廉章某。少勵操行。以聖賢自誓。既領鄉薦。意稍懈。久不得第。萬曆間赴公車。同寓少年。挾妓集飲。强之雜坐。微酣。少年請卜兆。以骰子六紅爲花狀頭。奪者得妓。章一擲得之。遂不辭讓。妓體毒將發。逡巡中夕。謂不敢汚貴人。某大醉。漫駡曰。若嫌我老耳。新狀頭不病也。一狎而中毒。牓放又不第。歸至半途。瘡潰其鼻。慚見故鄉。自經於逆旅。人皆語曰。可憐六粒骰子。斷送半生道學。』此言明人事也。又醒醉生（汪康年）「莊諧選錄」卷五云。『某觀察。無錫人。嘗游吳下。悅妓張小紅。小紅亦屬意觀察。欲嫁之。觀察曰。若汝擲骰得全緋。吾當娶汝。小紅應聲取骰盆至。一擲果六子皆四點。觀察大喜。娶以歸。生六子。』此言清人事也。一得意。相傳亦佳話。一失意。身死遺笑柄。亦所謂有幸有不幸歟。

章某雖係入都會試。六紅之卜。却非爲科名。其有以卜中式與否者。如「莊諧選錄」卷十一云。『鄉前輩沈運使栻。鄉試待榜。以博覘曰。若中式當全緋。一擲六子皆赤。次日報捷。中式二十四名。遂成進士。入詞林。官至河東鹽運使。』此爲一科名得意者。又宋犖「筠廊偶筆」卷下云。『京師一孝廉。會試後。夜候發榜。與友人擲骰子。約曰。六子皆紅者中。孝廉得五紅。其一立盆邊良久始落。亦紅。又先世神主忽然搖動。合家聞嘆息聲。移時。報孝廉中矣。』此亦一科名得意者。彼卜於鄉試。此卜於會試也。祖先神主且爲之搖動。並有嘆息之聲聞於衆。尤可見科舉魔力之深入人心非同小可矣。（小說中。如「官場現形記」第一回寫趙溫中舉。祠堂設祭。有云。『趙溫一見。認得他是族長。趕忙走過來。叫了一聲大公公。那老漢點點頭兒。拿眼把他上下估量了一回。單讓他一個坐下。同他講道。大相公。恭喜你。現在做了皇帝家人了。不知道我們祖先積了些什麼陰功。今日都應在你一人身上。聽及老一輩子的人講。要中一個舉。是很不容易呢。進去考的時候。祖宗三代都跟了進去。站在龍門等幇着你抗考籃。不然。那一百多斤的東西。怎麼抗得動呢。還說是文昌老爺是陰間的主考。等到放榜的那一天。文昌老爺穿戴着紗帽圓領。坐在上面。底下圍着多少判官。在那裏寫榜。陰間裏中的是誰。陽間裏的榜上也就中誰。那是一點不會錯的。到這時候。那些中舉的祖宗三代。又要到陰間裏看榜。又要到玉皇大帝跟前謝恩。總要三四夜不能睡覺呢。大相公。這些祖先。熬到今天受你的供。眞眞是不容易呢。』又「儒林外史」第四十二回「公子妓院說科場」有云。『大爺道。……放過了砲。至公堂上擺出香案來。應天府尹大人戴著幞頭。穿著蟒袍。行過了禮。立起身來。把兩把遮陽遮著臉。布政司書辦跪請三界伏魔大帝關聖帝君進場來鎮壓。請周將軍進場來巡場。放開遮陽。大人又行過了禮。布政司書辦跪請七曲文昌開化梓潼帝君進場來主試。請魁星老爺進場來放光。大老爺嚇得吐舌道。原來要請這些神道菩薩進來。可見是件大事。……大爺道。請過了文昌。大人朝上又打三恭。書辦就跪請各舉子的功德父母。六老爺道。怎的叫做功德父母。二爺道。功德父母是人家中過進士做過官的祖宗。方纔請了進來。若是那考老了的秀才和百姓。請他來做甚麽呢。』均可合看。蓋世俗對科舉之觀念。又如是者。）又有以六紅（四）卜而得六「三」者。明葉紹袁「天寥年譜別記」（一名「半不軒留事」）自紀萬曆三十九年應南京鄉試時事云。『辛亥……八月試秣陵。……九月十日。放榜期也。九日之夜。余與陳發交岷山德榮德元兄弟同集宗人中祕白於隅園夜飲。呼盧錯觥。有客祝曰。如四君皆捷。當得全紅。余得全三焉。坐皆大喜曰。此十八學士登瀛州也。及五鼓榜發。盧無一人。又一客曰。全三則紅伏於下。三翻而後紅見。固是後來之兆也已。乙卯德榮歌莘。戊午德元。辛酉陳發交。迨甲子而後及余。余遂於乙丑先登南宮。戊辰德元。甲戌發交。亦相次而及也。止辛未闕。是年德榮讀禮。後遂謝去。以六館起家。終爲美談之恨。』骰之「三」「四」二色。適居兩端。全紅俟翻而後見。遂以爲後來四人均得中舉之兆。且三人獲成進士焉。

其關乎軍事者。明楊循吉「蘇談」云。『韓公雍初任浙江參政。居憂在郡中。而兩廣蠻弗靖。朝廷以都御史起之。令往征焉。公將行。祖客駢列。酒間。公持骰子祝曰。看吾此行。能撫定諸夷。不負委任。願一擲六紅。展手而六骰皆四在盆焉。衆客歡慶。公爲引滿。及到廣。一征悉定。卒如所祝。』斯亦一相傳之佳話也。宋人所傳之狄青事。頗可參閱。蔡絛「鐵圍山叢談」云。『南俗尙鬼。狄武襄靑征儂智高。時大兵始出桂林之南。道旁有一大廟。人謂其神甚靈。武襄遽爲駐節而禱之。且曰。勝負無以爲據。乃取百錢自持之。與神約。果大捷。則投此期盡錢面也。左右諫止。儻不如意。恐沮師。武襄不聽。萬衆方聳視。已揮手。倏一擲。則百錢盡紅矣。於是舉軍歡呼。聲震林野。武襄亦大喜。顧左右取百釘來。卽隨錢疎密布地而釘帖之。加諸青紗籠覆。手自封焉。曰。俟凱旋。當謝神取錢。其後破崑崙關。取智高。平邕管。及師還。如言取錢。與幕府大夫共視之。乃兩字錢也。』此爲狄青鼓勵部曲之「神道設敎」的一種作用。藉斯以壯士氣。兼對敵方爲先聲奪人之舉。韓雍所爲。或亦卽師其意。所用之骰。殆如拙政園得失公案中之六面皆緋乎。（彼爲詐欺。此則權謀。）

又相傳有一六幺之故事。可附及焉。采衡子（淸人。宋姓。名待考）「蟲鳴漫錄」卷一云。『金陵城北大香爐地方。有小土地廟。甚靈。有搖會人某。先期祈禱。許得會酬願。至期掣第一籤。欣然持盒搖畢。揭視。六骰俱幺。怒擲而歸。少頃。會中來邀。云已得會。蓋續搖者皆係六幺。後不壓先。會應某得。喜甚。乃新其廟。至今人呼爲六點得會土地廟云。』骰之「四」色施以紅。相傳始於唐明皇之賜緋。通常卽呼曰紅。每視爲最貴。「幺」色號爲最賤。並無賜緋之說。然亦或施以紅。與「四」同色。特六幺不稱六紅耳。

右述數則。雜湊而已。就意義而論。雖無關宏旨。而此類故事之流傳。亦頗可見世俗之迷信心理也。

談紀文達公

紀果庵

我每想刻一方圖章，文曰：『愧爲河間後裔』；說起來自已祖籍雖是河間獻縣崔莊，但遷徙遠在順康之際，那時文達公尙未出世，而遷徙的原因，總離不了河間府一帶常鬧的旱災之類，作鄭俠之流民，早不通於禰祖，像我們族中那些吃鴉牙吸白粉的子弟，又誰配提起原籍呢？潘光旦先生在『淸代伶人血族之硏究』一書中說，按優生原則，一族子弟既日漸敗落，便當移轉他處，以期與惡劣的環境絕緣，照我們的宗族狀況論，實在需要再來一下移徙，以收『遷地爲良』之效了，雖則我的家鄉，一到新年，仍然在大門上粘起『滎陽世澤，河間家聲』『河間詩高唐李杜，滎陽功冠漢蕭曹』，一類的自吹自擂聯語。（後者一聯，即在吹擂上，也是不大高明的，因河間之所以爲河間，抖不在其詩也。）

文達公一生精力，當然以耗於四庫者爲多，世之豔稱其際遇淸華，亦均集中於提要一事，但四庫之編纂，與其說是保存文化，毋寧說是摧殘文化，我以爲中國過去君王最能統制文化者，要推乾隆皇帝，思想有嫌疑，就殺，書籍觸忌諱，就燬，就删，就改。夫殺與燬，本是消極的，且只是現代的，目前的計算；若删改，便是慢性毒化，使人麻醉而不自知，成效比秦始皇的政策好得多了，且許多文人名士都受了覊勒，不惜從鷄蛋裏找骨頭以仰答『高厚鴻慈』，而顯揚聖君『稽古右文』之至意，弘曆誠可謂震爍古今的偉大政治家矣。四庫館之開，初是要從永樂大典輯佚書，及後遂專作删改剷毀的總機關，郭伯恭君四庫全書纂修攷第二章論此事至詳，在四庫開館期內，由於館臣及軍機處奏准禁燬之書，計全燬者二千四百五十三種，抽燬者四百〇二種，銷燬書版者五十種，消燬石刻二十種，至違礙重複書之銷燬，每種數十部或數百部不等，統計起來，當在六七萬部之數，加以以後歷年繳進，十萬部之數，諒非誇大（參看陳乃乾先生禁書總錄）。書籍銷燬且不談，對於板片的銷燬尤可驚心，自乾隆三十九年陳輝祖奏請焚燬板片起，至四十五年，共收應繳板片五萬二千四百八十塊，這些書版，都以每千斤二兩七錢的代價賣給造辦處玻璃廠當作柴薪燒了！張菊生先生跋四部叢刊續編影舊本晁說之嵩山文集，以四庫本對勘，共『負薪對』一篇，删改至十四處，其中且有兩大段約百餘字竟全部去掉，此外每篇删去三五百字者，比比皆是。所諱之字，大抵是『賊』『胡』『虜』『犬羊』『夷狄』『女眞』等，而改爲『敵』、『人』、『北廷』之類，最怪者，連『中國』兩字，亦在所必改，因爲是和夷狄對立之故，這是關於書的㈠；若在文字獄一方面，由四庫開館起，因各省呈進之書而加意羅織，計十年之間，不下四十件，株連人命，何止數千萬名，有此雙管齊下的辦法，無怪乎十全老人只聽見一片頌聖之聲了。所以，別人提起文達公主纂四庫是挑大拇指，但我總是搖頭，覺得這事不說也能。不過設身處地，假定今日文人處在那樣時代，也很難逃出樊籠耳。（從容就死，原不易易。）就編著四庫提要一事言，李越縵亦大有微詞，日記云：『四庫總目雖紀文達陸耳山總其成，經部屬之戴東原，史部屬之邵南江，子部屬之周書昌，皆各集所長，書昌於子，蓋極畢生之力，吾鄉章實齋爲作傳，言之最悉，故子部綜錄獨富，……耳山後入館而先歿，雖未及見四部之成，而目錄頒行時，已不及待，故今之言修四庫書者，盡歸功文達，然文達名雖博覽，而於經史之學則實疏，集部尤非當家，經史幸得邵戴之功，故經則力尊漢學，識詣既眞，別裁自易，史則耳山本精於攷訂，南山尤爲專門，故所失亦尠，子則文達涉略殆遍，又取資貸園，彌爲詳密。唯集頗漏乖錯，多滋異議。』此外我記得李氏讀了紀氏改本的史通削繁，也曾大大譏評一番，惜一時查不出，不再具引，凡不甚贊同紀氏者，大約都是說他的學問幷沒有這樣大，提要之成，全賴當時諸漢學名家的協助。然亦有特別代紀氏張目者，以爲組織排列，鈎勒部署，全出紀氏一人之手，如阮文達紀氏文集序，同書劉權之序，漢學師承記，以及近人郭氏四庫全書纂修攷，中和月刊所載仰彌君『關於紀文達』等文均是。李君意見有時甚偏，凡非純粹漢學家皆在被罵之列，如標榜辭章考據義理幷重的方姚一派亦不免，唯徐桐以曾爲李之房師，荐其卷而不售，雖是宋學腐儒，却很蒙青眼而已。我不願意替祖先吹牛，在中國目錄學史上，四庫提要當然是集大成的，可惜我沒得閒暇全部翻閱，但記得各書提要似有一固定公式，即先說好處，次說缺點，然後來一句要亦小疵不足掩大醇也一套的話。大有塾師批學生文章口吻。武陵余嘉錫先生，績學篤行，曾爲四庫提要辨證若干卷，對提要評隲甚精細，昔在大公報圖書評論連續刊行，後印單行本，但未蒇事，余先生也算舊日師長之一，像這樣，把得失一一詳論，我認爲是最好的批評態度，比籠統的褒貶要好得多了。四庫提要問世之後三百年，北平的近代科學圖書館又有編輯續四庫提要之舉，此事係由中日合組的東方文化事業委員會主持，聽說已告一段落，希望早日印出，以快眼福。但由此想到自己的文化，要別人去整理，又未免自愧起來了。

普通人知道文達公編四庫全書，可是很少有人買一部四庫提要作消遣，但閱微草堂筆記却與聊齋志異爲每個人枕畔必備之書，在這一點，我的觀察，以爲文達公的偉大幷不小於作四庫總纂。前些時，打算買一部盛刻初印的筆記，懸重價亦不可得，至今尚耿耿。閱微與聊齋志異的異點，即一在傳奇，一在說教。故盛時泰跋『姑妄聽之』轉述公語，對蒲留仙之摹寫狎媟曲折入微頗不謂然，以爲：『使出自言，似無此理，使出作者代言，則何從而聞見之？』然此正筆記之不能與蒲書幷駕處，古人論文原亦不主張非見過的不能寫，所謂『意司契而爲匠』，乃是要在想象上下工夫。如照此論，則唐人小說也大半要不得，余幼時讀閱微不數葉輒棄去，其滋味眞是去嬰甯蓮香菱角黃九郎之類遠甚，然父親和祖父則提倡讀筆記而反對讀聊齋，我現在年紀雖已過三十，可是思想仍不變，是好是壞，自己也不曉得。唯筆記在描寫細膩刻劃人情上雖不及聊齋，但淸淨簡練，不失爲紀事之佳範，若去其教訓意味過濃之詞句，拿來教教初中學生，想來比古文辭類纂等書一定有效得多。余最愛讀槐西雜誌序文，以其所寫槐西老屋『距城數十里，自僚屬白事外，賓客殊稀，晝長多暇，晏坐而已』的境界，正是苦於人世塵氛的人所想望的，特我所樂者不在狐鬼，而是掌故佚聞，也許是生丁亂世，未嘗享過一天靜福，所以喜歡聽聽古人的事以當大嚼耳。文達雖是常常在筆記裏寓言忠孝，或者托於鬼神，但其思想却亦有不可及處，如筆記卷十一一則云：

『三從兄曉東言，雍正丁未會試歸，見一丐婦，口生於項上，飲啜如常人，其人妖也耶？余曰：此偶感異氣耳，非妖也，駢姆枝指，亦異於衆，可謂妖乎！余所見有豕兩身一首者；有牛背生一足者；又於聞家廟社會見一人右手掌大如箕，指大如椎，而左手則如常，日以右手操筆鬻字畫，使談纖緯者見之，必曰此豕禍，此牛禍，此人痾也，是將兆某患，或曰是爲某事之應，此余所見諸異，迄毫無徵驗也。故余於漢儒之學，最不信春秋陰陽洪範五行傳，於宋儒之學，最不信河圖洛書，皇極經世。』

我對今文家不敢厚非，只有瑞應感夢那一套可不敢恭維。皮鹿門經學歷史算是一部好書，但對讖說仍極鼓吹，非常遺憾。如紀氏者，思想總不能不算通達了。筆記又有經香閣一段，頗可代表紀氏對漢學宋學的批判，像李慈銘一派，只要是宋學便分文不值，文達是不取的。其言甚長，仰彌先生文中已具引，今摘要曰：『宋儒之攻漢儒，非爲說經起見也；特求勝於漢而已；後人之攻宋儒，亦非爲說經起見也，特不平宋儒之詆漢儒而已。韋蘇州詩曰：水性自云靜，石中亦無聲，如何相相激，雷轉空山鳴，此之謂也。平心而論：尙書三禮三傳毛詩爾雅諸注疏，皆根據古義，斷非宋儒所能；論語孟子，宋儒集一生精力，字斟句酌，亦斷非漢儒所及。蓋漢儒重師傅，淵源有自，宋儒尙心悟，研索易深，漢儒或執舊文，過於信傳，宋儒或憑肊斷，勇於改經，計其得失，亦復相當。惟漢儒之學，非讀書稽古不能下一語，宋儒之學，則人人可以空談，其間蘭艾同生，誠有不盡饜人心者。』言雖未多，却是很公道的，說句沈腐的話，也許就是『讀書見道』的關係，所以才有這樣沒火氣的見解。漢學流行三百年，乾嘉爲其根荄，四庫之編纂，又乾嘉漢學之集粹也。近人錢賓四爲近三百年學術史，一反梁任公爲漢學張目說法，以爲人心之頹墜，未始非漢學講得太利害，宋學盡付高閣之過，這是有所激而云然，在學術上又是一個看法。

爽良野棠軒攟言云：『奇人人喜以異事歸之，漢之桓侯，唐之尉遲，明之常開平皆然，猶之文辭敏捷之事，在宋則蘇，在明則解縉，本朝則紀文達，藉爲談噱，不足信也。』頗是有見解的話，胡適之所謂箭垛子式，滾雪球氏的歷史，不過是這說法的引申。集中於文達公身上的幽默故事，也像徐文長一樣，隨着地方而各異其說。昨天我的小孩子從學校圖書館居然借到一本『紀曉嵐滑稽故事』，我沒有功夫細看，大約一定有許多是屬於通常『公式』的。曾文正也是有名的諧謔人物，但爲事功所掩，遂不著，紀氏無事功可言，皇帝所以歡喜他，正因爲這一聰明。如草進四庫表文，即非公手筆不辦，而高宗看了，也會斷定『一定是紀某手筆』，文人遭遇如此，也就算是不錯了。像『老頭子』『靴甬走水』等故事，都是人人習知的，郞潛紀聞初二筆，英和恩福堂筆記，對此類故事搜羅不少，要算比較可靠的了，自餘記載，恐均等之『集矢』。恩福堂筆記有幾則，倘可讀，如：『文達公與（劉）文淸公談佛法，文達云，我則冥然罔覺，悍然不顧。文淸答云，先生抉釋典要，錄成八字，恐先生手有芒刺，卽知痛耳。兩公相視而笑。』『文達輓朱笥河先生一聯云：學術各門庭，與子平生無唱和；交情同骨肉，俾予後死獨傷悲。二公所學具見於此，而語尤眞摯，且非文達，亦不敢作此語。』『予昔與大興朱文正公同値南齋，一日文正，曰北方氣候苦寒，時蔬薦晚，當此春韶佳麗，南省已挑菜盈衢，家家作春盤之會矣。猶憶家竹君兄於當年多方搆覓，極盡新蔬之品，約士大夫宴集於家，坐上客滿，或琴或書，或對楸枰，或聯吟，或屬對，勾心鬥角，抽祕騁妍，酒酣耳熱之時，同人有以太極兩儀生四象命對者，滿座正凝思間，或報紀曉嵐至，至則狂索飲饌，同人即以前句示之，僉曰：對就始許入座，否則將下逐客之令矣，曉嵐應聲曰：春宵一刻值千金，吾飢甚，無暇與諸君子爭樹文幟也，座客聞之，無不絕倒。文達公無書不讀，過目成誦，枕經胙史，淹貫百家，即信口詼諧，便成工對，其敏捷尤深人欽佩。』數則均頗注意於對聯，蓋聯語足易見人才思，非警敏者不辦。以數目屬對，像『三才天地人』那種才算難對，若太極兩儀云云，原亦非甚難者，特以春宵成語屬對，即景即情，天衣無縫，實在要『天才』。因而聯想到清末劉坤一五次督江，七旬作壽時，有人贈一聯曰：『五督兩江，一籌莫展；七旬八妾，半子俱無！』眞謔而虐矣。

文達公的詼諧，自己也很自負的。如詩集南行雜詠過德州偶談東方曼倩事一首所云：『十八年間侍紫宸，金門待詔好容身，詼諧一笑原無礙，誰遣頻侵郭舍人。』殆頗有自己寄託之意。閩江行程與同人倡和詩中更有『臣朔滑稽固天性』之語，尤可證明。所以雖以不值得的事牽累到遣戍烏魯木齊㊁，仍然達觀隨遇，不以爲苦，錢大昕跋烏魯木齊雜詩云：『讀之聲調流美，出入三唐，而敍次風土人物歷歷可見，無鬱轖愁苦之音，而有春容渾脫之趣。』老實說，文達公詩集十數卷，大部分都是應制，館課之類，實無可取，唯南行雜詠及烏魯木齊雜詩，親身經歷，筆之於篇，殊覺可愛。烏魯木齊詩每首均加小注，寫邊陲風物，絕有趣致，比南行雜詠更堪吟味。其咏麥一首注云：『天下糧價之賤，無逾烏魯木齊者，每車載市斛二石，每石抵京斛二石五斗，價止一金，而一金又止折制錢七百文，故載麥盈車，不能得錢三貫，其昌吉特納格爾等處，市斛一石，僅索銀七錢，尚往往不售。』云云，余於三十年冬讀此，曾批注云，『今江南江北，米價非百數十元一石不辦，而戰亂方無已時，奈何奈何，却想不到一年以後，由百而千，今翻讀舊書，誠不勝今昔之感也。又一則注云：打麥必倩客作，需客作太多，則麥價至不能償工價，印房蔡掾種麥，估值三十金，客作乃需三十五金，旁皇無策，余曰，不如以五金遣之，省此一事，衆爲絕倒。』於此等處，大見此老突梯鶻夷，可以使人哭笑不得。最後一首注云：『余從辦事大臣巴公履視軍台，巴公先歸余留宿，半夜適有急遞，於睡中呼副將梁君起，令其馳送，約遇台兵，則使接遞，梁去十餘里，相遇即還，仍復酣寢，次日告余曰：昨夢公遣齎廷寄，鞭馬狂奔，今髀肉尙作楚，大是奇事，以眞爲夢，衆皆粲然。』頗可與陶菴夢憶自序合看，不謂西陵酒徒之屬，竟眞有其人，只怪吾輩見淺耳。

『庚辰集』『我法集』皆先生選錄試帖之作，專爲家人考試說法者，最爲陋書，但像我法集，似爲當日社會所需要，故版本甚多。我曾將我法集細閱一過，覺得如此的書，也有他的道理。今日若想作文作詩，是不是須先學一點法度，然後再自己發展，頗有討論必要。我法集中許多試帖題目看起來都是空空洞洞，叫我們簡直無從措手的，而皆可以敷衍成五言八韻，且講得頭頭是道，反覆生發，足見變化。周知堂先生曾說八比文是中國文體之極致，在使巧上可說是無以復加的，試帖詩何嘗不可作如是觀，我們不是要作八股文與試帖，但那縝密的方法却可研究。今日中等以上學生作文程度之壞，是否由於文章太沒規律可循，大家都在跑野馬，還希望有經驗的先生們體察一下。同時，我願提出我法集來爲『文章作法』『作詩法』之類的參攷，茲以『賦得野竹上青霄』爲例，看看古人的水磨工夫如何！

野竹多年長，叢叢上翠屏；本來低地碧，何亦半天青？藉託陂陀勢，延緣迤邐形。漸連斜坂上，直到半峯停；鳳尾高峯見，鸞音下界聽；掃雲牽鬖髿，障月隱瓏玲；鳥語藏蒙密，樵踪人杳冥；誰當淩絕頂，卜築此君亭。

說明：『此工部何氏園林詩，野竹在地，何以能到青霄？再加一「上」字，意似連動之物，益不可解。蓋山麓土阪陂陀，漸疊漸高，竹延緣滋長，趁斜勢行鞭亦步步漸上，長到高處，故自園邊水際望之，如在天半也。從此着手，上字方不虛設，否則是賦得山頂竹矣。首二句明點野竹，次二句暗點上青霄，……五句至八句，力寫上字，九句至十二句，正寫上青霄，題無深意，故虛寫兩句，借此君亭結之。此種是細雕生活，用不得大刀闊斧，然細雕工夫，不始於細雕，大抵欲學縱橫，先學謹嚴，欲學虛渾，先學切實，欲學刻畫，先學淸楚，方有把鼻。……吾五六十年，閱歷之言，汝其識之。』

這樣的詩，我們何嘗要看？但解『上青霄』三字，亦自不惡。今日新詩，不得成功，多半是缺乏此細雕工夫，學生在學校所學的幾何代數試題，往往非社會所實有，然必須習者，所以養成一種推理的基礎，詩文有同然也。在文法、修詞、詩格、詩律破壞到極點的今日，讀此種文不搖頭者蓋甚少，不過拿掉感情，細細思索，或者不以我引用此段爲多此一舉，正未可知。

公自謂詩出江西宗派，以蘇黃爲法。但我的看法，寧謂近蘇而無其才氣，實非學黃而取其艱澀。晚年詩文不自收拾，故集中不大看見佳什，七十八歲時，作鶴街詩稿序有云：『余自早歲受書，即學歌詠，中間奮其意氣，與天下勝流相唱和，頗不欲後人，今年將八十，轉瑟縮不敢著一語，平生吟稿，亦不敢自存，蓋閱歷漸深，檢點得意之作，大抵古人所已道，其馳騁自喜，又往往爲古人所撝呵，撚鬚擁被，徒自苦耳。』這話看似客氣，殆近實情。我自己毫無所能，偶然也寫寫文字，但絕不想傳之其人藏之名山一類的話，蓋假使有好文章，即自己不存，也會有人代傳的。我於詩集中，除上述兩種紀事詩之外，只覺得壬戌會試閱卷偶作幾首最好，像『應知今日持衡手，原是當年下第人。』『顏標錯認如難免，恕我明春是八旬。』（是年七十九）『眼底幾回分玉石，筆端一例判雲泥，只愁俗耳音難賞，敢詫高才命不齊，我有兒孫書要讀，曾看學使舊留題。』『千古文章雖有價，一時衡鑑豈無差，毫釐得失爭今昔，頃刻悲歡共幾家。』諸句，不但切實懇摯，用心亦極忠厚，實在可以刻劃出一位太平盛世老成碩望的典型。

先生的佚聞多得很，如吸煙，即其最著者。中和月刊二卷六期刊陳漢第先生於海王村所得先生煙斗拓片一枚，據紀錄云長市尺二尺五寸，牙首銅鍋，鍋深與內徑，皆達八分，可容煙葉一兩許，眞不愧紀大煙袋之名矣。傳說公自城中往海淀僂直，一路二十里，只吸煙一斗。又庸閒齋筆記其賽煙云：『紀文達有戚王某喜吸蘭花煙，蘭花煙者，入珠蘭花於中，吸時甚香，然王之煙斗甚小，一日訪文達，自謂煙量之宏，文達笑而語之曰

：吾之斗與君之斗奚若，乃以一小時賽吸，於是文達吸七斗，王亦僅得九斗也。』蘭花煙根本不能與普通煙葉比，在北平只有婦人吸之，宜乎文達之看不起。然文達不能吃酒，郎潛紀聞記其房師孫端人譏之，以爲學東坡之短，蓋孫頗豪飲，及公會試得士葛正華，量冠一世，公亟以報孫，孫覆札云，『吾再傳而得此君，但終憾君是蜂腰耳。』乾嘉風趣，令人景慕。我別的不能繩祖武，吃酒却無愧，竟一滴不能下咽，而煙更不行，亦堪稱不肖二字矣。

故宮所印文達公手書四庫簡明目錄及武英殿所存各詩摺，或繕寫極工，然皆捉刀人所爲，公實不能書。昭代名人書札墨迹載公一函謝人贈硯有但恨一生書似方平，有負此硯之語，就所書觀之，竟不入格。其『書劉墉臨王右軍帖後』亦云：『石菴今年八十四，余今歲亦八十，相交之久，無如我二人者，余不能書，而喜聞石菴論書。』趙懷玉亦有生齋集云：『紀尙書昀拙於書。』可作旁證。可是，先生收硯甚多，每硯必銘，前見古今謝君文云，得公硯數方，惜無眼福一觀祖先手澤，也是很悵悵的事。

（癸未人日寫畢）

㈠按乾隆四十二年上諭，有云：『日前披覽四庫全書館所進宗澤集內，將「夷」字改寫「彝」字，「狄」字改寫「敵」字，昨覽楊繼盛集內，改寫亦然，而此兩集中又有不改者，殊不可解。夷狄二字，屢見於經書，若有心改易，轉爲非禮，如論語「夷狄之有君」，更何所用避其諱邪？……所有此二書之分校覆校及總裁官，俱着交部分別議處。』皇帝的面孔是無常的。作了壞人，還得別人替他受過。四庫館臣及南書房翰林，由此觀之，大不易爲。而四庫之剜改，也足可證明都是『奴才』起意者多也。故曰，雞蛋裏找骨頭。

㈡乾隆三十三年，公親家盧見曾以兩淮運使舞弊案，有旨籍家，公洩信於盧子蔭恩，因此遺戍。以今日眼光看來，實是很寃枉的。

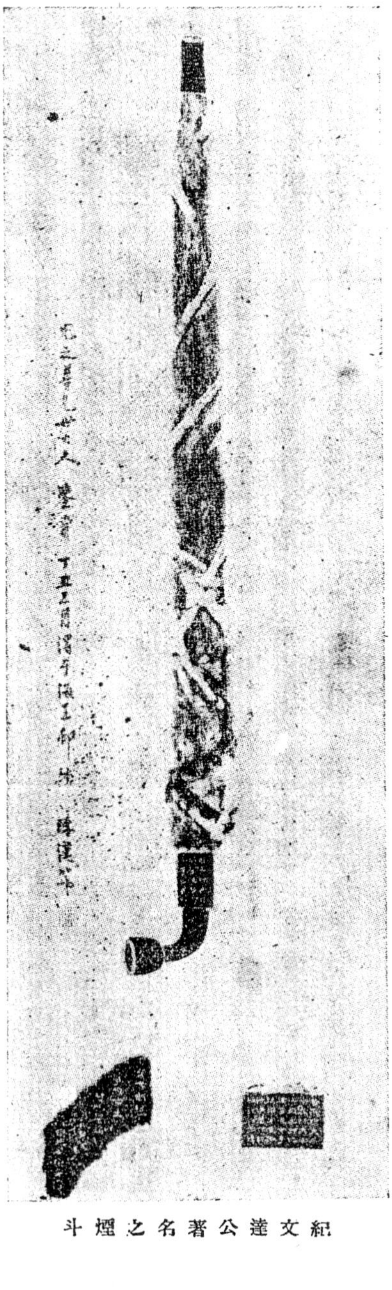

紀文達公著名之煙斗

茶煙小記

文載道

卷煙的價鈿愈來愈貴了，茶飯之餘，偶然的抽上一枝，倘是絞盤之類，則這一枝的代價就很可觀，較之昔年喫華貴的飯菜可謂過之無不及；且質料已大大的減遜，不復如原來的醇正。往讀柏廬家訓云，一粥一飯當思來處不易，今日仔細思量，不覺意味深長，令人猛省。而茶煙原是在飯粥的範圍以內，宿命論者就大有文章可做了。不過鄙人卻是一個少信的人，因此也可說是一個虛無主義者；無論對命運或者現實，都不免感到有點懷疑，有點悲觀——但這悲觀卻不同於消極。如果允許我的妄攀先賢，那末，這個悲字的最健全的解釋，似乎就含有釋氏的慈悲，和哲人的悲憫的奧義，一種廣大深遠的人生觀。只是「余何人斯」，而茶煙尤其是凡夫的餘事，實在不應繞上這麼遙長的一個圈子也。

然而既然被我繞上的了，則就索性沿着岔路繞過去吧，「柳暗花明又一村」，或者還可以找着一個意外的文境出來，這樣的一想，在我的摸索中果然有了掉弄的材料了。看官之中，也有在茶餘酒後，燃上一枝清煙，手執「古今」的嗎？那末，如若不嫌我的這番小意思，就聽我慢慢的道來。

抽煙或者喝茶，不待說是屬於有閑，有閑，第三個有閑的生活，這個我也知道。而有閑之被志士仁人的怒目橫眉也由來良久，這個我尤其知道。然則又何苦而冒大不韙一至於此邪？曰：蓋也略有分說的餘地：我們不必從墳墓裏去拉出蘇格剌底來，說他曾作「悠閑是哲學的前提」之說，也不必跨過洋面引羅素為同調，說他曾竭力的「讚閑」。我們只是老老實實的覺得，我們需要一點兒悠閑，一點兒從容！對於我們的精神生活也的確確是輔助和營養。我們想升官發財，肥馬輕裘，或許要被人覺得那個，然而我們卻想於半日的優遊之中，片刻的休憩之閒，作一回情緒的散步，靈魂的蘇息，把疲勞的神經舒展一下，然後點上一枝煙，呷了幾口茶，然後再進而去致力各人的「本位」，不管是革命，是拼命，是流血，都無礙其為偉大和英勇。而這一切，卻無不需要閑，閑，閑！要不然，我們的公園就沒有人遊玩，我們的戲院就沒有人光臨，而像「古今」之類的雜誌也就沒有人閱讀，假如我們眞的變成這樣的世界，又豈止「不成體統」而已？——說到辦刊物，竊以為在今日的局面中，當無過於辦一個具有健康的趣味，而又是高級的風格的消閑讀物。因為我們既無福說慷慨激昂的話，也無力作歌功頌德之論。我們能够從「幾乎無事的悲劇」的小市民中間，灌輸一點高尚的趣味與智識進去，使他們有了合理的消閑的對象，則這樣的刊物已覺其功不在禹下。「古今」能够做到這一點，倒確足以懿與古今的了。我們自然還有更積極的，更要緊的話要說，但現實所回擊我們的，偏偏又是不能！我們尊重一切的沈默者，但倘使必要出板和著作，那麼，辦一種具有上述的條件的刊物，庶幾也無媿於洒心了。

但假使有人只記得了「消閑」，卻忽略了它的質料，於是結果就變成以玉腿酥胸，或新奇有趣來挑動讀者的東西，那卻是連骨子裏都是下流和庸俗，不過搶跳舞廳和按摩院的生意而已。

然而，我覺得如是云云尚有點詞費。這里還是舉一個適切的例子出來：中國的四民之中，最忙迫而又過得最悽苦的，誰也知道是農工大衆。但他們有時卻也有那種「民亦勞止，汔可小休」的機會。譬如一日之中，農作既畢，時則落日將逝，倦鳥投巢，於是他們即緩步的走到江村的小茶館中，泡上一壺清茶，一口一口的呷着，像舍不得立刻喝光的樣子。一面看着這陰沈的天色，屈着指計算一下過幾天該是春分或穀雨了，明天又將下雨了，他們就是以這僅有的一點經驗，來和自然搏戰，和命運相鬥；而且這樣的打發着硬朗結實的生活。然後，又從腰邊掏出旱煙管來，察的一聲擦着了火石，輕輕的呼了幾口，於是一縷裊裊的清冽的煙味，貫接着大地的芬芳而散在太空。他們把煙沫吸到無可再吸了，方敲了出來，再裝了半筒新煙沫和上舊有的呼着。這樣的過了片嚮，他們的話匣子開了，於是從那鏤着深刻的縐紋之中，爲室內的昏黃添上一段朦朧的舊憶，汩汩地訴說着去日的哀樂，一直待到一弓冷冷的上弦月，爬上了楊柳梢頭，這才沿着清徹的河塘踅回家去，有時候還遇見一隻柳葉似的小舟，載着月色踏波而來，在明滅的星月之下還認得出這彷彿是西橫塘的長工××，然而那邊卻已經先開口招呼他了。

「畢竟是年輕人，這麼好的眼力！我可有點認……。」

「什麼地方來呀？今天的收割怎麼樣？」

這樣的，一個在水的中央，一個在河的彼岸，彼此互相的呼應着，間或從山谷中送來一串悠揚的回音，而月色則從柳梢瀉了下來，淡淡地照着他們的影子。然而，這小舟卻漸漸的走遠了；最後，就隱沒在一片夜的昏黯之中。

我不會喫酒，近年來卽使喝上幾杯，可也不懂酒的性味。但在所謂事變以前，於幾年中偶然抽出閒暇一親久別的故鄉，而置身於前述的情景之中時，我眞有點酒似的沈醉了。我們畢竟還是來自鄉間，那醱醲的泥土的氣息，始終潛蓄在我們的靈魂一角，勝過了生命的負担。誠然，大丈夫四海爲家，何處而不有人間的一境？可是，連老子的肉羹也會分他一杯的漢高祖，一旦回到故鄉的沛宮，卻也禁不住的唱起衷心之曲的「大風歌」來！——在他的一生中，我感到充滿了殘忍、刻薄和權謀，可是就在這寥寥數言的歌聲中，我卻覺得這才是他的眞摯、光輝的一面。才是作爲一個直立的人而存在着。使人生和自然的美聯成一起，是我的終身的理想。我並不一定以我的故鄉爲人間的樂土，然而對於十里洋場的浮滑渾濁與醜惡，我是早已感到厭倦了。我希望有一塊靈魂的安息之鄉，在那里有着人生與自然的淳樸，安閑與和諧，卽使是喝着那清淡的茶，吸着土產的旱煙，我也有我的愛和樂。然而把酒問天，面對着「如此江山」，我不禁有欲說還休的無言之慟！

在我們的社會裏面，有着一意以女人的啼笑爲快心之舉的才子，有着將自己的命運，交給了孤注一擲的豪客，有着把歲月消磨於旅館、戲院、酒樓的闊少，但對於眞正的生活的藝術，與優良的人情味加以鑑賞追求者，可就少到極點了。三年前我以十元錢的代價，買了一部日本印的「煎茶名譜」，其印刷之精緻，裝訂之考究，設計之華麗，足以使人摩挲良久。至其出版者則題云「愛茗會」，可見他們並且有這樣的一種團體了。固然，說起來喝茶不過是有閑階級的事，也就是有錢人的玩意。但爲什麼我們的有閑階級裏面，其生活的趣味，儘是揀那些瘋狂頹廢、庸俗色情的對象以求官能的一逞，而較有樸素、風趣與高尚的情致如煎茶之類，便少有人加以青眼？何況，中國過去的茶道，原是久飲盛譽的；而現在所以弄到這般的光景者，也足見得我們的生活的趣味之日趨於下墮了。

但也有人回答說，這兩者的關鍵，實在還是由於彼此社會的背景：因爲別人的社會比較安定完備，所以人民的生活方式便傾向於閑適、雍容的一端，而我們則受着那連年的變亂激盪的影響，人民的整個的生活狀態，就呈着瘋狂扭曲與變態的現象了。這樣的說起來，中國人的得以暢快的喝茶，吸煙，欣賞那落日的餘暉，秋林的落木，還得先有一個像樣的中國吧？恰如知堂老人所說：「要使我們眞心地愛這國或鄉，須得先把牠弄成可愛的東西纔行。」

不過話雖如此，却無法減退我對於生活的藝術之憧憬與懷念。這使我想起了宋徽宗。他不僅以瘦金體享名於書苑，而且於茶道也頗有研究。舊藏中適有一部明刻的「茶經」，臚列愛茶專家的著述凡十餘種。起自唐的陸羽。並有皮日休的序。然我頗疑其不全。中有大觀茶論一種，即題宋徽宗所作。對於茶之保藏，烹煎，器具，品味都有發揮。其引言中有云，「（上略）至若茶之爲物，擅甌閩之秀氣，鍾山川之靈禀，祛襟滌滯，致清導和，則非庸人孺子可得而知矣。中澹閒潔，韻高致靜，則非遑遽之時可得而好尚矣。本朝之興，歲修建溪之貢，龍團鳳餅，名冠天下，而壑源之品，亦自此而盛。延及於今，百廢俱舉，海內晏然；垂拱密勿，幸致無爲。縉紳之士，韋布之流，沐浴膏澤，薰陶德化，盛以雅尙相推，從事茗飲。故近歲以來，采擇之精，製作之工，品第之勝，烹點之妙，莫不盛造其極。且物之興廢，固自有時，然亦係乎時之汙隆。時或遑遽，人懷勞悴，則向所謂常須而日用，猶且汲汲營求惟恐不獲，飲茶何暇議哉？……嗚呼！至治之世，豈惟人得以盡其材；而草木之靈者亦得以盡其用矣。」

一提到宋徽宗，就不由的要想到了他的時代，然而又是何等可悲的一個時代！在後來還有一幕著名的悲劇：以帝皇之尊而降爲異族的俘虜。但在著這本書的大觀年間，總算還沒有怎樣劇烈的殺伐之苦，雖然也說不上什麼「至治」。語云：黃連樹下彈琴。意謂苦中作樂也。這種心理未嘗不令人欷歔而同情。正所謂「在不完全的現世享樂一點美與和諧，在刹那間體會永久」。本來，在眞正的太平盛世，像皇帝之流要想講究一下茶道，恐怕也眞是做皇帝的「起碼條件」。但同時還得對更要緊的事情，一樣的努力，而且這也包括皇帝以下的人民。對於任何事物的沈湎，正如對於任何權力的迷信一般，結果一定引起了許多的流弊。我們於日常時節中呷幾口茶水，抽一枝香煙，爲的是使我們的生活更加顯得充實一點，豐富一點，進而提高工作的效果；從這個角度看去，則吾輩之希望生活中有一點「閑」，也正是爲了增厚「忙」的力量。不幸的是在眼前的社會制度下，却變成忙的人忙煞，閑的人閑煞。換言之，愈忙的人愈得不到閑，甚至於連口體之溫都闕如，而愈閑的人却愈不需要忙，但却愈能舒服的活着。這樣不公平的現象一日不滅，無怪乎悠閑就成爲罪惡的象徵了。好像日本的芥川龍之介君說過，看到中國人的喫茶，就看出了這個國度的無救！他的話大約是基於這樣的現象而發，故雖偏激却也持之有故罷。

舍此而暫且不論，似乎就只有鈔書了，苦雨翁「雨天的書」七一葉，有題曰「喝茶」，中第三節云：

「喝茶當於瓦屋紙窗之下，清泉綠茶，用素雅的陶瓷茶具，同二三人共飲，得半日之閑，可抵十年的塵夢。喝茶之後，再去繼續修各人的勝業，無論爲名爲利，都無不可。但偶然的片刻優遊乃正亦斷不可少。中國喝茶時多喫瓜子，我覺得不很適宜，喝茶時可喫的東西應當是輕淡的『茶食』。中國的茶食却變了『滿漢餑餑』，其性質與『阿阿兜』相差無幾，不是喝茶時所喫的東西了。」

又在原書的自序之一中有曰，「今年冬天特別的多雨，因爲是冬天了，究竟不好意思傾盆的下，只是蜘蛛絲似的一縷縷的洒下來。雨雖然細得望去都看不見，天色却非常陰沈，使人十分氣悶。在這樣的時候，常引起一種空想，覺得如在江村小屋裏，靠玻璃窗，烘着白炭火缽，喝清茶，同友人談閑話，那是頗愉快的事。」喝茶時的背景，雖有一定的地方，如在江村水鄉而富於山林之趣者，但這非現代人所易辦，所以也只能隨遇而安了。不過像上海這一座「樂園」，却無論如何的不相宜。單瞥見那名副其實的浦江的黃色之水，就足够令人不快，至於邇來却連味道都變了。其次，如那些洋化的茶室，或歷史性的茶廔，其喧囂重濁的空氣尤使人却步。而喫茶的人，也並不是爲了「品茗」而去，都是有了別的事務才去叫上一壺的。其實，喫茶不過是一個題目，而隸屬於它下面的喝時的情調，空氣和趣味，方是實際的內容。我的印象中最不易去諸懷抱的，當推五六年前和宗兄且同君在蘇州冷香閣上的半日閒。先是我和他在七子山上訪查館娃宮的遺址，衛聚賢先生還津津地爲我們講述當時的越兵怎樣蠭湧殺來，西施又怎樣的駕着小船逃出去，「你看那邊不是有一條曲徑嗎？」這使歷史忽然的在我們面前縮短了距離，我的想象中不時的有一個明眸皓齒的古越女閃現着。然而「宮女如花滿春殿，至今惟有鷓鴣飛！」如詩人所慨嘆的，現在豈不是連破吳的越王勾踐，甚至這首詩的作者，都爲時光所竊笑嗎？獨有那無情的鷓鴣和雅雀，還聲聲的向屧廊的舊迹作無常的憑弔而已。一時古與今，興和亡，存和滅，都在我的感情中纒繞着，起迭着，眞是「腸一日而九迴！」這樣的在山頭上踟躕半晌，我們又騎着得得的蹄聲，跑上了冷香閣。我們泡上一壺茶，要了一盆瓜子，便頹廢地躺在紅木榻上了。我們目送着斜陽從閣中褪了下去，又數着那緩緩的浮遊窗外的雲絮，彼此坦白的說着少年時的浪漫史，以及各人的抱負，我們正戀戀於這夢似的境界時，不料馬夫却等得不耐煩了，催促我們快點動身，其實這已經催了第二遍了。於是我們才依依的向虎邱叩別。這樣的「品茗」，方是有點風味得以流連。後來，又和且同兄在杭州的虎跑中，翦取着來自深山的泉水，叫和尚馬上烹起來，放上碧澄澄的龍井細細的品味着。我是一個性急的人，喫東西總是跟囫圇吞棗一般，但這時候却也保持一點悠然的風度：我想，這樣的泉水，這樣的茶葉，豈非是人生可遇不可求的一刹嗎？而這時也方悟到，水和茶的關係確是非常的密切。宋徽宗在論「水」項下也說：「水以清輕甘潔爲美。輕甘乃水之自然，獨爲難得，古人品水，雖曰中冷惠山爲上，然人相去之遠近似不常得。但當取山泉之清潔者，其次則井水之常汲者爲可用。若江河之水，則魚鼈之腥，泥濘之汙，雖輕甘無取。凡用湯，以魚目蟹眼連繹迸躍爲度。過老則以少新水，投之就火，頃刻而後用。」虎跑的水何以如此的醇厚有味呢？因爲是「活」的緣故。不拘是生物或自然，凡是活的東西終使人覺得別有滋味：「問渠那得清如許，爲有源頭活水來」，這雖是詩人的託物遺志，確也懂得了眞切的水性。

現在呢，不出門者幾近七年，而且同兄已遠赴三峽，幸喜故人之有歸。至如鄙人連故鄉都無法一去，蓋不待聞杜鵑之聲，已經興有家歸不得之嘆了。昔年匏瓜庵主人和知堂老人自壽詩有云：眼前一例君須記，茶苦原來即苦茶。老人頗以爲然。按茶荼原爲一物，惜鄙人未曾嘗過茶的滋味，然而，却又何待再嘗物質的茶也。然則拙文之終於還是繞着岔路走到山窮水盡之境，「是亦不可以已乎？」

（三十二年舊春分後三日。夜三鼓，燈下。）

三吳回憶錄（下）

謝剛主

於是李先生開始談他的相術，我鼓着好奇的心，問李先生說：『李先生，您看我相貌怎麽樣？』他說：『謝先生相貌很好，將來一定有二十年的好運，可是有一樁，如果是不怎樣，……那就更好了。』我說：『怎麽樣？』李先生呑呑吐吐的說：『要是到三十五六歲的時候，不被娘兒們引誘，那就更好了。』我說：『我又不嫖姑娘，那又怕什麽？』李先生面色忽然鄭重起來，很正色的說：『花錢取樂，不損人格，那又怕什麽！祇怕是不花錢的女人呀！』由李先生這句話，引起我想不到的感慨。可憐我是一個書獃子，祗喜歡讀幾本線裝的書，還有點歷史癖，偶然讀點風花雪月的詩詞，但是既無二陸的才情，那有錦心繡口的文章產出。海內有不少認識我的朋友，一定知道我又肥又胖，還有點獃頭獃腦的，那有漂亮的小姐們來愛我。難道說一個窮念書人也配講戀愛嗎？在一個道學先生年譜上，偶然記一段浪漫的故事，這也是極有風趣的，而實在是一樁不可能的事。不禁引起我的詩興，綴了幾句，寫在下面：

『閒雲流水兩茫茫，底是何人話短長？我本無情慚西子，小姑豈有嫁彭郎？藕絲已斷三千尺，柳絮空來八月狂。君自言爾我自聽，洞天清露倍淒涼。』

回想這十餘年來，經過了無數的波折，生了無數的白髮，經驗雖然是增進了許多，眞情也斲喪了不少。深盼有一天機會來臨，可是一直到民國三十二年尙未遇見這一回事，眞是書生老矣，機會不來。我那時正在那裏玄想著，李先生還在那裏說：

『要是沒有這回事，那就更好了！』

我們從金鼓洞出來，李先生陪一同逛岳廟，由岳廟到杏花村，他約我在那裏吃午飯，李先生是吃素的，他爲我預備的，却很豐富，如西湖醋魚，魚生帶柄等類，我都吃著了，增加我不少口福。吃完飯以後，從岳廟門口上了船，砌了一壺清茶，和兩位老先生吃著茶，談著天，逛了湖心亭，三潭印月，平湖秋月，不少的地方，溫柔的湖水，飄蕩著輕舟，微風吹來，萬柳千條，拂著船面，引起我無數的情絲。眼看著金黃色的夕陽，照在嫩綠的柳條上，船已經到湖濱公園了。我謝過兩位老先生，說聲：再會再會！我就回到旅社了，忙著收拾行李，預備我的歸程，但是西湖的秋柳，仍是浮沉在我的腦海裏。

重到秣陵

由北平開往上海的通車，過了濟南，便是山路崎嶇，如果留意風景的人，便會看見巍峨的泰山，靠進車站，有一座西式樓房，便是津浦賓館。正是七八月中旬的天氣，在深夜裏，從泰安下了火車，便到津浦賓館，找了一間面山的房屋住下。當時洗了澡，身上非常清爽，推開窗戶一看，一輪皎潔的明月，照在高山上，窗前種著幾棵古松，淸風擺蕩著，很顯著一番詩意，我那時非常興奮，就與我朋友吳子馨寫了封信，大意是：『松影侵窗，明月窺人，層巒嵯峨，北斗橫斜，迢迢良夜，秋露欲滴，如此淸宵，恨不能與足下共之耳。』

旣到了南京，是我舊遊之地，就在中央大學附近高樓門地方，與同學方欣安兄同住，朝出暮歸，寄居人家，很過意不去。繆贊虞兄便在學校中的寄宿舍，名作敎習房的，找了一間房屋，叫我搬在學校裏居住。敎習房在梅庵旁邊，極爲幽雅，合於讀書，那是比較便利多了。那時同事中間，與我要好的繆贊虞兄。前輩當中我最佩服的是黃季剛、吳瞿安兩先生。黃先生素來是好罵人的，但是對於後輩，則極爲奬借，他時常到敎習房來與我談天，黃先生喜歡談話，是滔滔不絕的。又一天他本來到學校上課，可是與我談久了，竟把上課時間忘掉；一直談到傍晚，他便叫我約他一同到花牌樓安樂酒店，去喝酒去，黃先生喝了幾杯水酒以後，他的談鋒更犀利了，說了許多平生治學問的門徑，和遇到的人物，我眞感覺到獲益不少。因此我便想到，我所遇到的師友，黃先生以外便是錢玄同先生和徐聖與先生，錢黃兩先生先後相繼均歸道山，祇有徐先生遠在海上，眞有天涯寂寞之感了。近來偶讀到玄同先生遺作劉申叔遺書序，文字老到，斬盡枝柯，而敍述簡當，分析入微，眞是一篇絕作。

第二年的春天，朱逷先先生來到學校，任史學系主任，朱先生是與我在半師半友之間，是硏治明淸史的前輩，雖然褊急些，却不愧是一個良師益友。旣然同在一校，承他的指導，自然是更不寂寞了。在春假當中，他便約我同遊西湖，乘杭江線的火車，橫渡過錢塘江，由義烏到金華，再由金華乘船到嚴州，從嚴州便換了小船，到七里瀧，游嚴子陵的釣臺。正是暮春天氣，水流的很急，山勢曲折的轉來，兩岸的靑山，開遍了嫩紅色的杜鵑，挾雜雪的梨花，和奇偉的古松，煞是好看。我們同登釣臺，遠望對岸的靑山，和巖下的急湍，我們便鼓著勇氣去訪謝皐羽的墓，尋幽探勝，風味無窮。當天晚上到了桐廬，住在江邊一個旅社樓上，下瞰著富春江，對面便是高山，岡嶺起伏，一幅巨源的圖畫，如在目前。第二天早晨起來，初出來的曦陽，照在樓角上，樓下岸旁，停了無數的漁船，正在那裏做飯，炊煙直起，舟子漁婦，熙攘往來，眞有一番承平的景像，江鄉的風味，那是何等的幽美呢！在那天的中午，我們便乘船由富春江上到了杭州，第二天便回到首都，回想起來，轉眼已經有八九年了。

香島歸程

那正是民國二十七年，舊曆的除夕，我乘著長途汽車，從鬱林到梧州。嶺南春早，雖然是嚴冬的天氣，也和二三月裏差不多，滿山開著梅花，挾雜著深綠的樹木。山下邊有幾間竹籬茅舍，小孩們穿著新衣服，在門前跳躍。趕集人們，手裏提著鷄和豬肉，從城裏歸來，在陌上走著，倒是有一番過年的意思。那天晚上，到了梧州，就在梧州度歲。本來是要到香港去的，因為有事要到肇慶，舊曆正月初四，乘船來到肇慶，事辦完了以後。久聞鼎湖的名勝，就在那一天晚上乘小輪船到羅隱，天氣陰沈著，一望漆黑，辨不出方向來，不久就傾盆大雨，只聽見雨打篷窗，和櫓櫓的機聲。夜深了，旅客們都入了睡鄉，我正點著一枝煙，在那裏聽窗外的雨聲，微覺著有點倦意，就有人招呼我說：『客人醒來罷，已到羅隱了。』我走到艙外，幸喜雨聲已住。下了小輪船，乘划船，渡到岸上一間板屋裏休息。在這間屋裏，也有客商，也有勞動者，也有抱著孩子的婦人，也有朝山進香的和尚，都擠擠一堂，在欲曙的時光，天氣雖然沒有北方這樣冷，但是人們都感覺到有一點寒意。我在屋內踱來踱去，看見牆角邊坐著一個枯瘦的僧人，一肩行李，穿著草鞋，別無他物。我問他到那裏去，他說：他是衡陽人，到鼎湖去修行的。我走出屋外，看見天色已明，雨也住了，便僱了一頂山轎子，到鼎湖去，山上的樹木經過了春雨，格外的青翠茂盛，卓礫的石階，全呈顯著紫色，轉過了幾個山灣，便看見偉大的瀑布，經過兩三個曲折，流到山澗裏去，一白如練，聲勢雄偉。再轉過去，便是山頂的慶雲寺。慶雲寺是依山建築的，層層的上去。我到廟的左邊，幽室裏小坐，推窗遠眺，正看見，四練直垂，綠樹婆娑，臥對松濤，靜聽泉聲，別有一種幽淒的景像。假若名這間屋子，眞可叫作觀瀑室。在廟中進了素餐，就依原路下得山來。那時梧港航行已斷，只有乘輪船到廣州去，而且是廣州已開警了。於是我到廣州已後，就打電報到香港徐聖公處，盼望他在香港等候我。那天晚上，一天明月，警報聲中，乘廣九車到九龍，已夜深二時了。乘輪渡到香港，就住在海濱新亞酒店，在深夜裏，聖公從般含道來看我，他頭一句就對我說：『你跑來跑去，幹些什麼？』

我對著徐公，眞是想不出什麼話可說，但是祗覺得天涯間遇見知友，有一種說不出來快感。我在香港共盤桓了五天，便乘法郵船回到上海。船進了黃浦江，波濤依然的洶湧，但是兩岸的建築物多半是殘破了。船到了浦東，便就靠岸，乘著擺渡，到新關碼頭。由友人的介紹，便一直到八仙橋青年會，找了一間房屋住下，倒也感覺到清靜。

第二天下午，我到開明書店，訪王伯祥兄，在編輯室遇見了西諦兄，他便拉著我一同到紹興酒館去喝老酒，酒一盃一盃的喝到肚裏去，慢慢的泛到臉上來，這不是苦雨老人所謂陶然，實在是酩酊了。看著天色不早，下得酒樓，西諦臉喝得通紅，拉著我的手，臨別依依的對我說：『你為什麼要到北方去？何不就在上海。』

這幾年來，我一個人坐在書齋內，常常這樣的想，當年認識的好朋友，多半都流散了；有些朋友都很忙，我又怎好意思去找他。祗有躲在角落裏，過我仰事俯畜平凡的生活。我不禁失笑，我眞成一個商人了。

那末有功夫的時候，便逛逛琉璃廠，與書坊店老闆談談天，有一天傍晚，我到來薰閣書店，遇見了陳掌櫃，新從上海回來，他說：徐先生和鄭先生都問你好，並且說：『剛主人雖然老實點，倒很有意思。』在歲寒時暮，風雪滿庭的時候，千里迢迢，得著好友的安慰，這眞是一件高興的事！（民國三十二年二月三日，即舊曆小除夕，天晚微雪，記於舊京持籌籀史齋。）

苜蓿生涯過廿年（續）

龍沐勛

我從小愛讀史記中的刺客列傳，尤其是『士爲知己者死』這句話，深印在我的腦海裏面。我以前做事，抱定這個主張，我以後做事，還是抱定這個主張。我在暨南，因爲是斠玄找我去的，——我和斠玄，本來毫無關係，因爲石遺先生的介紹，纔和他相知。——所以我就『竭忠盡智』的想替他把暨南的文學院辦好。後來文學院雖然擴充爲外國語文學系，歷史社會學系，可是我認爲中國語文學系，是斠玄的基本隊伍。那時教育學院的院長，是謝循初先生，他的確是個精幹的人才！拚命的把他那一院擴充，向學校爭得經費，布置了一間頗爲完美的教育研究室。我爲着要鼓勵國文系的同學們，注意自動的研究文學起見，也同樣的向學校裏要求些設備費，費了九牛二虎之力，纔分得一間空洞的房子。我就對同學們講：『我們通力合作，來做給他們看吧』！於是先把我頻年辛苦積下來的錢購置的四部叢刊，和其他新舊圖書雜誌等，搬到研究室去。再由我負責，向同事顧君誼先生，和其他歡喜買書的同學劉鍾經等，要求各出所藏，藉供衆覽，不一瞬間而琳瑯四壁，超過教育研究室的所有，這頗有些叫人驚訝！我是每天晚上都到那裏去，和同學們討論研究，雖然知道這『爲人太多，爲己太少』，是對自已的學術成就，有相當的損害，可是我認爲旣擔任了這職務，是應該先公後私，一往無悔的。我這樣的硬幹、笨幹，雖然沒有得着怎樣顯著的效果，但是至少我是『於心安』的。可惜過了不久的時間，就遭到『一二八』的事變，眞茹陷入火線，大家一窠蜂的走了！所有學校裏的圖書儀器，那個還有這閒情去理會他？我那天晚上，因爲兒女的拖累，和老父及諸弟妹等，——我的家鄉，因爲十八年遭了兵禍，一直鬧了五年，我家老小數十口，都逃到上海來，分住在暨南附近。——沒法伴着同走，仍舊在暨南住了幾天。後來我那留在圖書館服務的老學生𧰼然模，從梵王渡跑到眞茹來看我，我纔把老小送入租界。又屢次在飛機迴翔偵察之下，用獨輪手車，督着諶生，把圖書館和研究室的圖籍，搬出許多。最後幸虧圖書館副主任許克誠先生，借了幾輛運輸糧秣的軍用卡車，纔把所有的圖書儀器，全部運了出來。只賸下我自已的單本新書，放在研究室內的，損失了一千册左右。

自從十九路軍在大場撤退之後，上海的局面，漸漸的恢復了常態。斠玄早經應了中山大學之聘，到廣州去了。鄭校長也率領一批學生和教職員，浩浩蕩蕩的從蘇州奔向上海租界內來，臨時在赫德路和新聞路之間，租了兩座洋房，作爲準備復課的校舍。那時有許多重要的教職員，各自奔回老家，沒有集中在上海。我只好替學校盡義務的四出奔走，勉强凑合了一個臨時局面，不久就復課了。其他上海附近的私立大學，如復旦，光華，大夏之類的學生，都投奔到暨大來，做借讀生，到也稱得上『得風氣之先，極一時之盛』！我那時是擔任文史哲學系——這個系是臨時合併中外文學系和歷史社會系而成的——主任，實際執行了文學院的職務，而把那院長的空頭銜，讓給張鳳博士去了。——他原是歷史社會系主任，兼圖書館主任。——後來那批造謠中傷的人，竟認我們兩個是尉玄的替身，叫什麼『龍鳳兒』，在某種小報上大肆攻擊，我也只好置諸不理。等到學校搬回眞茹，尉玄也自廣州回任院長，我依舊擔任中文系的職務。那時我感覺到上海一般大學生國文程度低落的原因，缺乏在那一個『讀』字。我以爲思想感情，是做文章的要素，而那思想感情，要靠着語言文字來表達。所以要求國文的進步，必得把古今來可資模範的代表作品，讀個爛熟，纔能够把他人的思想感情和語言文字融成一片，然後醞釀在本人的心胸，又把他人和自已融成一片，這樣纔會心手相應，筆隨意轉，做出條達曉暢的文章來。我除了在大禮堂對附中學生公開講演過『請開尊口』這麼一個題目，提倡國文科的朗誦外，又向學校要求撥了一間距離宿舍較遠的洋式平房，作爲中文系的研究室，和放聲朗誦國文的實驗場所。我那時擔任的課程，是偏在詩詞一方面的。我對學生說：『這兩項都要特別注重聲調，更非朗誦長吟不可。大家如果有志於此的話，只好跟着我來』！我和學生約定在每天早上的七時到八時，爲朗誦的時間，我總是六點三刻就首先到了研究室，領導着三四十個男女同學，聚在一塊，放聲朗誦起來，『洋洋乎盈耳哉』！那些校工和校外的人，經過那窗下，莫不『駐足而立，傾耳而聽。』大家有了興趣，加入的反而多了起來，一間屋子擠得滿滿的。果然不久就發生了效果，平仄也懂了，讀詩的也會做詩了，學詞的也會塡詞了。自秋季讀到冬季，天亮得漸晏了，我總是在東方發白的時候，就到了研究室。一班女同學到感着不好意思，大家未明而起，都趕到這裏來共讀，男同學却有些『知難而退』了！我有一天因爲着了寒，病倒了，還要充硬漢，瞞着妻子，悄悄的起了身，走到研究室去，督導他們，他們被我深深的感動，說：『先生不必太辛苦了！我們會自動的去讀』。那偶然偷懶的男同學，也都鼓起勇氣來了！他們讀過書之後，就結隊到我家裏來問病，彷彿自家骨肉般的。這個讀書會，終於維持到了寒假，照了一張紀念相，我還題了一首浣溪沙的小詞：

半載相依思轉深，擬憑朝氣起沈陰，生憎節物去駸駸！文字因緣逾骨肉，匡扶志業託謳吟，只應不負歲寒心！

詞雖不佳，却是在我這個笨傢伙的人生過程中，是很值得紀念的一回事！

我在第二次回到上海來教書以後，交游漸漸的廣了，認識的名流老輩，也逐日的多了。最初器重我的是新建夏吷庵先生，他做了一篇豫章行贈給我。先後見過了陳散原，鄭蘇戡，朱彊邨，王病山，程十髮，李拔可，張菊生，高夢旦，蔡孑民，胡適之諸先生，我不管他們是新派舊派，總是虛心去請教，所以大家對我的印象，都還不錯。我最喜親近的，要算散原彊邨二老。我最初送詩給散原蘇戡兩位老先生去批評，散老總是加着密圈，批上一大篇叫人興奮的句子，蘇翁比較嚴格些，我只送過三四首詩給他看，只吃着二十八個密圈子。我因爲在暨南教詞的關係，後來興趣就漸漸的轉向詞學那一方面去，和彊邨先生的關係，也就日見密切起來。彊邨先生是清末的詞壇領袖，用了三四十年的功夫，校勘了唐宋金元人的詞集，至一百八十幾家之富，刻成一部偉大的彊邨叢書。他自已做的彊邨語業，也早經爲海內塡詞家所『家絃戶誦』，用不着我再來介紹。他的謙和態度，叫後輩見了，感着『藹然可親』。我總是趁着星期之暇，跑到他的上海寓所裏，去向他求教，有時替他代任校勘之役，儼然自家子弟一般。他有時候塡了新詞，也把稿子給我看，要我替他指出毛病。我敬謝不敢，他說：『這個何妨，你說得對，我就依着你改，說得不對，也是無損於我的』。這是何等的襟度，我眞感動到不可言說了！他替我揚譽，替我指示研究詞學的方針，叫我不致自誤誤人，這是我終身不能忘的。在他老先生臨沒的那一年，恰值『九一八』事變。他在病中，拉我同到石路口一家杭州小館子叫知味觀的，喫了一頓便飯，說了許多傷心語。後來他在病榻，又把他平常用慣的硃墨二硯傳給我，叫我繼續他那未了的校詞之業。並且託夏吷盦先生替我畫了一幅上彊邨授硯圖，他還親眼看到。我從他下世之後，就把所有的遺稿，帶到暨南新村去整理。『一二八』的晚上，我用我的書包，把這些稿件，牢牢的抱在身邊，首先把牠送入『安全地帶』。後來就在音樂院的一間僅可容膝的地下室裏，費了幾個月的功夫，把牠親手校錄完竣。同時得着　汪先生和于右任，劉翰怡，陳海綃，葉遐庵，李拔可，林子有，趙叔雍諸先生的資助，刋成了一部十二本的彊邨遺書。我和　汪先生的關係，也是從這個因緣來的。隔了不多時間，我又得了夏吷盦，葉遐庵，易大厂，吳瞿安，趙叔雍，夏瞿禪諸先生的贊助，在上海創辦了詞學季刋，作爲全國研究詞學的總匯。在二十二年的春季，由民智書局出版，引起了國內外學術界的注意，所有塡詞家，都集中到這個刋物上來了！我和日本京都的東方文化研究所，從這時交換刋物起，一直維持到現在。魯迅全集裏，也提到我這個季刋。在民智出過四期之後，改歸開明書店辦理印刷發行，直到『八一三』，開明在虹口的印刷所燒掉了，這纔中斷下來！在創辦的初期，大家都以爲範圍如此之窄，至多能維持到一年，就算了不得。那知我還是不斷的努力幹下去，材料也越來越多了，行銷所至，遠及檀香山，僻至甘肅的邊地，——這不是我瞎吹，有信件爲證的。——倒也非區區始料所及呢！

『盛名所至，謗亦隨之』，這確是兩句至理名言，我從重來上海，稍稍忝竊虛名以後，各個大學總是來拉我去演講——我生平最怕在大庭廣衆中像煞有介事的作什麼學術演講，叫我去聽中外名流學者演講，我也有些頭痛，這大概是我一生蹭蹬的最大原因吧！——我認爲自己本分內的責任還未盡，那還有許多精神去出鋒頭，或撈些『外快』？我那幾年對於暨南，是抱着熱烈的希望，把那個暨南新村也當做我的第二故鄉，總是專心致志的不肯『外騖』，所以對各方面的要求，一概婉辭謝絕。談到兼課，除了從十七年冬季起，因爲蕭友梅先生拉我去代易大厂先生的課；後來大厂厭倦教書，蕭先生就一直聘請我在他主持的國立音樂院——中間一度改組爲國立音樂專科學校——兼任國文詩歌教席，到國府還都的那年春季，纔算脫離。中間除了二十四年度請假到廣州，足足有十二年的歷史，所以音樂院出身的同學，對我都有好感，差不多沒有一個不認識我的。至於其他學校，我除了在復旦，中國公學，正風文學院短時期的兼過兩小時詩詞課程外，就不曾踏上過門。人家還認爲我是搭架子，那曉得這正是我的獃氣呢？

暨南自遷回眞茹之後，情形愈加複雜了！鄭校長爲了敷衍各方面，純粹的學者漸漸走開，他的黃金時代也漸漸的過去了！許多有背景的人物，打進這個學校來，此爭彼奪，鬧個不了，有的利用華僑學生做打手，動不動就演起全武行來，斠玄也曾被威逼過！我素來是不偏不倚的，站在超然地位。他們拿不到我的劣點，除了在××新聞造了一大篇謠言外，只好別想方法，離間挑撥我和校長院長的感情，說什麽我是一個純粹學者，不適宜於辦事方面呀！什麽主張太偏，專叫學生學會做詩塡詞有什麽用呀！後來鄭校長果然聽信了他們的話，笑着對我說：『我爲着你的專心研究學問，還是不擔任職務的好』！他背地笑我是『書獃子』。我把主任辭掉不幹了。鄭校長待我不錯，不但不減我的薪水，並且尊稱爲什麽特別講座，鐘點也教的少，我也樂得逍遙自在呢！後來鄭校長被外力威逼，那當年藉了挑撥而得着好處的人，又來運動我，要我也來參加『驅鄭』，我堅決的拒絕了！事去之後，大約纔感覺到只有『書獃子』是靠得住的，所以鄭氏對我，反而特別要好起來。

鄭氏被驅以後，學校弄得不可收拾。教育部幾次的派人來調查，結果決定由那位高等教育司長沈鵬飛先生，臨時代理校長。這位沈代校長，到也是個老實人，可惜太懦弱了！一切大政方針，都要請示於上海某組織，結果校內更加政治化了！斠玄既隨鄭氏以俱去，繼任文學院長的×××，叫學生代表某來向我說：『×先生——他是上海某組織的頭兒——素來很仰慕你，希望你去看他一回，他是很想借重你的』。我當時表示：『我和×先生素昧平生，去看他做什麽？我寧願丟了教授不幹，斷斷乎不肯犧牲我素來的主張，去加入什麽組織的』。那代表也就默然的走了，我仍舊若無其事的教我的書。後來沈氏請我到他的辦公室去談話，把已經塡好的志願書，當面要求我蓋一個印，我毅然的拒絕了。我說：『國立大學，是爲國家造就專門人才的。在國立大學做教授的人，只顧替國家盡教育人才的責任，那有閒情去參加其他的組織呢』？他被我反問得啞口無言，以後也就不再拿這事相强了！

大約那時的什麽組織，是需要時時刻刻練習鬥爭手腕的吧？打倒了他的敵人，馬上就會自家人和自家人摩擦起來。所以過不到半年，中文系的主任問題，又鬧得沒法解決，結果還是把我强拉了出去。我和他們『約法三章』的說妥了我的條件，纔又勉强的幹了一年。

到了二十四年的春季，沈氏又敷衍不下去了！把整個的學校鬧得烏烟瘴氣。我曾到過南京，向當時的教育部長王雪艇先生，和僑務委員會委員長陳樹人先生，陳述一切，希望他們注意，不要把這個唯一華僑教育最高學府糟蹋了。不知怎的，大家都有些不願過問，我也只好不管了。直到暑假以後，何某以發表什麽『本位文化』的十教授宣言之一的資格，拉上了某黨要人，正式來接任暨南的校長。他和華僑教育，也是素來『風馬牛不相及』的，我對暨南深深的感着絕望了！（未完）

從鑒定書畫談到高士奇

章　禽

書畫之鑑定，事誠難矣，董其昌一代之賞鑑家也。然其「畫旨」中則云：「宋元名畫，一幅百金。鑒定少訛，輒收贗本。翰墨之事，談何容易。」董玄宰爲明末一大鄉宦，家奴至數千人，平生惡德不一而足。其本身亦爲名書畫家。而其門下士即有倣其畫能亂眞者。有一事甚趣。有人欲得董畫甚殷，乃具厚饋倩人請董一揮其如椽之筆。及期被延入一華堂中，良久，一員外出見，峨冠博帶，氣度儼然，染翰揮毫，移時成墨戲一幅，署名董其昌。其人大喜持去。它日，於文酒之讌上得遇眞董其昌，乃大狼狽。董以筆墨博人金錢，而產量不能甚豐，乃輒以門下士之畫本出，已親題屬其上，即眞鑑賞家亦只能云，「是華亭眞筆也，唯畫非其最得意者」而已。文人狡獪，蓋至可欣賞也。

書畫鑑定家之下乘者，以圖章爲門徑，亦猶定宋元版者斤斤於避諱同。去歲商務印書館且有一大厚冊印鑑字典出版，舉凡歷代名家印鑑悉在是矣，宜爲低級鑑賞家之所寶也。然此事亦殊難言。其較上等者，則注意前人筆迹，如或云米元章書畫署名，其芾字中間一筆而下者，則確是眞本。如是云云，未可盡信，只較圖章第一者稍勝一籌而已。上乘之鑑定家最重氣韻，大米溪山，非後人所能倣者，眞跡始一入目，即光彩奪人，神會已久，固無取其取辨於紙幅墨色也。

清初高士奇，一傖父耳，然側身翰院，身躋雅流，爲一代鑑賞家，其實不學無術，僅「雪杯圓」中湯裱褙一流人物耳。清高宗號稱一代精鑑家，然三希堂中，贗鼎累累，貽天下後世以大笑柄，是則高江村與有功焉。高有手繕書畫目，其康熙四十四年六月揀定進上手卷中有王羲之、唐太宗、褚河南、柳公權、孫過庭、宋徽宗諸名家手筆，然其自註則云：「贗本」，「不眞」，新而佳者」，「舊而不眞」，「不眞不堪」，價目自二兩至十數兩，甚至僅銀數錢而已。凡此種種始以進上，而其極精者，則「永存祕玩，何可與人。」然則皇帝者，直大寃桶耳。然高士奇身後，所藏名品流入內府，乾隆乃得而痛罵之。「古今」第十期談及「朱竹垞詠古詩」，涉及姚綬「寒林鸜鵒」圖。該畫現存故宮博物院，故宮周刊第四百九十六期曾複製之。偶加檢視，「古今」所引微有誤處，「鸜鵒無言立北風」一絕係姚雲東原題，非江村書也。江村所題二絕，除已引之「野港菱灣」一絕外，別一首爲「別殿初暾水榭風，歸搖鞭影芰荷叢，無端炊熟黃粱飯，苑柳宮槐尙夢中。」其牢騷抑鬱，大可令人「同情」。乾隆題詩，加以痛罵，以引在「古今」，玆不複出。

高士奇所藏另一名蹟——唐盧鴻艸堂十志圖，於身後流入內府。乾隆題詩數絕，末一首云：「聞說終南捷徑通，伊人隱避乃於嵩，江村題慕盧家事，前後之間同不同?」大可發噱。其狗屁不通，足以作「皇帝詩」之標本而無愧色，然高士奇之爲人，乾隆固不曾罵錯了也。乾隆更於詩後有跋語一則，可資省覽：「按高士奇跋有倘懷高世之蹤，益動故園之念語，意在慕盧，然考盧藏用初隱居於終南山，尋應徵辟，乃登朝，專事權貴，趨赴奢靡，時人詆爲終南捷徑，盧鴻則隱於嵩山，徵拜不受，營艸堂山中以終老，二人志行不可同日而語，若士奇附勢通賄，不能以義命自安，祗可同於前之藏用，而不能同後之鴻，且其自署爲藏用老人，亦有不期而同者，因借盧家事譏之。」

乾隆好弄筆墨，與臣下相譏，有如小兒，失其皇帝之尊嚴多矣，然高士奇則誠不是東西，平心而論，所罵亦不爲過。聞高畢生無甚著述，只書畫錄數種，而有一說經之作，則竊諸它人，無恥更是顯然。蔡孑民先生爲紅樓夢索隱，擬林妹妹之影子爲高士奇，無乃唐突顰兒，吾爲黛玉呼寃矣。鈐山堂門下士湯勤，寶友圖妻，與高甚似，馬連良飾陸炳，有白云：「你在我這大堂之上，擺來擺去，可是我又不買你的字畫呀！」妙極。（黎庵按：蔡氏索隱，顰卿之影子爲朱竹垞，高文格則射薛寶釵，本文有誤。）

談張之洞

楮冠

張之洞爲清末名臣，與袁項城以南北洋大臣齊名，然張之資歷固遠較袁爲老，以前輩自居，而袁後來氣燄之盛，遠非張所能擬。於是極不快意。壬寅（光緒廿八年）在署江督任內，直督袁世凱往訪，之洞有於座間熟睡之事，故作偃蹇，以前輩自居，事或有之，「新民叢報」時評有云：

「……袁至南京，與張商議一切。袁行之日張餞之。酒及半，張遽熟睡。久未醒，袁不及待而行。張醒後，急命排隊請袁回，袁欲不返，幕僚勸之行。比至，重張宴謝罪。歡飲而別。……張何爲而慢袁，張任粵督時，袁僅一同知，袁以後輩突居上游，張自負老輩，或隱然示之以老督撫之派子，旋繼之優禮，其玩弄袁之狀，袁其能終忍之乎？」所言甚悉。清末督撫之善睡者有胡林翼，則以體胖故耳。據談胡在督府辦事，從官必攜食物以俱，因胡每於早晨辦事之際，忽爾睡去，午後方醒，從官之回事者，不敢離去也。時或睡過夜，則惟有襆被以從耳。（黎庵按：本節所述之胡君，恐非文忠公，乃民國時一武人名景翼者之誤。）

徐樹錚雖是武人，然文彩可觀，秀才出身，視吳佩孚遠勝矣，其所著「視昔軒遺稾」中有「致馬通伯書」，論及之洞，言其在保定時見張袁會見事甚悉，以得之目擊，史料價值當較勝也：「壬寅之春，公（指香濤）過保定，項城時權直隸總督，請閱兵。既罷，張讌節府，樹錚恭侍陪席。親見項城率將吏以百數，飭儀肅對，萬態竦約。滿坐屏息，無敢稍解，而公欹案垂首，若寐若寤，呼吸之際，似轟轟然隱駒動矣。蓋公去後數月，項城每與僚佐憶之猶爲耿耿也。」其態如見。又據聞之洞世凱保定相會時，座中有藩司楊士驤，爲翰林後輩，之洞獨與之長談詞曹故事，而視世凱若無睹，蓋亦輕其非正途出身也。之洞甚滿意士驤，出語人曰：「不意袁慰庭作總督，藩司乃有楊蓮府！」世凱聞而語士驤曰：「足下既受香帥知遇，何不請其奏調湖北？」士驤笑曰：「縱香帥有此意，司里亦不願伺候此種上司也。」

之洞之爲上司，司員幕府咸甚苦之，以之洞起居無節故耳。幕中繕寫奏摺尤爲苦差。往往夜深交發摺稿，天明即須拜發，而對字體則又吹求甚至，苟有一字不如式，即以筆就墨海中，飽濡墨瀋，就此字滴下，紙透數層，全摺俱廢，乃須重繕，仍立候閱發，任此役者有時窘急至於涕泣云。其所以必毀全摺，蓋恐繕者爲挖補之術，將此一字修改，彌縫無跡。而萬一御覽時忽「開天窗」（挖補處脫落之謂），身爲督撫者，將受申飭也。

張之洞字香濤，人乃以爲係老猿轉世，然甚無稽，亦猶曾國藩遍身癬疥，人以爲巨蟒轉世者也，據言小說花月痕係道曾國藩少年時事，曾少年爲京官時極不檢，常出入韓家潭，其遍體癬疥者，或謂即是瘡毒。曾文正公日記中蛛絲馬迹，不無可尋。曾老九未得意時入京，居乃兄處，而行爲亦甚不檢，國藩斥之，而老九不服，蓋以國藩己身不修，何能管乃弟之閒賬耶。國藩乃不得不效秦庭之哭，寫家信時，一字一淚，冀感弟悟。不佞少時讀國藩日記書信至此處，每爲感動，日後思之，可發一笑。

之洞以書目答問、勸學篇馳名。然二書均爲人所代撰。書目答問出繆荃孫手，大旨無訛，學人以爲讀書門徑，然亦不無誤處。有人譏之曰：「繆某誠謬甚。」流爲話柄。

世凱與奕劻張結納，聲勢煊赫，之洞瞠乎其後；比同入樞庭，之洞班次在前，尊爲相國，然亦無如慶袁何，列食而已，攝政在監國，世凱放歸，之洞方冀得以進用，而親貴羣起，分踞要津，爭之不獲，卒抑鬱以死，亦可哀已。

有一故事，涉及之洞者。錄之以發一噱。一日，之洞退朝，曾以「烟惹御爐許久香」徵對，一日晨起，得一札，啓視則「圖陳祕戲張之洞」也。文襄方圍爐，急投諸火。

兩年來的銀行生涯

石順淵

我於銀行是門外漢，民國二十九年冬，奉中央儲備銀行總裁周先生命，來此服務，在沒有正式進行工作的前幾天，眞使我一則以喜，一則以懼，喜的是十餘年來黨政生活厭惡極了，從此可以改變過去的生活方式，學習些新的智識和技能，並且還可以減少人與人間無謂的摩擦，和無意義的鬥爭；懼的是一個素無銀行學識經驗的我，去擔任一種繁而雜的總務工作，深恐不勝任，深恐自誤誤公，有負周先生的一番好意。在初進行的時候，因爲自己覺得經驗的缺乏，技術的拙劣，以及人事的生疏，所以處處以學習的態度，虛心靜氣的來請教人家，當時我曾經下了個最大決心，想從此做一個忠於銀行的學徒，除了專心致志於銀行事務外，並想多探求些銀行學理，便預定一個最簡單的功課表，中間祇有兩個節目，就是白天料理職務以內的事，晚間閱讀有關銀行方面的書籍。頻年奔走，學殖久疏，雖然常常懷有一種學如不及的感想，無如放心難求，總是缺乏一種學而不厭的精神，尤以學習年齡已過的我，想去記憶一種機械的原理原則，更覺索然無味，最初一兩個月，來往的朋友少，應酬不多，晚間閱讀的功課，還可勉强做到，後來朋友知道我在銀行裏做事的多了，無謂的酬應也增加了，晚間的功課，遂蒙受着重大的影響，習慣在將成未成之前，實在經不起環境的磨折，終於漸漸地荒廢了這門功課，至今憶及，猶有餘憾。對人要熱情，對己要犧牲，對事業要奮鬥，這是我爲人處世的三原則，屈指混跡社會十餘年，無所成就，對事業奮鬥一層，眞如春夢一場，慚愧無地。不過對人要熱情，對己要犧牲這兩點，還可以做到幾分，因爲這個緣故，我的朋友特別多，窮困的和失業的更多。

我到南京參加工作是很晚的。我於民國二十九年夏被捕入獄，坐了三個月的牢，幸賴周先生的營救和羅君强先生的保釋，得有今日，追念往事，感懷萬端。事變前在江蘇省黨部工作時間較長，在這裏工作的，除了現任社會福利部司長的潘國俊兄外，祇有我一個，我曾經擔任過組織民衆和訓練民衆的工作七年多，並且還擔任過教育和政治工作，最後還兼任過軍隊的任務，更加上現在銀行裏做事，所以我的朋友，可以說一只炒雜燴，眞是黨政軍學商都有。周先生在江蘇擔任教育行政長官多年，青年同志，無論識與不識，都對周先生懷着一種崇高的景仰，朋友中有的爲生活壓迫來找周先生想辦法的，有的來向周先生報告工作或請示的，因爲周先生事情忙，直接見他不便，找我代約間或代爲陳述的很多，來找事的朋友，他們滿抱着嘗試必成的希望，素以愛護青年關懷青年的周先生，際此人浮於事的時候，也覺得納賢有心，安置乏術。我一而不願增加周先生的麻煩，一面又同情青年同志的苦悶。這種矛盾的感覺，常常在心坎裏一反一覆，銀行的待遇較高，想來銀行工作的更多，不過銀行是一種專門技能，我自己以外行而濫竽充任，已覺有不能勝任愉快之感，再不願一般素無銀行經驗的朋友，來嘗試而誤人誤事。在行裏每天接到朋友來找事的信，平均有兩三封，我平時有着「常喜信來偏懶答」的習慣，不過需要我答復，而有辦法可以答復的信，我總是回答人家的，沒有辦法而敷衍的信例如相機進行，以及容有機會再行圖報這一類話，我是不願再糟蹋紙張去延誤人家了。因爲這個緣故，朋友們認爲我的性情變了，由樂於助人而流爲工於利己，由熱情而變爲冷酷了。誰還能了解我的苦衷呢？我不禁喟然嘆曰：「朋友滿天涯，相知有幾人」。還有一點使人不能原諒我的，就是向我借錢的朋友，認爲我在銀行裏做事，滿身都是錢，俯拾卽是，我生平不善於理財，幹了好幾年的工作，依舊是一肩行李，兩袖淸風，自問自奉還儉約，待人不至於刻薄，並且我有時還樂於助人，窮困的朋友開口向我借錢，很少使人失望的，我常常有「黃金散盡非無意，怕作兒孫造孽錢」的豪語。不過我的窮朋友太多了，個人的收入有限，委實無以應付。乞諸其鄰而與之，專講仁道主義的孔老夫子亦所不許。取不義之財，不但沒有這個膽量，並且也沒有這套本領。有錢幫助朋友，誰不願意，想幫助朋友而無法幫助時，才感痛苦。我曾經刊了一顆閒章，來作我存款的印鑑，上面刻的是「欲行慷慨奈常貧」七個字，於此可見我的內心的一斑了。我處的是承上啓下的地位，上面有長官，下面有同事，我對於同事是謹守「誠」「信」兩字，絕對不用手段和權變，我覺得手段和權變，總有一天會拆穿的。誠信待人，才可使人中心悅而誠服。初進行時，除了文書科曾經介紹一位同事外，其餘都不相識，兩年以來，同事們對我的情感，自己覺得與日俱增，這是一件快事。善善而不能用，惡惡而不能去，古人恥之，我亦恥之，我對於工作努力的同事，不待他們來請託，我總是十二分的願意向長官說好話的，對於品性不良以及服務不力的同事，無論怎樣和我有關係，我是不客氣的要簽請長官予以懲戒的。我對於常常不知足而妄自干求的同事，殊少好感，這種同事，對於他的職務，一定常常會有厭惡的心理，工作旣無興趣，自然更談不到努力了。做屬下的不度德，不量力而貪求無已，是不知已，做長官的不舉賢與能，使勤奮者無進展機會，是不知人。在下者，不知己，在上者不知人，都足以影響一個機關的發展的。

我對於長官，是謹守着一個「忠」字，古人說的「盡己之爲忠」，就是要有鞠躬盡瘁的精神。周先生豪爽熱情，輕財重諾，以及勇於負責，和知人善任的態度，在這兩年中我雖然不能完全學到，但是也受到不少的薰陶。長官對屬下，屬下對長官，和商店與夥計，工人對老闆不同，並不是單純的雇傭關係，供報酬出勞力而已，彼此之間，還須有一種同甘共苦和不可分離的情感。這種情感的出發點，是建築在公誼上的，不是建築在私情上的。周先生對於部屬，重公誼而不重私情。行裏的同事很多，單就主任以上的高級職員而論，爲數亦不少。有的和周先生本來認識的，有的是人家介紹的，周先生都同一看待，只問工作的能力和服務的成績，決不因親疏的關係來定好惡。他能信任部下，他能知人善任，所以大家都能忠於職守和樂於從事。一個人和長官做事，最怕得不到長官的信任，以致效死無方，最怕遇到一個不用而用，似用非用的長官，你無論怎樣努力，怎樣盡忠，祇要他的左右稍進一點讒言，你便全功盡棄。這種長官我生平曾經遭遇過的，當時眞使我啼笑皆非。兩年來很幸運遇到周先生我這樣一個信任部下的長官。我敢放膽做我職務以內的事。不過我可忠實報告的，我從進行到現在，從未做過一件違反長官意志和不忠於職務的事。

我最愛年青，更愛率眞，眞想年光倒流，恢復童年時代的生活。可是最近兩年來，我的童稚的天眞，漸漸而消失，革命的情緒，也漸漸而渙散。不過待人處事方面，也許比以前進步，我近來很少脾氣，很少與人較短論長。朋友無論怎樣欺侮我，得罪我，祇要沒有汚辱我的人格，什麽氣我都可以向肚子裏吞下去的。人是靈性的動物。本來誰沒有個性，誰沒有脾氣呢？不過又誰肯犧牲自己的個性去遷就人家？又誰願意接受人家的脾氣呢？我在朋友面前受了氣，有時往往回家向妻子出氣。後來想想這種遷怒於人的辦法實在不妥，妻子雖然自己人，但是不免有傷家庭和氣。所以祇有在家裏拍拍桌子，踢踢櫈子，向沒有靈機的東西去發洩我的氣憤了。「亂世功名是禍根」，我自從出獄到現在，對於宦海生涯，殊少興趣。芸芸衆生，熙熙攘攘，都逃不脫名繮利鎖，我眼看着「同學少年多不賤」，但是我沒有動心，我覺得他們患得患失的心理或許要比我重些，他們內在的痛苦或許比我還要深刻哩！時光正快，整整的兩年，已經匆匆的過去了。回憶這兩年中，我的所作所爲，究竟有裨於國家社會於何有？有益於個人身心的修養於何有？總檢査起來，除了慚愧和懺悔外，其餘恐祇賸個零。從今日起，當力避無謂的應酬，努力修養自己，恢復剛進行時的生活，自忖做個銀行專家是無希望了。但願將來做一個合於水準的銀行從業員，庶幾東隅之失，仍可獲桑榆之收。朋友們期待着吧！

華興商業銀行

資本金　國幣五千萬元（全額繳足）

各種公積金　國幣四千二百十五萬元

總行　上海廣東路十七號

分支行處地址

虹口　南京　蘇州　杭州　蚌埠　無錫　蕪湖　鎮江　南通　嘉興　揚州

營業種類

存款，匯款，放款，國外匯兌，其他一切銀行業務

並另設有　儲蓄部　信託部

古今出版社新刊

獨樹一幟　譯文雜誌

東西

陶亢德主編

存書無多　每冊八元

東西論……新渡戶稻造
中西文化之比較……羅素
日本之再認識……周作人
日本人的笑……小泉八雲
英領印度成立經過……鈴木朝英
印度的非暴力革命……艾迪
印度人與牛……梅雅
印度佛跡訪勝記……木村日紀
支配現代英國者……古垣鐵郎
紳士之國……鶴見祐輔
拉丁美洲內幕……根室
智利印象記……克勞
玻立維亞的土人……麥西賽
飯匣……加藤武雄
柿子……夏目漱石
怪頭顱……法海蒂
雨趣……賴特
與李鴻章論基督教……麥克辛

風雨談

柳雨生主編

各大書店，書攤，俱有發售。

創刊號要目

鍾進士畫像題記……周作人
關於新詩……沈啓无
語稼……紀果庵
談雜誌……陶亢德
銘心的紀念……周黎庵
迷離……予且
知人論世……文載道
西廂與琵琶……周越然
結婚十年……蘇青

（佳作多繁，不及備載。）

古今出版社
申報館
聯合主辦

紀念古今創刊周年

汪主席墨寶義賣

得主台銜揭曉

此次本社與申報館聯合主辦　汪主席墨寶義賣，事先在大新畫廳公開展覽兩天，觀衆雲集，盛況空前。復接熱心人士紛紛來函，願出最高價額取得　主席墨寶，經評判人審慎考慮，決定兒玉譽士夫先生爲得件人。兒玉先生爲東瀛人士之最先追隨　主席從事和平運動者，有相當之歷史淵源，此件之授受，可稱得人。兒玉先生所出之代價，爲國幣六萬元，已交申報館支配，作助學金之用，造福社會云。

存書不多

古今

周年紀念特大號要目

（每冊實價十二元）

欲購祈速

古今

散文半月刊

第二十三期

今作家函札五通

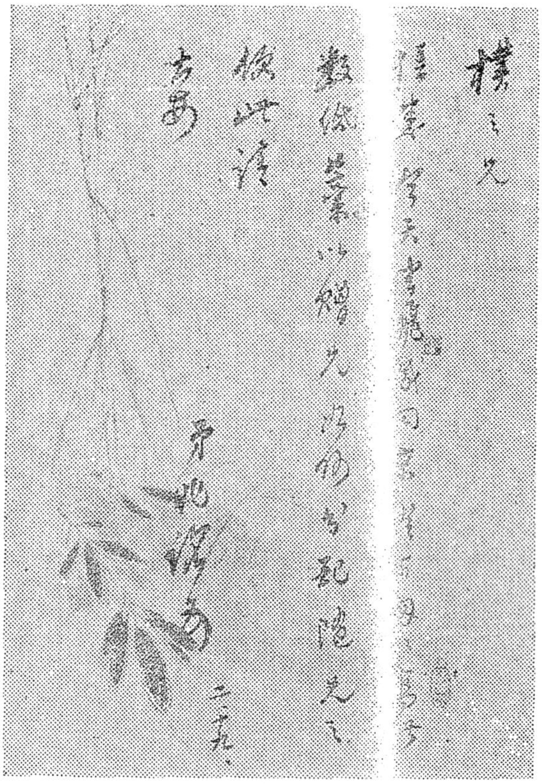

汪主席手翰

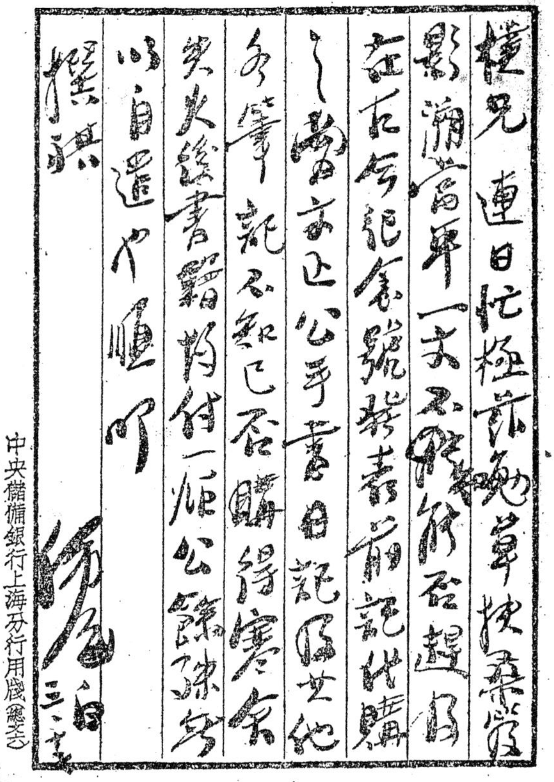

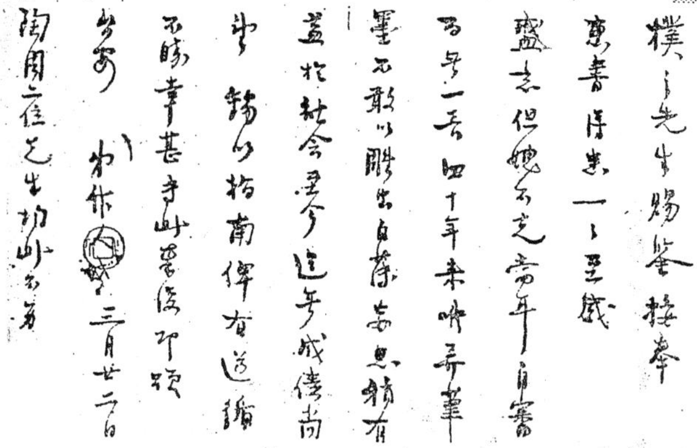

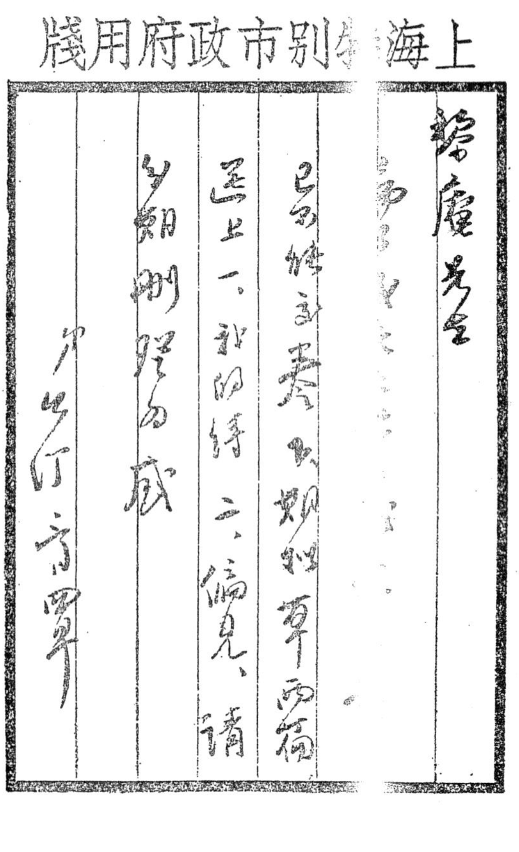

(上)周佛海周作人 兩先生手翰

(右)陳公博趙叔雍 兩先生手翰

古今半月刊第二三期目次

中華民國三十二年五月十六日出版

社長　朱樸
主編　周黎庵
發行者　古今出版社　上海亞爾培路二號
發行所　古今出版社　上海亞爾培路二號
印刷者　國民新聞圖書印刷公司　上海靜安寺路一九二六號
經售處　各大書坊報販

零售每冊中儲券五元（聯銀券一元二角）

定閱價目（連郵費）

	半年	全年
本埠	六十元	一百廿元
外埠	六十五元	一百卅元

凡郵局匯款概請註明「西摩路郵局兌付」否則不收

國民政府宣傳部　登記證滬誌字第七六號
公共租界警務處　登記證C字第一〇一二號
法租界政治處　登記證（在申請中）

說箋（一）

瞿兌之

文窗無俚。唯好取舊箋紙玩之以開襟抱。不自知其何說也。意者以天地間最耐久而可親之物無過於紙。最脆薄而易毀滅之物亦無過於紙。不知者毀之旣易。則知者愛之益親。一城之中。旦旦夕夕。颺爲屑而爇爲灰者。不知凡幾。更越數十百年。此爲屑爲灰者必將爲人所珍護悔惜又不知凡幾也。古字畫爲前人手蹟所寄可珍也。舊板書爲古人所曾摩挲亦可珍也。若此皆收藏家所競賞。已成爲商品。其價與日俱增。從事於此者。有錐刀什一之利而無怡情適性之用矣。吾曹不克賞鑒有字之紙。只合賞鑒無字之紙而已。

吾於箋紙尤愛染色者。唐人最尙蜀箋。蜀箋卽尙雜色。李濟翁資暇錄所記薛濤箋由於松花箋更爲小樣非止松花一色是也。延漏錄載益州十樣蠻箋。曰深紅。曰淺紅。曰杏紅。曰明黃。曰深青。曰深綠。曰淺綠。曰銅綠。曰淺雲。又有彩霞金粉。言其品色甚詳。段成式自製雲藍紙以贈溫飛卿。李嶠詠紙詩。雲飛錦綺落。花發縹紅披。楊巨源酬崔駙馬惠箋詩。浮碧空從天上得。殷紅應自日邊來。皆是唐時重采色箋紙之證。白樂天詩有云。紅箋白紙兩三束。又云四幅花箋碧間紅。其遺風餘韻猶可想像而得。吾生於蜀。五十年前太平富庶。物工而値賤。尋常所用皆綿紙而染色者也。彼時致書尊長。尤非用紅箋不合禮。故紅箋之製尤精。謂之浣花箋紙桃花色。誠名不虛傳矣。尋常通候之信必五色相間而用之。第一葉則仍必用紅箋。以下可用雜色。若長言累紙則周而復始。有喪服者與人書不用紅色而用黃綠等。至服制將終。喪期稍遠。則用淡色而帶紅花紋者。若他人有喪而與之書。始用素箋。倘一時不能備素箋。則取淡色箋帶紅花紋者反轉書之。各色之中以深紅淺紅梔黃水碧及絳紫爲最美。緣其紙質緜柔。故色澤能入肌理。且歷時久而不渝。迄今一詠樓上春雲水底天五雲章色破巴箋之句。不禁爲之神往。以春雲映水爲喩。非義山之錦心繡口不能。亦非親見太平文物者不能心領神會耳。

舊制未開坊之翰林致書前輩例用淺紅色羅紋箋。箋之尺寸視常箋略小。恰容小楷六行或八行。細思此例之所由來。蓋緣明代書翰概用羅紋箋。而新進翰林略施淺色以別於他人之用純白者耳。古皆尚白而清代尚紅。故名柬亦由白變紅。惟館閣中人懍懍於舊制。獨不敢改。是以新翰林謁前輩尚必用白柬帖。此乃正例已改。故正例反成變例也。羅紋紙本極美。而染作淺紅色尤有風致。雖非玉堂人物。不能不動歆慕之思。然今竟無此製。訪求數年未獲也。

古人作書本以矮箋長幅爲之。今日本所謂奉書紙成捲者。誠古法也。嘉道以後別裁競起。小或才容細字兩三行。大或可揮筆作狂草。舊箋紙店所製箋匣。一匣之中長短大小各式具備。參差攢鬥。泯然無痕。謂之十錦箋匣。取攜既便。觀瞻尤雅。誠後勝於前。

怡王府角花箋。鉤填精緻。世人咸所豔稱。故仿製能亂眞者極多。吳趼人小說云。我打開匣蓋一看。裏面是約有八寸見方的玉版箋。左邊下角上一朵套色角花。紙色極舊。老者道。這是明朝永樂年間大內用的箋紙。到此刻差不多五百年了。……問他價錢。老者道。別的東西有個要價還價。這個紙是五分銀子一張。小號收來是三千七百二十四張。此刻只賸了一千三百十二張了。雖極力揶揄，北京南紙店之習氣。其情景亦頗逼眞。蓋即指怡府箋而言也。其實此物眞者固佳。即贗鼎而極陳舊者亦復可喜。余於其花紋初不甚欣賞。惟覺紙質作牙黃色。落墨能滲入。乃誠爲珍品也。

商品廣告之最古者。吾儕所知當推李笠翁之賣箋紙。（宋時建陽賣書業亦微有廣告意義。）其閑情偶寄卷十有云。已經製就者有韻事箋八種。織錦箋十種。韻事者何。題石題軸便面書卷剖竹雪蕉卷子册子是也。錦紋十種。則盡仿回文織錦之義。滿幅皆錦。止留縠紋缺處待人作書。書成之後與織就之回文無異。十種錦紋各別。作書之地亦不雷同。慘澹經營。事難縷述。海內名賢欲得者。倩人向金陵購之。是集內種種新式未能悉走寰中。借此一端以陳大概。售箋之地卽售書之地。凡予生平箸作皆萃於此。有嗜痂之癖者。貿此以去。如偕笠翁而歸。千里神交。全賴乎此。只今知己徧天下。豈盡謀面之人哉。下注金陵承恩寺中有芥子園名箋五字著門者卽其處也。此短啓甚有近代廣告意味。笠翁純乎明代山人習氣。而其作法更爲圓到。亦時代爲之也。顧今人乃無能出新樣風動一時者。

人往風微錄（四）

趙叔雍

莊蘊寬

莊蘊寬。字思緘。江蘇陽湖人。莊氏世爲江南大族。經學文史。代有述作。自明以來。俗稱常州四大姓莊劉呂趙者也。蘊寬讀書歧嶷。天賚聰悟。輒得聖解。不以規矩自繩。每發論議。驚其長老。或比之于狂生。又好抗辯。嫉惡如仇。青白眼曾不少爲人諒。其父字之曰思緘。所以示金人之戒。又以昆列居三。鄉里咸尊之爲緘三先生。少居鄉里。屛絕塵俗。所與游者。一時名輩。賦詩飲嘯。頗得聲譽。其時洪羊之後。大亂初定。有自窟中逃歸者。將以結納自重。蘊寬知其嘗應南京天王殿試。以館閣詩有努力殺⿰犭咸⿰犭豐一語獲雋。（維時加犬旁于人名之左以示懲創）特薄其人。每來造訪。無不辭謝。忽一日。其人又至。適自往應門。門開及見。則面語之曰。余不在宅。恕不延迓。言旣遂立闔其戶。其睚眦有如此者。而其人終善事之。每相見于肆廛。執禮至恭。終亦與之偶道寒噢。事後謂柔能克剛。于此可以見之。吾固不能勝也。旣而服官廣東，亦好與人忤。尤愛斥辱敗類。官署衙期。例有茗點。貧士趨衙。往往一飽爲樂。其不堪者。藏饅首于襟袖間。歸饗妻孥。忽爲所見。卽趨與共語。以手密引其雙肘。餡食盡墜。衣履脂漬。舉座鬨引爲笑。漸轉廣西練新兵。籌設督練公所。廣收學子。授以兵事。又親赴日本聘士官畢業生歸主其事。若趙正平鈕永建王孝縝諸君均預其選。諸生陰策革命。蓋深知之。由日歸國。語先公曰。吾又收羅革命人才幾許矣。桂軍迄今負盛名。篳路藍縷。實有以啓之。宿將譚浩明以及今之李宗仁白崇禧諸名輩。無不敬事。以爲漢文翁以文學化蜀。蘊寬乃以武功肇建粵西也。旣任邊防督辦于龍州。繼鄭孝胥。鄭以文人佩印綬。開邊比于希文之窮塞主。氣宇皓偉。經緯萬端。而所爲或不盡至。則曰海藏樓大名士。宜有以諒之。卽邊氓以物力供養文流。不其佳事耶。鎭南關革命之役。黃先烈克強出入關隘。雖喬飾亦不能逃邏巡耳目。則與法國教堂司鐸謀而陰縱之。以免于難。瓜代以歸。新政迭興。令譽蔚起。一時名公大夫。多樂與之游。端方尤以推行新政。引擢人才爲衆望所歸。因益加親炙。而蘊寬率直。一如平時。端方嘗一日約客燕集。先公在座。談及政事。端偶謂漢人亦不易同心協力。信有其時。旗人詎有立足之地。語聲未已。疾聲發于座隅曰。公試覘之。同心協力。爲期不遠。終有一日。羣客爭目之。則蘊寬厲色而作。端亦始終容之。其傾倒改革。見重流輩。一至于此。瘴海歸來。留徙上海。

宣統三年。任商船學校校長。其時校基初創。即在徐家匯南洋公學之次。絲廠舊址。余方從學南洋。時時望見。輒往返校舍。督課監操。逮秋間武昌事起。即奮袂將事。移居惜陰堂。晨出晡歸。已去髮辮。與孫黃張謇湯壽潛宋教仁陳其美鈕永建顧忠琛洪承點共定大計。尤重蘇政。蘇人奉之爲山斗。蘊寬知兵。兼以膽識過人。不畏强禦。故疑難叢脞。一一集之其身。亦能等閒了之。江南底定。遂出任江蘇都督。非其願也。甫至南京。即以兵法爲部勒。凡有强悍不稱職者。一一加以嚴法。臨時大總統府有庶務員。日至廛肆。勒索苛細。以至日用品物。無不詭稱總統府需用。事以上聞。即派警察就通衢縛來嚴鞫。知者或來求免。咸不之顧。翌日即正之典刑。肆人稱快。僉壬失色。相驚告語。總統府職員。尙伏重法。吾曹其知所免夫。于是廛肆安易。人心爲定。孫總統亦繩其能。既而移節蘇州。亂兵肆掠。立以省軍械至。一詢而服。即駢戮之。蘇城亦以奠安。其治亂國蓋好用重典者。民國元年。南北政府合併。總統袁世凱重其材。以爲都肅政史。不避權要。彈劾嚴峻。王治馨以貪瀆伏法。爲世盛傳。逮世凱有帝制之議。楊度等組籌安會。議及政體。即起糾彈。時人以莊都頭目之。或謂帝制在所必成。識時斯爲俊傑。萬一意外。甯非自取。則語其友好曰。吾每日駕馬車趨公。如有狙擊者。可由車後開槍。距吾顱近。易于中的。且不致傷及御人無辜也。語爲袁聞。以[illegible]。陰爲曲庇。漸改制設審計院。調爲院長。審計固閒曹。亦顧而樂之。日以書畫金石自娛。而軍人之至京者。多以其前輩。敬禮攸加。即民黨中人。知其雖非黨籍。實托庇蔭。亦樂與之周旋。每國家多故。京師擾攘之際。輒與江朝宗熊希齡等。爲中朝大老。爲編戶生佛。安靖民生。審計院主綜核全國度支。而各省軍政。咸屬專閫。初不重視。亦有亟待核銷資以酌盈者。或有干托。咸加峻拒。既而庫藏日拙。京曹餉糈。多不能繼。强有力者。或尙得籌款自給。閒曹冷署。往往累月不名一文。所幸僚屬咸體院長淸況。不加苛索。閒有所得。發給俸食。亦自廝養辦事員而科員科長。按成遞配。往往本人一無所獲。因是闔署咸欽其盛德。雖無升斗之儲。亦永永追隨勿去。族兄椿年任副院長。多謂爲難能。亦終與共甘苦。京師人士。益加挹重。段祺瑞楊宇霆等一時重望。咸樂聞緒論。敬受其詞。因亦得以所見聞者。陰相地方。比諸諍友之列。江蘇爲南北綰轂之區。東南饒富之地。閥閱爭鬨。屢苦兵役。則直言放論。抨彈無忌。漸以偏痪病足。不良于行。展轉衽席。以文史報章自娛。初不忘情于國計。卒爲魯督張宗昌所忌。使王琦往逮之。欲置于法。王以緹騎躬就所居。正爭持間。其子密赴鄰院。電話關外。告之楊宇霆。楊立電張緩頰。凡五小時。張急足止王。毋許鹵莽。其事始寢。苟少遲誤。論者以爲或與林白水邵飄萍同命。林邵以文字賈禍致死。均王主之也。養攝經歲。其病少已。既而國民革命。北伐抵燕京。政局丕變。因去官職。旋各省設修志局。鈕永建爲江蘇主席。先公以語永建。延之南來。使主局務。開館焦山。設局松風閣。遂貨舊居南返。時時往來于京焦常滬間。少獲淸暇。養痾怡老。終于里舍。遺命葬常州公墓。不封不樹。舉殯之日。郡人無不流涕。謂天乃不憖一老也。蘊寬軀體短悍。雙目炯炯。口大髯疏。直戇敏幹。廉正公忠。自幼受學。即好爲疑古之論。口如懸河。講解文史。每立新義。非聖謗賢。咸不之恤。常日渺視政術。痛排榮利。否臧人事。不少假借。而又玩世嫉俗。一言之發。聞者絕倒。山水清娛。偶事游覽。亦無多戀。自雁蕩歸來。或詢龍湫之勝。則曰差似壯夫立而小遺耳。又鄉人盛宣懷。身後有舉發控告者。政府因查封其田宅。並及蘇州留園。留園爲宣懷父丹舄所營搆。非宣懷產。則曰。往者罪及妻孥。茲乃罪及高曾耶。一日客杭州。往訪舊友。其人浮沈末僚。潦倒已甚。念舊泫然。將予佽助。且約之放棹湖上。逮及孤山。其人忽謂有事先去。維舟登岸。曾不數武。倉皇呼舟子曰。吾遺錢幣。煩一檢之。同舟立爲移坐搜索。因詢遺落何數。其人謂約六十番。則探囊如數予之。且曰。所失正復在此。幸而得之。其人稱謝。攜之趧行。舟復前棹。遂語友好曰。其人奇困。吾且厚賚之。不意覬吾綈袍之誼。即動念秧之謀。品劣至此。只有因而給之。吾所省多矣。其突梯便給。往往類此。間好行博。輒至大負。使氣擲注。每至傾囊。病中親友俱集。手戰不能舉葉子。則以小廝立代其役。顧而樂之。暇好治書法。莊氏世工魏碑。能繩家法。進爲狂草。日日與人揮灑無倦容。或學作花卉。初不甚工。自有天趣。進作八分。所藏宋搨夏承碑。出臨川李氏。海內孤本。日事把玩。亦偶作詩。興到爲之。或作題詠。生澀中別饒風趣。不索人和。亦不多以示人。居官無俚。日赴琉璃廠骨董肆中。擇其精勝價廉者。攜歸摩挲。用消永晝。書畫鑑賞。頗獲神悟。以貧宦無蓄積。迄少珍品。晚歲忽有所悟。遂信佛法。初以大智慧遍覽各部。咸得津逮。機鋒所肆。直指五鐙。相宗科弟。如數指掌。又得吾鄉天甯寺治開老和尚之開度。益臻勝悟。歸諸淨土。日事功課。先公入佛初機。所爲助力者特多。金山老僧。慧眼所矚。洞達歷劫。嘗謂前生一世爲虎。一世爲明建文帝。蓋生有自來者。不昧性靈。超凡入聖。庶幾不遠。綜其生平。顯慧獨絕。惡惡特甚。好以重典治亂世繩非法。而不違于仁者之用心。好謗士流而仍不失雅人之深致。好不恭玩世而通理學之眞傳。好勇鬥狠。譏彈抨劾。而不失其爲庸言儒行。好非聖無法。而實通儒釋之精諦。例諸佛氏。殆阿羅漢之流。進于聲聞緣覺者。亦近世一行之流已。

趙叔雍先生來函

昨接沈燕謀先生函，以張嗇翁殿試策問爲河渠經籍選舉鹽鐵四事，因本眞西山學說以對，未涉鮮事。又預備立憲公會孟昭常雷奮楊廷棟致力俱勤，實業支絀之時，吳兆曾推誠周旋，始轉危爲安，功不可沒。又管石臣名國柱，爲沈同芳弟子，書法初不能似。江知源名導岷，婺源人，爲嗇公弟子。劉垣誤植桓字。諸承訂正，感紉無似，並爲揭載，以示世人。糾繆之責，倘俟君子。

知堂老人南遊紀事詩

紀果庵

知堂翁以四月六日至十六日北返，勾留十日，此番烏紗脫却，一身輕散，故能有吳門之行，而海上故人，如雨生亢德，均抵閶門相會，黎庵則與作者同，攖病不能起床，只有望而不卽。然余究在京城，屢獲親翁謦欬，妙語妙人，記不勝記，且「一說便俗」，先生之思想生活，亦絕非我輩所得而涉筆也。余於前者，勉爲印象追記一文，回憶去年，感慨今日！先生頭已白矣，短髭蒼然，吾輩少年，亦且娶妻生子，爲生事奔忙，眞所謂「未免有情，誰能遣此！」屢思記錄先生此番言行，但不知從何處說起。言語一物，時間性甚大，聽時感其有趣，刹那便已遺忘，即不爾，亦苦難捉住當時眞味。今知翁行後又五日矣，遺忘之多，夫何庸言。余自九日病起，到中華留日會謁先生及開步庵主人暢談，偶憶一二雋言，此次爲多，自後講演宴會，再無暢談之機。十五日晨，兒子忽患盲腸炎，須入醫院開刀，心中焦灼，他事都不在念，故啓无雖約夜談，竟不能赴，次日匆匆一別，亦不克渡江相送，人事乖忤，實有非始料所及者，要唯聽之而已。日來楠兒病已脫險期，余在醫院，七夜衣不解帶，幸啓无臨行，贈我「大學國文」兩册，此書雖是課本，却爲消遣佳品，中宵對燈獨坐，遂以之遣悶，其中選取知翁近作不少，觸動意興，頗思效顰翁句，作南遊紀事詩，然余素不知詩，更不爲詩，平仄也，用韻也，舉茫然若不知，下筆遲疑，審愼再四，繼思詩無非言志，何必計較許多，於是濡筆伸紙，竟一氣哼成十首，豈只工拙不能計較，語云：管他三七二十一，余蓋有焉。讀者笑我，直以爲打油釘鉸也可，或以爲滿紙荒唐亦無不可，是爲序。

萬人翹首望知堂，消息傳來各渡江；「胖子」
緣何行不得，支離病後起「臀瘡」。

知翁爲海內文宗，無間新舊，故其來也，靡不翹首以待。余自三月下旬，連得開步庵函，已稍知此事，四月三日晚忽感寒疾，作冷作燒，次日接啓无快函，云知翁六日動身，七日渡江，盼能到浦口一迎，蓋同行者尙有公子豐一及沈君夫人也。五日，余偃臥未起，六日晨强起料理，閱報，忽有卽日到京訊，急以電話詢各方，知爲確息，中大樊校長乃囑余往迎，幷囑與宣傳部楊鴻烈君聯絡，余亟電楊君，則曰：只有一車，而我與你皆爲胖子，深恐擠不下，余適亦體未復元，遂托楊君達意，決定不去。下午二時，電中華留日同學會，詢已到否，答云不知，繼又云到上海去了，使人摸不清頭腦。後會見啓无時，始知上海影星，於三月尾聯袂到京，寓會中，是時甫返滬，每日到會中瞻望丰采者至多，故以我爲影迷之一，而作如是指示云。因念知翁雖海內宗師，而其名不能婦孺皆曉，是又不能與明星相提幷論矣。余在學校候至四時，忽體又發冷，急返家蒙被而臥，自念是病痁也，爲短簡達啓无，告以狀。翌日，少瘥，因大便不暢，醫生爲注甘油洗腸，不意觸犯痔瘡，痛不可忍，寒疾雖已，瞖疾又來，午夜展轉，心中焦躁。八日之晨，忽啓无來視我，不能起床，臥談良久，知翁卽有蘇州之行，因連日柳雨公皆有快函，云將來京與知翁一面，恐兩相左誤，遂聽啓无之囑，在床上草一電稿發出，改海上諸友請往蘇一會，憶其日期，似云知翁十日抵蘇，不知何以弄成九字，遂害得陶柳兩兄，在蘇州城外大受洋罪，且我因病未隨知翁去蘇，惹得亢公聽啓无之言，「胖子肥瞖生瘡，在床上喊痛。」（見四•廿中華副刊）不能乘機與余一面，大有悵惘之勢。早知如此，不如不發前電，使二公稍勞其民，微傷其財，竟到南京一行，無論如何，「胖子」可見，更可請二公一登泰山，或欣賞同慶樓老李也（均見沈啓无印象一文）。唯胖子殊無可看，可援古人之言曰：「一看便俗」，爲保留較好印象，仍以不看爲得耳。

清談微旨豁吾蒙，遊戲如今識此翁；當年曼倩成何狀？棣棣威儀或有同。

與啓无約好，九日往會見知翁。此數日間，北風獵獵，大有冬意，知翁以爲江南春深，不必衣綿，不期大感其涼，亟市毛線衣穿之，始得支持，余病初起，亦御大衣而往。至會所，楊鴻烈公正招待早點，登樓見翁，覺丰儀如舊，唯短髭或較去年更蒼白耳。雷迅兄偕余往會，爲知翁及啓无畫速寫像，因介相見。余與先生寒暄頃，雷君已成一幅，先生見曰：畫得太嚴肅了，我是很喜歡遊戲的。啓无則云，其象頗似魯迅。先生遂由遊戲談起，以爲一個人必須有幾分遊戲氣氛才好，殆卽所謂幽默感也。「但世人多以爲我是嚴肅的，卽畫像，也是把我畫成嚴肅的居多。古人有許多滑稽者，不知道他們的相貌如何，或者東方朔的像也許是很嚴肅的罷？我覺得滑稽很好，說正經話作皇帝的不但不聽，或者對於自已還有損失，像滑稽者流，別人聽固好，不聽也無妨。」此數語說得實在有味，我的爲人，只是一味馬馬虎虎，說說笑笑，其實不足言幽默與滑稽，而今而後，當向「幽」與「默」作去，如先生之超然象外得其環中，則大佳矣。語次，雷君第二象已成，作微笑狀，先生略首肯，以爲稍具遊戲感焉。

「原道」皇皇舉世風，不知華嶽起哭聲；痴肥如我唯貪睡，此是桐城一「大宗」。

提起韓愈，先生總是有反感。因說胡適之對「原道」表示擁護，曾在苦雨齋辯論，胡君以爲非原道則佛教思想將統一中國，先生則謂中國根本自有其思想，卽不闢佛，中國亦不會變成印度。我以先生之言爲然，昔閱契嵩鐔津文集，其「闢韓篇」雖稍嚕囌，但話說得尚透徹，學韓文者，但歆其粗獷之氣而已，思想云云，實無所取。然先生之一語破的，尙未爲昔人道過，故更可佩。退之原是言行未盡相顧者，登華山而大哭，以爲不能復下，「功名」之念可掬，斯足證矣。先生云，「我想韓退之一定是胖子，一來就要睡覺，後看某筆記，果然不假，可見由文章亦可想象其人也。」余聞而大笑，蓋忝爲胖子，尤愛午睡，唯不知登山是否也要哭耳。不過我對韓文公是先天的無好感，初不待先生之說而云然，是吾之胖與文公未敢妄相比附，況文公乃桐城百世不祧之大宗乎？（南冠君有「什麼東西」之詈，可勿如此犯火氣也。）

儀鳳門前練水師，卅年舊事少人知，銅幣三枚吃「侉餅」，管輪堂外立移時。

如亢德「知堂小記」所云，老年人對於舊事特別懷念，關於江南水師學堂事，已數數提起了。這學堂卽今之薩家灣海軍部，房子大體保留，三十年在中國要算不易度過的長時間，況南京幾經兵燹，尤以丁丑一役，故家喬木，幾盡變刦灰，而此房居然矗立斜陽，飽歷憂患，亦可與此老同爲魯殿靈光矣。先生云，記得儀鳳門一進來就是很大的坡度，疾馳而下，直抵水師學堂門前。在學堂日，早點必市「侉餅」，蘸辣椒油佐蘿蔔乾食之，其味致佳，所費不過銅元三文。因詢余侉餅尙有否，余只知有大餅，不知何爲侉餅？詳問其狀，云長形，爲山東侉子所製，故名，外有脂麻，焦脆呈黃色，然今大餅皆圓形，又用酵粉，軟而不焦，故不能應。蘿蔔干則碻知仍存，先生頗盼再嚐此味，幷告以有兩種，一長形一圓形，圓者尤佳，以用鹽漬，不用醬也。土名「蘿蔔香」，若買「乾」，則必不得。余歸後卽市少許，於晚間宴會時帶呈，想今日食之，未必如三十年前之津津耳。余問土人以侉餅，據云，尙有賣者，唯不多見。後竟未尋獲，先生想欿然不滿也。既自蘇州返京，終至海軍部一遊，啓无告我，先生指點某爲漢文講堂，某爲洋文講堂，彷彿置身同光之際，其漢文堂外牆開一洞，先生云，此處所以繫繩，繩端則以布爲扇，由役在外牽繩，則扇在室內搖擺，有電扇之用焉。余憶昔時北京小理髮店往往有此，不意乃造端於是。是日，先生徘徊不忍遽去，惜公子豐一赴滬，無人爲攝一照，不然，照得先生於斜陽中立漢文堂外，蓋一大好紀念矣。（管輪堂，亦水師學堂之一部分，如今日大學之院系也）

廣告元無粟米鹽，朝朝「若素」與「仁丹」，唯有電車不亂講，「人人可坐」老實譚。

大家都希望先生常來南京，宣傳部楊胖公云，已定秋天來京矣，先生笑曰，你又在宣傳了。於是由宣傳兩字談起，先生云，曩曾爲「宣傳」一文，惜未發表，大意只是說，廣告的作用，限於不急之務，不實之語，如米糧店，油鹽店，煤店，向來不登廣告的，因爲這是家家必需，用不到說。廣告最多的是藥品，所以若素和人丹競賽，打開報紙，不是治淋，便是消梅。總因爲這些東西不是日用品，才要強聒而不舍，強聒的效用，不一定是你信了他，就是你討厭了他，至少你對他已有了印象，則廣告之能事盡矣，不必要之宣傳，豈不可作如是觀？語甚妙。又云，我活六十歲，只看見一個廣告是好的，那就是上海初有電車時，車身大書「人人可坐」，眞實不欺，誠廣告上乘也。啓无正端坐畫象，聽此插言云，在北京某醫院有一牌子云：「本院治病」，亦與此異曲同工，吾輩不禁大笑。

留學淹通滿目奇，黨部宗人屢變之；姓周還住周家裏，說去說來偌個知！

由南京談到北京，北京是我的第二故鄉，當然有味得多。然近來常將有歷史性的胡同名子亂改，弄得非驢非馬，先生首舉南城之「留學路」，初見之竟不知所指，後來方知道是「牛血」之化名。我又想到煙筒胡同，改為淹通胡同，大可與留學并提，先生云，那是黎劭西改的，因為他住在那裏，別人到底沒人用。其最不合理者乃是衙門公署，擅易地名，如宗人府夾道，本曾有宗人府，大約當初無名，改設府于此，乃曰夾道云爾，十七年改為公安夾道，因緊鄰公安局，西城教育部街，改為市黨部街，如此者尚不知有多少，先生為譬曰：此殆如問人姓名住址，你貴姓，我姓周，住在那裏，住在周家，必致令人莫名其妙；今如問公安局那裏？在公安局夾道，市黨部那裏？在市黨部街，豈不一樣可笑邪？按北京人改地名。似有忌避祈禳之意，如鬼門關易為貴門關，狗尾巴易為高義伯，大啞叭改為大雅寶，雞鴨市改為集雅士，丞相胡同原名繩匠胡同，綬水河原名臭水河，受璧胡同原名臭皮胡同，幾於稍不雅馴者，必加更易，換以歷史殊無謂也。南都新建，所更尤多，聚寶門曰中華門，府東街曰中華路，盧妃巷曰洪武路，花牌樓曰太平路，皆足以迷失本地文獻，余認為殊不必要，先生亦頗首肯。

閒步庵前一樹花，不陰不雨足風華；我本幷州遊俠子，如何不憶大風沙？

閒步庵主人沈啓无兄，亦一妙人，余前於印象記中略述之矣。此次來京，以公私匆遽及不獲娓娓而談，唯在中央大學講學兩次，聽者受益不少，即余亦為之茅塞頓開。所選大學國文，與傅東華所編大學文選及朱劍心兄所輯中央大學國文選頗異其趣，蓋沈書注意於「文章」，而傅朱留心於學術，合而觀之，眞完璧矣。然若以趣味言，吾寧取沈，其書絕無道學文章，義法文章，以及濫調八股文章也。（大體以風土人情日記尺牘傳狀墓誌小賦之類為準）蘇遊歸後，余請知翁及主人各寫冊頁兩紙，主人書陶元亮士不遇賦一，又一則書其所為詩「我寧愛這不下雨而開花的地方」，筆意彷彿晉唐，致足賞目。其後附有一跋云：果庵喜歡我的詩，他在印象記裏說我的詩比散文好，我認為是知言。我愛住北京，曾有詩句云：我也愛這個古城，我愛這古城正好不是一個雨的城，這裏的風塵正好在他的虹。果庵是北人，得无有鄉關之思？余離幽州三年矣，烽火連天，家書不至，豈僅人情風土，時系孤懷，即骨肉友朋，亦均不得消息，蘭成賦哀江南，余愧無文筆，不能作憶北國耳。頗盼以後，時惠好音，亦足療我心痗。

陶風柳雨到吳門，為看明月佛前身；一聞滬瀆行程罷，淒涼心緒淚沾襟。

亢德稱風，非專與雨生作對句也，自宇宙風而西風而談風，皆與陶公有關，且諸刋中又有西北東南陰陽怪氣之風，亢兄其眞可以代表「國風」也乎？既爲風姨，吾乃從而風之，此番風風雨雨，吹入吳門，專爲迎侯「山中比丘」（知翁自稱前身出家，在蘇爲詩，有「我是山中老比丘」之句），雖在城外，飽吃閉門羹，不免駡胖子錯打電報（請參閱知堂小記及前文），然「亦既見止，亦既遘止，我心則降」，想此行不虛，究不至怪我多事也。唯聞二君促知翁之駕赴滬而終不獲允時，雨生竟淚下如雨，可謂至情過人矣，但不知陶風在側，作何等吹拂，才使雨過天晴耳。

木瀆石家豆腐湯，明鐙聽曲意蒼涼；新詩寫畢渾如夢，我未吳行也斷腸！

知翁在木瀆石家菜館「吃豆付」用于右任句（多謝石家鮀肺湯）云：「多謝石家豆腐羹，得嘗南味慰離情，吾鄉亦有姒家菜，禹廟開時歸未成。」又聞吳語云：「我是山中老比丘，偶來城市作勾留，忽聞一聲擘破玉，漫對明燈搔破頭！」二詩不減唐賢，返京後遂爲我書之，幷附小跋清雋可喜，吾爲南下題字雖多，皆不及此，衷心欣悅，大有阿Q之思。第二首尤爲我所喜，初蘇遊還後，余往謁，即取日記冊示余此作，蓋自亦以爲得意之什。余既求書，並未指定，而頗盼有此章，果不失望，先生或有萬一知我耶？先生素不喜京戲，以爲粗俗無味，而對於民歌，則極感興趣，嘗慨然于前代打棗竿掛枝兒擘破玉之成廣陵散，今聞吳歈，或有微似，老人心情，頻搔白髮，吾雖未偕，恍如見之。先生告余曰，明燈，並非電氣，乃煤氣燈，俗稱水月電者也。

得讀披裘賣餅篇，非唐非宋是天然；只恨無人學孟棨，箋出本事與人看。

先生近不常爲文，而詩則屢作，如「當日披裘理釣絲，浮名贏得世人知，忽然徹悟無生忍，垂老街頭作餅師」一首，含蓄深遠，而字面極平易，有義山之蘊藉，而無其艱澀，似梅村之感慨，而較其流走風趣，故吾曰，此天籟也。唯本事云何，似有所謂，雖微有所知，不能詳也，閒步庵知先生最深，或能箋之，今又非其時，元遺山不明錦瑟，恨無鄭箋，召于先生亦云然。又一首曾感動雨生下淚者（見楊傑先生知堂在蘇州一文刋中華日報）亦抄於此，其情政殆不減於聞吳歌云：「生小東南學放牛，水邊林下任嬉遊，廿年關在書房裏，欲看山光不自由。」山水無窮，亦不知吾輩何年更得自由看之也。

前生全是一比丘，我亦難作老僧頭；漫聽說法飛花雨，此身得作阿難不？

與先生在中大合拍一照，余儼然僧頭，唯欠袈裟，不知能否效迦葉阿難，傳先生妙法之一粟耳。

「跋」歪詩謅罷，越看越不成東西，雪泥鴻爪，姑留一故實罷。平常很喜歡南宋雜事詩，藏書紀事詩之類，而先生之詩，牖我尤多，此眞所謂效顰弄斧，想笑我者不止先生已也。四月二十二日於鼓廔醫院二七四號五燭燈下。

我的書法

徐一士

我幼年多病，九歲即廢塾課，仗着父兄隨時教導，得以略知文理，可是讀書而不習字，成了習慣，所以我的字寫得很壞，（其實還够不上說壞，寫字數十年，對於字之應該如何寫才算合式，至今不懂。）凡見過的都知道。現在寫幾段關於我寫字的舊事，以博「古今」讀者一笑。當年因字壞受窘的情形，回思如在目前，似亦可為今日青年中不喜習字的一種鑒戒也。

『文章是你自己做的嗎?!』

我十五歲那年，山東巡撫周馥在省城（濟南）開辦一個「客籍學堂」（後來升格為「客籍高等學堂」），招收外籍學子。家中爲我報名，叫我應考。所考的只是作一篇文。我於作文是初學，聽說考試的時候至少要有三百字才叫做「完篇」，進場以後，見到題目，努力湊成功三百多字。起草旣畢，在卷子上謄清，又大大的爲了難。字的惡劣不像樣，且不必說，對於一個格內裝進一個字的「天經地義」，就苦難恪守，只好竭力對付着寫，往往兩個字佔三個格，甚至筆畫多的字一個字便佔滿了兩格。寫完了，自己越看越不像樣，沒法子，也只好交了卷出場。出榜以前，心中忐忑不定。等到看榜，居然取在前列。

行過開學禮之後，本堂（校）監督（校長）曾叔吾先生按着考取的名次，一一傳詢。我上去的時候，見他先翻看試卷，又抬眼把我打量一下，問道：『文章是你自己做的嗎？』蓋因我年齡旣小，字跡又甚惡劣，疑心考試時或有「槍手」的情弊也。我覺得很窘，膽子小，不敢多說話，只低低的答了一個「是」字。他又看了我一眼，似乎仍然不大放心，又問了兩三句旁的，我於「毛骨聳然」中退下。（後來甚蒙叔吾師賞識，屢加獎擢。時承勗以講求書法，實爲愧對。）

拇指與小指

開始肄業之時，教我這一班的中文（國文）教習（教員）是徐守齋。第一次堂課（在教室作文），作了一篇短文。隔了一二天，閱畢發回，蒙他大圈特圈，心中當然一喜。他一本一本的發完了，叫我上前，對我伸出一隻手，豎起大拇指頭，說道：『你做的這一篇，在班裏是這個！』說着，縮回拇指，另把小指豎起，道：『你寫的字，在班裏是這個！』言畢，全班都笑了。這使我於高興之中深覺愧窘。（守齋善於詼諧，授課的時候常說點笑話，引起學生興會。）

『書法不講，惜哉！』

第二次堂課，又作了一篇，字數較多。上次文後未加批語，這一次又加了批，原文記得是：『筆陣縱橫，識力超邁，爲東堂特出之才。書法不講，惜哉！』獎勵之餘，喟然興嘆，態度誠懇而嚴重，不是說笑話了。其如「孺子不可教也」何！（「東堂」是「東講堂」的簡稱。當時教室叫做「講堂」，按其方位稱「東講堂」「西講堂」等，這一班在「東講堂」授課。）

當時讀了這個批語，未嘗沒有愧奮之心，但是因爲不喜習字，早成習慣，並覺着缺乏基礎，從頭學起練起，已太遲了，（其實還不算太遲。）所以一直自暴自棄的下去。（不過漸漸的勉强做到一個字佔一個卷格而已。）後來年紀越長越不易再講此道了。假使守齋師現在見我寫字寫了幾十年還是這樣糟法，更不知他要如何歎惜矣！

『鴉塗不堪！』

我寫的壞字，久而久之，師長們看慣了，也就不大注意，好像「見怪不怪，其怪自敗」似的了。不過有一次，我又忽然受了一個打擊。這次打擊，並非中文教習所給予，却是理化教習「大發雷霆」，頗出意料之外。

事情是發生於某次學期考試。當下學期開始之後，考試的卷子發交學生們閱看，（看完仍繳回存案。）我在我的理化卷子（忘記是物理還是化學了）內看見橫批着四個很大的字：『鴉塗不堪』！知道向來不大看見我的「書法」的理化教習賈紫庭師發了怒了。（分數上也似乎因此特別扣了幾分。）同學們見到的，無不大笑，我又受窘一次。

中文教習已經「見怪不怪」，不大理會我這個字的問題了，理化教習却來大挑其眼，豈非有點像俗語所說的「狗拿耗子，多管閒事」乎？但是不應當這樣想。紫庭師所施於我的這種觸目驚心的訓戒，是我應該非常感謝的。

圈點遮醜

一方面，這回中文教習籍陸儕師所看的兩本卷子（一經義，一史論），卷內一行一行的連圈夾着密點，極爲絢爛，並有大加嘉獎的眉批總批。惡劣的字體，經這樣一烘托，便好像不怎麼難看了。圈點可以遮壞字的醜，實有如此情形也。（不過醜總還是醜，遮遮而已。）

說到這裏，引一段書。南亭亭長（李寶嘉）「文明小史」第二十四回（太史維新富膺總教，中丞課吏妙選眞才）有云：『……撫臺收齊卷子……又打開一本，却整整的六百字，就只書法不佳，一字偏東，一字偏西，像那七巧圖的塊兒，大小邪正不一，勉强看他文義，着實有意思，……心裏暗忖：「捐班裏面要算他是巨擘了，爲何那幾個字寫得這般難看呢？」隨即差人請了王總教來，把卷子交給他，請他評定。這番王總教看卷子，……提起筆來，先把金子香的卷子連圈到底。說也奇怪，那歪邪不正的字兒，被他一圈，就個個精光飽湛起來！……』圈字遮醜，寫來頗能傳神，眞是「說也奇怪」了。（這回小說中所寫的情事，可正該用着曾叔吾師所詰問的「文章是你自已做的嗎。」）

『添注無，而塗改亦未嘗有也！』

在「客籍高等學堂」畢業之後，到京應學部的考試。臨場患病，力疾入場，寫的字比平常還壞。當考中文某一門時，（經、史、文、兵、記不清是那一門了。）同學杜召勛兄的坐位正在我前面，他回頭向我的卷子一望，縐縐眉，搖搖頭，其時不便交談，交卷下來之後，他對我說：『我以爲你總該要寫得稍爲好些，那知更不像樣了！』我說：『你當然寫得很好。』他笑着說：『添注無，而塗改亦未嘗有也！』他本是壬寅年的舉人（十七歲就中舉），寫作俱佳。這次考試，四門中文卷，在匆促的時間裏，寫得異常整齊，概無添注塗改，這個工夫眞可佩服。至於我添注塗改了多少，那就不用說了。

科學時代，應鄉會試的，必須在卷子上自已注明添注幾（字），塗改幾（字），無則注以「無」。相傳有一笑柄。一位應試的，很細心，某場卷子寫畢，居然一個添注塗改也沒有，應當注上「添注無，塗改無」六個字，他當時一高興，掉起文來，注的是：『添注無，而塗改亦未嘗有也！』他這一高興不大要緊，卷子交上去之後，就因爲「犯規」而被「貼出」，不完場就落第了！杜兄之語，是根據這個笑柄而來，有趣得很。

在校的時候，中文教習孫竹西師曾對我說：『你的字不如杜生。』我說：『豈但不如而已哉？』

『就是寫得亂點兒！』

民國初年，我在北京，胡孟持兄從濟南來信，託我替他訪購某一種帖。（他是我的內兄，素來講究書法，喜歡碑帖之類。）我因爲對於此道是大大的外行，恐怕弄錯了，就回信辭謝。後來在濟南見面，談及此事，我說：『我不會寫字，從來沒臨過帖，完全不懂，大哥派我這個差使，豈能勝任呢？』他微笑道：『你的字很好，就是寫得亂點兒！』詞令頗妙，可稱蘊藉而「幽默」。

竊比老王！

那個老王？湘綺老人王壬秋是也！他論書法有云：『余自廿五以後，迄今五十年，日書三千，作字以億兆計，然無他長，比人加黑耳。雖復淡墨輕煙，色如點漆，故曰入木三分，筆重故也。』拿我這樣「鴉塗不堪」，而要上攀湘綺，自然是荒乎其唐的瞎說，然而下筆却也甚重，字跡也稱得起「比人加黑」，只是「漆黑一團」罷了！打一個譚，就此收科。

水滸傳作者考（上）

謝興堯

——讀水滸雜考之一

中國舊小說裏幾部最有名的，如紅樓夢、水滸傳、儒林外史、兒女英雄傳、西遊記等，都經過胡適之博士精密的考證。並且一經他考據提倡，莫不身價百倍。而胡先生的文章，也以考證小說者最稱精采。所以一說到爲舊小說作序，可以說胡先生是「包牌子」的。記得魯迅翁也曾這樣說過。關於水滸傳，現在都以商務印書館出的百二十回本爲最善本。牠的意義，一則包括前後水滸共百二十回爲最多最全；一則就是卷前有胡先生的詳細考證，可以供讀者參考。不過我們今天把胡先生的序文重讀一遍，知道他的文章於水滸傳最大的供獻，還是屬於版本方面，其他可補充的地方還很多。如水滸傳作者，究是施耐菴，抑是羅貫中？這是本書的一個最根本最大的問題。而胡先生的序文裏，便沒有肯定的結論。且施耐菴是元人，羅貫中是明人，於時代上相差甚遠，於本書關係極大。同時也是考證水滸的大前題，不能不盡所有的研究一下，以爲其他問題的根本。

一　胡徐兩氏的概論

我們先檢閱胡先生序文中對水滸傳作者的論斷。他這篇文章，共分四段：一、水滸版本出現的小史。二、十年來關於水滸傳演變的考證。三、我的意見。四、論百二十回本。關於水滸作者，在他第二段考證文中有幾條假設，其（3）云：『明初有一部水滸傳出現，這部書還是很幼稚的。我們叫他做「原百回本水滸傳」。這部書也許是羅貫中做的。其（4）節云：『明朝中葉，約當弘治正德時代，另有一種七十回本水滸傳出現。我假定這部書是用「原百回本」來重新改造過的，大致與現行的金聖歎本相同。這部書也許是「施耐菴」作的。但「施耐菴」似是改作水滸傳者的托名。』本來就是「假設」，而又加上好些「也許是」……，可見胡先生對於水滸傳作者，是考證不出所以然，所以不肯下確切的斷語，這正是考據家應該有的謹愼態度。在同章裏引俞平伯「論水滸傳七十回古本的有無」云：『俞先生即採用魯迅先生的主張，不承認有七十回古本。魯迅先生曾說：「又簡本撰人止題羅貫中，比郭氏本出，始著耐菴。因疑施乃演爲繁本者之託名，當是後起，非古本所有。」平伯承認此說，列爲下表：

簡本百回……羅貫中

繁本百回……施耐菴、羅貫中。

金本七十一回……施耐菴

平伯又指出聖歎七十一回本的特點，除掉僞作施耐菴序之外，只多了第七十一回的盧俊義的一場惡夢。平伯以爲這一夢是聖歎添入的。』下面的文章，又扯到版本上去了。雖然引俞周兩位的說法，列爲簡本繁本如上表，但都是原書署名，胡先生沒有參加意見。以傳序這樣數萬字洋洋大文，於「水滸傳作者爲誰」一事，胡先生是始終規避不明白答復。同時也未提出這個問題。

後來胡先生對水滸傳的看法，又略有變更。我以爲於此書的時代背景，與夫作者的推測，時賢中以徐一士先生最具卓識。徐先生在「與胡適之博士一席談」裏論「水滸傳」云：『胡君於此書之研討，致力甚勤，曾發表關於考證之文字數篇，久已膾炙人口。信非有「歷史癖」、與「考據癖」之素養者不能爲也。余近於京報撰「小說漫話」，對胡君之說，頗有徵引，亦間以鄙見相商榷。胡君談及拙作，謂言頗有當。而拙作係每日信筆爲之，無章法，無統系，他日加以整理，當再就正胡君耳。胡君謂近對此書，復事研究，所得有視舊作不同者。如金聖歎自稱家藏「貫華堂古本」，據以改正「俗本」。此問題本有兩說：一謂聖歎實有此種古本，非出假託。一謂所謂「俗本」，乃是「眞本」。聖歎造爲古本之說，改竄原書，割裂前七十回，定爲施耐菴舊著，而指其餘者爲羅貫中所續。前此考證，頗主聖歎實有古本之說，近來研究之結果，則認聖歎假託之說爲不謬。新撰之文，已收入「胡適文存」三集矣。至水滸傳著作之時代問題，胡君夙謂：「我們須要記得，施耐菴是明朝中葉一個文學大家的假名」。以元人一般作品，不逮太甚。不信舊傳元人所作之說。余於「小說漫話」，曾以有明中葉，去宋已遠，不應書中名物稱謂，言詞習慣，不脫宋代之舊，而毫未雜以明代背景，謂仍以元人之說爲近似。蓋去宋未久，相沿多肖。且元人作品縱多不佳，而天才過人者，固不妨翹然傑出。明人小說，其文句風格亦無一似水滸傳者。胡君談及此節，頗以爲然。對於明朝中葉，已不堅持。謂水滸傳之文句風格，確爲特異，著者時代，尙待再考。或爲元人，亦未可知。亦或至明代復有潤色而始完成耳。余謂縱有經明代中葉文人修改處，而其量當不多，胡君亦謂然。又水滸傳如係經聖歎假託古本，施以割裂。則删餘者文句風格等，當與通行之七十回本相同，而所謂「續傳」者實不類。胡君近作，對於此點，當已有確切之解說矣。』（見國聞週報第七卷第四十三期）

徐氏之說，最爲近理。我亦以爲由本書中的「名物稱謂，言詞習慣」及「文句風格」等，便是證明著作時代的最好資料。

二　關於水滸作者的傳說與懷疑的起始

關於水滸傳各種不同的版本，無論簡本、繁本、古本、俗本，他的「撰人」，或「纂者」，都有明明白白的署名，何以會引起後人的否認和疑慮？這大半因爲作者在序文裏，沒有注明時代，關於作者本身，又無詳細傳記，證明他的生平。遂使一個大文學家，因爲他的經歷事蹟不可稽考，——其實是年悠世遠，我們的資料不够，見聞有限。竟抹殺他的著作，並且連他本人也被否認，以爲是「烏有先生」，從史家的立場，我總以爲是很寃枉的。如施耐菴就是這樣。據魯迅翁所舉的水滸傳幾個重要本子！（甲）一百十五回本「忠義水滸傳」，前署「東原羅貫中編輯」，明崇禎末與三國演義合刻爲「英雄譜」。（乙）一百回本「忠義水滸傳」，相傳明武定侯郭勛家所傳之本，今未見。別有本亦百回，有李贄序及批點，殆即出郭氏本。題署「施耐菴集撰羅貫中纂修」。(丙)百二十回本「忠義水滸全書」，亦題「施耐菴集撰羅貫中纂修」，即今商務書館所印行稱爲善本者。各本裏卷前署名，都有「施耐菴」三字。並且我們須十分注意的，便是「編輯」，「集撰」，「纂修」等名詞，不啻施羅二人已經明白的表示他們對此書的責任。甲本只署羅貫中，是他想把水滸與他的大著三國演義合刻爲「英雄譜」，所以不冠施的名字，而他僅署「編輯」。本來水滸傳是經過他的纂修潤色，這樣作法也是很說得過去的。乙丙兩本，因爲單行，所以仍舊署施集撰羅纂修。由「集撰」二字，更可知道水滸傳這部書，也不是施耐菴一人撰著，不過由他集合前人許多水滸傳資料，加以貫串綜合而綴成的。是水滸傳的完成，至少經過三個階段，而第一代的無名作家，則更無從查考，也許就是「施序」中所說的他那些每天在一起談天的朋友吧。

由上所舉的，水滸作者，僅是施羅二氏之爭，問題實很簡單。但明朝人的文字裏，有一篇關於水滸傳「作者」和「版本」最關重要的記載，可惜胡先生沒有徵引，供他研討。就是作「野獲編」的沈德符氏。他在「顧曲雜言」裏說：『袁中郎觴政以「金瓶梅」配「水滸傳」爲外典，余恨未得見。丙午遇中郎京邸，問曾有全帙否？曰第覩數卷甚奇怪。今惟麻城劉延白承禧家有全本，蓋從其妻家徐文貞錄得者。又三年小修上公車，已攜有其書，因與借抄挈歸。吳友馮猶龍見之驚喜，慫恿書坊以重價購刻。馬仲良時榷吳關，亦勸余應梓人之求，可以療飢。余曰此等書必遂有人板行，但一出則家傳戶到，壞人心術，他日閻羅究詰始禍，何辭以對。吾豈以刀錐博泥犂哉。仲良大以爲然。遂固篋之。未幾時而吳中懸之國門矣。然原本實少五十三四至五十七回，徧覓不得。有陋儒補以入刻，無論膚淺鄙俚，時作吳語，即前後血脈亦絕不貫串，一見知其贋作矣。聞此爲嘉靖間大名士手筆，指斥時事。如蔡京父子則指分宜，林靈素則指陶仲文，朱勔則指陸炳，其他各有所屬云。中郎又云，尚有名「玉嬌李」者，亦出此名士手，與前書各設報應因果。武大後世化爲淫夫，上蒸下報。潘金蓮亦作河間婦，終以極刑。西門慶則一騃憨男子，坐視妻妾外遇，以見輪迴不爽。中郎亦耳剽未之見也。去年抵輦下，從邱工部六區志充得寓目焉，僅首卷耳，而穢黷百端，背倫滅理，已不忍讀。其帝則稱完顏大定，而貴溪分宜相構亦暗寓焉。至嘉靖辛丑庶常諸公，則直書姓名，尤可駭怪，因棄置不復再展。然筆鋒恣橫，酣暢似尤勝金瓶梅。邱旋出守去，此書不知落何所。』按沈氏是萬歷舉人，在當時負博雅的名譽，熟習朝章國故，里巷瑣談。在他這段記事，有幾點可以注意：㈠在明嘉隆間，始有金瓶梅與水滸傳同時出現，袁中郎並以之爲外典。不數年即由書坊刋印行世。㈡當時全本很少見，只有幾家有此書。而其中卷五十三四至五十七乃原闕，是由陋儒增補刻入的，中間還有好些吳語痕跡。㈢此書是嘉靖間一個大名士的手筆。所云大名士，當然指王世貞而言。㈣此書宗旨，是指斥時事，影射時人，如蔡京父子指嚴分宜，林靈素指陶仲文，朱勔則指陸炳，其他各有所屬。㈤除金瓶梅水滸傳二書外，尙有一書名「玉嬌李」者，乃續二書而作，惟將書中人武大、潘金蓮、西門慶等，都改變其性質風格，以見輪迴不爽。假如沈氏的紀事，完全可靠，那麼這幾點都是有關水滸極重要的問題。在他撰的「野獲編」裏又說：到了明朝嘉靖時代，武定侯郭勛家裏傳出一部水滸傳，有新安刻本，有汪太函(道昆)的序，託名「天都外臣」。按汪道昆字伯玉，嘉靖二十六年進士，與王世貞齊名，是當時的一個大文學家。

不過從上面兩段記載，據沈氏說萬曆初年始於袁中郎處看見不全的水滸傳，過了幾年，才由書坊刻印出來。從時代上考證，很令人發生疑問。因爲沈景倩所稱的大手筆王世貞，是沈氏的老前輩，是嘉靖時人。而胡應麟又是王世貞的老前輩，世貞並爲胡氏撰「石羊生傳」。但胡應麟「少室山房類藁」已說：『余二十年前所見水滸傳本，尙極足尋味。十數載來，爲閩中坊賈刊落，止錄事實，中間遊詞餘韻神情寄寓處，一概刪之，遂不堪覆瓿。後數十年，無原本印證，此書將永廢。』胡氏雖沒有提到水滸作者，但在大名士以前，已經看見水滸傳本，所謂閩刻，也正是新安刻的所謂郭本，卽後來所稱道的麻沙本。至於傳說水滸爲王世貞撰的原因，在當時王氏力著小說替父報仇，有說是對嚴分宜的，有說是對唐荊川的，以毒藥粘於書角。但王氏所撰的是「金瓶梅」，而金瓶梅的故事，又出於水滸，適二書同時出現，於是一般人遂以爲皆世貞一人所作。我想王氏是先得到水滸原本，乃取其中桃色故事，擴充而寫成金瓶梅。所以金瓶梅一出來便是全書，而牠的娘家水滸傳到反殘缺不完。並且在明季的記載裏，也從沒有人提到水滸是王氏所著。但王氏寫小說圖報父仇的事，則盛傳一時，同時也見於各家筆記。大約這件事在明季社會上，也可說是個極大的波瀾。並且我們可以拿水滸傳與金瓶梅的文字比較一下，雖然都是名著，而兩書的氣味與風格，完全不同。水滸是帶着濃厚的宋元色彩，金瓶梅則純是明朝人的色情文學。與當時盛行一世的「風月須知」、（見明徐充「暖姝由筆」）及「鍾情麗集」，（見明陶輔「桑榆漫志」）可以互證。都是嘉（靖）隆（慶）以後所謂「淫書」的代表者。

所以關於水滸傳的撰人，還是施耐菴羅貫中他二人的問題。惟沈氏所記各點，仍不失爲研究水滸者極有價值的史料。

苜蓿生涯過廿年（續完）

龍沐勛

五　嶺表一年的遭遇

在二十四年春季開學之前，胡展堂先生就託冒鶴亭先生來找我到廣東去。那時胡先生正在香港養病，和我不但素無一面之緣，而且不曾直接通過一次信。他自湯山幽禁之後，以至恢復自由，由滬赴港的那幾年當中，幽憂憤懣之餘，愛做些詩，尤其歡喜叠韻。那時和他唱和最多的，是冒鶴翁，和他的一位落拓不羈的老友易大厂。我和大厂，自在音樂院相識之後，蹤跡日密，也就做了『忘年之友』。——他比我大上三十多歲——他常是把他們的唱和詩稿給我看，有一次硬拉我同作，由他附寄到香港去，不料竟『氣求聲應』起來！不到七八天，就接着胡先生寄來『得楡生教授大厂居士和章，七叠難韻並答』的和作：

風雨時時吟和難，——因爲我的書齋，題作風雨龍吟室——孤懷況欲起衰殘。相從問客行何後，不飮看人酒易闌。晞髮無心惟惡暍，折松隨手輒成欄。吾民有慍終當解，不信南風竟不彈。

還是二十二年秋初的事。自這以後，就不斷的有篇什往還。我還記得在二十四年的舊歷元旦，我正持着詩箋，親自到郵局去掛號，而胡先生寄我的詩恰恰送到，彷彿『相印以心』似的！我是一個癡情的人，不免引起了知音之感。他看了我在詞學季刊上發表的論文，登時寄了我一首五古，後半是這麼說：『詞派闢西江，感深興廢事。照天騰淵才，奔走呼號意。樂苑耿傳燈，豈奪常州幟。邁往足救亡，斯言可終味』。同時接着鶴翁促我南游的電報。我因爲老父尙在眞茹，不曾前往。後來我父親知道我有南行的意嚮，又値故鄉安定，不久也就帶着我那異母弟妹十多口，回到故鄉去了。我準備了半年，在暑假之前，就接着中山大學的聘書，鄒海濱校長又再三託豁玄來函勸駕，說胡先生希望我到那邊去，把中文系辦好。胡先生在六月初放洋，前往歐洲養病。他在郵船上，還不斷的有詩來，說什麼『未能講肆從容話，曾把吳鉤子細看。眞個揚帆滄海去，憑君弟子報平安。』又說：『三月無詩吾豈懶，萬方多故子共南』！他對我這般的熱望，怎叫我不動心呢？我這時雖然少了大家庭的負担，而我自已也已有了七個孩子，加上在眞茹住慣了，不但暨南全校自敎職員和校工都和我有好感，就是附近鄉村裏的人，也都相識，到底有些留戀，决定不了去留。我只得在暑假期中，先到廣州去跑一趟，看看情形怎樣？我一個人到了廣州，鄒校長對我特別慇勤，爲我備了盛筵，請了許多西南政務委員會的要人來做陪客，又親自陪我駕着汽車，去石牌參觀新建築的金碧輝煌，矗立在每個小岡巒上的新校舍，和那綿亘數十百里，坡陀起伏，林木蘙蔚的廣大農場。我笑着對鄒校長說：『我來替你做個參贊大臣，率領許多西南子弟，在這裏來建個國吧』！兩個人都呵呵的笑了。他說，秋後就準備全部從文明路舊校址搬到石牌去，并且擬就了許多敎授住宅的圖樣，叫我預先選定一座，帶着家眷同來。這石牌距市雖遠，卻自幼稚園以至大學，都要次第設立起來，子女的就學是不成問題的，希望我安心的來辦敎育，好好的替他培植西南子弟，至少中文系是交給我全權去辦理的。我當時興奮極了。那文學院長吳敬軒先生，也是一個忠厚篤實的純粹學者，看來是可以合作的。所以我的南行之志，就有七八分的決定了。

那時我接着眞茹家屬的來信，說暨南的聘書，也照舊的送來了。并且這一次的新舊敎授，是由校長開列名單，送給敎育部長去審核的，而第一個被圈定的卻是我。我在開學之前，回到上海，觀察了校內的新局面，那班『新貴』們，有些『作威作福』的模樣，大概他們也知道一點我南行的消息，便挖空了心眼，做好了圈套，要我不樂意的自動離開，以便他們的『爲所欲爲，肆無忌憚』。我後來也頗悔我自已太沒涵養了，中了他們的計，一激就把我激走了，把我七載經營的暨大中文系，連根帶葉的拔除淨盡！那當局還假惺惺的，和『貓哭老鼠』般的挽留了我一回，說什麼給我請假一年，要打電報給鄒校長，表示這是借用，來年是要聘我回來的。我當時一怒之下，就帶着我的孩子們，和四五十箱的書，一些破舊不堪的傢具，揮着熱淚，辭別了一班親愛的同學，和那座『綠陰如幄』的村居，搭上招商局的海元輪，竟自向南去了！當時做了一首水調歌頭，留別暨南同學：

孤客向南去，抗首發高歌。無端別淚輕墮，斯意竟如何！七載親栽桃李，風雨雞鳴不已，長冀挽頹波。壯志困汙瀆，短翼避虞羅。遄行矣，情輾側，歲蹉跎！平生所學何事？莫放等閒過！胞與常須在抱，飽雪經霜更好，松柏挺寒柯。肝膽早相示，後夜渺山河。

聽說這一學期，我所敎的課程，就沒有人敢接我的手。事後思之，難怪會招他們的忌，把我當作老虎般的對付，這的確是我平生最大的短處喲！

我抱着滿腔的熱忱，重到廣州，中大的學生，就派了代表，領着校工，把我的家眷和行李，送到預租的東山松崗的寓所住下。那時中大還在文明路暫時的舉行開學典禮。說也奇怪，那學校有一個極端矛盾的現象，學生們認爲最不滿意的教授，選起課來，反而特別的多。——固然有些特別有學問經驗的老教授，選課的也不少。——我爲好奇心所驅使，有時偷偷地去看，那個學生選課最多的教授的教室裏，常是『寥若晨星』的，只有十分之一的人，在那裏沒精打采的癡坐着，或者低下頭來看他自己愛看的書，我這纔恍然大悟其中的奧妙了！過了一個多月，全部的遷入石牌新校舍，學生是規定要住讀的。學校當局，也就趁這機會，下了整頓的決心，每個教室，都編了坐位號碼，由註冊課派人來點名。可是積習難除，等到點過名之後，學生還是有趁着教授們聚精會神在講書的時候，偷偷溜走的！有一次在我的班上，被我發覺了這麼一個頑皮學生，我馬上趕出教室，把他抓了回來。我對他說：『你這人太笨了！你不曾聽過君子可欺以方的這句老話嗎？你要偷懶，何不對我講，你要大小便，學學那村童的方法，那我可沒有理由來阻止你不出去』。引得大家都笑起來，這位也有些『內愧』，以後便沒有這怪現象了。我以爲現在做教師的態度，應該是要叫學生們『畏而愛之』的。過於隨便，固然有損尊嚴，如果一味對他們板起面孔，好像閻羅王般的，也不是道理。我以爲最好是學些古代名將『恩威並用』的帶兵方法，合着幾分杜甫先生『莊諧雜出』的作詩態度，那是最適宜不過的了。我素來是喜歡天眞活潑，帶些稚氣的。現在雖然年過四十了，還常常和我的學生，以及我的孩子們，脫略形跡的一起玩。我很少正顏厲色的去罵我的學生和孩子們，偶然要教訓他們，總是輕描淡寫的，用旁敲側擊的說法，叫他們自己覺着難爲情，而自動的去改過自新。石牌本來是一片的荒山，距離廣州市內，約摸有三十多里的路。除了特備的長途汽車，可以直達校門，其他的交通工具是沒有的。我住在東山，每天總是清早起來，吃了些牛乳，就趕上石牌去的。有時候跑到學生宿舍裏，隨隨便便的看看我那中文系的學生。有的還沒起牀，看見我來了，說一聲『先生早』！覺得有些兒不自在，一骨碌的都爬起來了。我自己担任的課程，仍是文學史，和詞曲這一類。那時中大有一位老詞家陳海綃先生，在那裏教詞有了十多年的歷史。彊邨先生對他的詞，是極端推重的，我也深深的表示敬仰。可是他說得太高了，專門對學生講夢窗詞，學生不能够個個瞭解。我是服膺孔老夫子因材而教的，所以另外選了些東西，對學生們由淺入深的詳細分析的來講，并且叫他們多多的練習，果然不到半載，就有些成績斐然了！其實我的詞學功夫，和海綃翁比起來，眞有天淵之隔，不過談起學生的受用來，我教的比較容易消化些罷了。那時程度最好的有孔憲銓、羅時暘、程靖薇、黃慶雲等。我覺得在中國最有出息的人才，要算兩廣和湖南的子弟。我那時有『從知天地英雄氣，偏在三湘五嶺間』的句子，寫在孔憲銓的紀念册上，那全篇我卻記不起來了！

我命中是要多受折磨的！我到一處，都因苦幹的結果，得着學生的敬愛，同時就遭受同事們的嫉妬和攻擊。我自攜家過嶺以後，敬軒被派到歐洲去講學，接任文學院長的是一位哲學博士范錡先生，他的爲人，是頗直率而好大言的。不曉得受了什麼人的挑撥，開始和我搗起亂來！公開的對學生講，說我是要把中大造成暨南的勢力，一面慫恿着鄒校長，把我介紹的教授黃公渚先生拒絕了！我當時氣忿不過，預備立即回到上海。我對他們講：『你們不要看小了我，我不是要到廣東來爭飯喫的！我喫的米，都是從上海在郵局裏寄來，——我因爲患着多年的胃疾，醫生要我喫麵包和常熟一帶特產的黃米，所以特地用洋鐵匣裝着付郵寄了些來。——我是爲的要幹一番事業，你們睜開眼來看罷』！鄒校長向陳協之先生打聽了公渚確是一個有學問的人才，纔特地挽了許多人來向我道歉，范氏也親自跑到我的寓所裏，解釋了誤會，這纔相安下來。

那時中山大學，規模的壯麗，和經費的充裕，在全國是『首屈一指』的！牠自遷入石牌以後，還不斷的從事建設，並遵部令添辦了研究院。那文科研究所所長，原來是敬軒擔任的，自從他出了國，就由我和朱謙之先生——他一方擔任文學院歷史哲學系主任——輪流負責。我是素愛穿藍布長衫的。那時廣州的習慣，男人是不大看見穿這種顏色的服裝的，只有我還是不改其素的穿了到處跑。每次開校務會議，許多人都特別注意我，許久我纔發覺是爲的我那件藍布衫。我悠然的對他們講：『你們怕不怕？我是一個老資格的藍衣黨呢』！有一天，陳協之先生在他那所顒園大會賓客，那廣州市長劉紀文先生，也是這樣的注視着我。他悄悄的問那旁坐的人，『這個藍色人物是誰呀？』那年的舊歷年尾，胡先生因爲得着蔣先生『共赴國難』的電勸，毅然扶病歸國，到了香港。許多準備歡迎的南北大員，都麕集到香港去。我生平是不愛湊熱鬧的，雖然胡先生亟想和我見面，我直等到除夕的前一天，纔悄悄的坐着三等火車去跑了一趟。胡先生晚上得着我的電話，就約定第二天早上，去暢談了兩小時，我下午又匆匆的回到廣州去了。事後聽到學生對我講：『香港一家最著名的小報——探海燈——在元旦就登載着這麼一個消息，說胡先生返國以來，一批批的要人去拜會他的，至多不過接談幾十分鐘，不曉得昨天來了一位穿藍布長衫的什麼人物，到談了那麼長久的時間呢』！後來胡先生被歡迎到了廣州，住在我那寓所附近的延園，我曾去談過幾次，也有不少的詩詞唱和。直到他在顒園去世的前幾天，還有一首和我『泛荔子灣、賞紅棉、訪昌華故苑』的絕句。他題我的投硯圖，有『常愛古人尊所學，更爲後輩廣其途』這樣精警的兩個句子，事隔數年之後，汪先生見着我，還是常常提起，稱美不置的！

胡先生下世時，我做了三首五古去哭他，開首就是『我本爲公來，公去我何之!?』這麼沉痛的十個字。幸而我在中大幹得有些成績了，同事們都還處得相當好。當地的老前輩汪憬吾先生，潔身高隱，素來是不問外事的，對我也特別愛護。還有常德楊雪公先生，是一個倔强耿直的硬漢，追隨　中山先生和胡先生從事革命，非常之久，也是和我最談得來的。我雖然有些不服水土，弄得胃病大發，而精神上總還得着相當的安慰。再加那位醫學院長劉嘯秋先生，從我學詞，全家的醫藥顧問，是不花錢的。所以我也就打算一直的幹下去，並且準備下年教授住宅落成，就全家搬到石牌去，『日啖荔枝三百顆，不辭長作嶺南人』了。到了暑假，鄒校長還叫我去約公渚南來，可是公渚已應了國立山東大學的聘。我在廣州休息了一個暑假，不曾離開。想不到突然的所謂『西南事變』發生了！廣州市內有準備巷戰的謠言，我拗不過妻的主張，匆匆的把所有的什物和兒女，趁着太古公司的輪船，回到了上海。別的不打緊，這一年多的經濟損失，確有些壓得我透不過氣來！

六　苦難的緊張生活

我把家眷在上海安頓妥了，本想隻身再到廣州去的。一直到秋季開學期間，那事變因了桂系態度的强硬，還沒徹底解決。我的胃病和濕氣，又發得特別厲害起來。心想這逆運到來，也是無可避免的。當時向中大告了半年的假，暫在上海閒住起來。這時各學校都早經開學了，幸虧國立音專的校長蕭先生，仍舊把我的教席保留了年餘之久，除却扣去請人代課的鐘點費外，所有寒暑假的薪俸，都送給了我，我把牠來做了醫藥費。可是一家十餘口的生活費，無法解決。那半年的收入，只有音專六小時的月薪，還不到一百圓，這却叫我有些着慌。我的老友孫鷹若先生，正在蘇州辦章氏國學講習會，約我每星期去講一次，每月送我一百五十圓的夫馬費。我禁受不了那蘇州街道的顚簸，往往是帶病而歸。我這時的狼狽情形，較之那初到上海做小學教員的時候，是有過之無不及的！我的胃病，發得連開水喝下去都得吐出來，我的妻總是背地向人家借些款子，又換去了些首飾，纔勉强度過了這半年的難關。蕭先生待朋友眞厚道！到了春季開學，設法將我改作專任，我因爲身體不好，就把再度南游之意打銷了。二十六年的春夏之間，我還是强扶病體，奔馳於蘇滬和市中心區——那時音專的新校舍建築在上海市政府的附近——一帶，只有增加我的疾痛，仍舊解決不了全家的生活問題！到了那年暑假，承蒙錢子泉先生——他原是光華大學的文學院長，這時和我也是不曾見過面的。——的好意，把我推薦給張校長，聘我做專任教授，合之音專，也有每月四百餘圓的收入，家用是勉强敷衍得去了。卻料不到『八一三』事變爆發，光華的校舍被毀了，音專也自市中心區搬到法租界來，人心皇皇的，大有朝不保夕之勢。後來雖然各學校都在租界內租着幾幢小房子，勉强的開了學，可是都爲了經費竭蹶，對教授們減時減薪。大家爲了迫于飢寒，只好拚命的去謀兼課，我也足足兼了五個學校，每週授課至三十二三小時之多。這五個學校，又是散布在四角和中央的。所以整天的提着我那破舊的討飯袋，這邊下了課，立卽踏上電車或公共汽車，趕到那邊去，那種：可笑的奇形怪狀，確是『罄竹難書』，這怎會有什麽教育效率可言呢？在那砲火震天的時候，暨南也搬到租界上來開學。恰好那舊時同事李熙謀先生——原任暨大的理學院長——屈就了中學部主任。那中學部的學生，多半是道地的華僑子弟。熙謀知道我在暨南的歷史，想借重我來鎭壓附中，三番兩次的跑到我家來，拉我去幇忙。我卻不過他的好意，又對華僑子弟，不免有些顧念，就和他約好，我絕對不和何某發生交涉，他一口承允了，我纔去兼任了一學期的敎導主任。我認爲在危難的時期，我們是應該挺身出來，擔負一切責任的。我在這個時期內，卻也費了不少的心血，自問還對得起那遠隔重洋的華僑父老。當那暨大自眞茹遷入租界之後，那校長總是銷聲匿跡的躲在法租界，不大肯出來和學生見面，只把附中的僑生，勉强安頓在那一間靠近閘北和蘇州河的某私立中學裏，這一帶是大家認爲非安全區域的。我自接事之後，就一面督促郭主任，趕快設法另覓比較安全的地點，一面對學生表示，我決和大家誓共安危。我是說了就幹的，每天晚上，我總坐了一部黃包車，跑到那宿舍裏去看他們。在那裏夜深人靜的當兒，遙望着那隔河的砲火，此往彼來的交織着，我還是若無其事的，到他們宿舍裏，巡視一週，叫他們早些安睡。不久就把他們搬到靜安寺附近的一所中學裏來。我晚上總是去監視他們自修的。有的不到，我就到宿舍或廁所裏去找，一班調皮的華僑子弟，也漸漸的給我弄得馴服了。直到我入京以後，過着幾個在京服務的僑生，還很高興的說：『我是當時被先生抓住纔出來自修的頑皮學生呢』！

中國的社會，是叫志士們短氣的！等到上海聽不着了砲聲，爭權奪位的又來了，連這麽一個小小的教導主任，也有人來打主意！『不知腐鼠成滋味，猜意鵷雛竟未休』！我讀着李義山這兩句詩，只好付之一歎！我把這職務辭掉了，爲了要養活妻子，却還硬着頭皮，兼了兩班高中國文。同時在新創的太炎文學院，擔任着國文系主任，又在復旦兼了些鐘點，直累的喘不過氣來！這五個學校，在音專比較歷史最久，待遇最優，成績也就比較好些。這不是我心有所偏，只有精力關係，有的地方是顧不周到的，我現在還有些『內疚』呢！

在二十九年的春季，我因積勞所致，胃病又發得不能支持了！爲着種種的因緣，纔辭掉了各校的職務，暫時脫離了那緊張的教書生活。可是不到半年，我又回到本來的崗位，專心致志的，辦我的文學刊物，——同聲月刊——一方面又擔任着教幾點鐘書，整天的躲在家裏，度那『閉門自成世』的日子，到也覺得耳目清淨。可是回首當年文物風流之盛，和我個人所經歷的可喜可悲，炎涼變幻的情景，眞和做夢一般，要不勝今昔之感呢！

七　自我的檢討

最後我也來一次『檢討過去，策勵方來。』我相信我自己是一個身體單弱而意志堅強，怯於酬應而勇於任事的笨人。我的做人方針，雖然大致不錯，却因爲缺少了養氣功夫，有時理智剋服不了情感，以致喜怒易形於顏色，往往會上人家的圈套。我的治學門徑，雖然相當清楚，却因爲家累的煩重，——我現在要擔負八個兒女的教育費，養活一家十五六口。——和教書太久的緣故，沒有餘閒去竟其所學，在學術上不會有很多的貢獻。我相信我是個虛心服善人，對於師友的匡助指導，是『拳拳服膺』的，尤其是我的知己，我恨不得『殺身以報』。據我個人二十多年的經驗，和觀察所得，相信復興中國的中堅人物，是出在三湘五嶺間的。我佩服曾文正公腳踏實地的幹法，我相信建國人才，是要『樸拙』而不尙『華巧』的。我最恨『賣力不討好』這句話，認爲這是中國近代政治腐敗，學術衰退的最大病根。我以爲一個人既是生來有『力』，就應該對國家社會，有一分盡一分的『賣』去，至於討好不討好，是不應該去計較的。我雖然也做了許多『賣力不討好』的呆事，受了許多的苦難和打擊，卻是並不後悔的，只恨『歲不我與』的精力日衰，以至無『力』可『賣』，那纔是『志士之大痛』呢？我認爲今日國家的危險，雖然多半由於生產落後，國力不充，而受病之源，尤在國民道德一般的墮落，而欲挽回這個頹勢，又非注意改良教育，幷先訓練一大批的智德兼備，可作模楷的師範人才不可。我這幾年來，頭上的白髮，如春筍般的怒發出來，卻並不因爲這個而減低我那前進的雄心。我夢想着有一天，能夠得着一塊小小的園地，糾合一班有人格、有學問、有毅力的同志們，通力合作，實現我那十年來所抱的『三化』主義教育，——學校家庭化，知識科學化，生活平民化。——來翊贊復興中華的偉大使命！

中華民國三十二年二月十三日，脫稿於金陵寓廬之荒雞警夢室。

『天一閣』談往

沈爾喬

寗波天一閣，創自明嘉靖間，爲范司馬藏書處。據李鄴嗣『甬上耆舊傳』載：司馬名欽，字堯卿，號東明，鄞縣人，嘉靖十一年進士，知隨州，有惠政，陞工部員外郎，時大工頻起，武定侯郭勛爲督，勢張甚，欽以事忤之，勛譖於帝，下獄，杖之闕下，出知袁州，大學士嚴嵩，其郡人也，嵩子世蕃，欲取宣化公宇，欽不可，世蕃怒，欲斥之，嵩曰，是抗郭武定者，以强項自喜，踣之適高其名，但當籠絡之耳，遂得寢。尋按察九江，陞廣西參政，轉福建按察使，進雲南右布政，遷副都御史，巡撫南贛汀漳諸郡，所至有政聲，擢兵部右侍郎，爲南京御史王宗徐等劾奏，未上任，遂乞歸，與諸弟友愛。建祖初，歷官二十八載，性喜典籍，宦囊中收羅籤軸甚豐富，爲日後起閣藏書之助也。

天一閣主人范司馬欽畫像

生明正德元年（一五〇六）九月十九日
卒萬歷十三年（一五八五）九月二十八日

閣在寗波城西中營巷，司馬第之左，占地畝餘，初建時鑿池，得吳道士龍虎山天一池石刻，元揭文安公傒斯所書，大喜，以爲適與鑿池之意相合，因即移以名閣。當時藏書之樓僅六間，取『天一生水，地六成之』之義。乾隆間，高宗欽賜『圖書集成』萬卷，遂有『尊經閣』之添設，供置賜書，以示榮寵。迨至民國二十二年鄞縣縣政府修建天一閣，於尊經閣之後則更建一閣，名曰『新天一閣』，於是堂構煥美，棟桷一新，爲浙東藏書之巨擘矣！且地處僻靜，臨湖（月湖）傍郭，引水成池，疊石爲山，喬木撑天，書草匝地，有園林之

元揭文安公傒斯書

清閟，無城市之喧𨶒，春秋佳日，持壺觴而坐讀其間，擁彼百城，南面王無此樂也！

是閣不惟爲大江以南歷代藏書之淵藪，且對於浙東文獻之保存，清代四庫全書之纂輯，流通版籍，嘉惠士林，四百年來，實受其賜！閣雖創自嘉靖，而書則大半來自宋元，范司馬私藏，豐道生萬卷樓遺書，以及野竹齋沈辨之茶夢庵，姚舜咨之孤本，司馬歷數十寒暑，兼收並蓄，庋藏於閣，蔚爲大觀。至雍正時，餘姚黃梨洲先生爲之記，並作書目，合經史子集，范氏家著，共計五萬三千餘卷，類多宋元刻本海內孤本善本及明鈔本，聲聞特起，駸駕乎虞山錢牧齋絳雲樓，歙西鄭氏叢桂堂，越中鈕石溪世學樓，秀州朱竹垞曝書亭諸藏書家之上。除典籍而外，尤多碑帖，范氏拓本，自漢至宋元，幾二百種，皆天下無雙本，如：『唐模蘭亭本，西嶽華山碑，宋劉球隸韻，北宋石鼓文，錢逵篆書』等，載在孫淵如之訪碑錄中，爲藝林所珍視。餘則對於朱明文獻，亦頗事搜求，如洪武至崇禎十二朝進士登科錄，會試紀錄，順天山東山西等各省鄉試錄數千冊，武舉錄，勳臣世系，沐英世家誥敕，李文忠家世誥命，四朝恩典，及明代表忠，終孝，旌節，存賢，悼後錄各若干卷，上列諸書，均有關於明代之史實，與明末張陶庵之石匱書，有同等價值！除書籍碑帖外，尚有歷代聖畫象撫本一百五十幅，清代頒賜平定回部得勝圖十六幅，印書版片若干片，附列書目中，雖非重要文獻，然亦可以窺見前代繪畫之作風，及雕刻之技巧矣。

范氏藏書，本屬私有，故在當時並不公開任人瀏覽，爲欲永久保存典籍起見，司馬在日，曾手訂『禁牌』如下：一、煙酒切忌登樓，二：子孫無故開門入閣者罰不與祭三次，三：私領親友入閣，擅開書廚者罰不與祭一年，四：擅將藏書借出外房及他姓者，罰不與祭三年，因而典押事故者，除追懲外，永行擯逐，不得與祭，識者謂范氏藏書之得能保存四百餘載，禁牌之力也，同時中國氏族制度之表現，其優越性於此可見。

如上述，天一閣既爲私人藏書，故歷來欲入閣觀書者頗非易事，黃梨洲先生天一閣藏書記有如是之紀載：『……天一閣書，范司馬所藏也，司馬歿後，封閉甚嚴，癸丑余至甬上，范友仲破戒引余登樓，悉發其藏，余

獻書范秀才懋柱象

生清康熙六十年（一七二一）六月十五日
卒乾隆四十五年（一七八〇）五月十三日

取流通未廣者鈔爲書目，冀以暇日，束紙銜筆，揀卷少帙薄者鈔之，友仲曰諾，荏苒七年，未踏前言，然余之書目，遂爲好事流傳……』乾隆時阮文達公元督學浙江，曾數至閣下，即在寶書樓之正中紅漆椅上，坐而細書，並命范氏後人分廚編定書目碑目，刊行於世。

乾隆三十八年，高宗欽命纂輯『四庫全書』，着各省採訪遺書以奏，但奏到者甚屬寥寥，崐山徐氏之傳是樓，常熟錢氏之述古堂，嘉興項氏

之天籟閣，朱氏之曝書亭，杭州趙氏之小山堂，雖以藏書聞，然卒因子孫不能保守，散佚流播，湮沒人間，獨寗波之范氏藏書，尙完整無缺，旨下，司馬五世孫范秀才懋柱，進呈天一閣藏書七百種有奇，以備纂輯四庫全書之不足，書上，高宗甚喜，命主事者將進呈之書抄錄發還，迨四庫輯竣後，欽賜『圖書集成』萬卷，並命杭州織造寅著至閣察看其房屋製造之法，並書架款式，開明尺丈，燙具準樣，飭工仿造，後來天下七閣藏書之規制，皆取法於天一閣，則是閣亦足以自尊矣！

厥後，世運推移，幾經刼變，閣亦何能倖免於災厄；咸豐辛酉，粵匪犯甬，閣旣殘破，書亦星散，幸范氏後人，曾爲四川知縣名邦綏者，避地山中，得訊大警，卽間關至鄞城江北岸搜訪，聞書爲洋人傳敎者所得，或賣諸奉化唐𣫍造紙者之家，急借資贖回！寇退，又偕宗老，多方購求，書得稍稍復歸，其有散在他邑，不能取贖者，則賴郡守任丘，移文提贖，還藏閣中，後寗波太守江寗宗湘文，延慈谿何明經松，加以整理，重編書目，名曰『刼餘書目』，大抵有目無書，然已亡佚過半焉！

至民國二十二年夏，北京圖書館編纂委員趙君斐雲，道出甬江，徇鄞縣縣政府之請，竭旬日之力，登閣重整書目，其時尙存二千五百餘種，且爲前訂書目所失收者十之一，類多孤本抗行，先民精魄之所寄，澤及後世，彌足珍貴！是年冬，地方搢紳，海內名流，捐募巨資十七萬，有重修天一閣之役，除就隙地間另建新天一閣外，餘則一椽一棟，悉存舊觀，卽黃梨洲先生之閣記，阮文達之題額，及前人石刻，亦妥爲保存，素緣丹壁，畫閣雕樑，由興而廢，由廢而興，竟司馬未竟之志，重見於明州文物之邦矣！

壬午夏，余奉命來長是邦，以綏輯流亡，宣敷文敎爲己任，抵任未久，聞天一閣藏書有被人偷竊情事，當卽飭夏祕書郁文前往勘看，並飭警局嚴行究詰，始得追還贓物贓書。十月某假日曾親往察視，始知全部典籍，在事變時已亡佚無幾，所存者僅書目版片零星圖籍而已，不意數百年來之浙東寶貴文獻，一旦散失，能不惋惜，維人謀之不臧，殆亦出於天意，誠如黃梨洲先生在閣記中所云：『嘗歎讀書難，藏書尤難，藏之久而不散則難之難矣』。旨哉斯言，凡物之散聚無常，如人事之必有消長，天道之必有盈虧，豈特天一閣藏書而已哉。丙夜記此，不禁擱筆三歎！

庚戌橋記

李宣倜

北京地安門外十剎後海有甘水橋，其迤南小石橋，距醇清醇王邸綦近。歲庚戌，今國府主席番禺汪公曾謀刺王，藴炸藥橋下，事在三十年前，至今父老皆樂道之。張君次溪旣爲公撰庚戌蒙難實錄，詳述始末，復攷尋其地，請諸市府定名小石橋曰庚戌橋，重名德，資掌故，甚盛事也！維公少時，志在革命，奮不顧身，其行宜與日月爭光，而民國肇興，實發軔於此；求諸史籍，莫與儗倫；無已，其留侯乎！按馬班二書，並稱留侯求客刺秦王，得力士爲鐵椎，重百二十斤，與客狙擊秦皇帝於博浪沙中，誤中副車。服虔漢書音訓曰：博浪沙，河南陽武南地名也，今有亭。司馬貞史記索隱曰：今浚儀西北四十里有博浪城。樂史太平寰宇記則謂博浪城在浚儀縣西北三十里，博浪沙亭在陽武縣東南五里。其攷載較服馬爲覈，蓋城與亭皆世人重留侯築之，以志景行者也。公掀導共和，歷膺艱鉅，數十載如一日，比之留侯讎秦相漢，大小已不侔，而此徒杠乃當年叱馭之地，其永爲天下後世慷慕興感，廉頑立懦，視博浪城亭，抑有過之，豈獨挨張坊巷，增重圖經而已哉。次溪以余從公有年，屬識橋之緣起，敢書其略，用示方來。中華民國三十二年四月閩縣李宣倜敬撰幷書。

再論離婚

蘇青

記得從前我曾經寫過一篇文章，叫做「論離婚」，刊在古今第九期上，內容是說離婚對于女子方面的種種吃虧，勸人家可以馬虎還是馬虎過去爲是，那時候我還是以第三者地位替人說話，所說的話自然不免近乎風涼。但是現在就情形不同，我已深切的因此而感到痛苦了，覺得另有許多話要說，於是執筆寫這篇東西，題目就叫做「再論離婚」。

我們知道一般女子訴請離婚的理由，總不外乎遺棄虐待。接着就是臚陳事實，說到對方總是橫蠻絕頂，令人髮指；說到自己則是悽惻哀婉，聽者動容。但是這張狀紙究竟是誰做的呢？當然是律師做的，或是律師的書記做的。請律師總不得不化錢呀，於是我們可以推想到她自己有些錢，或者是她的丈夫有錢，律師可以「樹上開花」。

此外，她一定還有個夫家以外的住處。夫妻失和，已經弄到非請律師打官司的地步不可了，你總不能再住在夫家。打官司不是一朝一夕可以完結的：你着急，律師不着急；律師着急，法官不着急。於是一審數月，再審半年，說不定拖延下去，拖上兩年三年也沒有話說。那時候你可能够住在丈夫家裏，吃現成飯，一面同他慢吞吞的打官司嗎？當然你得回娘家去，在娘家權且住幾時再說。

有娘家可歸的女人總算不壞呀！

假如你沒有娘家，或者娘家雖有而不能歸去的話，那就要靠自己有錢或者有職業了。因爲有錢或者有職業之後才能獨自在外面租房子住，頂公寓住，甚至長期住旅館亦可。

有錢或者有職業的女人也不壞呀！

然而，假如你是連這些也沒有的呢？那時你不能留在家裏，就祇得找親戚，找朋友來幫忙了。說起找親戚，夫家的親戚，是萬萬找不得的。因爲你若僅是同丈夫吵架，到夫家親戚跟前去哭訴哭訴，就在他們家裏住上幾天，然後由他們出面勸勸你丈夫，叫你丈夫來接你回去，你丈夫接你回去之後自然得向他們道謝，你也謝他們，當然囉，那是三方都歡喜的。但若是你眞的堅持要同丈夫離婚了，夫家親戚便不會同情你，他們總是一家人呀！至於你自己的親戚呢？恐怕也是衛道的多，勸合不勸離，他們以爲兩小口子爭爭吵吵總是有的，做親戚者還是少管閒事爲妙。假如他們眞的幫得你多了，或者留得你久了，反要惹人批評，也許將來連你自己都後悔起來，還要怪他們哩。因此你若去找你自己的親戚的時候，他們也還是勸你好好兒回去的；或者暫時許你勾留幾天，叫你丈夫來接你回去。

然而你怎麼能够就回去呢？離婚的話已出口了，你丈夫也許動不動就會說：「你再去找律師來同我打官司呀！」或者說：「你再逃到某親戚家裏去住上一輩子呀！」

不能回去，你就一定會想到朋友了。眞的，朋友常是最能了解你，最能同情你，同時也是最肯幫助你的人。然而，人家了解你，你也得了解人家；你總不能利用人家待你的好處，使她們幫助了你便自己受累呀。說起人家的困難也多得很：第一，她們也許居處狹小；一間前樓，夫妻孩子都擠在一起，你再插進去，搭張帆布床，一住便是三月半年，不是對人對己都不便嗎？第二，她們也許經濟拮据；一家數口，自己天天愁米愁煤球的，再加上你一個外面人吃用，不是更加了不得嗎？第三，她們也許家庭情形複雜；婆媳啦，妯娌啦，姑嫂啦，自家人同自家人之間已經鬧得不可開交了，再加上你一個客人，給人家嚼舌頭論長論短，不是更加使你的朋友苦惱嗎？而且，在這幾點困難以外，還有一個更大的困難在，便是她們怕因此而得罪你的丈夫，使你的丈夫同她們爲難。你的丈夫也許會這樣說：「你們留住我的太太，使我們夫妻不睦，那是犯教唆罪，妨害家庭的呀！」這樣一來，你的朋友就是不怕你丈夫正式控告她們，却也多少總感到不便。假如你的丈夫還帶些流氓氣的話，人家更不敢招此麻煩了。

挪拉並不是容易做的，挪拉離開了家庭，便是「四海雖大，無容身之所」了。自然囉，那可決不是你的過錯，也不是人家的過錯。你的要求離婚是正當的，人家同情你離婚也是正當的。然而你總不能拿人家的同情來當飯吃，當衣穿，當房子住；人家也沒有力量來供給你衣食住各項以表示她們對你的同情心呀！

女人的力量是薄弱的；女朋友們幫不了你，然而男朋友呢？

在離婚的過程中，據我所知道，就絕對沒有男朋友幫忙的餘地。尤其是住所方面，不論他的公館寬敞到如何程度，你也不能要求他權且讓出一間僕役室來給你庇身，因爲那是「事涉嫌疑」的呀！

所以我說能够同丈夫打官司請求離婚的女人還是幸福的，至少她們有錢，有地方住。也許她們已經另有愛人了，有愛人做她們的後盾，於是她們便開始奮鬥，爭取光明燦爛的前途。但是另一種眞正被虐待被遺棄被壓迫的女人却是什麼也沒有的，前途滿是荊棘，後面一片黑暗。離婚在她們看來決不是所謂光榮的奮鬥，而是必不得已的，痛苦的掙扎。

不掙扎，便是死亡；掙扎了，也許仍是死亡。人總想死裏逃生的呀！

你恨你的丈夫，怕他，想逃避開他的魔掌，那祇有一條路可走，便是自謀生活。雖然你是個無依無靠又無錢的女人，但是你多少總有些能力，能做工的便去做工，能教書的便去教書，什麼都不能，或者什麼都沒有機會，便當乞丐去，總比「坐以待斃」來得好呀！若說沒有住處，也可以露宿街頭，街頭不許你露宿便進巡捕房去，祇要肯吃苦，總不至於毫無辦法吧！

諺云：天助自助者。你有自助的能力與決心，便可以希望有人來幫助你成功了。但是你千萬別把人家的幫助看得太重，也別把人家的幫助要求得太多。人家爲什麼要幫助你？假如他幫助你是因爲你是個值得幫助的人，幫助了你以後對於他自己或者也有些好處，至少是沒有壞處，他便幫助你了，這樣幫助是靠得住的。否則，你自已一些能力也沒有，祇把弱點暴露給人家看，希冀因此而獲得同情與援助，那好像爛脚乞丐把瘡口露出來給人瞧個明白一般，人家卽使一時可憐你，多丟幾個錢給你，你也不能够一生一世靠人家的同情心慈善心過活呀！而且人家的同情心慈善心往往也有限度，「路見不平，拔刀相助」的俠客是有的，但叫人家俠客一世替你這個不相干的人保鑣下去，那就不可能了。慷慨解囊，濟人之急的君子也是有的，但是「救急不救窮」，永遠叫人家救下去就不可能了。假如人家今天同情你的原因是由於可憐你的爛瘡，明天後天他便會因你的爛瘡而討厭你，看輕你了，這種幫助是靠不住的。

一個無依無靠又無錢的女人在必不得已，非離婚不可的時候頂要緊的是準備能力，不是急於找依靠，找錢。但是我不相信一個青年或中年的女人便會絕無能力，問題恐怕還是在於缺乏勇氣。

第一，她們恐怕離婚之後會嫁不着人，或者所嫁的人比前夫更不如。關於這方面見解，是見仁見智各有不同。在我個人的意見，以爲選擇丈夫也是寧缺毋濫，嫁不着人雖未免寂寞淒涼，但總比嫁不好的人天天受氣爲佳。至於比前夫不如還句話呢？所謂不如當然是指金錢地位方面而言了，若說愛情，對於前夫有愛情便不會離婚，對於後夫沒有愛情也不會結婚的。婚姻是愛情的結合，不是金錢地位的結合，這點是應該認識淸楚。

第二，她們恐怕離婚之後，生活更加較前不如了。這也是偏重物質，不講精神之故。闊人家的丫鬟儘管可以戴金插銀，穿綢着緞，吃魚啖肉，但是她們還是奴才。她們好比風箏，線牽在主人手裏，要你下來便得下來，粉身碎骨委泥土是你的最後命運。我是個天生成的賤骨頭，覺得嫁個丈夫若不能尊敬我，愛護我，或者是個不能使我尊敬，被我愛戀的人，就做總統夫人也沒有意思。還不如一個沒有丈夫而能獨立生活的女子，來得自由，過得快樂。

第三，她們恐怕離婚之後，便要受人笑駡，這個理由更加不成其爲理由了。離婚結婚原是個人的私事，你吃不過苦頭，快要給丈夫磨折死了，因此要求離婚，人家還笑話你，這種人是有心肝的嗎？那末，你爲什麽要使這批沒心肝的人得意，使他們瞧着你吃苦到死？又爲什麽怕他們笑駡，不敢自求生存，或者求更好的生存呢？笑駡不是他們的權利，怕笑駡也不是你的義務呀！

第四，她們假如有孩子的話，恐怕離婚要隔離母子。這點確實是值得考慮的，因爲母子天性，一個同丈夫不睦，鬧着要離婚的女子，常是更加愛孩子，視他們如自己第二生命，希望永遠不要同他們分離的。但是，愛可絕對不是盲目的佔有，你同孩子在一起，能够使孩子幸福，那是再好也沒有的事。但假如你同孩子在一起，你的丈夫便不來供給了，你自己的力量又不足以供給他們，那時又該怎麽辦呢？聽說荒年時候有許多人把孩子送給大戶人家，希望他們有口飯吃，能够活命。一個生肺結核或其他傳染病的母親也應該離開孩子，愛是犧牲自己，成全他人之謂呀。至於你本人呢？在萬不得已離開孩子的時候痛苦雖是痛苦，但還痛苦也可以自己排遣，譬如把精神寄托在事業方面，學問方面，便是一例。

老實說，愛的性質是强烈的，但同時也是流動有變化的。在我當初離開母親的時候，我是日日夜夜，無時無刻的想念着她，後來日子多了，也就過慣，不大把她放在心上。現在滬甬僅一水之隔，我的母親常常寫信來促我歸去，我却始終不肯動身，雖然我與她已有五六年不見面了。後來夫婦失和，我一時也曾感到空虛，幸而有孩子做我的安慰。如今孩子又不得不分離了，我當然更難過，但並不是痛不欲生，在工作忙碌的時候，我是根本不會想到她們的。因爲我相信就是愛孩子也須先自維持生存，自己連生存都不能够了，又拿什麽去愛她們呢？

總而言之，一個女子在必不得已的時候，請求離婚是必須的。不過在請求離婚的時候，先得自已有能力，有勇氣。至於離婚以後怎麽樣呢？我以爲也不必過慮。一個有能力，有勇氣的女子自能爭取其他愛情或事業上的勝利；即使失敗了，也能忍受失敗後的悲哀與痛苦。假如她因沒有能力或決心而不敢想到離婚，或者雖想到而不敢說，或者祇說而不敢做，那便祇好一世做奴才了。

退而堂雜記

胡詠唐

一

言語行事貴誠；所言何語，所行何事，却居次要；只誠便好，不誠便不好。即使是偏頗之見，過激之論，說者若滿腔熱誠，諄諄言之，確信自己的話有理，他人聽來也就覺得未始無理。設若並不出於眞誠，所說縱令是美妙動聽的主義偉論，無用；聽者只覺其可厭。

行事亦然。嘗見農村老嫗向泥塑合手叩拜，一副苦臉顯得熱切眞誠，或求菩薩保佑，使其瀕死的丈夫疾病立卽痊愈；或求觀音作法，使其花了五十大洋財禮娶來的媳婦生產平安；設若所求竟能如願以償，必齋戒沐浴，以替人洗衣念佛辛苦得來的錢，購買香燭，前往感謝恩澤。試問她不求菩薩觀音求誰？不謝菩薩觀音謝誰？求言語如官吏的土匪嗎？謝行徑如土匪的官吏嗎？見老嫗叩頭如搗蒜，滿臉眞誠熱切，只覺可哀可憫，悲憤交集，何敢鄙視？曾國藩一生看重一個誠字，時人後人也佩服他一個誠字，非爲無因。

二

嘗聞人謂當今科學萬能之時，馬爾薩斯的人口學說早已成爲謬見腐論，蓋地球物資無窮，生產方法之改進足使供給全球人類而有餘。姑不論此言固確與否，吾意生產方法改進與節制生育不必一定相悖，物資愈豐，用以供給適當數量人口之用，則生活愈可美滿，不必爲物資消耗不盡愁也。且前言亦太籠統。今日生產方法改進，受其利者並未及於全球人類。福特洛基發羅諸公固可五男六女，就覺膝下兒孫不多，然生產方法之改進與小三子家裏的七姊八弟不涉也。

社會主義派之反對節制生育，亦犯同樣錯誤，彼輩以爲社會現狀不患寡而患不均，只要財富分配得當，不致發生人口過剩現像，因此推定無須節育。然則只要主張公平分配卽可，亦不必反對節育，蓋二者同時實行，生活更可美滿也。

現代各派人口學說之中最近情合理者，當推卡爾・桑德斯（Carl Saunders）的『適當人口論』（Optimum Theory of Population）。其學說要旨謂人口數量不患寡或多，而患不適當。比方人口稀少之區，縱然物資豐富，工業便興不起來；物資豐富之區，人口愈密，工業愈盛，若分配得當，人民生活自然愈臻理想；然人口密到某種限度，必生粥少人多之像，這便是數量不適當了。只是今日交通發達，今人已不像往昔僻居一隅，老死不相往來。物資豐富，人口稀少，僅是局部現像，可藉交通而得調劑。且慢論全球，以中國言，人口雖無精確統計，然似嫌過密。江浙農田或一年二種，或一年三種，較諸他國二年一種三年一種爲何如？且近來農人亦多知利用新式肥料。何以民食仍感不足？若謂吾國農人不用機器耕種，這點似是題外閒話，須知地土枯竭已極，一畝田只能產生若干農作物，任憑你用何種新式機器，亦無法強迫土地多產一升米。我們這樣苛待土地，土地菩薩有靈必然悽然淚下。至於說到旱荒水災，固可藉人力補救，如改善水道，利用海水等。然則只要規規矩矩的去實行改善設法利用就是，不必反對節育，須知吾國沒有旱荒水災的年頭，沒有洋米輸入還是感覺糧食不足也。

三

你與友人的交往密切到某一個程度，你便會不喜歡他。克里斯士福•莫萊（Christopher Morley）有言：『情侶分離一時，相愛之情愈切。』論語也說『君子之交淡如水。』可是以言讀書，便不如此。一本好書，你愈讀便愈覺其好。因爲書是無生命的。

與其與著者面談，不如讀其書之爲愈。你也許會不喜歡他的爲人，可是你不會厭惡他的書，如果他的書是好書的話。因爲人總有令人不愉快的缺點，而他寫書的時候決不會向讀者講令人不愉快的話，他決不會把他的缺點在書中顯露出來給讀者看。書是可以寫得十全十美的，可是人不能做得十全十美，縱令他能寫一本十全十美的書。一個人所說的話所寫的書總比他所做的事來得接近眞美善。言行一致是人人所難能的。迄今爲止，人間的眞善美還只能往紙上去尋。喜歡讀書的人所以喜歡讀書，就是這個道理。

而且一本書不像一位刺刺不休令人生厭的客人，却像一架留聲機或是無線電，你要聽作者說話，開卷就是，不要聽時，只一舉手之勞把書閉上，他就不說話了，不會開罪於他，弄得感情破裂。復次，作者會死亡，死後你要和他談就不可能，可是你可以讀他的書，不但一人的書，而且不妨把數十百位已故作家請到你的家裏來，你高興時就請他們親切地和你說話。如果你懂數種語言，遇風雨之夕，無聊之時，不妨叫他們南腔北調中而隔離地說話。

關於讀書的文章，我此時只記得三篇：莫萊的『論讀書』，林語堂的『讀書的藝術』，和小泉八雲的『何謂好書』。寫得都好，大概都是喜歡於紙堆中去尋求眞善美的一流人物。

四

下引各句見於何書？敬請諸君一猜。

被人所輕賤而僱得起僕役的人比看重自已人格可是沒有飯吃的人好。（He that is despised, and hath a servant is better than he that honourth himself, and lacketh bread.）

做人不要做得太合乎正義；也不要太智慧：你何必一人自苦乃爾呢？（Be not righteous over much; neither make thyself over wise: why should thou destroy thyself? 「destroy=Hebrew: be dssolate」）

驅馬需鞭子，制驢需羈轡，頑愚的背脊需要木棍。（A whip for the herse, a bridle for the ass, and a rod for the fool's back.）

狗嘔吐出來的東西牠還是要回頭去吃的，頑愚說愚話做愚事亦正一樣，沒法叫他不頑愚。（As a dog retuгueth to his vomit, so a foot returneth to his folly.）

聖經旣是句句眞理，而且上引數語確有道理，何以牧師講道從未引用這幾句呢？歐美輸華書籍之中最不得中國人之心者，當首推聖經。外國敎會花了千萬金錢，叫中國人讀聖經；牧師講過千萬次的道，把此書說得神奇萬狀，捧得直上雲霄，高不可及，而人終於不讀者，無他，不引聖經上述一類話之過也。把此經說得太聖之過也。聽者自思我輩凡人，去讀這種神聖不可侵犯的書有何趣味呢，實在無福消受，還是看奇書欣賞會出版的奇書倒有意思。於是聖經被讚美得成爲一本可厭的書了。於是寧願重價搜購奇書，聖經即使贈送也要嚴辭拒絕了。

洋牧師華牧師在華傳敎了這麼幾十年，祇留

了惡劣印像，我們一聽得聖經二字，幾乎人人討厭，人人輕蔑，今讀聖經，始知這個實在寃枉，是牧師自己不好；始知牧師多未熟讀聖經，若不然，必是不善讀聖經，恐怕還是當金剛經讀如有魔力然的居多數；若是曾熟讀聖經或善讀聖經，必不做牧師狺狺訓人。

須知聖經一書，是雜湊之作，非出於一人之手，亦非成於一個時期。且据聖經學家 Lindley 的說法，因爲此書勢力甚大，影響所及甚廣，往昔難免有人惡意加以纂改補綴，故書中各篇有絕無道理的話，亦有警人佳句。例如箴言篇二十六章的論頑愚：

正如夏天的雪，收割農作物時的雨，名譽之於頑愚：也是同樣的不合式。

不要報頑愚以頑愚，因爲若是不然，恐怕你便要變得像他一樣了；頑愚須報以頑愚，因爲若是不然，恐怕他要自命得意自作聰明了。

你若以榮譽給頑愚，那正似配弓以箭。

創造一切的上帝對於人類是一視同仁的，對於頑愚和不法之徒同樣賜以福氣。

又如Ecclesiastes一篇，頗具老子莊子列子楊朱篇風趣。引其佳句如下：

須知多智慧即是多悲戚；凡是增加知識的即是增加憂傷。

智者死了怎樣？也和頑愚一樣而已。

人和禽獸一般，都有一死；不但此也，他類都是有一口氣而已；是以人類並不比禽獸高明。

我讚美死人。尙未出生尙未看見過人間惡跡的人却比活人和死人更好。

智者的心恆戚戚，頑愚的心恆歡樂。

一切空虛的事我都眼見過了：善人有行善事而毀滅的，同時也有惡人行惡事而長命百歲的。

天下有善人，他的遭遇好似做了惡事一般，也有惡人，他的遭遇好似做了善事一般。

因爲對於惡行的裁判並不迅速執行，所以人們就決意作惡了。

人不要做得太壞，也不要太頑愚，你何必促你自己早死呢？

好學有傷身體。

此篇精神大致與儒學是不合的。儒學主嫉惡如仇，此篇只是勸人不要太壞，並且勸人不要太正直，免得自苦，有礙身體健康。儒家主人獸有別，此篇認爲人獸無別，處處與道家相似。其論善人惡人，恰如王充論衡的論命運。「好學有傷身體」一語與「學而時習之，不亦悅乎」相違。

編輯後記

黎庵

有一位號稱「酷評」而其實極寬大的雜誌評論家，對於本刊唯一的酷評，便是「篇幅太薄了。材料既不缺乏，撰稿又多名作，何不增厚篇幅？」其實這種善意的批評，本刊是無法接受的；而編者對作者最感歉意的，也正在此。本刊近期來雖是琳瑯滿目，然而濫竽充數者也不無幾篇，原因是有好的文章而太長，無法刊出。一本刊物，篇幅是限定的了，然而花色却不能不充足，一張目錄，總要有九、十篇的文章才行，否則，二三篇長文章，又豈能號稱一本「雜志」，于是苦死了編者，一方面要保持內容的水準，一方面又要花色繁多，不生單調之感，眞是天大的難事！安得報紙萬千令，庇盡天下編輯盡歡顏。在今日眞不得不作如是想也。

報紙既缺乏，印刷工價又奇昂，最近又漲價了，聽說漲了百分之八十，我們不得已也酌增售價爲五元，只漲之百分之二十。非敢云漲，聊資挹注而已。

本期的內容，毋待我的贅言，兌之先生的「說箋」，可稱小品的正宗，果庵先生詩，瓣香南宋本事，與堯先生考據，別開生面，均可稱美具難併。尤足介紹者，乃撰「退而堂雜記」之胡詠唐先生，妙處何在，則要在讀者心領神會矣。

上海郵政管理局暫准登記證第四〇〇號

古今

散文半月刊

第二十四期

人事有代謝
往來成古今
江山留勝蹟
我輩復登臨
水落魚梁淺
天寒夢澤深
羊公碑尚在
讀罷淚沾襟
——孟浩然

古今半月刊第二十四期目次

下期預告

四游北平雜感……周佛海

中華民國三十二年六月一日出版

社長　朱樸
主編　周黎庵
發行者　古今出版社　上海亞爾培路二號
發行所　古今出版社　上海亞爾培路二號　電話：七三七八八號
印刷者　國民新聞圖書印刷公司　上海靜安寺路一九二六號
經售處　各大書坊報販

零售每冊中儲劵六元（聯銀劵一元二角）

國民政府宣傳部登記證滬誌字第七六號
公共租界警務處登記證C字第一〇一二號
法租界政治處登記證（在申請中）

我的詩

陳公博

我寫完這個題目『我的詩』以後，我自己覺得有些大膽。既然名爲我的詩，應該自己問一問，我的詩究竟好不好？就是好，而我的詩究竟有幾首？

說也慚愧，我姑且不談我的詩好不好，算至現在，我平生作詩大概僅僅一百左右，在南京一炬，可憐焦土時，僅存一百首的詩稿也燬盡了，現在所能記憶的最多尙不及半數。詩既少得可憐，怎麼敢談我的詩。

不過，這個窮禍也是我自己闖出來的，因爲朋友們許多要我寫字……自然他們不是爲我寫的好，說好聽一點，祇是留紀念……而我偏偏喜歡寫自己的詩，於是朋友們便時時問起我的詩來，要我錄幾首給他們『欣賞』。好罷，反正朋友們已知道了好幾首，我又何妨多寫幾首給他們看看，這是我爲什麼寫『我的詩』的理由。

老實說，我開始記憶來抄謄時，心裏還在猶疑不決，因爲我的詩既是那麼少，而又那麼的不好，所謂獻醜不如藏拙，還以不寫爲妙。有些好事的朋友看見我在遲疑，又來煽動我，說：『詩無所謂好不好，我們祇要讀你的詩，說到好罷，定義頗難。就是我國的詩宗三百篇，「關關雎鳩，在河之洲，窈窕淑女，君子好逑」，如果不是孔夫子刪定，而是我們作的，恐怕人家看都不肯看，更談不到拿來引經據典。李白的「牀前看月光，疑是地上霜，舉頭望明月，低頭思故鄉」，杜甫的「夜投石濠邨，有吏夜捉人，老翁踰牆走，老婦出門迎」，如果不是李杜寫的，而是我們吟的，恐怕人家不屑一顧，要譏爲引車賣漿者語。我們不要看好詩，祇要看你的詩。』他們這串大道理，眞可使頑夫廉，懦夫有立志，不由得使我大膽起來，這又是我爲什麼寫『我的詩』的理由。

我的詩實在太少了，與其光是抄詩，不如先寫些我作詩的經過。我記得有一次在酒酣耳熱時候，汪先生曾對我說：『公博，你的詩天資很高，爲什麼不多作？』我聽了非常惶悚，祇是笑而不言，我之不言，固不敢言，亦不便言，現在旣寫我的詩的經過，就是等於個人自己的詩話，前之所不敢言與不便言者，不妨坦率言之。

說也奇怪，白話體對於我的文章影響很深，自從民國九年，我便很少作文言文，但是對於我的詩，那就影響很微，甚至乎不發生影響，因爲我從來沒有作過白話詩，並且也不喜歡讀白話詩。這或者因爲我既不願著意做詩人，所以不去注意。旣無意作舊詩的革命，又無意作新詩的詞宗，因此還一半的抱殘守缺，作白話之文，謅舊體之詩了。

我之不多作詩，實具有無數理由。我想作詩單靠天資高是不够的，必得有相當的工力，我自問對於詩，並沒有下過苦工。從前九歲開學，教書先生便教我做小詩。他有一句名言：『讀熟唐詩三百首，不會吟時也會偷』，這句名言，我至今還當作座右銘。然而可憐。我偷的時間便不多，而偷的本領也有限，因爲學校的學科太多了，日夜預備，還苦時間不够。那能騰出時間去偷詩。以此，即使空有天資，其如絕無實學，對於詩未嘗下過水磨工夫，實在不敢多作。

對於詩旣沒有下過苦工，自然詩韻不會熟，何況我是一個廣東人，有時謅了一首詩，自己以爲音韻鏗鏘，可是一查詩韻，不由得慚愧到面紅耳熱。能不能拿詩韻當隨身法寶，寸步不離呢？我實在沒有這種時間，也沒有這種耐性。有一次二十一年春天某一夜，在南京我在羅文幹家裏正在商討所謂大計，忽聞獅子山邊砲聲大作，其時國民政府正遷都洛陽，我們步出中庭，不勝感慨低徊之至。我謅了一首詩：『徹夜鼙聲薄古城，萬家燈暗賸繁星，洛陽宮觀淪榛莽，風雨淒其憶秣陵』。自已以爲很慷慨蒼涼，及至天明回家一看詩韻，誰知城、星、陵、都各有其韻，換一句話，就是全出了韻。我祇有自已原諒，因爲我是廣東人，幷不是我出了詩韻，實在詩韻出了我。因此從此我便覺有重編『今詩韻』之必要，這一段容後再說，這部『今詩韻』沒有編成以前，我想還以少作爲妙。

要多作詩，必須對於『卽事』之外，多作些『卽景』……那就是詠景和詠物詩。人生雖然數十寒暑，但實際說來，更事亦未必多，尤其值得吟詠的事更不見得多。說到詠景和詠物，最不引起我的興趣。我也曾遊過一些名山大川，也曾興之所至做過些長詩短句，但後來一讀前人所作，眞是令人氣短。原來我所說的，前人都說過了，並且還比我說的佳妙而高明，這樣白費工夫，我殊覺太不值得。因此我決心每逢游山玩水之時，先買一本關於那個地方的游記或詩集，如此可以舒舒服服的游目騁懷，不至於辛辛苦苦的攢眉苦臉。

作詩有時太自苦，我不多作詩，不祗是躲懶，而且是避苦。前人有句話：『吟成一個字，撚斷幾條髭』。我的經驗，爲了一個字，何止撚斷幾條髭，有時十年之中，心還不大自在。十九年我在北平寫了一首詩，到了今日，心還在那裏忐忑。那時擴大會議失敗，退入太原，一班朋友——尤其覃振先生力勸我去天津，但我決心要隨　汪先生入娘子關同甘苦。當我離開北平那一夜，我寫了一首小詩：『險阻艱辛不肯辭，輕生重諾寸心知，拚將肝膽酧朋友，珍重東城判袂時』。一首詩出了兩個『重』字，頭一個『重諾』的『重』是不可以換的，後一個『珍重』的『重』

後來怎樣改法都不妥。改得太豪放，失了兒女之情，改得太淒涼，短了英雄之氣。還都那年，請教龍榆生先生代我筆削筆削。龍先生是詩人，拿去了兩天還拿回來，說還是照原稿罷，實在不易改好。我也何嘗不能原諒自己，古詩常有重字，今人何妨稍爲隨和。但是要知道，這首詩是七絕，統統不過二十八字，二十八個字便重了兩個，工力不足，可想而知，天才所限，何能多作。一個字而至心懸十年，眞徒自苦耳！人生本短，何必自戕？

恐怕是一個通則，或者是一個尺度罷，詩句最好是淡，最壞是火，我的詩旣未工，字又不煉，因此去爐火純靑還是很遠很遠，眞是『一句還未成，三昧發眞火』，衡以我的性格，可謂詩如其人。以前年少氣盛時候不用說，就是現在罷，偶成一詩，自己念起來，很像孫行者陷入火燄山，十萬根毫毛都帶着火燄。朋友們在嚴冬時候讀了我的詩，或者可以增點暖氣，若在酷暑時候讀了我的詩，有拖累朋友中暑之虞，心旣不忍，詩便少作。

我最奇怪，或者因爲工力不足的原故罷，作詩好走偏鋒，那就是專做七絕。這個理由並不難於解釋，七古和五古，我確沒有下過工夫，並且也沒有時間。五律和七律，我又怕翻典故，難排比。我固然不願鬧『舍弟江南沒，家兄塞北亡』那樣悲慘的笑話，就是『紅豆啄餘鸚鵡粒，碧梧棲老鳳凰枝』，我也認爲過於堆砌和做作。五絕罷，字數過少，運用不靈，所以祗有因利乘便，專以七絕爲我藏拙之道，因此也不能多寫了。

還有，我最怕做詩人，因爲做了詩人，便不免有詩友，一有詩友，便未免囿於結習，牽於情誼，要結成詩社。從前我觀光過一兩個詩社，使我坐立不安，心想，世界上的集會結社再有比參加詩社難受的嗎？後來我在上海到過票房，倒不期而遇的找到同樣難受的例子，票房是由愛好舊劇的票友組織而成，一班票友無事便在那裏哼，唱得漂亮的，同社票友固然忍不住要叫好。就是唱得糟糕的，走了板和咬錯字，同社票友也爲着面子，要勉强叫一聲好。我是不懂詩和不懂唱的，猶引至詩社和票房爲苦，若眞眞詩作得好，而要和詩友結詩社，那眞未免自尋煩惱了。所以要不參加詩社，最好不作詩人，以此我對詩幷不刻意求工，恐怕又是原因之一罷。

我還有點對於文人學士們的貢獻，舊日字典因檢查不便，許多人在那裏重編，在前有王雲五字典，最近有辭典曾字典，我想一定還有人未能引爲滿意，正在匠心獨運，努力改良，獨至音韻一書，音早不同，而韻則天不變，地不變，韻亦不變，實在不可思議。我不是基於廣東人便利的偏見，要求重編，而是基於普遍的願望，希望來一個『今詩韻』出版。其實拿聲韻來說，廣東人對於『聲』最熟不過，平上去入，小孩子也天然懂得，但是談到『韻』，那就沒有辦法，一東和二冬，六魚和七虞，固然分不淸，就是七陽和十四寒。八庚九靑和十蒸，也極容易混而爲一。我更感覺奇怪的，廣東音對於十二侵，十三覃，十四鹽，十五咸，有獨到的辨別，但爲什麼『凡』和『帆』倒收入十五咸，這又是廣東人所不能理解，而我懷疑到古人有極大的錯誤的。但古人有錯誤也罷，沒有錯誤也罷，音是變定了，古今有許多音不同也成爲定案了，韻由音生，我力主非重編不可。我盼望有一班文人學士，主持風雅，重編今詩韻，將詩內的『時本通什麼韻』，『古通什麼韻』，就目前的發音，一氣貫通，這樣或者不祇是一種風雅，而且對於像我這樣人是一種慈悲之事呵！

自己的詩話既已說過，以後便就記憶所及錄出我的幾首詩。二十歲以前劍呀血呀的舊作我全忘了，二十歲以後花呀月呀的舊作我也删了。無已，就民國十四年回國後偶一爲之的詩，依着年份，略抄幾首。同時我想聲明的，我因爲不是詩人，除了偶然出韻之外，在心境愉快，祇是豪談使酒，除非心境苦悶，方胡亂寫些詩，因此我的詩正合着『不無悱惻之詞，惟以悲哀爲主』這兩句話。自然倜儻的詩不是絕無，然而無端之詞也有所託。寫到此地，我又想到中國的寫作藝術了。我們知道喜劇不易寫，而悲劇最易作，藝術低下，悲劇爲多，看了近年來的小說和戲劇，恐怕我也不能例外罷。

十四年至十五年，由國民政府在廣州成立以至北伐，是國民革命勃發時期，除了一兩件事使我非常不痛快之外，心情還沒有大不了的苦悶，所作的詩，都在軍中爲多，火氣雖重，哀惻還少。

△與譚組安朱益之登白雲高峯，風雨倏至。

三月風掀渤海濤，天低雲黯將星高，春雷挾雨隨潮起，捲入深巖萬木號。

△軍次樂昌，宿營城外沙洲。廿年前余曾啣先君命捨軍先行，匹馬偷渡峽門，依稀尙憶舊日渡頭也。

獵獵悲風掠莽原，疏星連樹認前村，當年單騎窮投止，月黑衝寒渡峽門。

△酷陽苦人，軍行三日，始過禺關。

三伏行軍越萬山，六師今日過禺關，驕陽灸體不知熱，心在幽燕汴洛間。

△舟過衡陽，遠望南嶽，往返三次，終以軍書栗六，不得一登。

三過衡山不許登，汨羅前敵未休兵，層巒挾雨破空至，倒影湘江入鬢靑。

△賀勝橋破，屍塞涸川，勒騎前進，馬似厭血腥，人立長鳴，不肯前進，感而賦此。

百里橫屍斷濁川，戰雲冪地遍狼煙，朝陽入眼赤於血，征馬長嘶卻不前。

△圍攻武昌匝月，每夜宿南湖。夜深挑鐙草軍書，頓覺有寒意，知秋暮霜降矣。

捲地風雲撼武昌，枕戈橫筆草飛章，深宵劍氣侵肌冷，始覺征袍盡着霜。

十六年春武漢大定，調贛主省政，那時的情緒，比較愉快，蓋以不參軍事，遂有閒情。

△卜居百花洲畔。

寂寞樓台對小橋，昨宵寒盡又春朝，曉來試馬花洲畔，梅蕚微開雪半消。

△門外春柳含芽，綠入窗中，情不自已。

嫩柳含芽未解情，輭風吹綠入窗櫺，重簾半捲還留住，春意由他自在生。

△揚柳拂地，暮春將去，隱然有歸思。

幾樹垂揚拂地春，倚風愁煞探春人，不如歸去珠江住，笑對梅花證夙因。

是年三月，三中全會召開於武漢，甯漢漸分立，邇後哀愁時多，歡樂時少了。

△登黃鶴樓值大風雨。

幾度憑欄幾度愁，大江風雨撼孤樓，蒼穹沉醉人無語，獨立峯頭看亂流。

千年古木空餘骨，百戰功人盡沐猴，大地晦冥天變色，不知何處是神州。

△長沙馬夜事變，奉命往撫輯，至岳州，阻不能前，早起偕周鰲山小憩岳陽樓。

淡蕩湖光映早暉，君山輕似片帆微，危樓縮盡烟波意，欲破浮雲天外飛。

十七年在滬辦革命評論，那時雖然不如意事常八九，但以終日執筆爲文，無暇作詩，一年之中，祇得兩首。

△大風雨陳樹人自金陵回，即赴杭州，作此送之。

一夜罡風烏亂啼，彤雲着地大江低，錢塘景物都凋落，萬樹柔枝盡向西。

楚尾吳頭意興闌，不堪描是破河山，金陵荒落西湖輭，憐煞詩人着筆難。

十八年春赴歐洲，比夏返，終年預戰役，十九年復至北平，參加擴大會議，這時的詩，多感喟之作。

△宿娘子關

息兵軍令未曾頒，十萬征騎帶甲還，昨夜月明歸夢遠，雄心飛越秣陵關。

△自北平退太原。

險阻艱辛不肯辭，輕生重諾寸心知，拚將肝膽酧朋友，珍重東城列袂時。

△游晉祠并撫唐貞觀碑。

虎步龍行天日姿，中原爭霸盡凡兒，斜陽古柏殘碑在，碧水青山弔晉祠。

△兩次深夜渡黃河。

人語沙中盡楚歌，兩番深夜渡黃河，雄心漸似秋心淡，欲與閑鷗逐逝波。

△過雁門關。

九月涼秋塞草黃，雁門關外已飛霜，馬歸閑厩征袍解，來弔秦時古戰場。

△自大同微服過北平赴津，適值重陽，早車始發，大雪倏降。

破曉寒鷄四野鳴，漫天風雪過燕京，輪聲似慰亡人苦，碌碌長鳴訴不平。

二十年秋自歐歸國，舟過哥崙堡而事變發，在海上寫詩兩首。

△離愁。

抑抑離情淺淺愁，海風吹浪上襟頭，憂深轉覺不經意，斜倚危舷看白鷗。

△海上

海上淒淸百感生，頻年擾攘未休兵，獨留肝膽對明月，老去方知厭黨爭。

廿一年以甯粵合作至南京，荏苒五年餘，願有所爲，苦無成就。當時心境，較十七年在上海，十九年在北平，尤爲惡劣，患生於外，疑生於內，我知道不久當有大變。就拿一己事業來說，除了紙上計劃，想做一件小事也不可能。我當日曾對南京同志說過，「你們從前對某某人不滿，輕則開除黨籍，重則通緝，實在還不算高明，最好還是找他到南京做大官，同時使他不能辦一事，這種懲罰比開除黨籍和通緝都厲害」。我這段話，就可以表顯我心裏的苦悶了。在這個時期，詠景和詠物詩倒有幾首，因爲所做的事，都不足形諸吟咏的。

△廿一年元旦，至京初預國府新年典禮。

髀肉重生戰馬疲，征袍脫去換朝衣，酒杯澆盡牢愁在，也自隨班習禮儀。

△閑檢舊篋，見十年前佩刀，銹生矣，感而寫此。

豪氣銷沉計亦窮，十年遲我愧無功，鋒鋩未盡因時晦，半斂殘書破篋中。

△以開國難會議之洛陽，便道游龍門。

黃河無際日黃昏，極目中原隱淚痕，駐馬危崖獨惆悵，冷風吹雪入龍門。

△揚子渡頭。

數點微雲秋冷衣，風輕天際遠帆歸，荻花白上詞人鬢，寥落江南一雁飛。

△登燕子磯。

燕子磯頭葉半霜，危城夕照兩蒼茫，大江無語向東去，如此河山未忍看。

△暮秋游棲霞山。

最惜秋殘葉未紅，棲霞猶罨綠陰中，夕陽欲語亂山外，遠處微聞孤寺鐘。

△春日游揚州。

二分明月憶江都，曲水輕煙柳幾株，春色漸凋詩漸淡，好將身比瘦西湖。

△每日車過流徽榭，新春忽至，垂柳漸長。

暮暮朝朝此水濱，百無聊賴又新春，三年似爲嗟來食，垂柳迎風欲笑人。

△游西湖入九溪遇雨。

寒雲蒼水隱山影，春冷樓台啼鷓鴣，一抹淡煙輕棹急，初從雨裏認西湖。

踏遍南山入九溪，杜鵑花裏杜鵑啼，嫩茶綠上村娃鬢，行盡長林帶雨還。

△題西湖酒家。

收拾豪情付酒杯，胸懷塊磊借相摧，已憐醒後賓朋散，更惜雄心未盡灰。

△廿二年春，北上勞軍，車過黃河橋，有感。

去年海上角聲哀，今又貔貅動地來，還羨江南風景好，梅花依舊及時開。

危坐終宵寐不成，每逢危難此間行，黃河渡口冰猶結，關外遙知正鏖兵。

我有幾首詠史詩，總覺得沒有多大意思，而且也似乎太儇薄，現在擇錄一二。

△詠史一

王侯甲第望連雲，雨露春風盡主恩，朝罷玉階香未散，公卿爭拜虢夫人。

△詠史二

司寇花驄出禁城，侍中款段入神京，當年玉尺齊臍選，今爲憐才避尹邢。

△詠史三

半壁山河又照殘，少年豪俊盡高官，朝臣懷表當墀立，仗馬庭前仔細看。

無題詩，我也寫過好幾首，所謂無題，自然不能有題，我也知道人家必定說我不能無所指，但我也決不認必有所指，我不願解釋，所以僅僅謄出四首。

△無題一

記得當時認小名，初從琴譜學新聲，十年前事心頭影，春滿江南花滿城。

△無題二

別緒依稀憶往年，落花如雨夢如煙，夕陽紅似離人淚，宣武城頭春可憐。

△無題三

起舞華鐙未敢前，胭脂紅上紫金鈿，離愁濃似春雲重，郁鎖深顰淺黛邊。

△無題四

無語人前意絕佳，樂聲波動翠雲釵，會心別在深宵後，明月婷婷入夢懷。

❖　❖　❖　❖　❖

至於弔朋友的詩，我僅寫過兩首，一首是廿一年至京弔組安先生墓，一首是十六年冬弔管青。前一首是七絕，後一首是七律。我是最不喜歡寫七律的，獨是這一首，我怎樣也不忍棄去，詞雖近俚，語殊紀實，我想同情於逝者的人，不會譏我爲儇薄罷！

△弔譚組安墓。

彥博一生唯豁庋，謝安臨事故從容，百年循吏良臣傳，一字師承在執中。

△過永勝寺。

十六年冬，共亂平後，軍書正栗六，迺莊來見，謂其姊管青已逝世，臨終囑以珠簪相貽，藉留紀念，惘然久之。翌日古君郵我一巨函，中有管青筆記一冊，字以鉛書，中述其對余思慕之懷。古君於函中媵以一牋，謂管青彌留時，坦白述其婚前所念，并囑古君於其逝後，至母家往日居室藏笥，搜其筆記寄余，至管青之棺則暫厝於東門外永勝寺云。得書泫然，夜間把玩遺珠，摩挲筆記，終宵不能成寐。詰旦趨永勝寺，則棺於前一時移去葬白雲山深處，餘香殘燭，無限淒涼，細雨斜風，愈增惻怛，雖欲撫棺一慟，不可得矣。徘徊至暮，寺僧來逐客閉門，始黯然歸去。余識管青七年，初不知其意有所託，當其臨命之頃，正不必以所懷語古君，而卒語之，古君在悲逝之際，正不必以所知語余，而卒語之，此世之所謂眞性情者耶，嗚呼痛矣！

荒寺衰楊不見人，玉釵羅襪倏成塵。遺珠光隱淒涼色，絕筆鉛留慘淡痕。未燼餘煙魂宛在，已灰殘燭淚猶新。不堪惆悵黃昏後，細雨斜風閉院門。

❖　❖　❖　❖　❖

我的詩能夠記得的就是這幾十首了，至於打油詩也有好幾首，贈人的也有好幾首，我不想再錄，省得人家作無謂的考據。或者在我身後，等朋友中好事者再代我搜集罷。還都之後，作詩不多，記憶所及，也鈔在下面。

△臨池偶感。

刼後江山異昔時，六朝煙水夢依稀，佯狂未掩心頭淚，漫把柔情託酒卮。

無復豪情撼管絃，故將雄語傲人前，最難夜靜佳賓散，楊柳初長月正圓。

△中秋夕倏大風雨。

風雨猶留戰鬥聲，山川草木半凋零，願將憂國傷時淚，洒入銀河洗甲兵。

△三十一年上海日本畫師舉行畫會，請余購白蓮一幅，索價三千。

畫竹多於買竹錢（用板橋句），紙綫半丈價三千，窮官已苦炊無米，也破慳囊購白蓮。

△時感苦悶，隱然有山林之思，欲繪一水雲深處，聊以自娛，然不作畫三十餘年，一木一石，皆不成筆，意境難描，歸去更成幻夢矣。

縹渺仙山夢不通，試描意境也難工，幾時身有雙飛翼，嘯傲天台第一峯。

△奉命東渡，歸期已定，忽爲雨阻，長夜雨聲沁入心脾，不能成寐。

春深三月遍櫻花，長夜無端細雨斜，遙憶天涯初七月，不知今夕照誰家。

瀛海棲遲祗五日，歸思悶損似三年，平添苦雨撩清夢，滴滴穿幃碎枕邊。

⁂　⁂　⁂　⁂　⁂

我不是說不愛作五古七古嗎？就因爲工力不足的原故。最近想寫幾個字補壁，也曾寫過一首五古，雖然是游戲之作，也鈔在下面。

△長夜偶感。

斜月漸西墜，夜闌苦不寐。茶煙發幽香，愈感寂寥意。萬籟皆絕響，一燈靜相對。淸興倏飈舉，各數少年事，我旣歷艱辛，君復傷身世。人生多憂患，太息亦無謂。交誼在心坎，俗議非所計，性命何足論，肝胆始可貴。哀愁易白髮，歡樂聊自慰，條然起看竹，且暫覓佳趣。

帝師之命名行派

五知

中國社會，以家族爲基幹，而「譜牒」在目錄傳記中亦另立一門，且由家譜世系，不特宗支不易混亂，即民族播遷之原委，亦可見其概略焉。而最重要者，則爲命名行輩，以一字之同，即可推究，較之始皇二世以至萬萬世有縱無橫者，尤屬可貴。然世系中最尊者莫如帝王，最久者莫如曲阜孔子，自太史公爲孔子作世家，至今七十餘代，歷歷可考。按滿淸諸帝名字，因有避諱之例，故多以偏僻不經見者用之，關於淸初各帝之名，何所取義，未知東華錄載入否？至於乾隆以後，據云皇六子永瑢於乾隆間繪歲朝圖進呈孝聖皇后，高宗御題，有「永緜奕載奉慈娛」之句，隨命取「永緜奕載」四字，爲宗室命名行派。至道光丁亥，續定「溥毓恆啓」四字，其時溥字輩已命名奉字，諭令改之。咸豐丁巳，又續增「燾闓增祺」四字，則未用及。今世所知者爲溥字輩，毓恆以下，人多不明其系統矣。至於山東孔府，其後代排行，取詩一首，詩爲：「興毓傳繼廣，昭憲慶繁祥，令德維垂佑，欽紹念顯揚」二十字。據聞現在以「廣」字輩最大，以維字輩最小，如衍聖公孔德成所生女曰維鄂，男曰維益，而最長最幼，竟相差七八輩，誠可謂世家大族矣。蓋吾國昔日之家族世系，多取吉祥詩句以爲行輩次第。其事至簡，其用則宏，惜近年以來，以小家庭是尙，舊家譜錄，將成絕響，家乘之衰，亦國史之缺也。

記所聞於張韓齋者

銖庵

屈指清末曾任封疆者。惟貴陽陳庸庵直督夔龍無棣張韓齋粵督鳴岐健在。癸未花朝後二日。韓齋來燕過訪。娓娓談舊事。客有以岑西林幕中事叩之者。韓齋曰。余以甲午舉於鄉。乙未試禮部被放。因留京入南學讀書。稍謀膏火。國子監南學之有膏火。出於左文襄之捐廉。其時漢祭酒，乃陸文端潤庠也。月獲數金。聊供旅食。荏苒數年。以至戊戌。西林以開缺太僕寺少卿入都銷假。適奉求言之詔。頗思於時事有所發抒。物色南學中高材爲之草奏。其時黔人何威鳳翰伯最有聲上庠。首膺其選。何君年稍長。不耐作卷摺書。因曰。草奏吾任之。寫摺則不能也。謀諸夏用卿殿撰同龢。夏君以余名應。何夏與余故皆有舊。思之計亦良得。賓主一飯。而館穀遂定。然余年少不羈。命酒看花無虛日。一飯之後。足跡未嘗至館。西林微語夏君。夏君深責余。謂曰。君縱有所不滿。奈何使薦主爲難。余曰。居停用我爲鈔胥耳。其他固非吾事。然君言及此。當敬諾。明日到館矣。西林知余意。乃曰。今欲應詔陳言。君與何君各具一疏稿何如。余旣請其大旨。奮筆而成。西林不能決也。持以請於李苾園尙書端棻。尙書爲余舉主。於西林亦有師生之誼。過從甚密。然余則於師門僅登第後一謁。平日未嘗投一刺也。尙書一見余稿。謂深合陳言之體。西林遂決用之。歸卽屬余繕摺。竭一日之力而就。趨朝遞摺。立蒙召見。天語褒嘉云所奏甚好。蓋德宗望治甚殷。不惜曲獎臣僚。以作敢言之氣耳。西林聆此玉音。歸美於余。增余館穀自十金而倍給焉。此余與西林遇合之始。本不足道。然幾於馬周之遇。則誠草土孤寒所不敢望者也。

客曰。世言西林以此一疏獲結主知。卽無庚子一役。亦當扶搖直上信乎。韓齋曰。西林以簡在之故。自未收缺之小九卿。驟擢粵藩。已招衆忌。抵粵後。自恃宸眷。銳意澄清吏治。乃揭奏未上。而已奉來京陛見之旨。中道調授甘藩。此蓋榮文忠暗中保全之意。不然，則德宗特簡之臣。當政變後，未有能自全者。西林當時固以致身自許。初未深計利害也。文忠以近密參大政。雖不足當古之賢相。然留意人才。保全善類。在滿人中實不可多得。戊戌之變。若無文忠斡旋其間。則漢人之稍露頭角者。恐將聯翩被擯矣。西林而外，如瞿文愼、如張文達。皆以曾保新黨。處於危地。而一則未預黨禍。一則僅從輕典。庚子後。三公相繼膺大任。猶得挽回已亡之局至七年之久。固非後來當國之親貴不別賢愚者所可比。易名以忠。誠無愧已。

客曰。西林於庚子西幸時。從執羈靮。深被慈禧倚信。或謂當時有以奉帝回鑾之策進者。而西林不能用。有之乎。韓齋曰。西林在甘藩任內。自請率兵入衛。特出一腔忠憤。於當時朝局兵勢。固瞢無所知。此舉西林自發之。而余深贊之。餘人多不欲也。時余二親皆寓河間。而河間適爲拳亂最烈之地。亦欲假此甯親耳。取道草地。兼程而進。及入都門謁榮相。榮相詢以帶兵若干人。曰。二千人尚未全到。榮相蹙然曰。若是則無濟於前敵。駐防察哈爾可耳。部署甫定。余乃請急省親。約以事畢即趕至張家口相會。時猶未慮及都城之不守即在目前也。余携馬隊四名。至河間甯家僅住一二日。即繞道涿州北上。沿途遇潰兵如潮而至。騷擾刦掠。不堪言狀。問知敵兵已犯闕。兩宮出狩。前進則節節艱難。適有董部裨將馬福祥帶兵入援。與余所携四騎皆回部人。相遇。詢知爲甘藩某之幕友。彼已知西林方拜督辦糧臺之命。又西林在甘時尚有威惠。欣然與偕。始得復進。然其大隊行程。猶嫌迂緩。余獨取易州間道出塞。至宣化。始與西林相及。故西林扈從之最初數日情景如何。余未目覩。及宣化以後。則勢已漸定。更從未商推及此也。回念當時西林迎謁懷來。宛然蕪蔞豆粥。既無大臣隨蹕。都城消息隔絕。亦無從得眞相飢兵潰卒。遍地皆是。欲求一飽而不可得。若謂以一邊省之藩司。素無兵柄。遽能舉大計以相號召。此事後推測之論。當時實無由計及此也。

韓齋又曰。西林能斷大事。決大疑。固自其天授。當行駕入西安時。慶邸以全權留京主和議。洋兵方據正定。示欲西指。全權提出撤兵之請。聯軍則以中國先撤娘子關守兵爲言。娘子關爲入晉門戶。以全局論。所關甚重。全權據以請於行在。樞垣榮王二相。皆不敢任其責。述旨但作模棱之詞。晉撫錫良未奉朝命。不敢專主。聯軍遂指爲口實。和議停頓。人心惶懼。全權一面電奏。一面逕電晉撫。迄無切實辦法。行在命西林繼任晉撫。蓋欲以此最難處置之事委之。西林受任後。首先請示是否撤兵。仍不得要領。具摺以請。批詞亦不肯明示。無可奈何。與余反復計議。余曰。今日事勢至此。但問娘子關之兵不撤。能否阻洋兵之入晉。如其不能。則雖不撤猶撤也。所爭固有重於此者。不當以平昔習常蹈故之見。謀今日之時局。任非常之事者。不能顧小小利害。縱有害亦惟有以身當之耳。西林奮然曰。君言實發吾意。人臣事君。苟利於國。固不惜身犯不韙。不然。豈上所以倚畀之意邪。遂發電守關將領撤兵。一面電告全權轉達各使。不意守關者劉光才。爲劉忠誠部湘軍宿將。接電以新撫未到任。且非印文。置不理。其時方行抵侯馬也。及達太原。再派專弁持令箭前往。則兩軍已衝突矣。論者皆云洋兵志在復殺敎之仇。又垂涎於晉省蘊藏之富。勢在必戰。藩籬一撤。將長驅而入。余私計果爾則余與岑公當同以身殉。夫復何辭。顧冀幸不至此。姑遣人詗察實況。且增調援軍。相機防堵。一面收拾潰卒。卒以撤兵電令在前。業經通告。聯軍亦無所藉口。事遂得解。然此險着。事後思之。殊覺少年孟浪。顧天下事有局外人思之極易處。而局中人頗難決者。有事後以爲必可行。而當時竟未慮及者。千古成敗。洞然於胸。誠不易矣。西林之剛而能斷。當於古人中求之。漢書所謂殆天授。非人力。不可及也。張文襄目爲不學無術。非譏而實褒。國有大疑。盈廷不決。非霍子孟寇萊公之倫。孰爲任其艱邪。

客曰。世皆傳公在西林幕府。有關大局之文字頗夥。今猶憶其尤要者否。韓齋曰。西林籛奏。非余一人獨任。羣賢之美。不敢掠也。就中如建置晉邊之疏。出江甯吳君廷燮手。上下縱橫。洞見癥結。規畫宏遠。允爲名奏議。傳之青史。定不磨滅。今吳君年將八旬。猶健在。當能憶及。余所草奏牘電函。已不甚記憶。亦不足道。惟記議設新兵三十六鎭時。余方在廣西巡撫任。與西林深切計議。以爲此事關係安危最大。不得不曲陳利害。冀回宸慮。大意以爲整軍經武。固屬要圖。然論今日中國局勢。練兵原所以對外。而不以之對內。對外之兵。斷非三十六鎭足用。勢必尙有步步推廣之計。然則第一須普及教育。整飭吏治。以爲徵兵之備。次則須培養人才。從事建設。以儲軍實之需。中國似尙未至卽須對外交戰之時。卽使曰兵可一日不用。不可一日不備。則今日所當備。尤有急於此三十六鎭者。若僅注意於練兵。而忽視其他。竊以爲危道也。余雖新進疆吏。義不緘默苟容。疏上留中。時林文直新自桂撫入直樞廷。以書見告。謂與瞿文愼同讀疏太息稱善。相與再三言之。冀回天聽。而慶袁結合。勢在必行。卒不能阻。瞿林兩公與慶袁立異。亦卽自三十六鎭之議始。慶袁於樞廷忌瞿林。於疆吏忌岑。在所必排。其謀亦益急矣。三十六鎭成。匪惟清社以屋。卽袁亦身受其困。卒至消耗元氣。破壞國政。至三十餘年。今日思之。雖不敢自詡薪突之見。而謀之不臧。則具是依。徒令人慨歎無窮焉。

慶袁之謀去瞿。假汪君康年所辦京報發端。其去岑則由蔡乃煌僞造西林與梁任公在實報館前合攝之影。足徵瞿岑二公之不能安於其位。皆由戊戌舊案之餘波。太后婦人之見。惡黨人不釋。故得以其所惡中之。孰知汪君固忠於所事。而梁君亦初不持種族革命之見者。讒諂蔽明。邪曲害公。滋可慨已。余於辛亥之夏。縱觀時局。已知萬難挽回。忝鎭南疆。關係尤大。早夜憂思。欲出最後一著。以盡知無不言之義。因抗疏請罷去親貴。卽日實行立憲。嗣於武漢軍興後。復電請令民黨人中某某兩君來粵。一面錄疏分電疆臣。示以死請。乃補牢已晚。不可收拾矣。

補記清宗室世次命名

五知

茲檢「東華錄」原文，據咸豐六年十一月乙未諭云：『我朝皇子皇孫及近支宗室命名，自聖祖仁皇帝親見曾孫，以「永」字肇錫嘉名。迨我皇祖高宗純皇帝繼見曾元，慶衍五代，卽依派系，以「永綿奕載」四字排序成文，按字開支，洵足光弈世雲礽之慶。此後宗支蕃衍，瓜瓞綿延，亦當光紹前徽，豫擒吉語，以迓禎祥。俾世世子孫引用勿替。著大學士軍機大臣公同選擬十字，候朕酌定。其「載」字以下輩分，卽照見定衍派之字命名。我國家景祚延長，綿綿繼繼，適茲令典，接續擬增，億萬斯年，永承篤祜。十二月御定宗室世次命名，用「溥毓恆啓」四字，「載」字輩分下近支宗室內，「奉」字輩著改用「溥」字。』又咸豐七年五月戊寅諭內閣云：『我朝積德累仁，燕天昌後，皇考宣宗成皇帝於載字輩公以下，續選「溥毓恆啓」四字，依次命名，洵足以昭佑啓而迓蕃釐。朕惟雲礽遞衍，卜世延長，特命大學士軍機大臣續擬四字，同道光六年存記大字，開單具奏。茲據恭擬進呈，經朕選用「燾闓增祺」四字。自「啓」字輩分以下，按字命名，引用勿替。其餘六字，仍著軍機大臣存記，俟將來續擬時再加四字，一併進呈，候朕酌定，我國家景祚延鴻，億萬年繼繼承承永遵令典。』觀此諭文，是淸宗室命名，乃由當時大學士軍機大臣續擬增加，由上欽定，見於明詔，自足徵信。則某筆記稱由詩句集成者，蓋謬言矣。並可知「永綿奕載」四字，爲乾隆所定，「溥毓恆啓」四字，爲道光所選，至咸豐擬撰之「燾闓增祺」四字，其宗支近派，未見命名，而清已亡矣。

重讀論語

儒術於我何有哉，孔丘盜跖盡塵埃。白香山詩

文載道

近年來，我們這位大成至聖先師孔夫子，彷彿又特別的走了紅運。如今春當局諸公祀孔之熱烈虔敬，孔聖學會所發通告的鏗鏘堂皇，以及名流耆宿的講學之勤，足以令人感到朝野一致之盛。我於是也從書篋中翻了一部論語出來，恭敬而細心的閱讀一過，結果却如知堂老人所說，「所得的印象只是平淡無奇四字」。

首先我們要問的，論語是十三經之一，但「經」又是什麼呢？照說文的解釋是「織從絲也」，只是指它裝訂的形式，沒有什麼大不了的神聖含義。到了段玉裁，却說什麼「織之從絲謂之經，必先有經而後有緯，是故三綱五常六藝，謂之天地之常經」，把經的眞相反說得抽象玄祕了。

原來古代書冊的裝訂有一定的度量，如易、詩、書等長二尺四寸，孝經論語又等而次之，而文字則書於竹簡或竹策上面，於是再用絲將這些簡冊聯綴起來以便翻誦，雖然也有用韋編三絕的韋，然不及絲之便當實用。經！不過是用直絲穿的一種書籍罷了。同時，復因那時印刷術尚未發明，倘要保留議論思想，就只能刻在動物的甲骨，銅質的鐘鼎，以及前述的簡策上，不過爲了「篇幅有限」，彫刻費力，不能不在整篇文章中將詞句縮短而在詞句中將字眼減削，這便形成了古文的簡潔艱深與古樸。假如這些作家也生在目前的話，我想，他們或許會同情明白自然的白話文的。所以，有許多的事物，在古人是無可避免的苦衷，我們不妨予以諒解，但在今人若視爲值得誇耀的美點，那就可笑得很了。日光之下無新事物，我們對於一切的古書古人，漫罵固可以不必，瞎捧也似乎失之無聊，而此恰是先聖中庸之道的精髓也。

我對於孔丘也取近似的態度：他是一個哲人，一個學者，可不是萬能的教主。他的學問比一般人豐厚，人格比一般人有光彩——不，缺點比別人來得少，因此稱之爲聖人固無不可。但反過來說，他正是一位聖之時者也，其學說主張必須配合着他的時代才顯出更大的力量。倘一定說他的主張等在今天還有什麼用處的話，那末，惟有如知堂先生所說，給一般常識完備的青年作參考，於持身接物方面有可取法的地方，「却不能定作天經地義的教條，更沒有什麼政治哲學的精義，可以治國平天下。」知堂先生是一位純正的儒者，以他對於舊學研究之博大精深而有此種見解，實在值得我們的思索尋味。其次，則如章實齋之所謂六經皆史也，對於經書，我們只能着眼於它的史料價值，而給少數有社會科學，自然科學，民俗學等修養的學者作批判整理的材料，使我們對古人的生活現象有所明瞭，有所理解。用這個角度望過去，一部二千餘年的春秋經正如六十年前的舊申報一樣，館娃宮的興廢等於跑馬廳的變遷，在滿足了歷史癖考據癖之餘，於情緒方面又添了一重人事滄桑的感慨，然後於智識趣味感情三者都能和諧地得到愉快之外，照我們淺薄的頭腦，確乎想不出什麼大題目了。

我這次的重讀論語，記憶中已是第三次了。第一次在鄉間某老師門下，讀的既是白文，老師又「若無其事」地隨意講解，讀和不讀大約沒有兩樣。只記得有一次，鄉間來了一班魔術團，團幕作場的時候，曾經有一匹黑猩猩的表演。吾鄉俗呼猩猩曰「野人」，當下有一位善作詭話的同學，以爲這就是「先進於禮樂，野人也」的野人，不料有一位老實而稚氣的同學，後來果眞在老師前這樣回答出來，使老師爲之又窘又怒，立刻痛加斥責。這是我首次讀論語最深刻的一個印象，至今偶一回思，猶爲之莞然。自此十年，又在先師忻紹如先生處將全書讀完。忻公確不愧爲一通儒，每

天爲我聚精匯神的講解，頗有循循善誘之風，且讀本還是朱註。可惜因我鈍根難除，太不上進，一面還要向大晚報的「通俗文學」投稿，結果依然於義理愧不能多所聆悟。現在呢，却又是另外的一種態度，即詩人之所謂只可自怡悅而已。對於不懂的地方也不求甚解。版本尤其普通，「民國廿三年甲戌孟冬古閩吳航曾尊椿」以殿板四書景印者也。在那里，孔丘方是一位近人情，有理性，精深博大而又虛心切實的飽學之士。他不以逆情干譽，故作驚奇來譁衆取寵，而且也想不到身後會吃着兩廡的冷猪肉。如爲政第二章云：

子曰：由，誨汝知之乎？知之爲知之，不知爲不知。是知也。

昔者知堂老人以爲十三經如可廢，然有一經裏的有一章却不可廢，這就是上述誨子路的一章。實在說得慼概而中肯。子路向被孔子評爲由也喭，這里却像家人父子那樣的諄諄教誡着。「君子多乎哉？不多也。」一個人的毛病莫甚於講本分以外的話，做本分以外的事，貪多務得却又一無着落。中國尤其是一個知縣當牙醫，牙醫當知縣的國度，一切大言壯語，八股濫調，投機取巧，迷信盲從，全是在强不知以爲知的風氣下造成的因果，大勢所趨，自然變爲君不君臣不臣父不父子不子了。遺憾的是，歷來中國上下對於尊孔一事可謂不遺餘力，然對這寥寥二十餘字，不知道爲什麼總是熟視無覩？看幾本小册子，就要高談憲法哲學，政治經濟，此固有一時期的最普遍現象，蓋所知有限口氣却不能不大，至今天不過還要變本加厲罷了。然則先聖經傳之無關於世道人心，豈非正是好的例證嗎？

其次，孔子倒是一個洞切人情的人，如子路第十三云：

葉公語孔子曰，吾黨有直躬者，其父攘羊而子證之。孔子曰，吾黨之直者異於是：父爲子隱，子爲父隱。

朱註云，「父子相隱，天理人情之至也，故不求爲直，而直在其中。」這跟所謂大義滅親比起來，或者「稍遜一籌」，但究非凡夫所易爲。一個人最難克服的還是自已的感情，求諸古今中外而皆然。我們對眞正的公而忘私者固然知所敬佩，然這一點爲親者諱的難言之隱，却也正是「天理人情之至也」。近人情者眞學問，此等地方恰見出儒家的寬容平實的氣象；不過這尺寸也以這裏爲最宜，如超過了這個標準，就失之顢頇怯弱不足爲訓了。

向來批評儒家的缺點的，不外熱中倉皇。這雖是事實，但另一面益見得他的積極進取，有一種知其不可而爲的精神。然論語有幾段的記載，孔丘的人生觀似乎很傾向於淡泊寧靜。如季氏第十六云：

孔子曰，君子有三戒。少之時，血氣未定戒之在色。及其壯也，血氣方剛戒之在鬥。及其老也，血氣既衰戒之在得。

這段文字很有意思，根據生理學而發爲人們修身之戒，要之也無非敎我們去貪寡欲，可與上述不知爲不知相發明。由此而引申下去的，則有述而第七所說：

子曰，飯疏食，飲水，曲肱而枕之，樂亦在其中矣。不義而富且貴，於我如浮雲。

每誦此章，輒覺別有詩似的一境，引起我對於疏食的好感。往年在故鄉消寒，濃霜過後，從鄉人肩挑中買疏菜來喫，以其得土膏露氣之眞，故厥味也特別新鮮甘美，遂不禁想起了這一章。即使不能實踐後幾句富貴云云，然開章明義幾句話，已經令人神往於田園的風趣了。至孔門師弟中，能保持這種樸素從容的性格的，自然要推不幸早死的顏回了，且無怪孔子這樣的器重他，如雍也第六云：

子曰，賢哉回也，一簞食，一瓢飲，在陋巷；人不堪其憂，回也不改其樂。賢哉回也。

反覆嗟嘆，情見乎詞，然而也惟有顏回才最懂得夫子的全般，如子罕第九云：

顏淵喟然嘆曰：仰之彌高，鑽之彌堅，瞻之在前，忽焉在後，夫子循循然善誘人，博我以文，約我以禮，欲罷不能，既竭吾才，如有所立，卓爾，雖欲從之，末由也已。

這段文字也寫得恰到好處，把一個大學者的風度都概括了。正像我們對於一位學者的應對進退一樣，在尊敬之外，彷彿還有一重嚴肅在距離着，然後益加顯出了對方的高與堅，「雖欲從之，末由也已」，同時，更映出了自己之淺薄卑小矣。

另外，尚有子夏的幾句話，也使我喜歡：「子夏曰，大德不踰閑，小德出入可也」。註云，「閑，闌也，所以止物之出入，言人能先立乎其大者，則小節雖或未盡合理，亦無害也」。略小節而取其大，這本是知人論世的一個公平的「閑」。不過如吳氏註曰，「此章之言，不能無弊，學者詳之」，也言之有理。蓋有許多的品德舉措，雖說是小却貫通着大。或者，子夏看到那時無論於大德於小節都一無是處的人太多了，因而感到只要大德能保持着「閑」——標準，則雖小德出入似也無傷大雅了。

復次，還有一節話，也是子夏說的（第十九章中子夏的話占了不少），我覺得倒可作眼前的對症之藥：「子夏曰，君子信而後勞其民，未信則以爲厲己也。信而後諫，未信則以爲謗己也。」竊意當此發揚先聖經傳的踴躍之秋，凡有一官半職的，未妨把子夏的話置諸座右。「未信則以爲厲己也」，像有許多謠傳流言之起自民間，從這句話裏正可得到一點消息呢！

論語雖然是教訓氣極濃的書，但偶然的也有畫意詩情似的描繪，我對這些都不肯輕易放過。如上述飯疏食一節，先進第十一「莫春者春服既成」一節，及子罕第九中有云：

子在川上曰，逝者如逝夫，不舍晝夜！

宋儒如程子朱子，都把水喻作道體之本，趁此大彈理學，遂使知堂先生有「所以不敢恭維了」之譏。可是梁宗岱先生却同情程朱之說，以爲雖說的舊一點主題並不相悖。至於我，則直覺地感到這確是一節素樸的散文詩，而對孔丘也益有親切之感。一個人往往在恍惚間，刹那間宣洩了靈魂的深處，對生命起了無常無言之悲。孔丘爲其自已的理想奔走一生，始終不見容於流俗，一旦對着汩汩而去的川水，自然會在感情中翻起了汛瀾。特別是水，一向被認作幻滅的象徵，富於哲學的意蘊，如佛子之所謂鏡花水月是也。曹聚仁先生在其所著「文思」中，有子在川上一文曰：

論語，『子罕篇，子在川上曰，「逝者如斯夫，不舍晝夜」』。這個情緒，我是懂得的。孔丘，那時東也碰壁，西也碰壁，一生棲棲皇皇，簡直沒有着落似的。當衰老之到來，從水底看見自己臉上的白髮，不勝如鉛塊般的精神上的壓迫………。

末後並引希臘哭泣哲學家希拉克利泰的話相印證，以哲理而詮釋孔子當時的心境及情緒，眞是適中下懷。他並對自孟子以來的董仲舒楊雄等釋文都加輕蔑，而推重蘇東坡在赤壁賦中論水月的一段，爲能「以文學家的襟懷，沐浴佛家的禪理，所以有這樣透闢的說法。」查蘇氏之原文云：

客亦知夫水與月乎？逝者如斯而未嘗往也，盈虛者如彼而卒莫消長也。蓋將自其變者而觀之，則天地曾不能以一瞬，自其不變者觀之，則物與我皆無盡也。

少時在塾中讀此，不解命意所在。後來在忻老師許重讀此節，方覺得蘇子的精闢透徹，有後先輝映之妙，至讀曹公文迺有鼎足之歎矣。

論語中還有幾個隱逸的人物，如楚．狂接輿，荷蕢丈人，長沮，桀溺等。孔子對之都一律保持敬意，蓋兩者雖有升沈冷熱之分，在本質上卻還是同一的源流。與孔仲尼不同者，一個講道一個不講道耳。桀溺說得好：滔滔者天下皆是也而誰以易之？於是不如回鄉去管農事吧。然其精神說不定倒是憤世的，所謂從孔融到陶淵明之路，其間本有一脈相通處，苟全性命與但求聞達還是二而一也。至孔丘未嘗不想到斯世不可爲，但像晨門批評他的，有一種知其不可爲而爲的精神在推動着，也只得爲自已盡一分職責，此是儒家之積極一面，正爲難能可貴，蓋如孟軻已相隔一間，至叔孫通董仲舒康有爲輩又每下愈況了。只有漢末的諸葛先生，尙能理念這種鞠躬盡粹的精神，樸園主人言之詳而精矣，於此不贅。（見古今第五期）

這裏，我們且看一看孔子對文學的見解吧，爲政第二云：

子曰：詩三百，一言以蔽之曰，思無邪？

下程子註云，「思無邪者誠也」。孔子的話和程子的註都說得平凡然而透徹，是衡量一切文學作品最客觀平正的規矩。從反的一面說來，也便是什麼作品可以離得開誠實！所謂邪，便是不正確與不健全。詩經中的許多情歌，正惟其全是無邪的，故而也處處感到壯健天眞，使讀者爲之手舞足蹈。一到了道學家的手，倒眞的「邪」得可以了。馮文炳先生道得好：

子曰，詩三百，一言以蔽之曰思無邪。愚按思無邪一言，對於了解文藝是一個很透徹的意見，其意若曰，做成詩歌的材料沒有什麼要不得的，只看作意如何……。宋儒不能懂得這一點，對於一首戀歌鑽到牛角灣裏亂講一陣，豈知還正是未能思無邪與，寧不令人歎息。

（見人間世第二期）

這足見得宋儒到底趕不上孔丘！想起孔廟兩廡的那些金漆招牌，眞要代先師爲之重重叫屈。好像魯迅先生說過，偉大的人物一化爲化石，他的不幸也即來了——這時候他已被其徒黨們作了傀儡來利用了（大意）。再想到孔子生前死後命運之懸殊，更見此語之確切不易。

我似乎是一個中庸主義者，近來則加上了虛無主義。嘗讀屠格涅夫的「父與子」，見到阿卡提形容虛無主義者是一個「不崇拜任何權威，不人云亦云的信仰任何主義，不管那主義是怎樣的尊嚴。」不禁爲之低頭唱諾。換言之，對權威與主義並非不尊敬而是更需要用批評的眼光也。自然，這也有利弊兩概，如阿卡提所說，「有些人受到益處，有些人受到害處。」而我既不能像五四諸先驅之英勇，復不能如衛道諸公之熱心，則無論從那面說都是小小的反動也必矣。我對於教訓與聖經，不管是古今中外都極願諦聽，只是自已承認有一種缺點：雖多同情而少信仰，有時還要加上偶象破壞——不，我那裏敢說破壞，不過比起那般死心塌地的崇拜者來，那末，似乎站得有點兒傾側吧。

在這裏，我們可以得到一個輪廓：統觀論語一書，不惟平淡無奇，而且孔丘和弟子們的思想性格，書中的文字章句，並沒有經過精湛的安排，分明的織構，讓我大胆的說一句，甚至於一部分可算小小的矛盾凌亂。正惟如此，使我們看到此中的波瀾起伏，氣魄縱横，於文於情不拘一格，益見全書之雋永有味。然而，又究非出諸一般庸夫俗子之手，因而也就有哲學的思辨，藝術的提煉，人性的展爍。要之，它不過是攝取孔門師弟在茶餘飯罷，在曉風殘月的一些苦樂得失的生活狀態罷了。所以，我們如眞的當作教訓看時，不免要感到失望，否則，用平淡一點自然一點的眼光看去，說不定於人情物理有什一的裨助。日本有島武郎在「以生命寫成的文章」裏說：

想一想稱爲世界三聖的釋迦基督蘇格拉底的一生，那裏就發見奇特的一致。這三個人，是沒有一個有自已執筆所寫的東西遺給後世的。而這些遺留後世的所謂說教，和我們現今之所謂說教也者不同，他們似乎不過對了自己鄰近所發生的事件呀，或者與人的質問等類，說些隨時隨地的意見罷了，並不組織底地，將那大哲學發表出來。日常茶飯底的談話，即是他們留給我們的大說教。

我覺得還可添上一位孔丘。雖然說孔丘曾經删詩經，箸春秋，纂易經，但這些在現在看來豈非不大可靠了嗎？而最可靠的紀錄孔子生活思想的還是這部論語，而論語又不是他自已作的，於是也恰符合着有島氏的這段名言。

我們拿筆桿的人，對於國家社會最感到慚愧。所以，如果能從一道同風的盲從之中，從亘賈屠伯的手裏，使幾個古人幾部古書，揭去烏煙瘴氣的籠罩塗抹，復返於原來血肉的眞相，成爲太陽底下的平淡事物，則既不違反本分，也不失爲報答聖哲的區區之心，「一言以蔽之」，蓋愛是非有甚於愛權威愛偶象耳。（三十二年四月三十日夜改作，四鼓於星屋。）

水滸傳作者考（下）

謝興堯

三　施耐菴與羅貫中

至於世人（從明朝末葉起）何以會疑惑水滸傳是羅貫中撰而假託施耐菴之名呢？最大的原因便是因爲施耐菴這三個字，除了見於水滸序文外，其生平事蹟，不可詳考。所傳聞的，不是附會，就是錯誤，這實在是代遠年湮的關係。而羅貫中則知者較多，並且他還作得一部風行社會的三國演義，既然都是「才子書」，自然而然的便歸到他名下。況且水滸傳也確實是他纂修的呢！而「續文獻通考」也赫然列入，還附載了一些羅氏因作水滸以致果報的迷信神話。正史所記，當然更加確鑿。不過當時還有人提到施耐菴曾撰水滸，所以在明清之間，對於施耐菴撰水滸傳一事，好像似有若無，不敢斷定，羅貫中則是大家所公認的。

於是羅貫中撰水滸的記載，便隨處可見。周櫟園亮工「書影」云：『續文獻通考載：羅貫中爲水滸傳，三世子弟皆啞。此書未大傷元氣，尙受報如此。今之爲種種宣淫導慾之書者，更當何如，可畏哉。』又云：『故老傳聞，羅氏爲水滸傳一百回，各以妖異語引其首。嘉靖時郭武定重刻其書，削其致語，獨存本傳。金壇王氏小品中亦云：此書每回前各有楔子，今俱不傳。予見建陽書坊中所刻諸書，節縮紙板，求其易售，諸書多被刋落。此書亦建陽書坊翻刻時刪落者。六十年前，白下、吳門、虎林三地書未盛行，世所傳者，獨建陽本耳。其中錯訛頗多。……』周氏爲淸初淹雅之士，聞見賅博，而所記也僅及羅貫中，他的說法，遂爲後來研究水滸者所引證。（關於水滸的版本與內容，明淸學者，大家都說最初看見的是全本，到後來翻印，才被書坊刪削。而其原因則基於商人的經濟立場，是「節縮紙板，求其價廉易售。」這一點我們從別的明版書也容易見到證明。蓋明朝著書刻書的風氣，雖然盛行，只要會做幾首歪詩的，便想出部集子。但於印工裝訂方面，則極非薄簡陋，小之如某卷末頁只有兩行字，便將其餘的空白紙裁去，最多留上半頁。大之凡遇大部頭書，所謂卷帙浩繁的，便將其刪爲「節本」，「選粹」，或「精華錄」，「易知錄」等。這於保存文獻上是很大的毛病，是値得注意的事。因此「諸書多被刋落」，也不止水滸一部。但疑施耐菴爲假託之名，並不始於胡適之先生，周氏便是最早的一個，胡先生不過演他的餘緒。他在「書影」上又說：『水滸傳相傳爲洪武初越人羅貫中作。又傳爲元人施耐菴作。田叔禾「西湖遊覽誌」又云：此書出宋人筆。近金聖歎自七十回之後，斷爲羅所續，因極口詆羅，復僞爲施序於前，此書遂爲施有矣。予謂世安有爲此等書人，當時敢露其姓名者，闕疑可也。定爲耐菴作，不知何據。』周氏雖然疑惑耐菴是假名，而他的主觀見解，是以爲作此等誨盜誨淫書的人，是決不敢署眞實姓名，被入唾罵。由此見解出發，遂以水滸傳序是金聖歎僞作。但又因「傳說」和「記載」（西湖遊覽誌）的確證，說水滸是宋人手筆，是元施耐菴撰。結果不能自圓其說，故主闕疑。我覺得這段短文，是極重要而有價値，同時是水滸傳的一個簡單概論。所謂出宋人手筆，正是在上章裏所推斷的是水滸第一階段。所謂「又傳爲元人施耐菴作」。與「定爲耐菴作不知何據」。審其語氣，是當時以水滸傳爲耐菴作的人還很多，其說還很盛，只因無從考究，便東疑西猜，莫衷一是。又說施序是聖歎冒作的，亦無確證。我想聖歎在明清間已負文名，以才子自負，對於小說，只不過是個批點專家，當時所稱的「金批小說」，都風行一時。並且他所評點的也很多，恐怕沒有删改原書的工夫。以他的文名，也不必用假託冒名的手段。而他的文章特點，也極容易看出。總而言之，施耐菴是不見經傳的人，以櫟園先生之博雅，亦不知其何許人，遂有疑古之誤。但歷來小說名家，莫不因窮愁潦倒，纔提筆寫小說，以舒胸中憤懣。如作「儒林外史」的吳敬梓，他的事蹟僅見於程晉芳「勉行堂文集」，而程氏文集，便不是一部普通書，也不能隨處可以見到。又如作「老殘遊記」的洪都百鍊生，胡適之最初也不知道他是誰，等到看見羅叔言先生的「劉鶚小傳」，替他惋惜抱不平，這才知道他的來歷。要不是羅雪堂的記述，則後來的考據家，也或許以爲洪都百鍊生是江西人呢？所以歷來小說家，若無親友爲撰傳記，或撰傳記而文不傳，則所謂小說家者，其著作雖已盛行，而本人則反埋沒。這眞是古今窮愁文人不幸中之更不幸矣。

究竟施耐菴是何如人呢？據「中國人名大辭典」云：『元，淮安人，名子安，耐菴其字。元末以賜進士出身，官錢塘，與當道不合，棄官歸里，閉戶著書以自遣。張士誠聞其名，聘之不出，親造其門敦請，仍不從，因避居東京，尋歸卒。所著有「志餘」，「三國志演義」，「隋唐志傳」，「三遂平妖傳」，「江湖豪客傳」（卽水滸傳）（按水滸傳自七十回後金聖歎斷爲耐菴弟子羅貫中所續）。』辭典所記，不知何據。大約是從方志內抄出略加修正，雖然有時有地，還有科甲官職，但細細考查上面記載，頗有點雜湊附會張冠李戴的嫌疑。所舉的著述，有好些又是羅貫中的。而在羅貫中的名下，則注：『明，杭州人，名本，有「三國演義」，「後水滸」等書。』寥寥數語，何詳於施而反略於羅耶？我很疑心編「辭典」的先生，對於施羅二人的經歷，都沒有弄得很明白，所以勉强對付不大切題。現在且把施耐菴的水滸原序，檢出來看一看。文中比較重要的，如：

『快意之事莫若友，快友之快莫若談，其誰曰不然，然亦何曾多得。有時泥雨，有時臥病，有時不值，如是等時，眞住牢獄矣。舍下薄山不多，多種秫米，身不能飲，吾友來需飲也。舍下門臨大河，嘉樹成蔭，爲吾友行立蹲坐處也。……舍下童婢稍閒便課其縛帚織席，縛帚所以掃地，織席供吾友坐也。吾友畢來當得十有六人。然而畢來之日爲少，非甚風雨，而盡不來之日亦少，大率日以六七人來爲常矣。吾友來亦不便飲酒，欲飲則飲，欲止則止，各隨其心，不以酒爲樂，以談爲樂也。吾友談不及朝廷，非但安分，亦以路遙傳聞爲多，傳聞之言無實，無實則空喪唾津矣。亦不及人過失者，天下之人本無過失，不應吾詆誣之也。所發之言不求驚人，人亦不驚。……吾友旣皆蕭淡通闊之士，其所發明四方可遇，然而每日言畢卽休，無人記錄。有時亦思集成一書，用贈後人，而至今闕如者，名心旣盡，其心多懶一。微言求樂，著書心苦二。身死之後，無能讀人三。今年所作，明年必悔四也。是水滸傳七十一卷，則吾友散後，燈下戲墨爲多。風雨甚無人來之時半之。然而經營於心，久而成習，不必伸紙執筆然後發揮。蓋薄暮籬落之下，五更臥被之中，垂首撚帶，睇目觀物之際，皆有所遇矣。或若問言旣已未嘗集爲一書，云何獨有此傳。則豈非此傳成之無名，不成無損，一。心閒試弄，舒卷自恣，二。無賢無愚，無不能讀，三。

文章得失小不足悔，四也。……東都施耐菴序。』就這篇文章的風格說，到頗像明人筆墨，而具有事實的內容，又決不類僞造。尤其不似金聖歎的手法。第一聖歎的文章大都鋒利尖刻，此文立意則極忠厚淡遠。第二從小處證明，序裏說：「舍下薄山不多，多種秫米，身不能飲，友來需飲」云云。聖歎吳人，應說「薄田」，或「稻粱」。所謂山秫，都是北方景物。並且金聖歎好像不是不會飲酒的人。第三詳述著水滸之經過，大約皆每日十數友人所講故事，於閒中記錄。其旨趣實游戲文章，並非把他當成著作。不過我以爲他的序文雖如此說，而作水滸傳的最大宗旨，是尊崇「趙官家」。又見於宋朝將帥兵士之無能，所以寄望於草澤英雄，亦即宋史「忠義列傳」所稱的「忠義軍」。又由於水滸傳中所記的宋代典章制度，語言民俗等，知道施氏不僅留心國事，並熟於史事文獻。卽此一點，也不是後人所能全部假作而託名於古人的。所遺憾者，便是序文裏沒有注明年代，僅署東都。而東都又有兩個解釋；一個是中古時代的名稱，以洛陽爲東都。一個是大宋朝的汴梁（開封）稱爲東京，也有稱爲東都的。（如王偁「東都事略」記北宋九朝事卽以東京爲東都）施氏所署，自然是屬於後者，同時也是眷念故國的表徵。並且書中有好些河南陝西一帶的土語，也非「越人」羅貫中所能習知的。

據最近幾年發見的鈔本「靖康稗史」數種，（原本存朝鮮。）皆記北宋末徽欽兩朝遺事，與金人入汴情形。卷前有耐庵小序云：『開封府狀，南征錄彙，宋俘記，靑宮譯語，呻吟語各一卷。封題「同愾錄」下帙。甲申重午確庵訂十二字。藏臨安顧氏已三世。甲申當是隆興二年，上冊已佚。確庵姓氏亦無考。所采皆虜中書，絕筆於梓宮南返，當是奉迎諸老手筆。高宗朝搜禁私家紀述，南征錄彙間有傳本，餘僅見上帙，當是靖康元年閏月前事。補以「宣和奉使錄」，「甕中人語」各一卷，靖康禍亂，始末備已。咸淳丁卯耐庵書。』此耐菴不知是否就是水滸傳作者？可惜他沒有冠上姓氏籍貫，因爲一字的差別，便使後人費許多考證，眞是一字值千金者矣。咸淳丁卯是宋度宗三年，元至元四年，（一二六七）距南宋之亡，不過十年光景。假設這兩位耐菴是一個人，那麼他應是宋末元初人，他是眼見南宋滅亡的。而此時的東都，是屬於北族區域。或者他身經南宋之亡，又看見各地忠義軍的崛起，同時悲傷家鄉故國的破壞，便以這些爲背景，取稍遠的北宋事實爲基幹，撰成水滸傳以寄感慨，以存幻想。與「東京夢華錄」等書，都是傷今追昔一樣的心情。並且水滸傳裏所記的地理，風俗，語言，制度，以及全書宗旨，皆非當時俗儒或後來名士所能著手的。所補輯「靖康稗史」的這位耐菴，也是傷感靖康之禍，而注意保存史料。所以這兩個耐菴，或者本係一人，亦未可知。況且自來傳說以施耐菴爲元人，也正相符合。不然，靖康稗史與水滸傳的性質，何以類似如此。同時又均署名耐菴，未免太巧合了。

至於羅貫中，雖然也是沒有詳細傳記，但因他作有三國演義和後水滸，所以對於他的里貫事略，都還能明瞭，同時對於他的身分，也很容易確定。不過有人說他是施耐菴的弟子，不知何所根據？因他二人的時代距離，相差很遠，恐怕羅氏趕不上作耐菴弟子。若因他曾撰續水滸便定爲是師弟關係，那也太武斷了罷。

四 水滸傳究竟是誰作的

從前面三章所引各家的文章裏，關於水滸作者的時代與背景，大概的可以看出一點。雖然可以斷定不是明人作品，但究竟是何代何人所作呢？我覺得靖康稗史的小序，雖然是個孤證，而其時代性質都很可以引用的。所以「我的意見」，關於水滸傳作者問題，還是水滸原本上所刻的那一行大字！「施耐菴集撰羅貫中纂修」。不過我有我的理由和證據。我以爲水滸傳的構成，曾經過三個階段，施羅二人，只是後兩階段的作者。至於第一階段，李玄伯「水滸故事的演變」，魯迅「小說史略」所論，均頗可取。玄伯魯迅兩先生對水滸故事，都是主張「多元」的，正是我所認爲的最初階段。玄伯說：先有口傳的故事，不久即變成筆記的水滸故事。這時期約當北宋末年以至南宋末年。他說：『這種傳說當然是沒有系統的，在京東的注意梁山濼，在京西的注意太行山，在兩浙的注意平方臘。並且各地還有他所喜愛的中心英雄。這還是水滸故事口傳的時期。這時期的經過不甚久，因爲南宋時已經有了筆記的水滸故事了。』玄伯引龔聖與的宋江三十六人贊序和宣和遺事爲證。又說：『但是那時的記載，只是短篇的，這種本子現時固然逸失了。……這些短篇水滸故事，是與元代的雜劇同時或稍前的。元曲的水滸劇即取材於這些篇。因爲他們的傳說、作者、產地的不同，所以內容常異。雜劇內人物的性格，也因取材的不同而不一致。』魯迅說：『後之小說，既以取捨不同而紛歧，所取者又以話本不同而違異。』李周兩先生的「多元論」，都有獨特的見解。而對初期構成的短篇水滸故事，也是不可易的確論。由於宣和遺事及宋人筆記裏的梁山濼，可知水滸故事自南宋後便盛傳於社會。不過都是短篇，有京東，京西，淮南等各種帶地方性的故事，施耐菴將這些故事薈萃貫串，連爲長篇章回體，至今水滸傳中關於地理，事實的，還有許多很矛盾勉强的痕跡，所以耐菴於卷前署「集撰」二字，是極有斟酌而不可忽略的。我認爲施耐菴是水滸第二階段的結成者。

其他還有好些本身上的證據，就是除了文字風格外，有些是關於典制禮俗，有些是關於地理方言，可以決定乃河南陝西人的作品。姑且舉幾個最顯明的例子。㈠書中凡描寫北方的山水城池，交通貨物，莫不頭頭是道，好像都是曾經過的極熟地方。但一寫到南方地理，便有點生疏似的。尤其寫汴都景物宋京街巷，凡大相國寺，天漢州橋，馬行街等，（第十一回）更爲出色，在作者眼中，誠皆本地風光，不厭其詳。㈡書中所常見的「軍州」，「官家」，「五七」諸名詞，及延安府老種經略相公，與代州雁門縣的繁華，（第二回）都是宋元時北方中原人的口吻。㈢關於買賣經濟的，如寫楊志插「草標兒」賣刀。牛二去州橋下討了二十文「當三錢」。（十一回）當三錢是當時幣制習慣，後人不易假託。插稻草圈賣物，至今陝豫鄉村還流行着。又以招牌幌子爲「望子」，如云：「智深行不到三二十步，見一個酒望子挑出在房簷上。」（第三回）也是西北方言。如人吃酒臉紅，便是掛了「望子」。就是招牌的意思。㈣還有許多豫陝間土語，本地人一聽即懂，而外鄉人很難明白的，如「活泛」，（即活動）「老鴉叫有口舌」，「動彈」，（第六回）「臊子」，（即肉末）「社火」，「打耳刮子」，「約莫」，（第二十回）「得采」，（即帶傷）（十九回）「出人」，（殺人）（三十九回）這些名稱在書中屢見不一，至今還可於本地人口中聽到，若非當地人來寫，決沒有這樣熟習。也可見水滸是一部方言文學。㈤佛牙，我讀水滸有兩事不能明白，一個是二十四回裏鄆哥罵王婆爲「馬泊六」，一個便是「佛牙」。今佛牙已得其解，只剩馬泊六一個名詞了。當報恩寺的和尚以佛牙引誘潘巧雲，書中說：「賊禿道：請娘子到小僧房裏看佛牙。淫婦便道：我正要看佛牙了來。」（四十四回）到後來楊雄誆潘巧雲上翠屏山要殺她的時候，巧雲供道：「他如何叫我是娘子，如何騙我看佛牙。」（四十五回）可見佛牙是當時迷信、神話中一件希奇寶貝，所以才能引動人。據宋王鞏「聞見近錄」云：『咸平縣僧藏佛牙一株，其大兩指許，淡金色。予嘗請而供之，須臾舍利自牙中出，初如露巡行牙上，或遠數十步，求者輒得。予請至四十八粒，欲求爲四十九粒也，經夕不可得。明日發篋，則已足其數。又或謂自有甘露穴中出者，明日再往請之不得。遂出陳州門十數里請竟不得，因拜辭而歸。拜起一粒自甘露穴出，其大如菽豆，光彩炳然。然神宗迎之禁中，遂御封篋而歸之，今人罕得見者。』所謂陳州門，神宗時都是北宋東京流傳的佛牙神話，在宋後元明人的文字裏，很難看見這個名詞。可見作者是把當時當地的傳聞，寫入小說的。由上面幾條足以反證作者不僅是汴京當地人，並且還是去古未遠而留心社會國故的有心人。因此我以爲水滸傳是東都施耐菴集撰的，而不是他創作的。

但是今天所流行的水滸傳本，雖然我仍然歸之耐菴名下，我認爲是又經過第三階段，是曾被羅貫中纂修過的。也可以舉出一點證據。至於羅氏爲甚麼要纂修耐菴的原本，我們不得而知，據揣度有兩個理由。一個是嫌施氏水滸太蕪雜而加以修改潤色。若是如此，便須通盤計算、整理、大費氣力。一個是爲想把水滸與他的大著三國演義合刻成「英雄譜」全本，不能不略加修飾改易，好寫上自已的名字。也或許這兩個理由同時都有。恐怕仍以後者爲最重要。關於他修改的痕跡，最顯著的便是與所作的三國演義上名字，筆法互相雷同的地方。㈠人物名字。如三國演義中的諸葛亮孔明，水滸中有吳用軍師，號加亮，意思是加於諸葛亮。而衆英雄中又有孔明，孔亮兄弟。其他如小溫侯呂方，大刀關勝，美髯公朱仝，操刀鬼曹正等，這些名號，都顯然是由演義變化出來的。㈡八陣圖。在水滸第五十九回「公孫勝芒碭山降魔」的目錄中云：「話說公孫勝對宋江吳用，獻出那個陣圖道：是漢末三分，諸葛孔明擺石爲陣之法。四面八方，分八八六十四隊，中間大將居之。其像四頭八尾，左旋右轉，按天地風雲之機，龍虎鳥蛇之狀。……只看七星號帶起處，把陣變爲長蛇之勢。」與三國演義的八陣圖，七星燈，也是大同小異。㈢又水滸所寫行軍布陣之法，偷營刼寨之計，與演義尤多類似。㈣除與三國演義描寫法互相雷同外，更有取自「西遊記」者，如項充名八臂哪吒，李袞號飛天大聖等，（五十八回）其妖術劍法，似又本於西遊。我覺得這些都是耐菴不能想像，不可預知的。而是羅貫中修改時增入。於無意中竟將寫三國演義的意識，表現於水滸傳內，很顯然的是一稿兩投。不過若如此斷定，則貫中之纂修工作，或者曾經過一番大加斧削，所以加上他三個字的名字，也是由辛勞換來毫無愧色。但在這裏還有兩個問題，便是：一，羅貫中所修潤的水滸，與他所作的三國演義，因爲彼此相同的證明，當然是他一人手筆。而施耐菴的水滸原本，今既不可得見。那嗎究竟是他以作三國演義的方法，來改施氏的水滸呢？抑或是他以耐菴水滸爲藍本，再擴大其範圍另成一部三國演義呢？這也是不能說明的問題。不過據李（玄伯）周（魯迅）胡（適）諸先生的論斷，均認爲水滸傳的內容，是由簡本演爲繁本的。那麽還是以羅貫中用寫三國的筆法來修改水滸的成分居多，而不是偷施氏水滸的題材來寫演義。其二，水滸傳既經羅氏修改纂編，那麼他纂修過的新水滸，與施氏原本比較，究竟改得好抑改得壞，是點鐵成金化腐朽爲神奇呢？還是點金成鐵而失去原貌呢？這裏有兩個答案，據明人記載，如胡應麟王世貞等，他們都說原本水滸尙有可觀，到後來加多續長，反覺沒有意思，毫無可取。但我們從今天所流行的水滸看來，無論在結構，文字各方面，都够得上第一流作品，恐怕還是以羅氏纂修過的，比原本來得精采圓滿。這都是事實，而不是空口隨便說的。

所以我的結論，還是水滸上的那幾個字：「施耐菴集撰羅貫中纂修。」

五　結論

我們讀中國舊書，無論是歷史，是小說，疑古的精神是決不可少的。不過疑古有一定的範圍，若是因爲今日所見材料的不足，便疑心原有的事實、人物，都是假託不予承認。那麼這不是疑古，而是武斷、抹殺。即如本文所論的水滸作者施耐菴，因爲他的事蹟太少了，自來只相傳元人施耐菴撰水滸，別無記載。後來又適逢羅貫中出來把他的原書大大的編纂一番，在底下續上自已的名字，而羅氏又是當時的小說大家，於是便有人以水滸爲羅氏作品了。幸而還有一般人替施氏出力，替他宣傳爭回遺著，同時羅貫中也深具文人道德，雖然經過自已修改，仍然冠上施耐菴的名義，不掠人美。但在明季清初，施耐菴三字與水滸的關係，已經若斷若續時晦時顯。其原因完全是新鬼大故鬼小的定律，年代越悠遠，人物事實也漸歸消滅。至清初周櫟園先生在「書影」裏，便明白提出疑古的意見，雖然他不敢斷定，但總疑心施氏是假託。（若羅貫中眞是假託，則他不必再署已名）因爲他是考據專家，又以博雅著名，所以後來凡愛讀水滸的人，或注意水滸考證的，莫不引周氏之說來證明。胡適之先生更把他的說法擴大，詳徵博引，冥索精研，來證實周氏的卓見。不過胡先生他僅從版本方面研究立論，於水滸作者正面說法，決不提及。這或者正是胡先生的謹愼處，同時也是他的聰明處。

至於我的意見，我的看法，對於水滸作者，由疑古變爲不疑。是不是完全都對，也不敢說。我只以爲這是研究水滸的一個意見，一個根本問題提供大家。希望有考據癖和小說癖者出來研討予以是正，則無論多難解決的問題，總有澈底明白的一天。（本篇完）（本文不許轉載）

退而堂雜記

胡詠唐

五

聖經創世記開端數章，讀來頗似遊戲筆墨。上帝造天地海陸，日月星辰，每造一樣，就說一聲好。甚至造好了牛羊魚蟲，上帝看了也說一聲好。可是造好了人，上帝沒有特定對人說好，只是籠統地說：『上帝看了他所造的一切，覺得很好。』

上帝所創造的第一對男女，他老人家就不滿意。他命亞當夏娃不要吃『知果』，可是這二位祖宗聽了蛇的話，畢竟是吃了。上帝不悅，決意要和他倆爲難，使他們終身吃苦。這裏令人奇怪的是：上帝何以要造知果？沒有知果，這場禍事是沒有的。

其次是夏娃生了二個兒子，長名愛勃爾，次名凱恩。後來愛勃爾和凱恩二人各以收穫獻給上帝，前者所獻的是羊，後者獻的是農產品。上帝對於前者所獻的認爲不錯，而於後者及其所獻物，却都瞧不上眼。上帝何以有這樣不同的待遇，詳情未據說明。只是自此次子凱恩對於愛勃爾心懷嫉意，終於把長兄殺了。這是人類第一次的殺人案，弒的而且是兄，而且那時人類還只四位，就鬧不清楚了。上帝又是不悅。這裏令人奇怪的是：第一，上帝爲何令夏娃生育兒女？第二，他何以對於昆仲二位有不同的待過？豈是上帝喜吃葷而不愛茹素！凱的殺愛，歸根結底，還是他老人家自已不好。

此後凱恩就被上帝呪詛，受苦終身。至此爲止，上帝所創造的人共計四名，除一名被殺不提外，其餘三位，沒有一個爲上帝所寵愛，都被他呪詛過，沒有好好的過一天。足見上帝造人，開頭就不順利。後來該殺人暴徒凱恩娶妻，生下了許多小暴徒。於此可見最初爲上帝所喜歡的人是被殺了，沒有留下子嗣，後來的人類都是殺人兇手凱恩的後裔。只是所可異者，那時的人類明明只有上述四位，不知凱恩所娶的妻是那裏來的，是凱門何氏？且說凱恩殺了人，求上帝開恩幫忙，上帝一時胡圖，對他保證說：凡有人胆敢殺凱恩的，該殺人者一定不得好報，並加記號於他的身上，免得人家殺害他。這似乎又是上帝的大錯，以致後人憑不畏法，大胆殺人。

怪不得後來『人類在地球上繁殖，無惡不作，心裏天天不轉好念頭，上帝目擊心傷，悔恨無已。』（創世記第六章第五節第六節）自此他就有毀滅人類的意思了，不但是人類，而且還遣怒於其他的無辜生物。（第七節）

所不幸的是剛巧在這個時候，有一人名叫奴亞的被上帝看中意了，他就叫奴亞一家人躲在一條船裏面。接着上帝念動眞言，天上的雨像天崩地塌一般倒將下來，奴亞託庇上帝，沒有爲洪水淹死。後來洪水退去，上帝總算洩了一次恨，何況奴亞還造了一個祭壇，殺了幾頭肥淨的豕牲，宰了幾隻肥淨的禽鳥，向上帝獻祭了一番。『上帝聞得一股香味，心裏定下了主意，暗中思量道：我不再呪詛人間了，因爲人心自幼就不轉好念頭的。』（第八章二十一節）上帝喜歡吃葷，於此得到了證實，而且於此亦可看出他此時已經悟到人類沒法對付，無藥可救，自此慨然任之，提倡幽默了。

六

與友朋走過靜安寺路外國墳山，乃進去散步。時已日光斜照，寒風凜冽，見一行一行的碑誌，不下一二千，其中有善終的，有橫死的，碑影橫斜於枯草，景狀凄絕。葬於斯者，中日英美俄籍人都有，惟英人居多數。此輩死於異國，而今親友子女或均遠在本鄉，無人親來獻祭，只好遙遙紀念而已。葬於斯者，男似多於女，"In loving memory of my dear husband"（吾夫之墓）之碑紀特多。男子壽命短於女子乎？抑是西人妻子多留在本國，故死於上海者不多歟？

碑上哀悼文句多襦用，如"Gone but not forgotten"。"To live in the heerts of those we leave behind is not to die"（雖已死然沒有被遺忘。銘刻在後人的心上不算死亡。）"Our Beloved——is gone, A voice is stilled, A place is left vacant in our home, Which can never be filled."（親人已矣，不聞其聲，室內空留位，永無人來坐）。他如"Rest in peace, Daddy, I will ever pray for you. Your daughter——"（安息吧，爸爸，我將永遠爲你禱告——你的愛女某某。）蓋是女葬其父。"In loving memory of our beloved son, Paddy, Born 1911, Died 1913, Whom we have loved and protected, And now we leave in thy love and protection"蓋是父母埋其二齡幼子。又"Hold him in thy arms Lord."亦是父母埋幼子之碑誌，蓋墓地特小，且上有小孩石膏像也。（配台吾兒之墓。生於一九一一年，死於一九一三年，我等愛之護之，今求上帝愛之護之。主呀，求你把他抱在你的懷中吧。）於這場合，耶教顯其效用了。

有相隣二墓碑，讀碑上姓名，知是弟兄，二人死期相離不及一月。兄死時年三十，弟死時年二十四。兄的死因未說明，弟則是溺死於上海的。有一墓碑是上海工部局警務人員所立，死者爲西捕，因捕盜喪生，時在一九〇七年，乃是三十五年前之事，尙在宣統年間也。該殺西捕的强盜今安在哉？抑或尙在人世耶？抑或當場爲捕格殺了？抑或病在獄中了？抑或被處死刑了？抑或逃脫法網，今已白首老翁，住洋房，僱保鑣，講道德，嘆世風，兒女成行，敎子有方，儼然長者了？墓地最廣，碑誌最大的是俄國士兵的公墓，墓中人是一九〇四——五年日俄戰爭中因生病或受傷而死的俄國陸海軍士兵，埋於此墓的當不止三二人，屈指一算，入土已有三十七個寒暑了。

埋於此處的一二千人，不論是中是西，是男是女，是老是幼，是少是壯，是平民是兵士，是正寢是橫死，想當初逝世的時候，其子女親友必愛傷哭泣，哀悼無似，至於橫死的，當時報紙上當曾宣揚過一時，而今愛傷哀悼的人當亦有埋於地下者。躑躅於寂然的死人之間，聞牆外市囂聲於寒風斜日中傳來，不禁若有所思云。

康南海軼事

——舊事不堪更重提，孤臣負罪最神傷。

堪隱

康有為梁啓超與戊戌政變，其人其事，世人皆知之甚詳。且有「戊戌政變記」及實錄野史在，茲不贅述。惟記康氏軼事數則，以資談助。日前閱上杭賴仙竹(清健)所著「庸叟日記」，其記戊戌政變情形，雖僅數條，皆極重要。(戊戌)八月八日云：「皇太后升勤政殿訓政，王大臣行禮，各衙門預備禮儀。」(自注：余與康為寅友，不入其黨，故不罹禍。)八月九日云：「抄康有為寓所。本日拿楊鋭，劉光第，林旭，譚嗣同，楊深秀，張蔭桓，徐致靖等。」十一日云：「內監四人與康有為通信息者，是日出決未果，聞皆杖斃。」十三日云：「楊楊林譚劉及康廣仁出決，聞係謀誅大臣不法，惟楊鋭劉光第不同謀而知情，一律問擬，稍有不平。」十六日云：「康有為戲聯云：先生從此休矣，聖人不得見之。」所記內監事，則不見諸家著錄。余聞友人余子敬(名寶齡戊戌進士，庶吉士，投吏部主事)云：戊戌在京會試後，寓宣南永光寺街寺中，與康氏同寓，康雖一進士京官，而名傾朝野，每日往訪者，車水馬龍，煊赫一時，識者早知其必出事。時陝西前輩宋伯魯(按余陝西安康人)，日勸余氏拜有為門，從問經術政治，余氏唯唯而不能從。旋康寓被抄查，余氏與同寓而無事，亦幸矣。言之猶有得色。按康氏固屬歷史人物，其經術亦自不朽。民國後奔走南北，游說諸侯，復辟失敗，益不得志，於西湖建別墅，時往休止。近人筆錄，多述其杭州觀劇事，謂壬戌春，武林有導社新劇團，假城站舞台演「光緒痛史」，南海適自滬歸杭，因往觀之，見台上所飾者，即康聖人也。觀畢為感賦絶句十八首，其警句云：「君臣魚水庶明良，戊戌維新事可傷，廿五年來忘舊夢，無端傀儡又登場。」「猶存痛史懷先帝，更復現身牽老夫，優孟衣冠台上戲，豈知台下即真吾。」「亡清罪在兩那拉，隆裕驕橫劇本差，塗炭生民魚爛國，怒嬉笑罵說朝家。」(自注：劇本所演隆裕事有誤。)「爾朱權譎世無倫，能斷能謀為弒君，竟有成功作天柱，其如亡國集奇勳。」(自注：凡廢立引拳排外倚袁，皆榮祿一人為之，清朝之亡，榮祿之巨功也。)座上客即係劇中人，固屬趣聞。惟其詩淺陋，不倫不類，決非康氏手筆，蓋亦小說家言，並不必檢康氏詩文而校勘其真偽也。姑附於此，以質高明。又復辟後，有人以康名屬聯：「國家將亡必有，老而不死是為。」詞雖工巧未免有傷忠厚。又當民國十二年吳佩孚坐鎮洛陽，隱執中樞政柄，時正五十壽辰。朝野賀聯盈千，鮮貼切者。獨康氏一聯云：「牧野鷹揚，百世勳名才一半；洛陽虎視，八方風雨會中州。」偉詞名句，不僅為吳氏所喜，亦近代聯語中之傑構也。

勞迦先生來函

茲讀貴刊第二二期趙叔雍先生所著『人往風微錄』，謂『湘中風氣特盛，胡元倓倡明德中學，招集俊彥，陳果夫等任教習其間，希齡贊許獨多』云云。當時陳氏猶在髫齡，係隨其叔藹士先生(時任武備學校總教)至湘肄業明德附屬初小。其時校中教習著名者，有華紫翔，張康侯，潘縵琴，沈毆民諸君。胡氏辦理此校，實得楊度之指導，且亦仰賴龍周兩紳之助；熊氏關係則較少。謹就所知略述一二，以供參考。

光緒甲午北闈鬧場事

病叟

有清一代以經義八股取士，關於科場故事，誠史不勝書。北平耶律白君，為先君八旗官學門人，中乙酉拔貢。去年逝世，余為整理遺稿，見有記光緒二十年甲午順天鄉試鬧場事，頗關掌故。謂時海疆多事，朝野士大夫多主改革維新。又人心思漢，嘗藉文字以抒憂憤，然未有身廁卿大夫之列，假先聖古訓，隱為鄙夫之村罵，如順天府丞李鴻逵之甚者也。清例八旗童子試，于學使按臨前，先應府試，分滿蒙漢為兩場，首場取錄後，三覆試外，別有經古一場。光緒甲午，李君鴻逵主府試，其所命四書文題，為：「周有八士伯達」。「而一旦豁然貫通焉，則衆物之表裏」。「士以旂」。「自天子以至於庶人壹是」。「王曰叟」，「的然」，「君子上達，小人下達」。詩題為：「名成八陣圖」，「微雪淩河漢」。經題為：「滿招損」，「蒙以養正」。賦題為：「一旗一槍」（旗槍茶名），「撲滿」。合觀之各題內括「八旗滿蒙漢，通是王八旦表子養的」。旦字假借。其君子上達二句，意謂凡上下皆韃子也。一旗一槍，謂旗試多槍手也。自天子以至於庶人壹是，及滿招損，撲滿等句，尤有深意存焉。于時內外不甯，新舊傾軋，一有舉發，即多株連。雖有知者，亦不敢言。坐是而甲午棘闈之事，遂基於此。是年秋闈，李公在外簾，向例外簾各官與監臨，彈壓都統，及御史等，均設位於至公堂，以便監察。堂前至龍門兩側，都為旗號。八月初八日首場點名畢，號柵已封鎖矣。一舉子臨柵眺望，適李公亦冠蓋出臨，（故事，內外簾各官，每衣冠出，必張蓋隨之。）舉子隔柵問曰：「子非府丞李鴻逵乎？」李公驟然，莫知所對，既而變色曰然。子將何為。舉子曰汝猶記府試所命題乎，語罷，戟指為驅儈漫罵，不堪入耳。李厲聲曰汝罵誰耶？曰罵汝耳，曰是殆自罵。當是時各號舉子蜂擁柵前，齊聲曰罵罵，一倡百和，勢若湧潮，聲達貢院之外。監臨壽子年（耆）閣部諭止之，衆曰彼所罵我等者，公亦在其中，宜合罵之。都護德公魁出而彈壓，謂諸君為取功名來，應平心靜氣，圖文場勝利，至與李公有何話說，俟至場外，此時勿擾爾文思也。有奉天駐防平某，越至柵外，犯場規，被逮，繫於至公堂前。衆復大譁，久之亦散去。越日壽公及監試御史等，各皆上奏，詔以平某首禍，發黑龍江充軍，餘不深究株連。李公稱病出闈，旋予告回籍，不復出。按上述試題與鬧場兩事，幸未根究，否則又將興文字獄矣。平某越柵蒙罪，真無妄之災，可謂不幸之至者。鴻逵字小川，江西德安人，同治四年乙丑進士，改翰林院庶吉士，官至府丞。其試題即屬無心，亦太疏忽，受侮也宜。考之是科同年錄無鴻逵名。又今之名人多出是科，如林開謩，吳廷燮，黃慶澄，蔣尊禕，袁勵準，高凌霨，商衍瀛，文萃，潘齡皋，姚永樸，孟錫珏，高步瀛皆是，周自齊則中副軍。先君子亦於是科舉本省鄉試，同榜知名於世者，有雷宗海，向步瀛，謝緒璠，及本宗謝剛國。是年十月孝欽后猶大辦萬壽，繁華未竟，而中東之變起矣。

漫談國藥

鄭秉珊

讀二月十七日的平報，說滬上藥價昂貴，羚羊角每分值萬元之鉅，眞是駭人聽聞，我想：每分也許是每錢之誤，因爲羚羊事變前的最高價，每分約值國幣十元，現在以千元一分計，已較從前漲至一百倍，非病家所能負擔了。記得十年前和一位老醫師談及藥價，他說光緒初年，犀角價值已貴，羚羊則較犀角爲賤。羚羊分兩種，一是羚羊片，就是角的根部，刀切成片，一是羚羊尖，就是角的最尖銳處一二寸許，用水磨服，或在鯊皮上磨末冲服。那時處方用羚羊片，往往每劑一二錢，羚羊尖則用五分至一錢不等，嗣後羚羊角的用途日廣，而來源稀少，因此價值漸漸超過犀角，而處方時也祇能用二三分了。

談談國藥，倒也是很有趣味的事，每種西藥的功用，是化驗的結果，中藥則據說是上古神農氏所發明。他把許多草木和動物金石，一一嘗服，別其氣味的甜苦，性道的寒熱，他有透明的胸腹，可洞見各種藥走那經絡，有何種性能功效，有一天，曾經中幾十次的毒，賴把其他的藥物去解除。他試驗的結果，把三百六十五種藥物，分做上中下三品，所謂上藥，功能輕身益氣，不老延年，中品則可以抗疾病，補虛弱，下品則可以除寒熱邪氣，破積聚，這明明是一種神話，我們很難相信，但中藥的性能功效，是由許多人吞服實驗的結果而確定，那是無可疑的，不過據醫書上講，中藥的性能功效，全由該藥的形狀，顏色，氣味，部位等等而决定的，這便是國人固有的所謂格物致知的方法。

譬如以形狀論：肉蓯蓉很像人的陽物，因此功能補益腎臟，百合由百瓣合成，其形如肺，所以補肺臟，以顏色論，其公式是紅入心，黃入脾胃，青入肝，白入肺，黑入腎，譬如白芷和山藥，都是白色，所以是肺藥，赤芍藥入血分（心主血），白芍藥則入氣分了（肺主氣），參有多種，西洋參色白，故入肺，丹參入心，玄參入腎，黃芪色黃，所以入脾胃，其他依此類推，若以氣味論，有甜酸苦辛鹹之異，甜的含有補性，辛的含有疎散性，酸的含有收濇性，鹹的入腎臟，能軟堅，苦則爲藥物的通性，但大苦則非大寒即大熱，如黃連龍膽草大苦大寒，鴉片則大苦大熱也。

依照上列氣味分析的公式，我們有如下的推論：譬如上面所說的白芷和山藥，雖同是肺藥，但因白芷氣味辛辣，所以疏宣肺氣，山藥則氣味甘淡，所以補肺，烏梅味酸，所以入肝，黃芪味甘，所以補脾，人參色白味甘，所以大補元氣，鹹味的藥材最少，如昆布海帶，產於鹹水的海裏，所以滋陰虛，消堅塊，主治瘰癧等症。

所謂部份的講究，那尤其神妙了，當歸一味，可分爲頭身尾三段，當歸是補血藥，所以歸頭補上焦，歸身補中焦，歸尾補下焦。甘草也分身與梢兩段，甘草身色黃味甘，因爲百藥的調和劑，甘草梢的功能，却是消腫導毒，宜入利小便的方劑中，人參是補藥，參鬚則祇補四肢，參蘆（人參是根部，蘆在根與莖的中間）味苦，沒有補性，用他作嘔吐的藥品，陳皮（橘皮）和中降氣，單是用紅色的表皮，名叫橘紅，則化痰治咳，單用橘絡則通肺絡，辨及幾微，若站在國粹的立湯論，應欽佩古人體物之精！更加有趣的，麻黃是發汗的特效藥，用時應當去節，因爲麻黃節却有着相反的功能，是止汗藥。桂枝也是發汗藥，若與白芍藥並用，則功效是止汗了。

西洋的藥品，偏重礦物性，我國的藥品，却大半是草木，凡草木的根，莖，枝，葉，皮，花，以及種子，果實，甚至果仁果殼，都可入藥。根類的性質，藥力大概沉着，莖葉則輕清，所以發表性的藥如柴胡荆芥，薄荷紫蘇等，大都用他的莖葉。花的氣味芳香，如厚朴花玫瑰花等，用以開胃順氣，皮的用處，在治人的皮膚間病，如皮下水腫，可用大腹皮茯苓皮橘皮青皮五茄皮等成一方劑，名稱便叫做五皮飲，子的用處，各各不同，但也偏於下降性，如蘇子降氣，萊菔子消食，葶藶子降肺氣，車前子利小溲，白芥子利肺氣，患水腫的人，往往兼肺喘，可以把上面五子五皮爲治，方名叫五子五皮飲，果實的仁，如桃仁破血，杏仁洩肺，頗有特效，又如酸棗仁，形如心臟，顏色紫紅，因此兼補心腎，殼則如枳殼罌粟殼之類，還有植物的芽，如大豆卷（卽大豆嫩芽）可以發汗，麥芽可以助消化，穀芽則用以養胃，這樣說來，不獨五穀可以養生，卽山野雜草，也是有用於世的。

草木以外，動物也無不入藥，其推究性能的方法，除上面所說的各種公式外，特別採用同類相從的方法，如海狗極淫，取其腎以爲藥，牛鞭驢鞭，據說也有壯陽的功效，蛤蚧雌雄交尾時間極久，或且交尾而死，便取其尾以爲興奮藥。知了飲風吸露，託體清高，其蛻下的殼，名曰蟬衣，用以發汗，羊肝和雞肝，功能清肝火，補肝虛，人的眼睛屬肝，所以目中生翳，便用羊肝散雞肝散以治療，上面所說的羚羊角，他顏色青，所以入肝，雖每劑祇用一二分，却爲治肝火肝風的特效藥，犀角色黑，頂上只有一角向天，所以入心腎，相傳犀牛可以入海，所以性味大寒，能除實熱，猪的用處很多，如有便血脫肛等病，把藥品塡入猪腸煨服，借猪腸之力，把藥力引入大腸，猪膽入膽，方劑有溫膽湯，肺癰則吃猪肺湯，猪肉和猪頭猪腦，本草以爲有毒，引風發痰，不宜多吃，頗與西醫的說猪肉不衞生相合，牛肉鹿肉羊肉雞肉，都是補劑，無病時可以常服，但有病時須絕對禁忌，這和西醫有肺病或虛損的人，不妨大吃雞肉的主張不同了。

人是動物之一，所以人體便是藥材。中醫認爲大補藥，無過紫河車，就是小孩出生時的胞衣。據說患癆傷損症，若連服胞衣數個，可以立起沉疴。現在西藥「胚生蒙」中，聽說也用牛類的胎盤和入，因爲具有强壯調經，旺盛卵巢機能之用。保存國粹家聞之，豈不要說，西醫的新發明，却不過拾中醫的唾餘，一切我們都是古已有之了。處女初次來的天癸，名曰紅鉛，丹鼎採補家，對此極爲尊貴，「萬病回春」一書上，詳載如何採取，用如何器具，如何製鍊吞服，以及如何功能，聽說現在信仰奉行者還不少，還有治吐血的特效藥，據說以吃人的小便爲最靈。因爲人體火旺，所以血熱上昇，小便功能引火歸元，使血下降。其他如鬚髮指爪等等，都有藥物的功用，從前江紹原也曾研究過鬚髮爪，不過他注意點是在風俗學方面，要是站在藥物學的立場上，也可搜集許多有趣的材料。

礦物性的藥，中醫用的也不少。丹砂雲母，鍾乳石英，相傳是鍊丹的要藥。如果大丹鍊成，服了可以長生不老，甚至白日飛昇。魏晉間人，喜服五石散，就是硫黃水銀等五種鑛物的混合製劑。中藥有用金箔爲丸藥的衣者，以爲黃金能安神定驚，所以小兒驚風，煎藥時須把金飾如戒指等同責，以收鎮驚安神之效。

古人說：「醫者意也」。自古名醫，頗多奇思異想，逞臆治病，而聽說居然能克奏大功的。如患傷寒病人初愈時，即行房事，把疾病傳染給對方，只須把所着的裩襠布，剪下一方，燒灰吞服，即可霍然，這「裩襠散」是正式載在本草的。又如治婦人難產，那是方法多極了。一種是服木匠鑿柄上端的木屑，因為鑿柄上端，時時被斧錘擊打，服木屑湯後，可以把小孩打出。一種是用舊木梳煎湯，木梳能梳頭髮，當然也能把小孩梳下，還有「兎腦散」，難產婦口服兎腦，小孩生下之後，兎腦會在孩子的手裏，男左女右，據說歷試不爽，又小孩誤服鐵針，可服蝦蟆眼，將來大便時，鐵針便出，蝦蟆眼刺在針的兩端，其他奇方異藥尚多，無怪韓愈說牛溲馬勃，敗鼓之皮，俱可收入藥籠了。

藥物的命名，也有很有趣味的，相傳宋劉裕把怪物砍傷，怪物採藥草治療，說被劉寄奴所傷，後人就把此藥叫劉寄奴，刀創藥中，還有落得打，王不留行諸藥名，又有一種冬蟲，夏草，上面是野草，根部是蟲形，也許是昆蟲借該草蟄眠，誤以為一種植物，亦未可知。

中藥以明代李時珍編的本草綱目，收集最廣，洋洋大觀，到清代又增加了不少，中醫治病，往往自稱本之黃帝岐伯，深究素問靈樞，傷寒金匱諸書，一以古方治病，不敢毫髮失，其實現在處方，法是新法，方是新方，藥是新藥，舉例以證之：古有汗吐下三法，現在的醫生，僅有疏散徵汗的一法，即麻黃也不敢用。「大承氣湯」是下法，大家嫌內有大黃，力猛而不敢用，其實大黃的力量，不過如瀉鹽，而西醫灌腸，豈非較用大承氣湯為爽快徹底嗎？古方十有九用人參，發表藥中用人參，有扶正驅邪之力，治虛損的藥中用人參，尤其應當，但現在的用人參，大半是膏方或無病人日常珍攝之用。人參舊推產上黨的為最佳，而清朝以吉林參為貴重，以為長白山是王氣所鍾之區，當然氣味功效尤勝上黨，此外還有高麗參西洋參諸名目。甘草舊稱國老，古方用以為諸藥的中和劑，應用極廣，現在的醫生，無有用甘草者，於是甘草變為炒西爪子五香豆的必需品了。孫思邈的「千金方」，中間用烏頭附子大黃巴豆等藥，觸目皆是，分量也重，現在藥店中雖備有此藥，而終年無人應用，白木耳是現代最高貴的補品，不見於本草，又有所謂猴棗者，據

說是猴子的口中津液化成，用以治痰喘，也是不見諸經傳的，現代醫生最喜用的羚羊石斛沙參等等，在古方中應用極少，即清代名醫葉天士等，也不見得像在每方必用特以為萬應靈丹的，站在進化論的立場說，治病處方，當然不能墨守舊法，但現在的名醫，那一個肯直認不附會古人，而獨出手眼呢！

據我的經驗，牛黃犀角羚羊麝香等等，確具有種種的特殊性，但都是動物性藥物，植物性的附子牽牛巴豆細辛等等，也具有大力，可是用者極少，而現在醫者常用的藥品，其中不少是毫無大作用者，其實捨棄他也可以。可是現代的醫生，也是商業的一種，各種藥物，也是商品，不見現在有許多廣銷的商品，却都是些無用的東西嗎？

中藥店的市招，往往寫着「道地藥材」四字，因為藥物有關人命，不能馬虎，其實所謂道地，眞是難言之矣！譬如人參忌鐵，但是現在藥肆中的人參，都是把土中掘出的生參，用蜜汁蒸過，蒸時也許用鐵鍋，賣給病家時，又把參用鐵刀切片，那裏能忌鐵器呢！生地黃的性質寒冷，並無補性，若把生地九蒸九曬，除去他的寒性，使

其黑如墨，便性味甘和，補益腎水，謂之熟地，但普通藥店，那裏能眞正九蒸九晒呢！半夏有毒，應該用姜汁炮製，還有九製半夏，要用明礬橘紅等等蒸製，普通以一炒了之，又澤瀉山藥二味，其味本來極淡，藥肆中因爲要切成很好看的片子，須水浸不少日子，待他浸透，那知其氣味功能，早已喪失無餘了。中醫對於藥物的炒製，方法極爲繁多，如黃連大苦大寒，瀉心肝之火，但用姜汁炒可減輕其寒性，入中焦。鹽水炒則入下焦，治濕熱則用吳萸湯炒，入血分則醋炒，又有用鱉血炒，而目今藥肆，任憑你處方時特別註明如何炒法，他惟以麥麩一炒就算了。聽說事變以來，因西南交通不便（藥品多出四川雲貴諸省），各種藥品，時有缺斷，藥肆中往往以甲藥代乙藥，蒙混病家，眞是罪過不小。

現在有許多中醫說：中藥的黃耆甘草，因味甘而含有補性，西醫也說他是補益的，因有含有葡萄糖的成分。牛肉羊肉的補益，西醫說含有蛋白質的成分。羊肝雞肝的明目，西醫說他含有甲種維他命，甲種維他命，確是治目疾的對證藥。中藥未必遜於西藥。其實中藥的有實效，無可否認，但中醫對藥物的研究方法，在於表面的形狀顏色，和理想的推測，不如西醫由化驗的得其成分，因而知其能治某症的合於科學，現在要改良中藥，非由實地作科學的化驗不可，但醫學書局出版的「新本草」便是編輯外人研究中藥的大結集，每種藥詳列其成分功能，可是此書影響於中醫中藥界者極小，事變前提倡中醫國藥的聲浪，甚囂塵上，但沒有肯作實地的研究者。而且國藥兩字，也有可商，因爲如乳香沒藥冰片洋參等百數十種，那一樣不來自外國呢？

還有一點小意見：中醫所重在各種成方，這些成方，經過多少年代的改進，在宋代並設局配製發售。每一種成方，中間所有諸藥。按着君臣佐使，作適合的配置，因此功效尤大。今日的所謂名醫，其所謂經驗，不過是對於他常用的百十種藥品每種深知其力量之大小，功效與流弊，和十幾張成方，能增減和活用，可控制其發生的效果而已，那麼今日的中藥研究，還應該進一步從事於各種成方的化驗。（人參鹿茸據化驗的結果，並無大補性，可是中醫一致以爲有很大的功能，也許和其他諸藥配合，發生化學的作用後，纔有大的力量發生）。然後提其精粹，製成各種特效藥，這樣，中藥纔有光輝的前途，但此種改良的責任，是不能望之於營業性的國藥店的。

談談國藥，材料尚多，暫止於此。關於中醫治病的學理，若作綜合分析的研究，也是怪有趣味的，俟有機會當再寫出，以貢獻於讀者！

通訊

錢牧齋與黃毓祺

陳旭輪

黎庵道長兄侍者：讀古今第十八期鄭秉珊先生「關於錢牧齋」一文，中有「入淸後因黃毓祺一獄，化去三十萬金，才得保全性命，因此之故，老年貧困，賣文爲活，四肢發瘋，兩脚腫脹，……」又一段云：「順治二年乙酉五月，豫王入南京，牧齋等迎降，三年六月乞歸，……但不忘明室，暗中仍與黃毓祺來往，順治四年，黃氏被捕，他於三月晦日，也琅璫入獄，在南京獄中一年多，才得釋歸，從此政治生活告終，以學佛著述自娛者十餘年」……云云。流衲與牧齋爲鄉後學，曩嘗有志爲鄉先賢洗寃，草一評傳，略辯其爲專制帝皇淫威之下蒙謗數百年之由來，此意前年寄跡海上時，曾爲足下言之；衰病浸尋，飢驅衣食，卒卒鮮暇，今者逃名世外，學佛之餘，身心閒散，而所居僻壤，又苦無書可供翻檢，以證成吾說之不誣。牧齋茸城弔許霞城詩曰，苦憶放翁家祭語，闇彈老淚向春風，當日與牧齋往還者，無非孤臣孽子，畸行異能之士，若果如乾隆帝所詆爲頑鈍無恥之長樂老者，則如黃黎洲魏叔子輩，文章氣節，至今爲士林樂道者，肯與之往還通聲氣乎？若非當日別具苦心，志在復明，何能見信節烈風概之朋儕如黃毓祺之流乎？按黃毓祺明末江陰義士，曾結江上九子詩社；文章節義，標映當時，故居在青暘鎮北方之月城橋，今其地有黃梅庵古跡，卽黃氏子孫以奉毓祺栗主以祀者也。其家與明末奇士徐霞客（宏祖）故里，相去僅八九里，與流衲所居茆庵，亦隔十餘里耳。曾徒步往訪其子孫，惜其所著古杏堂集。大愚老人集已不可再得，後向此間某居士借得江陰縣志。見忠義類有毓祺列傳，云字介子，恩貢生，慷慨負奇氣，於學無所不窺，與弟毓礽並知名，見明政日衰，變時感事，多發爲詩歌，周延儒未第時，僑寓其家，一日與談，毓祺擧案上硯擲之不中，歎曰，恨不殺此誤國兒。乙酉之變，江陰城圍，毓祺與門人徐趨，客鄧大臨等（常熟人，字起西，南雷文定後集有鄧大臨墓誌銘。）擧兵行塘，以應城內，城破，毓祺念四方未靖，擬圖後擧，乃逸去，明年歸里，見其親屍出於棺，營葬畢，悲藨抑塞，僉人謀以前事羅織之，兼徐趨事敗，復逸去，子大湛大洪被收，兄弟方爭死，而毓祺以赦印事發捕至，所司詰曰，若欲何爲，曰求一死耳，下金陵獄，吟詠不少輟，將刑，或以期告，取襲衣自斂，趺坐而逝，仍戮其屍，時年六十有一，著有古杏堂集，大愚老人集。毓祺在獄時，從子大澳後（更名覺）字子瞻納橐饘，或勸之避，不去（縣志孝弟門有傳），毓祺既死，獨大湛（後更名晞字子心江陰縣續志云入入武進籍教授毗陵有學行不媿其父縣志藝文門閻典史死守孤城狀一文卽其所撰）入旗爲奴，湛妻周氏，當行，自刎於郡庭，不死，卒投繯死，湛既行，偕紹元（縣志方外有傳）傾貲贖以歸。毓祺曾祖名鑾字世鳴，諸生，倜儻多奇計，嘉靖間捐金六千兩甃江陰城東南面三百餘丈，以備海寇，歲丙辰，寇益猖獗，復輸銀二千兩，增子城三座，寇環攻三十三日不破，民賴以全。圍城時，輸粟七千石，以給士兵，再輸粟三千石，以安客兵，給貧民之無食者。後趙文華索軍餉，縣無以應，又助軍興銀七千兩，邑人爲立專祠（縣志忠義傳）。毓祺祖名道，字吉甫，鑾子，樂善好施，慷慨一如其父，鄰里待以擧火者數百家，事親孝，撫兩幼弟如子，友人徐汝，族兄珽死，並收其遺孤子之。著有燕山、白下、寄潤、游魯、樂庵、畫眉、折柳、諸集。（縣志孝弟類）

又縣志隱逸門，黃安雅，字直方，大澳子，鼎革後敝衣破帽，戚戚不自得，居廬不蔽風雨，有所感觸，輒見諸吟詠，庭前雜植花竹，竹外菜畦數弓，灌鋤以自給，性耿介特立，抱不可一世之才，踽踽涼涼，甘老死而不悔。子復，字來初，名諸生，善書，學者爭師之，每談及乙酉間事，則慘然神瘁。

黃大湛大洪兄弟縣志均無傳，大湛於續志一見，縣志藝文門有於壽格弔黃子聲五古一首云：「澄江多遺民，黃君乃其一，狂是我輩狂，詩文更無匹，窮是千古窮，鉗首加梏桎，漆身不照形，麻衣不掩膝，溘先朝露傾，冥漠理難測，徘徊白楊根，秋風響淅瀝。」又張元昇有追憶鄉先哲周硯農李介立黃子聲沙定峯四先生各賦一首，黃子聲一首云：「天下文章已久蕪（天下文章先生家堂額也原注），尙推風雅冠三吳，江山麗藻生花筆，骨格高寒老釣徒，空憶少陵詩思健，劇憐伯道夢魂孤，皇天未肯延儒術，獨使同儕淚暗枯。」讀此兩詩，則子聲之爲人，可以想見。要之黃氏忠孝風雅，萃於一門，但縣志語焉不詳，且鼎革後，必多忌諱，故毓祺之父，名字翳如，僅於續志（太夫子繆藝風纂）藝文志中黃道所著書下，知其名繼元二字而已。故吾輩今日欲平亭數百年前人物是非，實屬不可能，不僅兵燹後，古書雅記，都付刼灰，即所存記載，亦避諱孔多，不僅國史郡縣志固多曲筆，私家著述，清初文字之獄，慄慄可畏，山涯屋壁，十百存一，流衲雖有志爲牧齋雪寃，每歎歷來史蹟，難得眞相，燭影斧聲，千古總是疑案，往與友人顧頡剛先生戲語，君編古史辨，予擬編一部今史辨，當時顧先生且願爲予任付印之責，丁丑事變，寒廬近白茆口，所庋圖書，以盡付一炬，所輯新史辨史料，亦在刼灰中，此願不知何日再償，因見鄭先生文，不覺見獵心喜，縱論及此。復念佛教禪宗不立文字，爲最上乘，豈獨哲理，歷來驚天地泣鬼神之大忠大義，應於民衆口碑中探之，流衲茅庵中，賫生之具尙不完備，遑論載籍，遑論得見海內孤本，不能述作，亦不能讀書，江陰雖僻縣，號稱忠義之邦，華墅、祝塘、長涇、長壽、周莊到處有明末烈士遺跡，祝塘之萬骨塋、澤枯庵，即印白和尙拾數萬具忠骸，叢葬之地，至今每年陰歷三月廿八廿九兩日，祝塘節場，眞所謂萬人空巷，憑弔忠魂毅魄，時隔三百年，猶有流風遺韻。專制帝王，能湮滅史料於紙上，而口碑不能滅焉，華墅砂山之麓泰清寺，閻典史起義處也，鎭上聚龍街忠義祠，即今澄義小學內，閻典史塑像，巍然獨存，每年農歷四月初一二兩日，亦然萬人空巷，婦人孺子莫不心香一瓣，低首像前，借此作一日之遊樂，均民間集場之至有意義者焉。其他如斗山顧山均淸明日，長涇鎭三月二十二十一兩日，長壽鎭三月初九初十兩日，周莊鎭三月十三十四兩日，（流衲均參加觀光擬草鄉村風光一文，將鄉土史與大衆最近生活，編織記載），流衲棲息荒江寂寞之鄉，浪跡於山巔水涯，草鞋竹杖，日徒步往來於桒畦麥隴間，遇荒寺古墓，斷碑殘碣，必婆娑觀摩，考其來歷，夕陽翁仲，寄人生黍離麥秀之感，訪黃毓祺墓後，借縣志一讀，知此中事蹟湮沒已多，復證之桐城錢飲光（澄之）所著田間集中，有復陸翼王書云，淸康熙十一年壬子冬入都，過江陰時，邑令爲湖南澧州龔雲石，曾令永安，與錢有舊，堅留修志，錢問曰，志肯載乙酉秋守城事乎，龔曰不可，錢曰他吾不知，如咸中翰城破之日，一門二十一命自盡，血書在壁，今屋毀壁立，每陰雨，字血愈鮮，如此忠赤，能使其終於湮沒不彰乎，名教攸關，鬼神可畏，僕未敢聞命也，遂辭去云云。

足徵淸初修志，避諱孔多，如志所載徐德莊萬骨塋記，及沙張白澤枯庵記，均不敢質言印白和尙即黃毓祺。到民國初年續修縣志，始明著之，故前志藝文類，僅載毓祺遺詩數首，（如顧山山茶歌，江上九子歌，古風二首，又七律甲申紀事二首，乙酉紀事一首，村寓一首，村寓用晞兒韻二首，次友人韻一首，冬至口占一首，友人爲予治木口占博笑一首，莫不蒼涼激楚，茲將最後一首錄此，知黃公詩文造詣，亦可與牧齋頡頏云，詩云：「七尺昂藏亦幻形，頭顱不敢負朝廷，鳶烏應怪丹心苦，螻蟻何嫌碧血腥，豈必達摩留隻履，底須普化振空鈴，桐棺三寸人間世，寒食荒郊草自靑。」又村寓用晞兒韻詩（二首錄一）「無情草色爲誰萋，淪落歸來一短藜，春水自流茅舍外，夕陽猶在石橋西，早衰有質同蒲柳，舊學無心付棗梨，寄語兒曹休似我，五更風雨聽雞啼。」毓祺有絕命詩數首，載錫山計六奇南略，手邊無書，不及檢錄。

上海郵政管理局暫准登記證第四〇〇號

周佛海先生散文集

往矣集

增訂三版業已出書

往矣集自一月中發售以來，兩月之內，銷罄兩版。茲經作者手自校正誤字，並加添新材料，完全改排，業已發售。在售罄期中，諸勞承購者函電交詢，敝社無以應命，多多不安，特此致歉。並希即日賜顧為荷。

每冊實價中儲券拾元

古今出版社發行

古今出版社啓事

茲因紙張奇缺，兼以印刷昂貴，敝社不得已將『東西月刊』暫行廢刊，俾得專力於『古今』。並將『古今』半月刊之售價（見板權頁），及訂閱辦法，酌予調整，幸請讀者注意爲荷。此希

公鑒

古今出版社啓

古今半月刊訂閱辦法

自三十二年六月一日起，前此本刊之訂閱辦法，概予廢止，除未到期者續予按期寄發外，此後定閱，半年預繳六十元，全年一百二十元，按期扣除，照定價八折計算，以示優待。蓋當此物價靡定之日，不得不採取此種權宜辦法，想爲讀者所洞鑒也。

每冊實價拾元

上海郵政管理局暫准登記證第四〇〇號

周佛海先生散文集

往矣集

增訂三版行將出書

往矣集自一月中發售以來，兩月之內，銷罄兩版。茲經作者手自校正誤字，並加添新材料，完全改排，業已付印，不日當可發售。在售罄期中，諸勞承購者函電交詢，敝社無以應命，多多不安，特此致歉。並希即日賜顧為荷

每冊實價拾元

古今出版社發行

存書不多

古今

周年紀念特大號要目

（每冊實價二十元）

欲購祈速

每冊實價伍元

秀威經典　人文史地類　PC0457

古今（二）

原發行者 / 古今出版社
主　　編 / 蔡登山

數位重製・印刷 / 秀威經典
http://www.showwe.com.tw
114台北市內湖區瑞光路76巷65號1樓
電話：+886-2-2796-3638
傳真：+886-2-2796-1377
劃撥帳號 / 19563868　戶名：秀威資訊科技股份有限公司
讀者服務信箱：service@showwe.com.tw
網路訂購 / 秀威網路書店：https://store.showwe.tw
網路訂購：order@showwe.com.tw

2015年3月
精裝印製工本費：2500元

Printed in Taiwan

國家圖書館出版品預行編目

古今 / 蔡登山主編. -- 一版. -- 臺北市 : 秀威資訊科技,
2015.03-
冊；　公分. -- (人文史地類)
BOD版
ISBN 978-986-326-299-2(第1冊 : 精裝). --
ISBN 978-986-326-326-5(第2冊 : 精裝). --
ISBN 978-986-326-327-2(第3冊 : 精裝). --
ISBN 978-986-326-328-9(第4冊 : 精裝). --
ISBN 978-986-326-329-6(第5冊 : 精裝)

1. 言論集

078　　104002194

讀者回函卡

感謝您購買本書，為提升服務品質，請填妥以下資料，將讀者回函卡直接寄回或傳真本公司，收到您的寶貴意見後，我們會收藏記錄及檢討，謝謝！

如您需要了解本公司最新出版書目、購書優惠或企劃活動，歡迎您上網查詢或下載相關資料：http:// www.showwe.com.tw

您購買的書名：＿＿＿＿＿＿＿＿＿＿＿＿＿＿＿＿＿＿＿＿

出生日期：＿＿＿＿年＿＿＿＿月＿＿＿＿日

學歷：□高中 (含) 以下　□大專　□研究所 (含) 以上

職業：□製造業　□金融業　□資訊業　□軍警　□傳播業　□自由業

□服務業　□公務員　□教職　□學生　□家管　□其它＿＿＿

購書地點：□網路書店　□實體書店　□書展　□郵購　□贈閱　□其他

您從何得知本書的消息？

□網路書店　□實體書店　□網路搜尋　□電子報　□書訊　□雜誌

□傳播媒體　□親友推薦　□網站推薦　□部落格　□其他＿＿＿＿＿

您對本書的評價：(請填代號　1.非常滿意　2.滿意　3.尚可　4.再改進)

封面設計＿＿　版面編排＿＿　內容＿＿　文／譯筆＿＿　價格＿＿

讀完書後您覺得：

□很有收穫　□有收穫　□收穫不多　□沒收穫

對我們的建議：＿＿＿＿＿＿＿＿＿＿＿＿＿＿＿＿＿＿＿＿

＿＿＿＿＿＿＿＿＿＿＿＿＿＿＿＿＿＿＿＿＿＿＿＿＿＿＿

＿＿＿＿＿＿＿＿＿＿＿＿＿＿＿＿＿＿＿＿＿＿＿＿＿＿＿

＿＿＿＿＿＿＿＿＿＿＿＿＿＿＿＿＿＿＿＿＿＿＿＿＿＿＿

請貼
郵票

11466
台北市內湖區瑞光路 76 巷 65 號 1 樓

秀威資訊科技股份有限公司 收

BOD 數位出版事業部

....

（請沿線對折寄回，謝謝！）

姓　　名：__________　年齡：______　性別：□女　□男

郵遞區號：□□□□□

地　　址：____________________

聯絡電話：(日)__________ (夜)__________

E-mail：____________________